青海统计年鉴2019

QINGHAI STATISTICAL YEARBOOK

（总第35期 No.35）

青 海 省 统 计 局
国家统计局青海调查总队
Qinghai Provincial Bureau Of Statistics
NBS Survey Office in Qinghai

中国统计出版社
China Statistics Press

图书在版编目(CIP)数据

青海统计年鉴. 2019：汉英对照／青海省统计局，国家统计局青海调查总队编. —北京：中国统计出版社，2019.8
ISBN 978-7-5037-8870-3

Ⅰ.①青…　Ⅱ.①青…　②国…　Ⅲ.①统计资料—青海—2019—年鉴—汉、英　Ⅳ.①C832.44-54

中国版本图书馆 CIP 数据核字(2019)第 151630 号

青海统计年鉴-2019

作　　者/青海省统计局　国家统计局青海调查总队
责任编辑/钟　钰
责任校对/秦永娟
装帧设计/杨学文
出版发行/中国统计出版社有限公司
地　　址/北京市丰台区西三环南路甲 6 号
邮政编码/100073
电　　话/邮购(010)63376909　书店(010)68783171
网　　址/http://www.zgtjcbs.com
印　　刷/青海省统计局劳动服务公司
经　　销/新华书店
开　　本/890mm×1240mm　1/16
字　　数/1100 千字
印　　张/42
版　　别/2019 年 8 月第 1 版
版　　次/2019 年 8 月第 1 次印刷
定　　价/400.00 元　Price:400.00(RMB)

本书附同版本 CD-ROM 一张，光盘内容以书面文字为准。
如有印装差错，由本社发行部调换。

编 辑 说 明

《青海统计年鉴 2019》是一本全面反映青海省国民经济和社会发展情况的资料工具书。本书收录了 2018 年青海经济和社会、资源与环境等方面的统计数据。

全书内容分 23 个篇目，即：特载、综合、国民经济核算、人口、就业人员和工资、固定资产投资、对外经济贸易、能源与环境、财政、价格指数、人民生活、农业、工业、建筑业、运输和邮电、国内贸易、旅游、金融业、教育和科技、卫生和社会服务、文化和体育、公共管理、社会保障和其他、全国各地区主要经济指标。

统计表中使用符号："…"表示数据不足本表最小单位；"空格"表示无该项指标数据或该项指标数据不详；"#"表示总指标的其中项数据。读者在使用统计资料时，凡与本年鉴有出入的，均以本年鉴为准。

本《年鉴》是青海省统计局和国家统计局青海调查总队共同努力的结果，也是全省各条战线上广大统计干部辛勤劳动的成果，是集体智慧的结晶。在编辑出版、印刷、发行过程中，得到了中国统计出版社有限公司及青海省有关单位的大力支持，在此一并表示衷心感谢！

《青海统计年鉴》公开出版以来，受到了国内外广大读者的关心和支持，对本年鉴的内容和编辑工作提出了许多宝贵意见，对此我们深表谢意。由于我们水平有限，疏误之处在所难免，欢迎各界人士随时对不足之处给予批评和指正，帮助我们进一步提高和改进统计年鉴的编辑水平，更好地为广大读者服务。

《青海统计年鉴－2019》编辑委员会

Editor's Explanatory Notes

Qinghai Statistical Yearbook 2019 is an annual statistical publication, which reflects comprehensively the economic and social development of Qinghai . It covers data for 2018 in various aspects of economic, social, resources and environmental statistics.

The Yearbook contains twenty – three chapters : Special Articles, General Survey, National Accounts, Population, Employment and Wages, Investment in Fixed Assets, Foreign Trade and Economic Cooperation, Energy and Environment, Government Finance, Prices, People's Living Conditions, Agriculture, Industry, Construction, Transport, Postal and Telecommunication, Domestic Trade, Tourism, Financial Intermediation, Education, Science and Technology, Public Health and Social Services, Culture and Sports, Public Management, Social Security and Others, Main Economic Indicators of Different Regions of the Country.

Notations used in the yearbook :"…" indicates that the figure is not large enough to be measured with the smallest unit in the table; (blank space) indicates data are unknown, or are not available; "#" indicates a major breakdown of the total. When readers use statistical information, they should be based in this Yearbook if there is difference from this Yearbook.

The "Yearbook" is outcome of joint efforts of Qinghai Bureau of Statistics and Survey Organization of National Bureau of Statistics, is fruit of the hard work of majority of statistics cadres on all fronts of the province, and is the crystallization of collective wisdom. In editing and publishing, printing, distribution process, the yearbook has received great support from China Statistics Press and relevant units in Qinghai province. We acknowledge their help to the book.

Qinghai Statistical Yearbook has received concern and support of the readers at home and abroad for the content and edit of the Yearbook of many valuable suggestions since published, which we are grateful. Because of our limited level, Mistakes are inevitable. Welcome people from all walks of life to give us the criticism and correction for our inadequacies at any time in order to help us further enhance and improve the editorial level of statistical yearbook, and served readers better.

Qinghai Statistical Yearbook 2019 **Editorial Board**

#《青海统计年鉴－2019》编辑委员会

QINGHAI STATISTICAL YEARBOOK – 2019
NAME LIST OF EDITORIAL BOARD

一、特载

Special Articles

二、综合

General Survey

三、国民经济核算

National Accounts

六、固定资产投资

Investment in Fixed Assets

七、对外经济贸易

Foreign Trade and Economic Cooperation

八、能源与环境

Energy and Environment

九、财政

Government Finance

十、价格指数

Prices

十一、人民生活

People's Living Conditions

十二、农业

Agriculture

十三、工业

Industry

十四、建筑业

Construction

十五、运输和邮电

Transport, Postal and Telecommunication

十六、国内贸易

Domestic Trade

十七、旅游

Tourism

十八、金融业

Financial Intermediation

十九、教育和科技

Education, Science and Technology

二十、卫生和社会服务

Public Health and Social Services

二十一、文化和体育

Culture and Sports

二十二、公共管理、社会保障和其他

Public Management, Social Security and Others

二十三、全国各地区主要经济指标

Main Economy Indices and Order of the Different Parts of the Country

第 1 篇
CHAPTER 1

特　　载
Special Articles

政府工作报告

——2019年1月27日在青海省第十三届人民代表大会第三次会议上

省长 刘 宁

各位代表：

现在，我代表省人民政府向大会报告工作，请予审议，并请各位政协委员和列席会议的同志提出意见。

一、2018年工作回顾

过去的一年，发展环境错综复杂，风险挑战明显增多，经济下行压力持续加大。全省上下坚持以习近平新时代中国特色社会主义思想为指导，在党中央、国务院和省委的坚强领导下，坚持稳中求进工作总基调，坚定践行新发展理念，深入实施"五四战略"，奋力推进"一优两高"，较好完成了省十三届人大一次会议确定的各项目标任务，实现了新一届政府良好开局。

这一年，经济社会发展总体平稳、稳中有进，实现地区生产总值2865亿元、增长7.2%，固定资产投资增长7.3%，规上工业增加值增长8.6%，社会消费品零售总额增长6.7%，地方一般公共财政预算收入增长10.8%，全体居民人均可支配收入增长9.2%，城乡居民收入分别突破3万元和1万元大关，居民消费价格涨幅控制在2.5%，"十三五"规划约束性指标全部实现预期进度，发展质量和效益持续提高。

这一年，我们迎难而上、锐意进取，办成了一批打基础、补短板、利长远的大事要事。推动与国家林草局共建以国家公园为主体的自然保护地体系示范省，兰西城市群建设开局起步，"引黄济宁"列入西部大开发重点工程，国家清洁能源示范省规划获批，"绿电9日"连续供电再创世界纪录，"青电入豫"特高压直流工程开工，医联体建设、分级诊疗和家庭医生签约服务走在全国前列，有望实现12个贫困县摘帽、526个贫困村退出、17.6万贫困人口脱贫，青海驶入高质量发展快车道。

这一年，我们深刻总结改革开放40年的宝贵经验，与时俱进深化"三个最大"省情认识，深切感受到保护生态环境就是保护生产力，建设生态环境就是发展生产力，任何时候、任何情况下都要坚持生态保护优先，奋力走好具有青海特色的绿色发展之路，让良好生态环境成为高质量发展的增长点、高品质生活的支撑点、展现新青海精神的发力点，让青海天更蓝、山更绿、水更清、环境更优美。

回望过去一年，成绩来之不易。我们主要做了以下工作：

一是多措并举，新旧动能加快转换。坚持创新驱动引领，推进结构优化升级，建成比亚迪锂动力电池一期、青海铜业10万吨阴极铜等重点项目，开复工国电投N型电池、大美煤业尾气制烯烃等132个重点项目，启动重点行业能效"领跑者"专项行动，盐湖氯化锂熔盐电解法制取金属锂生产线贯通。新能源装机容量突破1200万千瓦，清洁能源发电量增长50.9%，德令哈光热发电项目填补了我国大规模槽式光热发电技术空白。稳步推进乡村振兴战略，启动实施牦牛和青稞产业发展三年行动计划，组建优质农产品、枸杞、牦牛、三文鱼等产业联盟，举办首届农民丰收节暨特色农产品展销会，专业合作社实现行政村全覆盖，农畜产品加工转化率达56%。全域旅游发展格局初步形成，旅游人数和总收入均增长20%以上，旅游关注度持续提升。新增页岩气资源等3家重点实验室，新登记科技成果518项，专利申请增长43.7%，科技型企业数量提前一年实现倍增目标。

二是标本兼治，生态保护建设成效明显。统筹推进三江源、祁连山国家公园体制试点，制定国家公园示范省建设总体方案。与中科院共建三江源国家公园研究院，编制实施三江源国家公园5个专项规划，生态管护员实现"一户一岗"。全面建立五级河湖长体系，生态红线划定方案通过国家技术审核，县级土地利用规划调整工作全面完成，自然保护区内的矿业权全部注销。扎实推进各类重点生态工程，青海湖裸鲤资源蕴藏量比2002年增长34倍，藏羚羊、中华对角羚种群数量均比保护初期增长2倍以上，藏野驴、雪豹、白唇鹿等濒危动物种群数量恢复增长。承办全国推进大规模国土绿化现场会，启动湟水流域规模化林场建设试点，完成营造林406万亩，森林覆盖率达到7.26%，涵盖水面、湿地、林草的蓝绿空间占比超过70%，广袤高原生机勃发，各族群众绿色获得感显著提升！

三是精准发力，三大攻坚战开局良好。制定实施防范金融风险三年行动计划，积极稳妥化解政府隐性债务风险，协调融资160多亿元应对重点企业债务兑付风险，守住了不发生系统性重大金融风险底线。落地实施首单市场化债转股业务，西宁市成功发行首单绿色金融债，聚能钛业登陆"新三板"，普惠金融试点稳步推进。聚焦精准、尽锐出战，落实各类专项扶贫资金114亿元，制定实施深度贫困地区"2+5+N"攻坚政策体系，易地扶贫搬迁完成"十三五"总工程量的97%，光伏扶贫实现全覆盖，12万农牧民吃上"旅游饭"，超额完成年度脱贫任务。坚决抓好中央环保督察反馈问题整改，加强东部地区大气污染联防联治，淘汰燃煤小锅炉789蒸吨，主要城市空气质量优良天数比例达到83.4%，湟水河出省断面Ⅳ类水质全面达标，节能减排完成年度目标，大气和水环境质量实现双提升。

四是强基固本，基础建设不断加强。组织实施"项目生成年"活动，谋划储备"百项万亿"重大项目。开展重点项目提速攻坚行动，西成铁路完成线路调整、明确建设标准，祁连机场通航运营，建成格敦铁路、西塔高速改扩建、大班公路等一批重点项目，公路通车里程达到8.2万公里，铁路营业里程达到2299公里，新改建农村公路6871公里、便民桥梁204座。西宁凤凰山路建成通车，"畅通西宁"三年攻坚行动计划圆满完成。签订青电送苏、送鄂框架协议，开工建设750千伏海南输变电工程。加快建设引大济湟西干渠、北干渠二期及蓄集峡、那棱格勒河水利枢纽等重大水利工程，持续推进饮水安全巩固提升、灌区改造、中小河流治理等民生水利工程。建成300个高原美丽乡村和16个美丽城镇，超额完成"厕所革命"年度任务。当今青海，发展基础更有保障，交通出行方式多样，购物办事便捷高效，经济社会展现出前所未有的广阔前景！

五是立新除弊，发展环境持续优化。深入推进供给侧结构性改革，退出煤炭产能69万吨，减免企业税费105.3亿元。全面推行"马上办、网上办、就近办、一次办"，工商登记实现"四十一证合一"，新增规模以上企业44户、中小微企业1010户，民间投资增长4.6%。全面推开财政预算绩效管理，开展财政存量资金"清零"行动，国地税征管体制改革有序推进。扩大国有企业"3+10"改革试点，省属企业在改革脱困中实现提质增效。稳妥开展农牧区集体产权制度改革，积极推进村集体经济"破零"工程。三江源国家公园体制试点、西宁市"放管服"改革、海东市公立医院改革受到国务院通报表扬。积极融入"一带一路"，茫崖、冷湖行委撤并设市，开行首列国际陆海贸易新通道铁海联运班列，举办哈萨克斯坦商品展"青海品牌商品推介活动"、香港"青海商品大集"，自营产品出口增长21%。与援青六省市和广东省、深圳市签订战略合作协议。成功举办第十九届青洽会、第十七届环湖赛，藏毯展参展规模为历年之最，招商引资到位资金750亿元。

六是兜底提标，民生福祉稳步提升。实施更加积极的就业政策，城镇新增就业6.2万人，农牧区富余劳动力转移就业113.9万人次，城镇登记失业率控制在3%，高校毕业生就业率达89.3%。优先发展教育，义务教育巩固率提高到96.8%，学前三年毛入园率和高中阶段毛入学率分别提高3.8和4个百分点，控辍保学工作走在全国前列。深化部省合建青海大学，开启省校共建青海师范大学新模式，青海民族大学获博士学位授予权。全面推行现代医院管理制度，三分之二以上的县就地就诊率达80%以上。启动青南支医支教工作。继续落实全民参保计划，全面完成社保提标扩面任务。开工城镇棚户区改造3.05万套、综合整治老旧住宅小区2万套、改造农牧民危旧房6万户。年初向全省人民承诺的民生实事工程全部兑现！

我们高度重视文化体育事业，成功举办国际冰壶精英赛和省运会，12个项目入选全国优选体育产业项目名录，大型体育场免费低收费开放，纪晓晶、切阳什姐喜获亚运会金银奖牌。城乡文化阵地建设扎实推进，广播影视体系建设不断加强，民族舞剧《唐卡》在全国多地巡演，迎接改革开放40周年影片《天慕》反响热烈，旦增尼玛和昂萨分别荣获《中国好声音》和《星光大道》年度总冠军。大力推进民族团结进步事业，玉树州和12家单位获得全国民族团结进步创建示范称号。加强食品药品监管，安全生产形势平稳向好。全力支持新时代改革强军，加快推进军民融合，合力推动"民兵+"建设新模式，退役军人服务管理体系初步建立。审计、统计作用充分发挥，妇女儿童、老龄慈善、残疾救助等事业健康发展。新闻出版、外事侨务、港澳台工作进一步提升。地震气象、史志档案等工作取得新成绩。

我们切实加强政府自身建设，深入学习习近平新时代中国特色社会主义思想和党的十九大精神，认真开展习近平总书记重要指示批示精神贯彻落实情况"回头看"，确保中央决策部署全面落地见效。基本完成省政府机构改革，机构设置和职能配置得到优化提升。深入贯彻中央八项规定精神及省委省政府若干措施，集中整治形式主义、官僚主义，精心组织"四个奔着去"大抓落实活动，修订政府工作规则，努力营造重实干、敢担当、善作为的良好氛围。大幅精简行政规范性文件，"三公"经费持续压减。落实重大决策出台前向省人大报告、与省政协协商制度。自觉接受人大法律监督、工作监督和政协民主监督，省政府领导带头督办议案，人大代表意见建议和政协委员提案全部按期办结。

滴水穿石非一时之力，为山九仞岂一日之功。去年是改革开放40周年，回望40年奋斗历程，全省地区生产总值增长30.5倍，公共财政预算收入增长154倍，固定资产投资增长619倍，城乡居民收入分别增长158倍和91倍，工业增加值增长56倍，城镇化率提高35.9个百分点、达到54.5%，“一主六辅”民用机场格局形成，青藏铁路建成通车，青海进入高铁时代，高速公路市州全覆盖，所有县城通二级公路，农村公路通达程度大幅提升，城乡居民收入增速连续多年高于全国平均水平，广大农牧民陆续住进砖瓦房、喝上放心水、走上小康路，高原大地发生了天翻地覆的恢宏巨变！实践充分证明，改革开放是大踏步赶上时代步伐的重要法宝，是坚持和发展中国特色社会主义的必由之路，是有效解决社会主要矛盾的关键一招。我们必须重整行装再出发，坚定走好新时代改革开放之路！

各位代表，顺乎规律的发展才是最好的发展。长期以来，我们秉持新发展理念，不懈探索符合自然规律的可持续发展、符合经济规律的高质量发展、符合社会规律的和谐正义发展之路，应势而动、顺势而为，牢固树立生态优先理念，大力发展绿色产业，基本形成以绿色能源、绿色产业、绿色消费、绿色农牧业为架构的绿色发展方式，初步实现经济增长由生产要素驱动向要素与效率共同驱动、效率与创新联合发力转变，为全面建成小康社会、进而开启现代化建设新征程奠定了物质基础、厚植了绿色底蕴。我们将保持历史耐心和战略定力，矢志不渝践行绿水青山就是金山银山的理念，持续强化生态环境联建联防联治，不断推动人与自然和谐共生，提档升级绿色发展方式，勇做“一优两高”的奋力推进者！

各位代表！青海改革发展稳定取得的成绩，得益于以习近平同志为核心的党中央坚强领导和党中央、国务院的特殊关怀，得益于省委团结带领各族干部群众凝心聚力、奋勇拼搏，得益于省人大依法监督和省政协民主监督，得益于国家部委、援青省市和社会各界的真情帮扶与支持，得益于索南达杰、尕布龙等一批时代楷模的精神传承。在此，我代表省人民政府，向全省各族人民，向人大代表、政协委员，向各民主党派、工商联、无党派人士、人民团体和社会各界人士，向驻青人民解放军、武警官兵、公安干警和中央驻青单位致以崇高的敬意！向所有关心支持青海发展的中央部委、兄弟省区市、港澳台同胞、海外侨胞和国际友人表示衷心的感谢！

与此同时，我们清醒地认识到，青海仍处在社会主义初级阶段较低层次，推动“一优两高”还面临不少困难和挑战。一是经济下行压力加大，结构调整阵痛凸显，一些企业投资信心和动力不足，实体经济困难较多。二是长期累积的风险隐患有所暴露，外部输入性风险上升，防范化解各类风险任务繁重。三是环境污染新老问题并存，生态价值和潜力尚需充分挖掘，推进更高水平、更严标准的生态保护和建设任重道远。四是居民增收渠道窄、量质有限，脱贫攻坚需要加力，城乡基本公共服务均等化水平有待提高。五是干部不作为不担当问题不同程度存在，形式主义、官僚主义有新的表现形式，斗争精神还需进一步锤炼，一些领域不正之风和腐败现象仍时有发生。

问题是时代的声音，发展是时代的要求。我们必须全面贯彻“巩固、增强、提升、畅通”八字方针，注重打好破、立、降“组合拳”，努力降低各类营商成本，有效减轻企业负担，加大各领域补短板力度，巩固“三去一降一补”成果；注重建立公平开放透明的市场秩序和法治化营商环境，进一步破除各类要素流动壁垒，增强微观主体活力；注重利用技术创新和规模效应，建设绿色生态产业体系，培养和发展新的产业集群，不断提升产业链水平；注重区域互联互通，畅通生产、流通、分配、消费，切实提高金融服务实体经济的能力，形成市场与企业、产业与就业、金融与实体的良性循环。“八字方针”是管总的要求，是行稳致远的法宝。我们要在实践中深刻理解“八字方针”的丰富内涵，在发展中正确把握“八字方针”的内在逻辑，不折不扣、因地制宜践行“八字方针”，迎战各种风险挑战，艰苦奋斗、开拓创新，推动经济社会发展实现新的跃升！

二、2019年重点工作

今年政府工作的总体要求是：以习近平新时代中国特色社会主义思想为指导，全面贯彻党的十九大和十九届二中、三中全会及庆祝改革开放40周年大会、中央经济工作会议精神，按照省第十三次党代会和省委十三届四次、五次全会的部署，统筹推进“五位一体”总体布局和协调推进“四个全面”战略布局，坚持稳中求进工作总基调，坚持新发展理念，坚持推进高质量发展，坚持以供给侧结构性改革为主线，坚持深化市场化改革、扩大高水平开放，深入实施“五四战略”，奋力推进“一优两高”，统筹推进稳增长、促改革、调结构、惠民生、防风险、保稳定工作，进一步稳就业、稳金融、稳外贸、稳外资、稳投资、稳预期，推动三大攻坚战取得阶段性成果，推动改革开放更加深入，推动社会治理水平不断提升，推动人民生活持续改善，增强人民群众获得感、幸福感、安全感，为全面建成小康社会收官打下决定性基础，以优异成绩迎接中华人民共和国成立70周年、青海解放70周年。

今年经济社会发展主要预期目标为：地区生产总值增长6.5%－7%，固定资产投资增长7%左右，社会消费品零售总额增长8%左右，地方公共财政收入与地区生产总值同步增长，全体居民人均可支配收入持续高于经济增长速度、力争达到8%，城镇新增就业6万人，农牧区劳动力转移就业105万人次，城镇登记失业率控制在3.5%以内，居民消费价格涨幅控制在3%左右，主要城市空气质量优良天数比例保持在80%以上，水生态修复、水环境保护和水资源管理全面加强，湟水河出省断面保持Ⅳ类水质，节能降碳、主要污染物减排指标控制在国家规定目标以内。上述指标有保有稳有升，兼顾了当下与长远、需要与潜力，符合决胜全面建成小康社会的要求，也为生态保护、结构调整、民生建设腾出了空间。

做好今年政府工作，我们将把握好以下几点：一是尊重经济规律，全面用好我国发展重要战略机遇期，不断深化“五个必须”的规律性认识，切实增强工作的前瞻性、预见性、主动性。二是把握稳的要求，坚持底线思维，统筹协调、分类施策，妥善应对经济领域可能出现的重大风险，突出抓好保就业、保企业、保生态、保民生，确保经济运行在合理区间。三是坚持绿色发展，以传统产业绿色化改造为突破点，以资源节约集约、循环利用为切入点，以培育形成符合现代文明要求的生产方式、生态文化、生活习惯为着力点，加快推进产业结构、空间结构、能源结构和消费结构转型。四是改善发展环境，用改革的手段、法治的方式，大力营造透明高效的政务环境、开放便利的投资环境、充满活力的创业环境、公平正义的法治环境，增强在青投资兴业的吸引力和竞争力。五是人民利益至上，始终坚持以人民为中心的发展思想，进一步密切与人民群众的血肉联系，切实解决群众反映强烈的突出问题，凝聚起推进“一优两高”的强大合力。六是提高能力水平，进一步解放思想、开拓创新，敢于斗争、善于斗争，在应对风险中砥砺奋进，在抢抓机遇中乘势而上，在攻坚克难中逐梦前行，把既定目标变成美好现实。

今年，将重点做好以下九个方面工作：

（一）全力打好“三大攻坚战”。聚焦主要矛盾，加强协调配合，精准施策、务求实效。

防范化解重大风险。深刻领会中央精神，始终保持高度警惕，用好用活政策机遇，确保经济持续健康发展和社会大局稳定，决不让重大风险拖累全面小康进程和大局。突出抓好国有企业去杠杆，优化企业资产配置，提高直接融资特别是股权融资比重，推进市场化、法治化债转股。切实加强对地方金融机构的监管，持续压降不良资产，深入开展金融领域失信问题专项治理，继续做好非法集资风险专项整治。按照“坚定、可控、有序、适度”的要求，加强政府债务规模预算和限额管理，严格限定举债途径和资金用途，分类审慎处置地方政府债务风险。把握好房地产调控的时度效，防止房价出现异常波动。

绝对贫困人口“清零”。认真抓好中央脱贫攻坚专项巡视发现问题整改。坚持目标标准，贯彻精准方略，深入实施脱贫攻坚三年行动计划，瞄准制约深度贫困地区精准脱贫的重点难点问题，在“八个一批”“十个专项”上持续用力，统筹推进行业扶贫和贫困村提升工程，发挥社会救助在脱贫攻坚中的兜底保障作用，做好易地搬迁收尾工作，确保剩余的17个贫困县全部摘帽、170个贫困村全部退出、7.7万贫困人口全部脱贫，全面完成四年集中攻坚任务，如期兑现军令状。加大扶贫领域腐败问题查处力度，对敢动扶贫“奶酪”的绝不手软。做好乡村振兴与脱贫攻坚的有机衔接，注重研究解决建档立卡贫困户边缘群体的相对贫困问题。

加力推进污染防治。坚持标本兼治、重在治本，强力推进中央环保督察反馈问题整改，推动省级环保督察制度常态化，绝不允许问题反弹回潮。聚焦打好八场标志性战役，统筹推进大气、水、土壤污染防治，以“零容忍”态度铁腕治污。深化大气污染联防联治，再淘汰一批10蒸吨及以下燃煤锅炉，因地制宜推动清洁能源供热取暖，强化机动车尾气污染治理，深入开展工业污染源排放达标管理。加强饮用水源地管护，推进河湖管理“清四乱”和河道采砂整治行动。实施城镇污水处理提质增效工程，巩固提升城市黑臭水体治理成果。全面实施土壤污染防治行动计划，抓好土壤污染管控和修复。完成生态环境监测监察执法制度改革，打造生态环境保护铁军，用重典、严执法，坚决制止和惩处破坏生态环境行为。

（二）筑牢生态安全屏障。突出生态的重要性、环保的前置性、治理的先导性，紧紧扭住国家公园省建设这个关键之举，保护“中华水塔”，当好地球卫士，促进人与自然和谐共生，不断扩大生态普惠民生福祉，为美丽中国增色添彩。

启动国家公园省建设。深化三江源、祁连山国家公园体制试点，发布三江源国家公园公报，筹办好首届“国家公园论坛”和“世界自然遗产地论坛”。编制国家公园省建设总体规划，统筹布局和探索建设具有高原特色的国家公园集群，统一设置、分级管理、分区管控，构建以国家公园为主体、自然保护区为基础、各类自然公园为补充的自然保护地管理体系，做整合优化、体制创新、资金保障、科学管理、人与自然和谐发展的典范，展现“国家公园省、大美青海情”的独特魅力，还自然以宁静、和谐、美丽。

推进生态保护工程。树立全域共建理念，发布实施生态红线，建立“三线一单”管理机制，完善“天地一体化”生态环境监测评估预警体系。扎实推进三江源二期、环青海湖二期等重点生态工程，提早谋划三江源三期工程规划，持续抓好木里等矿区生态恢复工作，守护好山水林田湖草生命共同体。继续实施大规模国土绿化提速行动，不断提升全省蓝绿空间占比。健全自然资源资产产权体系，强化整体保护，落实监管责任，健全补偿机制，探索生态价值实现途径，促进自然资源集约开发利用和生态保护修复。

促进绿色生产生活。大力倡导绿色价值观，开展生态环境科普“五进”、环保大讲堂、绿色创建等活动。统筹实施清洁生产和超低排放改造，培育壮大节能环保和清洁生产产业。鼓励企业充分消纳清洁能源，推进工业固废、危险废物等资源综合利用项目实施。构建系统完备的固废分类收运、处置和循环利用体系，全面推行城市生活垃圾分类，加快启动城市垃圾焚烧处置项目，着力补齐农村垃圾处理短板，实现城乡环境干净整洁有序。推进“绿色细胞工程”，发展绿色建筑，鼓励绿色出行，推广新能源汽车。动员全社会力量参与生态保护建设，倡导养成勤俭节约、绿色低碳、文明健康的生产生活方式和消费模式。

青海最大的价值在生态、最大的责任在生态、最大的潜力也在生态。我们要像保护眼睛一样保护生态环境，像对待生命一样对待生态环境，让青海蓝、河湖清、山川绿永驻高原大地！

（三）加快构建现代化产业体系。深化供给侧结构性改革，聚焦实体经济，强化创新引领，推动先进制造业和现代服务业深度融合，提升经济发展的质量和效益。

促进循环经济发展。实施新一轮重大技术改造升级工程，应用物联网、云计算、大数据、人工智能等高新技术，改造提升盐湖化工、有色冶金、能源化工、特色轻工、建筑材料等传统产业，提升全产业链竞争力。大力发展新能源、新材料、电子信息、生物医药、高端装备等战略性新兴产业，开展创新发展、节能降耗、降本增效等专项行动，在锂电、光纤、烯烃、光伏制造等领域，培育一批竞争力强的创新型领军企业。推动各类工业园区循环化改造，引入建链、补链、延链企业，增强产业关联度和耦合性，打造优势产业集群。加快推进标准化体系建设，充分发挥标准的基础性、战略性、引领性作用，为推进“一优两高”提供技术支撑。推动央企参与我省企业改制重组和结构调整。实施军民融合企业培育工程，加快发展军民两用高端机床、高寒地区特种电源等产业。

构建清洁能源体系。深入贯彻“四个革命、一个合作”要求，以新能源规模化开发为重点，以清洁能源示范使用为目标，以智能电网建设为保障，着力推进能源生产方式和消费模式变革。优化开发水能资源，开展提高光伏转化率、延长光热储能时间等重大技术攻关，提升风能综合利用水平，推动核能供热项目落地，启动核能发电前期工作，做好干热岩、页岩气等新型能源开发利用研究，努力构建水、光、风、核、热等多能互补、集成优化的清洁能源体系。大力推进“青电入豫”特高压直流工程，启动青海至华东特高压外送通道前期工作。提高电力交易市场化程度，加快形成功能齐备的生产体系、产销对接的消费体系，积极打造青海“电力特区”。

加快发展数字经济。以产业数字化、数字产业化为目标，实施数字产业培育壮大、数字服务创新突破、数字工业试点示范、数字政务推广应用等一批重大项目，在工业互联网、企业“上云”、融合应用等领域打造一批标杆项目和示范企业，力争建设国家级大数据灾备中心。建设大美青海生态云、昆仑警务云、新能源大数据创新平台，巩固提升光纤到户成效，加快智慧广电建设，适时布局5G网络，推进网络提速降费，促进数字技术在交通、电网、医疗、环保等基础建设和民生领域的深度应用，努力将数字经济打造成为高质量发展的“引擎”、高品质生活的“载体”、高水平治理的“大脑”。

提高科技创新能力。围绕创新型省份建设，坚持绿色技术创新方向，持续开展“百项创新攻坚”，实施一批重大科技专项，加快构建企业为主体、产学研深度融合、基础设施和服务体系完备、资源配置高效、成果转化顺畅的绿色技术创新体系。积极参与第二次青藏高原综合科学考察。全面实施“昆仑英才”行动计划，推进“高端创新人才千人计划”，提高“双创”基地建设水平，扩大科研人员自主权，规划建设高端人才公寓，搭建干事创业平台，完善住房、就医、社保、子女入学等保障服务政策，让各类人才引得进、留得住、用得好。

大力降低企业成本。全面落实大规模减税降费政策，优化环保、消防、税务、市场监管等执法方式，降低企业合规成本。对小微企业和科技型初创企业实施普惠性税收减免，降低养老保险费率，继续实施阶段性降低失业和工伤保险费率政策，稳定缴费方式。清理规范地方收费项目，加大对乱收费查处和整治力度。提高综合交通运输网络效率，降低高速公路、机场、铁路等涉企收费，鼓励金融机构优化增信措施，降低民营经济特别是中小微企业融资成本。

（四）积极扩大有效需求。充分发挥投资对优化供给结构的关键性作用，切实增强消费对经济发展的基础性作用，为经济平稳运行提供有力支撑。

加强交通水利建设。深化“项目生成年”活动，实施补短板提速、前期攻坚和审批破冰“三大工程”，加快推进“百项万亿”重大工程项目和310项重大前期项目，努力提高投资的有效性、精准性。建成投运格敦铁路、格库铁路和青藏铁路格拉段扩能改造工程，开工建设西成铁路、西宁机场三期、玉树机场扩建和青海湖机场，推进青藏铁路格拉段电气化改造前期工作，开展西格段高速铁路前期研究，力争开工建设都兰等通用机场。围绕构建“东部成网、西部便捷、青南通畅、省际连通”的公路网络，建设加定至西海至察汗诺、扁都口至门源等高速公路主通道，推进油砂山至青新界、河南县至鄂尔哈斯桥青甘界等省际通道建设，实施格尔木至老茫崖、盘坡至大通河等国省干线升级改造项目。实施畅通西宁升级版，打造幸福西宁绿色交通。深入研究西宁机场国际国内定位和通航机场规划布局，全面推进低空开放，加快短途运输、无人机配送等通航产业发展。

加快建立以供水安全、防洪安全、生态安全为核心的水安全保障体系。全力推进“引黄济宁”前期工作，力争年内开工建设。加快引大济湟西干渠、北干渠二期等重大水利工程建设步伐，研究推动共和盆地及其外围水资源配置工程，抓紧推进香日德水库及灌区、柴达木盆地水资源配置一期等工程前期工作，深入研究引通济柴工程。

加大工业投入。大力实施绿能互联平台、盐湖集团500万吨钾肥挖潜扩能改造、“2+3”碳酸锂、60万吨烯烃、夏日哈木镍钴矿采选等一批重点产业项目，全面开工比亚迪二期14吉瓦时动力电池、海东8吉瓦时动力锂电池和隔膜纸等项目，持续做大产业规模，确保重点项目建设落地。充分发挥园区招商阵地作用、会展招商平台作用、链条招商牵引作用，提高签约资金到位率，建立向民间资本推介项目长效机制，持续加大投资力度，确保重点项目资金落地。营造良好环境，强化要素保障，加快建设进度，尽快投产达标，持续扩大生产能力，确保重点项目生产落地。

发展现代服务业。积极发展技术服务、创意设计、供应链物流、人力资源培训等生产性服务业，加快发展教育培训、健康养老、文化旅游、家政服务等生活性服务业。实施优质消费升级增效行动计划，继续办好“地方特色小吃大赛暨西宁美食节”，组织开展“消费促进月”“购物节”等系列活动，打造青海老字号和特色新品牌，培育新的消费增长点。提升中藏医药健康服务水平，加快发展高原康养产业。推进电子商务进农村综合示范县建设，积极引进阿里巴巴国际站等跨境电商综合服务资源，加快海东市跨境电子商务综合试验区申报，拓展电商应用领域，提高省内产品线上销售额。

努力繁荣文旅产业。充分挖掘文化资源，把握文化脉络，提炼文化主题，展示和传播昆仑文化、河湟文化等优秀传统文化，传承和弘扬红色文化。实施青海解放70周年文艺创作工程，推出一批反映巨大发展成就和新青海精神的精品力作。办好文化旅游节。做好文化遗产保护、传承和利用，打造和提升“青绣”品牌。推进青海之窗文旅城、循化撒拉尔水镇等文化旅游深度融合项目，集中力量打造一批精品线路和景点。以增强体验感为目标，大力发展高原生态旅游，制定引导性政策措施，推出以民俗游、冰雪游、乡村游、特色文化游、体育健身游等为主题、综合性强的冬春季旅游产品。打造智慧旅游，加快自驾车营地、旅游厕所等基础设施建设，创建全国生态旅游示范区、国家绿色旅游示范基地、自驾车旅游示范省。

（五）着力推动乡村全面振兴。按照“产业兴旺、生态宜居、乡风文明、治理有效、生活富裕”的总要求，实施乡村振兴战略规划，启动“百乡千村”示范工程，以乡村振兴引领脱贫攻坚，巩固发展“三农”持续向好态势。

打造全域绿色有机农牧业产品。产品好不好，市场说了算。坚持绿色兴农、质量兴农、品牌兴农，实行农牧渔全链条标准化绿色生产，扎实开展化肥农药减量化直至零使用行动，推行“三品一标”认证和标准化种养殖，积极开展牦牛、藏羊等重要农产品质量追溯体系建设，力争牦牛、青稞等标准上升为国家标准，建设特色温控产品冷链物流体系，培育一批市场认可的“青字号”特色农牧业品牌，让消费者少些担心，多些放心。稳步推动农业适度规模经营，引进高原马铃薯等产业化加工企业，促进一二三产融合发展。有效防控非洲猪瘟疫情，稳定畜禽产品生产供应。

改善农村人居环境。深入开展农村人居环境三年整治行动，围绕“生产强产业美、生态优环境美、生活好家园美”，实施1000个村庄和游牧民定居点环境综合整治项目。分期分批推进垃圾污水处理设施建设，健全完善运营管护长效机制。持续推进“四好农村路”建设，新改建农村公路4000公里、便民桥梁150座。坚持“农地姓农”，彻底整治“大棚房”问题。扎实开展“厕所革命”三年行动计划，让“厕所革命”成为创造高品质生活的重要抓手。实施农牧区危房改造1.5万户、农牧民居住条件改善工程3万户。广泛发动农牧民群众参与环境治理，人人保洁、户户清洁、村村整洁，打一场治理脏乱差的人民战争！

深化农业农村改革。落实农村承包地“三权分置”制度，构建新型农业经营体系，促进土地确权成果运用，切实提高土地产出率、劳动生产率和资源利用率。深化农村集体产权制度改革，抓好“三块地”改革试点，持续推进村集体经济“破零”工程。推动农村金融体制机制创新，加大金融支农力度，扩大农业保险品种和覆盖地区，为农牧业增产、农牧民增收保驾护航。

（六）促进区域协调发展。坚持总体规划、协调发展，统筹空间地域，兼顾当前长远，着力构建合作联动、相互促进的区域发展格局。

建设西宁—海东都市圈。认真落实兰西城市群发展规划青海实施方案，优化城镇空间布局，强化互赢协作。构建“大西宁”发展格局，支持西宁扩容提质、做优做强，加快多巴新城建设，推动湟中撤县设区，打造绿色发展样板城市，建设幸福西宁。树立先植绿、后建城理念，加快完善海东城市功能，提升产业和人口集聚能力，支持河湟新区建设发展，提高城市管理水平，努力打造全省副中心城市。积极推进西宁、海东在发展规划、综合交通、水资源利用、能源通信、生态保护、金融服务、基本公共服务等方面的一体化，加快形成同城效应和整体优势，全力打造支撑和引领全省发展的核心增长极。

优化区域发展布局。抓住国家建立区域协调发展新机制的机遇，加快融入全国大区域发展体系，发挥各地区的比较优势，构筑“两核一轴一高地”区域协调发展新格局。编制省域空间规划，促进“多规融合”，强化国土空间规划对各专项规划的指导约束作用。支持海西加快发展和转型，推进环湖地区特色化、城镇化发展，支持青南地区保护和建设绿色“江河源”。积极研究并推动融入黄河流域发展，着手编制省域黄河生态经济带发展规划。以实施“引黄济宁”工程为契机，规划建设湟水生态经济带，把湟水流域建成精彩旖旎的“高原画廊”！

推进新型城镇化。统筹城镇发展与产业支撑，完善格尔木、德令哈、玉树、茫崖等区域性城市功能，推动州府所在地撤县设市，提高县城承载能力。支持特色小镇有序发展，新建10个美丽城镇和300个高原美丽乡村。筹备召开全省城镇工作会议，推动数字、智慧、绿色、人文城镇建设，继续开展“城市双修”试点，优先发展公共交通，改造重点拥堵节点，缓解“停车难”问题。实施棚户区改造1万套、老旧小区综合整治3万套。加强住房公积金归集扩面工作，多渠道改善和保障困难群体和新市民基本居住条件。进一步放宽城市落户限制，增加居住证公共服务项目。

（七）拓展改革开放空间。以更有力的措施深化改革，以更积极的姿态融入“一带一路”，为绿色发展注入动力、激发活力、释放潜力。

深化“放管服”改革。持续开展“减证便民”行动，运用现代信息技术，推动政务信息联通共用，建设一网通办、一事通办政务服务体系，努力让企业和群众办事像“网购”一样方便。全面推行“多证合一”“照后减证”，有效破解“准入不准营”的问题。实施净化市场专项行动，切实强化“双随机一公开”监管。加强社会信用体系建设，完善激励惩戒机制。开展“市场主体发展促进年”活动，建立健全营商环境评价指标体系，落实完善市场准入负面清单制度，进一步压缩企业开办时间，为各类市场主体成长营造良好环境。

统筹重点改革。推进国有资本投资、运营公司和落实董事会职权改革试点，加强国有企业资产负债约束，加快完善现代企业制度和法人治理结构，积极推进混合所有制改革。全面实施财政绩效管理，加快预算支出进度，优化公共财政支出结构，用好新增地方政府一般债券。深化司法体制综合配套改革。落实好“营改增”等税改政策。纵深推进天然气、电力、城镇供水、交通运输等领域价格改革。继续做好公车、林业、供销社等改革。

发展民营经济。认真贯彻中央支持民营经济发展六个方面的政策措施，完善支持民营经济发展的具体举措。进一步放开市场准入，营造公平竞争环境，着力解决“玻璃门、弹簧门、旋转门”的问题。全面推进普惠金融综合示范区试点工作，建立降低小微企业融资担保成本的奖补机制，健全民营企业贷款风险补偿制度，全面推广“双基联动”，深化银企对接活动，打通金融支持民营经济和中小微企业的“最后一公里”。大力弘扬企业家精神，保护好企业家人身和财产安全，引导民营企业健康发展。充分发挥行业协会和商会作用，带动会员企业共谋发展。全力承办好2019年全国工商联常委会议和中国民营企业500强峰会，为市场主体发展搭建平台、创造机会，吸引更多民营企业在青投资兴业、开拓市场。我们将着力构建亲清新型政商关系，帮助民营经济解决发展中的困扰、前进中的问题、成长中的烦恼，促进公有制经济、非公有制经济相辅相成、相得益彰！

融入“一带一路”建设。用好国际国内两种资源、两个市场，打造内陆开放新高地。积极参与中巴、孟中印缅经济走廊建设，推动空中、陆上、网上、能源丝路“四路”协同，抓紧西宁综合保税区、青藏国际陆港等开放平台建设。支持引导电力、光伏、有色金属等企业“走出去”开展国际产能合作，支持省内骨干企业到境外开展对外承包工程。稳定藏毯、民族服饰等传统优势产品出口，扩大枸杞、藜麦、牛羊肉、冷水鱼等特色农牧产品出口。坚持内外并举，积极主动融入长江经济带，加大与国家部委、中央企业衔接沟通，争取国家更大支持。积极筹划清洁能源论坛、首届国际生态产业博览会，办好新中国成立70周年青海发展主题展览、“一带一路中的青海”展览会、外交部青海全球推介活动，不断提高青洽会、环湖赛等展会赛事国际化、市场化水平。全面落实与援青省市和广东省、深圳市战略合作协议，推动对口援青和扶贫协作再上台阶。

（八）保障和改善民生。从人民群众最关心、最直接、最现实的利益问题出发，统筹实施投资于人和幸福民生战略，尽力而为、量力而行，着力解决民生领域突出问题。

促进就业增收。坚持就业优先，推进产业、企业、就业“三业联动”，统筹做好高校毕业生、农民工、退役军人等重点群体就业工作，确保零就业家庭动态“清零”。实施收入提升行动，落实个人所得税专项附加扣除政策，继续提高退休人员基本养老金标准，健全最低工资标准增长和国有企业工资决定机制。不断培育“拉面经济”等特色劳务品牌，继续壮大“虫草经济”等特色原生产业，落实公益性岗位补贴政策，全面治理农民工工资拖欠问题，引导土地承包经营权、林权有序流转，多渠道增加农民收入。

着力办好教育。全面贯彻全国、全省教育大会精神，启动青海教育现代化2035，落实立德树人根本任务，强化教师队伍基础作用，全力推动教育现代化高质量发展。以扩大普惠性学前教育资源为重点，改扩建幼儿园28所，新增学位4000个。巩固控辍保学成果，着力解决义务教育乡村弱、城镇挤、大班额等问题。加快普及高中阶段教育，实现5万人以上县普通高中全覆盖。加强省内外对口帮扶，扩大异地办班规模。稳妥推进考试招生制度改革，切实减轻中小学生过重课外负担。优化整合职业教育资源，有序推进高职院校改扩建，规划建设高等教育园区，筹划新建一所科学技术类本科大学。

建设健康青海。深入实施“健康青海2030”行动计划，纵深推进医药卫生体制改革，进一步规范医联体建设和发展，增强“三医联动”的改革合力和叠加效应。加快推进“互联网+医疗健康”建设，着力打造远程医疗等新型健康服务模式，促进医疗卫生工作重心和优质医疗资源“双下沉”，强化短缺药、低价药、抗癌药、儿童用药保障，多措并举解决老百姓就医贵难远等问题。全力推进全民健康保障工程建设，加大重大疾病防控力度，持续打好包虫病防治战役。加强基层公共体育设施建设，广泛开展全民健身运动，促进竞技体育发展。

织密社会保障网。坚持保基本、补短板、兜底线，深入实施全民参保计划，完善城乡居民基本医疗保险制度，健全城乡居民基础养老金标准正常调整机制，鼓励发展商业医保和企业年金，完善多层次社会保障体系。加大对农牧区贫困人口和城镇困难群众的医疗救助力度，大力推进社区居家养老服务，在农牧区探索开展孤寡老人养老服务公益岗位试点，让老年人安享晚年。关爱留守儿童，加强城乡困境儿童保障，让孩子们快乐成长。稳步提高城乡低保、优抚等保障标准，加大残疾人关爱力度，切实做好托底工作，让社会发展更有温度，让民生幸福更有质感。

民有所呼，政府必有所应。去年底，我们“开门谋民生”，面向社会公开征集2019年民生实事项目，变政府“配餐”为群众“点菜”，从征求到的389条建议中，梳理确定了阳光培育、幸福养老、扶弱助困、美丽家园等10个方面的民生实事。我们将以此为抓手，一件一件抓好落实，真正把民生工作办成顺应民意、贴近民情、排解民忧的“民心工程”！

（九）推进社会治理现代化。落实中央政法工作会议精神，以防节点、防突发、防未见为着眼点，打造共建共治共享社会治理新格局，促进政治安全、社会安定、人民安宁。

建设民族团结进步大省。深入开展“八进”活动，加大民族团结进步示范州县创建力度。深化祖国观、民族观、宗教观、文化观、历史观教育，不断增强“五个认同”，进一步铸牢中华民族共同体意识。牢固树立“三个离不开”思想，加强各民族交往交流交融，让各族群众在中华民族大家庭中手足相亲、守望相助。坚持宗教中国化方向，依法治理宗教事务，积极引导宗教与社会主义社会相适应。

促进社会更加和谐正义。下好先手棋，打好主动仗，着力防范化解政治、意识形态、经济、科技、社会、外部环境、党的建设等领域重大风险。坚持打防并举、标本兼治，继续推进扫黑除恶专项斗争，切实维护社会稳定。大力弘扬社会主义核心价值观，加强思想教育、道德教化，让全社会充满正气正义。加快推进立体化、信息化社会治安防控体系建设，深入推进“枫桥经验”本地化，推广应用藏区社会治理的“班玛经验”和“玉树经验”，打造人人有责、人人尽责的社会治理共同体，保障群众安居乐业。

加强应急保障能力建设。加快构建统一指挥、权责一致、权威高效的应急管理体系，加强应急演练和救援力量建设，完善应急预案，着力提升事故灾害预防和应急处置能力，严格安全生产监管执法，坚决防范遏制各类重特大事故发生。

同时，抓好国务院第五次大督查反馈问题整改，做好全国第四次经济普查，启动“十四五”规划编制工作。强化食品药品安全监管，健全食品药品质量追溯体系。统筹做好退役军人事务、全民国防教育、国防动员、双拥优抚等工作，巩固和促进军政军民团结。坚持以法治志，基本完成志鉴“两全”目标。支持工会、共青团、妇联等人民团体发挥桥梁纽带作用。继续做好气象地震、外事和港澳台等工作。

三、加强政府建设

实现今年奋斗目标，一步一个脚印推进新青海建设，需要我们坚定信心、接续奋斗，克服困难、苦练内功，建设高素质公务员队伍，不断提升政府施政能力和服务水平，努力打造中央和省委放心、人民群众满意的服务型政府。

加强政治建设。学深悟透习近平新时代中国特色社会主义思想，进一步增强“四个意识”、坚定“四个自信”、做到“两个维护”。全面贯彻总体国家安全观，坚决扛起维护国家安全的青海意识。坚持和加强党的全面领导，进一步加强政府系统党的建设，认真践行“三严三实”要求，驰而不息整治形式主义和官僚主义，不忘初心、牢记使命，全面提高防范风险、稳中求进、履职为民的能力和水平。

带头过“紧日子”。弘扬艰苦奋斗作风，严控“三公”经费预算，取消低效无效支出。除重点和刚性支出外，其他领域一般性支出都要纳入压减范围，各级财政一律按照不低于5%的比例压减。全面实施预算绩效管理，继续盘活用好沉淀资金。健全反对铺张浪费长效机制，推进节约型政府建设，用政府的紧日子换来人民群众的好日子！

转变工作作风。开展“政策落实年”活动，大力弘扬担当精神，完善激励问责机制，求真务实抓改革，抢抓机遇谋发展，以“钉钉子”精神推动各项工作落实。开展“基层减负年”活动，坚决整治“文山会海”，大力压减规范各种督查检查考核，切实纠正过度“留痕”等问题，让基层把更多时间用在干实事、抓落实上。

深化政府机构改革。做好省级政府机构改革后续工作，强化内部职责和业务整合，促进职能衔接、人员融合，优化协同高效的机构职能体系，打造效能政府。全面完成市州县政府机构改革任务，支持县级机构“一对多”“多对一”，促进权力“瘦身”、服务“健身”，构建简约高效的基层管理体制。

坚持依法行政。增强宪法意识，组织开展宪法宣誓活动。加强重点领域政府立法，严格规范公正文明执法，把依法行政要求贯穿于政府工作的始终。维护法治权威，推进协商民主，自觉接受人大法律监督、工作监督和政协民主监督，主动接受社会监督和舆论监督，及时做好舆情引导和回应，全面提高政府公信力。

建设廉洁政府。严格执行中央八项规定精神，认真贯彻中纪委和省纪委三次全会精神，扎实推进政府系统党风廉政建设和反腐败工作。加强对重点领域、关键岗位的监督管理，加大对群众身边不正之风和腐败问题的惩治力度，坚决打好反腐败斗争攻坚战、持久战。

各位代表！伟大梦想是拼出来、干出来的！让我们更加紧密地团结在以习近平同志为核心的党中央周围，以习近平新时代中国特色社会主义思想为指导，在省委的坚强领导下，咬定目标使劲干，撸起袖子加油干，为谱写好伟大复兴中国梦的青海篇章作出新的更大贡献！

青海省2018年国民经济和社会发展计划执行情况与2019年国民经济和社会发展计划草案的报告

——2019年1月27日在青海省第十三届人民代表大会第三次会议上

青海省发展和改革委员会

受省人民政府委托，现将2018年国民经济和社会发展计划执行情况与2019年国民经济和社会发展计划草案提请省十三届人大三次会议审议，并请政协各位委员和列席会议的同志提出意见。

一、2018年全省国民经济和社会发展计划执行情况

2018年，国内外环境错综复杂，全省经济社会发展面临前所未有的困难。在省委的坚强领导下，在省人大、省政协的监督支持下，全省上下坚持以习近平新时代中国特色社会主义思想为指导，全面贯彻党的十九大和十九届二中、三中全会精神，按照省第十三次党代会和省委十三届三次、四次全会安排部署，认真落实"四个扎扎实实"重大要求，牢固树立新发展理念，坚持稳中求进工作总基调，以供给侧结构性改革为主线，深入实施"五四战略"，奋力推进"一优两高"，统筹稳增长促改革调结构惠民生防风险，较好完成了省十三届人大一次会议确定的各项目标任务，经济社会发展总体平稳、稳中有进，呈现结构优化、后劲增强、质量提升、民生改善的良好态势，青海驶入高质量发展的快车道。

——经济运行总体平稳。实现地区生产总值2865.2亿元，增长7.2%。农牧业丰产丰收，一产增长4.5%，粮油产量稳定，菜肉小幅增长，冷水鱼稳中有增。工业基本面平稳，规上工业增长8.6%，33个大类行业中21个保持增长，工业用电量、货运量分别增长7.1%、5.4%。服务业增长6.9%、占比达47.1%，旅游人数和总收入均增长20%以上，电信业务量增长1.6倍。地方一般公共预算收入增长10.8%，规上工业企业实现利润增长18.7%，全体居民人均可支配收入增长9.2%。财政金融支撑作用明显，公共财政支出1647.5亿元，有力保障了重点项目、重大任务资金需求。印发防控金融风险攻坚战三年工作方案，协调融资160多亿元应对重点企业债务兑付风险，金融机构人民币贷款余额6582.4亿元，工业贷款、小微企业贷款稳步增长，成功发行首单绿色金融债，聚能钛业登陆"新三板"。价格运行平稳，居民消费价格涨幅控制在2.5%。

——供给结构不断优化。高技术制造业、装备制造业分别增长35.5%、21.2%，比亚迪锂动力电池一期、青海铜业10万吨阴极铜等重点项目建成投产，国电投N型电池、大美煤业尾气制烯烃等132个重点项目加速推进，以锂电、金属合金、光电、新型化工、光伏制造及电子信息五大板块为主的新材料产业体系初步形成。国家清洁能源示范省规划获批，国内首个单体最大储能电站并网投运，新能源装机容量突破1200万千瓦，清洁能源发电量增长50.9%，签订青电送苏、送鄂框架协议，"绿电9日"再次刷新清洁能源连续供电世界纪录。科技创新力度不断加大，新增3家重点实验室，新登记科技成果518项，申请专利增长43.7%，科技型企业达415家，单模光纤预制棒等一批关键技术取得新突破，盐湖氯化锂熔盐电解法制取金属锂生产线贯通，德令哈光热发电项目填补了我国大规模槽式光热发电技术空白。服务业转型步伐加快，体育、健康、养老、信息等产业稳步增长。农牧业从增产转向提质，组建优质农产品、枸杞、牦牛、三文鱼等产业联盟，专业合作社实现行政村全覆盖，成功举办首届农民丰收节，农畜产品加工转化率达56%，高原、绿色、有机、富硒等品牌效应明显，"三品一标"产品达880个。

——投资消费协同拉动。逐月分解倒排投资任务，集中督导、定向施策，实施重点项目提速攻坚行动和"项目生成年"活动，谋划储备"百项万亿"重大工程，出台进一步激发民间投资活力促进经济持续健康发展实施方案，固定资产投资增长7.3%。建成格敦铁路、青藏铁路格拉段扩能改造主体工程，西成铁路前期取得重大进展。开工尖扎至共和、扁都口至门源高速等公路，建成大班公路、西塔高速改扩建、西宁绕城环线大湟平段、西宁凤凰山路等公路，"畅通西宁"三年攻坚行动计划完成，新改建农村公路6871公里、便民桥梁204座，农村公路通达深度和畅通水平全面提升。开工贵德通用机场，祁连机场通航运营。开工建设世界上第一条全清

洁能源特高压通道—青海至河南特高压直流工程、750千伏海南输变电工程，加快建设海西、海南2个“千万千瓦级”可再生能源基地，建成750千伏海西至青海主网通道能力提升工程。“引黄济宁”列入西部大开发重点工程，引大济湟西干渠、湟水北干二期、蓄集峡、那棱格勒河水利枢纽等重大水利工程加快建设，饮水安全巩固提升、中小河流治理等民生水利工程有序展开，黄河干流防洪工程、黄河沿岸四大水库灌区主体工程基本建成。注重发挥消费基础性作用，出台扩大和升级信息消费、推进供应链创新等一系列政策措施，实施消费升级行动计划，举办香港“青海商品大集”，建成京东·青海扶贫馆等省级电商平台，开通西宁—南京全程冷链示范线路，消费业态多样、供应丰富。社会消费品零售总额增长6.7%，电商交易额增长24.2%，网络零售额增长26.9%。

——绿色发展成效显著。中央环保督察问题整改扎实推进，52项整改任务已完成24项。制定国家公园示范省建设总体方案，三江源国家公园总体规划落地实施，与中科院合作成立三江源国家公园研究院，祁连山国家公园正式挂牌。河湖长制提前一年完成改革任务，五级河湖长体系全面建立。生态红线划定方案通过国家技术审核，县级土地利用规划调整完成，自然保护区内的矿业权全部注销。试行生态环境损害赔偿制度，扎实推进排污许可制改革，建成“天地一体化”生态环境监测评估预警体系。三江源二期、祁连山山水林田湖草、天然林保护、水土保持等重大生态工程进展顺利。承办全国推进大规模国土绿化现场会，启动湟水流域规模化林场建设试点，完成营造林406万亩，森林覆盖率达7.26%，涵盖水面、湿地、林草的蓝绿空间占比超过70%。开展重点行业能效“领跑者”专项行动，淘汰燃煤小锅炉789蒸吨，节能减排完成年度任务，主要城市环境空气质量优良率达83.4%，湟水河出省断面Ⅳ类水质全面达标。

——发展活力竞相迸发。深入推进供给侧结构性改革，69万吨煤炭产能关闭退出，一批新增长点培育壮大，减免企业税费105.3亿元。深化“放管服”改革，建立省、市州、县三级政府部门权责清单制度，展开“一网通办、一事通办”政务服务，公布省级部门和单位“马上办、网上办、就近办、一次办”审批服务事项目录，省政府部门行政审批事项削减67%，为西北最少，非行政许可审批实现清零。基本完成省级机构改革，机构设置和职能配置更加优化。工商登记实现“四十一证合一”，营商环境持续改善，新增规上企业44户、中小微企业1010户。省属企业“3+10”改革试点、混合所有制企业员工持股试点、三项制度改革试点有序推进，企业改革脱困工程效果显现。推进财政零基预算和存量资金“清零”行动，清理规范重点支出挂钩机制。开展普惠金融综合示范区试点。农垦改革、土地确权改革、国有林场改革重点任务全部完成，集体产权制度改革、村集体经济“破零”工程稳步推进。出台《深入推进“一带一路”建设高质量发展实施意见》，加快建设西宁综合保税区，与沿海沿边地区建立大通关合作机制，成功开行首列国际陆海贸易新通道铁海联运班列，举办哈萨克斯坦青海品牌商品展览会，自营产品出口增长21%。加大“走出去、引进来”力度，成功举办青洽会、藏毯展等展会，参加首届进口博览会并取得良好成效，招商引资到位资金750亿元。对口援青升级加力，签订实施六省市战略合作协议，落实援青资金16亿元、援助项目近400个。

——民生福祉稳步增进。年度民生实事工程圆满完成，向全省人民的承诺全部兑现。有望实现12个贫困县摘帽、526个贫困村退出、17.6万贫困人口脱贫，易地扶贫搬迁完成“十三五”总工程量的97%。就业大局稳定，城镇新增就业6.2万人，城镇登记失业率控制在3%，农牧区富余劳动力转移就业113.9万人次。完成社保提标扩面任务，调整艰苦边远地区津贴，健全完善企业职工工资指导线，开展农民工工资清欠行动。狠抓义务教育控辍保学，开展青南支教，义务教育巩固率提高到96.8%，学前三年毛入园率和高中阶段毛入学率分别提高3.8个和4个百分点，现代职业教育体系加快构建，开启“部省合建”青海大学、“省校共建”青海师大新模式，省属本科高校博士学位授予单位实现全覆盖。深化综合医改，深度开展青南地区支医工作，完善分级诊疗制度，三分之二以上的县就地就诊率达80%以上，包虫病等重大疾病和地方病防治成效明显。大型体育场馆免费低收费开放，文化“进村入户”工程扎实推进。成功举办环湖赛、国际冰壶精英赛和省运会，12个项目入选全国优选体育产业项目名录。建成300个高原美丽乡村和16个美丽城镇。茫崖、冷湖行委撤并设市。开工城镇棚户区改造3.05万套，综合整治老旧住宅小区2万套，改造农牧民危旧房6万户。“厕所革命”超额完成年度任务。食药品监管力度加大，安全生产形势平稳向好，社会和谐稳定。

在形势错综复杂、困难压力超预期的情况下，取得这些成绩实属不易。这是省委省政府带领全省上下始终保持定力，坚决顶住压力，充分激发活力，沉着应对、科学决策、稳扎稳打的结果；是各地区、各部门认真执行省十三届人大一次会议审议批准的《政府工作报告》和《计划报告》，切实落实省人大常委会审查意见，聚焦目标、迎难而上、担当尽责的结果；是全省各族人民齐心协力、持续攻坚、锐意进取的结果。一年来，全省上下坚持目标导向，坚定发展信心，注重主动作为，狠抓工作落实，牢牢把握了工作主动权。坚持抓早抓实，稳定经济运行。省委省政府相继召开两次全省经济形势分析会研究部署，成立完成目标任务推动组，制定地区部门落实清单，强化调度，以月保季，以季保年，力促各项指标稳中有升。坚持问题导向，加强督导落实。主要领导强化担当，靠前指挥，亲赴各地督导调研，现场研究部署，深入检查指导，压实责任，推动形成了全省一盘棋、一级抓一级、层层抓落实的工作格局。坚持转变作风，改进工作方法。落实“710”工作机制，精心组织“百日攻坚”“黄金季会战”“夏秋季攻势”和“收好官、开好局”专项行动，创造性开展“四个奔着去”大抓落实活动，以国务院大督查为契机破解难题，有序有力推动工作落地见效。自觉接受人大法律监督、工作监督和政协民主监督，提请省人大常委会审定地方性法规4部，438件人大代表意见建议、327件政协委员提案全部按期办结。

二、2019年经济社会发展环境和主要目标

2019年是新中国成立70周年、青海解放70周年，是落实“十三五”规划、全面建成小康社会、实现第一个百年奋斗目标的关键之年，做好全年工作意义重大、责任重大。我省发展面临不少有利条件：一是我国发展仍处于并将长期处于重要战略机遇期，经济总体平稳、稳中有进的态势不会改变，国家在“一带一路”、长江经济带、兰西城市群、乡村振兴、东西部扶贫协作、国家公园体制试点、支持四省藏区发展等领域不断释放新的政策机遇，特别是继续保持基础设施领域补短板力度，为推动我省高质量发展注入强大动力。二是省委十三届四次全会确定的“一优两高”战略部署和“登高望远、自信开放、团结奉献、不懈奋斗”的新青海精神，是省委省政府治青理政方略的又一次与时俱进，凝聚起全省各族人民建设更加富裕文明和谐美丽新青海的强大合力。三是我省自身发展基础不断夯实，增长动能加速转换，改革红利持续释放，对外开放范围扩展层次提升，资源、资本、劳动力配置效率不断优化，居民收入增速连续多年高于全国平均水平，经济社会发展持续迸发强大活力。

但同时，在长期和短期、内部和外部等因素共同作用下，我省经济社会发展也面临一些困难和挑战。主要是：工业结构调整阵痛凸显，实体经济困难较多；创新发展能力不强，新产业、新业态、新模式尚处于起步阶段；有效需求缺乏支撑，投资、消费快速增长压力较大；财政收支矛盾突出，金融领域潜在风险不容忽视；资源环境约束日益趋紧，生态价值和潜力尚需充分挖掘；居民增收渠道较窄，城乡基本公共服务均等化水平有待提高。此外，中美经贸摩擦影响将对我省外贸及就业带来新压力。我们要正视困难，直面问题，抓住主要矛盾，有针对性地加以解决。

在综合研判国内外发展形势、分析增长动力、兼顾发展需要和可能的基础上，省委省政府研究确定2019年工作的总体要求是：以习近平新时代中国特色社会主义思想为指导，全面贯彻党的十九大和十九届二中、三中全会及庆祝改革开放40周年大会、中央经济工作会议精神，按照省第十三次党代会和省委十三届四次、五次全会的部署，统筹推进“五位一体”总体布局和协调推进“四个全面”战略布局，坚持稳中求进工作总基调，坚持新发展理念，坚持推进高质量发展，坚持以供给侧结构性改革为主线，坚持深化市场化改革、扩大高水平开放，深入实施“五四战略”，奋力推进“一优两高”，统筹推进稳增长、促改革、调结构、惠民生、防风险、保稳定工作，进一步稳就业、稳金融、稳外贸、稳外资、稳投资、稳预期，推动三大攻坚战取得阶段性成果，推动改革开放更加深入，推动社会治理水平不断提升，推动人民生活持续改善，增强人民群众获得感、幸福感、安全感，为全面建成小康社会收官打下决定性基础，以优异成绩迎接中华人民共和国成立70周年、青海解放70周年。

建议2019年全省经济社会发展主要预期目标：地区生产总值增长6.5%—7%，固定资产投资增长7%左右，社会消费品零售总额增长8%左右，地方公共财政收入与地区生产总值同步增长，全体居民人均可支配收入持续高于经济增长速度、力争达到8%，城镇新增就业6万人，农牧区劳动力转移就业105万人次，城镇登记失业率控制在3.5%以内，居民消费价格涨幅控制在3%左右，主要城市空气质量优良天数比例保持在80%以上，水生态修复、水环境保护和水资源管理全面加强，湟水河出省断面保持Ⅳ类水质，节能降碳、主要污染物减排指标控制在国家规定目标以内。

实现这些目标还有大量的基础工作要做，有大量的硬骨头要啃，有大量的不确定因素要应对，压力不减，难度不小，需付出艰辛努力。

三、2019年国民经济和社会发展主要任务措施

2019年经济社会发展任务重、头绪多、要求高，必须统筹兼顾，既要稳固局面，切实把中央“六稳”要求落到实处，有效应对经济下行压力；又要抢抓机遇，全面落实“一优两高”战略部署，持续推动新青海建设再上台阶。重点抓好以下工作：

（一）深化供给侧结构性改革

促进传统产业转型升级。按照“巩固、增强、提升、畅通”的方针，巩固“三去一降一补”成果，增强微观主体活力，有效提升产业链水平，缓解企业困难，大力促进实体经济发展。实施好中国制造2025青海行动方案，加大政策支持，引导土地、金融、创新、人才等要素向传统产业改造提升集聚。实施

一批制造业技术改造和转型升级重大工程，应用物联网、云计算、大数据、人工智能等高新技术，促进生产、管理和营销模式变革。加快编制盐湖资源综合开发利用规划，推动盐湖化工向系列化、高品质化、多样化发展，提升全产业链竞争力。推进战略性矿产资源勘查和油气资源勘探开发。大力实施盐湖集团500万吨钾肥挖潜扩能改造、“2+3”碳酸锂、60万吨烯烃、夏日哈木镍钴矿采选等一批重点产业项目。实施高原特色轻工业振兴计划，大力发展青稞酒、高品质牛羊肉、枸杞、藏毯、民族服饰及特需品，促进特色轻工业提质量、上档次、扩规模。着力壮大一批优势企业，扶持一批发展潜力大的中小微企业，落地一批综合效益好的延链、补链项目，力争培育新增规上企业40户、中小企业1000户。稳步推进企业优胜劣汰，加快处置僵尸企业。

培育壮大战略性新兴产业。全力打造清洁能源示范省，加快建设青海至河南特高压直流工程、海南海西两大“千万千瓦级”清洁能源生产基地，启动青海至华东特高压外送通道前期、核能开发利用前期，开展提高光伏转化率、延长光热储能时间、大规模远距离清洁能源输电等重大技术攻关，构建水光风核热互补清洁能源体系。加紧研究推动清洁能源供暖，因地制宜，统筹利用，不断优化能源消费结构。做好干热岩、页岩气等新型能源开发利用研究，继续开展可燃冰科研工作。大力发展金属合金、有机化工、电子信息、动力储能、光电为重点的新材料产业，推动向高值功能化方向延伸。全面开工比亚迪二期14吉瓦时动力电池、海东8吉瓦时动力锂电池和隔膜纸等项目。发展特色生物资源精深加工，以健康制品和药品为方向，构筑高原特色生物产业集群。加快研究数字经济发展布局和工作机制，实施数字产业培育壮大、数字服务创新突破、数字工业试点示范、数字政务推广应用等一批重大项目，在工业互联网平台建设、工业互联网融合应用等领域打造标杆。建设新能源大数据创新平台、大美青海生态云、昆仑警务云，力争实施国家级大数据灾备中心项目。积极推进5G商用试点，实现网络提速降费。实施军民融合企业培育工程，加快发展军民两用高端机床、高寒地区特种电源等产业。

提升科技创新能力。完善科技评价和诚信体系，落实好研发费用加计扣除等政策，允许转制院所和事业单位管理人员、科研人员持有股权，搭建科技成果信息汇交平台，推动科技成果转化和产业化。健全政府采购制度，加大对重大装备和关键产品的支持，把首台首套政策落到实处。实施好创新发展行动和“百项创新攻坚”工程，启动一批重大科技专项，加快锂产业和盐湖资源综合利用等创新中心建设，大力推进火星模拟基地、国家天文望远镜等项目，积极参与第二次青藏高原科考活动。培育科技型企业40家、高新技术企业20家、科技小巨头企业5家，新增省级企业技术中心3—5家。升级各类“双创”平台载体，支持科技人员、高校毕业生、退役军人、农民工等创新创业，大力发展创业投资。实施“昆仑英才”“青海学者”“高端创新人才千人计划”，完善住房、就医、社保、子女入学等保障服务政策，规划建设人才公寓。

有效降低企业成本。开展降本增效专项行动，减少行政审批，优化环保、消防、税务、市场监管等执法方式，切实降低企业合规成本。对小微企业和科技型初创企业实施普惠性税收减免，降低社保缴费率，稳定缴费方式。清理规范地方收费项目，加大对乱收费查处和整治力度，公开一批典型案例。鼓励金融机构优化增信措施，降低民营经济特别是中小企业融资成本。提高电力交易市场化程度，加快推进输配电改革，改进电网成本监管，推进形成青海“电力特区”。提高综合交通运输网络效率，协调降低公路、机场、铁路等收费，减少物流成本。

（二）持续打好三大攻坚战

有效防范各种风险。坚持结构性去杠杆的基本思路，把国有企业去杠杆作为重中之重，优化企业资产配置，落实好“一企一策”风险处置方案，对有市场、管理好、符合政策的企业加大信贷投入，推进市场化法制化债转股和企业改革，从根本上解决重点企业债务兑付风险。有效防范处置银行不良资产，开展涉金融领域失信问题专项治理，严厉打击违法违规金融活动，坚决避免发生区域性系统性风险。落实好防范化解地方债政策措施，严控增量、化解存量、把握好度。切实加强政府投资项目管理，区分轻重缓急，严把建设规划关、项目审核关、投资计划关。坚持“房子是用来住的，不是用来炒的”定位，合理引导房地产市场预期和购房行为，防止房价出现异常波动。

认真做好精准扶贫。持续在“八个一批”和“十个专项”上聚焦发力，注重扶贫扶志扶智相结合，重点解决好“两不愁三保障”面临的突出问题，确保全省剩余的17个贫困县全部摘帽、170个贫困村全部退出、7.7万贫困人口全部脱贫，实现绝对贫困人口全部清零。做好中央巡视组脱贫攻坚专项巡视发现问题整改。聚焦深度贫困，集中资金、项目和政策举措，重点解决公共服务、基础设施及基本医疗有保障的问题。推进牦牛、青稞、光伏、乡村旅游、民族手工艺等五大扶贫产业，实施50个乡村旅游项目。瞄准特定贫困人口精准帮扶，探索建立特殊类型贫困家庭长效脱贫解困机制。强化易地扶贫搬迁后续措施，增强内生动力。持续巩固脱贫成果，做到摘帽不摘政策、摘帽不摘责任、摘帽不摘帮扶、摘帽不摘监管。研究出台贫困边缘户群体的帮扶举措。

推动污染防治取得新成效。落实好国家《关于建立健全绿色低碳循环发展经济体系的指导意见》《绿色创建行动总体方案》，完善政府为主导、企业为主体、公众广泛参与的环境治理体系。抓好中央环保督察问题整改，落实环境保护责任，打好八场标志性战役，强化铁腕治污力度。实施打赢蓝天保卫战三年作战计划，强化联防联控，稳妥淘汰10蒸吨及以下燃煤锅炉，因地制宜推动"煤改电、煤改气"等清洁供暖，持续治理机动车尾气污染，开展工业污染源排放达标管理，确保空气质量稳步提升。实施水污染防治行动计划，落实"河长制""湖长制"，加强饮用水源地管护，开展城镇污水处理"提质增效"三年行动，巩固提升城市黑臭水体治理成果。实施土壤污染防治行动计划，强化管控修复。扎实开展"绿色细胞工程"，加快发展绿色建筑，推广新能源汽车，鼓励绿色出行。构建固废分类收运、处置和循环利用体系，开展生活垃圾强制分类试点，启动城市垃圾焚烧处置项目，创建全域无垃圾示范州、示范县。完成省以下生态环境机构监测监察执法垂直管理制度改革。

（三）扎实推进乡村振兴

深化农牧业供给侧结构性改革。实施好推动乡村振兴战略实施意见和规划，在抓好27个村试点的基础上，再确定扶持25个村开展试点示范。稳固粮食生产能力，落实好藏粮于地、藏粮于技，强化远程储备，确保粮食市场供应。科学划分乡村经济发展片区，重点打造东部特色种养高效示范区、环湖农牧交错发展先行区、青南生态有机畜牧业保护发展区和渔业资源保护与适度开发带，推进全域绿色有机农牧业示范省建设。持续打造"四个百亿元"产业，力争认定1个国家级产业园、5个省级现代农牧业产业园。启动化肥农药减量增效行动，推行"三品一标"认证和标准化种养殖，实行农牧渔全链条标准化绿色生产。开展牦牛、藏羊等重要农产品质量追溯试点，扩大牛羊肉、枸杞、冷水鱼等优质产品高端市场供应，力争牦牛、青稞、三文鱼标准上升为国家标准，打造一批"青字号"特色农业品牌。有效防控处置非洲猪瘟疫情，坚决防止扩散，稳定畜禽产品生产供应。注重发挥农牧民主体作用和首创精神，完善支持政策，加强技能培训，激活乡村振兴内生动力。

构建产业融合发展体系。用工业化理念发展农牧业，用服务业方法经营农牧业，推动资本、人才、科技、理念下乡，培育10个产业强镇、打造20个"一村一品""一乡一品"产业。实施农畜产品加工业提升工程，支持主产区农畜产品初加工、精深加工、综合利用，提高高原特色农产品附加值。实施休闲农牧业和乡村旅游精品工程，树立推介10个以上休闲农业和乡村旅游精品品牌，打造一批现代庄园牧场，谋划建设乡村健康养老项目。加快益农信息化建设，推动公益服务、便民服务、电子商务、培训体验全面落地。组建10个"公司＋农牧民合作社＋基地＋农牧民"产业化联合体，扶持100个农民专业合作社，培训新型职业农牧民1万人，统筹解决小农户生产经营困难。

建设生态宜居新家园。启动实施"百乡千村示范工程"，打造300个高原美丽乡村，推动由分散建设向区域连片整体推进转变，分类、梯次推进村庄建设。增加农牧区基础设施投入，抓好饮水安全、电网改造、可再生能源开发利用、数字乡村等工程，建设农村公路4000公里、便民桥梁150座。保障农村牧区基本出行条件，鼓励发展乡村公交，实现具备条件的建制村全部通客车。抓好农村人居环境整治三年行动，实施1000个村庄和游牧民定居点整治项目，加快农村污水垃圾处理设施建设，健全完善运营管护长效机制。推进东部农业区散煤替代。开展"大棚房"问题专项整治。

加强农牧业基础设施建设。实施高标准农田、现代种业、现代农牧业科技创新驱动、智慧农牧业引领、种养结合循环农业等专项工程，加快马铃薯、油菜、牧草生产全程机械化示范基地建设，更新提升农牧业技术装备。加快建立以供水安全、防洪安全、生态安全为核心的水安全保障体系，实施好引大济湟西干渠、北干渠二期、蓄集峡水利枢纽、那棱格勒河水利枢纽等重大水利工程。把"引黄济宁"工程作为优化水资源配置、破解兰西城市群水资源短缺问题的重大生态和民生工程，全力推进前期，力争年内开工。推进湟水南岸灌溉、"三滩"引水生态综合治理、柴达木盆地水资源配置、香日德水库及灌区、"引通济柴"等重大工程前期，研究推动共和盆地及其外围水资源配置工程。

（四）增加优质生态产品供给

构建生态文明体系。抓好三江源和祁连山国家公园体制试点，加快申报青海湖、昆仑山国家公园，构建以国家公园为主体、自然保护区为基础、各类自然公园为补充的自然保护地管理体系。筹办好"国家公园论坛"和"世界自然遗产地论坛"，发布三江源国家公园公报。深入实施主体功能区战略，加快编制省域空间规划，积极推进资源环境承载力试评价和国土空间开发适宜性评价，科学划定"三区三线"，实现主体功能区战略格局在市县层面精准落地。划定并严守生态保护红线，科学整合自然保护地布局，加快自然保护地勘界定标，建立"三线一单"管理机制，完善"天空地一体化"生态环境监测评估预警和综合监控平台。健全自然资源资产产权体系，探索建立生态产品价值实现机制，逐步建立常态化、多元化、市场化的资金投入保障机制。大力倡导绿色价值观，开展生态环境科普"五进"、环保大讲堂、绿色创建等活动。

抓好生态工程建设。扎实推进重点地区生态保护建设工程，谋划三江源三期、祁连山二期等新项目，抓好天然林保护、退牧还草等专项工程，深入推进木里等矿区生态恢复。规划实施湟水河全流域生态修复和综合治理工程，着力打造湟水沿岸宜居带、景观带和生态走廊。加强矿产资源开发集中地区地质环境治理和生态修复，努力建设格尔木、都兰、大柴旦3个国家级矿业绿色发展示范区。抓好国土绿化，重点开展构建河湟绿色屏障、重点工程造林绿化、城乡绿化美化、高标准绿色通道、全民义务植树等八大行动，完成营造林400万亩以上。

（五）积极扩大省内需求

发挥投资关键作用。深化“项目生成年”活动，实施补短板提速、前期攻坚和审批破冰“三大工程”，努力提高投资的有效性、精准性。加快建立基础设施领域补短板协调机制，实行重大项目储备通报，用好地方政府专项债券，加大脱贫攻坚、农业农村、水利、生态环保、社会民生、能源、交通等领域补短板投资力度，推动基础设施高质量发展。建成投运格敦铁路、格库铁路、青藏铁路格拉段扩能改造工程，开工西成铁路，推进青藏铁路格拉段电气化改造前期，开展西格段高速铁路前期研究。积极打造“东部成网、西部便捷、青南通畅、省际连通”的公路网络，建成京藏高速扎倒段、曼大高速克图至大通段，加快建设西宁至互助、加定至西海至察汗诺、扁都口至门源等高速公路及河南至鄂尔哈期桥青甘界等公路，开工化隆至循化、油砂山至青新界、格尔木至茫崖等高速公路及盘坡至大通河等公路，实施畅通西宁升级版，打造幸福西宁绿色交通。建成贵德通用机场，开工西宁机场三期、青海湖机场、玉树机场改扩建工程，力争开工都兰通用机场。实施“百项万亿”重大工程项目和310项重大前期项目，提高前期工作进度和质量，完善重大项目储备和滚动接续机制。抓住东部地区产业向中西部转移的机遇，充分发挥行业协会、商会的桥梁纽带作用，包装引进一批优质产业项目。加快投融资服务引导转型，对各类投资审批事项实行“一码运转、一口受理、一网通办”，大幅压减评价评估环节和审批时间。在交通、油气、电信等领域推介一批投资回报机制明确、商业潜力大的项目，依法合规采用PPP等方式撬动社会资本投入，严格兑现合法合规的政策承诺，推动项目顺利实施。

积极拓展消费新增长点。瞄准消费升级势头，制定出台完善促进消费体制机制进一步激发居民消费潜力的实施方案。以培育优质限上企业、提升品质消费、促进节日消费、开展居家服务为抓手，支持各市州打造特色街区和高品位步行街，树立一批家庭服务品牌。实施优质消费升级增效行动计划，开展放心消费示范区、放心消费品牌创建活动，办好“地方特色小吃大赛暨西宁美食节”，组织开展“消费促进月”“购物节”等活动，打造青海老字号和特色新品牌。创建全域旅游产业改革创新区，规划建设十大旅游知名景区、十个生态旅游示范区，推进察尔汗盐湖旅游资源开发、青海之窗文旅城、循化撒拉尔水镇、唐卡艺术风情小镇等项目，打造一批精品景点、精品线路、一流景区。大力发展自驾车旅游、乡村旅游、藏区旅游、工业旅游、体育健康旅游、智慧旅游。全年接待游客总量和旅游总收入均增长20%以上。依托独特的消暑避夏、民族医药等优势，大力发展高原康养产业，促进医养融合。探索推进跨境电子商务，积极引进阿里巴巴国际站，加快申报海东市跨境电商综合试验区，打造“青海原产地商品天猫官方旗舰店”，建成一批市州级电商综合服务基地和县级综合服务中心，力争电商交易额突破800亿元，网络零售额达350亿元。完善物流枢纽网络，加强公铁转运站等公益性、准公益性物流基础设施建设，支持西宁、海东申报供应链体系建设试点城市。完善社区生活便民服务体系，鼓励社区商业体系化发展，探索发展新型服务。进一步放宽服务消费领域市场准入，大力发展养老服务和3岁以下婴幼儿照护服务，加快教育、文化、体育、家政等服务业发展。

（六）促进区域协调发展

构建区域协调发展新格局。坚持把东部地区、柴达木地区率先转型发展作为新时代区域协调发展的战略重心，优化国土空间开发布局，调整区域流域产业布局，着力构建西宁—海东都市圈、柴达木东西呼应的核心增长极，兰青—青藏（西格段）—格库铁（公）路为主线横贯东西、侧翼相连的经济发展轴，三江源国家重点生态功能区、青海湖国家级自然保护区、祁连山国家重点生态功能区共同构筑的国家生态文明高地，形成保护与发展相得益彰的“两核一轴一高地”区域协调发展新格局。

统筹东部、柴达木、环湖、江河源四大片区协调发展。实施好兰西城市群“1+N”政策，推进都市圈建设，研究打造综合改革试验区战略平台。加快打造宜居宜业宜游“大西宁”，推进多巴新城建设。不断完善海东城市功能，支持河湟新区加速崛起，努力打造全省副中心城市。支持海西加快发展和转型，在建设全国循环经济示范区上迈出新步伐。推进环湖地区特色化、城镇化发展，抓好青甘川交界地区平安与振兴工程，支持青南地区打造绿色“江河源”。加快实施藏区“十三五”规划项目，在生态保护、基础设施、产业发展、民生改善等方面加大建设力度，缩小区域间的发展差距。编制我省黄河生态经济带发展规划，积极打造湟水生态经济带。

加快推动新型城镇化。制定出台《全省城镇带动战略实施方案》，年内召开城镇工作会议。有序推进同仁、共和、贵德、海晏、玛沁5县撤县设市和湟中县撤县设区工作，实施10个美丽城镇建设项目，打造一批特色小镇。推进数字城市、智能城市、绿色城市、人文城市、海绵城市建设，加快补齐城市功能短板，推动公共交通优先发展，缓解“停车难”问题。提升城市网格化、信息化、精细化管理水平，促进产城融合、职住平衡、生态宜居。进一步放宽城市落户条件，推进农牧业转移人口就地就近市民化，加大“人地钱”挂钩配套政策力度，增加居住证公共服务项目，统筹推动进城落户和城镇基本公共服务均等化。

稳步推进园区改革创新。促进全省生产力布局向园区倾斜、产业向园区集中、要素向园区流动、企业向园区聚集。优化园区形态和布局，促进优势互补、集聚集约、错位发展。支持园区设立专项科技资金、绿色低碳循环资金，推进园区向绿色化循环化智能化方向转型升级。促进园区开发主体多元化，丰富“园中园”“官助民办”等多种开发模式。支持县域经济发展，打造多元化增长极。

（七）持续激发市场动力活力

深化重点领域改革。深化“放管服”改革，进一步精简审批、证照事项，探索推进“最多跑一次”“一网通办、一事通办”“不见面审批”改革，推进跨部门、跨层级审批事项网上协同办理，省级实现网上可办政务服务事项不低于90%。加快打造一网全贯通、事项全覆盖、流程全优化、承接全落地的市州、县、乡镇三级便民服务体系。落实“双随机一公开”监管，实现跨部门双随机联合抽查全覆盖，强化事中事后监管。完成市州、县区机构改革任务。深入推进行业协会商会与行政机关脱钩改革。统筹推进政务诚信、商务诚信、社会诚信和司法公信等重点领域诚信建设，强化守信激励和失信惩戒机制。完善现代国有企业制度，积极推进混合所有制改革，推动央企参与我省地方国企改制重组和结构调整，加强国有企业资产负债约束，启动企业离退休人员社会化管理。深化预算管理改革，实施财政全过程绩效管理，加快预算支出进度。深化农村牧区改革，完善农村承包地“三权分置”制度，建立健全土地承包权依法自愿有偿转让机制，推进集体产权制度改革，完善农业保险政策体系。规范政府定价管理方式，加快放开竞争性领域价格，深化水电气运等领域价格改革。推进公车、盐业、林业、供销社等重点领域和关键环节改革。

大力支持民营经济发展。深入贯彻党中央、国务院支持民营经济发展的决策部署，全力落实好国家在减轻税费负担、解决融资难题、完善环保治理、提高科技创新能力等方面的政策，制定进一步支持民营经济发展的政策措施，开展市场主体发展促进年活动。落实好国家针对小微企业的普惠性减税等措施，加快培育“专精特新”中小企业梯队，提升中小企业产品质量、技术装备、智能制造、能效环保和安全水平。推进市场准入负面清单制度改革，加快推行公平竞争审查制度，开展产权保护领域政务失信专项治理，建立健全企业家参与涉企政策制定机制。形成向民间资本推介项目长效机制，引导民营企业参与补短板项目建设。实施净化市场专项行动，探索建立营商环境评价机制，积极开展试点，有效破解“准入不准营”问题，进一步压缩企业开办时间。办好2019年全国工商联常委会和中国民营企业500强峰会，扩大青海影响力，吸引更多民营企业来青投资兴业。激发和保护企业家精神，实施企业家培育工程，营造有利于非公经济发展和企业家健康成长的政策、法治、市场和投资环境。做好第四次全国经济普查，做实数据、摸清家底。

拓展开放广度和深度。密切跟踪中美贸易摩擦对我省经济发展和企业生产经营造成的影响，研究应对预案并根据形势变化调整完善。深度融入“一带一路”战略，贯通俄罗斯—欧洲、中亚—西亚、南亚三条青海绿色通道，打造以青海为起点的“一带一路”盐化走廊，办好“一带一路中的青海”展览会、外交部青海全球推介活动，积极筹划清洁能源论坛、首届国际生态产业博览会。强化西宁、海东、格尔木三个节点城市外向型经济功能，加大六大出口基地建设力度，认定1—2个国家级和省级外贸转型示范基地，培育壮大具有代表性和牵头作用的外向型企业。稳定藏毯、民族服饰等传统产品出口，扩大枸杞、藜麦、牛羊肉、三文鱼等特色农产品出口，引导电力、光伏、有色金属等企业“走出去”开展国际产能合作，支持骨干企业到境外开展对外承包工程。加强与沿海沿边地区通关一体化合作，完善西宁机场口岸基础配套，积极推进青藏国际陆港、西宁综合保税区建设。积极融入长江经济带发展，加强省际间、区域间的协商合作，推动流域生态保护合作取得突破。坚持内外资并举，创新招商引资方式，“引大入青、引优入青、引新入青”，充分发挥青洽会、环湖赛、文化旅游节等展会赛事作用，全年招商引资到位资金不低于上年。落实省党政代表团赴援青省市学习考察成果，召开支援帮扶工作协调推进会，推动支援帮扶和东西部扶贫协作取得新成果。

（八）发挥财政金融支撑作用

实施更加积极的财政政策。准确把握国家重大政策机遇，有的放矢、积极争取，努力实现中央各类补助较快增长。培育税收增长点，推进环境保护税改革，完善资源税相关政策，跟进落实国家消费税、车辆购置税、个人所得税和房地产税等改革。严格落实中央各项减税降费政策，深化“营改增”

改革，坚决防止收取“过头税”、乱收费等行为。全力争取地方政府债券限额实现较大突破，统筹把握好债券项目安排。优化支出结构，保障脱贫攻坚、生态保护、高质量发展、基础设施补短板等重点投入，扩大财政对经济增长的即期拉动作用。清理整合专项资金，统筹部分小散碎、结余过大、使用不规范的项目。用好用活政府引导基金，整合设立大基金，撬动更多资金投向重点领域和薄弱环节。树立过紧日子的思想，严格压缩一般开支。

增强金融对实体经济支持力度。继续争取差别化政策，提升融资对接服务能力，以设立基金、贷款贴息、保险补贴等方式支持科技创新重大项目和重点工程，鼓励银行向民营企业发放3年期以上的中长期贷款。引导推动中小银行和各类非银行金融机构规范健康发展，支持发展地方法人保险机构、消费金融机构、金融租赁公司等金融新业态，稳妥推进农信社改制。探索建立企业债券省级风险缓释基金。推动绿色债券融资，建立绿色发展基金，探索在青海股权交易中心开设生态板。认真抓好普惠金融综合示范区试点，推广“双基联动”，稳步推进“两权”抵押贷款试点，引导金融机构下沉网点、延伸服务。

强化财政金融联动。依托财政资金引导金融资金先期投入，放大财政资金倍数，加大对重大公益性建设项目的支持力度。调整完善财政资金支持产业发展方式，逐步改变直接投入模式，探索推广融资担保、股权投资等新方式，撬动信贷和社会资金加大对经营性领域和战略性新兴产业的支持力度。做大做强政府性融资担保平台，分领域、分行业开展银企对接，切实纾解民营企业、中小企业融资难问题。

（九）进一步增进民生福祉

促进就业增收。推动产业、企业、就业“三业联动”，落实各项创业就业政策，实施高校毕业生就业促进计划和创业引领计划，做好军队转业干部和退役士兵的接收安置工作，加大公益岗位挖潜，做好机关事业单位公开考录招聘。实施新生代农民工职业技能提升计划，培育壮大“拉面经济”等青海特色劳务品牌，持续发展“虫草经济”等特色原生产业。开展各类就业援助活动，做好去产能分流职工、残疾人等就业工作，动态消除“零就业家庭”。密切关注受中美贸易摩擦传导影响大的企业，落实失业保险待遇或纳入最低生活保障，确保就业大局稳定。落实好国家扩大中等收入群体规划纲要和促进居民增收行动计划，实施收入提升行动，执行好个人所得税专项附加扣除。深化机关企事业单位工资制度改革，健全工资支付保障长效机制和最低工资标准增长机制，提高退休人员基本养老金和城乡居民基础养老金标准。拓宽居民经营性收入和财产性收入渠道。

办好民生实事。按照国家《关于建立健全基本公共服务标准体系的指导意见》，研究制定地区标准规范，积极开展标准化试点。启动实施青海教育现代化2035，基本消除城镇大班额，完成县域内义务教育均衡发展和教育脱贫攻坚目标，进一步优化高职院校布局结构、高等教育学科结构，提升教师队伍整体素质，巩固控辍保学成果。广泛吸引社会力量，增加学前教育、农村贫困地区儿童早期发展、职业教育等投入，筹划新建一所科技类本科大学。组织召开中藏医药发展大会、卫生援青工作会议，加快建设省卫生职业技术学院新校区、省人民医院城北院区等项目，开展社会办医示范行动，强化短缺药、低价药、抗癌药、儿童用药保障，加大农牧区贫困人口和城市困难职工医疗救助力度。强化优秀传统文化保护传承利用，传承弘扬红色文化，实施乡镇综合文化站提升、广播电视收音机进帐篷、应急广播体系建设等工程，推进智慧广电建设，支持影视文化产业健康发展。广泛开展全民健身、竞赛表演等活动，争创全国运动健身模范市州、县区。落实三年棚改攻坚计划，改造棚户区1万套，老旧小区综合整治3万套。实施农牧区危房改造1.5万户、农牧民居住条件改善工程3万户。实施“厕所革命”三年行动方案，如期完成年度建设任务。抓好“菜篮子”建设，优化中小型蔬菜批发市场布局，跟踪分析重要商品市场供需和价格变化，统筹做好保供稳价工作。

确保社会和谐稳定。抓好煤电油气运调节工作，重点加强天然气产供储销体系建设，完善极端情况下的能源应对预案，确保重要时段、重点区域和民生用能不出问题。加强社会治安综合治理，有效预防和化解矛盾纠纷。严格落实安全生产责任和管理制度，强化预警平台、救援队伍、保障设施建设，严防重特大安全事故发生。加大食药品安全监管，抓紧建设追溯体系，整治突出问题。提升防灾减灾救灾能力，做细做实预案，有效应对地震、春旱、洪涝、雪灾等灾害。

各位代表，2019年全省经济社会发展任务艰巨而繁重，我们要以习近平新时代中国特色社会主义思想为指导，树牢“四个意识”，坚定“四个自信”，坚决做到“两个维护”，在省委的坚强领导下，自觉接受省人大指导监督，积极听取省政协意见建议，认真落实“四个扎扎实实”重大要求，深入实施“五四战略”，扎实推进“一优两高”，埋头苦干、攻坚克难、锐意进取，确保完成全年经济社会发展主要目标任务，以优异成绩迎接中华人民共和国成立和青海解放70周年，为决胜全面建成小康社会、谱写好伟大复兴中国梦的青海篇章作出新贡献！

青海省2018年预算执行情况和2019年预算草案的报告

——2019年1月27日在青海省第十三届人民代表大会第三次会议上

青海省财政厅

受省人民政府委托，现将2018年预算执行情况和2019年预算草案的报告提请省十三届人大三次会议审议，并请政协各位委员和列席会议的同志提出意见。

一、2018年预算执行情况

2018年，在省委的坚强领导下，在各级人大及其常委会的监督指导下，全省各级财政部门以习近平新时代中国特色社会主义思想为指导，全面贯彻党的十九大和十九届二中、三中全会精神，按照省第十三次党代会和省委十三届三次、四次、五次全会部署，切实增强"四个意识"，全面落实"四个扎扎实实"重大要求，着力推动"四个转变"，深入实施"五四战略"，奋力推进"一优两高"，认真执行省人大各项决议，牢固树立新发展理念，坚持稳中求进工作总基调，落实积极财政政策，严格贯彻执行预算法，依法加强组织收入，优化财政支出结构，深化财税体制改革，圆满完成了各项工作。

（一）2018年预算收支情况。

1. 一般公共预算

（1）全省执行情况。2018年，全省地方一般公共预算收入272.9亿元，预算执行率为103.1%，较上年完成数增长10.8%。加上中央补助收入1230.4亿元，发行地方政府一般债券424.8亿元（含置换一般债券218亿元），上年结转18亿元，调入预算稳定调节基金93.3亿元，调入历年财政存量资金及政府性基金等15.3亿元后，全省一般公共预算总收入为2054.7亿元，剔除发行的置换一般债券，全省实际总财力1836.7亿元，较上年增加179.7亿元。

全省一般公共预算支出1647.5亿元，预算执行率为95.2%，较上年完成数增长7.6%，债务还本支出219.1亿元，安排预算稳定调节基金89.3亿元，上解支出1.1亿元。收支相抵后，年终结余97.7亿元，全部为结转下年支出。

（2）省本级执行情况。省本级地方一般公共预算收入84.3亿元，预算执行率为101.3%，较上年完成数增长9.3%。其中：税收收入59亿元，预算执行率为93.1%，增收4亿元，增长7.3%；非税收入25.3亿元，预算执行率为127.4%，增收3.1亿元，增长14.2%。加上中央补助收入300亿元（中央补助我省收入1230.4亿元，扣除对市州补助930.4亿元），发行地方政府一般债券330.8亿元（含置换一般债券174.2亿元），上年结转11.8亿元，调入预算稳定调节基金70亿元，调入国有资本经营预算收入0.3亿元后，省本级一般公共预算总收入797.2亿元，剔除发行的置换一般债券，省本级实际总财力623亿元，较上年增加36.4亿元。

省本级一般公共预算支出533.3亿元，预算执行率为95%，增长8.5%。债务还本支出174.4亿元，安排预算稳定调节基金60.6亿元，上解支出1.1亿元。收支相抵后，结转下年支出27.8亿元。重点支出情况为：一般公共服务33亿元，预算执行率为100%（下同）；公共安全43.1亿元，94%；教育29亿元，87.6%；科学技术8.3亿元，99.6%；文化体育与传媒12.1亿元，85.1%；社会保障和就业78.4亿元，98%；医疗卫生与计划生育54.3亿元，98%；城乡社区26.2亿元，99.2%；农林水35.6亿元，93.5%；交通运输111.7亿元，96.8%；住房保障9.2亿元，99.5%。

2. 政府性基金预算

全省政府性基金总收入265亿元。其中，当年收入136.9亿元，预算执行率为186%，中央补助收入12.2亿元，调入资金1.8亿元，上年结转65.1亿元，发行地方政府专项债券49亿元（含置换专项债券2亿元）。政府性基金支出228.6亿元，预算执行率为92.9%，调入一般公共预算10.9亿元，债务还本支出8亿元，结转下年支出17.5亿元。

省本级政府性基金总收入88.3亿元，其中，当年收入28.2亿元，预算执行率为100.9%，中央补助收入-6.5亿元（中央补助全省12.2亿元，扣除对市州补助18.7亿元），上年结转60.6亿元，发行新增地方政府专项债券6亿元（全省47亿元，转贷市州41亿元）。政府性基金支出74.2亿元，预算执行率为86%，债务还本支出2亿元，结转下年支出12.1亿元。

3. 国有资本经营预算

全省国有资本经营预算总收入3.3亿元，其中，当年收入1.6亿元，预算执行率为232.1%，上年结转1.7亿元，中央补助收入0.03亿元；国有资本经营预算支出2.1亿元，预算执行率为70.8%，调出资金0.4亿元，结转下年支出0.9亿元。

省本级国有资本经营预算总收入2.9亿元，其中，当年收入1.3亿元，预算执行率为229.4%，上年结转1.6亿元，中央补助收入0.03亿元；国有资本经营预算支出1.9亿元，预算执行率为72.4%，调出资金0.3亿元，结转下年支出0.7亿元。

4. 社会保险基金预算

全省社会保险基金总收入575亿元，其中，当年收入355.5亿元，预算执行率为106.1%，上年结余219.5亿元；社会保险基金支出331.3亿元，预算执行率为98.5%，年终结余243.6亿元。

省本级社会保险基金总收入420.9亿元，其中，当年收入291.4亿元，预算执行率为106.9%，上年结余129.5亿元；社会保险基金支出284亿元，预算执行率为97.8%，年终结余136.8亿元。

具体情况详见《青海省2018年预算执行情况和2019年预算草案》，以上各项收支数据待财政部批复决算后，会有一些变化，届时向省人大依法报告相关事项。

需要说明的问题：一是关于地方收入超短收的情况。2018年省本级地方收入超收1.1亿元，其中：税收收入短收4.4亿元，主要是部分重点企业办理增值税延期缴纳所致；非税收入超收5.5亿元，主要是相关执收部门加大征管力度，森林植被恢复费，残疾人就业保障金等专项收入，法院、国土行政事业性收费以及公安、法院罚没收入增长较多。二是关于中央转移支付安排执行的情况。近年来，省财政坚持财力下移方针，将中央转移支付的80%转移至市（州）县，2018年省对下补助930.4亿元，较上年增长11.9%，其中财力性补助达到499.1亿元，增强了地方政府统筹财力能力。三是关于预算执行变化的情况。省本级一般公共预算支出较年初预算620.3亿元减少87亿元，主要是在预算执行中，按照省级行业主管部门提出的项目分配方案，将省本级预留资金下达到各地，相应减少省级、增加各地支出预算。四是关于地方政府债券发行使用的情况。2018年全省发行地方政府一般债券424.8亿元（新增债券206.8亿元、置换债券218亿元），发行地方政府专项债券49亿元（新增债券47亿元、置换债券2亿元），新增债券主要用于基础设施等公益性资本性项目建设，置换债券用于归还到期存量债务本金。按规定分别在一般公共预算和政府性基金预算中作了反映。截至2018年底，全省地方政府债务余额1763亿元，综合债务率45.5%，全省债务风险总体可控。

（二）落实省人代会预算审查决议及财政重点工作开展情况。

2018年，按照省人大预算决议要求，省财政厅认真贯彻执行预算法，坚持问题导向，完善体制机制，规范收支预算管理，提高资金使用绩效，全力保障重点支出，力促经济社会持续健康发展。主要开展了以下工作：

1. 地方财力规模稳步增长。立足省情实际，突出重点，始终把做大财力总量作为财政工作的重中之重。加强收入征管和质量提升。坚持依法征管，完善收入监控体系，着力提升财政收入质量，确保财政收入应收尽收、及时足额入库，圆满完成了年初既定的目标任务。积极争取中央财政支持。深化省情认识，强化责任担当，会同省级相关部门加大向中央部委的汇报衔接力度，加强协调配合，凝聚工作合力，突出工作实效，全年共落实中央各类补助资金1230.4亿元，增长10.1%，比2017年增加113.2亿元，创历年新高。争取地方政府新增债务额度261亿元。落实对口援青资金15.5亿元，增长8.5%。全省总财力突破1800亿元，为保障全省重点支出提供有力支撑。

2. 三大攻坚战举措有效落实。对标年度目标任务，增加资金投入，支持打好三大攻坚战。有力防范政府债务风险。出台地方政府性债务管理办法，明确违法违规举债负面清单，全面整改不规范举债行为。创新专项债券发行品种，医疗卫生专项债为全国首单。全面完成存量债务置换工作，按期足额归还到期债务本息。锁定政府隐性债务规模，制定化解方案，严守不发生系统性、区域性风险的底线。加大精准扶贫力度。聚焦深度贫困地区，下达财政扶贫专项资金63.9亿元，大力实施产业扶贫、易地扶贫搬迁、乡村振兴试点，设立贫困生态管护岗等，顺利推动12个贫困县摘帽、526个贫困村退出、17.6万贫困人口脱贫。推进生态文明建设和污染防治。下达资金72.6亿元，支持推进国家公园体制建设，落实草原生态保护补助奖励政策，完善天然林保护和森林、湿地生态效益补偿机制。支持大气、水、土壤污染源头防治，实施城乡环境连片整治，生态环境质量明显改善。

3. 财政政策落实积极有效。努力扩大财政支出规模，深化供给侧结构性改革，加大减税降费力度，推动经济高质量发展。下达基建资金359.5亿元，支持“引大济湟”、湟水北干渠工程、城市管网、国省干线、凤凰山快速路等重大项目建设，发挥有效投资对经济增长的关键性作用。下达产业转型升级专项资金36.3亿元，支持工业企业转型升级、节能降耗、循环利用、企业技术创新、新旧动能转换、国企脱困发展等，培育和壮大经济新增长点。下达商业服务业资金15亿元，支持商贸流通、对外贸易、冷链物流、高原旅游等第三产业优质健康发展。严格落实国家减税降费政策，做好增值税留抵税额退税工作，落实符合条件的小微企业减半征收企业所得税等减税政策，停征2项行政事业性收费，降低3项行政性收费和政府性基金征收标准，全年累计为市场主体减免税费105.3亿元。

4. 民生保障水平持续提升。深入贯彻以人民为中心的发展思想，持续加大民生领域投入，36项民生实事工程全面完成。落实积极的就业政策，通过支持保障重点群体就业、加大劳动技能培训、企业稳定岗位、打造劳务品牌等措施，全省就业更加充分。坚持教育优先发展，支持实施学前三年行动计划、义务教育薄弱学校改造、普通高中攻坚计划、现代职业教育质量提升、高校综合实力提升等建设项目。落实各阶段教育学生资助政策，惠及学生99万人。支持健康青海建设，推进医药卫生体制改革，深化“三医联动”，加快推进医保支付方式改革，着力提升公立医院医疗服务能力。全面落实国家调整机关事业单位人员基本工资政策，提高城乡居民医保、退休人员养老金、最低生活保障、基本公共卫生等政策标准，巩固扩大居家和社区养老服务试点成果，满足居民多样化需求。持续改善城乡居住条件，支持实施棚户区改造3.05万套，综合整治2万套，农村危旧房改造6万户，建设高原美丽乡村300个、美丽城镇16个。推动文化体育事业繁荣发展，支持文化产业项目、基层综合文化服务中心建设、“五馆”免费和大型体育场馆低收费向社会开放、文物及非物质文化遗产保护和传承，支持文化体育旅游等重大活动举办。

5. 财税体制改革纵深推进。在抓好已出台改革方案落实的基础上，继续推动制度创新，保持改革工作力度和连续性，提高改革工作质量。深化部门预算改革。以2019年预算编制为抓手，出台项目库管理、预算调整和调剂、基本支出预算编制、公用经费单项定额标准、政府采购预算管理等制度办法和操作规程，狠抓改革推进落实。改进预算编制方法，按照积极稳妥的原则，将能够预计的中央转移支付及各类资金全部纳入年初预算盘子；积极推行“工作量”预算法，以行政效率和预算执行能力为依据，统筹安排部门支出预算；细化实化年初预算，将资金落实到具体地区和项目，年初预算到位率大幅提高。加大存量资金盘活力度。建立可操作、能落地的管理机制，全面开展“清零”行动，打通盘活存量资金“最后一公里”瓶颈，除国家有特殊规定的资金外，将存量资金分类、分级次收回，各级财政全年累计收回财政存量资金112亿元，存量资金问题得到较大缓解。加强项目库建设。注重项目储备工作，健全完善项目生成、入库、滚动管理等工作机制，建立分层设立、分级管理、滚动更新的单位、部门和财政三级项目库。要求编入预算的项目必须先纳入项目库，有充分的立项依据、明确的实施期限、合理的预算需求和可评价的绩效目标，未纳入项目库的一律不安排预算。推进财政事权和支出责任划分。出台基本公共服务领域省对下财政事权和支出责任划分改革实施方案，推动建立各级政府财力与事权支出相匹配的资金分担机制，促进各级政府更好履职尽责。印发省对下专项转移支付目录清单，理顺省级部门履职活动行为，规范省对下转移支付设置，准确界定省级支出和省对下转移支付，进一步建立健全省对下专项转移支付体系。加快推进税制改革。如期开征环境保护税，降低制造业、交通运输等行业增值税税率，落实提高个人所得税起征点政策。

6. 财政管理监督持续强化。狠抓制度建设和执行，严格依法理财，强化财政管理，切实管好用好财政资金和公共资产。全面实施预算绩效管理，绩效目标实现对部门预算项目支出的全覆盖，部门整体支出绩效管理试点正式启动，开展重点项目绩效运行监控；省对下财政管理和省级部门预算管理综合绩效考评指标体系进一步优化，与实际工作的契合度及针对性更高；重点专项支出绩效评价进一步扩围，涉及项目45个、资金288亿元。推进绩效信息公开，绩效目标和重点专项绩效评价结果分别随同预算、决算向人代会报告。加大预算信息公开力度，注重制度建设和抓落实并举，制定省级部门预算信息公开模板，全年召开2次全省财政部门和省级预算单位工作人员培训会议，定期开展抽查和考核监督，全省所有政府和部门预决算报告及相关报表都进行公开，并附有解释说明。预决算公开工作全国考评名次较上年提升14位。严格落实全口径预算管理，加大预算统筹力度，将各类财政沉淀资金调入一般公共预算统筹安排，国有资本经营预算调入一般公共预算的比例提高至25%。落实优化财政支出结构意见，清理规范重点支出挂钩机制，严格控制预算追加事项，大力压缩一般性支出，全省“三公经费”支出较上年下降3.8%。加强国有资产管理，制定青海省行政事业性国有资产管理办法，向国家报送国有资产综合报告和金融企业国有资产专项报告。积极有效实施财政监督，认真组织开展会计监督、预决算公开等检查及“小金库”专项治理，坚持依法依规定性处理，切实维护了财经纪律，保障了资金安全。

各位代表，过去的一年，我们也清醒地看到财政工作相对于改革新要求和新形势仍然面临一些困难和不足，主要是：受经济下行和减税影响，全省总财力增长趋缓，制约了财政支出规模的稳定增长，民生、债务付息等刚性支出增长过快，加之财政保障范围不断扩大，部分专项资金固化，收支矛盾十分尖锐；对竞争性领域投入较多，短期内改变财政直投企业的方式有一定难度；受提标政策影响，部分社保基金当年收不抵支，财政可持续受到影响；支出管理还需加强，预算执行进度较慢，资金使用效益有待进一步提高。对这些问题我们将高度重视，采取有力措施加以解决。

二、关于2019年全省和省本级预算草案

2019年，我国发展仍处于并将长期处于重要战略机遇期，经济向好的基本面没有改变，为财政收支稳定增长提供

了利好条件。但发展面临的国际环境和国内条件都在发生深刻而复杂的变化，经济面临较大下行压力，部分重点领域风险压力增大。我省与全国形势基本吻合，一些不确定、不稳定因素将对2019年财政收支产生较大影响。

一是地方收入受减税因素制约较大。从中央经济工作会议和全国财政工作会议释放的信号来看，2019年，中央将出台更大规模减税降费政策，对财政增收造成较大影响。增值税方面，适当降低增值税税率，提高小规模纳税人起征点，逐步建立增值税留抵退税制度。企业所得税方面，对小微企业、科技型初创企业实行普惠性税收减免。个人所得税方面，落实6项专项附加扣除政策，减税幅度和覆盖面都将继续扩大。此外，部分省内重点企业经营困难，相继出现了延期纳税情况，也将影响税收收入增长。由于我省经济体量小，企业实力弱，主体税种减收造成的影响很难从其他途径得到有效弥补。如果2019年中央减税力度远超出我们的预期，则需对收入预算作出相应调整。

二是争取中央补助难度加大。2019年减税力度加大，中央收入将受到影响，对地方转移支付增长有限，进一步加大了我省争取中央补助难度。

三是财政支出需求增大。我省正处在经济社会发展的关键阶段，促发展、补短板、融入国家发展战略都需要财政的有力支持。脱贫攻坚、生态环境保护、乡村振兴、“一带一路”、“稳疆固藏”、交通、水利等基础设施建设，以及城乡居民收入、教育、医疗卫生等民生事业短板都要求财政支出保持适度增长。“保工资、保运转、保基本民生”等刚性支出压力也日益增大。

四是债务还本付息压力凸显。2018年底全省政府债务余额1763亿元（一般债务1463亿元、专项债券300亿元），2019年全省需还本付息192.7亿元（本金128.3亿元、利息64.4亿元），其中省本级148.7亿元（一般债券本金91.8亿元，可通过借新还旧偿还，利息、发行费等56.9亿元需用预算财力安排）。此外，化解政府隐性债务还需安排一定的资金。

根据面临的财政经济形势，2019年预算编制的指导思想是：以习近平新时代中国特色社会主义思想为指导，全面贯彻落实中央和省委的决策部署，坚持和加强党的全面领导，坚持稳中求进工作总基调，坚持创新、协调、绿色、开放、共享发展理念，紧扣我国社会主要矛盾变化在青海的具体体现，以“五四战略”“一优两高”战略作为制定财政政策、安排预算资金的重要依据，落实高质量发展和“六稳”工作要求，围绕构建绿色发展模式，坚持以供给侧结构性改革为主线，实施积极有效的财政政策，大力减税降费，实质性降低企业负担；进一步优化财政支出结构，支持打好“三大攻坚战”，提高财政政策的精准度和有效性；牢固树立“过紧日子”思想，从严控制一般性支出，优先保基本、保重点、补短板；持续深化财税体制改革，加快建立现代财政制度，全面实施预算绩效管理，提高财政资金使用效益；强化地方政府债务管理，积极防范化解隐性债务风险，坚决防范化解财政风险，促进经济社会持续健康发展。

按照上述指导思想，在预算编制中总体考虑以下几个方面：

（一）大幅提高年初预算到位率。我省财政支出的80%以上依靠中央补助，由于中央补助规模难以确定，以往年度年初预算安排的财力主要以地方收入和中央少量固定补助为主，对应安排的支出规模小，预算整体到位率较低。2015年新预算法实施以来，对提高年初预算到位率、细化预算编制、硬化预算约束等提出了新的更高要求。近两年，中央财政不断加大提前下达资金规模，提前下达比例已达到全年的80%，为地方提高年初预算到位率创造了有利条件。因此，我们在编制2019年预算时，按照积极稳妥原则，结合2018年执行情况和中央提前下达的2019年补助资金，对中央转移支付规模进行合理预计（按2018年执行数的96%进行预计），加之2018年以来深入推进部门预算编制改革，项目库建设实现了一定突破，为细化预算奠定了基础，年初预算到位率大幅提高。反映在预算数据上，2019年年初预算收支安排较上年年初预算大幅增长。这并不意味着全年财力的大幅增加，而是将以往年度执行中，通过中央追加安排的财力提前谋划安排到年初预算中。这样做，一是规范了预算编制，便于人大审查和审计监督。二是有利于减少执行中的追加事项，体现了预算的刚性约束和严肃性。三是推动部门将资金尽早落实到具体项目，加快预算执行，提高支出效率。

（二）将提前下达的地方政府债券纳入年初预算。为贯彻落实党中央、国务院决策部署，提前启动发债和加快债券资金使用工作，保障重点项目资金需求，2018年12月29日，第十三届全国人民代表大会常务委员会第七次会议审议通过授权提前下达政府新增债务限额的议案，从2019年起，各省财政部门可以将国务院提前下达的新增地方政府债务限额编入年初预算，报请省人大审查批准。对此，我们将财政部提前下达我省的新增政府债务限额178亿元编入2019年省本级预算（其中：一般债券150亿元，专项债券28亿元），全部用于资本性公益性项目支出。

（三）2019年收支安排原则。一是积极稳妥安排地方收入预算。实事求是、科学预测，地方收入增幅应与经济社会发展新情况相适应，与财政政策相衔接，充分考虑落实减税降费政策等因素影响。二是合理预计中央补助收入。结合2018年执行和中央提前下达2019年补助资金情况，合理预计中央补助，大力争取地方政府债券额度，努力做大年初财力规模。三是牢固树立“过紧日子”思想。除刚性支出和重点项目支出外，其他支出按照不低于2018年完成数5%的比例压减。四是努力补齐民生短板。优先保障基本民生，合理把握民生调标幅度，持续加大民生工程短板资金投入。五是支持落实重大战略。以"一优两高"为引领，坚持生态保护优先，支持推动高质量发展，加大乡村振兴战略投入，落实区域协调发展战略，推进重大基础设施建设。六是支持打赢"三大攻坚战"。加强地方政府债务管理，集中资源支持打赢脱贫攻坚战，加大污染防治领域资金投入。七是转变支持产业发展方式。正确处理好政府与市场之间的关系，减少直接投入，推动直接投入向间接扶持转变，整合优化已设立的产业基金，充分发挥基金引导带动作用。八是加大省对下转移支付力度。全面落实县级基本财力保障省级支出责任，加大省对下转移支付和财力调节力度。

（四）2019年收入和支出安排情况。按照预算编制要求和支出政策，全省及省本级一般公共预算、政府性基金预算、国有资本经营预算、社会保险基金预算统筹安排如下：

1. 一般公共预算

（1）全省情况。全省年初总收入1841.9亿元，较上年年初预算增长36.8%。其中，地方一般公共预算收入安排292.4亿元，较上年执行数增长7%，中央补助收入1182.8亿元，新增地方政府一般债券150亿元，调入预算稳定调节基金89亿元，统筹整合调入资金30亿元，动用上年结转97.7亿元。

全省一般公共预算支出安排1838.4亿元，上解支出3.5亿元。

（2）省本级情况。省本级年初总收入740.3亿元，较上年年初预算增长19.9%。其中，地方一般公共预算收入安排90.1亿元，较上年执行数增长7%。中央补助收入375.4亿元（中央补助我省1182.8亿元，扣除对市州补助807.4亿元），新增地方政府一般债券150亿元，统筹调入各类资金25.2亿元，动用预算稳定调节基金68亿元，市州上解3.8亿元，动用上年结转27.8亿元。

省本级一般公共预算支出安排736.8亿元，较上年年初预算增长18.8%（下同）。上解支出3.5亿元。具体安排为：一般公共服务34.9亿元，增长13.2%；公共安全43.7亿元，增长2.8%；教育47.3亿元，增长8.2%；科学技术8.9亿元，增长4.1%；文化旅游体育与传媒14.3亿元，增长14.4%；社会保障和就业90.3亿元，增长53.8%；卫生健康55.5亿元，增长38.7%；节能环保22.9亿元，增长20.6%；城乡社区4.9亿元，增长17.8%；农林水69.3亿元，增长35.6%；交通运输153亿元，增长12.5%；资源勘探信息等16.8亿元，增长5.3%；商业服务业等2.3亿元，增长29.4%；金融2.6亿元，增长18.2%；自然资源海洋气象等19.3亿元，增长32.7%；住房保障14亿元，下降37.3%；其他各项支出136.8亿元，增长17.5%。

汇总2019年省本级部门预算，省本级行政事业单位用财政拨款安排的"三公经费"支出1.86亿元（其中：因公出国境费0.31亿元，公务接待费0.3亿元，公务用车购置0.1亿元，公务用车运行费1.15亿元）。

需要说明的是，省本级部分支出预算增幅低，主要原因是根据改革要求，2019年预算安排时，严格区分资金安排级次，将原预留在省本级的资金细化至省对下补助中安排。

（3）省对下补助情况。省对市（州）补助807.4亿元，较上年年初预算增加293.6亿元，增长57.1%。其中：返还性补助39.2亿元，与上年持平；一般性转移支付434.9亿元，增加90.1亿元，增长26.1%；专项转移支付333.2亿元，增加206.4亿元，增长162.8%。

2. 政府性基金预算。全省政府性基金收入安排104.8亿元，新增地方政府专项债券28亿元，政府性基金支出安排128.4亿元。省本级政府性基金收入安排24.8亿元，新增地方政府专项债券28亿元，政府性基金支出安排63.4亿元。

3. 国有资本经营预算。全省国有资本经营收入安排1亿元，国有资本经营支出安排1.4亿元。省本级国有资本经营收入安排0.8亿元，国有资本经营支出安排1.1亿元。

4. 社会保险基金预算。全省社会保险基金收入安排396.4亿元，社会保险基金支出安排371.4亿元。省本级社会保险基金收入安排325.4亿元，社会保险基金支出安排319.5亿元。

（五）2019年一般公共预算重点支出情况。

1. 支持绿色发展方面。安排资金78.7亿元，较上年年初预算增长36.3%，其中：省本级支出29.3亿元，省对下补助49.4亿元。

（1）构建生态文明体系，安排资金32.5亿元，用于完善生态补偿机制，落实草原、森林、湿地生态保护补助政策，支持三江源、祁连山国家公园建设、国土绿化等生态工程。支持开展源头水域治理、自然保护区矿业权退出补偿等工作，保障生态公益管护岗位资金需求，调动牧民参与生态保护的积极性。

（2）打赢污染防治攻坚战，安排资金4.9亿元，支持实施大气污染综合治理、重点流域水污染治理、土壤污染管控和修复等工程，支持环境执法监管能力建设。

（3）建设生态宜居新家园，安排资金36.9亿元，持续支持建设高原美丽乡村，推动农村人居环境整治三年行动和农村整体搬迁项目，加大支持城镇污水处理设施建设、运营补助及城乡垃圾转运。

（4）聚力打造旅游支柱产业，安排资金4.4亿元，发挥旅游发展基金引导作用，支持完善乡村旅游、生态旅游、智慧旅游、全域旅游、自驾游等配套设施，加快推进旅游事业发展。

2. 支持协调发展方面，安排资金 218.5 亿元，较上年年初预算增长 58%，其中：省本级支出 172.6 亿元，省对下补助 46 亿元。

（1）提升城镇发展品质，安排资金 11.5 亿元，支持西宁市、海东市东部城市群基础设施建设，加快推进海西州统筹城乡一体化示范建设项目，支持实施城市供排水管网建设。

（2）实施乡村振兴战略，安排资金 67.6 亿元，加大对农村牧区教育、医疗卫生、文化、基础设施、生态保护、土地整治等方面的投入，逐步缩小城乡差距。完善农业补贴制度，落实产粮大县、生猪调出大县奖励政策。深入推进农牧业供给侧结构性改革，坚持质量兴农、绿色兴农，支持启动农药化肥减量增效行动，打造全域绿色有机农畜产品示范省，夯实现代农业发展基础，巩固完善农牧区基本经营制度。

（3）打造便捷出行方式，安排资金 133.3 亿元，支持西成铁路、西宁机场三期，以及尖扎至共和、张掖至大通等重点国道、省道、高速公路建设及养护，落实民航运输补贴和公交车、出租车成品油价格补贴政策。

（4）大力发展现代服务业，安排资金 6.1 亿元，支持实施生产性服务业融合发展、制造业服务化转型、服务能力创新等工程，加大对外贸易、交易、运输、仓储配送、转运等投入，支持“一带一路”交流与发展。

3. 支持共享发展方面，安排资金 346.8 亿元，较上年年初预算增长 70.6%，其中：省本级支出 162.1 亿元，省对下补助 184.7 亿元。

（1）打赢精准脱贫攻坚战，安排资金 56.8 亿元，全力推进牦牛、青稞、光伏、乡村旅游、民族手工业等五大扶贫产业，统筹推进行业扶贫和贫困村提升工程，支持实施易地扶贫搬迁收尾、农牧业基础设施建设、农业科技推广、生态扶贫等项目。

（2）全力促进教育均衡发展，安排资金 63.2 亿元，完善城乡义务教育经费保障机制，继续实施各阶段教育学生资助政策，扩大学前教育资源，加强乡村小规模学校和寄宿制学校建设，推进学校基础设施和信息化建设，实施高校综合实力提升计划和一流学科建设，支持改善办学条件。

（3）持续推进健康青海建设，安排资金 24.7 亿元，提高人均基本公共卫生服务经费和城乡居民医保，支持各级公立医院能力提升，纵深推进医药卫生体制改革。落实好食品安全检验检测经费，支持实施食品药品安全协管服务项目。

（4）加强社会保障体系建设，安排资金 164 亿元，加大稳就业支持力度，落实各项就业补贴政策，支持实施城市棚户区改造、农村危旧房改造以及农牧民居住条件综合改善等工程，支持完善养老保险、社会救助、社会福利、优抚安置等制度，落实企业职工和机关事业单位退休人员基本养老金调标政策，严格落实困难残疾人生活和重度残疾人护理补贴制度。

（5）丰富精神文化生活，安排资金 13.3 亿元，完善公共文化服务体系，保障文化服务设施，完善服务功能。支持青海卫视落地覆盖、“藏汉双语”高清广播电视中心建设。加强文物保护和文化遗产保护传承。提升文化和旅游融合发展水平。继续支持博物馆、文化馆、图书馆等公益性文化设施向社会免费开放。

（6）推进法治青海建设，安排资金 24.6 亿元，支持深化司法体制改革，健全政法经费保障机制，落实聘用书记员、辅警经费，支持社会治理创新，支持国防、消防、人防等建设，打造共建共治共享的社会治理格局。

4. 支持创新发展方面，安排资金 33.3 亿元，较上年年初预算增长 22.4%，其中：省本级支出 19 亿元，省对下补助 14.3 亿元。

（1）加快培育壮大战略性新兴产业，安排资金 2.4 亿元，支持数字经济和大数据建设，加大对中小企业发展扶持力度，不断支持培育壮大节能环保、清洁生产、清洁能源等战略性新兴产业。

（2）持续推进传统产业转型升级，安排资金 15.8 亿元，支持工业企业结构调整。支持调整完善产业发展方式，整合优化已设立的产业基金，促进实体经济和民营经济发展。

（3）提升创新驱动能力，安排资金 7.9 亿元，落实科技创新各项政策措施，支持科技重大项目、重点研发以及高校科研基础能力建设。支持实施“昆仑英才”行动计划。进一步强化企业技术创新主体地位，促进科技成果转化。

（4）增强财政金融支持，安排资金 7.2 亿元，完善农业保险保费补贴政策，支持农牧业保险扩面、提标、增品，落实普惠金融政策，支持融资担保等第三方平台服务于非公经济和小微企业。

5. 基础设施补短板方面，安排资金 134.6 亿元，较上年年初预算增长 92.1%，其中：省本级支出 49.8 亿元，省对下补助 84.8 亿元。重点支持重大水利、教育、城乡社区、卫生健康、公共安全等基础设施建设，以及用于基本建设项目贷款贴息、项目前期费等方面。

三、切实做好 2019 年财政工作

2019 年是中华人民共和国成立 70 周年，是我省解放 70 周年，是我省与全国同步决胜全面建成小康社会的关键之年。全省财政工作紧紧围绕中央和省委决策部署，以及省人大有关决议，及时跟进新形势新任务新要求，深入实施“五四战略”，奋力推进“一优两高”，细化完善工作措施，积极组织财政收入，加强重点支出保障，深化财税体制改革，着力做好以下工作。

（一）狠抓收支管理，提高财政资金保障能力。一是加强收入质量管控，不断增强收入质量和效益。强化与税务等执收部门的沟通、协调，全面落实好减税降费政策，严禁违规减免和缓交税款，着力堵塞征管漏洞，努力挖潜增收。规范财政执收行为，坚决防止和打击虚增收入、骗取财政返还等行为，坚决禁止违规调库、混库，严禁非税收入坐收坐支，确保财政收入足额入库。二是加大中央专项争取力度。完善分析通报制度，加大督导力度，紧跟国家政策导向和资金投向，深入挖掘青海特殊性因素，狠抓项目前期工作，有针对性地加强与相关部委的衔接，力争中央各类补助持续稳定增长。三是加快预算执行进度。综合采取提前下达、预拨、垫付、盘活存量资金、提前启动债券发行等方式，优化预算执行管理工作流程，加快预算指标下达，加强专项资金动态监管，开展重大项目督导，推动项目尽快实施，发挥资金使用效益。四是增强财政可持续。切实担起财政可持续的责任，始终紧绷财政可持续这根弦，坚持问题导向，强化工作举措，合理安排收支预算，加强重大项目可持续能力评估，严格国库库款和往来款管理，妥善化解和处置隐性债务，增强财政运行稳定性和风险防控有效性。

（二）优化支出结构，着力突出保基本促重点。一是优先保障“三保”支出。树立正确的政绩观，把“三保”放在各项工作的首位，严守“基本中的基本、底线中的底线”。切实落实好兜底责任，加强对困难市（州）县“精准帮扶”，督促各级预算编制严格落实“三保”需求。二是着力促进民生改善。按照量力而行、尽力而为的原则，合理把握民生政策调标幅度，增强财政可持续性。把稳就业摆在突出位置，重点支持解决高校毕业生、农民工、退役军人等重点群体就业。聚焦民生短板，大力支持教育、医疗卫生事业发展，支持提高城乡居民收入，认真做好 2019 年民生实事工程。三是支持打好脱贫攻坚战。落实省委打赢脱贫攻坚战的工作部署，发挥政府投入的主体和主导作用，健全与脱贫攻坚任务相适应的投入保障机制，深入推进涉农资金实质性整合，全面实施扶贫项目资金绩效管理，健全扶贫资金动态监控机制，切实管好用好扶贫资金。创新采用生产奖补、劳务补助等方式，充分激发贫困群众内生动力，推动脱贫攻坚目标任务实现。四是全力支持生态环境保护。积极推进五大生态板块建设，支持国家公园示范省创建，继续实施草原、森林、湿地、耕地、荒漠、水源地等重大生态工程，加快推进大气、水、土壤污染防治，加大城乡环境综合整治投入，切实改善人居生活环境。五是保持适度的政府投资强度。统筹好中央预算内投资、地方政府债券等资金，进一步优化支出结构，重点围绕基础设施、脱贫攻坚、生态环保、民生保障等领域，大幅加大前期工作经费安排，健全完善滚动使用机制，支持一批重大项目储备和建设，更好发挥政府投资对稳增长的拉动作用。

（三）深化财税改革，加快建立现代财政制度。一是加快财政事权和支出责任划分改革。在保持现有财力格局和规模总体稳定的基础上，适度增加省级事权和支出责任，积极推进教育、应急救援、自然资源等领域财政事权和支出责任划分工作。改革和完善省对下转移支付制度，归并设立共同财政事权转移支付，完善资金分配办法，健全控制和约束机制。二是及时跟进落实税制改革任务。根据国家统一安排部署，落实好个人所得税改革政策，配合国家推进深化资源税、增值税改革及税收立法，做好地方税政工作，健全地方税体系。三是落实人大预算审查监督重点向支出预算和政策拓展的要求，提高支出预算和政策透明度。深化部门预算管理改革，完善项目库管理制度，加强项目评审论证，提高入库项目质量。推进支出标准体系建设，强化控制政府部门支出水平。四是完善地方国有金融资本管理，落实国有金融资本出资人责任，做好国有金融资本统计监测，扎实推进地方国有金融资本集中统一管理。落实行政事业性国有资产管理制度和国有资产报告制度，做好国有资产综合报告和行政事业性国有资产专项报告工作。五是整合各类政府引导基金。对尚未发挥实质性作用的进行统筹整合，重点支持打好“四张牌”。对已设立并投入运行的，督促规范管理运行。撬动更多资金投向“一优两高”重点领域和薄弱环节。六是加大信息公开力度。坚持以公开为常态、不公开为例外，不断拓展预算公开的内容和范围，完善预算公开的方式方法，加强预决算公开情况检查，全面提升信息公开质量，推动建立规范透明的预算制度。

（四）强化绩效管理，着力提升资金使用效益。一是构建全方位管理格局。深化省对下财政管理和省级部门预算管理综合绩效考评改革，加强政府预算、部门和单位预算绩效管理。实施政策和项目绩效管理，综合衡量政策和项目预算资金使用效果，建立动态评价调整机制，推动提高政策和项目实施效果。二是建立全过程管理链条。将绩效目标设置作为预算安排的前置条件，加强绩效目标审核，对绩效目标不明确、不完整或编制质量不高的，少安排或不予安排预算。做实绩效运行监控，对绩效目标实现程度和预算执行进度实行“双监控”，构建预警纠偏机制。加强绩效评价工作，建立重大政策、重点项目绩效评价常态机制，提升评价工作质量。强化绩效结果应用，将绩效结果作为预算安排和政策调整的重要依据，切实硬化绩效约束。三是完善全覆盖管理体系。在构建一般公共预算绩效管理体系基础上，逐步将政府性基金预算、国有资本经营预算、社会保险基金预算纳入绩效管理，加强四本预算之间的衔接。积极开展政府投资基金、政府采购、政府购买服务、政府债务项目绩效管理。

（五）加强债务管理，坚决防范化解财政风险。一是严格执行地方政府债务限额管理和预算管理制度，把握好防风险和促发展间的关系，新增地方政府债务限额规模适当向财政实力强、债务风险较低的地区倾斜。二是稳步推进专项债券管理改革，健全项目控制机制，严格将专项债券与项目相对应，合理扩大专项债券使用范围，优先支持在建项目平稳建设。三是健全地方政府债务风险评估和预警机制，研究开展地方政府债务管理绩效评价，做好地方政府债务信息公开工作，推进融资平台公司市场化转型。四是坚决遏制隐性债务增量，切实化解政府隐性债务存量，牢牢守住不发生区域性系统性风险的底线。强化监督问责，加大对违法违规融资担保行为的查处问责力度，从严整治举债乱象，终身问责、倒查责任。

各位代表，2019 年全省财政改革发展的任务十分繁重艰巨。我们将认真落实本次大会决议，按照中央和省委部署要求，主动服务大局，不忘初心，牢记使命，锐意进取，埋头苦干，努力完成各项目标任务，为确保与全国同步全面建成小康社会、建设更加富裕文明和谐美丽的新青海作出积极贡献！

青海省 2018 年国民经济和社会发展统计公报[1]

青　海　省　统　计　局
国家统计局青海调查总队
2019 年 2 月 28 日

2018 年,在省委省政府的坚强正确领导下,全省上下坚持以习近平新时代中国特色社会主义思想为指导,坚持稳中求进工作总基调,坚定践行新发展理念,以供给侧结构性改革为主线,统筹推进稳增长、促改革、调结构、惠民生、防风险各项任务,全面落实"四个扎扎实实"重大要求,深入实施"五四战略",奋力推进"一优两高",全年全省经济保持总体平稳、稳中有进、稳中有新、稳中有为的发展态势。

一、综合

初步核算,全年全省实现生产总值[2] 2865.23 亿元,按可比价格计算,比上年增长 7.2%。分产业看,第一产业增加值 268.10 亿元,增长 4.5%;第二产业增加值 1247.06 亿元,增长 7.8%;第三产业增加值 1350.07 亿元,增长 6.9%。第一产业增加值占全省生产总值的比重为 9.4%,第二产业增加值比重为 43.5%,第三产业增加值比重为 47.1%。人均生产总值 47689 元,比上年增长 6.3%。

年末全省常住人口 603.23 万人,比上年末增加 4.85 万人。其中,城镇常住人口 328.57 万人,占总人口的比重(常住人口城镇化率)为 54.47%,比上年末提高 1.40 个百分点。全年人口出生率 14.31‰,比上年低 0.11 个千分点;人口死亡率 6.25‰,比上年高 0.08 个千分点;人口自然增长率 8.06‰,比上年低 0.19 个千分点。全省人户分离的人口[3]为 117.67 万人,其中流动人口[4] 100.97 万人。年末全省户籍人口 586.77 万人,其中城镇户籍人口 240.09 万人,占总户籍人口的比重(户籍人口城镇化率)为 40.92%。

表 1　2018 年年末常住人口数及其构成

指标名称	人口数(万人)	比重(%)
常住人口	603.23	100
#城镇	328.57	54.47
乡村	274.66	45.53
#男性	309.46	51.30
女性	293.77	48.70
#0－14 岁	119.20	19.76
15－64 岁	435.53	72.20
65 岁及以上	48.50	8.04
#少数民族人口	287.80	47.71

全年全省城镇新增就业人员 6.2 万人,农牧区劳动力转移就业 113.9 万人次。年末城镇登记失业率为 3.0%。

全年全省居民消费价格总水平比上年上涨 2.5%。其中,城市上涨 2.5%,农村上涨 2.5%。

表 2　2018 年居民消费价格比上年涨跌幅度

指标名称	涨跌幅度(%)
居民消费价格	2.5
食品烟酒	2.7
#食品	3.3
#粮食	1.5
菜	3.2
畜肉类	6.4
蛋类	12.5
干鲜瓜果类	0.9
茶及饮料	持平
烟酒	0.1
在外餐饮	2.2
衣着	1.4
居住	2.5
生活用品及服务	1.1
交通和通信	1.6
教育文化和娱乐	4.8
医疗保健	3.4
其他用品和服务	0.5

全年全省商品零售价格比上年上涨 2.1%。农业生产资料价格上涨 2.1%。工业生产者出厂价格上涨 4.8%,工业生产者购进价格上涨 4.5%。固定资产投资价格上涨 4.3%。西宁市新建商品住宅房屋销售价格上涨 8.2%,二手住宅销售价格上涨 4.4%。

全年全省一般公共预算收入 448.58 亿元,比上年增长 9.7%。其中,地方一般公共预算收入 272.87 亿元,增长 10.8%;上划中央收入 175.71 亿元,增长 8.1%。在地方一般公共预算收入中,增值税 92.18 亿元,增长 4.0%;企业所得税 25.03 亿元,增长 7.7%;个人所得税 11.17 亿元,增长 24.6%。全省一般公共预算支出 1647.45 亿元,比上年增长

7.6%。其中,交通运输支出增长33.9%,医疗卫生与计划生育支出增长14.5%,社会保障和就业支出增长13.3%,农林水支出增长10.7%,一般公共服务支出增长9.3%,科学技术支出增长8.6%,教育支出增长7.2%,城乡社区支出增长5.5%,节能环保支出增长4.2%。

二、种植业和畜牧业

全年全省农作物总播种面积557.25千公顷,比上年增加1.93千公顷。粮食作物播种面积281.26千公顷,比上年减少1.29千公顷,其中,小麦111.60千公顷,减少0.82千公顷;青稞48.68千公顷,减少1.09千公顷;玉米18.45千公顷,减少0.44千公顷;豆类12.76千公顷,减少0.48千公顷;薯类88.27千公顷,增加1.44千公顷。经济作物播种面积191.99千公顷,比上年减少1.25千公顷,其中,油料147.91千公顷,减少7.40千公顷;药材44.06千公顷,增加6.14千公顷。在药材中,枸杞35.53千公顷,增加2.00千公顷。蔬菜及食用菌播种面积43.96千公顷,比上年增加0.85千公顷。全年粮食产量103.06万吨,比上年增产0.51万吨。

表3 2018年主要农产品产量及增长速度

指标名称	产量(万吨)	比上年增长(%)
粮食	103.06	0.5
#小麦	42.64	0.7
青稞	9.52	-5.6
玉米	11.53	-5.8
豆类	2.89	2.8
薯类	36.22	4.1
油料	28.47	-6.0
药材	17.98	59.6
#枸杞	8.56	8.8
蔬菜及食用菌	150.26	1.5
水果	3.50	-8.4
水产品	1.71	6.2

年末全省牛存栏514.33万头,比上年末下降5.9%;羊存栏1336.07万只,下降3.7%;生猪存栏78.18万头,下降5.4%;家禽存栏305.74万只,下降3.7%。全年全省牛出栏135.59万头,比上年增长2.6%;羊出栏748.10万只,增长3.0%;生猪出栏116.47万头,增长5.3%;家禽出栏494.06万只,下降5.1%。全年全省肉类总产量36.53万吨,增长3.5%。

表4 2018年主要畜产品产量及增长速度

指标名称	产量(万吨)	比上年增长(%)
肉类	36.53	3.5
#猪肉	9.15	5.5
牛肉	13.18	2.5
羊肉	13.12	3.5
禽肉	0.84	-7.7
牛奶	32.57	0.4
禽蛋	2.33	-5.3

三、工业和建筑业

全年全省全部工业增加值818.67亿元,按可比价格计算,比上年增长8.6%。规模以上工业[5]增加值比上年增长8.6%。在规模以上工业中,按经济类型分,股份制企业增加值增长9.3%,国有企业增加值增长6.6%,集体企业增加值增长77.5%,外商及港澳台商投资企业增加值下降7.0%。按三大门类分,制造业增加值增长5.4%,采矿业增加值增长10.3%,电力、热力、燃气及水生产和供应业增加值增长16.6%。

规模以上工业33个大类行业中,21个行业增加值比上年增长。其中高耗能行业[6]增加值比上年增长7.7%,占规模以上工业增加值的比重比上年下降1.1个百分点。

表5 2018年规模以上工业主要行业增加值增长速度

指标名称	比上年增长(%)
电力、热力生产和供应业	15.8
化学原料和化学制品制造业	6.4
石油和天然气开采业	2.4
有色金属冶炼和压延加工业	7.7
石油、煤炭及其他燃料加工业	-5.8
黑色金属冶炼和压延加工业	4.3
电气机械和器材制造业	29.1
非金属矿物制品业	1.9
计算机、通信和其他电子设备制造业	23.0
有色金属矿采选业	-2.9
煤炭开采和洗选业	112.6
食品制造业	21.7
医药制造业	23.0
农副食品加工业	-20.3
酒、饮料和精制茶制造业	-27.8
文教、工美、体育和娱乐用品制造业	16.5
通用设备制造业	-8.2
燃气生产和供应业	81.3
纺织服装、服饰业	-54.3
黑色金属矿采选业	234.9
非金属矿采选业	-5.2
金属制品业	14.4
纺织业	-25.0
开采专业及辅助性活动	-22.2
水的生产和供应业	4.4
橡胶和塑料制品业	19.7
专用设备制造业	90.4

从工业新兴优势产业看，规模以上工业中新能源产业增加值比上年增长5.3%，新材料产业增加值增长18.6%，有色金属产业增加值增长7.7%，生物产业增加值增长24.5%，装备制造业[7]增加值增长21.2%。高技术制造业[8]增加值增长35.5%。

表6　2018年规模以上工业主要产品产量及增速

产品名称	单位	产量	比上上年增长(%)
原盐	万吨	262.82	43.7
乳制品	万吨	8.58	-13.8
饮料酒	万千升	3.62	-14.8
纯碱(碳酸钠)	万吨	432.02	5.3
钾肥(实物量)	万吨	713.30	-5.6
单晶硅	吨	3471.62	-23.5
多晶硅	吨	16501.97	-2.2
商品混凝土	万立方米	707.90	11.9
平板玻璃	万重量箱	343.47	12.8
钢材	万吨	146.63	13.8
铁合金	万吨	150.63	1.9
#硅铁	万吨	102.90	10.6
铝材	万吨	108.67	4.9
原铝(电解铝)	万吨	228.78	4.3
铝合金	万吨	59.53	25.6
碳酸锂	万吨	1.81	5.3
光纤	万千米	417.33	22.0
太阳能电池	万千瓦	47.03	56.6
锂离子电池	万只(自然只)	562	444.5
光电子器件	万只(片、套)	39	-44.0
原煤	万吨	773.38	3.8
原油	万吨	223.30	-2.1
天然气	亿立方米	64.05	0.1
原油加工量	万吨	140.01	-6.8
焦炭	万吨	172.47	13.9
发电量	亿千瓦时	717.37	29.3
#水力	亿千瓦时	478.20	63.2
火力	亿千瓦时	123.10	-23.6
太阳能	亿千瓦时	94.74	6.2
风力	亿千瓦时	21.34	84.4

全年全省建筑业增加值428.39亿元，按可比价格计算，比上年增长5.8%。年末全省具有资质等级的总承包和专业承包建筑业企业438个，比上年末增加32个。

四、固定资产投资

全年全省固定资产投资[9]比上年增长7.3%。按产业分，第一产业投资增长12.5%，第二产业投资增长14.3%，第三产业投资增长4.3%。工业投资增长19.8%，其中制造业投资增长7.6%。民间投资[10]增长4.6%。基础设施投资[11]增长12.4%。生态保护和环境治理业投资增长58.8%，公共设施管理业投资增长96.9%，信息传输服务业投资增长11.7%。

表7　2018年分行业项目固定资产投资增长速度

指标名称	比上年增长(%)
农林牧渔业	12.5
采矿业	36.5
制造业	7.6
电力、热力、燃气及水生产和供应业	27.6
建筑业	-45.1
批发和零售业	23.0
交通运输、仓储和邮政业	-10.2
住宿和餐饮业	9.6
信息传输、软件和信息技术服务业	10.3
金融业	471.1
租赁和商务服务业	104.6
科学研究和技术服务业	-8.7
水利、环境和公共设施管理业	60.4
居民服务、修理和其他服务业	-58.2
教育	56.6
卫生和社会工作	19.9
文化、体育和娱乐业	69.7
公共管理、社会保障和社会组织	-49.8

在固定资产投资中，战略性新兴产业[12]投资比上年增长9.7%。高技术制造业投资增长6.7%。新能源产业投资增长32.9%，新材料产业投资增长22.2%，盐湖化工产业投资增长8.8%，生物产业投资增长7.2%。

全年全省房地产开发投资比上年下降13.9%。其中，商品住宅投资增长1.0%；商业营业用房投资下降26.6%。

表8　2018年房地产开发和销售主要指标增速

指标名称	比上年增长(%)
房地产开发投资额	-13.9
#住宅	1.0
房屋施工面积	-13.2
#住宅	-8.8
竣工房屋面积	-27.4
#住宅	-18.3
商品房销售面积	-9.3
#住宅	-5.6

五、国内贸易

全年全省社会消费品零售总额835.56亿元，比上年增长6.7%。按规模分，限额以上企业(单位)[13]零售额339.35亿元，增长0.3%；限额以下单位(个体户)零售额

496.21 亿元，增长 11.6%。按经营地分，城镇消费品零售额 669.26 亿元，增长 6.7%（其中城区消费品零售额 414.81 亿元，增长 6.5%）；乡村消费品零售额 166.31 亿元，增长 6.8%。按消费类型分，商品零售额 776.41 亿元，增长 6.7%；餐饮收入额 59.16 亿元，增长 7.0%。

在限额以上批发和零售业商品零售额中，粮油、食品类零售额比上年增长 0.7%，服装、鞋帽、针纺织品类增长 16.7%，石油及制品类增长 10.1%，金银珠宝类增长 8.0%，化妆品类增长 2.2%，家用电器和音像器材类增长 0.6%，烟酒类下降 37.0%，中西药品类下降 7.5%，汽车类下降 6.6%，日用品类下降 3.6%。

六、对外经济

全年全省货物进出口总额 46.00 亿元，比上年增长 3.5%。其中，出口额 31.11 亿元，增长 8.1%；进口额 14.89 亿元，下降 5.0%。

表 9　2018 年主要商品进出口额及增长速度

指标名称	绝对数（亿元）	比上年增长（%）
出口	31.11	8.1
#铁合金	10.29	38.6
焦炭、半焦炭	7.81	165.7
纺织纱线、织物及制品	4.18	-23.4
文化产品	2.79	-3.6
铝材	1.98	-41.1
农产品	1.29	-45.1
机电产品	1.11	2.2
服装及衣着附件	1.08	-58.1
进口	14.89	-5.0
#铜矿砂及其精矿	7.20	-
机电产品	4.87	-32.0

表 10　2018 年对主要国家（地区）进出口额及增长速度

指标名称	绝对数（亿元）	比上年增长（%）
出口	31.11	8.1
#南非	7.40	165.2
巴基斯坦	3.17	-4.7
中国台湾	2.84	50.7
美国	2.50	-45.3
日本	2.50	-13.9
韩国	1.75	69.4
进口	14.89	-5.0
#澳大利亚	3.20	39.8
美国	2.38	221.1
蒙古	1.92	-
德国	1.48	293.7
日本	1.33	-75.7
印度	0.78	-68.8

全年全省新批外资项目 10 个，比上年减少 4 个。合同使用外商直接投资额 3.17 亿元，下降 71.3%；实际使用外商直接投资额 0.31 亿元，下降 75.0%。全年对外承包工程业务完成营业额 28.15 亿元，增长 7.2%；对外劳务合作派出各类劳务人员 695 人，增长 34.4%。

七、交通、邮电和旅游

年末全省铁路营运里程 2299 公里，与上年末持平，其中高速铁路[14] 218 公里。公路通车里程 82135 公里，比上年末增加 1240 公里，其中高速公路 3328 公里，增加 105 公里。民航通航里程 145736 公里，增加 20767 公里。

表 11　2018 年各种运输方式完成客货运输量及增长速度

指标名称	计量单位	运输量	比上年增长（%）
货物运输量	万吨	19121.68	5.4
铁路	万吨	3220.06	5.5
公路	万吨	15684.81	5.5
民航	吨	37341.70	26.2
#出港货邮	吨	17488.30	37.3
管道[15]	万吨	213.08	-1.1
旅客运输量	万人	7157.64	3.7
铁路	万人	1255.82	10.7
公路	万人	5091.70	0.4
民航	万人	714.88	14.3
#出港旅客	万人	376.58	14.5
水路	万人	95.24	36.7

年末全省民用汽车保有量 110.32 万辆，比上年末增长 10.2%，其中私人汽车保有量 91.51 万辆，增长 10.4%。民用轿车保有量 52.93 万辆，增长 9.0%，其中私人轿车保有 45.82 万辆，增长 8.7%。

全年全省邮政业务量[16] 7.15 亿元，比上年增长 18.9%。全年邮政业完成函件业务 271.73 万件，比上年下降 43.8%；包裹业务 54.88 万件，增长 31.6%；快递业务量 1897.17 万件，增长 30.9%，快递业务收入 4.79 亿元，增长 23.3%。全年电信业务量[17] 425.68 亿元，比上年增长 1.6 倍。年末移动电话用户 686.40 万户，比上年末增长 12.4%；固定电话用户 112.30 万户，增长 5.3%。电话普及率 133.50 部/百人。固定互联网宽带接入用户[18] 152.90 万户，比上年末增长 27.3%；移动宽带用户[19] 591.70 万户，增长 15.3%，其中，4G 移动电话用户[20] 526.10 万户，增长 20.5%。移动互联网接入流量 4.96 亿 G，增长 1.9 倍。

全年全省接待国内外游客 4204.38 万人次，比上年增长 20.7%。其中，国内游客 4197.46 万人次，增长 20.7%；入境游客 6.92 万人次，下降 1.6%。实现旅游总收入 466.30 亿元，增长 22.2%。其中，国内旅游收入 463.91 亿元，增长 22.4%；旅游外汇收入 3613.08 万美元，下降 5.6%。

八、金融

年末全省金融机构人民币各项存款余额5754.66亿元，比上年末下降1.2%。其中，境内住户存款余额2295.95亿元，增长7.2%；境内非金融企业存款余额1443.70亿元，下降10.2%。金融机构人民币各项贷款余额6582.44亿元，比上年末增长5.8%。其中，境内住户贷款余额722.00亿元，增长14.7%；境内非金融企业及机关团体贷款余额5856.52亿元，增长4.8%。

全年全省保险公司原保险保费收入[21]87.66亿元，比上年增长9.3%。其中，寿险保费收入34.67亿元，增长1.0%；财产险保费收入37.03亿元，增长11.1%；健康险和意外伤害险保费收入15.97亿元，增长27.8%。全年保险赔付额34.69亿元，比上年增长18.6%。其中，寿险赔付额9.56亿元，增长37.0%；财产险赔付额18.56亿元，增长12.5%；健康险和意外伤害险赔付额6.56亿元，增长13.7%。

九、人民生活和社会保障

全年全省全体居民人均可支配收入20757元，比上年增长9.2%。其中，人均工资性收入12209元，增长7.6%；人均经营净收入3014元，增长5.3%；人均财产净收入1057元，增长11.4%；人均转移净收入4477元，增长16.6%。全年全体居民人均生活消费支出16557元，比上年增长6.8%。

全年全省城镇常住居民人均可支配收入31515元，增长8.0%。其中，人均工资性收入21719元，增长5.6%；人均经营净收入2089元，增长10.0%；人均财产净收入1674元，增长3.8%；人均转移净收入6033元，增长18.6%。全年城镇常住居民人均生活消费支出22998元，比上年增长7.1%。

全年全省农村常住居民人均可支配收入10393元，增长9.8%。其中，人均工资性收入3047元，增长12.7%；人均经营净收入3905元，增长3.7%；人均财产净收入463元，增长41.9%；人均转移净收入2978元，增长11.6%。全年农村常住居民人均生活消费支出10352元，比上年增长4.5%。

年末全省养老保险参保人数390.72万人，比上年末增加13.27万人。其中，城镇企业职工养老保险参保人数114.35万人，增加5.97万人；城乡居民基本养老保险参保人数245.63万人，增加6.52万人；机关事业单位养老保险参保人数30.74万人，增加0.78万人。全省医疗保险参保人数555.35万人，比上年末增加6.36万人。其中，城镇职工医疗保险参保人数99.42万人，增加5.39万人；城乡居民医疗保险参保人数455.93万人，增加0.97万人。全省失业保险参保人数42.28万人，比上年末增加0.81万人，其中农民工参保人数0.26万人。全省工伤保险参保人数69.24万人，比上年末增加4.39万人，其中农民工参保人数13.26万人。全省生育保险参保人数58.14万人，比上年末增加8.10万人。年末全省享受城镇最低生活保障人数7.66万人，比上年末下降42.8%，城市居民最低生活保障标准为6000元/年，提高600元/年；享受农村最低生活保障人数30.00万人，下降29.7%，农村居民最低生活保障标准为3700元/年，提高380元/年。

十、教育、科学技术和文化体育

全年全省学龄儿童入学率99.8%，与上年持平；普通初中毛入学率111.8%，比上年提高2.5个百分点；九年义务教育巩固率96.9%，比上年提高2.6个百分点；高中阶段毛入学率88.0%，比上年提高4.0个百分点。全年全省研究生教育招生2091人，在校生4948人，毕业生1175人。普通高等教育招生2.83万人，在校生8.36万人，毕业生2.26万人。中等职业教育招生2.87万人，在校生7.70万人，毕业生2.07万人。普通高中招生4.26万人，在校生12.67万人，毕业生3.91万人。初中学校招生7.65万人，在校生22.28万人，毕业生6.77万人。普通小学招生9.10万人，在校生48.60万人，毕业生7.47万人。特殊教育招生329人，在校生1924人，毕业生229人。幼儿园在园幼儿21.47万人。

全年全省取得省部级以上科技成果518项，比上年增加8项，其中，基础理论成果103项，应用技术成果393项，软科学成果22项。专利申请[22]4437件，比上年增加1256件，其中发明专利申请1285件，增加336件。专利授权2664件，比上年增加1084件，其中发明专利授权295件，增加55件。签订技术合同1071项，比上年增加55项；成交金额79.4亿元，增长17.3%。年末全省有天气雷达观测站点12个，县级以上卫星云图接收站点52个，地震台站122个，地震遥测台网3个。

年末全省有艺术表演团体12个，文化馆46个，公共图书馆49个，博物馆23个，档案馆55个，广播电视台46座，中短波发射台26座，调频电视转播发射台439座。广播综合人口覆盖率98.6%，比上年末提高0.2个百分点；电视综合人口覆盖率98.7%，比上年末提高0.3个百分点。全年出版杂志270万册、报纸8820万份、图书1378万册（张），其中少数民族文字图书365万册（张）。

全年全省运动员参加各类国内外比赛1384人次，在各类国际比赛中共获得第一名12个、第二名4个、第三名3个，在各类国内比赛中共获得第一名26个、第二名19个、第三名39个。

十一、卫生和社会服务

年末全省卫生机构6396个，床位3.92万张。其中，医院220个，床位3.26万张；乡镇卫生院405个，床位4521张；社区卫生服务中心32个，妇幼保健院（所、站）50个，疾病预防控制中心（防疫站）56个，村卫生室4474个，诊所（卫生所、医务室）790个，卫生监督所（中心）55个。卫生人员5.28万人，其中，执业（助理）医师1.62万人，注册护士1.76

万人。全年总诊疗人次2534.88万人次，出院人数97.68万人。

年末全省共有各类提供住宿的社会服务机构65个，其中养老服务机构36个。社会服务床位9220张，其中养老服务床位4718张。年末共有社区服务中心28个，社区服务站445个。

十二、资源、环境和安全生产

年末全省有自然保护区11个，面积21.78万平方公里，其中国家级自然保护区7个，面积20.74万平方公里。森林面积520.9万公顷，森林覆盖率7.26%。湿地面积[23]814.36万公顷，其中自然湿地面积800.1万公顷。国家重点公益林管护面积496.09万公顷，天然林保护面积367.82万公顷。全年全民义务植树2497万株，当年治理水土流失面积485平方公里，造林面积27.07万公顷。全年市（州）政府所在地城镇空气质量优良天数比例[24]为90.9%。

全年全省各类生产安全事故死亡241人，比上年减少76人。工矿商贸事故死亡51人，比上年减少15人。道路交通事故[25]326起，比上年减少39起；死亡186人，减少62人。火灾1630起，比上年减少55起。

注释：

［1］本公报中2018年数据均为初步统计数，增速按同口径计算。个别数据因四舍五入的原因，存在与分项合计不等的情况。

［2］生产总值、各产业增加值及人均生产总值按国家统计局2012年制定的《三次产业划分规定》口径统计，绝对数按现价计算，增长速度按不变价格计算。

［3］人户分离的人口是指居住地与户口登记地所在的乡镇街道不一致且离开户口登记地半年以上的人口。

［4］流动人口是指人户分离人口中不包括市辖区内人户分离的人口。市辖区内人户分离的人口是指一个直辖市或地级市所辖区内和区与区之间，居住地和户口登记地不在同一乡镇街道的人口。

［5］规模以上工业企业统计口径为年主营业务收入2000万元及以上的工业企业。

［6］高耗能行业包括石油、煤炭及其他燃料加工业，化学原料和化学制品制造业，非金属矿物制品业，黑色金属冶炼和压延加工业，有色金属冶炼和压延加工业，电力、热力生产和供应业。

［7］装备制造业包括金属制品业，通用设备制造业，专用设备制造业，汽车制造业，铁路、船舶、航空航天和其他运输设备制造业，电气机械及器材制造业，通信设备计算机及其他电子设备制造业，仪器仪表制造业。

［8］我省高技术制造业包括化学药品制造，中药饮品加工，中成药生产，兽用药品制造，生物药品制造，卫生材料及医药用品制造，光纤、光缆制造，锂离子电池制造，电子器件制造，电子元件制造，仪器仪表制造，信息化学品制造。

［9］固定资产投资统计口径为计划投资500万元及以上固定资产项目投资及所有房地产开发项目投资。

［10］民间固定资产投资是指具有集体、私营、个人性质的内资企事业单位以及由其控股（包括绝对控股和相对控股）的企业单位在中华人民共和国境内建造或购置固定资产的投资。

［11］基础设施是指为社会生产和生活提供基础性、大众性服务的工程和设施，是社会赖以生存和发展的基本条件。本文中的基础设施投资包括电力、热力、燃气及水生产和供应业，交通运输和邮政业，信息传输服务业，水利、环境和公共设施管理业投资。

［12］根据我国《工业战略性新兴产业分类（2017）》（内部试行版），战略性新兴产业分类包括：节能环保产业、新一代信息技术产业、生物产业、高端装备制造产业、新能源产业、新材料产业、新能源汽车产业、数字创意产业、相关服务业等九大产业。

［13］限额以上企业（单位）包含限额以上批发业（年主营业务收入在2000万元及以上的批发业企业和单位）、限额以上零售业（年主营业务收入在500万元及以上的零售业企业和单位）和限额以上住宿、餐饮业（年主营业务收入在200万元及以上的住宿、餐饮业企业和单位）。

［14］高速铁路是指最高营运速度达到200公里/小时及以上的铁路。

［15］管道运输量仅指原油运输量。

［16］邮政业务总量按2010年不变价格计算。

［17］电信业务总量按2015年不变价格计算。

［18］固定互联网宽带接入用户是指报告期末在电信企业登记注册，通过xDSL、FTTx+LAN、FTTH/0以及其他宽带接入方式和普通专线接入公众互联网的用户。

［19］移动宽带用户是指报告期末在计费系统拥有使用信息、占用3G或4G网络资源的在网用户。

［20］4G移动电话用户是指报告期末在计费系统拥有使用信息、占用4G网络资源的在网用户。

［21］原保险保费收入是指保险企业确认的原保险合同保费收入。

［22］专利申请量指国家知识产权局受理且按规定缴足申请费的专利申请数量。

［23］湿地面积为2012年开展的全国第二次湿地资源调查数据。

［24］市（州）政府所在地城镇空气质量优良天数比例数据未剔除沙尘天气的影响。

［25］道路交通事故仅指安全生产道路交通事故，包括铁路事故。

资料来源：

本公报中户籍人口数据来自省公安厅治安警察总队；城镇新增就业人员、农牧区劳动力转移就业人数、城镇登记失业率和社会保障数据来自省人力资源和社会保障厅；价格、城乡居民收支、畜牧业全部数据及种植业中部分数据来自国家统计局青海调查总队；财政数据来自省财政厅；货物进出口数据来自西宁海关；外资项目、外商直接投资、对外承包工程、劳务合作数据来自省商务厅；铁路营运里程及铁路客货运输量来自中国铁路青藏集团有限公司；公路通车里程及公路、水路客货运输量来自省交通厅；民航通航里程及民航客货运输量来自西部机场集团青海机场有限公司；管道运输量数据来自中石油天然气股份有限公司青海油田分公司；民用汽车保有量来自省公安厅交通警察总队车辆管理支队；邮政业务数据来自省邮政管理局和省邮政公司；电信业务数据来自省通信管理局；旅游、艺术表演团体、文化馆、公共图书馆、博物馆、报纸、期刊、图书出版数据来自省文化和旅游厅；金融业数据来自中国人民银行西宁中心支行；保险业数据来自中国银行保险监督管理委员会青海监管局；教育数据来自省教育厅；科技数据来自省科学技术厅；天气雷达观测站点及县级以上卫星云图接收站点数据来自省气象局；地震台站和遥测台网数据来自省地震局；档案馆数据来自省档案局；广播、电视数据来自省广播电视局；体育数据来自省体育局；卫生数据来自省卫生健康委员会；城乡最低生活保障人数、社会服务机构数据来自省民政厅；自然保护区、森林面积、湿地面积、国家重点公益林管护面积、天然林保护面积、全民义务植树数据来自省林业和草原局；治理水土流失面积来自省水利厅；市州空气优良天数比例来自省生态环境厅；安全生产数据来自省应急管理厅；其他数据均来自省统计局。

第 2 篇

CHAPTER 2

综　合

General Survey

每天主要社会经济活动

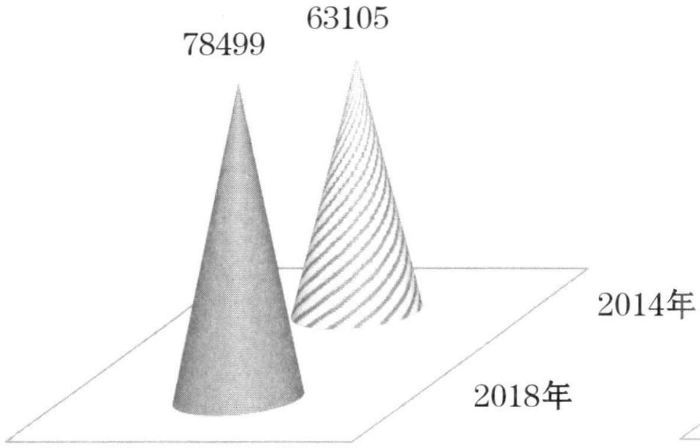

地区生产总值（万元）

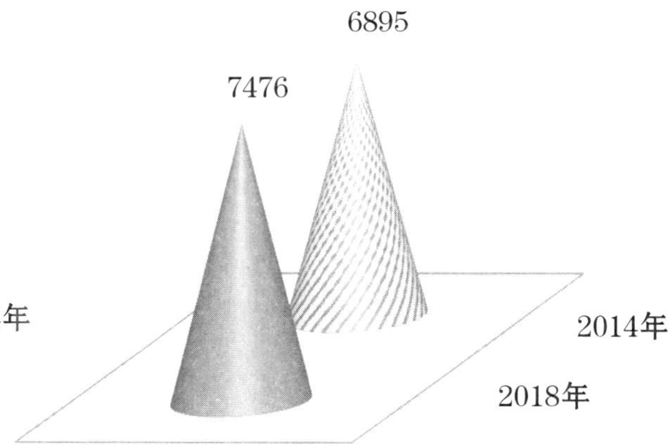

地方财政收入（万元）

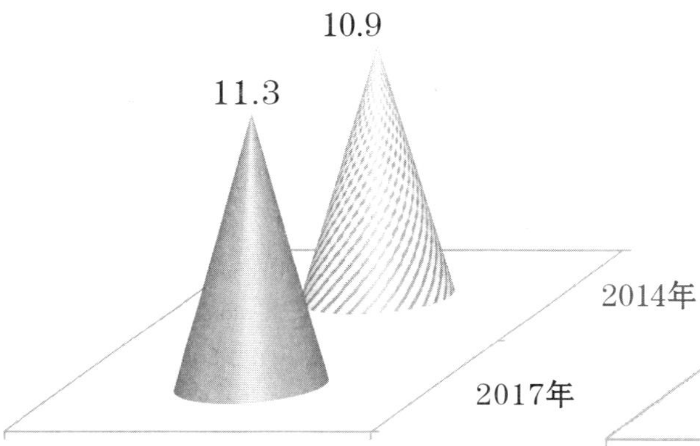

能源消费量（万吨标煤）

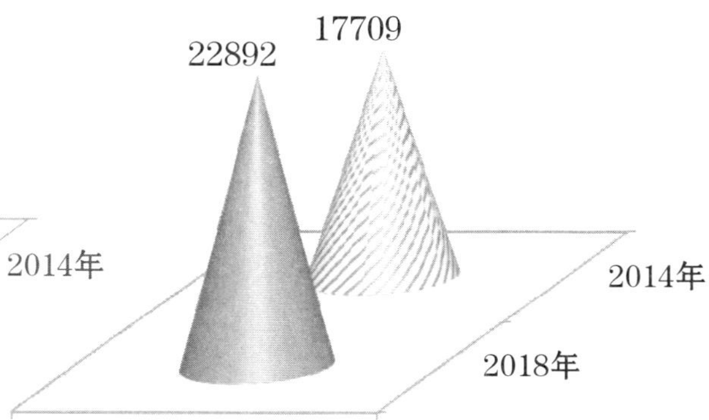

社会消费品零售额（万元）

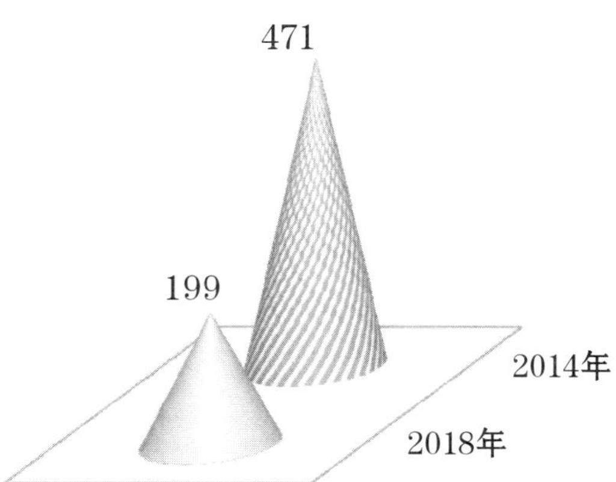

进出口额（万美元）

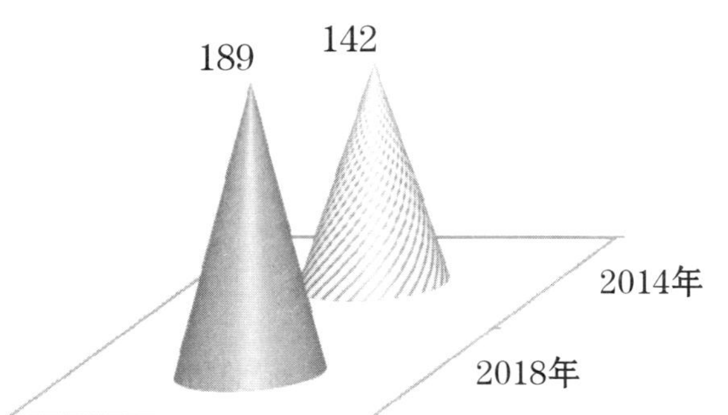

国际旅游者人数（人次）

2-1 各部门机构数

Number of Agencies of Various Departments

单位：个 (unit)

部 门	Department	机构数 Number of Agencies 2017	2018
农村基层单位	**Rural Grass-roots Units**		
乡政府	Township Governments	223	223
镇政府	Town Governments	143	143
村民委员会	Village Committees	4146	4156
乡村户数（万户）	Number of Rural Households (10 000 Households)	98.4	99.6
规模以上工业企业	**Industrial Enterprises above Designated Size**	**569**	
大型企业	Large Enterprises	22	
中型企业	Medium-sized Enterprises	87	
小型企业	Small Enterprises	460	
国有控股企业	State-holding Enterprises	138	
集体企业	Collective-owned Enterprises	1	
外商及港澳台商投资企业	Enterprises with Funds from Hong Kong ,Macao, Taiwan and Foreign Countries	24	
建筑业企业	**Construction Enterprises**	**406**	**438**
卫生事业	**Health Care**		
医院、卫生院	Hospital and Health Centers	617	625
妇幼保健院(所、站)	Materbity and Child Care Centers	50	50
教育事业	**Education**		
普通高等学校	Regular Inststutions of Higher Education	12	12
中等职业教育	Secondary Vocational Schools	39	38
普通中学	Regular Secondary Schools	371	370
普通小学	Primary Schools	758	731
学前教育	Pre-school Education	1735	1804
科技机构	**Science and Technology Institutions**	**113**	
艺术事业	**Art**	**25**	**23**
艺术表演团体	Art Performing Troupes	12	12
公共图书馆	**Public Libraries**	**49**	**51**
群众文化事业	**Mass Culture**	**415**	**416**
群众艺术馆	Mass Art Centers	9	8
文化馆	Cultural Centers	46	47
文化站	Cultural Stations	360	361
艺术教育事业	**Art Education Units**	**1**	**1**
文物事业	**Cultural Relics**	**53**	**54**
博物馆	Museums	23	24
文物机构	Cultural Relics Institutions	29	29

2-2 主要年份国民经济和社会发展总量与速度指标

指 标	Item	总量指标		
		2000	2005	2010
人口 （万人）	**Population (10 000 persons)**			
常住人口	Population at Year-end	516.50	543.20	563.47
市镇人口	Urban	179.54	213.21	251.98
乡村人口	Rural	336.96	329.99	311.49
男性人口	Male	267.03	277.58	291.79
女性人口	Female	249.47	265.62	271.68
就业 （万人）	**Employment (10 000 persons)**			
就业人员数	Employment	283.9	291.0	307.7
城镇	Urban	81.5	94.1	119.2
乡村	Rural	202.4	196.9	188.5
城镇登记失业人数	Registration Unemployment in Urban Areas	1.80	3.63	4.24
国民经济核算 （亿元）	**National Accounting (100 million yuan)**			
生产总值	Gross Domestic Product	263.68	543.32	1350.43
第一产业	Primary Industry	40.12	65.34	134.92
第二产业	Secondary Industry	108.83	264.61	744.63
第三产业	Tertiary Industry	114.73	213.37	470.88
支出法生产总值	Gross Domestic Product by Expenditure Approach	263.68	543.32	1350.43
最终消费	Government Final Consumption Expenditure	171.70	360.72	720.57
居民消费	Household Consumption Expenditures	122.33	210.29	410.26
政府消费	Government Consumption Expenditure	49.37	150.43	310.31
资本形成总额	Gross Capital Formation	160.46	369.28	1086.99
固定资本形成	Gross Fixed Capital Formation	156.97	364.08	1057.86
固定资产投资增速 （%）	**Investment in Fixed Assets (%)**			
全社会固定资产投资增速	Growth Rate of Total Investment in Fixed Asssets	20.8	15.4	33.5
财政 （亿元）	**Government Finance (100 million yuan)**			
地方财政收入	Local Government Revenue	16.58	33.82	110.22
财政支出	Government Expenditures	68.26	169.75	743.40
物价总指数 （上年=100）	**Price Indices (preceding year=100)**			
商品零售价格总指数	Retail Price Index	99.0	100.7	104.3
居民消费价格总指数	Consumer Price Index	99.5	100.8	105.4
农业生产资料价格总指数	Price Indices of Agricultural Means of Production	100.7	106.5	103.5
利用外资 （亿美元）	**Utilization of Foreign Capital (USD 100 million)**			
合同利用外资协议额	Signed an Agreement for Use of Foreign Capital	1.53	3.56	3.17
能源生产与消费（万吨标准煤）	**Production and Consumption of Energy(10 000 tons of SCE)**			
能源生产总量	Total Energy Production	937.90	1867.27	4005.82
能源消费总量	Total Energy Consumption	897.23	1830.48	2814.57

Principal Aggregate Indicators on National Economic and Social Development and Growth Rates in Main Years

Aggregate Data				速度指标(%) Index and Growth Rates						
				发展指数（2018年比以下各年） Index (2018 as percentage of the following years)				平均增长速度 Average Annual Growth Rate		
2015	2016	2017	2018	2000	2005	2010	2015	2001-2018	2011-2018	2016-2018
588.43	593.46	598.38	603.23	116.79	111.05	107.06	102.52	0.87	0.86	0.83
295.98	306.40	317.54	328.57	183.01	154.11	130.40	111.01	3.41	3.37	3.54
292.45	287.06	280.84	274.66	81.51	83.23	88.18	93.92	-1.13	-1.56	-2.07
300.28	302.43	303.62	309.46	115.89	111.48	106.06	103.06	0.82	0.74	1.01
288.15	291.03	294.76	293.77	117.76	110.60	108.13	101.95	0.91	0.98	0.65
321.4	324.3	327.0	329.3	115.99	113.15	107.04	102.46	0.83	0.85	0.81
154.5	160.9	165.7	171.5	210.43	182.25	143.88	111.00	4.22	4.65	3.54
166.9	163.4	161.3	157.8	77.96	80.14	83.71	94.55	-1.37	-2.20	-1.85
4.44	4.58	4.67	4.60	255.56	126.72	108.49	103.60	5.35	1.02	1.19
2417.05	2572.49	2624.83	2865.23	676.99	383.73	207.05	124.17	11.21	9.52	7.48
208.93	221.19	238.41	268.10	231.59	185.01	148.32	115.54	4.78	5.05	4.93
1207.31	1249.98	1162.41	1247.06	975.83	462.36	224.52	125.35	13.49	10.64	7.82
1000.81	1101.32	1224.01	1350.07	573.15	351.31	196.94	124.55	10.19	8.84	7.59
2417.05	2572.49	2624.83	2865.23	676.99	383.73	207.05	124.17	11.21	9.52	7.48
1485.98	1676.44	1815.42	2005.37	651.77	338.51	218.59	126.92	10.98	10.27	8.27
888.70	989.92	1073.87	1181.47	563.35	352.26	232.69	126.81	10.08	11.13	8.24
597.28	686.52	741.55	823.90	874.01	319.54	199.72	127.03	12.80	9.03	8.30
3374.09	3565.46	3897.01	2322.40	1658.97	796.61	335.14	120.66	16.89	16.32	6.46
3303.61	3551.90	3918.34	2320.14	1677.16	800.18	341.66	122.77	16.96	16.60	7.08
12.3	10.9	10.3	7.3	2700.79	1138.94	391.27	128.01	20.10	18.59	8.58
267.13	238.51	246.20	272.89	1645.90	806.89	247.59	102.16	16.84	12.00	0.71
1515.16	1524.80	1530.44	1647.43	2413.46	970.50	221.61	108.73	19.35	10.46	2.83
101.0	100.4	101.2	102.1	153.87	148.94	117.53	103.74	2.42	2.04	1.23
102.6	101.8	101.5	102.5	182.33	163.72	126.96	105.91	3.39	3.03	1.93
100.8	101.5	102.4	102.1	216.63	188.76	136.04	106.12	4.39	3.92	2.00
1.60	0.96	1.60	0.46	29.98	12.91	14.50	28.78	-6.47	-21.45	-33.98
3298.88	3003.89	3305.78								
4134.11	4110.51	4202.46								

2-2 续表1

指 标	Item	总量指标		
		2000	2005	2010
农业	**Agriculture**			
农林牧渔业从业人员 (万人)	Employed Persons of Agriculture,Forestry, Animal Husbandry and Fishery (10 000 persons)	142.25	128.73	120.99
农林牧渔业总产值(亿元)	Gross Output Value of Agriculture,Forestry, Animal Husbandry and Fishery (100 million yuan)	56.99	94.04	201.32
主要农产品产量 (万吨)	Output of Major Farm Products (10 000 tons)			
粮食	Grain	82.70	93.26	102.22
油料	Oil-bearing Crops	19.40	31.85	37.54
水果	Fruits	2.24	1.48	1.44
肉类	Meat	20.83	25.75	27.30
牛肉	Beef	6.35	7.44	8.46
羊肉	Mutton	7.00	9.16	9.65
水产品	Aquatic Products	0.12	0.09	0.16
工业	**Industry**			
主要工业产品产量	Output of Major Industrial Products			
原煤 (万吨)	Coal (10 000 tons)	145	555	1863
原油 (万吨)	Crude Oil (10 000 tons)	200	221	186
发电量 (亿千瓦小时)	Electricity (100 million kwh)	134	213	457
粗钢 (万吨)	Crude Steel (10 000 tons)	43	51	137
钢材 (万吨)	Rolled Steel (10 000 tons)	36	48	138
原铝 (万吨)	Primary Aluminum (10 000 tons)	28	67	147
原盐 (万吨)	Salt (10 000 tons)	68	112	124
农用化肥 (万吨)	AgriculturdFertilizers (10 000 tons)	67	159	313
水泥 (万吨)	Cement (10 000 tons)	124	371	811
规模以上工业企业主要指标	**Principal Indicators of Industrial Enterprises above Designated Size**			
固定资产原价 (亿元)	Original Value of Fixed Assets (100 million yuan)	505.81	844.71	2026.10
利润总额 (亿元)	Total Profits (100 million yuan)	0.79	72.82	182.02
建筑业	**Construction**			
建筑业总产值 (亿元)	Gross Output Value (100 million yuan)	44.72	90.93	279.61
施工房屋面积(万平方米)	Floor Space of Building under Construction(10 000 sq.m)	339.43	407.55	693.12
竣工房屋面积(万平方米)	Floor Space of Building Completed (10 000 sq.m)	192.90	194.02	273.16
交通运输	**Transport**			
货运量 (万吨)	Total Freight Traffic (10 000 tons)	5076	7152	11426
铁路	Railways	833	1453	3286
公路	Highways	4050	5491	7962
管道	Petroleum and Gas Pipelines	193	208	178
民用航空	Civil Aviation		0.33	0.47
客运量 (万人)	Total Passsnger Traffic (10 000 persons)	3612	4920	10997
铁路	Railways	352	368	474
公路	Highways	3250	4525	10439
民用航空	Civil Aviation	10	27	85
公路通车里程 (公里)	Total Lenth of Highways (km)	18679	29719	62185

Concinued

Aggregate Data				速度指标(%) Index and Growth Rates						
				发展指数（2018年比以下各年） Index (2018 as percentage of the following years)				平均增长速度 Average Annual Growth Rate		
2015	2016	2017	2018	2000	2005	2010	2015	2001-2018	2011-2018	2016-2018
116.41	115.50	116.72	114.24	80.31	88.74	94.42	98.14	-1.21	-0.72	-0.63
319.27	338.80	364.10	405.93	227.30	185.33	149.44	115.60	4.67	5.15	4.95
104.04	104.78	102.55	103.06	124.62	110.51	100.82	99.06	1.23	0.10	-0.31
31.67	31.33	30.27	28.45	146.65	89.32	75.79	89.83	2.15	-3.41	-3.51
1.50	1.29	1.29	1.38	61.61	93.24	95.83	92.00	-2.66	-0.53	-2.74
32.45	34.12	35.30	36.53	175.37	141.86	133.81	112.57	3.17	3.71	4.03
11.49	13.31	12.86	13.18	207.56	177.15	155.79	114.71	4.14	5.70	4.68
11.22	11.60	12.68	13.12	187.43	143.23	135.96	116.93	3.55	3.91	5.35
1.06	1.21	1.61	1.71	1425.00	1947.61	1068.75	161.32	15.90	34.47	17.28
805	775	716								
223	221	228								
537	487	561								
121	115	120	138	320.93	270.59	100.73	114.05	6.69	0.09	4.48
114	125	127	147	408.33	306.25	106.52	128.95	8.13	0.79	8.84
219	222	229	229	817.07	341.46	155.63	104.47	12.38	5.68	1.47
286	206	183	263	386.50	234.66	211.95	91.90	7.80	9.84	-2.78
520	552	462	477	711.94	300.00	152.40	91.73	11.52	5.41	-2.84
1744	1875	1450	1348	1087.10	363.34	166.21	77.29	14.17	6.56	-8.23
4870.20	5123.97	4875.65								
67.85	80.02	101.11								
409.51	410.62	406.93	441.32	986.84	485.34	157.83	107.77	13.56	5.87	2.53
908.69	886.79	861.16	915.08	269.59	224.53	132.02	100.70	5.66	3.53	0.23
350.21	301.94	338.65	373.06	193.40	192.28	136.57	106.52	3.73	3.97	2.13
16173	17090	18140	19120	376.67	267.34	167.34	118.22	7.65	6.65	5.74
2729	2834	3052	3220	386.55	221.61	97.99	117.99	7.80	-0.25	5.67
13233	14047	14871	15685	387.28	285.65	197.00	118.53	7.81	8.84	5.83
210	208	215	213	110.36	102.40	119.66	101.43	0.55	2.27	0.47
0.86	0.99	1.27	1.75		530.30	372.34	203.49		17.86	26.72
5825	6201	6603	6819	188.79	138.60	62.01	117.06	3.59	-5.80	5.39
936	994	1134	1256	356.82	341.30	264.98	134.19	7.32	12.95	10.30
4595	4873	5070	5092	156.68	112.53	48.78	110.82	2.53	-8.58	3.48
224	268	329	377	3770.00	1396.30	443.53	168.30	22.34	20.47	18.95
75593	78585	80895	82137	439.73	276.38	132.08	108.66	8.58	3.54	2.81

2–2 续表2

指 标	Item	总量指标		
		2000	2005	2010
邮电通信业	**Postal and Telecommunication Services**			
函件 （万件）	Number of Letters Delivered (10 000 pieces)	2762	1886	472
报刊期发数 （万份）	Number of Newspaper and Magazines Distributed(10 000 copies)	47	51	47
邮路总长度 （公里）	Length of Postal Routes (km)	26978	23721	43484
固定电话年末用户 （万户）	Number of Fixed Telephone Subscribers at Year-end (10 000 subscirbers)	36.87	113.50	103.20
移动电话用户 （万户）	Number of Mobile Telephone Subscribers (10 000 subscribers)	21.07	121.36	397.80
国内商业	**Domestic Trade**			
社会消费品零售总额 （亿元）	Total Retail Sales of Comsumer Goods (100 million yuan)	100.26	161.59	351.03
对外经济贸易	**Foreign Trade**			
进出口总额 （亿美元）	Total Value of Exports and Imports (USD 100 million)	1.60	4.13	7.89
出口额	Exports	1.12	3.23	4.66
进口额	Imports	0.48	0.90	3.23
旅游	**Tourism**			
旅游人数 （万人次）	Number of Tourists (10 000 person-times)	321	637	1226
旅游外汇收入 （万美元）	Foreign Exchange Earnings from International Tourism (USD 10 000)	740	1102	2045
金融保险 （亿元）	**Financial Intermediation and Insurance (100 million yuan)**			
金融机构人民币各项存款余额	Deposits of National Banking System	280.17	733.05	2319.64
金融机构人民币各项贷款余额	Loans of National Banking System	348.57	638.59	1822.65
保险公司保费收入	Insurance Premium of Insurance Companies	5.13	7.86	25.70
保险公司赔款及给付金额	Indemnity Expenditure and Payment of Insurance Companies	1.19	1.99	6.66
教育	**Education**			
专任教师数 （人）	Full-time Teachers (person)	47821	52167	54634
普通高等学校	Institutions of Higher Education	2107	3051	3731
中等职业学校	Secondary Vocational Schools	1363	1588	2444
普通中学	Regular Secondary Schools	16645	20050	21875
小学	Primary Schools	27706	27478	26584
在校学生数 （万人）	Students Enrollment (10 000 persons)	75.62	89.34	98.57
普通高等学校	Institutions of Higher Education	1.33	3.44	6.04
中等职业学校	Secondary Vocational Schools	1.34	2.47	7.91
普通中学	Regular Secondary Schools	22.47	32.75	32.72
小学	Primary Schools	50.48	50.68	51.90
科技	**Science and Technology**			
研究与开发经费支出 （亿元）	Expenditures on Research and Development (100 million yuan)	1.31	2.07	8.33
技术合同成交额 （亿元）	Volume of Transaction in Technical Markets (100 million yuan)	0.51	1.18	11.46

Continued

Aggregate Data				速度指标(%) Index and Growth Rates						
				发展指数（2018年比以下各年） Index (2018 as percentage of the following years)				平均增长速度 Average Annual Growth Rate		
2015	2016	2017	2018	2000	2005	2010	2015	2001-2018	2011-2018	2016-2018
371	321	483	272	9.85	14.42	57.63	73.32	-12.08	-6.66	-9.83
51	27	48	51	108.51	100.00	108.51	100.00	0.45	1.03	
33661	95136	86279	88507	328.07	373.12	203.54	262.94	6.82	9.29	38.02
101.42	102.07	106.69	119.88	325.14	105.62	116.16	118.20	6.77	1.89	5.73
517.53	539.76	610.88	686.40	3257.71	565.59	172.55	132.63	21.35	7.06	9.87
690.98	767.30	839.03	835.56	833.39	517.09	238.03	120.92	12.50	11.45	6.54
19.34	15.15	6.55	7.27	454.38	176.03	92.13	37.58	8.77	-1.02	-27.84
16.42	13.66	4.24	4.70	419.64	145.51	100.79	28.62	8.29	0.10	-34.10
2.93	1.49	2.31	2.57	535.42	285.56	79.63	87.71	9.77	-2.81	-4.28
2315	2877	3484	4204	1309.66	659.97	342.90	181.57	15.36	16.65	22.00
3876	4416	3829	3613	488.24	327.86	176.67	93.21	9.21	7.37	-2.31
5212.80	5570.17	5826.63	5754.66	2053.99	785.03	248.08	110.39	18.28	12.03	3.35
4988.01	5579.76	6222.49	6582.44	1888.41	1030.78	361.15	131.97	17.73	17.41	9.69
56.30	68.73	80.18	87.66	1708.77	1115.27	341.09	155.71	17.08	16.58	15.91
20.32	27.38	29.25	34.69	2915.13	1743.22	521.03	170.72	20.61	22.92	19.52
57812	58299	59590	60675	126.88	116.31	111.06	104.95	1.33	1.32	1.62
4127	4340	4671	4746	225.25	155.56	127.20	115.00	4.61	3.05	4.77
2410	2457	2433	2357	172.93	148.43	96.44	97.80	3.09	-0.45	-0.74
24796	25094	25167	26089	156.74	130.12	119.26	105.21	2.53	2.23	1.71
26479	26408	27319	27483	99.20	100.02	103.38	103.79	-0.04	0.42	1.25
93.16	93.48	94.90	99.61	131.72	111.50	101.06	106.92	1.54	0.13	2.26
7.14	7.46	7.92	8.36	628.23	242.89	138.37	117.05	10.75	4.14	5.39
7.64	7.41	7.50	7.70	574.47	311.66	97.32	100.81	10.20	-0.34	0.27
32.98	32.82	32.97	34.95	155.56	106.73	106.83	105.99	2.49	0.83	1.96
45.40	45.79	46.51	48.60	96.28	95.90	93.65	107.05	-0.21	-0.82	2.30
11.58	14.00	17.91								
46.95	56.92	67.72	79.36	15560.78	6725.42	692.50	169.03	32.37	27.37	19.12

2-2 续表3

指 标		Item		总量指标 2000	2005	2010
文化		**Culture**				
出版数量		Number of Published				
图书	(万册)	Books	(10 000 copies)	586	840	1003
杂志	(万册)	Magazine	(10 000 copies)	91	204	323
报纸	(万份)	News Paper	(10 000 copies)	4800	4486	9770
家庭		**Family**				
家庭总户数	(万户)	Total Number of Family Households	(10 000 households)	115.24	131.93	161.85
城镇居民平均每户家庭人口	(人)	Average Household Size in Urban Areas	(person)	3.24	3.02	2.99
农村居民平均每户家庭人口	(人)	Average Household Size in Rural Areas	(person)	5.32	5.16	4.97
居住		**Housing**				
城镇居民人均拥有住房面积	(平方米)	Per Capita Building Space in Urban Areas	(sq.m)	12.1	18.4	25.9
农村居民人均拥有住房面积	(平方米)	Per Capita Living Space in Rural Areas	(sq.m)	15.3	18.0	21.4
生活		**People's Living Conditions**				
城镇居民人均可支配收入	(元)	Per Capita Annual Disposable Income of Urban Households	(yuan)	5221	8271	14462
农村居民人均可支配收入	(元)	Per Capita Disposable Income of Rural Household	(yuan)	1504	2206	4028
城乡储蓄存款余额	(亿元)	Outstanding Amount of Saving Deposits in Urban and Rural Areas	(100 million yuan)	146.28	361.51	943.78
工资		**Wages**				
非私营单位在岗职工工资总额	(亿元)	Total Wages of Employed Persons in Non Private Units	(100 million yuan)	49.76	78.03	185.91
非私营单位在岗职工平均工资	(元)	Average Wage of Staff and Workers	(yuan)	10050	19084	37182
卫生		**Public Health**				
医疗机构	(个)	Number of Hospitals	(unit)	577	562	734
卫生技术人员	(万人)	Health Technical Personnel	(10 000 persons)	2.15	2.08	2.39
床位数	(万张)	Number of Hospital Beds	(10 000 units)	1.65	1.60	2.01
市政建设		**Municipal Works**				
供水普及率	(%)	Water supply popularity rate	(%)			100
污水排放总量	(万立方米)	Total Discharge of Sewage	(10 000cu.m)		11741	12889
生活垃圾无害处理量	(万吨)	Volume of Urban Consumption Wastes Disposed	(10000 tons)			58
燃气普及率	(%)	Coverage Rate of Urban Population with Access to Gas	(%)			91
灾害		**Disaster**				
火灾发生数	(起)	Fire Accidents	(times)	670	900	1623
火灾损失	(万元)	Economic Loss of Fire Accidents	(10 000 yuan)	475	415	926
交通事故发生数	(起)	Number of Traffic Accidents	(times)	1579	952	1206
交通事故损失	(万元)	Economic Loss ofTraffic Accidents	(10 000 yuan)	667	411	390

Continued

Aggregate Data				速度指标(%) Index and Growth Rates						
				发展指数（2018年比以下各年）Index (2018 as percentage of the following years)				平均增长速度 Average Annual Growth Rate		
2015	2016	2017	2018	2000	2005	2010	2015	2001-2018	2011-2018	2016-2018
1213	1128	1215	1378	235.15	164.05	137.40	113.57	4.87	4.05	4.33
299	318	283	269	295.60	131.86	83.41	89.88	6.21	-2.24	-3.50
10554	9574	9102	8882	185.03	197.98	90.91	84.15	3.48	-1.18	-5.59
179.99	176.89	189.53	176.85	153.46	134.05	109.27	98.26	2.41	1.11	-0.58
3.01	3.04	3.01	3.14	96.91	103.97	105.02	104.32	-0.17	0.61	1.42
4.03	4.03	4.00	4.07	76.50	78.88	81.89	100.99	-1.48	-2.47	0.33
31.2	34.1	34.6	37.8	313.26	205.88	145.87	120.93	6.55	4.83	6.54
31.4	32.9	33.9	32.8	213.96	182.61	152.89	104.29	4.32	5.45	1.41
24542	26757	29169	31515	603.62	381.03	217.92	128.41	10.50	10.23	8.69
7933	8664	9462	10393	691.02	471.12	258.02	131.01	11.34	12.58	9.42
1816.76	2002.42	2141.41	2295.95	1569.56	635.10	243.27	126.38	16.53	11.75	8.12
378.24	413.99	473.06	523.35	1051.75	670.70	281.51	138.36	13.97	13.81	11.43
61868	67451	76535	86908	864.76	455.40	233.74	140.47	12.73	11.20	11.99
863	878	956	1001	173.48	178.11	136.38	115.99	3.11	3.95	5.07
3.43	3.69	4.05	4.46	207.42	214.72	186.63	129.87	4.14	8.11	9.10
3.42	3.52	3.83	3.84	232.43	239.48	191.50	112.13	4.80	8.46	3.89
99	99	99								
18579	18484	16496								
72	79	74								
86	88	94								
1529	1380	1685	1629	243.13	181.00	100.37	106.54	5.06	0.05	2.13
3836	1385	1607	1340	282.11	322.89	144.71	34.93	5.93	4.73	-29.57
1036	1023	1129	1282	81.19	134.66	106.30	123.75	-1.15	0.77	7.36
614	751	1120	1167	174.96	283.94	298.92	190.00	3.16	14.67	23.86

2–3 主要年份国民经济和社会发展结构指标
Structural Indicators on National Economic and Social Development in Main Years

单位：% (%)

指 标	Item	2000	2005	2010	2015	2018
人口	**Population**					
城乡结构	Urban and Rural Compostition					
城镇	Urban	34.8	39.3	44.7	50.3	54.5
乡村	Rural	65.2	60.8	55.3	49.7	45.5
性别结构	Sexual Compostition					
男	Male	51.7	51.1	51.8	51.0	51.3
女	Demale	48.3	48.9	48.2	49.0	48.7
就业	**Employment**					
就业人员产业结构	Employment Industrial Compostition					
第一产业	Primary Industry	55.8	49.5	41.4	35.8	33.4
第二产业	Secondary Industry	12.6	17.4	22.6	23.0	21.1
第三产业	Tertiary Industry	31.6	33.1	36.0	41.2	45.5
国民经济核算	**National Accounting**					
生产总值产业结构	Industrial Compostition					
第一产业	Primary Industry	15.2	12.0	10.0	8.6	9.4
第二产业	Secondary Industry	41.3	48.7	55.1	50.0	43.5
第三产业	Tertiary Industry	43.5	39.3	34.9	41.4	47.1
投资	**Investment**					
全社会固定资产投资经济结构	Composition of Tatal Investment in Fixd Assets					
国有经济	State-owned Economy	66.4	47.8	48.3	56.4	55.1
集体经济	Collective Economy	4.3	4.0	1.5	0.7	0.1
私营个体经济	Private Individual Economy	8.5	11.7	13.8	17.5	18.3
其他经济	Other	20.9	36.6	36.4	25.4	26.5
资金到位来源结构	Composition of Funding Sources					
国家预算内资金	State Budget	17.0	15.8	13.6	20.2	16.5
国内贷款	Domestic Loans	24.3	16.9	17.1	21.3	29.8
利用外资	Foreign Investment	1.4	0.6	0.5	0.1	0.1
自筹和其他投资	Self-raising Funds and Other Investments	57.0	66.4	68.8	58.5	53.6
财政	**Government Finance**					
财政收入结构	Composition of Government Revenue					
中央	Central Government	36.4	46.7	46.2	29.9	39.2
地方	Local Government	63.6	53.4	53.8	70.1	60.8
能源生产与消费	**Enery**					
能源生产总量结构	Composition of Total Energy Production					
原煤	Coal	16.8	26.9	41.1	18.2	
原油	Crude Oil	30.5	17.0	6.6	9.7	
天然气	Natural Gas	5.1	15.9	18.6	24.7	
一次电力	Hydro-power	47.7	40.3	33.7	47.4	

2-3 续表1 Continued

单位：% (%)

指 标	Item	2000	2005	2010	2015	2018
能源消费总量结构	Composition of Total Energy Consumption					
原煤	Coal	30.2	44.2	34.1	32.5	
石油	Crude Oil	19.0	8.6	7.6	8.5	
天然气	Natural Gas	4.8	8.0	11.2	14.3	
电力	Electric Power	46.0	39.2	47.0	44.7	
农业	**Agriculture**					
农林牧渔业产值结构	Compostition of Gross Output Value of Agriculture					
农业	Farming	46.7	38.8	45.7	45.4	41.7
林业	Forestry	3.7	1.9	1.9	2.3	2.6
牧业	Animal Husbandry	49.5	55.0	50.4	49.6	53.2
渔业	Fishery	0.2	0.1	0.1	0.9	0.9
农林牧渔服务业	Services of Agriculture		4.4	1.9	1.8	1.6
工业	**Industrty**					
规模以上工业总产值结构	Compostition of Gross Output of Industrial Enterprises above Designated Size					
大型企业	Large Enterprises	59.0	74.0	51.3	38.0	
中型企业	Medinm-sized Enterprises	4.4	11.5	30.2	25.3	
小型企业	Small Enterprises	36.7	14.5	18.5	36.7	
建筑业	**Construction**					
建筑业总产值结构	Compostition of Gross Output Value of Construction Industry					
房屋土木工程建筑业	Civil Engineering Construction	85.5	90.1	92.6	94.7	94.1
建筑安装业	Installation Industry	13.5	8.1	5.9	4.7	4.6
建筑装饰业及其它建筑业	Construction Decoration Industry and Other Constructions	1.0	1.0	1.5	0.6	1.4
交通运输业	**Transportation**					
货运量结构	Composition of Freight Traffic					
按运输方式分	By Mode of Transport					
铁路	Railways	16.4	20.3	28.8	16.9	16.8
公路	Highways	79.8	76.8	69.7	81.8	82.0
民用航空	Civil Aviation				0.0	0.0
管道输油(气)	Pipelines	3.8	2.9	1.6	1.3	1.1
商业	**Business**					
社会消费品零售总额构成	Composition of Retail Sales of Consumer Goods					
城镇	City	85.8	88.5	86.8	86.9	80.1
乡村	Under County Level	14.2	11.5	13.2	13.1	19.9
对外经济贸易	**Foreign Trade**					
进出口总值结构	Total Value of Imports and Exports					
出口	Total Exports	70.1	78.2	59.1	84.9	64.7
进口	Total Imports	29.9	21.8	40.9	15.1	35.4

2−3 续表2 Continued

单位：% (%)

指　标	Item	2000	2005	2010	2015	2018
国际旅游	**International Tourism**					
来华旅游人次结构	Number of Overseas Visitor Arrivals					
外国人	Foreigners	33.3	50.0	60.0	75.4	78.3
港澳台同胞	Chinese Compatriots from Hong Kong, Macao and Taiwan	66.7	50.0	40.0	24.6	23.2
教育	**Education**					
在校学生结构	Composition of Student Enrollment in Regular School					
普通高等学校学生	Institutions of Higher Education	1.8	3.9	6.1	7.7	8.4
中等职业学校学生	Secondary Vocational Schools	1.8	2.8	8.0	8.2	7.7
普通中学生	Regular Secondary Schools	29.7	36.7	33.2	35.4	35.1
小学生	Primary Schools	66.8	56.7	52.7	48.7	48.8
专任教师结构	Composition of Full-time Teachers in Regular Schools					
普通高等学校学生	Institutions of Higher Education	4.4	5.9	6.8	7.1	7.8
中等职业学校学生	Secondary Vocational Schools	2.9	3.0	4.5	4.2	3.9
普通中学生	Regular Secondary Schools	34.8	38.4	40.0	42.9	43.0
小学生	Primary Schools	57.9	52.7	48.7	45.8	45.3
生活	**People's Living Conditions**					
城镇居民消费结构	Consumption Compostition of Urban Households					
食品、烟酒类	Food，Tobacco and Liquor	40.9	36.3	34.2	28.7	27.6
衣着类	Clothing	11.0	11.1	10.5	9.9	8.7
生活用品及其他类	Household Appliances and Other	41.6	42.0	39.1	44.0	45.3
居住类	Residence	6.6	10.7	16.3	17.4	18.4
农村居民消费结构	Consumption Compostition of Rural Reidents					
食品、烟酒类	Food，Tobacco and Liquor	57.9	45.1	42.5	29.9	29.5
衣着类	Clothing	7.7	8.5	6.6	7.3	7.0
生活用品及其他类	Household Appliances and Other	24.1	30.6	34.0	45.7	46.3
居住类	Residence	10.4	15.8	16.9	17.1	17.3
卫生	**Health Care**					
卫生机构技术人员结构	Composition of Medical and Technical Personnel					
执业医师	Certified Doctors	35.7	34.4	34.4	30.5	29.0
执业助理医师	Assistant Doctors	9.0	8.4	5.9	5.8	4.9
注册护士	Registered Nures	19.7	33.5	37.3	40.1	41.8
卫生机构病床结构	Beds In Health Institutions					
医院	Hospitals	84.5	83.5	78.9	82.8	84.8
卫生院	Health Centers	11.3	13.6	14.8	12.3	11.8
其他	Others	4.2	2.9	6.3	4.9	3.4

2–4 主要年份国民经济和社会发展比例和效益指标

Indicators on Proportions and Efficiency on National Economy and Social Development in Main Years

指 标	Item	2000	2005	2010	2015	2018
人口 (‰)	**Population** (‰)					
出生率	Brith Rate	19.25	15.70	14.94	14.72	14.31
死亡率	Death Rate	6.15	6.21	6.31	6.17	6.25
自然增长率	Natural Growth Rate	13.10	9.49	8.63	8.55	8.06
就业	**Employment**					
就业者负担人口 (人)	Number of Dependents per Employee(person)	1.82	1.87	1.33	1.83	1.83
三次产业从业者比例 (以第一产业为100)	Proportion of Employed Persons (Primary Industry = 100)					
第一产业	Primary Industry	100.00	100.00	100.00	100.00	100.00
第二产业	Secondary Industry	22.58	35.15	54.59	64.24	62.96
第三产业	Tertiary Industry	56.63	66.87	86.95	115.03	135.99
城镇登记失业率 (%)	Registered Unemployment Rate in Urban Areas (%)	2.4	3.9	3.8	3.2	3.0
国民经济核算	**National Accounting**					
三次产业增加值比例 (以第一产业为100)	Proportion of The Added Value (Primary Industry=100)					
第一产业	Primary Industry	100.00	100.00	100.00	100.00	100.00
第二产业	Secondary Industry	271.26	404.97	551.90	577.85	465.15
第三产业	Tertiary Industry	285.96	326.55	349.01	479.02	503.57
全社会劳动生产率 (元/人.年)	Labor Productivity (yuan/person.year)	9363	18688	44210	75685	87324
第一产业	Primary Industry	2583	4464	10468	18066	23839
第二产业	Secondary Industry	28643	53695	109553	164933	174879
第三产业	Tertiary Industry	12994	22442	43359	76685	93534
人均生产总值 (元)	Per Capita GDP (yuan)	5138	10045	24098	41252	47689
财政	**Government Finance**					
地方财政收入相当于生产总值比例 (%)	Proportion of Local Government Revenue to GDP (%)	6.29	6.23	8.16	11.05	9.50
财政支出相当于生产总值比例 (%)	Proportion of Local Government Expendituresto GDP (%)	25.89	31.24	55.05	62.69	57.50
地方财政收入相当于全年财政支出比例 (%)	Proportion of Local Government Revenue to Expenditures (%)	24.30	19.92	14.83	17.63	16.56
能源生产与消费	**Energy**					
能源生产弹性系数 (%)	Elasticity Ratio of Energy Production (%)	0.66	4.28	1.59		
能源消费弹性系数 (%)	Elasticity Ratio of Energy Consumption (%)		2.80	0.61	0.44	
单位生产总值能耗(吨标准煤/万元)	Energy Consumption per 10 000 yuan of GDP (ton of SCE)	3.40	3.07	2.80	1.84	
规模以上工业单位增加值能耗(吨标准煤/万元)	Energy Consumption per 10 000 yuan of Value-added to Gross Industrial Output Vaule (ton of SCE)	5.65	3.44	2.59	2.11	

2-4 续表1 Continued

指 标	Item	2000	2005	2010	2015	2018
农业	**Agriculture**					
农林牧渔业从业者人均农产品产量 (公斤)	Per Capita Farm Products Output of Employed Persons of Agriculture,Forestry,Animal Husbandry and Fishery (kg)					
粮食	Grain Crops	522	647	803	904	936
油料	Oil-bearing Crops	122	221	295	275	258
肉类	Meat	132	179	214	282	332
水产品	Aquatic Products	1	1	1	9	16
每公顷播种面积农产品产量 (公斤)	Output of Farm Products Per Hectare (kg)					
粮食	Grain Crops	2563	3798	3731	3711	3664
油料	Oil-bearing Crops	1013	1968	2108	2104	1923
工业企业效益	**Economic Benefit of Industrial Enterprises**					
规模以上企业总资产贡献率(%)	Ratio of Total Assets to Industrial Output Value of Enterprises above Designated Size (%)	7.70	11.07	11.57	4.70	
规模以上企业资产负债率 (%)	Assets-Liability Ratio of Enterprises above Designated Size (%)	72.90	67.54	63.74	69.17	
规模以上企业流动资产周转次数 (次/年)	Turnover of Working Capital of Enterprises above Designated Size (times/year)	0.77	1.40	1.64	1.46	
建筑业	**Construction**					
技术装备率 (元/人)	Rate of Technical Equipment (yuan/person)	9153	14655	23068	20322	21704
产值利润率 (%)	Profit Rate of Output Value (%)	0.85	0.63	2.20	3.28	2.51
全员劳动生产率(按总产值计算) (元/人)	Overall Labor Productivity Calculated Based on Gross Output Value (yuan/person)	42284	87203	221885	318902	427384
交通运输业	**Transportation**					
铁路网密度(公里/万平方公里)	Railway Density (km/10000 sq.km)	15.28	15.24	22.92	31.54	31.88
公路网密度(公里/万平方公里)	Highway Density (km/10000 sq.km)	259.43	412.76	862.24	1048.15	1138.89
铁路货运密度 (吨/公里)	Railway Densityof Freight Transport (ton/km)	7573	13245	19903	12003	14006
公路货运密度 (吨/公里)	Highway Densityof Freight Transport (ton/km)	2168	1848	1280	1751	1910
邮电通信业	**Post and Telecommunication Services**					
电话普及率 (含移动电话) (部/百人)	Popularization Rate of Telephone (Include Mobile Phone (set/100 persons)	11.22	46.00	89.90	106.09	133.66
固定电话普及率	Popularization Rate of Fixed telephone	7.14	22.00	19.20	17.38	19.87
移动电话普及率	Popularization Rate of Mobile Phones	4.08	24.00	70.70	88.71	113.79
国内商业	**Domestic Trade**					
人均社会消费品零售额 (元)	Per Capita Retail Sales of Consumer Goods(yuan)	1954	2987	6264	11793	13907
对外经济贸易	**Foreign Trade**					
进出口总额相当于生产总值比例 (%)	Proportion of Total Value of Imports and Exports to GDP (%)	5.02	6.23	3.96	4.98	1.68
国际旅游	**International Tourism**					
每一来青游客花费 (美元)	Expenditure per International Tourist in Qinghai (USD)	227	313	409	179	172

2-4 续表2 Continued

指　标	Item	2000	2005	2010	2015	2018
金融保险	**Finance Intermidiation and Insurance**					
金融机构存款相当于生产总值比例 (%)	Bank Deposits as Percentage of GDP (%)	106.25	134.92	171.77	215.67	200.84
金融机构贷款相当于生产总值比例 (%)	Bank Loans as Percentage of GDP (%)	132.19	128.04	134.97	206.37	229.74
教育	**Education**					
学龄儿童入学率 (%)	Enrollment Ratio of Primary Schools (%)	94.2	97.0	99.6	99.8	99.8
小学毕业生升学率 (%)	Promotion Rate from Primary Schools to Junior Secondary Schools (%)	88.7	97.3	95.6	94.7	102.4
初中毕业生升学率 (%)	Promotion Rate from Junior Secondary Schools to Senior Secondary Schools (%)	66.4	74.6	86.5	87.5	98.3
平均每一专任教师负担学生数 (人)	Average Number of Students for Each Full-time Teacher Burden (person)					
高等学校	Regular Institutions of Higher Education	6.3	11.3	16.2	17.3	17.6
普通中学	Regular Secondary Schools	13.5	16.3	14.9	13.3	13.4
小学学校	Primary Schools	18.2	18.4	19.5	17.1	17.7
科技	**Science and Technology**					
县以上研究与开发经费支出相当于生产总值比例 (%)	R&D and Expenditures Above County Level as Percentage of GDP (%)	0.50	0.54	0.74	0.48	
文化	**Culture**					
每百万人有艺术表演团体 (个)	Number of Art Performance Troupes Per Million Persons (unit)	2.71	2.21	2.50	2.05	2.00
每百万人有公共图书馆(个)	Number of Public Libraries Per Million Persons (unit)	7.36	7.92	7.86	8.36	8.49
每百万人有博物馆 (个)	Number of Museum Per Million Persons (unit)	2.71	2.76	3.21	3.93	3.99
家庭	**Family**					
少儿抚养比 (%)	Children Dependency Ratio (%)	39.15	34.52	28.74	27.36	27.37
老年抚养比 (%)	Elderly Dependency Ratio (%)	6.65	8.65	8.66	10.13	11.14
生活	**People's Living Conditions**					
城镇与农村居民收入比例(以农村居民收入指数为1)	Income of Urban and Rural Residents Ratio (Income of Rural Residents Index=1)	3.47	3.72	3.59	3.09	3.03
卫生	**Health Care**					
每万人医疗机构数 (个)	Number ofHealth Institutions per 10 000 Persons (unit)	1.12	1.04	1.31	1.47	1.67
每万人卫生技术人员数(人)	Number ofMedical Technical Personnel per 10 000 Persons (person)	41.90	38.40	42.64	58.61	74.23
每万人医疗床位数 (张)	Number ofBeds in Health Institutions per 10 000 Persons (unit)	32.20	29.65	35.78	58.45	63.95
市政建设	**Municipal Works**					
供水普及率 (%)	Water supply popularity rate (%)			99.87	99.06	
燃气普及率 (%)	Coverage Rate of Urban Population with Access to Gas(%)			90.79	85.96	
人均公园绿地面积(平方米)	Per Capita Public Green Areas (sq.m)	3.74	5.03	8.53	10.48	
灾害	**Disaster**					
平均每起火灾损失 (元)	The Average Loss per Fire (yuan)	7090	4606	5708	25090	8227
平均每起交通事故损失(元)	The Average Loss per Traffic Accident (yuan)	4224	4316	3237	5929	9104

2–5 党的“十八大”以来青海国民经济与社会发展主要指标

指　　标	Item	2012	2013
人　口	**Population**		
总人口　(万人)	Total Population　(10 000 persons)	573.17	577.79
少数民族　(万人)	Population of Ethnic Minorities　(10 000 persons)	271.11	274.32
人口自然增长率　(‰)	Natural Growth Rate　(‰)	8.24	8.03
少数民族占总人口比重　(%)	Percentage of Ethnic Minoritiesin Total Population　(%)	47.27	47.42
在总人口中城镇人口所占比重(%)	Percentage of Urban Populationin Total Population　(%)	47.44	48.51
就　业	**Employment**		
就业人员　(万人)	Employment Persons　(10 000 persons)	310.89	314.21
年末城镇登记失业率　(%)	Registration Unemployment in Urban Areas at Year-end(%)	3.4	3.3
国民经济核算	**National Accounts**		
地区生产总值　(亿元)	Gross Domestic Product　(100 million yuan)	1893.54	2122.06
#第一产业	Primary Industry	176.91	204.72
第二产业	Secondary Industry	1092.34	1151.28
第三产业	Tertiary Industry	624.29	766.06
#工业	Industry	895.89	912.68
建筑业	Construction	196.45	238.97
人均生产总值　(元)	Per Capita GDP　(yuan)	33181	36875
固定资产投资	**Investment in Fixed Assets**		
全社会固定资产投资增速　(%)	Growth Rate of Total Investment in Fixed Asssets　(%)	33.9	25.2
财　政	**National Government**		
公共财政预算收入　(亿元)	Public Budgete Revenue　(100 million yuan)	319.69	368.56
地方公共财政预算收入	Local Government Public Budgete Revenue	186.42	223.86
公共财政预算支出	Public Finance Budgete Expenditures	1159.05	1227.89
物　价　(上年=100)	**Price Indices　(preceding year=100)**		
居民消费价格指数	Consumer Price Index	103.1	103.9
农　业	**Agriculture**		
农作物总播种面积　(千公顷)	Total Sown Areas of Farm Crops　(1 000 hectares)	554.21	555.77
主要农(畜)产品产量　(万吨)	Output of Major Farm Livestock Products　(10 000 tons)		
粮食	Grain	101.71	103.55
油料	Oil-bearing Crops	36.13	33.55
蔬菜及食用菌	Vegetables and Edible Fungis	141.77	141.88
牛奶	Cow Milk	26.43	26.43
肉类	Meat	29.25	30.29

Main Indicators on National Economic and Social Development Since the 18th National Congress of Communist Party of China

2014	2015	2016	2017	2018	2013-2018 累计增长(%) Cumulative Growth Rate(%)	2013-2018 年均增长(%) Average Annual Growth Rate(%)
583.42	588.43	593.46	598.38	603.23	5.2	0.9
277.53	280.74	283.14	285.49	287.80	6.2	1.0
8.49	8.55	8.52	8.25	8.06	六年共下降0.18个千百分点	
47.56	47.71	47.71	47.71	47.71	六年共提高0.44个百分点	
49.78	50.30	51.63	53.07	54.47	六年共提高7.03个百分点	
317.30	321.41	324.28	326.97	329.26	5.9	1.0
3.2	3.2	3.1	3.1	3.0	六年共下降0.4个百分点	
2303.32	2417.05	2572.49	2624.83	2865.23	62.6	8.4
215.93	208.93	221.19	238.41	268.10	34.5	5.1
1234.31	1207.31	1249.98	1162.41	1247.06	67.7	9.0
853.08	1000.81	1101.32	1224.01	1350.07	61.6	8.3
954.27	893.87	901.68	777.56	818.67	62.9	8.5
280.43	313.81	348.67	384.85	428.39	88.5	11.1
39671	41252	43531	44047	47689	54.5	7.5
21.0	12.3	10.9	10.3	7.3	123.3	14.3
385.47	381.14	360.05	408.70	448.58	40.3	5.8
251.68	267.13	238.51	246.20	272.89	46.4	6.6
1347.43	1515.16	1524.80	1530.44	1647.43	42.1	6.0
102.8	102.6	101.8	101.5	102.5	16.1	2.5
553.70	558.39	557.75	555.31	557.25	0.5	0.1
105.80	104.04	104.78	102.55	103.06	1.3	0.2
32.60	31.67	31.33	30.27	28.45	-21.3	-3.9
141.06	144.80	148.14	148.08	150.26	6.0	1.0
29.26	30.22	31.66	32.43	32.57	23.2	3.5
31.36	32.45	34.12	35.30	36.53	24.9	3.8

2-5 续表

指　标	Item	2012	2013
工　业　　（规模以上）	**Industry　(Enterprises above Designated Size)**		
主要工业产品产量	Output of Major Industrial Products		
原油　(万吨)	Crude Oil　(10 000 tons)	205	215
原盐　(万吨)	Salt　(10 000 tons)	177	261
原煤　(万吨)	Coal　(10 000 tons)	2460	3020
发电量　(亿千瓦时)	Electricity　(100 million kwh)	556	566
粗钢　(万吨)	Crude Steel　(10 000 tons)	141	148
电解铝　(万吨)	Electrolytic Aluminum　(10 000 tons)	203	224
水泥　(万吨)	Cement　(10 000 tons)	1371	1786
运输、邮电业	**Transport and Post**		
铁路营业里程　(公里)	Length of Railways in Operation　(km)	1856	1856
公路通车里程　(公里)	Length of Highways in Operation　(km)	65988	70117
民用航空航线里程　(公里)	Civil Aviation Routes　(km)	50273	62820
货运量　(万吨)	Total Freight Traffic　(10 000 tons)	13680	13576
客运量　(万人次)	Total Passenger Traffic　(10 000 person-time)	12830	4957
民用汽车保有量　(万辆)	Possession of Civil Vehicles　(10 000 units)	51.73	61.17
年末固定电话用户　(万户)	Number of Fixed Telephone Subscribers at Year-end　(10 000 households)	102.50	101.80
年末移动电话用户　(万户)	Number of Mobile Telephone Subscribers at Year-end　(10 000 households)	537.20	542.40
商　业	**Domestic Trade**		
社会消费品零售总额　(亿元)	Total Retail Sales of Comsumer Goods(100 million yuan)	480.25	549.58
对外贸易	**Foreign Trade**		
海关进出口总额　(亿美元)	Total Value of Imports and Exports　(100 million USD)	11.60	14.03
出口	Exports	7.30	8.47
金　融	**Financial Intermediation**		
金融机构人民币存款余额　(亿元)	Deposits of National Banking System　(100 million yuan)	3528.41	4102.54
金融机构人民币贷款余额　(亿元)	Loans of National Banking System　(100 million yuan)	2791.68	3398.17
居　住	**Housing**		
城镇居民人均拥有住房面积(平方米)	Per Capita Gross Living Space in Cities　(sq.m)	26.1	25.9
农村居民人均拥有住房面积(平方米)	Per Capita Net Floor Space of Rural Residents　(sq.m)	30.9	26.8
生　活	**People's Living Conditions**		
城镇居民人均可支配收入　(元)	Per Capita Annual Disposable Income of Urban Households　(yuan)	18336	20352
农村居民人均可支配收入　(元)	Per Capita Net Income of Rural Households　(yuan)	5594	6462
城镇居民恩格尔系数　(%)	Engle's Coefficient of Urban Households　(%)	32.64	30.34
农村居民恩格尔系数　(%)	Engle's Coefficient of Rural Households　(%)	37.15	33.23
城乡居民人均年末人民币储蓄存款余额　(元)	Outstanding Amount of RMB Saving Deposits in Urban and Rural Areas　(yuan)	22347	26138

Continued

2014	2015	2016	2017	2018	2013-2018	
					累计增长(%) Cumulative Growth Rate(%)	年均增长(%) Average Annual Growth Rate(%)
220	223	221	228			
222	286	206	183	263	48.6	6.8
1800	805	775	716			
551	537	487	561			
144	121	115	120	138	-2.1	-0.4
234	219	222	229	229	12.7	2.0
1844	1744	1875	1450	1348	-1.7	-0.3
2074	2274	2299	2299	2299	23.9	3.6
72703	75593	78585	80895	82137	24.5	3.7
92536	92689	120057	124969	145736	189.9	19.4
14846	16173	17090	18140	19120	39.8	5.7
5643	5825	6201	6603	6819	-46.9	-10.0
70.67	79.45	89.61	100.10	111.30	115.2	13.6
100.15	101.42	102.07	106.69	119.88	17.0	2.6
543.99	517.53	539.76	610.88	686.40	27.8	4.2
620.83	690.98	767.30	839.03	835.56	74.0	9.7
17.19	19.34	15.15	6.55	7.27	-37.3	-7.5
11.28	16.42	13.66	4.24	4.70	-35.6	-7.1
4529.87	5212.80	5570.17	5826.63	5754.66	63.1	8.5
4171.73	4988.01	5579.76	6222.49	6582.44	135.8	15.4
28.8	31.2	34.1	34.6	37.8	六年共增加11.7平方米	
31.2	31.4	32.9	33.9	32.8	六年共增加1.9平方米	
22307	24542	26757	29169	31515	71.9	9.4
7283	7933	8664	9462	10393	85.8	10.9
29.89	28.66	28.66	28.23	27.62	六年共下降5.02 个百分点	
31.89	29.93	29.44	29.74	29.49	六年共下降7.66个百分点	
28259	31007	33885	35935	38214	71.0	9.4

2-6 主要年份平均每天主要社会经济活动
Selected Indicators on Average Daliy Social and Economic Activities in Main Years

指 标		Item		2000	2005	2010	2015	2018
每天创造的财富		**The Wealth Created Each Day**						
生产总值	(万元)	Gross Regional Product	(10 000 yuan)	7224	14885	36998	66221	78499
#第一产业		Primary Industry		1099	1790	3696	5724	7345
第二产业		Secondary Industry		2982	7250	20401	33077	34166
第三产业		Tertiary Industry		3143	5846	12901	27419	36988
#工业		Industry		2159	5587	16812	24490	22429
建筑业		Construction		823	1662	3588	8598	11737
交通运输、仓储和邮政业		Transport, Storage and Post		479	873	1678	2481	2931
批发和零售业		Wholesale and Retail Trades,		532	976	2231	4241	4874
住宿和餐饮业		Hotels and Catering Services		159	257	447	1185	1408
信息传输、软件和信息技术服务业		Information Transmission, Software and Information Technology Services		130	389	1182	1439	3348
金融业		Financial Intermediation		465	558	1494	6051	7573
租赁和商务服务业		Leasing and Business Services		35	174	465	1141	2071
科学研究和技术服务业		Scientific Research, Technical Services		116	202	447	762	1054
地方财政收入	(万元)	Local Government Revenue	(10 000 yuan)	454	927	3020	7319	7476
财政支出	(万元)	Government Expenditures	(10 000 yuan)	1870	4651	20367	41511	45135
粮 食	(吨)	Grain Crops	(ton)	2266	2555	2800	2850	2824
油 料	(吨)	Oil-bearing Crops	(ton)	532	873	1028	868	779
肉 类	(吨)	Meat	(ton)	571	706	748	889	1001
牛肉		Beef		174	204	232	315	361
羊肉		Muttom		192	251	264	307	359
牛 奶	(吨)	Cow Milk	(ton)	565	647	689	828	892
原 煤	(吨)	Coal	(ton)	3972	15205	51041	22055	
发电量	(万千瓦时)	Electricity	(10 000 kwh)	3671	5836	12521	14712	
原 油	(吨)	Crude Oil	(ton)	5480	6055	5096	6110	
钢 材	(吨)	Rolled Steel	(ton)	986	1315	3781	3123	4027
原 盐	(吨)	Salt	(ton)	1863	3069	3397	7836	7205

2-6 续表 Continued

指　　标	Item	2000	2005	2010	2015	2018
每天消费量	**Daily Consumption**					
最终消费　（万元）	Final Consumption　(10 000 yuan)	4704	9883	19742	40712	54942
居民消费	People's Consumption	3352	5761	11240	24348	32369
农村居民	Rural	1144	1758	3346	7305	9586
城镇居民	Urban	2208	4004	7894	17042	22783
政府消费	Government Consumption	1353	4121	8502	16364	22573
能源消费量　（万吨标准煤）	Consumption of Energy　(10 000 tons of SCE)	2.46	5.02	7.71	11.33	
社会消费品零售总额(万元)	Retail Sales of Consumer Goods　(10 000 yuan)	2747	4427	9617	18931	22892
每天其他经济活动	**Other Economic Activities**					
资本形成总额　（万元）	Gross Capital Formation　(10 000 yuan)	4396	10117	29781	92441	63627
固定资本形成	Gross Fixed Capital Formation	4301	9975	28932	90510	63565
房地产开发房屋竣工面积　（平方米）	Completed Area of Real Estate Development Housing　(sq.m)	2035	2852	7333	12450	8704
货运量　（万吨）	Freight Traffic　(10 000 tons)	13.91	19.59	31.30	44.31	52.38
客运量　（万人）	Passenger Traffic　(10 000 person)	9.90	13.48	30.13	15.96	16.68
进出口总额　（万美元）	Total Value of Imports and Exports　(10 000 USD)	43.76	113.25	216.18	529.99	199.23
出口总额	Total Exports	30.69	88.56	127.75	449.85	128.80
进口总额	Total Imports	13.08	24.70	88.43	80.14	70.43
利用外资合同金额　（万美元）	Total Amount of Contracted Foreign Investment　(10 000 USD)	41.95	97.43	86.73	43.70	12.58
国际旅游者人数　（人次）	Number of International Tourists　（persons-time）	82	110	137	181	189
居民新增储蓄额　（万元）	Residents of New Savings　(10 000 yuan)	444	1349	5190	3551	4234
每天人口变动	**Daily Population Changes**					
出　生　（人）	Birth　(person)	271	233	229	236	236
死　亡　（人）	Death　(person)	86	92	97	99	103

2-7 主要年份人均主要工农业产品产量

Per Capita Output of Major Industrial and Agricultural Products in Main Years

单位：千克 (kg)

年 份 Year	粮 食 Grain	油 料 Oil-bearing	水 果 Fruits	牛 奶 Cow Milk	肉 类 Meat	牛羊肉 Beef and Mutton	羊 毛 Woll	水产品 Aquatic Products
1978	253.9	12.5	1.8	32.6	16.6		4.5	0.9
1980	255.3	18.9	2.0	30.9	22.7	17.3	4.6	0.9
1981	210.3	16.7	2.7	32.3	22.2	15.9	4.5	0.8
1982	239.4	19.0	3.5	32.1	22.5	16.7	4.4	0.7
1983	246.7	18.4	3.0	33.2	23.0	17.4	4.1	1.0
1984	261.0	19.2	4.5	34.0	24.3	18.2	4.0	1.0
1985	248.0	24.5	4.9	38.2	27.6	20.2	3.8	1.1
1986	237.4	25.0	4.7	37.4	27.8	19.7	3.6	1.1
1987	245.3	24.4	5.0	41.2	26.8	18.4	3.6	0.5
1988	245.5	24.2	6.0	42.1	27.6	18.5	3.4	0.6
1989	253.5	24.1	5.2	45.3	28.8	18.7	3.5	0.6
1990	258.1	27.1	5.0	45.4	34.6	24.2	4.0	0.8
1991	254.2	29.3	4.7	45.1	34.9	24.1	4.0	0.9
1992	258.8	30.7	5.7	45.5	35.7	25.1	4.0	0.9
1993	255.7	32.8	5.9	40.7	34.3	23.6	3.8	0.8
1994	248.4	39.2	5.5	41.2	37.9	26.2	3.8	0.8
1995	239.1	33.9	5.6	41.9	38.5	26.0	3.7	0.5
1996	255.4	35.3	6.0	37.4	38.6	26.2	3.4	0.5
1997	259.2	37.3	5.5	37.8	40.3	26.8	3.3	0.4
1998	256.8	42.1	5.0	39.8	41.1	26.7	3.3	0.3
1999	204.6	56.3	4.8	37.6	39.8	25.1	3.1	0.3
2000	161.1	37.8	4.4	40.2	40.6	26.0	3.2	0.2
2001	198.5	44.2	3.3	41.7	42.5	28.1	3.2	0.4
2002	173.6	44.5	3.1	41.9	43.3	28.6	3.2	0.3
2003	163.4	49.3	2.7	41.7	44.6	29.3	3.3	0.2
2004	165.0	53.9	2.7	42.4	46.3	30.1	3.3	0.2
2005	172.4	58.9	2.7	43.7	47.6	30.7	3.3	0.2
2006	174.5	51.2	2.4	43.6	47.1	31.4	3.2	0.4
2007	180.4	58.5	2.5	40.1	43.6	29.0	2.8	0.3
2008	184.7	64.2	2.4	43.6	44.9	28.7	2.8	0.4
2009	185.1	66.7	2.6	43.9	47.3	30.3	2.8	0.1
2010	182.4	67.0	2.6	44.9	48.7	32.3	3.2	0.3
2011	182.8	65.1	2.4	45.7	49.1	32.7	3.4	0.6
2012	178.2	63.3	2.5	46.3	51.2	34.6	3.4	0.8
2013	179.9	58.3	2.3	45.9	52.6	35.7	3.4	1.0
2014	182.2	56.1	2.3	50.4	54.0	36.6	3.2	1.6
2015	177.6	54.1	2.6	51.6	55.4	38.8	3.2	1.8
2016	177.3	53.0	2.2	53.6	57.7	42.1	3.2	2.0
2017	172.1	50.8	2.2	54.4	59.2	42.9	3.2	2.7
2018	171.5	47.4	2.3	54.2	60.8	43.8	3.1	2.8

2-7 续表 Continued

单位：千克 (kg)

年 份 Year	原 盐 Salt	农用化肥 Chemical Fertilizers	原 煤 Coal	原铝(电解铝) Aluminum	原 油 Crude Petroleum Oil	发电量 (千瓦小时) Electricity (kwh)	粗 钢 Steel	水 泥 Cement
1978	108.0	33.7	679		37.8	180.7	50.4	50.5
1980	80.8	19.0	670		40.2	219.6	47.9	79.7
1981	33.7	29.3	504		44.0	203.5	45.7	57.2
1982	66.6	28.7	535		44.6	202.5	47.0	72.4
1983	65.2	29.3	558		44.7	196.1	48.7	93.2
1984	85.9	30.7	602		46.6	206.0	49.9	106.9
1985	90.2	6.1	685		49.4	281.3	51.7	119.7
1986	165.6	8.0	657		84.5	353.4	54.3	118.3
1987	338.2	9.8	645		42.1	526.5	56.7	115.9
1988	256.3	11.9	622	5.4	148.5	1063.8	67.9	125.0
1989	280.4	12.9	691	7.3	165.8	1331.2	71.2	123.5
1990	235.0	14.8	721	10.3	182.5	1591.1	72.7	115.8
1991	315.6	21.9	636	13.0	226.2	1326.2	80.4	128.1
1992	201.4	26.9	616	15.3	230.4	1088.5	83.5	154.0
1993	208.8	25.2	498	19.8	233.7	1466.7	92.4	167.0
1994	197.1	33.3	561	24.3	240.4	1554.6	97.5	133.9
1995	159.4	43.8	582	24.0	254.9	1265.1	74.4	133.6
1996	140.8	32.1	613	25.9	289.0	1273.7	84.0	157.0
1997	32.4	39.2	669	37.8	325.6	1712.6	87.7	160.8
1998	78.7	63.7	641	47.2	352.8	2013.0	87.2	206.3
1999	96.6	82.1	423	51.9	374.5	2258.4	88.2	230.6
2000	131.8	130.7	283	55.2	389.7	2607.0	83.6	241.1
2001	148.3	153.0	445	56.8	396.4	2650.4	85.2	319.4
2002	118.3	145.6	475	66.0	407.0	2652.6	79.4	502.0
2003	124.9	182.3	585	75.4	414.2	2437.5	89.9	577.9
2004	147.3	277.4	766	105.2	414.1	3134.0	88.1	636.0
2005	207.1	294.0	1026	123.9	408.6	3937.9	94.3	685.9
2006	262.2	375.9	1085	150.3	408.8	5078.4	146.7	680.2
2007	294.7	445.7	1630	172.8	402.1	5403.4	209.2	795.1
2008	426.8	446.7	2139	184.5	397.9	5534.0	208.0	828.3
2009	127.7	500.2	2310	163.7	334.7	6495.1	228.5	1097.5
2010	221.3	558.6	3324	262.3	331.9	8155.1	244.5	1447.2
2011	270.4	464.8	3466	298.7	344.6	7723.3	245.7	1843.3
2012	310.2	625.6	4311	355.7	359.2	9742.9	247.1	2402.4
2013	453.5	717.7	5248	389.2	373.6	9835.3	257.2	3103.5
2014	382.4	866.2	3100	403.0	378.9	9490.1	248.0	3176.0
2015	488.1	887.5	1374	373.8	380.6	9165.0	206.5	2976.5
2016	348.6	934.1	1311	375.7	374.0	8241.0	194.6	3172.9
2017	307.2	775.3	1202	384.3	382.6	9414.0	201.4	2433.2
2018	437.7	793.9		381.2			229.7	2243.6

第 3 篇

CHAPTER 3

国民经济核算

National Accounts

国内生产总值增速

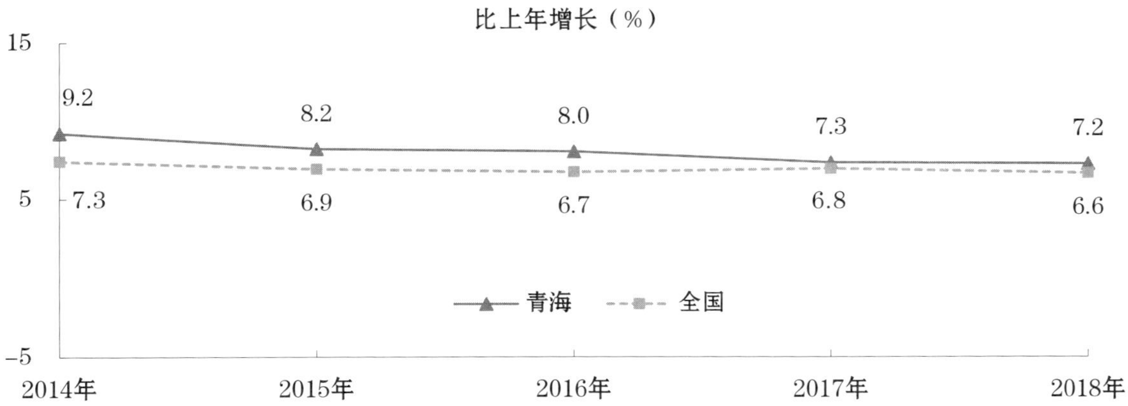

地区生产总值构成

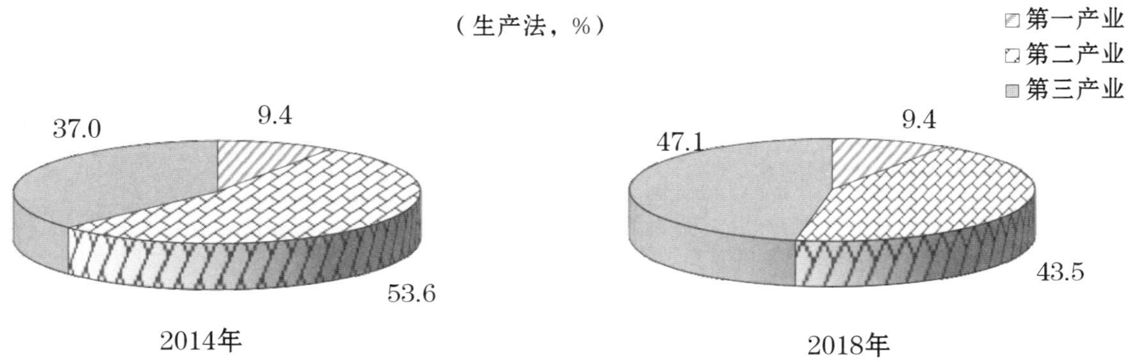

最终消费构成

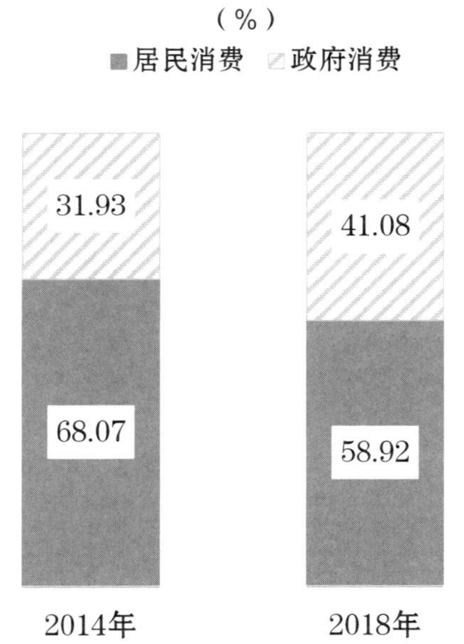

生产总值构成

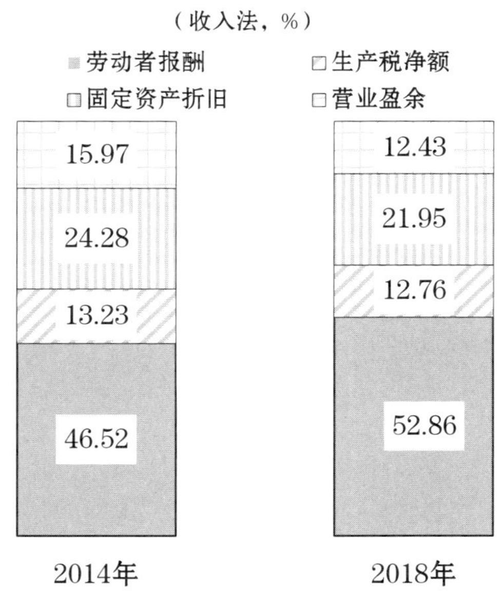

3-1 主要年份总产出
Gross Output in Main Years

按当年价格计算

Data in this table are calculated at current prices

单位：亿元 (100 million yuan)

年份 Year / 地区 Region	总产出 Total Output	第一产业 Primary Industry	第二产业 Secondary Industry	第三产业 Tertiary Industry	农林牧渔业 Agriculture Forwdtry Animal Husbandry and Fishery	工业 Industry	建筑业 Construction
1952	2.39	1.61	0.32	0.46	1.61	0.26	0.06
1957	6.96	2.80	2.50	1.66	2.80	1.27	1.23
1965	9.93	4.16	3.41	2.36	4.16	2.42	0.99
1970	14.96	4.37	7.28	3.31	4.37	4.74	2.54
1975	23.96	5.63	13.35	4.98	5.63	10.16	3.19
1978	32.06	5.99	19.54	6.53	5.99	13.56	5.98
1980	37.18	7.77	21.51	7.90	7.77	14.33	7.18
1981	34.75	7.30	18.85	8.60	7.30	12.25	6.60
1982	37.84	8.36	22.71	6.77	8.36	14.73	7.98
1983	43.34	8.67	24.14	10.53	8.67	15.37	8.77
1984	50.22	10.48	27.55	12.19	10.48	17.92	9.63
1985	62.18	12.25	35.27	14.66	12.25	22.65	12.62
1986	71.17	14.11	39.49	17.57	14.11	26.79	12.70
1987	81.13	15.94	45.11	20.08	15.94	31.30	13.81
1988	101.76	19.49	59.08	23.19	19.49	42.51	16.57
1989	123.31	21.60	68.76	32.95	21.60	54.18	14.58
1990	144.62	24.53	71.29	48.80	24.53	55.25	16.04
1991	155.73	25.24	78.08	52.41	25.24	60.51	17.57
1992	183.24	28.03	95.07	60.14	28.03	68.22	26.85
1993	235.33	31.99	126.62	76.72	31.99	92.76	33.86
1994	295.40	45.99	155.88	93.53	45.99	123.49	32.38
1995	350.97	56.44	181.35	113.19	56.44	143.21	38.14
1996	392.40	57.68	199.48	135.23	57.68	147.68	51.80
1997	446.96	60.85	242.05	144.06	60.85	174.94	67.11
1998	502.96	62.87	283.07	157.03	62.87	196.81	86.26
1999	544.05	61.39	309.48	173.18	61.39	209.88	99.60
2000	621.44	59.51	362.94	198.99	59.51	240.08	122.86
2001	701.50	66.39	402.93	232.18	66.39	243.48	159.45
2002	814.12	69.34	482.26	262.53	69.34	270.61	211.65
2003	954.90	71.77	584.00	299.13	71.77	329.78	254.22
2004	1130.85	86.65	704.50	339.70	86.65	422.80	281.70
2005	1314.62	94.04	829.50	391.08	94.04	536.09	293.41
2006	1524.79	97.64	977.39	449.76	97.64	696.40	280.99
2007	1868.88	121.26	1212.88	534.74	121.26	927.57	285.31
2008	2365.80	153.40	1568.47	643.93	153.40	1260.92	307.55
2009	2465.21	157.30	1581.64	726.27	157.30	1216.82	364.82
2010	3187.75	201.30	2127.85	858.60	201.30	1653.61	474.24
2011	3927.87	230.82	2673.44	1023.61	230.82	2081.64	591.80
2012	4429.02	263.86	3015.37	1149.79	263.86	2287.79	727.58
2013	5243.40	305.38	3457.66	1480.36	310.3	2570.52	891.67
2014	5719.01	322.17	3744.47	1652.37	327.49	2702.82	1046.37
2015	5970.58	313.58	3820.23	1836.77	319.26	2653.98	1170.95
2016	6464.40	332.77	4158.33	1973.30	338.8	2871.65	1291.36
2017	6493.17	357.84	4010.76	2124.57	364.09	2558.49	1452.27
2018	6759.86	399.27	4030.89	2329.70	405.93	2414.36	1616.52
西宁市 Xining City	3267.81	86.09	1917.62	1264.10	86.84	1188.35	729.26
海东市 Haidong City	1094.29	103.51	675.75	315.03	105.23	341.04	334.71
海北州 Haibei Zang A.P	161.83	31.84	54.24	75.75	32.49	24.19	30.05
黄南州 Huangnan Zang A.P	222.37	28.16	136.70	57.51	29.24	34.13	102.56
海南州 Hainan Zang A.P	365.72	48.38	261.23	56.11	49.46	153.04	108.19
果洛州 Golog Zang A.P	63.62	8.75	30.73	24.15	9.00	6.93	23.80
玉树州 Yushu Zang A.P	99.49	33.24	25.42	40.83	33.69	0.75	24.67
海西州 Haixi Mongolian & Zang A.P	1220.86	51.25	870.76	298.84	52.04	792.98	77.78

注：1.1992—2004年、2005—2008年、2013年数据分别根据第一次、第二次和第三次经济普查数据进行调整和修订。
2.2013年开始按照国民经济行业分类(GB/T4754—2011)标准执行
3.1990—1993年的总产出依据第三产业普查作了统一调整。
4.1997年工业总产出等于按新口径计算工业总产值加销项税。
5.2006年第一产业数据根据农业普查数据进行了调整。
6.2018年数据为初步核算数。

a) Data in 1992-2004,2005-2008 and 2013 were adjusted and revised based on the first, the second and the third economic census data separately.
b) It began to implement in accordance with the national economic industry classification (GB/T4754-2011) standards since 2013.
c) The total output in 1990-1993 were made a uniform adjustment based on the census of tertiary industry.
d) Industrial output in 1997 equaled to the total industrial output value calculated with new caliber added output tax.
e) Data on the primary industry in 2006 were adjusted according to agricultural census data.
f)Data in 2018 are preliminary accounting figures.

3-2 主要年份总产出指数
Indices of Gross Output in Main Years

以上年为100

preceding year=100

单位：% (%)

年份 Year / 地区 Region	总产出 Total Output	第一产业 Primary Industry	第二产业 Secondary Industry	第三产业 Tertiary Industry	农林牧渔业 Agriculture Forwdtry Animal Husbandry and Fishery	工业 Industry	建筑业 Construction
1952	100.00	100.00	100.00	100.00	100.00	100.00	100.00
1957	91.26	100.31	70.97	122.58	100.31	104.01	57.83
1965	109.47	111.00	103.78	115.89	111.00	129.21	137.64
1970	118.56	100.02	131.31	105.56	100.02	142.33	123.41
1975	114.41	99.12	121.92	104.70	99.12	115.65	132.09
1978	123.27	99.38	129.77	117.81	99.38	116.26	146.96
1980	99.83	111.02	95.95	111.38	111.02	97.48	94.74
1981	91.77	93.05	89.05	102.63	93.05	85.46	91.99
1982	117.48	107.80	120.05	113.94	107.80	119.00	120.84
1983	108.27	102.48	106.25	119.60	102.48	101.39	109.88
1984	119.47	108.94	111.61	117.75	108.94	114.23	109.81
1985	106.89	111.11	106.77	105.32	111.11	119.72	97.48
1986	102.72	104.68	101.60	105.27	104.68	111.33	93.03
1987	106.82	103.86	106.54	109.26	103.86	113.01	99.73
1988	109.16	100.27	112.30	103.43	100.27	120.57	102.41
1989	95.69	102.43	96.34	93.71	102.43	108.09	79.82
1990	116.52	104.86	102.07	173.17	104.86	103.17	99.96
1991	107.95	102.34	99.98	126.19	102.34	105.74	88.65
1992	113.60	104.10	113.70	115.70	104.10	105.30	133.50
1993	107.29	100.18	110.00	106.98	100.18	113.47	103.27
1994	106.41	103.60	105.06	110.10	103.60	112.70	88.80
1995	107.97	99.80	109.38	109.80	99.80	109.00	110.40
1996	111.12	103.90	114.31	109.40	103.90	109.70	126.60
1997	110.82	105.70	113.46	108.70	105.70	110.50	120.30
1998	111.61	104.50	115.36	108.20	104.50	110.20	126.30
1999	108.45	100.20	110.36	108.30	100.20	109.90	111.20
2000	109.54	97.40	109.56	114.00	97.40	105.60	116.80
2001	113.07	105.40	115.28	111.60	105.40	109.40	125.00
2002	112.38	103.40	114.50	111.20	103.40	108.90	122.60
2003	113.35	97.80	117.52	109.80	97.80	120.10	114.20
2004	111.93	103.80	113.58	110.60	103.80	120.30	104.50
2005	114.35	105.53	117.54	109.78	105.53	127.51	102.01
2006	110.91	103.73	111.28	111.85	103.73	118.59	97.91
2007	113.20	104.76	113.95	113.49	104.76	119.52	101.63
2008	112.93	104.26	114.31	111.81	104.26	119.66	100.38
2009	110.92	105.77	111.31	110.39	105.77	110.66	113.62
2010	119.51	106.62	123.30	113.61	106.62	123.01	124.17
2011	115.81	104.81	117.58	113.98	104.81	117.04	119.47
2012	113.73	115.35	114.96	110.25	115.35	113.57	119.70
2013	110.15	104.14	110.42	110.67	104.06	108.58	116.67
2014	109.65	105.59	110.09	109.32	105.58	108.46	115.25
2015	109.55	105.20	109.90	109.48	105.15	107.06	118.38
2016	108.84	105.47	110.12	106.78	105.44	109.84	110.73
2017	107.53	104.95	107.87	107.25	104.89	107.40	108.51
2018	107.43	104.65	106.90	109.03	104.64	107.46	105.66
西宁市 Xining City	109.09	104.35	108.48	110.77	104.38	107.80	110.39
海东市 Haidong City	109.43	104.55	110.37	108.31	104.54	111.63	107.92
海北州 Haibei Zang A.P	95.39	111.41	70.71	115.26	111.29	65.42	75.06
黄南州 Huangnan Zang A.P	109.52	105.43	109.34	112.47	105.40	102.07	112.05
海南州 Hainan Zang A.P	107.00	104.90	108.50	102.30	105.00	124.30	88.30
果洛州 Golog Zang A.P	102.95	111.81	101.12	102.70	111.68	91.64	104.72
玉树州 Yushu Zang A.P	66.22	102.92	31.70	108.10	102.90	100.20	31.06
海西州 Haixi Mongolian & Zang A.P	108.20	107.90	108.00	109.10	107.80	107.80	109.20

注：1.1995年工业指数与工业普查数有差距。
2.2013年开始按照国民经济行业分类(GB/T4754-2011)标准执行。
3.1992-2004年、2005-2008年、2013年数据分别根据第一次、第二次和第三次经济普查数据进行调整和修订。
4.2006年第一产业数据根据农业普查数据进行了调整。
5.2018年数据为初步核算数。

a) There is a gap between the industrial indices in 1995 and the data of industrial census.
b) It began to implement in accordance with the national economic industry classification (GB/T4754-2011) standards since 2013.
c) Data in 1992-2004, 2005-2008 and 2013 were adjusted and revised based on the first, the second and the third economic census data separately.
d) Data on the primary industry in 2006 were adjusted according to agricultural census data.
e)Data in 2018 are preliminary accounting figures.

3-3 主要年份总产出指数
Indices of Gross Output in Main Years

以1952年为100

year of 1952=100

单位：% (%)

年 份 Year	总产出 Total Output	第一产业 Primary Industry	第二产业 Secondary Industry	第三产业 Tertiary Industry	农林牧渔业 Agriculture Forwdtry Animal Husbandry and Fishery	工 业 Industry	建筑业 Construction
1952	100.00	100.00	100.00	100.00	100.00	100.00	100.00
1957	282.38	147.46	659.48	513.51	147.46	386.33	1333.53
1965	374.18	187.14	921.11	670.27	187.14	789.04	2162.28
1970	717.21	196.56	2847.38	924.32	196.56	1805.23	5392.36
1975	1089.75	252.60	4669.44	1264.86	252.60	3839.48	6677.47
1978	1541.39	267.56	7165.41	1627.03	267.56	5037.37	12347.61
1980	1683.20	285.25	7782.74	1851.35	285.25	4903.07	14814.51
1981	1544.67	265.42	6930.53	1900.00	265.42	4190.16	13627.87
1982	1814.76	286.13	8320.10	2164.84	286.13	4986.29	16467.91
1983	1964.75	293.22	8840.10	2589.19	293.22	5055.60	18094.94
1984	2211.48	319.44	9866.44	3048.64	319.44	5775.01	19870.06
1985	2363.93	354.93	10534.40	3210.81	354.93	6913.85	19369.33
1986	2428.28	371.54	10702.95	3386.49	371.54	7597.18	18019.29
1987	2593.85	385.88	11402.93	3700.00	385.88	8598.59	17970.64
1988	2831.56	386.92	12805.49	3827.03	386.92	10487.79	18403.72
1989	2728.69	396.32	12336.81	3586.49	396.32	11336.25	14689.85
1990	3179.47	415.58	12592.17	6210.81	415.58	11695.61	14683.97
1991	3432.22	425.30	12589.65	7837.84	425.30	12366.94	13017.34
1992	3899.00	442.74	14314.43	9068.38	442.74	13022.39	17378.15
1993	4183.40	443.53	15745.44	9701.35	443.53	14776.50	17946.41
1994	4451.55	459.50	16542.14	10681.19	459.50	16653.12	15936.42
1995	4806.20	458.58	18093.51	11727.95	458.58	18151.90	17593.80
1996	5340.67	476.47	20682.50	12830.37	476.47	19912.63	22273.75
1997	5918.38	503.63	23466.37	13946.62	503.63	22003.46	26795.33
1998	6605.55	526.29	27069.88	15090.24	526.29	24247.81	33842.50
1999	7163.59	527.34	29873.19	16342.73	527.34	26648.35	37632.86
2000	7846.69	513.63	32728.22	18630.71	513.63	28140.66	43955.18
2001	8872.56	541.37	37727.83	20791.87	541.37	30785.88	54943.97
2002	9971.21	559.77	43196.76	23120.56	559.77	33525.82	67361.31
2003	11301.97	547.46	50764.65	25386.38	547.46	40264.51	76926.62
2004	12650.15	568.26	57660.98	28077.34	568.26	48438.21	80388.31
2005	14465.45	599.68	67774.72	30822.40	599.68	61765.82	82004.12
2006	16043.53	622.06	75418.27	34475.05	622.06	73249.34	80293.66
2007	18160.81	651.69	85938.67	39125.41	651.69	87544.11	81604.45
2008	20509.09	679.46	98232.89	43744.26	679.46	104751.53	81917.47
2009	22748.69	718.66	109343.03	48289.29	718.66	115918.05	93074.63
2010	27186.96	766.24	134819.96	54861.46	766.24	142590.79	115570.77
2011	31485.22	803.10	158521.31	62531.09	803.10	166888.26	138072.40
2012	35808.14	926.38	182236.10	68940.53	926.38	189535.00	165272.66
2013	39442.67	964.73	201225.10	76296.48	963.99	205797.10	192823.61
2014	43248.89	1018.66	221528.71	83407.31	1017.78	223207.53	222229.21
2015	47379.16	1071.63	243460.05	91314.33	1070.20	238965.99	263074.94
2016	51567.48	1130.24	268098.21	97505.44	1128.42	262480.24	291302.88
2017	55450.51	1186.19	289197.54	104574.58	1183.60	281903.78	316092.76
2018	59570.48	1241.23	309152.17	113986.30	1238.40	302933.80	333952.00

注：1.1992—2004年、2005—2008年、2013数据分别根据第一次、第二次和第三次经济普查数据进行调整和修订。
2.2013年开始按照国民经济行业分类(GB/T4754—2011)标准执行。
3.2006年第一产业数据根据农业普查数据进行了调整。
4.2018年数据为初步核算数。

a) Data in 1992-2004, 2005-2008 and 2013 were adjusted and revised based on the first, the second and the third economic census data separately.
b) It began to implement in accordance with the national economic industry classification (GB/T4754-2011) standards since 2013.
c) Data on the primary industry in 2006 were adjusted according to the agricultural census data.
d)Data in 2018 are preliminary accounting figures.

3-4 主要年份生产总值 Gross Domestic Product in Main Years

按当年价格计算

Data in this table are calculated at current prices.

单位：亿元 (100 million yuan)

年份 Year / 地区 Region		生产总值 Gross Domestic Product	第一产业 Primary Industry	第二产业 Secondary Industry	第三产业 Tertiary Industry	农林牧渔业 Agriculture Forwdtry Animal Husbandry and Fishery	工业 Industry	建筑业 Construction	人均生产总值（元）Per Capita GDP (yuan)
1952		1.63	1.20	0.12	0.31	1.20	0.10	0.02	101
1957		3.95	2.13	0.78	1.04	2.13	0.40	0.38	193
1965		6.14	3.36	1.28	1.50	3.36	0.96	0.32	271
1970		8.15	3.36	2.79	2.00	3.36	2.02	0.77	303
1975		12.42	4.64	4.76	3.02	4.64	3.78	0.98	371
1978		15.54	3.67	7.71	4.16	3.67	5.57	2.14	428
1980		17.79	5.00	7.83	4.96	5.00	5.67	2.16	473
1981		17.49	4.63	7.23	5.63	4.63	5.21	2.02	459
1982		19.95	5.56	8.03	6.36	5.56	5.62	2.41	513
1983		22.45	5.90	8.98	7.57	5.90	6.38	2.60	569
1984		26.42	7.35	10.15	8.92	7.35	7.19	2.96	662
1985		33.01	8.64	13.39	10.98	8.64	8.90	4.49	808
1986		38.44	10.47	15.40	12.57	10.47	11.06	4.34	916
1987		43.38	11.74	16.61	15.03	11.74	12.09	4.52	1018
1988		54.96	14.36	23.30	17.30	14.36	17.33	5.97	1260
1989		60.37	15.73	25.29	19.35	15.73	20.07	5.22	1365
1990		69.94	17.67	26.89	25.38	17.67	21.23	5.66	1558
1991		75.10	17.96	29.84	27.30	17.96	23.49	6.35	1647
1992		87.52	19.90	36.31	31.31	19.90	26.69	9.62	1912
1993		109.68	22.21	48.13	39.34	22.21	36.67	11.46	2364
1994		138.40	32.40	57.78	48.22	32.40	46.13	11.65	2942
1995		167.80	39.62	64.58	63.60	39.62	51.62	12.96	3513
1996		184.17	40.41	70.00	73.76	40.41	53.27	16.73	3799
1997		202.79	41.80	76.63	84.36	41.80	56.90	19.73	4122
1998		220.92	42.94	85.44	92.54	42.94	62.40	23.04	4426
1999		239.38	42.03	94.03	103.32	42.03	68.63	25.40	4728
2000		263.68	40.12	108.83	114.73	40.12	78.80	30.03	5138
2001		300.13	44.74	125.09	130.30	44.74	87.02	38.07	5774
2002		340.65	47.31	144.51	148.83	47.31	97.48	47.03	6478
2003		390.20	48.47	171.92	169.81	48.47	117.18	54.74	7346
2004		466.10	60.70	211.70	193.70	60.70	153.50	58.20	8693
2005		543.32	65.34	264.61	213.37	65.34	203.94	60.67	10045
2006		648.50	67.55	331.91	249.04	67.55	265.12	66.79	11889
2007		797.35	83.41	419.03	294.91	83.41	344.52	74.51	14507
2008		1018.62	105.57	557.12	355.93	105.57	468.60	88.52	18421
2009		1081.27	107.40	575.33	398.54	107.40	470.33	105.00	19454
2010		1350.43	134.92	744.63	470.88	134.92	613.65	130.98	24098
2011		1670.44	155.08	975.18	540.18	155.08	811.73	163.45	29522
2012		1893.54	176.91	1092.34	624.29	176.91	895.89	196.45	33181
2013		2122.06	204.72	1151.28	766.06	207.59	912.68	238.97	36875
2014		2303.32	215.93	1234.31	853.08	219.03	954.27	280.43	39671
2015		2417.05	208.93	1207.31	1000.81	212.22	893.87	313.81	41252
2016		2572.49	221.19	1249.98	1101.32	224.69	901.68	348.67	43531
2017		2624.83	238.41	1162.41	1224.01	242.04	777.56	384.85	44047
2018		2865.23	268.10	1247.06	1350.07	271.96	818.67	428.39	47689
西宁市	Xining City	1286.41	46.08	467.99	772.34	46.51	299.10	168.89	54439
海东市	Haidong City	451.46	63.32	197.35	190.79	64.37	97.66	99.69	30597
海北州	Haibei Zang A.P	83.53	22.48	18.86	42.19	22.87	10.00	8.86	29449
黄南州	Huangnan Zang A.P	88.33	22.91	29.24	36.18	23.57	14.23	15.01	32062
海南州	Hainan Zang A.P	158.18	38.77	71.50	47.90	39.33	55.30	16.20	33346
果洛州	Golog Zang A.P	41.45	7.42	14.29	19.74	7.57	4.04	10.26	20116
玉树州	Yushu Zang A.P	53.61	30.61	7.56	15.44	30.79	0.83	6.73	12979
海西州	Haixi Mongolian & Zang A.P	625.27	33.36	428.40	163.51	33.83	364.64	63.76	120966

注：1.1992—2004年、2005—2008年、2013数据分别根据第一次、第二次和第三次经济普查数据进行调整和修订。
2.2013年开始按照国民经济行业分类(GB/T4754—2011)标准执行。
3.2006年第一产业数据根据农业普查数据进行了调整。
4.2018年数据为初步核算数。

a) Data in 1992-2004, 2005-2008 and 2013 were adjusted and revised based on the first, the second and the third economic census data separately.
b) It began to implement in accordance with the national economic industry classification (GB/T4754-2011) standards since 2013.
c) Data on the primary industry in 2006 were adjusted according to the agricultural census data.
d)Data in 2018 are preliminary accounting figures.

3-5 主要年份生产总值构成
Composition of Gross Domestic Product in Main Years

按当年价格计算

Data in this table are calculated at current prices.

单位：% (%)

年份 Year / 地区 Region	生产总值 Gross Domestic Product	第一产业 Primary Industry	第二产业 Secondary Industry	第三产业 Tertiary Industry	农林牧渔业 Agriculture Forwdtry Animal Husbandry and Fishery	工业 Industry	建筑业 Construction
1952	100.0	73.6	7.4	19.0	73.6	6.2	1.2
1957	100.0	53.9	19.7	26.4	53.9	10.1	9.6
1965	100.0	54.7	20.8	24.5	54.7	15.6	5.2
1970	100.0	41.2	34.2	24.6	41.2	24.8	9.4
1975	100.0	37.4	38.3	24.3	37.4	30.4	7.9
1978	100.0	23.6	49.6	26.8	23.6	35.8	13.8
1980	100.0	28.1	44.0	27.9	28.1	31.9	12.1
1981	100.0	26.5	41.3	32.2	26.5	29.8	11.5
1982	100.0	27.9	40.3	31.8	27.9	28.2	12.1
1983	100.0	26.3	40.0	33.7	26.3	28.4	11.6
1984	100.0	27.8	38.4	33.8	27.8	27.2	11.2
1985	100.0	26.2	40.6	33.2	26.2	27.0	13.6
1986	100.0	27.2	40.1	32.7	27.2	28.8	11.3
1987	100.0	27.1	38.3	34.6	27.1	27.9	10.4
1988	100.0	26.1	42.4	31.5	26.1	31.5	10.9
1989	100.0	26.1	41.9	32.0	26.1	33.2	8.6
1990	100.0	25.3	38.4	36.3	25.3	30.4	8.0
1991	100.0	23.9	39.7	36.4	23.9	31.3	8.4
1992	100.0	22.7	41.5	35.8	22.7	30.5	11.0
1993	100.0	20.2	43.9	35.9	20.3	33.4	10.5
1994	100.0	23.4	41.8	34.8	23.4	33.3	8.4
1995	100.0	23.6	38.5	37.9	23.6	30.8	7.7
1996	100.0	21.9	38.0	40.1	21.9	28.9	9.1
1997	100.0	20.6	37.8	41.6	20.6	28.1	9.7
1998	100.0	19.4	38.7	41.9	19.4	28.2	10.4
1999	100.0	17.5	39.3	43.2	17.6	28.7	10.6
2000	100.0	15.2	41.3	43.5	15.2	29.9	11.4
2001	100.0	14.9	41.7	43.4	14.9	29.0	12.7
2002	100.0	13.9	42.4	43.7	13.9	28.6	13.8
2003	100.0	12.4	44.1	43.5	12.4	30.0	14.0
2004	100.0	13.0	45.4	41.6	13.0	32.9	12.5
2005	100.0	12.0	48.7	39.3	12.0	37.5	11.2
2006	100.0	10.4	51.2	38.4	10.4	40.9	10.3
2007	100.0	10.5	52.5	37.0	10.5	43.2	9.3
2008	100.0	10.4	54.7	34.9	10.4	46.0	8.7
2009	100.0	9.9	53.2	36.9	9.9	43.5	9.7
2010	100.0	10.0	55.1	34.9	10.0	45.4	9.7
2011	100.0	9.3	58.4	32.3	9.3	48.6	9.8
2012	100.0	9.3	57.7	33.0	9.3	47.3	10.4
2013	100.0	9.6	54.3	36.1	9.8	43.0	11.3
2014	100.0	9.4	53.6	37.0	9.5	41.4	12.2
2015	100.0	8.6	50.0	41.4	8.8	37.0	13.0
2016	100.0	8.6	48.6	42.8	8.7	35.1	13.5
2017	100.0	9.1	44.3	46.6	9.2	29.6	14.7
2018	100.0	9.4	43.5	47.1	9.5	28.6	14.9
西宁市 Xining City	100.0	3.6	36.4	60.0	3.6	23.3	13.1
海东市 Haidong City	100.0	14.0	43.7	42.3	14.3	21.6	22.1
海北州 Haibei Zang A.P	100.0	26.9	22.6	50.5	27.4	12.0	10.6
黄南州 Huangnan Zang A.P	100.0	25.9	33.1	41.0	26.7	16.1	17.0
海南州 Hainan Zang A.P	100.0	24.5	45.2	30.3	24.9	35.0	10.2
果洛州 Golog Zang A.P	100.0	17.9	34.5	47.6	18.3	9.7	24.8
玉树州 Yushu Zang A.P	100.0	57.1	14.1	28.8	57.4	1.5	12.6
海西州 Haixi Mongolian & Zang A.P	100.0	5.3	68.5	26.2	5.4	58.3	10.2

注：1.1992—2004年、2005—2008年、2013数据分别根据第一次、第二次和第三次经济普查数据进行调整和修订。
2.2013年开始按照国民经济行业分类(GB/T4754—2011)标准执行。
3.2006年第一产业数据根据农业普查数据进行了调整。
4.2018年数据为初步核算数。

a) Data in 1992-2004, 2005-2008 and 2013 were adjusted and revised based on the first, the second and the third econcmic census data separately.
b) It began to implement in accordance with the national economic industry classification (GB/T4754-2011) standards since 2013.
c) Data on the primary industry in 2006 were adjusted according to the agricultural census data.
d)Data in 2018 are preliminary accounting figures.

3-6 主要年份生产总值指数
Indices of Gross Domestic Product in Main Years

按可比价格计算

Data in this table are calculated at constant prices.

(1952=100) (year of 1952=100)

年 份 Year	生产总值 Gross Domestic Product	第一产业 Primary Industry	第二产业 Secondary Industry	第三产业 Tertiary Industry	农林牧渔业 Agriculture Forwdtry Animal Husbandry and Fishery	工 业 Industry	建筑业 Construction	人 均 生产总值 Per Capita GDP
1952	100.00	100.00	100.00	100.00	100.00	100.00	100.00	100.00
1957	216.67	151.20	591.67	335.48	151.20	330.00	1900.00	172.86
1965	312.26	203.62	1001.62	493.60	203.62	847.14	1600.00	224.87
1970	445.69	203.60	2460.10	689.74	203.60	2111.84	3848.76	260.14
1975	665.06	278.85	4075.30	959.28	278.85	3639.41	4899.10	324.06
1978	825.92	234.54	6505.66	1326.01	234.54	5435.19	10687.83	371.37
1980	884.25	243.25	6539.41	1389.94	243.25	5465.59	10796.77	383.62
1981	871.87	230.60	6048.95	1690.17	230.60	5049.11	10097.64	373.95
1982	974.75	261.17	6672.00	1901.44	261.17	5398.00	12045.89	410.15
1983	1078.07	279.04	7279.15	2203.77	279.04	5921.07	12995.10	447.15
1984	1224.69	318.10	8123.54	2547.55	318.10	6551.07	14794.92	501.83
1985	1357.45	343.87	9358.31	2751.36	343.87	7782.02	15845.36	543.63
1986	1467.40	375.85	10006.00	2968.72	375.85	8547.77	16095.72	574.51
1987	1551.05	387.50	10362.60	3295.28	387.50	9255.53	14246.32	597.95
1988	1670.48	385.14	12755.62	3183.57	385.14	11678.62	16045.63	629.47
1989	1690.52	395.00	12717.35	3255.85	395.00	12357.15	12595.82	628.65
1990	1753.47	411.47	12797.35	3433.62	411.47	12415.23	13745.82	642.41
1991	1835.64	415.50	13556.07	3707.62	415.50	13105.52	13565.75	663.16
1992	1971.30	432.16	14586.27	4062.07	432.16	13838.11	15877.35	701.63
1993	2161.55	429.26	16720.59	4564.95	429.26	15970.56	17777.87	759.16
1994	2337.11	444.72	18038.85	5072.32	444.72	17663.44	17475.65	809.49
1995	2524.08	442.49	19716.46	5667.10	442.49	19341.47	18961.07	860.98
1996	2744.18	458.87	21808.38	6213.50	458.87	20695.37	23720.30	922.28
1997	2992.25	474.93	24120.07	6856.88	474.93	22557.96	27539.27	990.99
1998	3259.16	491.55	26891.47	7482.17	491.55	24588.17	32909.43	1063.63
1999	3523.48	496.47	29427.34	8228.94	496.47	26801.11	36430.74	1133.72
2000	3838.48	476.61	32870.34	9182.54	476.61	29481.22	42478.24	1218.64
2001	4287.97	504.25	37843.62	10163.04	504.25	32724.15	53692.50	1343.91
2002	4805.96	526.94	44072.68	11229.29	526.94	37665.50	64269.92	1488.92
2003	5375.95	546.96	51353.49	12328.25	546.96	44106.30	74038.95	1648.68
2004	6035.58	567.96	59883.30	13596.83	567.96	53831.74	77259.64	1833.67
2005	6771.92	596.59	69374.80	14980.98	596.59	65157.94	78913.00	2039.59
2006	7669.88	617.23	80322.14	16949.49	617.23	77329.44	83687.24	2290.66
2007	8703.01	644.14	92322.27	19349.53	644.14	90707.43	88767.05	2579.28
2008	9880.53	669.26	107573.91	21706.31	669.26	108359.10	92548.53	2910.72
2009	10882.42	702.73	119772.79	23831.35	702.73	119379.22	108198.49	3189.57
2010	12550.69	744.19	142864.98	26724.48	744.19	142371.66	129156.54	3652.05
2011	14238.76	779.91	167694.91	29324.77	779.91	167628.39	149369.54	4100.53
2012	15983.01	820.47	191323.12	32571.02	820.47	190928.74	171774.97	4563.89
2013	17715.57	863.95	214779.33	35762.98	863.95	213649.26	195754.76	5016.62
2014	19347.17	908.96	236171.35	38924.43	908.88	232535.85	225431.18	5429.99
2015	20927.83	955.32	255891.66	42256.36	954.87	249720.25	253745.34	5820.41
2016	22599.96	1006.91	277591.27	45615.74	1006.43	268199.55	283027.55	6232.50
2017	24247.50	1056.25	297439.05	49237.63	1054.74	286329.84	306009.39	6631.38
2018	25986.05	1103.78	320758.27	52630.10	1102.20	310954.21	323788.53	7049.16

注：1.1992—2004年、2005—2008年、2013数据分别根据第一次、第二次和第三次经济普查数据进行调整和修订。

2.2013年开始按照国民经济行业分类(GB/T4754—2011)标准执行。

3.2018年数据为初步核算数。

a) Data in 1992-2004, 2005-2008 and 2013 were adjusted and revised based on the first, the second and the third economic census data separately.

b) It began to implement in accordance with the national economic industry classification (GB/T4754-2011) standards since 2013.

c)Data in 2018 are preliminary accounting figures.

3-7 主要年份生产总值指数
Indices of Gross Domestic Product in Main Years

按可比价格计算

Data in this table are calculated at constant prices.

(上年=100) (preceding year=100)

年 份 地 区	Year Region	生产总值 Gross Domestic Product	第一产业 Primary Industry	第二产业 Secondary Industry	第三产业 Tertiary Industry	农林牧渔业 Agriculture Forwdtry Animal Husbandry and Fishery	工 业 Industry	建筑业 Construction	人 均 生产总值 Per Capita GDP
1952		109.10	100.80	120.00	155.00	100.80	125.00	100.00	106.10
1957		97.33	100.53	74.74	114.29	100.53	100.00	61.83	91.28
1965		112.45	110.49	127.00	106.12	110.49	121.79	145.45	107.59
1970		119.57	100.34	162.50	106.87	100.34	183.59	103.31	114.79
1975		107.83	99.78	116.23	108.13	99.78	113.41	128.95	104.82
1978		114.93	96.91	128.08	122.61	96.91	116.32	173.98	111.87
1980		117.78	97.74	123.20	129.89	97.74	131.40	105.88	115.87
1981		98.60	94.80	92.50	121.60	94.80	92.38	93.52	97.48
1982		111.80	113.30	110.30	112.50	113.30	106.91	119.30	109.68
1983		110.60	106.80	109.10	115.90	106.80	109.69	107.88	109.02
1984		113.60	114.00	111.60	115.60	114.00	110.64	113.85	112.23
1985		110.84	108.10	115.20	108.00	108.10	118.79	107.10	108.33
1986		108.10	109.30	107.50	107.90	109.30	109.84	101.58	105.68
1987		105.70	103.10	103.00	111.10	103.10	108.28	88.51	104.08
1988		107.70	99.39	123.10	96.61	99.39	126.18	112.63	105.27
1989		101.20	102.56	99.74	102.27	102.56	105.81	78.50	99.87
1990		103.72	104.17	102.23	105.46	104.17	100.47	109.13	102.19
1991		104.69	100.98	104.29	107.98	100.98	105.56	98.69	103.23
1992		107.39	104.01	107.61	109.56	104.01	105.59	117.04	105.80
1993		109.65	99.33	114.63	112.38	99.33	115.41	111.97	108.20
1994		108.12	103.60	107.88	111.11	103.60	110.60	98.30	106.63
1995		108.00	99.50	109.30	111.73	99.50	109.50	108.50	106.36
1996		108.72	103.70	110.61	109.64	103.70	107.00	125.10	107.12
1997		109.04	103.50	110.60	110.35	103.50	109.00	116.10	107.45
1998		108.92	103.50	111.49	109.12	103.50	109.00	119.50	107.33
1999		108.11	101.00	109.43	109.98	101.00	109.00	110.70	106.59
2000		108.94	96.00	111.70	111.59	96.00	110.00	116.60	107.49
2001		111.71	105.80	115.13	110.68	105.80	111.00	126.40	110.28
2002		112.08	104.50	116.46	110.49	104.50	115.10	119.70	110.79
2003		111.86	103.80	116.52	109.79	103.80	117.10	115.20	110.73
2004		112.27	103.84	116.61	110.29	103.84	122.05	104.35	111.22
2005		112.20	105.04	115.85	110.18	105.04	121.04	102.14	111.23
2006		113.26	103.46	115.78	113.14	103.46	118 68	106.05	112.31
2007		113.47	104.36	114.94	114.16	104.36	117.30	106.07	112.60
2008		113.53	103.90	116.52	112.18	103.90	119.46	104.26	112.85
2009		110.14	105.00	111.34	109.79	105.00	110.17	116.91	109.58
2010		115.33	105.90	119.28	112.14	105.90	119.26	119.37	114.50
2011		113.45	104.80	117.38	109.73	104.80	117.74	115.65	112.28
2012		112.25	105.20	114.09	111.07	105.20	113.90	115.00	111.30
2013		110.84	105.30	112.26	109.80	105.30	111.90	113.96	109.92
2014		109.21	105.21	109.96	108.84	105.20	108.84	115.16	108.24
2015		108.17	105.10	108.35	108.56	105.06	107.39	112.56	107.19
2016		107.99	105.40	108.48	107.95	105.40	107.40	111.54	107.08
2017		107.29	104.90	107.15	107.94	104.80	105.76	108.12	106.40
2018		107.17	104.50	107.85	106.89	104.50	108.60	105.81	106.30
西宁市	Xining City	109.00	104.22	108.84	109.36	104.25	108.00	112.17	108.09
海东市	Haidong City	108.01	104.57	109.20	107.51	104.56	109.87	107.92	107.33
海北州	Haibei Zang A.P	95.40	103.88	77.81	102.95	103.89	87.40	67.16	94.88
黄南州	Huangnan Zang A.P	107.68	104.44	110.02	107.96	104.42	116.60	103.09	106.67
海南州	Hainan Zang A.P	106.20	104.40	109.50	102.20	104.40	121.70	75.90	105.30
果洛州	Golog Zang A.P	102.76	102.88	100.74	104.04	102.92	88.39	104.59	100.69
玉树州	Yushu Zang A.P	79.79	102.91	31.67	108.14	102.90	100.20	29.22	78.72
海西州	Haixi Mongolian & Zang A.P	108.30	107.60	108.00	109.10	107.60	107.80	109.20	107.60

注：1.1992—2004年、2005—2008年、2013数据分别根据第一次、第二次和第三次经济普查数据进行调整和修订。
2.2013年开始按照国民经济行业分类(GB/T4754—2011)标准执行。
3.2018年数据为初步核算数。

a) Data in 1992-2004, 2005-2008 and 2013 were adjusted and revised based on the first, the second and the third economic census data separately.

b) It began to implement in accordance with the national economic industry classification (GB/T4754-2011) star.dards since 2013.

c)Data in 2018 are preliminary accounting figures.

3-8 2015-2018年分行业增加值及增速

单位：亿元，%

行业	Item	2015 总量 Aggregate	2015 增速 Growth Rate
生产总值	Gross Domestic Product	2417.05	8.2
农林牧渔业	Agriculture Forwdtry Animal Husbandry and Fishery	212.22	5.1
#农林牧渔服务业	Serbices in Support of Agriculture	3.29	2.5
采矿业	Mining	146.26	-26.5
#开采辅助活动	Support Activities for Mining	0.02	
制造业	Manufacturing	609.71	18.9
#金属制品、机械和设备修理业	Metal Products, Machinery and Equipment Repair Industry	0.35	8.8
电力、热力、燃气及水生产和供应业	Production and Supply of Electricity,Gas and Water	137.90	1.0
建筑业	Construction	313.81	12.6
批发和零售业	Wholesale and Retail Trades	154.78	-4.5
交通运输、仓储和邮政业	Transport, Storage and Post	90.55	1.9
住宿和餐饮业	Hotels and Catering Services	43.27	6.1
信息传输、软件和信息技术服务业	Information Transmission, Software and Information Technology Services	52.54	17.7
金融业	Financial Intermediation	220.87	17.9
房地产业	Real Estate	53.59	4.7
租赁和商务服务业	Leasing and Business Services	41.63	1.6
科学研究和技术服务业	Scientific Research, Technical Services	27.81	9.4
水利、环境和公共设施管理业	Management of Water Conservancy, Environment and Public facilities	7.03	21.0
居民服务、修理和其他服务业	Residents Services and Other Service	19.05	1.6
教育	Education	58.55	5.4
卫生和社会工作	Health and Social Work	32.32	20.9
文化、体育和娱乐业	Culture, Sports and Entertainment	17.52	0.9
公共管理、社会保障和社会组织	Public Administration, Social Security and Social Organizations	177.64	15.5

注：1.本表总量按当年价格计算，增速按可比价计算。
2.按照2012年制定的《三次产业划分规定》，农林牧渔服务业、开采辅助活动和金属制品、机械和设备修理业划归为第三产业。
3.2018年数据为初步核算数。

Gross Domestic Product(2015-2018)

(100 million yuan,%)

2016		2017		2018	
总量 Aggregate	增速 Growth Rate	总量 Aggregate	增速 Growth Rate	总量 Aggregate	增速 Growth Rate
2572.49	8.0	2624.83	7.3	2865.23	7.2
224.69	5.4	242.04	4.8	271.96	4.5
3.50	5.5	3.63	-1.4	3.86	4.4
121.12	-15.9	179.78	-8.5	261.46	10.3
0.02					
639.11	13.7	426.81	9.4	321.95	5.4
0.35	8.6				
141.45	4.1	170.97	7.1	235.26	23.1
348.67	11.5	384.85	8.1	428.39	5.8
163.04	4.9	169.15	2.5	177.90	3.0
94.99	4.5	103.69	7.8	106.99	4.7
46.17	6.8	48.96	5.3	51.40	2.8
58.46	9.8	88.01	47.6	122.19	57.5
245.81	10.5	274.60	7.6	276.40	-2.7
56.13	5.0	60.89	5.0	66.46	3.7
46.31	7.8	54.42	16.7	75.59	19.3
31.71	8.2	35.62	16.0	38.48	5.8
8.01	11.4	8.62	6.0	9.31	5.7
21.19	7.6	24.50	16.8	34.03	17.9
66.75	6.9	74.98	3.4	81.00	5.8
36.85	12.0	41.71	3.2	45.06	5.8
19.50	7.9	23.77	16.8	32.95	16.7
202.53	9.4	211.46	0.4	228.45	-0.8

a)In this table, aggregate is calculated at current prices while growth rate is calculated at current prices.
b)According to the three industry classification standards of 2012 ,service in support of agriculture, support activities for mining and repair service of metal products, machinery and equipmen are classified as the tertiary industry.
c)Data in 2018 are preliminary accounting figures.

3-9 地区分行业增加值及增速(2018年)

单位：亿元，%

指标	Intem	西宁市 Xining City		海东市 Haidong City	
		总量 Aggregate	增速 Growth Rate	总量 Aggregate	增速 Growth Rate
生产总值	Gross Domestic Product	1286.4	9.0	451.5	8.0
农林牧渔业	Agriculture Forwdtry Animal Husbandry and Fishery	46.5	4.3	64.4	4.6
#农林牧渔服务业	Serbices in Support of Agriculture	0.4	7.5	1.0	3.7
采矿业	Mining		-75.6	10.7	2.2
#开采辅助活动	Support Activities for Mining				
制造业	Manufacturing	249.1	9.0	71.0	6.4
#金属制品、机械和设备修理业	Metal Products, Machinery and Equipment Repair Industry				
电力、热力、燃气及水生产和供应业	Production and Supply of Electricity,Gas and Water	50.0	-1.9	16.0	37.3
建筑业	Construction	168.9	12.2	99.7	7.9
批发和零售业	Wholesale and Retail Trades	114.8	3.3	16.0	2.3
交通运输、仓储和邮政业	Transport, Storage and Post	54.9	5.2	19.3	4.1
住宿和餐饮业	Hotels and Catering Services	13.3	2.9	8.0	2.2
信息传输、软件和信息技术服务业	Information Transmission, Software and Information Technology Services	105.3	42.8	21.2	74.4
金融业	Financial Intermediation	161.2	-0.6	13.5	2.7
房地产业	Real Estate	32.4	1.0	6.5	4.8
租赁和商务服务业	Leasing and Business Services	49.3	41.4	1.8	7.0
科学研究和技术服务业	Scientific Research, Technical Services	23.4	-0.5	10.4	0.9
水利、环境和公共设施管理业	Management of Water Conservancy, Environment and Public facilities	6.6	-0.2	4.4	0.9
居民服务、修理和其他服务业	Residents Services and Other Service	17.5	42.9	2.3	5.0
教育	Education	42.5	-0.4	22.3	0.9
卫生和社会工作	Health and Social Work	29.8	-0.4	3.8	0.9
文化、体育和娱乐业	Culture, Sports and Entertainment	29.2	33.9	2.0	25.8
公共管理、社会保障和社会组织	Public Administration, Social Security and Social Organizations	91.6	-0.4	58.2	1.0

注：1.本表总量按当年价格计算，增速按可比价计算。
2.按照2012年制定的《三次产业划分规定》，农林牧渔服务业、开采辅助活动和金属制品、机械和设备修理业划归为第三产业。

Gross Domestic Product (2018)

(100 million yuan,%)

海北州 Haibei Zang A.P		黄南州 Huangnan Zang A.P		海南州 Hainan Zang A.P		果洛州 Golog Zang A.P		玉树州 Yushu Zang A.P		海西州 Haixi Mongolian & Zang A.P	
总量 Aggregate	增速 Growth Rate	总量 Aggregate	增速 Growth Rate	总量 Aggregate	增速 Growth Rate	总量 Aggregate	增速 Growth Rate	总量 Aggregate	增速 Growth Rate	总量 Aggregate	增速 Growth Rate
83.5	-4.6	88.3	7.7	158.2	6.2	41.4	2.8	53.6	-20.2	625.3	8.3
22.9	3.9	23.6	4.4	39.3	4.4	7.6	2.9	30.8	2.9	33.8	7.6
0.4	4.2	0.7	3.6	0.6	2.5	0.1	4.8	0.2	1.1	0.5	2.8
2.0	-12.6			0.7	-5.7	2.8	-12.1			116.7	7.5
2.5	-12.6	2.8	1.5	14.5	19.6	0.8	-11.6			209.6	7.9
5.4	-12.6	11.4	23.6	40.2	23.0	0.5	-7.0	0.8	0.2	38.4	8.1
8.9	-32.8	15.0	3.1	16.2	-24.1	10.3	4.6	6.7	-70.8	63.8	9.2
3.1	1.6	1.7	2.1	3.5	1.5	1.4	2.3	1.3	2.4	11.5	2.5
2.6	4.4	0.8	4.6	4.4	4.4	1.6	10.6	0.8	3.7	53.6	4.7
2.0	2.3	1.8	3.1	2.6	3.1	1.7	2.6	0.5	1.4	4.9	2.4
1.3	2.9	1.7	23.8	2.0	10.3	1.7	2.0	2.4	21.0	15.1	47.9
3.5	-10.8	2.8	-0.3	6.0	-2.2	2.9	3.7	0.2	-4.6	14.2	-3.2
1.2	6.2	0.9	4.8	2.6	-0.1	0.5	3.3	0.1	5.0	4.2	7.8
1.0	4.4	0.3	26.3	0.5	10.3	1.0	3.4	1.2	43.9	9.2	30.3
1.2	5.3	0.7	8.5	0.7	0.3		0.9	0.3	-5.5	4.2	3.0
0.1	5.0	0.3	5.6	0.4	1.4			0.4	-3.4	0.6	1.4
0.7	2.5	0.4	27.5	0.5	10.3	0.8	3.7	1.3	37.2	5.5	33.0
3.1	4.2	2.7	6.9	6.1	4.6	1.3	3.1	0.6	-1.7	5.8	1.2
2.0	5.4	1.6	7.8	3.4	2.8	1.3	4.0	0.7	0.4	5.5	4.2
1.3	2.1	1.2	22.7	0.8	10.3	1.3	1.0	0.7	31.7	4.9	29.3
18.7	5.5	18.8	8.3	13.8	1.1	4.3	5.1	4.8	-3.9	23.7	3.7

a)In this table, aggregate is calculated at current prices while growth rate is calculated at current prices.

b)According to the three industry classification standards of 2012 ,service in support of agriculture, support activities for mining and repair service of metal products, machinery and equipmen are classified as the tertiary industry.

3-10 三次产业贡献率

Share of the Contribution of the Three Strata of Industry to the Increase of GDP

按可比价格计算

Data in this table are calculated at constant prices.

单位：%　　　　　　　　　　　　　　　　　　　　　　　　　　(%)

年 份 Year	生产总值 Gross Domestic Product	第一产业 Primary Industry	第二产业 Secondary Industry	第三产业 Tertiary Industry	工 业 Industry
1990	100.00	27.34	26.56	46.09	4.69
1991	100.00	5.60	35.60	58.80	37.68
1992	100.00	14.02	40.40	45.59	24.24
1993	100.00	-1.74	59.79	41.95	50.32
1994	100.00	10.04	41.65	48.30	43.29
1995	100.00	-1.36	47.80	53.55	40.27
1996	100.00	8.49	48.12	43.40	27.61
1997	100.00	7.39	48.29	44.33	33.69
1998	100.00	7.11	53.24	39.65	34.16
1999	100.00	2.21	50.21	47.58	37.58
2000	100.00	-7.20	56.40	50.80	38.20
2001	100.00	8.29	52.68	39.03	27.48
2002	100.00	5.93	56.98	37.09	36.37
2003	100.00	4.76	60.35	34.88	43.08
2004	100.00	4.27	61.28	34.45	56.34
2005	100.00	5.22	61.09	33.69	58.81
2006	100.00	3.14	57.96	38.90	52.87
2007	100.00	3.56	55.22	41.22	50.51
2008	100.00	2.91	61.57	35.52	58.49
2009	100.00	4.56	57.85	37.59	42.89
2010	100.00	3.40	65.80	30.80	53.80
2011	100.00	3.60	71.20	25.20	59.90
2012	100.00	3.92	65.60	30.48	53.50
2013	100.00	4.16	65.53	30.31	52.50
2014	100.00	4.56	63.50	31.94	46.35
2015	100.00	4.90	60.40	34.70	43.56
2016	100.00	5.84	52.97	41.19	34.23
2017	100.00	5.67	49.21	45.12	34.07
2018	100.00	5.18	54.82	40.00	43.87

注：1.产业贡献率指各产业增加值增量与GDP增量之比。
　2.2006年第一产业数据根据农业普查数据进行了调整。
　3.2013年根据第三次经济普查数据进行调整。
　4.2013年开始按照国民经济行业分类(GB/T4754—2011)标准执行。
　5.2018年数据为初步核算数。

a) The contribution rate of industry refers to the ratio of increment of industrial added value to increment of GDP.
b) Data on the primary industry in 2006 were adjusted according to agricultural census data.
c) Data in 2013 were adjusted and revised based on the third economic census data.
d) It began to implement in accordance with the national economic industry classification (GB/T4754-2011) standards since 2013.
e)Data in 2018 are preliminary accounting figures.

3-11 三次产业对生产总值增长的拉动
Contribution of the Three Strata Industry to GDP Growth

按可比价格计算

Data in this table are calculated at constant prices.

单位：百分点 (percentage points)

年 份 Year	生产总值 Gross Domestic Product	第一产业 Primary Industry	第二产业 Secondary Industry	第三产业 Tertiary Industry	工 业 Industry
1990	3.70	1.01	0.98	1.71	0.17
1991	4.69	0.26	1.67	2.76	1.77
1992	7.39	1.04	2.99	3.37	1.79
1993	9.65	-0.17	5.77	4.05	4.86
1994	8.12	0.82	3.38	3.92	3.52
1995	8.00	-0.11	3.83	4.29	3.22
1996	8.72	0.74	4.20	3.78	2.41
1997	9.04	0.67	4.37	4.01	3.05
1998	8.92	0.63	4.75	3.54	3.05
1999	8.11	0.18	4.07	3.86	3.05
2000	8.94	-0.64	5.04	4.54	3.41
2001	11.71	0.97	6.17	4.57	3.22
2002	12.08	0.72	6.88	4.48	4.39
2003	11.86	0.57	7.16	4.14	5.11
2004	12.27	0.52	7.52	4.23	6.91
2005	12.20	0.64	7.45	4.11	7.18
2006	13.26	0.42	7.69	5.15	7.01
2007	13.47	0.48	7.44	5.55	6.81
2008	13.53	0.39	8.33	4.81	7.91
2009	10.14	0.46	5.87	3.81	4.35
2010	15.33	0.52	10.09	4.72	8.25
2011	13.45	0.48	9.58	3.39	8.06
2012	12.25	0.48	8.04	3.73	6.55
2013	10.84	0.45	7.10	3.29	5.69
2014	9.21	0.42	5.85	2.94	4.27
2015	8.17	0.40	4.93	2.84	3.56
2016	7.99	0.47	4.23	3.29	2.73
2017	7.29	0.41	3.59	3.29	2.48
2018	7.17	0.37	3.93	2.87	3.15

注：1.产业拉动指GDP增长速度与各产业贡献率之乘积。
2.2006年数据根据农业普查数据进行调整和修订。
3.2013年根据第三次经济普查数据进行调整。
4.2013年开始按照国民经济行业分类(GB/T4754—2011)标准执行。
5.2018年数据为初步核算数。

a) Industry driven means the product of GDP growth rate and contribution rate of industry.
b) Data in 2006 were adjusted according to agricultural census data.
c) Data in 2013 were adjusted and revised based on the third economic census data.
d) It began to implement in accordance with the national economic industry classification (GB/T4754-2011) standards since 2013.
e)Data in 2018 are preliminary accounting figures.

3−12 1990−2018年生产总值构成项目

Components of Gross Domestic Product (1990-2018)

（按当年价格计算）

Data in this table are calculated at current prices.

单位：亿元 (100 million yuan)

年份 Year	生产总值 Gross Domestic Product	劳动者报酬 Compensation of Employees	生产税净额 Net Taxes on Production	固定资产折旧 Depreciation of Fixed Assets	营业盈余 Operating Surplus
1990	69.94	39.50	8.48	9.86	12.10
1991	75.10	43.75	9.54	10.34	11.47
1992	87.52	50.21	10.87	14.34	12.10
1993	109.68	62.58	12.16	14.67	20.27
1994	138.40	76.06	14.29	19.49	28.56
1995	167.80	90.48	16.85	26.38	34.09
1996	184.17	109.03	16.46	26.03	32.66
1997	202.79	119.93	22.05	32.46	28.36
1998	220.92	124.44	21.30	35.31	39.86
1999	239.38	134.20	25.79	39.11	40.29
2000	263.68	139.39	30.74	58.48	35.07
2001	300.13	156.77	34.23	54.68	54.44
2002	340.65	172.31	40.59	59.57	68.19
2003	390.20	189.75	46.80	70.29	83.35
2004	466.10	220.30	55.00	84.70	106.10
2005	543.32	258.53	64.53	102.17	118.09
2006	648.50	314.39	80.13	103.72	150.26
2007	797.35	405.93	101.45	114.45	175.52
2008	1018.62	536.60	129.01	133.69	219.32
2009	1081.27	581.69	158.49	180.66	160.43
2010	1350.43	635.34	197.71	199.80	317.58
2011	1670.44	756.12	292.11	270.88	351.33
2012	1893.54	823.58	278.38	335.98	455.60
2013	2122.06	957.08	279.60	410.46	474.92
2014	2303.32	1071.61	304.77	559.25	367.69
2015	2417.05	1125.20	298.63	590.26	402.96
2016	2572.49	1254.75	277.66	682.69	357.39
2017	2624.83	1329.37	345.92	570.58	378.96
2018	2865.23	1514.57	365.47	628.89	356.31

注：1.1992−2004年、2005−2008年、2013数据分别根据第一次、第二次和第三次经济普查数据进行调整和修订。
2.2013年开始按照国民经济行业分类(GB/T4754−2011)标准执行。
3.2006年第一产业数据根据农业普查数据进行了调整。
4.2018年数据为初步核算数。

a) Data in 1992-2004, 2005-2008 and 2013 were adjusted and revised based on the first, the second and the third economic census data separately.
b) It began to implement in accordance with the national economic industry classification (GB/T4754-2011) standards since 2013.
c) Data on the primary industry in 2006 were adjusted according to the agricultural census data.
d)Data in 2018 are preliminary accounting figures.

3-13　1990-2018年支出法生产总值

Gross Domestic Product by Expenditure Approach(1990-2018)

按当年价格计算

Data in this table are calculated at current prices.

单位：亿元　　(100 million yuan)

年份 Year	支出法生产总值 Gross Domestic Product by Expenditure Approach	最终消费支出 Final Consumption Expenditures	资本形成总额 Gross Capital Formation		货物和服务净出口 Net Exports of Goods and Services	资本形成率 Capital Formation Rate (%)	最终消费率 Final Consumption Rate (%)
			固定资产形成总额 Gross Fixed Capital Formation	库存增加 Change in Inventories			
1990	69.94	53.79	20.44	8.16	-12.45	40.89	76.91
1991	75.10	60.76	23.91	9.45	-19.02	44.42	80.90
1992	87.52	65.18	29.04	8.99	-15.69	43.45	74.47
1993	109.68	73.06	41.03	10.46	-14.87	46.95	66.61
1994	138.40	92.83	47.76	12.34	-14.54	43.43	67.08
1995	167.80	113.40	57.48	20.19	-23.27	46.29	67.58
1996	184.17	130.71	79.24	11.50	-37.28	49.27	70.97
1997	202.79	135.53	101.55	12.64	-46.92	56.31	66.83
1998	220.92	142.88	116.38	13.07	-51.41	58.59	64.68
1999	239.38	155.17	131.12	9.17	-56.07	58.60	64.82
2000	263.68	171.70	156.97	3.49	-68.48	60.85	65.12
2001	300.13	202.88	202.17	5.22	-110.14	69.10	67.60
2002	340.65	227.58	244.00	10.09	-141.02	74.59	66.81
2003	390.20	257.75	282.18	9.02	-158.75	74.63	66.06
2004	466.10	309.76	314.93	8.72	-167.31	69.44	66.46
2005	543.32	360.72	364.08	5.20	-186.68	67.97	66.39
2006	648.50	423.49	411.68	15.95	-202.62	65.94	65.30
2007	797.35	509.45	480.43	16.28	-208.81	62.30	63.89
2008	1018.62	593.51	583.20	59.99	-218.08	63.14	58.27
2009	1081.27	616.51	791.80	6.44	-333.48	73.82	57.02
2010	1350.43	720.57	1057.86	29.13	-457.13	80.49	53.36
2011	1670.44	859.75	1369.90	29.76	-588.97	83.79	51.47
2012	1893.54	997.36	1895.70	-176.45	-823.07	90.80	52.67
2013	2122.06	1048.49	2418.27	100.81	-1445.51	118.71	49.41
2014	2303.32	1154.40	2953.52	50.92	-1855.52	130.44	50.12
2015	2417.05	1485.98	3303.61	70.48	-2443.02	139.60	61.48
2016	2572.49	1676.44	3551.90	13.56	-2669.41	138.60	65.17
2017	2624.83	1815.42	3918.34	-21.33	-3087.60	148.47	69.16
2018	2865.23	2005.37	2320.14	2.26	-1462.54	81.05	69.99

注：1.历年数据根据经济普查数据进行调整和修订。
2.2006年数据根据农业普查数据进行调整和修订。
3.2009年、2010年最终消费数据根据国家核算要求进行调整和修订.
4.2013年数据按照第三次经济普查数据调整和修订以。
5.2018年固定资本形成总额数据根据2017年投资修订数据计算，以往年度未作修订。
6.2018年数据为初步核算数。

a) Data in past year were adjusted and revised based on economic census data.
b) Data in 2006 were adjusted according to agricultural census data.
c) The Final Consumption Expenditures Data in 2009 and 2010 were adjusted and amended in accordance with the requirements of national accounting.
d) Data in 2013 were adjusted and revised according to the third economic census data.
e) Gross Capital Formation data in 2018 is calculated on the basis of revised investment data in 2017. It wasn't revised in previous years.
f)Data in 2018 are preliminary accounting figures.

3-14 1990-2018年生产总值消费额及构成

Consumption Expenditure and Its Composition of GDP(1990-2018)

按当年价格计算

Data in this table are calculated at current prices.

年 份 Year	最终消费支出(亿元) Final Consumption Expenditure (100 million yuan)	居民消费（亿元） Household Consumption (100 million yuan)		政府消费(亿元) Government Consumption (100 million yuan)	最终消费支出=100 Final Consumption Expenditures=100		人均消费水平(元/人) Per Capita Consumption Expenditure (yuan/person)		
		农村居民 Rural Households	城镇居民 Urban Households		居民消费 Household Consumption	政府消费 Government Consumption	全体居民 All Households	农村居民 Rural Households	城镇居民 Urban Households
1990	53.79	17.68	18.76	17.35	67.74	32.26	821	606	1235
1991	60.76	19.29	21.08	20.39	66.44	33.56	895	650	1367
1992	65.18	22.07	24.87	18.24	72.00	27.98	1026	732	1592
1993	73.06	24.76	29.85	18.45	74.75	25.25	1177	809	1893
1994	92.83	30.34	39.12	23.38	74.82	25.18	1477	976	2453
1995	113.40	34.82	48.01	30.57	73.04	26.96	1734	1103	2964
1996	130.71	37.56	58.80	34.35	73.72	26.28	1988	1175	3563
1997	135.53	38.98	61.51	35.03	74.15	25.85	2043	1209	3630
1998	142.88	39.75	67.09	36.04	74.78	25.22	2140	1213	3911
1999	155.17	40.79	73.64	40.73	73.75	26.25	2260	1227	4238
2000	171.70	41.74	80.60	49.37	71.25	28.75	2384	1245	4530
2001	202.88	44.06	91.00	67.82	66.57	33.43	2598	1315	4925
2002	227.58	46.33	102.36	78.89	65.34	34.66	2828	1399	5261
2003	257.75	48.70	116.22	92.83	63.98	36.02	3105	1477	5768
2004	309.76	52.33	132.28	125.15	59.60	40.40	3443	1583	6432
2005	360.72	64.15	146.14	150.43	58.30	41.70	3888	1941	6947
2006	423.49	70.51	160.18	192.80	54.47	45.53	4229	2128	7481
2007	509.45	81.36	192.28	235.81	53.71	46.29	4978	2453	8819
2008	593.51	102.75	219.65	271.11	54.32	45.68	5830	3121	9816
2009	616.51	111.91	249.43	255.17	58.61	41.39	6501	3435	10845
2010	720.57	122.14	288.12	310.31	56.94	43.06	7326	3848	11878
2011	859.75	151.32	343.45	364.98	57.55	42.45	8744	4905	13348
2012	997.36	185.56	401.61	410.19	58.87	41.13	10289	6116	15026
2013	1048.49	208.17	486.41	353.91	66.25	33.75	12070	6954	17617
2014	1154.40	236.40	549.37	368.63	68.07	31.93	13534	8285	18606
2015	1485.98	266.65	622.05	597.28	59.81	40.19	15167	9109	21217
2016	1676.44	304.38	685.54	686.52	59.05	40.95	16751	10505	22761
2017	1815.42	336.98	736.89	741.55	59.15	40.85	18020	11868	23621
2018	2005.37	349.90	831.57	823.90	58.92	41.08	19665	12598	25740

注：1.历年数据根据经济普查数据进行调整和修订。
2.2009年、2010年最终消费数据根据国家核算要求进行调整和修订。
3.2018年数据为初步核算数。
a) Data in past year were adjusted and revised based on economic census data.
b) The Final Consumption Expenditures Data in 2009 and 2010 were adjusted and amended in accordance with the requirements of national accounting.
c)Data in 2018 are preliminary accounting figures.

3-15 三大需求对生产总值增长的贡献率和拉动(1990-2018)
Share and Contribution of the Three Demands of GDP to the Growth of GDP(1990-2018)

按可比价格计算

Data in this table are calculated at constant prices.

年份 Year	最终消费支出 Final Consumption Expenditure		资本形成总额 Gross Capital Formation		货物和服务净出口 Net Exports of Goods and Services	
	贡献率 (%) Share of The Contribution (%)	拉动 (百分点) Contribution Driven (percentage points)	贡献率 (%) Share of The Contribution (%)	拉动 (百分点) Contribution Driven (percentage points)	贡献率 (%) Share of The Contribution (%)	拉动 (百分点) Contribution Driven (percentage points)
1990	328.12	12.14	453.13	16.77	-681.20	-25.20
1991	126.43	5.94	60.06	2.82	-86.50	-4.07
1992	-9.45	-0.70	-3.45	-0.26	112.90	8.35
1993	19.71	1.91	27.37	2.65	52.90	5.13
1994	56.26	4.56	29.96	2.43	13.80	1.12
1995	18.47	1.48	58.31	4.66	23.20	1.90
1996	41.48	3.61	45.29	3.94	13.20	1.15
1997	-6.96	-0.63	92.84	8.36	14.10	1.27
1998	28.68	2.55	76.32	6.79	-5.00	-0.45
1999	57.89	4.69	46.22	3.74	-4.10	-0.33
2000	68.97	6.14	66.14	5.89	-35.10	-3.12
2001	75.48	8.83	140.64	16.45	-116.10	-13.58
2002	66.33	8.03	111.89	13.54	-78.20	-9.46
2003	61.29	7.29	65.31	7.77	-26.63	-3.17
2004	85.79	10.55	52.30	6.43	-38.10	-4.69
2005	91.85	11.21	75.77	9.24	-67.60	-8.25
2006	76.31	10.12	65.98	8.75	-42.29	-5.61
2007	65.76	8.86	62.77	8.45	-28.53	-3.84
2008	30.05	4.06	76.10	10.30	-6.15	-0.83
2009	7.58	0.77	179.92	18.24	-87.50	-8.87
2010	40.84	6.26	143.54	22.00	-84.38	-12.93
2011	50.02	6.73	126.58	17.02	-76.60	-10.30
2012	56.90	6.97	135.88	16.65	-92.78	-11.37
2013	3.06	0.33	378.21	41.00	-281.27	-30.49
2014	39.86	3.67	237.18	21.85	-177.04	-16.31
2015	145.21	11.86	190.40	15.56	-235.61	-19.25
2016	97.17	7.76	117.58	9.40	-114.75	-9.17
2017	44.76	3.26	105.45	7.69	-50.21	-3.66
2018	63.19	4.55	71.50	5.15	-34.69	-2.50

注：1.三大需求指支出法国内生产总值的三大构成项目，即最终消费支出、资本形成总额、货物和服务净出口。
2.贡献率指三大需求增量与支出法国内生产总值增量之比。
3.拉动指国内生产总值增长速度与三大需求贡献率的乘积。
4.2006年数据根据第一次农业普查数据进行了调整。
5.历年数据根据经济普查数据进行调整和修订。
6.2009年、2010年最终消费数据根据国家核算要求进行调整和修订。
7.2013年数据根据第三次经济普查进行调整和修订。
8.2018年固定资本形成总额数据根据2017年投资修订数据计算，以往年度未作修订。
9.2018年数据为初步核算数。

a) The three major demands means the three major conponents of GDP by expenditure approach, namely, final consumption expenditure,capital formation, net exports of goods and services.
b) The contribution rate refers to the ratio of increment of the three major demands to the increment of GDP by expenditure approach.
c) Driven by the three major demands Means the product of the growth rate of GDP and the contribution rate of the three major demands.
d) Data in 2006 were adjusted according to the first agricultural census data.
e) Historical data were adjusted and revised based on the economic census data.
f) The Final Consumption Expenditures Data in 2009 and 2010 were adjusted and amended in accordance with the requirements of national accounting.
g) Data in 2013 were adjusted and revised according to the third economic census data.
h) Gross Capital Formation data in 2018 is calculated on the basis of revised investment data in 2017. It wasn't revised in previous years.
i)Data in 2018 are preliminary accounting figures.

主要统计指标解释

国内生产总值(GDP)　指按市场价格计算的一个国家(或地区)所有常住单位在一定时期内生产活动的最终成果。国内生产总值有三种表现形态,即价值形态、收入形态和产品形态。从价值形态看,它是所有常住单位在一定时期内生产的全部货物和服务价值与同期投入的全部非固定资产货物和服务价值的差额,即所有常住单位的增加值之和;从收入形态看,它是所有常住单位在一定时期内创造并分配给常住单位和非常住单位的初次收入之和;从产品形态看,它是所有常住单位在一定时期内最终使用的货物和服务价值与货物和服务净出口价值之和。在实际核算中,国内生产总值有三种计算方法,即生产法、收入法和支出法。三种方法分别从不同的方面反映国内生产总值及其构成。

对于一个地区来说,称为地区生产总值或地区 GDP。

三次产业　三产业的划分是世界上较为常用的产业结构分类,但各国的划分不尽一致。根据《国民经济行业分类》(GB/T 4754－2011),我国的三次产业划分是:

第一产业是指农、林、牧、渔业(不含农、林、牧、渔服务业)。

第二产业是指采矿业(不含开采辅助活动),制造业(不含金属制品、机械和设备修理业),电力、热力、燃气及水生产和供应业,建筑业。

第三产业即服务业,是指除第一产业、第二产业以外的其他行业。

劳动者报酬　指劳动者因从事生产活动所获得的全部报酬。包括劳动者获得的各种形式的工资、奖金和津贴,既包括货币形式的,也包括实物形式的,还包括劳动者所享受的公费医疗和医药卫生费、上下班交通补贴、单位支付的社会保险费、住房公积金等。

生产税净额　指生产税减生产补贴后的余额。生产税指政府对生产单位从事生产、销售和经营活动以及因从事生产活动使用某些生产要素(如固定资产、土地、劳动力)所征收的各种税、附加费和规费。生产补贴与生产税相反,指政府对生产单位的单方面转移支出,因此视为负生产税,包括政策亏损补贴、价格补贴等。

固定资产折旧　指一定时期内为弥补固定资产损耗按照规定的固定资产折旧率提取的固定资产折旧,或按国民经济核算统一规定的折旧率虚拟计算的固定资产折旧。它反映了固定资产在当期生产中的转移价值。各类企业和企业化管理的事业单位的固定资产折旧是指实际计提的折旧费;不计提折旧的政府机关、非企业化管理的事业单位和居民住房的固定资产折旧是按照统一规定的折旧率和固定资产原值计算的虚拟折旧。原则上,固定资产折旧应按固定资产的重置价值计算,但是目前我国尚不具备对全社会固定资产进行重估价的基础,所以暂时只能采用上述办法。

营业盈余　指常住单位创造的增加值扣除劳动者报酬、生产税净额和固定资产折旧后的余额。它相当于企业的营业利润加上生产补贴,但要扣除从利润中开支的工资和福利等。

支出法国内生产总值　是从最终使用的角度反映一个国家(或地区)一定时期内生产活动最终成果的一种方法,包括最终消费支出、资本形成总额及货物和服务净出口三部分。计算公式为:

支出法国内生产总值＝最终消费支出＋资本形成总额＋货物和服务净出口

最终消费支出　指常住单位为满足物质、文化和精神生活的需要,从本国经济领土和国外购买的货物和服务的支出。它不包括非常住单位在本国经济领土内的消费支出。最终消费支出分为居民消费支出和政府消费支出。

居民消费支出　指常住住户在一定时期内对于货物和服务的全部最终消费支出。居民消费支出除了直接以货币形式购买的货物和服务的消费支出外,还包括以其他方式获得的货物和服务的消费支出,即所谓的虚拟消费支出。居民虚拟消费支出包括如下几种类型:单位以实物报酬及实物转移的形式提供给劳动者的货物和服务;住户生产并由本住户消费了的货物和服务,其中的服务仅指住户的自有住房服务和付酬的家庭雇员提供的家庭和个人服务;金融机构提供的金融媒介服务。

政府消费支出　指政府部门为全社会提供的公共服务的消费支出和免费或以较低的价格向居民住户提供的货物和服务的净支出,前者等于政府服务的产出价值减去政府单位所获得的经营收入的价值,后者等于政府部门免费或以较低价格向居民住户提供的货物和服务的市场价值减去向住户收取的价值。

资本形成总额　指常住单位在一定时期内获得减去处置的固定资产和存货的净额,包括固定资本形成总额和存货变动两部分。

固定资本形成总额　指常住单位在一定时期内获得的固定资产减处置的固定资产的价值总额。固定资产是通过生产活动生产出来的,且其使用年限在一年以上、单位价值在规定标准以上的资产,不包括自然资产。可分为有形固定资本形成总额和无形固定资本形成总额。有形固定资本形成总额包括一定时期内完成的建筑工程、安装工程和设备工器具购置(减处置)价值,以及土地改良、新增役、种、奶、毛、娱乐用牲畜和新增经济林木价值。无形固定资本形成总额包括矿藏的勘探、计算机软件等获得减处置。

存货变动 指常住单位在一定时期内存货实物量变动的市场价值,即期末价值减期初价值的差额,再扣除当期由于价格变动而产生的持有收益。存货变动可以是正值,也可以是负值,正值表示存货上升,负值表示存货下降。存货包括生产单位购进的原材料、燃料和储备物资等存货,以及生产单位生产的产成品、在制品和半成品等存货。

货物和服务净出口 指货物和服务出口减货物和服务进口的差额。出口包括常住单位向非常住单位出售或无偿转让的各种货物和服务的价值;进口包括常住单位从非常住单位购买或无偿得到的各种货物和服务的价值。由于服务活动的提供与使用同时发生,一般把常住单位从非常住单位得到的服务作为进口,非常住单位从常住单位得到的服务作为出口。货物的出口和进口都按离岸价格计算。

Explanatory Notes on Main Statistical Indicators

Gross Domestic Product (GDP) refers to the final products at market prices produced by all resident units in a country during a certain period of time. Gross domestic product is expressed in three different perspectives, namely value, income, and products respectively. GDP in its value perspective refers to the balance of total value of all goods and services produced by all resident units during a certain period of time, minus the total value of input of goods and services of the nature of non - fixed assets; in other words, it is the sum of the value - added of all resident units. GDP from the perspective of income includes the primary income created by all resident units and distributed to resident and non - resident units. GDP from the perspective of products refers to the value of all goods and services for final demand by all resident units plus the net exports of goods and services during a given period of time. In the practice of national accounting, gross domestic product is calculated from three approaches, namely production approach, income approach and expenditure approach, which reflect gross domestic product and its composition from different angles.

For a region, it is called as Gross Regional Product(GRP) or regional GDP.

Three Strata of Industry Classification of economic activities into three strata of industry is a common practice in the world, although the grouping varies to some extent from country to country. In China, according to Industrial classification for National Economic Activities (GB/T 4754 - 2011), economic activities are categorized into the following three strata of industry:

Primary industry refers to agriculture, forestry, animal husbandry and fishery industries (not including services in support of agriculture, forestry, animal husbandry and fishery industries).

Secondary industry refers to mining and quarrying(not including support activities for mining), manufacturing(not including repair service of metal products, machinery and equipment), production and supply of electricity, heat, gas and water, and construction.

Tertiary industry refers to all other economic activities not included in the primary or secondary industries.

Compensation of Employees refers to the total payment of various forms to employees for the productive activities they are engaged in. It includes wages, bonuses and allowances, which the employees earn in cash or in kind. It also includes the free medical services provided to the employees and the medicine expenses, transport subsidies and social insurance, and housing fund paid by the employers.

Net Taxes on Production refers to taxes on production less subsidies on production. The taxes on production refers to the various taxes, extra charges and fees levied on the production units on their production, sale and business activities as well as on the use of some factors of production, such as fixed assets, land and labour in the production activities they are engaged in. In contrast to taxes on production, subsidies on production refer to the unilateral government transfer to the production units and are therefore regarded as negative taxes on production. They include subsidies on the loss due to implementation of government policies, price subsidies, etc.

Depreciation of Fixed Assets refers to the depreciation of fixed assets in a given period, drawn in accordance with the stipulated depreciation rate for the purpose of compensating the wear - and - tear loss of the fixed assets or the depreciation of fixed assets imputed in accordance with the stipulated unified depreciation rate in the national economic accounting system. It reflects the value of transfer of the fixed assets in the production of the current period. The depreciation of fixed assets in various enterprises and institutions managed as enterprises refers to the depreciation expenses actually drawn. In government agencies and institutions not managed as enterprises which do not draw the depreciation expenses, as well as for the houses of residents, the depreciation of fixed assets is the imputed depreciation, which is calculated in accordance with the stipulated unified depreciation rate. In principle, the depreciation of fixed assets should be calculated on the basis of the re – purchased value of the fixed assets. However, currently the conditions in China do not facilitate the revaluation of all the fixed assets. Therefore, only the above – mentioned methods can be adopted at present.

Operating Surplus refers to the balance of the value added created by the resident units after deducting the labourers remuneration, net taxes on production and the depreciation of fixed assets. It is equivalent to the business profit of the enterprises plus subsidies to production, but the wages and welfare expenses paid from the profits should be deducted.

GDP by Expenditure Approach refers to the method of measuring the final results of production activities of a country (region) during a given period from the perspective of final uses. It includes final consumption expenditure, gross capital formation and net export of goods and services. The formula for computation is. :

GDP by expenditure approach = final consumption expenditure + gross capital formation + net export of goods and services

Final Consumption Expenditure refers to the total expenditure of resident units for purchases of goods and services from both the domestic economic territory and abroad to meet the needs of material, cultural and spiritual life. It does not include the expenditure of non – resident units on consumption in the economic territory of the country. The final consumption expenditure is broken down into household consumption expenditure and government consumption expenditure.

Household Consumption Expenditure refers to the total expenditure of resident households on the final consumption of goods and services. In addition to the consumption of goods and services bought by the households directly with money, the household consumption expenditure also includes expenditure on goods and services obtained by the households in other ways, i. e. the so – called imputed consumption expenditure, which includes the following: (a) the goods and services provided to households by employers in the form of payment in kind and transfer in kind; (b) goods and services produced and consumed by the households themselves, in which the services refer to the owner – occupied housing and services offered by paid family employees; (c) financial intermediate services provided by financial institution.

Government Consumption Expenditure refers to the consumption expenditure spent for the provision of public services provided by the government to the whole country and the net expenditure on the goods and services provided by the government to households free of charge or at reduced prices. The former equals to the output value of the government services minus the value of operating income obtained by the government departments. The latter equals to the market value of the goods and services provided by the government free of charge or at reduced prices to the households minus the value received by the government from the households.

Gross Capital Formation refers to the fixed assets acquired less disposals and the net value of inventory, thus including gross fixed capital formation and changes in inventories.

Gross Fixed Capital Formation refers to the value of acquisitions less those disposals of fixed assets during a given period. Fixed assets are the assets produced through production activities with unit value above a specified amount and which could be used for over one year. Natural assets are not included. Gross fixed capital formation can be categorized into total tangible fixed capital formation and total intangible fixed capital formation. Total tangible fixed capital formation includes the value of the construction projects and installation projects completed and the equipment, apparatus and instruments purchased (less those disposed) as well as the value of land improved, the value of draught animals, breeding stock and animals for milk, for wool and for recreational purposes and the newly increased forest with economic value. Total intangible fixed capital formation includes the prospecting of minerals and the acquisition of computer software minus the disposal of them.

Changes in Inventories refers to the market value of the change in the physical volume of inventory of resident units during a given period, i. e. the difference between the values at the beginning and at the end of the period minus the gains due to the change in prices. The changes in inventories can have a positive or a negative value. A positive value indicates an increase in inventory while a negative value indicates a decrease in inventory. The inventory includes raw materials, fuels and reserve materials purchased by the production units as well as the inventory of finished products, semi – finished products and work – in – progress.

Net Export of Goods and Services refers to the exports of goods and services subtracting the imports of goods and services. Exports include the value of various goods and services sold or gratuitously transferred by resident units to non – resident units. Imports include the value of various goods and services purchased or gratuitously acquired resident units from non – resident units. Because the provision of services and the use of them happen simultaneously, the acquisition of services by resident units from abroad is usually treated as import while the acquisition of services by non – resident units in this country is usually treated as export. The exports and imports of goods are calculated at FOB.

第 4 篇
CHAPTER 4

人　口
Population

常住人口及自然增长率变动情况

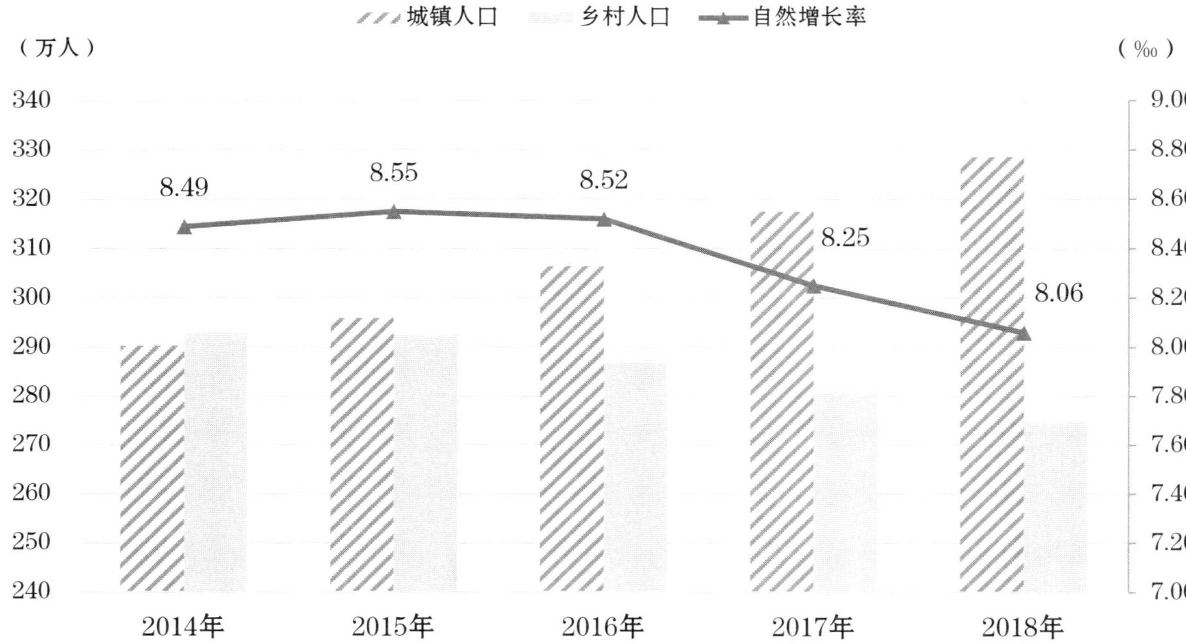

各民族人口构成

（2018年）

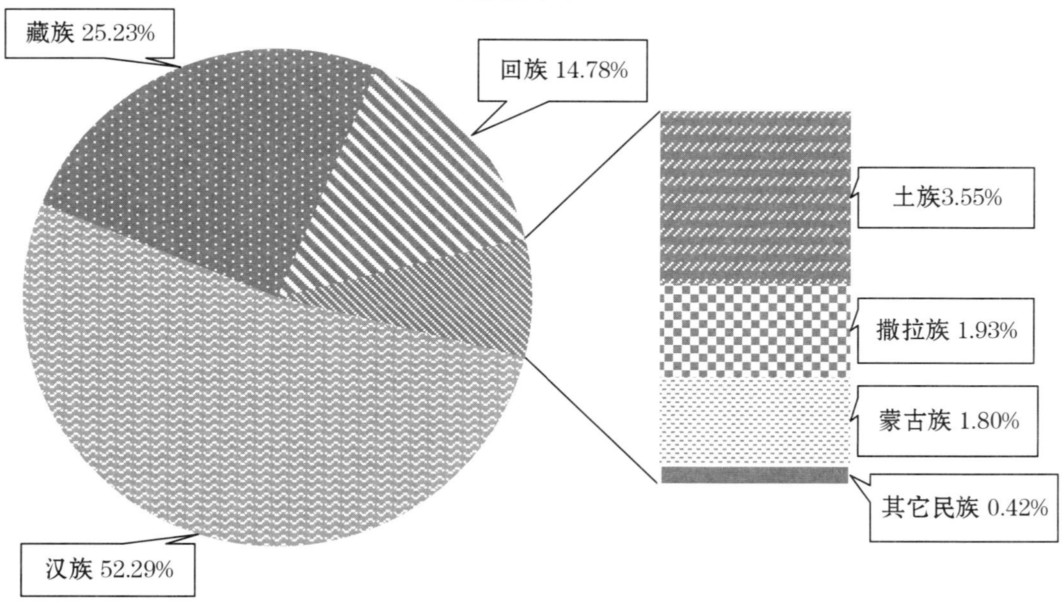

4-1 主要年份常住人口及自然变动情况
Population and Natural Changes in Main Years

年 份 Year	常住人口（万人） Total Population (10 000 persons)	自然变动情况 Natural Changes					
		出生 Birth		死亡 Death		自然增加 Natural Increase	
		人数（人） Population (person)	出生率 Birth Rate (‰)	人数（人） Population (person)	死亡率 Death Rate (‰)	人数（人） Population (person)	自然增长率 Natural Growth Rate (‰)
1990	447.66	108052	24.34	33162	7.47	74890	16.87
1991	454.43	105409	23.37	37662	8.35	67747	15.02
1992	461.02	103171	22.54	37259	8.14	65912	14.40
1993	466.70	95091	20.50	38315	8.26	56776	12.24
1994	474.00	103759	22.06	32078	6.82	71681	15.24
1995	481.20	105000	22.01	33000	6.89	72000	15.12
1996	488.30	106000	21.89	35000	7.20	71000	14.69
1997	495.60	107000	21.80	34000	6.95	73000	14.85
1998	502.80	106130	21.26	33850	6.78	72280	14.48
1999	509.80	104703	20.68	34327	6.78	70376	13.90
2000	516.50	98781	19.25	31559	6.15	67222	13.10
2001	523.10	99074	19.06	33475	6.44	65599	12.62
2002	528.60	94916	18.05	33391	6.35	61525	11.70
2003	533.80	89985	16.94	32350	6.09	57635	10.85
2004	538.60	87508	16.32	34585	6.45	52923	9.87
2005	543.20	84921	15.70	33590	6.21	51331	9.49
2006	547.70	83127	15.24	34200	6.27	48927	8.97
2007	551.60	82063	14.93	33694	6.13	48369	8.80
2008	554.30	80122	14.49	33951	6.14	46171	8.35
2009	557.30	80647	14.51	34404	6.19	46243	8.32
2010	563.47	83721	14.94	35360	6.31	48361	8.63
2011	568.17	81648	14.43	34628	6.12	47020	8.31
2012	573.17	81606	14.30	34583	6.06	47023	8.24
2013	577.79	81488	14.16	35277	6.13	46211	8.03
2014	583.42	85123	14.67	35860	6.18	49263	8.49
2015	588.43	86248	14.72	36151	6.17	50097	8.55
2016	593.46	86869	14.70	36520	6.18	50349	8.52
2017	598.38	85932	14.42	36768	6.17	49164	8.25
2018	603.23	85975	14.31	37550	6.25	48425	8.06

4-2 主要年份人口变化情况

Changes of Population in Main Years

单位：万人 (10 000 persons)

年份 Year	年末常住人口 Total Population at Year-end	按性别分 By Sex		按城乡分 By Residence	
		男 Male	女 Female	市镇人口 Urban	乡村人口 Rural
1982	392.79	201.92	190.87	79.82	312.97
1990	447.66	229.36	218.30	153.22	294.44
1991	454.43	232.80	221.63	155.11	299.32
1992	461.02	235.95	225.07	157.34	303.68
1993	466.70	238.95	227.75	158.04	308.66
1994	474.00	242.74	231.26	160.90	313.10
1995	481.20	246.37	234.83	163.13	318.07
1996	488.30	250.01	238.29	166.93	321.37
1997	495.60	252.76	242.84	171.94	323.66
1998	502.80	252.13	250.67	174.18	328.62
1999	509.80	259.29	250.51	176.33	333.47
2000	516.50	267.03	249.47	179.54	336.96
2001	523.10	266.09	257.01	190.00	333.10
2002	528.60	271.12	257.48	199.16	329.44
2003	533.80	272.33	261.47	203.80	330.00
2004	538.60	276.43	262.17	207.51	331.09
2005	543.20	277.58	265.62	213.21	329.99
2006	547.70	278.52	269.18	215.02	332.68
2007	551.60	279.50	272.10	221.02	330.58
2008	554.30	279.33	274.97	226.49	327.81
2009	557.30	280.26	277.04	233.51	323.79
2010	563.47	291.79	271.68	251.98	311.49
2011	568.17	287.55	280.62	262.62	305.55
2012	573.17	294.94	278.23	271.92	301.25
2013	577.79	292.65	285.14	280.30	297.49
2014	583.42	297.19	286.23	290.40	293.02
2015	588.43	300.28	288.15	295.98	292.45
2016	593.46	302.43	291.03	306.40	287.06
2017	598.38	303.62	294.76	317.54	280.84
2018	603.23	309.46	293.77	328.57	274.66

注：1990年以前数据为公安户籍统计数，1990、2000、2010年数据为年底普查数，其余年份数据为人口变动情况抽样调查推算数。

a)Data before 1990 were taken from the statistics of household registration of Qinghai Provincial Public Security Department. Data in 1990,2000 and 2010 were Population at year-end. Data in the remaining years have been estimated on the basis of the annual national sample surveys on population changes.

4-3 主要年份人口机械变动情况
Mechanical Changes of Popualtion in Main Years

单位：人、%　　　　(person，%)

年 份 Year	迁 入 Immigration		迁 出 Move Out		机械增加 Machinery Increased	
	人 数 Population	迁入率 Immigration Rate	人 数 Population	迁出率 Move Out Rate	人 数 Population	增长率 Growth Rate
1990	10306	0.23	24491	0.55	-14185	-0.32
1991	11201	0.25	26295	0.58	-15094	-0.33
1992	12040	0.27	27666	0.62	-15626	-0.35
1993	10824	0.23	25059	0.54	-14235	-0.31
1994	10871	0.24	19464	0.43	-8593	-0.19
1995	11439	0.25	17156	0.38	-5717	-0.13
1996	11209	0.24	17219	0.37	-6010	-0.13
1997	11043	0.24	14550	0.31	-3507	-0.08
1998	7687	0.16	12734	0.27	-5047	-0.11
1999	6872	0.15	12057	0.26	-5185	-0.11
2000	8749	0.17	17782	0.35	-9033	-0.18
2001	9789	0.19	20231	0.39	-10442	-0.20
2002	10601	0.22	19534	0.40	-8933	-0.18
2003	13736	0.28	22527	0.46	-8791	-0.18
2004	15809	0.32	22652	0.46	-6843	-0.14
2005	18097	0.36	26365	0.53	-8268	-0.17
2006	21875	0.43	24261	0.48	-2386	-0.05
2007	27418	0.53	25435	0.49	1983	0.04
2008	27365	0.52	25086	0.48	2279	0.04
2009	28328	0.51	25753	0.46	2575	0.05
2010	27719	0.49	23305	0.42	4414	0.07
2011	33348	0.59	21120	0.37	12228	0.22
2012	25663	0.45	19642	0.34	6021	0.11
2013	23920	0.42	17047	0.30	6906	0.12
2014	11850	0.20	10169	0.18	1681	0.02
2015	17298	0.30	22046	0.38	-4748	-0.08
2016	17544	0.30	14328	0.25	3216	0.05
2017	17624	0.30	17483	0.30	141	…
2018	33015	0.56	38949	0.66	-5934	-0.10

注:1.本表数据来源于青海省公安厅。
a) Date in this table are Annual Report data of Qinghai Provincial Public Security Department.

4-4 分地区户籍统计人口数及变动情况(2018年)

单位：户、人

地 区	Region	年末数 Number at Year-end					
		总户数 Total Number of Households	总人口 Total Population			总人口中 In Total Population	
			合计 Total	男 Male	女 Female	城镇人口 Urban	乡村人口 Rural
全　省	**Provincial Total**	**1768463**	**5867737**	**2966090**	**2901647**	**2400875**	**3466862**
西宁市	**Xining City**	**635086**	**2073822**	**1036994**	**1036828**	**1293645**	**780177**
城东区	Chengdong District	87723	259557	127411	132146	255796	3761
城中区	Chengzhong District	83566	248283	120172	128111	233154	15129
城西区	Chengxi District	85832	252426	121698	130728	252426	
城北区	Chengbei District	81378	234714	113941	120773	207219	27495
大通县	Datong County	121959	467429	239652	227777	192175	275254
湟中县	Huangzhong County	134513	481735	247720	234015	112039	369696
湟源县	Huangyuan County	40115	129678	66400	63278	40836	88842
海东市	**Haidong City**	**479041**	**1726313**	**887335**	**838978**	**466000**	**1260313**
乐都区	Ledu District	91161	288040	147588	140452	97122	190918
平安区	Ping'an District	41263	127409	64166	63243	54673	72736
民和县	Minhe County	108962	438517	226767	211750	117337	321180
互助县	Huzhu County	113551	401659	210015	191644	92751	308908
化隆县	Hualong County	80132	307035	156528	150507	59062	247973
循化县	Xunhua County	43972	163653	82271	81382	45055	118598
海北州	**Haibei Zang A.P**	**96464**	**295609**	**149789**	**145820**	**81191**	**214418**
门源县	Menyuan County	49531	162073	83014	79059	35165	126908
祁连县	Qilian County	18127	52633	26251	26382	18213	34420
海晏县	Haiyan County	12800	35793	17975	17818	14006	21787
刚察县	Gangcha County	16006	45110	22549	22561	13807	31303
黄南州	**Huangnan Zang A.P**	**89428**	**278523**	**139421**	**139102**	**70064**	**208459**
同仁县	Tongren County	33379	98442	48978	49464	35155	63287
尖扎县	Jianzha County	22121	61826	30865	30961	17731	44095
泽库县	Zeku County	22225	77826	39258	38568	11456	66370
河南县	Henan County	11703	40429	20320	20109	5722	34707

注：本表数据为省公安厅年报数。

Household Registration Statistics and Changes in Population by Region (2018)

(household，person)

年内人口变动 Changes During The Year					
出生 Birth	死亡 Death	迁入 Immigration		迁出 Move Out	
		省内 Within Province	省外 Outside Province	省内 Within Province	省外 Outside Province
80529	**41943**	**54410**	**33015**	**56802**	**38949**
21476	**13063**	**19617**	**26522**	**11987**	**29047**
2688	1763	3804	2009	532	1974
2241	1556	1959	1693	236	1994
2761	1273	4167	2364	442	3103
2402	1441	6328	19441	3743	20557
5102	2863	978	497	2340	704
5220	3181	1359	356	2846	484
1062	986	1022	162	1848	231
24977	**12916**	**16704**	**2548**	**20137**	**3664**
2694	2183	4026	557	4243	926
1429	830	1361	236	1655	523
7285	3405	772	942	2032	1180
4473	3484	4297	531	4934	760
5761	2066	4001	177	4727	122
3335	948	2247	105	2546	153
3473	**2146**	**3625**	**344**	**4834**	**416**
1953	1309	2303	155	2761	205
622	311	548	84	626	77
328	218	440	59	770	73
570	308	334	46	677	61
4775	**2121**	**3384**	**281**	**4010**	**246**
1031	682	336	171	707	113
1162	634	983	68	1097	87
1904	538	1232	20	1294	19
678	267	833	22	912	27

a) Data in this table are Annual Report data of Qinghai Provincial Public Security Department.

4-4 续表

单位：户、人

地 区	Region	总户数 Total Number of Households	年末数 The Numberat Year-end 总人口 Total Population 合计 Total	男 Male	女 Female	总人口中 In Total Population 城镇人口 Urban	乡村人口 Rural
海南州	**Hainan Zang A.P**	**146996**	**470309**	**236048**	**234261**	**106737**	**363572**
共和县	Gonghe County	44573	132486	66554	65932	39377	93109
同德县	Tongde County	18704	63015	31642	31373	11934	51081
贵德县	Guide County	36686	111395	56171	55224	22843	88552
兴海县	Xinghai County	23148	82126	41071	41055	11004	71122
贵南县	Guinan County	23885	81287	40610	40677	21579	59708
果洛州	**Golog Zang A.P**	**61288**	**203793**	**103362**	**100431**	**33586**	**170207**
玛沁县	Maqin County	16395	48468	24710	23758	14912	33556
班玛县	Banma County	8383	31595	16072	15523	4275	27320
甘德县	Gande County	11506	39922	20266	19656	4274	35648
达日县	Dari County	11789	39539	20098	19441	3946	35593
久治县	Jiuzhi County	7203	28583	14239	14344	2219	26364
玛多县	Maduo County	6012	15686	7977	7709	3960	11726
玉树州	**Yushu Zang A.P**	**112075**	**414476**	**207444**	**207032**	**69988**	**344488**
玉树市	Yushu City	32399	114000	57011	56989	33839	80161
杂多县	Zaduo County	15672	69218	34537	34681	6370	62848
称多县	Chengduo County	18078	61226	30809	30417	9794	51432
治多县	Zhiduo County	11834	34740	17223	17517	6190	28550
囊谦县	Nangqian County	22648	101226	50792	50434	8380	92846
曲麻莱县	Qumalai County	11444	34066	17072	16994	5415	28651
海西州	**Haixi Mongolian & Zang A.P**	**148085**	**404892**	**205697**	**199195**	**279664**	**125228**
格尔木市	Geermu City	50543	137675	69807	67868	128983	8692
德令哈市	Delingha City	26079	73719	37269	36450	48814	24905
乌兰县	Wulan County	40352	98530	50256	48274	79365	19165
都兰县	Dulan County	23112	71922	36935	34987	14420	57502
天峻县	Tianjun County	7999	23046	11430	11616	8082	14964

Continued

(household, person)

年内人口变动 Changes During The Year					
出生 Birth	死亡 Death	迁入 Immigration		迁出 Move Out	
		省内 Within Province	省外 Outside Province	省内 Within Province	省外 Outside Province
7073	**3953**	**3816**	**369**	**5847**	**560**
1625	832	635	137	1159	229
936	370	181	16	865	33
1505	800	1184	171	1297	201
1775	1343	1190	21	1374	29
1232	608	626	24	1152	68
4358	**1763**	**1908**	**172**	**2246**	**231**
895	319	390	52	523	90
748	346	133	38	227	55
936	339	96	23	161	13
866	384	784	22	813	15
589	158	462	30	458	47
324	217	43	7	64	11
9801	**3870**	**2325**	**430**	**2513**	**1288**
2125	800	1507	297	1774	118
2296	271	141	28	52	21
941	1405	65	18	148	35
675	302	95	7	266	10
2502	694	451	47	198	1077
1262	398	66	33	75	27
4596	**2111**	**3031**	**2349**	**5228**	**3497**
1709	463	981	1446	1654	1862
955	550	1148	397	1667	451
833	479	508	409	1075	1047
783	447	298	78	695	107
316	172	96	19	137	30

4-5 2006-2018年少数民族人口数

单位:万人、%

民 族	Ethnic Name	2006	2007	2008
少数民族人口总计	**Total Population of Ethnic Minorities**	**254.42**	**256.96**	**258.97**
少数民族占全省人口的比重	**Percentage to Total Population of The Province**	**46.45**	**46.58**	**46.72**
藏族	Tibetan	123.00	126.61	130.04
占全省人口的比重	Percentage to Total Population of The Province	22.46	22.95	23.45
回族	Hui	85.96	85.38	84.62
占全省人口的比重	Percentage to Total Population of The Province	15.69	15.48	15.26
土族	Tu	22.12	21.71	21.24
占全省人口的比重	Percentage to Total Population of The Province	4.04	3.94	3.83
撒拉族	Salar	11.72	11.47	11.20
占全省人口的比重	Percentage to Total Population of The Province	2.14	2.08	2.02
蒙古族	Mongolian	9.61	9.70	9.76
占全省人口的比重	Percentage to Total Population of The Province	1.75	1.76	1.76
其它民族	Others	2.02	2.07	2.11
占全省人口的比重	Percentage to Total Population of The Province	0.37	0.38	0.38

注：2006-2009年数据根据第六次人口普查数据进行了调整，2010年的各民族人口比重是第六次人口普查数据，2011-2014年数据根据青省2015年全国1%人口抽样调查数据进行了调整，2015-2017年数据根据青海省2015年全国1%人口抽样调查结果推算。

Population of Ethnic Minorities(2006-2018)

(10 000person,%)

2009	2010	2011	2012	2013	2014	2015	2016	2017	2018
261.10	**264.70**	**267.90**	**271.11**	**274.32**	**277.53**	**280.74**	**283.14**	**285.49**	**287.80**
46.85	**46.98**	**47.13**	**47.27**	**47.42**	**47.56**	**47.71**	**47.71**	**47.71**	**47.71**
133.45	137.70	139.85	142.00	144.16	146.31	148.46	149.73	150.97	152.19
23.94	24.44	24.60	24.76	24.91	25.07	25.23	25.23	25.23	25.23
83.89	83.55	84.23	84.92	85.60	86.29	86.97	87.71	88.44	89.16
15.05	14.83	14.82	14.81	14.80	14.79	14.78	14.78	14.78	14.78
20.79	20.47	20.55	20.63	20.71	20.79	20.89	21.05	21.24	21.41
3.73	3.63	3.61	3.60	3.58	3.56	3.55	3.55	3.55	3.55
10.93	10.72	10.85	10.98	11.11	11.23	11.36	11.46	11.55	11.64
1.96	1.90	1.91	1.91	1.92	1.92	1.93	1.93	1.93	1.93
9.87	10.00	10.12	10.24	10.36	10.49	10.59	10.70	10.77	10.86
1.77	1.77	1.78	1.78	1.79	1.80	1.80	1.80	1.80	1.80
2.17	2.26	2.30	2.34	2.38	2.43	2.47	2.49	2.51	2.53
0.39	0.41	0.41	0.41	0.42	0.42	0.42	0.42	0.42	0.42

a)Data in 2006-2009 were estimated from the Sixth National Population Census. The proportion of people of all ethnic minorities in 2010 were from the Sixth National Population Census. Data in 2011- 2014 were estimated from 1% population sample survey in 2015. Data in 2015-2017 were calculated by nationwide 1% population sampling survey results of Qinghai in 2015.

主要统计指标解释

人口数　指一定时点、一定地区范围内有生命的个人总和。

年度统计的年末人口数指每年 12 月 31 日 24 时的人口数。

常住人口　指在某地区实际居住半年以上的人口。

户籍人口　指公民依照《中华人民共和国户口登记条例》已在其经常居住地的公安户籍管理机关登记了常住户口的人。

城镇人口和乡村人口　城镇人口是指居住在城镇范围内的全部常住人口；乡村人口是除上述人口以外的全部人口。

出生率（又称粗出生率）　指在一定时期内（通常为一年）一定地区的出生人数与同期内平均人数（或期中人数）之比，用千分率表示。本资料中的出生率指年出生率，其计算公式为：

出生率 = 年出生人数/年平均人数 × 1000‰

式中：出生人数指活产婴儿，即胎儿脱离母体时（不管怀孕月数），有过呼吸或其他生命现象。年平均人数指年初、年底人口数的平均数，也可用年中人口数代替。

死亡率（又称粗死亡率）　指在一定时期内（通常为一年）一定地区的死亡人数与同期内平均人数（或期中人数）之比，用千分率表示。本资料中的死亡率指年死亡率，其计算公式为：

死亡率 = 年死亡人数/年平均人数 × 1000‰

人口自然增长率　指在一定时期内（通常为一年）人口自然增加数（出生人数减死亡人数）与该时期内平均人数（或期中人数）之比，用千分率表示。计算公式为：

人口自然增长率 =（本年出生人数 - 本年死亡人数）/年平均人数 × 1000‰

= 人口出生率 - 人口死亡率

Explanatory Notes on Main Statistical Indicators

Total Population refers to the total number of people alive at a certain point of time within a given area. The annual statistics on total population is taken at midnight, the 31st of December.

Resident Population refers to the population actually living for more than half a year at a place.

Registered Population refers to the citizens who have registered their permanent residence with the public security household register authority of the location where they often live.

Urban Population and Rural Population Urban population refers to all people residing in cities and towns, while rural population refers to population other than urban population.

Birth Rate (or Crude Birth Rate) refers to the ratio of the number of births to the average population (or mid - period population) during a certain period of time (usually a year), expressed in ‰. Birth rate in the chapter refers to annual birth rate. The following formula is used:

Birth Rate = Number of Births / Annual Average Population × 1000‰

Number of births in the formula refers to live births, i. e. when a baby has breathed or showed any vital phenomena regardless of the length of pregnancy.

Annual average population is the average of the number of population at the beginning of the year and that at the end of the year. Sometimes it is substituted by the mid - year population.

Death Rate (or Crude Death Rate) refers to the ratio of the number of deaths to the average population (or mid - period population) during a certain period of time (usually a year), expressed in ‰. Death rate in the chapter refers to annual death rate. The following formula is used:

Death Rate = Number of Deaths / Annual Average Population × 1000‰

Natural Growth Rate of Population refers to the ratio of natural increase in population (number of births minus number of deaths) in a certain period of time (usually a year) to the average population (or mid - period population) of the same period, expressed in ‰. The following formula is applied:

Natural Growth Rate of Population = (Number of Births - Number of Deaths)/Annual Average Population × 1000‰

Natural Growth Rate of Population = Birth Rate - Death Rate

第 5 篇
CHAPTER 5

就业人员和工资
Employment and Wages

三次产业就业人员

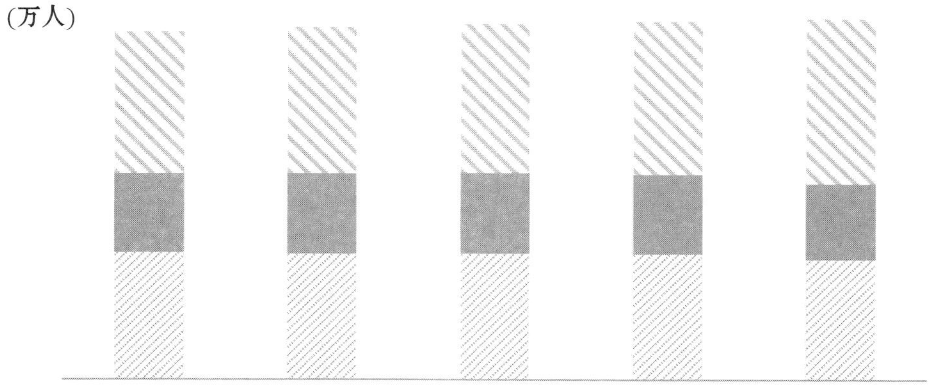

	2014年	2015年	2016年	2017年	2018年
第三产业	129	132	135	139	150
第二产业	72	74	74	73	69
第一产业	116	115	115	115	110

就业人员平均工资（2018年）

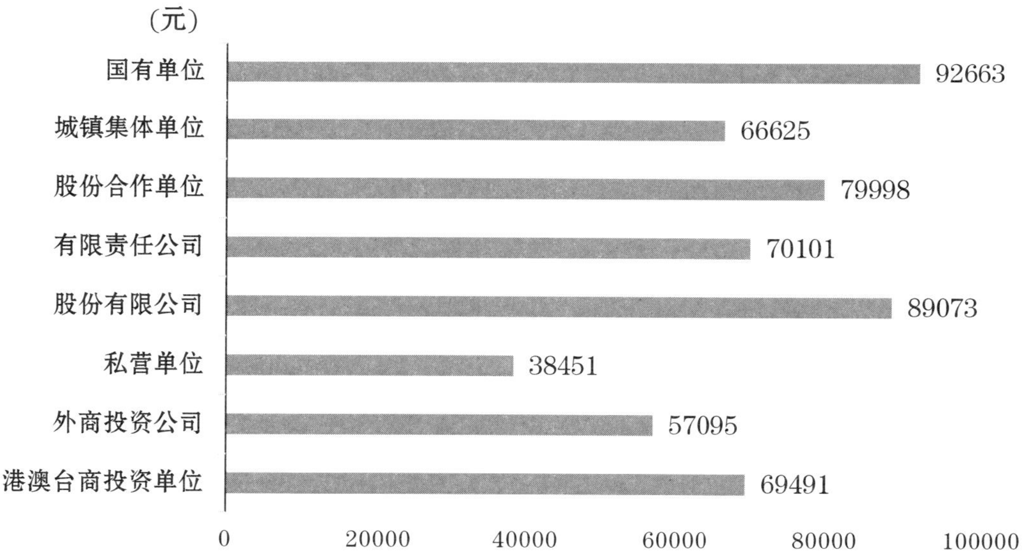

5-1 主要年份就业基本情况
Basic Conditions of Employment in Main Years

项　目	Item	2012	2013	2014	2015	2016	2017	2018
就业人员总计　（万人）	**Total Number of Employed Persons (10 000 persons)**	**310.9**	**314.2**	**317.3**	**321.4**	**324.3**	**327.0**	**329.3**
第一产业	Primary Industry	115.1	116.6	116.2	115.1	115.2	114.8	110.1
第二产业	Secondary Industry	74.5	72.8	72.5	73.9	74.1	73.3	69.4
第三产业	Tertiary Industry	121.3	124.8	128.6	132.4	135.0	138.9	149.8
就业人员构成(合计=100)	**Composition of Employed Persons(total=100)**							
第一产业	Primary Industry	37.0	37.1	36.6	35.8	35.5	35.1	33.4
第二产业	Secondary Industry	24.0	23.2	22.9	23.0	22.9	22.4	21.1
第三产业	Tertiary Industry	39.0	39.7	40.5	41.2	41.6	42.5	45.5
按城乡分就业人员(万人)	**Number of Employed Persons by Urban and Rural Areas (10 000 persons)**							
城镇就业人员	Urban Employed Persons	132.9	141.5	148.2	154.5	160.9	165.7	171.5
国有单位	State-owned Units	43.8	34.8	34.4	34.2	34.8	35.2	36.6
城镇集体单位	Urban Collective-owned Units	1.6	1.3	1.2	1.1	1.1	0.9	1.0
股份合作单位	Cooperative Units	0.4	0.3	0.3	0.4	0.4	0.3	0.4
有限责任公司	Limited Liability Corporations	11.4	16.2	16.6	16.2	16.4	16.8	16.3
股份有限公司	Share-holding Corporations Ltd.	2.6	9.7	9.2	9.2	8.6	8.7	7.4
私营企业	Private Enterprises	20.1	12.7	14.0	12.8	18.3	25.5	32.0
外商投资单位	Foreign Funded Units	0.7	1.0	0.7	0.6	0.6	0.3	0.2
港澳台商投资单位	Units with Funds from Hong Kong,Macao & Taiwan	0.5	0.5	0.5	0.5	0.5	0.5	0.4
个体	Self-employed Individuals	27.2	37.2	40.1	43.9	49.4	58.7	65.1
乡村就业人员	Rural Employed Persons	178.0	172.7	169.1	166.9	163.4	161.3	157.8
#私营企业	Private Enterprises	17.5	13.3	13.5	11.9	11.4	10.8	11.1
个体	Self-employed Individuals	5.1	3.3	4.4	2.2	2.7	3.4	5.6
城镇登记失业人数(万人)	**Number of Registered Unemployed Persons in Urban Areas (10 000 persons)**	**4.1**	**4.2**	**4.2**	**4.4**	**4.6**	**4.7**	**4.6**
城镇登记失业率　(%)	**Registered Unemployment Rate in Urban Areas (%)**	**3.4**	**3.3**	**3.2**	**3.2**	**3.1**	**3.1**	**3.0**

注:就业人员总计及城镇和乡村就业人员小计资料是根据年度人口变动情况抽样调查、劳动力抽样调查推算数，分经济类型就业人员相加不等于总计。

a)Employment totals, urban and rural employment subtotal data are calculated according to the population census, population, labor force sampling survey. The sum of the employment by economic types is not equal to the total.

5-2 主要年份按三次产业分的年末就业人员数
Number of Employed Persons at Year-end by Three Strata of Industry in Main Years

年 份 Year	就业人员（万人） Total Employed Persons (10 000 persons)	第一产业 Primary Industry	第二产业 Secondary Industry	第三产业 Tertiary Industry	构 成（合计=100） Composition in Percentage (Total=100) 第一产业 Primary Industry	第二产业 Secondary Industry	第三产业 Tertiary Industry
1982	171.17	113.83	29.61	27.73	66.5	17.3	16.2
1990	241.25	144.75	45.35	51.15	60.0	18.8	21.2
1991	245.21	147.37	45.61	52.23	60.1	18.6	21.3
1992	249.24	150.54	45.61	53.09	60.4	18.3	21.3
1993	253.33	142.62	43.07	67.64	56.3	17.0	26.7
1994	257.49	144.96	43.26	69.27	56.3	16.8	26.9
1995	261.71	146.82	44.23	70.66	56.1	16.9	27.0
1996	266.01	151.09	43.36	71.56	56.8	16.3	26.9
1997	270.38	151.41	40.56	78.41	56.0	15.0	29.0
1998	274.81	153.07	40.40	81.34	55.7	14.7	29.6
1999	279.32	152.23	40.22	86.87	54.5	14.4	31.1
2000	283.91	158.42	35.77	89.72	55.8	12.6	31.6
2001	285.66	170.25	37.99	77.42	59.6	13.3	27.1
2002	287.72	162.27	39.13	86.32	56.4	13.6	30.0
2003	289.80	156.78	45.79	87.23	54.1	15.8	30.1
2004	290.42	148.69	47.92	93.81	51.2	16.5	32.3
2005	291.04	144.06	50.64	96.34	49.5	17.4	33.1
2006	294.19	139.15	56.49	98.55	47.3	19.2	33.5
2007	298.56	132.26	61.50	104.80	44.3	20.6	35.1
2008	301.00	133.95	64.11	102.94	44.5	21.3	34.2
2009	303.26	130.40	66.41	106.45	43.0	21.9	35.1
2010	307.65	127.37	69.53	110.75	41.4	22.6	36.0
2011	309.18	121.82	73.89	113.47	39.4	23.9	36.7
2012	310.89	115.09	74.52	121.28	37.0	24.0	39.0
2013	314.21	116.60	72.80	124.81	37.1	23.2	39.7
2014	317.30	116.20	72.47	128.63	36.6	22.9	40.5
2015	321.41	115.09	73.93	132.39	35.8	23.0	41.2
2016	324.28	115.16	74.14	134.98	35.5	22.9	41.6
2017	326.97	114.79	73.28	138.90	35.1	22.4	42.5
2018	329.26	110.14	69.34	149.78	33.4	21.1	45.5

注：为了与《中国统计年鉴》口径保持一致，与历史数据有可比性，2001至2010年就业人员总数根据第六次人口普查相关数据进行了修正，2011年至当前年份就业人员总数是根据人口和劳动力抽样调查的推算数，分产业就业人数按全面报表结构推算。

a)In order to accord with the statistical caliber of "China Statistical Yearbook" and can be compared with the historical data, the total number of employed persons from 2001 to 2010 were adjusted on the Sixth National Population Census, the data in 2011and 2012 is estimated on the sampling survey of population, and the number of employed persons by sector are estimated according to the comprehensive report structure.

5-3　2012-2018年按行业分全部单位就业人员数
Number of Employed Persons in All Units by Sector(2012-2018)

单位：人　　(person)

项　目	Item	2012	2013	2014	2015	2016	2017	2018
全省	**Provincial Total**	**791870**	**847677**	**879737**	**909729**	**952546**	**975918**	**1000832**
农林牧渔业	Agriculture, Forestry, Animal Husbandry and Fishery	18258	17017	17760	18277	20027	22329	19780
采矿业	Mining	34960	56173	48637	44446	44819	41116	37526
制造业	Manufacturing	178354	186435	186535	189249	183984	178662	157127
电力、燃气及水的生产和供应业	Production and Supply of Electricity,Gas and Water	22140	20750	22602	21741	24828	27384	26273
建筑业	Construction	96862	99977	119780	112110	115493	113956	117097
批发和零售业	Wholesale and Retail Trades	56972	60329	61035	78617	98359	101841	100880
交通运输、仓储和邮政业	Transport, Storage and Post	36230	49818	46266	48217	50921	55772	53336
住宿和餐饮业	Hotels and Catering Services	18169	17825	21361	22112	25131	26524	33766
信息传输、软件和信息技术服务业	Information Transmission, Software and Information Technology	11418	10618	10752	9992	11233	11739	17216
金融业	Financial Intermediation	22079	21667	22505	22765	23985	22943	23507
房地产业	Real Estate	17403	23907	29097	31690	33017	34932	35757
租赁和商务服务业	Leasing and Business Services	14525	16187	25575	35187	35539	42314	63305
科学研究和技术服务	Scientific Research and Technical Services	30107	25960	25669	24679	25335	26000	26545
水利、环境和公共设施管理业	Management of Water Conservancy, Environment and Public Facilities	11066	11459	11557	12122	12456	14006	12791
居民服务、修理和其他服务业	Services to Households, Repair and Other Services	6306	9284	4857	6826	8769	13103	9960
教育	Education	77838	78187	76326	78237	79083	76373	77886
卫生和社会工作	Health and Social Services	38750	39291	41903	41840	44599	47251	51113
文化、体育和娱乐业	Culture, Sports and Entertainment	8403	9248	9889	10054	9422	10079	9774
公共管理、社会保障和社会组织	Public Management, Social Security Social Organization	92030	93545	97631	101568	105546	109594	127193

注：本表含私营单位。
a)In this talbe, private units are included.

5-4 分登记注册类型和行业年末全部单位就业人数(2018年)

Number of Employed Persons in All Units at Year-end by Status of Registration and Sector(2018)

单位：人 (person)

项　目	Item	合　计 Total	国有单位 State-owned Units	城镇集体单位 Urban Collective-owned Units	其他单位 Units of Other Types of Ownership
全省	**Provincial Total**	**1000832**	**366328**	**9587**	**624917**
农林牧渔业	Agriculture,Forestry,Animal Husbandry and Fishery	19780	9733	63	9984
采矿业	Mining	37526	36	7	37483
制造业	Manufacturing	157127	1340	232	155555
电力、燃气及水的生产和供应业	Production and Supply of Electricity,Gas and Water	26273	10547		15726
建筑业	Construction	117097	6978	4545	105574
批发和零售业	Wholesale and Retail Trades	100880	2241	347	98292
交通运输、仓储和邮政业	Transport, Storage and Post	53336	35437	241	17658
住宿和餐饮业	Hotels and Catering Services	33766	1365	121	32280
信息传输、软件和信息技术服务业	Information Transmission, Software and Information Technology	17216	365		16851
金融业	Financial Intermediation	23507	15039	3204	5264
房地产业	Real Estate	35757	513		35244
租赁和商务服务业	Leasing and Business Services	63305	1182	384	61739
科学研究和技术服务	Scientific Research and Technical Services	26545	18708	40	7797
水利、环境和公共设施管理业	Management of Water Conservancy, Environment and Public Facilities	12791	9253	65	3473
居民服务、修理和其他服务业	Services to Households, Repair and Other Services	9960	214	38	9708
教育	Education	77886	73853		4033
卫生和社会工作	Health and Social Services	51113	45632	300	5181
文化、体育和娱乐业	Culture, Sports and Entertainment	9774	6699		3075
公共管理、社会保障和社会组织	Public Management, Social Security Social Organization	127193	127193		

注：本表含私营单位。
a)In this talbe, private units are included.

5-5 分登记注册类型和行业年末非私营单位就业人数(2018年)

Number of Employed Persons in Non-private Units at Year-end by Status of Registration and Sector(2018)

单位：人 (person)

项目	Item	合计 Total	国有单位 State-owned Units	城镇集体单位 Urban Collective-owned Units	其他单位 Units of Other Types of Ownership
合计	**Total**	**627218**	**366328**	**9587**	**251303**
按企、事业和机关分组	**Grouped by Enterprises, Institutions and Agencies**				
企业	Enterprises	326199	69656	9208	247335
事业	Institutions	179657	179116	379	162
机关	Agencies & Organizations	117415	117415		
民间非营利组织	Folk Non-profit Organizations	3544			3544
其他	Others	403	141		262
按国民经济行业分组	**Grouped by Sector**				
农林牧渔业	Agriculture,Forestry,Animal Husbandry and Fishery	12207	9733	63	2411
采矿业	Mining	30387	36	7	30344
制造业	Manufacturing	89896	1340	232	88324
电力、燃气及水的生产和供应业	Production and Supply of Electricity,Gas and Water	23717	10547		13170
建筑业	Construction	57536	6978	4545	46013
批发和零售业	Wholesale and Retail Trades	20479	2241	347	17891
交通运输、仓储和邮政业	Transport, Storage and Post	45725	35437	241	10047
住宿和餐饮业	Hotels and Catering Services	4895	1365	121	3409
信息传输、软件和信息技术服务业	Information Transmission, Software and Information Technology	8515	365		8150
金融业	Financial Intermediation	23071	15039	3204	4828
房地产业	Real Estate	9497	513		8984
租赁和商务服务业	Leasing and Business Services	6731	1182	384	5165
科学研究和技术服务	Scientific Research and Technical Services	22292	18708	40	3544
水利、环境和公共设施管理业	Management of Water Conservancy, Environment and Public Facilities	11121	9253	65	1803
居民服务、修理和其他服务业	Services to Households, Repair and Other Services	543	214	38	291
教育	Education	77623	73853		3770
卫生和社会工作	Health and Social Services	47563	45632	300	1631
文化、体育和娱乐业	Culture, Sports and Entertainment	8227	6699		1528
公共管理、社会保障和社会组织	Public Management, Social Security Social Organization	127193	127193		

5-6 分行业分地区非私营单位年末女性就业人员(2018年)
Number of Female Employed Persons in Non-private Units at Year-end by Sector and Region(2018)

单位：人 (person)

项　目	Item	全省合计 Provincial Total	西宁市 Xining City	海东市 Haidong City	海北州 Haibei Zang A.P	黄南州 Huang-nan Zang A.P	海南州 Hainan Zang A.P	果洛州 Golog Zang A.P	玉树州 Yushu Zang A.P	海西州 Haixi Mong-olian & Zang A.P
合计	**Total**	**243017**	**128458**	**27797**	**12740**	**9387**	**13944**	**6620**	**9647**	**34424**
农林牧渔业	Agriculture,Forestry,Animal Husbandry and Fishery	4110	233	541	914	46	1599	168	310	299
采矿业	Mining	8671	317	20	305	3		49		7977
制造业	Manufacturing	24652	13276	1845	60	241	85	12	53	9080
电力、燃气及水的生产和供应业	Production and Supply of Electricity,Gas and Water	6550	4958	245	329	115	166	40	152	545
建筑业	Construction	9164	7884	412	49	144	145	51	7	472
批发和零售业	Wholesale and Retail Trades	10759	8473	553	152	84	196	74	234	993
交通运输、仓储和邮政业	Transport, Storage and Post	12376	10695	553	200	115	135	153	119	406
住宿和餐饮业	Hotels and Catering Services	2977	1561	174	52	154	105	65	106	760
信息传输、软件和信息技术服务业	Information Transmission, Software and Information Technology	3957	3807	92	2	23	2	6	10	15
金融业	Financial Intermediation	12005	8310	1121	398	274	514	204	169	1015
房地产业	Real Estate	4004	3360	307	47	53	10	14		213
租赁和商务服务业	Leasing and Business Services	2413	1914	128	22	8	144			197
科学研究和技术服务	Scientific Research and Technical Services	7085	4791	795	452	246	125	192	114	370
水利、环境和公共设施管理业	Management of Water Conservancy, Environment and Public Facilities	5168	2246	1191	648	411	133	18	125	396
居民服务、修理和其他服务业	Services to Households, Repair and Other Services	202	142	25	1		5			29
教育	Education	43245	17248	8665	3323	2501	4272	1588	2135	3513
卫生和社会工作	Health and Social Services	32758	21448	3476	1400	1354	1718	789	892	1681
文化、体育和娱乐业	Culture, Sports and Entertainment	3807	2124	388	283	228	179	125	134	346
公共管理、社会保障和社会组织	Public Management, Social Security Social Organization	49114	15671	7266	4103	3387	4411	3072	5087	6117

5-7 分行业分地区非私营单位年末企业就业人员(2018年)

Number of Employed Persons in Non-private Enterprises at Year-end by Sector and Region(2018)

单位：人 (person)

项目	Item	全省合计 Provincial Total	西宁市 Xining City	海东市 Haidong City	海北州 Haibei Zang A.P	黄南州 Huang-nan Zang A.P	海南州 Hainan Zang A.P	果洛州 Golog Zang A.P	玉树州 Yushu Zang A.P	海西州 Haixi Mong-olian & Zang A.P
合计	**Total**	**326199**	**215846**	**19566**	**6047**	**3742**	**8004**	**2103**	**2163**	**68728**
农林牧渔业	Agriculture,Forestry,Animal Husbandry and Fishery	5879	383	4	1329		3434			729
采矿业	Mining	30387	1419	81	1515	16		423		26933
制造业	Manufacturing	89896	51154	7887	437	535	237	58	120	29468
电力、燃气及水的生产和供应业	Production and Supply of Electricity,Gas and Water	23471	18358	592	836	380	715	148	476	1966
建筑业	Construction	57508	48143	4046	255	1318	1447	577	52	1570
批发和零售业	Wholesale and Retail Trades	20434	15698	1130	276	222	336	180	643	1949
交通运输、仓储和邮政业	Transport, Storage and Post	36406	33636	833	306	146	295	72	285	833
住宿和餐饮业	Hotels and Catering Services	4764	2753	267	87	207	151	5	152	1142
信息传输、软件和信息技术服务业	Information Transmission, Software and Information Technology	8361	8066	231		24	5			35
金融业	Financial Intermediation	21946	14251	2356	840	592	1077	467	418	1945
房地产业	Real Estate	9378	8037	657	27	166	26	38		427
租赁和商务服务业	Leasing and Business Services	5814	4460	280	53		7			1014
科学研究和技术服务业	Scientific Research and Technical Services	5317	4836	71	86	22		25		277
水利、环境和公共设施管理业	Management of Water Conservancy, Environment and Public Facilities	2500	1261	505		114	246		17	357
居民服务、修理和其他服务业	Services to Households, Repair and Other Services	412	312	40			12			48
教育	Education	834	523	298						13
卫生和社会工作	Health and Social Services	1036	1036							
文化、体育和娱乐业	Culture, Sports and Entertainment	1856	1520	288			16	10		22
公共管理、社会保障和社会组织	Public Management, Social Security Social Organization									

5-8 2012-2018年分行业私营单位就业人员数

Number of Employed Persons in Private Units by Sector(2012-2018)

行 业	Item	2012	2013	2014	2015	2016	2017	2018
总计 （万人）	**Total (10 000 persons)**	**37.57**	**26.05**	**27.52**	**24.73**	**29.65**	**36.33**	**43.15**
按城乡分 （万人）	**By urban and Rural Areas(10 000 persons)**							
城 镇	Urban	20.06	12.72	14.00	12.81	18.26	25.48	32.01
乡 村	Rural	17.51	13.33	13.52	11.92	11.39	10.85	11.14
按行业分 （人）	**By Sector (person)**							
农林牧渔业	Agriculture, Forestry, Animal Husbandry and Fishery	20790	19688	31240	25767	33264	40845	43937
采矿业	Mining	14387	11733	11700	6955	6802	6542	6835
制造业	Manufacturing	94056	80620	64018	42427	42592	44343	47434
电力、燃气及水的生产和供应业	Production and Supply of Electricity, Gas and Water	5718	5161	5894	4428	4740	4968	5276
建筑业	Construction	62728	24262	28192	27925	33220	41200	50441
批发和零售业	Wholesale and Retail Trades	93153	55957	60262	64935	78068	91188	108905
交通运输、仓储和邮政业	Transport, Storage and Post	6094	4978	5774	5957	7225	11970	13497
住宿和餐饮业	Hotels and Catering Services	14135	6910	7691	6900	9172	12086	14330
信息传输、软件和信息技术服务业	Information Transmission, Software and Information Technology	4281	2829	3537	3843	5736	8487	10779
金融业	Financial Intermediation	952	1280	1819	1842	2260	3417	4480
房地产业	Real Estate	14133	11530	12739	9854	10326	11572	13173
租赁和商务服务业	Leasing and Business Services	16465	14186	18476	21823	30560	42842	54782
科学研究和技术服务业	Scientific Research and Technical Services	3559	3654	5348	6593	8087	11411	15818
水利、环境和公共设施管理业	Management of Water Conservancy, Environment and Public Facilities	791	1060	1285	1397	1797	2467	3598
居民服务、修理和其他服务业	Services to Households, Repair and Other Services	13488	10888	12088	10871	13884	18262	22199
教育	Education	400	264	320	432	640	976	1551
卫生和社会工作	Health and Social Services	1094	716	876	732	921	1638	1608
文化、体育和娱乐业	Culture, Sports and Entertainment	1973	1353	1948	2388	3924	5610	9291
其 他	Others	7494	3444	2026	2256	3298	3471	3570

注：本表数据来源于青海省市场监督管理局。

a)The data source of this table is the Qinghai Administration for Market Regulation.

5-9 2017-2018年分行业分城乡个体就业人员数
Number of Employed Persons of Self-employed Individuals in Urban and Rural Areas by Sector(2017-2018)

项目	Item	2017		2018	
		从业人员(人) Number of Employed (person)	城镇 Urban	从业人员(人) Number of Employed (person)	城镇 Urban
合计	**Total**	**621049**	**587046**	**707350**	**650875**
农林牧渔业	Agriculture, Forestry, Animal Husbandry and Fishery	28314	23640	33983	28203
采矿业	Mining	499	396	415	350
制造业	Manufacturing	34576	30289	38027	32660
电力、燃气及水的生产和供应业	Production and Supply of Electricity, Gas and Water	98	93	119	111
建筑业	Construction	1924	1696	2196	1878
批发和零售业	Wholesale and Retail Trades	280997	266747	310783	288279
交通运输、仓储和邮政业	Transport, Storage and Post	31452	30543	35787	33796
住宿和餐饮业	Hotels and Catering Services	142931	136716	170036	156744
信息传输、软件和信息技术服务业	Information Transmission, Software and Information Technology	1537	1442	1975	1807
金融业	Financial Intermediation	2	2	6	6
房地产业	Real Estate	86	85	110	99
租赁和商务服务业	Leasing and Business Services	4744	4403	5436	4796
科学研究和技术服务业	Scientific Research and Technical Services	613	606	178	175
水利、环境和公共设施管理业	Management of Water Conservancy, Environment and Public Facilities	17	15	676	671
居民服务、修理和其他服务业	Services to Households, Repair and Other Services	66404	64043	78514	72989
教育	Education	351	327	439	414
卫生和社会工作	Health and Social Services	2724	2606	3359	3165
文化、体育和娱乐业	Culture, Sports and Entertainment	19555	19217	20595	20063
其 他	Others	4225	4180	4716	4669

注：本表数据来源于青海省市场监督管理局。
a)The data source of this table is the Qinghai Administration for Market Regulation.

5-10 2010-2018年按登记注册类型分全部单位就业人员工资总额
Total Wages of Employed Persons in All Units by Status of Registration(2010-2018)

单位：万元 (10 000 yuan)

年 份 Year	合 计 Total	国 有 单 位 State-owned Units	城镇集体单 位 Urban Collective-owned Units	私 营 单 位 Private Units	其 他 单 位 Units of Other Types of Ownership
2010	2173744.9	1554173.2	34566.3	277728.3	307277.1
2011	2884530.0	1925195.4	44887.3	378904.9	535542.4
2012	3260275.9	2207462.1	45442.9	380480.1	626890.8
2013	3810416.6	1909189.4	43462.8	505802.8	1351961.6
2014	4336585.7	2053363.8	49906.4	753507.7	1479807.8
2015	4778667.3	2251117.1	52560.8	937918.1	1537071.3
2016	5347414.8	2552391.1	64049.1	1151033.4	1579941.2
2017	6053961.9	2958774.2	58779.6	1272018.4	1764389.7
2018	6671429.1	3363733.8	64665.9	1377455.9	1865573.5

5-11 2010-2018年按登记注册类型分全部单位就业人员平均工资

Average Wage of Employed Persons in All Units by Status of Registration(2010-2018)

单位：元 (yuan)

年份 Year	合计 Total	国有单位 State-owned Units	城镇集体单位 Urban Collective-owned units	股份合作单位 Cooper-ative Units	有限责任公司 Limited Liability Corpora-tions	股份有限公司 Share-holding Corporati-ons Ltd.	私营单位 Private Units	外商投资单位 Foreign Funded Units	港澳台商投资单位 Units with Funds from Hong Kong, Macao & Taiwan
2010	31775	41417	23171	24847	22457	27481	17444	24019	25941
2011	36551	46936	23745	28708	29124	41221	20646	32539	29840
2012	41555	50729	29341	30519	35989	44240	23056	38559	45006
2013	45587	55410	34255	41294	39773	62088	26226	39891	57156
2014	49500	60815	40883	46092	44675	70693	30337	45109	59830
2015	51968	66382	46033	58425	48557	69066	32248	45164	55546
2016	55706	73971	54780	65874	50983	72813	34908	44708	63671
2017	61816	84938	62994	72616	58585	78136	36588	35066	68015
2018	68194	92663	66625	79998	70101	89073	38451	57095	69491

5-12　2013-2018年按行业分全部单位就业人员工资总额
Total Wages of Employed Persons in All Units by Sector(2013-2018)

单位：万元　　(10 000 yuan)

项　目	Item	2013	2014	2015	2016	2017	2018
合计	**Total**	**3810416.6**	**4336585.7**	**4778667.3**	**5347414.8**	**6053961.9**	**6671429.1**
农林牧渔业	Agriculture, Forestry, Animal Husbandry and Fishery	51770.7	58972.3	69999.6	80794.3	104477.4	92235.8
采矿业	Mining	345359.6	367924.3	343497.1	349068.9	352519.9	459533.9
制造业	Manufacturing	708922.5	798615.0	822525.6	861716.9	894530.5	848084.5
电力、燃气及水的生产和供应业	Production and Supply of Electricity,Gas and Water	122597.1	134118.7	145218.7	166527.3	214696.6	245713.9
建筑业	Construction	378076.1	512831.4	532116.8	539205.0	597229.9	553666.3
批发和零售业	Wholesale and Retail Trades	191916.1	216571.0	297880.9	404338.6	449114.2	468298.1
交通运输、仓储和邮政业	Transport, Storage and Post	281938.4	279591.9	339325.6	369653.2	428610.0	445803.9
住宿和餐饮业	Hotels and Catering Services	46927.6	59589.6	74617.2	83879.1	93351.7	112612.8
信息传输、软件和信息技术服务业	Information Transmission, Software and Information Technology	52252.6	59575.2	68338.0	71398.0	81873.5	85778.4
金融业	Financial Intermediation	142443.6	168653.8	182636.9	209942.1	224890.0	237184.2
房地产业	Real Estate	68175.9	83467.2	96523.5	104667.9	116271.1	131775.2
租赁和商务服务业	Leasing and Business Services	39545.4	56946.1	83411.4	106752.0	111019.2	144470.7
科学研究和技术服务	Scientific Research and Technical Services	143293.5	155501.8	168572.6	189427.6	215088.3	239106.4
水利、环境和公共设施管理业	Management of Water Conservancy, Environment and Public Facilities	42608.7	47733.2	54780.6	64355.5	80993.5	96225.5
居民服务、修理和其他服务业	Services to Households, Repair and Other Services	21058.6	13169.0	22277.9	33266.5	51754.4	79101.5
教育	Education	442580.4	482571.8	540325.1	619085.1	697988.9	783276.6
卫生和社会工作	Health and Social Services	182341.1	215427.3	234534.8	275942.5	334149.4	394629.3
文化、体育和娱乐业	Culture, Sports and Entertainment	43069.6	50733.7	54338.9	59619.8	74183.8	74085.1
公共管理、社会保障和社会组织	Public Management, Social Security Social Organization	505539.1	574592.4	647746.1	757774.5	931219.6	1179847.0

5-13 按登记注册类型和行业分全部单位就业人员平均工资(2018年)

Average Wage of Employed Persons in All Units by Status of Registration and Sector(2018)

单位：元 (yuan)

项目	Item	合计 Total	国有单位 State-owned Units	城镇集体单位 Urban Collective-owned units	私营单位 Private Units	其他单位 Units of Other Types of Ownership
合计	**Total**	**68194**	**92663**	**66625**	**38451**	**75424**
农林牧渔业	Agriculture, Forestry, Animal Husbandry and Fishery	45072	62432	41359	28831	31262
采矿业	Mining	87959	50611	60857	42501	117352
制造业	Manufacturing	52700	57321	40335	38625	64116
电力、燃气及水的生产和供应业	Production and Supply of Electricity,Gas and Water	89565	79221		49591	110519
建筑业	Construction	56375	54049	48534	40529	74739
批发和零售业	Wholesale and Retail Trades	49306	101696	34401	44440	63255
交通运输、仓储和邮政业	Transport, Storage and Post	91562	104335	66694	47010	67392
住宿和餐饮业	Hotels and Catering Services	35162	48688	30311	32990	46673
信息传输、软件和信息技术服务业	Information Transmission, Software and Information Technology	75549	69185		39632	88374
金融业	Financial Intermediation	102588	103310	104914	29454	101597
房地产业	Real Estate	34784	61111		29670	49112
租赁和商务服务业	Leasing and Business Services	33145	67985	36937	29215	54276
科学研究和技术服务	Scientific Research and Technical Services	93048	100846	65135	57641	87696
水利、环境和公共设施管理业	Management of Water Conservancy, Environment and Public Facilities	65634	75012	60102	36890	75019
居民服务、修理和其他服务业	Services to Households, Repair and Other Services	41621	55423	32975	41491	40990
教育	Education	101072	104240		41935	40329
卫生和社会工作	Health and Social Services	72515	79210	65573	34951	64743
文化、体育和娱乐业	Culture, Sports and Entertainment	74465	86310		43044	58003
公共管理、社会保障和社会组织	Public Management, Social Security Social Organization	93527	93527			

5-14 主要年份非私营单位在岗职工工资总额和指数

Total Wages of Staff and Workers of Non-private Units in Main Years

年份 Year 地区 Region	工资总额（万元）Total Wages Bill (10 000yuan)				指数（上年=100）Indices (preceding year=100)			
	合计 Total	国有单位 State-owned Units	城镇集体单位 Urban Collective-owned Units	其他单位 Units of Other Types of Ownership	合计 Total	国有单位 State-owned Units	城镇集体单位 Urban Collective-owned Units	其他单位 Units of Other Types of Ownership
1982	63473.7	56398.6	7075.1		107.8	107.3	111.5	
1990	173045.1	156406.1	16566.0	73.0	107.9	108.4	103.9	90.5
1991	184656.3	166116.6	18433.6	106.1	106.7	106.2	111.3	145.3
1992	209226.3	188042.7	21010.5	173.2	113.3	113.2	114.0	163.3
1993	243829.2	223340.6	20127.6	361.0	116.5	118.8	95.8	208.4
1994	327134.8	304604.0	21694.0	836.8	134.2	136.4	107.8	231.8
1995	380242.7	354554.3	24226.2	1462.1	116.2	116.4	111.7	174.7
1996	442899.5	413836.6	26868.0	2194.9	116.5	116.7	110.9	150.1
1997	459073.1	429768.5	25869.2	3435.4	103.7	103.8	96.3	156.5
1998	461574.1	428709.2	26231.5	6633.4	100.5	99.8	101.4	193.1
1999	486047.3	452903.2	25031.6	11292.2	102.4	102.4	90.8	139.2
2000	497630.4	463606.7	22731.5	11292.2	107.8	108.1	86.7	170.2
2001	573591.7	517030.5	23392.3	33168.9	115.3	111.5	102.9	293.7
2002	614001.5	544899.4	22328.3	46773.8	107.0	105.4	95.5	141.0
2003	634734.7	557899.9	20380.5	56454.3	103.4	102.4	91.3	120.7
2004	697129.5	612568.9	22446.3	62114.3	109.8	109.8	110.1	110.0
2005	780295.8	648092.3	20597.6	111605.9	111.9	105.8	91.8	179.7
2006	930521.4	774798.0	22496.6	133226.8	119.3	119.6	109.2	119.4
2007	1120644.0	934132.5	26933.1	159578.4	120.4	120.6	119.7	119.8
2008	1368950.6	1144330.0	31084.7	193535.9	122.2	122.5	115.4	121.3
2009	1597793.0	1334416.5	30248.8	233127.7	116.7	116.6	97.3	120.5
2010	1859058.8	1524032.4	32731.9	302294.5	116.4	114.2	108.2	129.7
2011	2415863.5	1873565.8	40250.0	502047.7	130.0	122.9	123.0	166.1
2012	2859622.3	2192531.2	44455.9	622635.2	118.4	117.0	110.4	124.0
2013	3266761.6	1895487.4	42628.4	1328645.8	114.2	86.5	95.9	213.4
2014	3534872.6	2031884.2	48753.7	1454234.7	108.2	107.2	114.4	109.5
2015	3782397.5	2226372.5	51083.6	1504941.4	107.0	109.6	104.8	103.5
2016	4139892.0	2528220.8	61557.9	1550113.3	109.5	113.6	120.5	103.0
2017	4730637.1	2937884.5	57219.8	1735532.8	114.3	116.2	93.0	112.0
2018	5233535.7	3340748.9	61336.6	1831450.2	110.6	113.7	107.2	105.5
西宁市 Xining City	2673001.9	1572663.0	28452.5	1071886.4	109.1	112.6	109.9	104.3
海东市 Haidong City	565831.3	481656.4	11607.9	72567.0	110.9	112.5	115.8	101.1
海北州 Haibei Zang A.P	251356.3	230695.6	3251.1	17409.6	111.3	112.7	100.7	97.1
黄南州 Huangnan Zang A.P	176954.9	156714.3	5399.4	14841.2	109.7	112.5	103.7	88.4
海南州 Hainan Zang A.P	283797.0	248610.8	4289.7	30896.5	114.9	114.7	98.3	119.7
果洛州 Golog Zang A.P	155496.1	147291.3	2047.3	6157.5	115.1	114.9	115.5	118.7
玉树州 Yushu Zang A.P	225211.6	218675.4	1511.0	5025.2	123.4	123.9	105.7	107.7
海西州 Haixi Mongolian & Zang A.P	901886.6	284442.1	4777.7	612666.8	110.2	115.0	90.0	108.3

注：1.1998年及以后工资总额为在岗职工工资总额。
2.本表不含私营单位。
a)Data of total wages bill since 1998 refer to wages of fully employed staff and workers.
b) In this talbe, private units are not included.

5-15 主要年份非私营单位在岗职工平均工资和指数
Average Wage and Related Indices of Staff and Workers in Non-private Units in Main Years

年 份 Year 地 区 Region	平均工资(元) Average Wage (yuan)				指 数 (上年=100) Indices (preceding year=100)			
	合 计 Total	国 有 单 位 State-owned Units	城镇集体 单 位 Urban Collective-owned Units	其 他 单 位 Units of Other Types of Ownership	合 计 Total	国 有 单 位 State-owned Units	城镇集体 单 位 Urban Collective-owned Units	其 他 单 位 Units of Other Types of Ownership
1982	1111	1155	848		104.91	104.71	106.53	
1990	2632	2789	1722	1799	107.96	108.10	105.77	88.66
1992	3098	3290	2036	2892	112.57	112.79	111.44	160.31
1993	3658	3891	2201	3006	118.08	118.27	108.10	103.94
1994	4976	5348	2512	5642	136.03	137.45	114.13	187.69
1995	5753	6161	2928	5452	115.61	115.20	116.56	96.63
1996	6687	7146	3373	6176	116.24	115.99	115.20	113.28
1997	7091	7623	3419	4326	106.04	106.68	101.36	70.05
1998	8011	8511	4249	6187	112.97	111.65	124.28	143.02
1999	9081	9664	4570	6851	113.36	113.55	107.55	110.73
2000	10050	10744	4785	6989	110.67	111.18	104.70	102.01
2001	12906	14028	6101	8841	128.42	130.57	127.50	126.50
2002	14472	15816	7211	9585	112.13	112.75	118.19	108.42
2003	15356	16692	8306	10341	106.11	105.54	115.19	107.89
2004	17229	18686	10302	11291	112.20	111.95	124.03	109.19
2005	19084	21158	10080	13591	110.77	113.23	97.84	120.37
2006	22679	24984	11322	16588	118.84	118.08	112.32	122.05
2007	26166	29683	13228	17118	115.38	118.81	116.83	103.20
2008	30983	35454	15342	19857	118.41	119.44	115.98	116.00
2009	33561	38876	18283	20046	108.32	109.65	119.17	100.95
2010	37182	42906	20672	23442	110.79	110.37	113.07	116.94
2011	42493	48618	23501	30237	114.28	113.31	113.69	128.99
2012	46827	51173	29720	37225	110.20	105.26	126.46	123.11
2013	52105	55810	34984	48290	111.27	109.06	117.71	129.72
2014	57804	61482	41160	54021	110.94	110.16	117.65	111.87
2015	61868	67095	46364	56045	107.03	109.13	112.64	103.75
2016	67451	74605	56882	58703	109.02	111.19	122.69	104.74
2017	76535	85613	66104	65175	113.47	114.76	116.21	111.02
2018	86908	93833	74033	76991	113.55	109.60	111.99	118.13
西宁市 Xining City	82890	94499	67583	70591	114.06	107.21	118.43	119.64
海东市 Haidong City	82056	88603	65544	56582	110.38	110.59	94.44	108.14
海北州 Haibei Zang A.P	90488	95637	67311	54868	111.87	112.11	98.41	105.78
黄南州 Huangnan Zang A.P	81105	83368	80829	63100	106.81	105.66	115.62	106.82
海南州 Hainan Zang A.P	91775	100267	104627	54034	112.31	108.89	100.50	131.04
果洛州 Golog Zang A.P	94492	95507	92221	75831	114.21	114.47	132.70	104.67
玉树州 Yushu Zang A.P	94065	94566	102095	75003	117.31	117.40	105.66	114.61
海西州 Haixi Mongolian & Zang A.P	100383	98121	128088	101296	115.06	114.10	153.50	115.32

5-16 分行业分地区非私营单位在岗职工工资总额(2018年)

Total Wages of Staff and Workers in Non-private Units by Sector and Region(2018)

单位：万元 (10 000 yuan)

项　目	Item	全省合计 Provincial Total	西宁市 Xining City	海东市 Haidong City	海北州 Haibei Zang A.P	黄南州 Huang-nan Zang A.P	海南州 Hainan Zang A.P	果洛州 Golog Zang A.P	玉树州 Yushu Zang A.P	海西州 Haixi Mong-olian & Zang A.P
合计	**Total**	**5233536**	**2673002**	**565831**	**251356**	**176955**	**283797**	**155496**	**225212**	**901887**
农林牧渔业	Agriculture,Forestry,Animal Husbandry and Fishery	68316	6799	13963	13815	1526	13763	4370	6691	7389
采矿业	Mining	360479	10355	521	6113	37		3600		339853
制造业	Manufacturing	568745	292516	47351	2371	2671	1224	272	532	221808
电力、燃气及水的生产和供应业	Production and Supply of Electricity,Gas and Water	224964	177379	3599	6253	3356	6462	725	4122	23068
建筑业	Construction	351781	296402	21968	3230	7238	8114	3299	121	11409
批发和零售业	Wholesale and Retail Trades	135788	103635	6877	2063	2006	2171	1420	4283	13333
交通运输、仓储和邮政业	Transport, Storage and Post	423183	376845	9833	4129	3699	1927	8405	3680	14665
住宿和餐饮业	Hotels and Catering Services	22982	13891	880	481	799	497	549	722	5163
信息传输、软件和信息技术服务业	Information Transmission, Software and Information Technology	74504	71397	1819	40	574	28	171	116	359
金融业	Financial Intermediation	233825	158632	19091	9061	7360	12511	5897	5116	16157
房地产业	Real Estate	46525	40574	3228	186	676	91	126		1644
租赁和商务服务业	Leasing and Business Services	35697	26039	2728	369	112	424			6025
科学研究和技术服务业	Scientific Research and Technical Services	216607	156323	18328	11377	5606	3802	5219	3068	12884
水利、环境和公共设施管理业	Management of Water Conservancy, Environment and Public Facilities	78834	43887	15442	3805	4595	3369	594	1049	6093
居民服务、修理和其他服务业	Services to Households, Repair and Other Services	2504	1552	229	22		39			662
教育	Education	781384	274427	180466	56482	44023	79154	28637	48291	69904
卫生和社会工作	Health and Social Services	366576	201431	47321	20884	16730	29819	11044	14569	24778
文化、体育和娱乐业	Culture, Sports and Entertainment	66566	36368	5810	5420	3490	3699	2313	3500	5966
公共管理、社会保障和社会组织	Public Management, Social Security Social Organization	1174276	384550	166377	105255	72457	116703	78855	129352	120727

5-17 分行业分地区非私营单位在岗职工平均工资(2018年)
Average Wage of Staff and Workers in Non-private Units by Sector and Region(2018)

单位：元 (yuan)

项 目	Item	全省合计 Provincial Total	西宁市 Xining City	海东市 Haidong City	海北州 Haibei Zang A.P	黄南州 Huang-nan Zang A.P	海南州 Hainan Zang A.P	果洛州 Golog Zang A.P	玉树州 Yushu Zang A.P	海西州 Haixi Mong-olian & Zang A.P
合计	**Total**	**86908**	**82890**	**82056**	**90488**	**81105**	**91775**	**94492**	**94065**	**100383**
农林牧渔业	Agriculture, Forestry, Animal Husbandry and Fishery	56148	71722	72087	48015	52969	35454	84858	106887	67541
采矿业	Mining	131638	77681	40054	53110	23313		85714		139662
制造业	Manufacturing	64184	58694	57590	54751	73189	49764	45283	44358	75628
电力、燃气及水的生产和供应业	Production and Supply of Electricity,Gas and Water	96955	98467	62479	75161	78597	90376	43360	85167	115052
建筑业	Construction	73035	76239	57887	48576	58748	58083	54265	57667	72666
批发和零售业	Wholesale and Retail Trades	67288	66475	60116	73423	91168	65377	94040	67234	73056
交通运输、仓储和邮政业	Transport, Storage and Post	96701	97829	75404	74667	98117	57012	107618	80181	102624
住宿和餐饮业	Hotels and Catering Services	46892	48673	32944	56553	36314	31430	54337	62259	46943
信息传输、软件和信息技术服务业	Information Transmission, Software and Information Technology	87579	88559	64067	50375	83130	56200	90211	72375	81477
金融业	Financial Intermediation	105095	111032	80691	91433	104688	104783	108804	103765	96579
房地产业	Real Estate	50830	52701	47192	26657	38415	31310	22855		37357
租赁和商务服务业	Leasing and Business Services	56206	56942	56944	65768	93583	16559			61797
科学研究和技术服务	Scientific Research and Technical Services	99247	100685	83045	96578	79409	126730	109174	105800	113020
水利、环境和公共设施管理业	Management of Water Conservancy, Environment and Public Facilities	79326	102756	62516	43335	63914	82161	110037	46618	66883
居民服务、修理和其他服务业	Services to Households, Repair and Other Services	46374	41484	57425	37167		32583			61259
教育	Education	101994	96575	102912	105436	90527	110151	96354	103516	124473
卫生和社会工作	Health and Social Services	78929	71122	84654	95755	72237	106801	89863	87030	105887
文化、体育和娱乐业	Culture, Sports and Entertainment	81486	77115	72086	105659	74575	98637	87606	99440	88381
公共管理、社会保障和社会组织	Public Management, Social Security Social Organization	94674	95529	87017	108926	83852	103314	97872	93978	91204

5-18 按登记注册类型和行业分非私营单位在岗职工平均工资(2018年)
Average Wage of Staff and Workers in Non-private Units by Status of Registration and Sector(2018)

单位：元 (yuan)

项目	Item	合计 Total	国有单位 State-owned Units	城镇集体单位 Urban Collective-owned Units	其他单位 Units of Other Types of Ownership
全省	**Total**	**86908**	**93833**	**74033**	**76991**
按企、事业和机关分组	**Grouped by Enterprises, Institutions and Agencies**				
企业	Enterprises	81226	94833	74390	77602
事业	Institutions	91811	91841	66142	116529
机关	Agencies & Organizations	96299	96299		
民间非营利组织	Folk Non-profit Organizations	38235			38235
其他	Others	54629	96878		32300
按国民经济行业分组	**Grouped by Sector**				
农林牧渔业	Agriculture, Forestry, Animal Husbandry and Fishery	56148	62437	41359	31262
采矿业	Mining	131638	50611	60857	131763
制造业	Manufacturing	64184	57389	40335	64352
电力、燃气及水的生产和供应业	Production and Supply of Electricity,Gas and Water	96955	79361		111311
建筑业	Construction	73035	58879	58968	76337
批发和零售业	Wholesale and Retail Trades	67288	101709	34401	63586
交通运输、仓储和邮政业	Transport, Storage and Post	96701	104663	69203	68861
住宿和餐饮业	Hotels and Catering Services	46892	48688	30311	46740
信息传输、软件和信息技术服务业	Information Transmission, Software and Information Technology	87579	69744		88374
金融业	Financial Intermediation	105095	105554	107308	102232
房地产业	Real Estate	50830	61111		50198
租赁和商务服务业	Leasing and Business Services	56206	68172	36937	54762
科学研究和技术服务	Scientific Research and Technical Services	99247	101382	65135	87954
水利、环境和公共设施管理业	Management of Water Conservancy, Environment and Public Facilities	79326	80189	60102	76421
居民服务、修理和其他服务业	Services to Households, Repair and Other Services	46374	56435	32975	40990
教育	Education	101994	105177		40342
卫生和社会工作	Health and Social Services	78929	79529	65769	64743
文化、体育和娱乐业	Culture, Sports and Entertainment	81486	86407		59428
公共管理、社会保障和社会组织	Public Management, Social Security Social Organization	94674	94674		

5-19 主要年份城镇登记失业人员变化情况
Changes of Urban Registered Unemployed Persons in Main Years

单位：万人、% (10 000 persons,%)

年份 Year	失业人员总数 Total Number of Unemp-loyed Persons	上年结转人数 Number of Unemployed Persons at Last Year-end	本年新增加人数 Number of New Increase This Year	由就业转失业人数 From Employment into Unemploy-ment	本年度安排失业人员就业的人数 Number of Arrangements for Employment of Unemp-loyed Persons This Year	本年末实有失业人员数 Number of Actual Unemployed Persons at Year-end	女性 Female	城镇登记失业率 Registered Unemploy-ment Rate in Urban Area
1982	6.70	4.45	2.25		4.05	2.65		4.34
1990	7.82	4.34	3.48	0.99	3.35	4.17	1.99	4.88
1992	6.68	3.32	3.36	0.76	3.65	2.64	1.36	3.35
1993	5.11	2.64	2.47	0.35	2.97	1.84	1.04	2.49
1994	4.40	1.84	2.56	0.27	2.61	1.64	0.98	2.21
1995	4.14	1.64	2.50	0.28	2.53	1.51	0.75	2.18
1996	4.39	1.51	2.88	0.41	2.93	1.34	0.80	1.87
1997	3.89	1.34	2.55	0.47	2.30	1.50	0.79	2.10
1998	3.84	1.50	2.34	0.59	1.95	1.82	0.86	2.50
1999	4.49	1.82	2.67	0.48	2.13	1.93	1.01	2.64
2000	4.54	1.93	2.61	1.13	2.38	1.80	0.94	2.40
2001	6.66	1.80	4.86	1.48	4.21	2.45	1.03	3.50
2002	6.92	2.45	4.47	1.37	3.98	2.85	1.46	3.60
2003	7.61	2.85	4.76	2.64	4.54	3.07	1.71	3.80
2004	8.58	3.07	5.51	3.17	5.10	3.48	1.79	3.92
2005	8.31	3.48	4.83	1.80	4.68	3.63	2.32	3.93
2006	8.60	3.63	4.97	2.01	4.87	3.73	1.89	3.90
2007	10.10	3.73	6.37	1.84	6.38	3.72	1.52	3.75
2008	8.73	3.73	5.00	2.20	4.86	3.87	1.89	3.80
2009	9.46	3.87	5.59	2.43	5.39	4.07	1.72	3.80
2010	10.33	4.06	6.27	2.08	6.09	4.24	1.63	3.80
2011	10.96	4.24	6.72	2.81	6.61	4.35	1.76	3.80
2012	10.68	4.35	6.33	1.89	6.59	4.09	1.61	3.40
2013	10.21	4.09	6.12	1.82	5.98	4.23	1.75	3.30
2014	10.71	4.23	6.48	1.93	6.49	4.22	1.76	3.20
2015	10.18	4.21	5.97	2.05	5.74	4.44	1.65	3.20
2016	11.11	4.44	6.67	1.59	6.53	4.58	1.66	3.10
2017	11.25	4.58	6.67	1.37	6.59	4.67	1.59	3.10
2018	8.44	4.63	3.81	1.15	3.50	4.65	1.73	3.00

注：本表数据来源于青海省人力资源和社会保障厅。
a)The data in this table are from the Provincial Department of human resources and social security.

主要统计指标解释

经济活动人口　指在16周岁及以上，有劳动能力，参加或要求参加社会经济活动的人口。包括就业人员和失业人员。

就业人员　指在16周岁及以上，从事一定社会劳动并取得劳动报酬或经营收入的人员。这一指标反映了一定时期内全部劳动力资源的实际利用情况，是研究我国、我省基本国情国力的重要指标。

单位就业人员　指在各级国家机关、政党机关、社会团体及企业、事业单位中工作，取得工资或其他形式的劳动报酬的全部人员。包括在岗职工、劳务派遣人员及其他就业人员；不包括离开本单位仍保留劳动关系，并定期领取生活费的人员；利用课余时间打工的学生及在本单位实习的各类在校学生；本单位因劳务外包而使用的人员。

国有单位　指资产归国家所有的经济组织。包括按《中华人民共和国企业法人登记管理条例》规定登记注册的非公司制的经济组织，以及中央、地方各级国家机关、事业单位和社会团体。

集体单位　指生产资料归集体所有，并按《中华人民共和国企业法人登记管理条例》规定登记注册的经济组织。

其他单位　包括股份合作单位、联营单位、有限责任公司、股份有限公司、港澳台商投资单位以及外商投资单位等其他登记注册类型单位。

在岗职工　指在本单位工作并由单位支付工资的人员，以及有工作岗位，但由于学习、病伤产假等原因暂未工作，仍由单位支付工资的人员。

城镇私营和个体就业人员　城镇私营就业人员指在工商管理部门注册登记，其经营地址设在县城关镇（含县城关镇）以上的私营企业就业人员，包括私营企业投资者和雇工。城镇个体就业人员指在工商管理部门注册登记，并持有城镇户口或在城镇长期居住，经批准从事个体工商经营的就业人员，包括个体经营者和在个体工商户劳动的家庭帮工和雇工。

就业人员工资总额　指根据《关于工资总额组成的规定》（1990年1月1日国家统计局发布的一号令）中的具体规定，本单位在一定时期内（季度或年度）直接支付给本单位全部就业人员的劳动报酬总额。包括计时工资、计件工资、奖金、津贴和补贴、加班加点工资、特殊情况下支付的工资。是在岗职工工资总额、劳务派遣人员工资总额和其他就业人员工资总额之和。

工资总额是税前工资，包括单位从个人工资中直接为其代扣或代缴的房费、水费、电费、住房公积金和社会保险基金个人缴纳部分等。

工资总额不论是计入成本的还是不计入成本的，不论是以货币形式支付的还是以实物形式支付的，均应列入工资总额的计算范围。

在岗职工工资总额　指本单位在一定时期内直接支付给本单位全部在岗职工的劳动报酬总额。在岗职工工资总额由基本工资、绩效工资、工资性津贴和补贴、其他工资四部分组成。工资总额不包括病假、事假等情况的扣款。各单位在填报在岗职工工资总额四项构成时，应根据实际情况调整对应项目；如不能确定调整项，可扣减基本工资项。

就业人员平均工资　指本单位在报告期内就业人员的平均工资水平。计算公式为：

$$就业人员平均工资=\frac{就业人员工资总额}{就业人员平均人数}$$

在岗职工平均工资　指本单位在报告期内在岗职工的平均工资水平。计算公式为：

$$在岗职工平均工资=\frac{在岗职工工资总额}{在岗职工平均人数}$$

城镇登记失业人员　指有非农业户口，在一定的劳动年龄内（16周岁至退休年龄），有劳动能力，无业而要求就业，并在当地就业服务机构进行求职登记的人员。

城镇登记失业率　城镇登记失业人员与城镇单位就业人员（扣除使用的农村劳动力、聘用的离退休人员、港澳台及外方人员）、城镇单位中的不在岗职工、城镇私营业主、个体户主、城镇私营企业和个体就业人员、城镇登记失业人员之和的比。计算公式为：

$$城镇登记失业率=\frac{城镇登记失业人数}{(城镇单位就业人员-使用的农村劳动力-聘用的离退休人员-聘用的港澳台及外方人员)+不在岗职工+城镇私营业主+城镇个体户主+城镇私营企业及个体就业人员+城镇登记失业人数}\times100\%$$

Explanatory Notes on Main Statistical Indicators

Economically Active Population refers to the population aged 16 and over who are capable of working, are participating in or willing to participate in economic activities, including employed persons and unemployed persons.

Employed Persons refer to persons aged 16 and over who are engaged in gainful employment and thus receive remuneration payment or earn business income. This indicator reflects the actual utilization of total labor force during a certain period of time and is often used for the research on China's and Qinghai's economic situation and national power.

Persons Employed in Various Units refer to all the persons working in government agencies of various levels, political and party organizations, social organizations, enterprises and institutions, and receiving wages or other forms of payment. They include fully - employed staff and workers, the dispatch personnel and other employment, dont include persons which leave the unit but retain labor relations and regularly receive cost of living, school students which work using of their spare time and practice in this unit, persons of the unit labor outsourcing.

State - owned Units refer to economic units whose assets are owned by the state, including non - corporation units registered according to Regulation of the People's Republic of China on the Registration of Enterprises and Corporations, state organs, institutions and social organizations at the central - level and local levels.

Collective - owned Units refer to economic units registered according to Regulation of the People's Republic of China on the Registration of Enterprises and Corporations where the means of production are collectively owned.

Units of Other Types of Ownership refer to units registered with other types of ownership, including cooperative units, joint ownership units, limited liability corporations, share holding corporations, units funded by entrepreneurs from Hong Kong, Macao, and Taiwan, and foreign - funded units.

Employed Staff and Workers refer to persons who work in. and receive wages from their working units, including persons who have their work posts but are temporarily absent from work for reasons of study or on sick, injury or maternal leave and still receive wages from their working units.

Persons Employed in Private Enterprises and Self - Employed Individuals in Urban Areas Persons employed in private enterprises refer to the persons employed in the private enterprises which have been registered at the departments of industrial and commercial administration for which the business operation are situated at a county town (i. e. a town where the county government is located), or at urban areas with administrative hierarchy higher than a county town. The self - employed individuals in urban areas refer to persons who hold the certificates of residence in urban areas or have resided in the urban areas for a long time and have been registered at the departments of industrial and commercial administration and approved to be engaged in individual industrial or commercial business, including self - employed persons as well as helpers and hired laborers who work in individual households.

Total Wage Bill of Employed Persons refers to employment wages the units paid directly to the total remuneration of all employed persons in this unit within a certain period (quarterly or annual) on the basis of the provisions on the composition of wages (January 1, 1990, the National Statistics Office published the first Decree). Including hourly, piece rates, bonuses, allowances, overtime wages and subsidies, wages paid under special circumstances. It is the total sum of fully - employed staff and workers wages, labor dispatch personnel payroll and personnel wages and other employment.

Total Wage Bill are wages before taxes, including water charges, electricity, housing fund and social insurance fund for individuals and so on, what withheld or paid rates directly from the individual wage by the units.

Total wage Bill should be calculated whether it is included in the cost is not included in the cost, whether paid in monetary form or be paid in kind.

Total Wage Bill of Employed Staff and Workers refers to this unit paid directly to the total remuneration of all fully - employed staff and workers in this unit within a certain period. It is consisting of four parts, basic salary, performance pay, wage and other wage subsidies. It do not include deductions such as sick leave, unpaid leave. When units report employee wages four constituted, they should be adjusted the corresponding project according to the actual situation. If cannct determine adjustments, can deduct from basic salary.

Average Wage of Employment Persons refers to the average wage level of employed persons in the unit during the reporting period the average wage and is calculated as follows:

$$\text{Average Wage of Employment Persons} = \frac{\text{Total Wage Bill of Employment Persons}}{\text{Average Number of Employment Persons}}$$

Average Wage of Employed Staff and Workers refers to the average wage level of employed staff and workers in the unit during the reporting period the average wage and is calculated as follows:

$$\text{Average Wage of Employed Staff and Workers} = \frac{\text{Total Wage Bill of Staff and Workers}}{\text{Average Number of Staff and Workers}}$$

Registered Unemployed Persons in Urban Areas refer to the persons with non - agricultural household registration at certain working ages (16 years old to retirement age), who are capable of working, unemployed and willing to work, and have been registered at the local employment service agencies to apply for a job.

Registered Unemployment Rate in Urban Areas refers to the ratio of the number of the registered unemployed persons to the sum of the number of persons employed in various units (minus the employed rural labor force, re - employed retirees, and Hong Kong, Macao, Taiwan or foreign employees), laid - off staff and workers in urban units, owners of private enterprises in urban areas, owners of self - employed individuals in urban areas, employees of private enterprises in urban areas, employee of self - employed individuals in urban areas, and the registered unemployed persons in urban areas. The formula is as follows:

$$\text{Registered unemployment ratein urban areas} = \frac{\text{number of registered urban unemployed persons}}{\begin{array}{c}\text{number of persons employed in urban units} - \text{employed rurallabour force}\\ \text{re} - \text{employed retirees} - \text{Hong Kong, Macao, Taiwan or foreign employees}\\ + \text{laid} - \text{off staff and workers} + \text{owners of urban private enterprises} + \text{owners of}\\ \text{urban self} - \text{employed individuals} + \text{employees of urban private enterprises} + \text{employees of}\\ \text{urban self} - \text{employed individuals} + \text{registered unemployed persons in urban areas}\end{array}} \times 100\%$$

第 6 篇

CHAPTER 6

固定资产投资

Investment in Fixed Assets

全社会固定资产投资资金来源构成

（2018年）

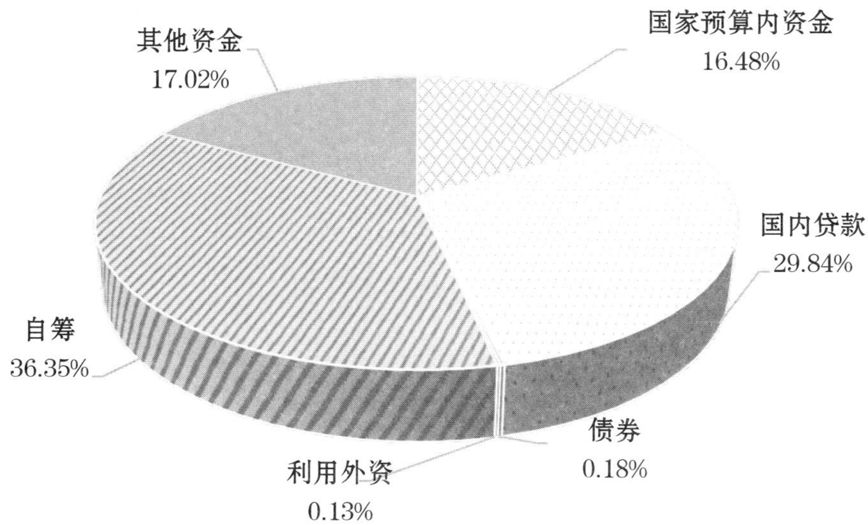

房地产开发投资

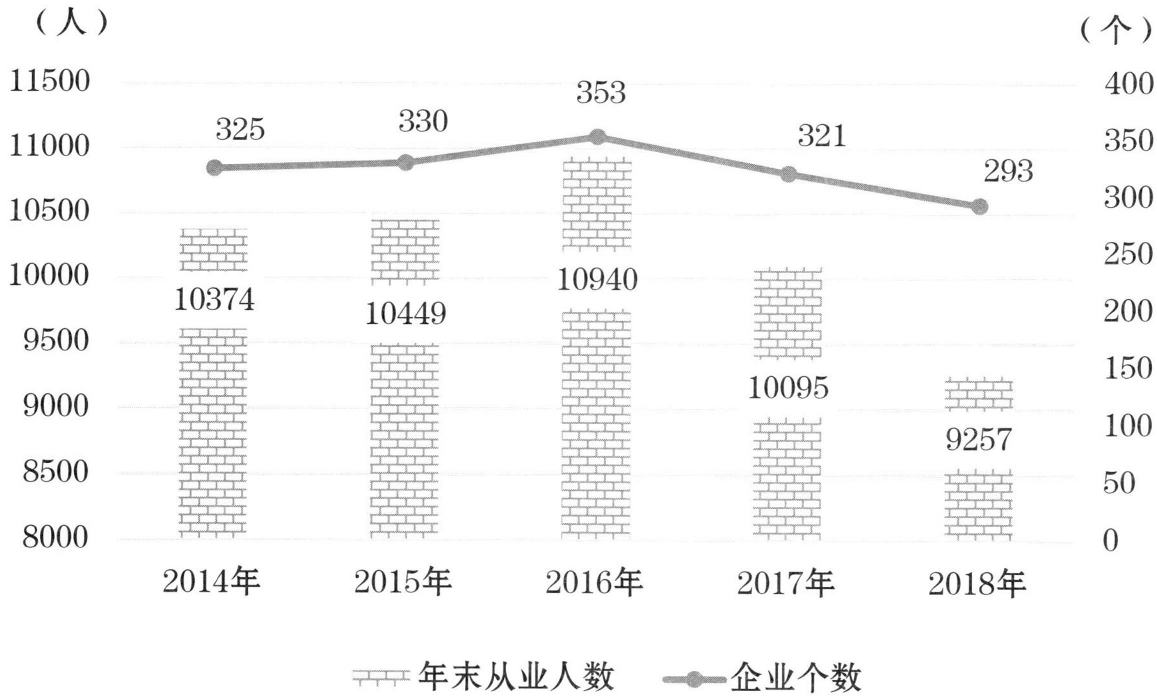

6-1 2000-2018年全社会固定资产投资(按经济类型分)

Total Investment in Fixed Assets by Econmic Type(2000-2018)

单位：比上年增长，%　　　　(Growth Over the Previous Year，%)

指　标 Item	总　计 Total	国有经济 State-owned	集体经济 Collective-owned	私营个体经济 Private and Self-employed Individual	其他经济 Others
2000	20.8	9.3	-6.2	-12.9	170.4
2001	30.2	21.7	-45.5	36.9	70.3
2002	21.5	2.9	77.7	18.8	22.0
2003	16.4	14.6	232.0	48.5	1.6
2004	11.6	-4.5	15.0	18.0	49.6
2005	15.4	4.3	39.6	14.8	31.6
2006	14.3	12.0	38.8	-2.2	19.9
2007	16.2	2.3	-37.7	20.6	38.7
2008	19.6	27.0	-10.3	13.9	17.4
2009	37.3	55.8	-39.8	104.1	15.8
2010	33.5	29.6	11.7	74.4	28.2
2011	34.2	34.1	9.3	12.3	43.8
2012	33.9	30.6	-8.1	59.0	31.8
2013	25.2	26.8	31.6	47.9	15.0
2014	21.0	21.5	-3.2	44.7	10.0
2015	12.3	32.5	9.5	1.2	-11.0
2016	10.9	-1.0	-48.1	28.0	29.0
2017	10.3	8.9	29.4	9.2	13.1
2018	7.3	15.8	-20.5	11.7	-8.9

注：其他经济为除国有、集体、私营个体经济以外的经济类型。(2016年增速按不含农户同口径计算，下表同)

a) Others mean economic types except state-owned, collective-owned, private and self-employed individual. The growth rate is calculated by excluding farm household data with the same caliber in 2016, The same applies to the tables following.

6−2 2018年全社会固定资产投资

Total Investment in Fixed Assets(2018)

指 标	Item	比上年增长(%) Growth over the Previous Year (%)
投资总额	**Total Investment**	**7.3**
#民间投资	Non-government Investment	4.6
#基础设施投资	Infrastructuret Investment	12.4
按经济类型分	**By Economic Type**	
国有经济	The State-owned Economy	15.8
集体经济及私营个体投资	Collective-owned, Private and Self-employed Individual	11.4
联营经济	Joint Ownership Economy	
股份经济	Share Economy	-8.4
港澳台投资	Economy with Funds from Hong Kong,Macao and Taiwan	-70.1
外商投资经济	Foreign Funded Economy	-45.6
其他投资	Others	-3.4
按产业分	**By Three Strata of Industry**	
第一产业	Primary Industry	12.5
第二产业	Secondary Industry	14.3
工业	Industry	19.8
第三产业	Tertiary Industry	4.3
按构成分	**By Structure**	
建筑安装工程	Construction and Installation	2.2
设备工具器具购置	Purchase of Equipment and Instruments	28.6
其他费用	Others	28.9
本年资金到位按来源分	**By Sources of Funds**	
国家预算内资金	State Budget	-69.9
国内贷款	Domestic Loans	-34.2
债券	Bond	-54.6
利用外资	Foreign Investment	-89.1
自筹资金	Self-raising Funds	-60.2
其他资金	Others	-22.5
房屋建筑面积(万平方米)	**Floor Space of Buildings(10 000 sq.m)**	
施工面积	Floor Space under Construction	-25.3
住宅	Residential Buildings	-15.0
竣工面积	Floor Space Completed	-49.7
住宅	Residential Buildings	-46.6

6-3 2000-2018年全社会固定资产投资及资金来源构成

Structrue of Total Investment in Fixed Assets and Sourses of Funds(2000-2018)

单位：% (%)

年 份 Year	投资构成 Structure of Investment			资金来源构成 Structure of Funds Sourses					
	建筑安装工程 Construction	设备工具器具购置 Purchase of Equipment and Instruments	其 他 费 用 Others	国家预算内资金 State Budget	国内贷款 Domestic Loans	债 券 Financial Bond	利用外资 Foreign Investment	自 筹 Self-raising Fund	其 他 资 金 Others
2000	75.57	16.45	7.98	17.04	24.33	0.27	1.39	36.09	20.87
2001	72.61	17.14	10.25	17.45	22.59	0.05	0.79	40.64	18.48
2002	78.56	14.35	7.09	21.99	27.17	…	1.02	30.92	18.89
2003	78.17	14.50	7.33	22.90	11.59	0.08	1.33	46.27	17.82
2004	79.06	14.92	6.02	13.61	10.62	0.09	0.95	56.76	17.97
2005	72.49	18.83	8.68	15.79	16.87	0.41	0.55	51.83	14.55
2006	74.56	16.65	8.79	14.73	16.79		0.51	47.32	20.66
2007	74.56	15.74	9.70	12.93	13.78		1.56	54.96	16.77
2008	75.57	14.99	9.44	14.54	16.54		1.54	53.02	14.36
2009	73.50	15.49	11.01	16.27	18.59	0.03	1.05	48.36	15.70
2010	80.03	12.11	7.86	13.56	17.11	0.01	0.50	52.03	16.79
2011	76.60	15.90	7.50	21.40	14.50	0.01	0.52	52.50	11.07
2012	77.93	14.12	7.95	19.43	21.12	0.01	0.13	48.46	10.85
2013	74.64	18.10	7.26	15.43	20.42	0.04	0.35	47.10	16.67
2014	78.69	15.67	5.64	19.82	21.10	0.58	0.15	48.25	10.10
2015	77.77	14.98	7.25	20.16	21.29	0.05	0.08	49.79	8.63
2016	78.91	14.75	6.34	25.47	21.08	0.19	0.55	42.49	10.22
2017	78.19	14.56	7.25	20.00	26.15	0.13	0.12	46.17	7.44
2018	77.04	14.55	8.41	16.48	29.84	0.18	0.13	36.35	17.02

6-4 2001-2018年分地区固定资产投资
Total Investment in Fixed Assets by Region(2001-2018)

单位：比上年增长，% (Growth Over the Previous Year，%)

年 份 Year	西宁市 Xining City	海东市 Haidong City	海北州 Haibei Zang A.P	黄南州 Huang-nan Zang A.P	海南州 Hainan Zang A.P	果洛州 Golog Zang A.P	玉树州 Yushu Zang A.P	海西州 Haixi Mong-olian & Zang A.P
2001	28.8	86.9	42.9	45.0	87.6	154.1	19.6	40.5
2002	12.1	24.3	23.0	-2.1	29.3	-53.2	19.4	23.4
2003	9.9	20.6	17.3	59.6	22.7	68.2	11.6	11.6
2004	15.3	10.1	20.5	56.0	26.0	-18.9	20.8	4.8
2005	17.4	0.3	18.9	-1.7	13.3	23.3	25.9	16.8
2006	22.0	5.1	24.2	-7.7	14.0	65.6	19.9	30.5
2007	26.9	-1.1	24.6	15.5	-25.2	5.4	20.8	37.2
2008	24.1	20.3	31.3	24.7	18.5	16.1	32.5	4.8
2009	11.8	35.3	11.8	14.8	114.6	45.1	21.1	5.4
2010	62.4	32.6	37.9	28.4	-14.3	52.6	132.6	34.7
2011	31.0	70.0	34.9	41.6	39.5	48.3	261.8	40.9
2012	32.7	53.4	34.8	32.8	23.5	55.4	19.5	59.9
2013	32.1	58.7	31.3	26.8	76.9	33.1	-45.6	27.0
2014	27.1	25.3	9.2	20.5	32.7	14.8	-56.8	5.6
2015	10.1	20.3	9.8	17.9	25.1	16.1	23.7	-6.0
2016	8.0	3.9	14.1	13.6	8.5	6.1	16.3	10.7
2017	14.3	12.4	-15.3	21.2	-35.8	-0.6	21.2	25.0
2018	9.0	9.7	-27.9	18.2	24.0	10.0	17.5	9.1

注：本表未包括跨地区项目。海北州数据未含飞地经济项目投资，下表同。

a) Data in this table do not include trans-regional items. Data of Haibei Zang A.P is not including enclave economy project investment. The same applies to the tables following.

6-5 2018年按地区分全社会固定资产投资

Total Investment in Fixed Assets by Region(2018)

单位：比上年增长，% (Growth Over the Previous Year，%)

类 型	Type	西宁市 Xining City	海东市 Haidong City	海北州 Haibei Zang A.P	黄南州 Huang-nan Zang A.P	海南州 Hainan Zang A.P	果洛州 Golog Zang A.P	玉树州 Yushu Zang A.P	海西州 Haixi Mong-olian & Zang A.P
投资总额	**Investment**	**9.0**	**9.7**	**-27.9**	**18.2**	**24.0**	**10.0**	**17.5**	**9.1**
按登记注册类型分	**By Registration type**								
国有投资	State-owned Investment	24.6	1.0	17.0	42.2	21.8	38.2	29.9	-8.8
集体投资	Collective-owned Investment	-73.6	32.1		-79.5	900.0			-100.0
股份合作企业	Cooperative Investment								
私营个体投资	Private and Self-employed Individuals Investment	0.5	24.3	-44.5	7.9	-8.8	63.1	-74.1	80.5
联营经济投资	Joint Ownership								
有限责任公司	Limited Liability Corporations	-18.1	-8.2	-88.2	-24.7	54.7	-100.0		-8.7
股份有限公司	Share Holding Corporations Ltd.	158.5	224.8	-100.0	-92.8	-100.0			21.7
港澳台投资	Funds from Hong Kong, Macao and Taiwan	213.2	-13.9						-100.0
外商投资	Foreign Funded	-5.9				-100.0			
其他投资	Others	155.8	-75.3	26.1	-52.4	-45.5	20.0	-100.0	-49.8
按资金来源分	**By Sources of Funds**								
国家预算内资金	State Budget	83.1	-55.1	-63.1	-72.5	-89.2	-55.7	-93.9	-54.2
国内贷款	Domestic Loans	-8.4	-49.3	-70.2	-42.9	25.0	-75.8	116.3	-36.4
债券	Bond	-35.7	-100.0		-100.0	-60.1			691.0
利用外资	Foreign Investment	851.4	-48.7		-100.0				-100.0
自筹资金	Self-raising Fund	-31.4	-13.8	-88.4	-94.1	-26.1	-69 5	-86.8	-42.5
其他资金	Others	-85.4	16.6	-99.9	-81.8	50.4	-13.3	-100.0	996.3
按构成分	**By Structure of Funds**								
建筑安装工程	Construction and Installation	6.9	7.4	-34.3	17.0	-1.1	9.3	10.0	1.5
设备、工具、器具购置	Purchase of Equipment and Instruments	4.2	-19.8	5.0	-61.6	51.1	2579.1	100.6	41.2
其他费用	Others	29.2	125.2	45.5	324.0	58.5	-54.7	115.1	-11.2
本年新增固定资产	**Add Fixed Assets of This Year**	**-12.2**	**-8.4**	**-76.8**	**-92.7**	**-15.6**	**-31.2**	**-87.3**	**71.3**
房屋建筑面积	**Floor Space of Buildings**								
施工面积	Floor Space under Construction	-19.8	-7.9	-67.0	-73.4	-56.2	-3.0	-23.2	-58.4
竣工面积	Floor Space Completed	-28.4	-23.2	-90.5	-100.0	-74.2	-100.0	-29.4	77.6
住宅	Residential Buildings	-28.4	-23.2	-90.5	-100.0	-74.2	-100.0	-29.4	77.6

注：本表未含跨省区项目；按资金来源分为财务拨款数。

a) Data in this table do not include trans-provincial projects. The data divided by source of funds are financial appropriating funds.

6-6 2018年按各种口径分500万元以上项目固定资产投资
Completion of Investment in Fixed Assets of Projects over 5 Million Yuan by Various Calibres (2018)

单位：比上年增长，% (Growth Over the Previous Year，%)

指 标	Item	合 计 Total	地方 Local
总 计	**Total**	**12.8**	**17.2**
按登记注册类型分	**By Registration Type**		
内资	Domestic Funds	13.3	18.3
国有	State-owned	16.8	16.5
集体	Collective-owned	6.4	-77.9
股份合作	Cooperative	-100.0	-100.0
联营	Joint		
有限责任公司	Limited Liability	-8.5	0.9
国有独资公司	State-owned Sole Proprietorship	75.0	4.7
其他有限责任公司	Others	-14.6	0.6
股份有限公司	Share-holding	26.3	85.0
私营	Private	26.9	26.9
其他内资	Others		
港澳台投资	Funds from Hong Kong,Macao and Taiwan	-70.1	-70.1
合资经营企业(港或澳台资)	Joint-venture Enterprises	208.3	208.3
合作经营企业(港或澳台资)	Cooperation Enterprises		
港澳台商独资经营企业	Enterprises with Sole Investment	-92.7	-92.8
港澳台商投资股份有限公司	Share-holding Corporations Ltd.	-100.0	-100.0
其他港澳台商投资企业	Others	-100.0	
外商投资	Foreign Investment	-45.6	-45.6
中外合资经营企业	Joint-venture Enterprises	-5.8	-5.8
中外合作经营企业	Cooperation Enterprises		
外资企业	Enterprises with Sole Funds	-100.0	-100.0
外商投资股份有限公司	Share-holding Corporations Ltd.		
其他外商投资企业	Others		
个体经营	Self-employed Individual	-21.0	-19.6
个体户	Self-employed	8.6	11.5
个人合伙	Individual Partners	-87.9	-87.9
按隶属关系分	**By Jurisdiction of Management**		
中央	Central	11.6	
地方	Local	6.1	5.5
省	Province	2.3	2.3
州市县属	Prefecture, City and County	7.5	8.1
州市	Prefecture，City		
县	County	7.0	
其他	Others	11.4	11.4

6-6 续表1 Continued

单位：比上年增长，% (Growth Over the Previous Year，%)

指　标	Item	合　计 Total	地方 Local
按建设性质分	**By Character of Construction**		
新建	New Construction	13.4	15.5
扩建	Extension	37.5	37.6
改建和技术改造	Reconstruction	8.7	57.6
单纯建造生活设施	The Construction of Living Facilities	-46.3	-50.9
迁建	Moving	25.0	100.5
恢复	Resumption	-83.7	-84.2
单纯购置	Purchase	-35.8	-61.0
按建设阶段分	**By Construction Phase**		
在建	Under Construction	24.3	30.6
全部投产	All into Operation	-14.9	-26.3
全部停缓建	Stop Postponed	-24.7	139.4
按注册控股类型分	**By Registration Categories**		
国有控股	State-holding	9.4	12.5
集体控股	Collective-Holding	89.2	112.2
私人控股	Private-holding	11.4	10.4
港澳台商控股	Hong Kong, Macao and Taiwan-holding	-65.4	-65.4
外商控股	Foreign-holding		
其他	Others	135.6	171.2
按国民经济行业分	**By Sector**		
农、林、牧、渔业	Agriculture, Forestry, Animal Husbandry and Fishery	12.5	-34.1
农业	Farming	-6.1	-33.2
林业	Forestry	52.8	0.2
畜牧业	Animal Husbandry	-18.0	-64.5
渔业	Fishery	-67.9	
农、林、牧、渔服务业	Services in Support of Agriculture	25.2	-20.8
采矿业	Mining	36.5	151.6
煤炭开采和洗选业	Mining and Washing of Coal	-54.8	-39.6
石油和天然气开采业	Extraction of Petroleum and Natural Gas	22.5	
黑色金属矿采选业	Mining and Processing of Ferrous Metal Ores	56.4	0.7
有色金属矿采选业	Mining and Processing of Non-Ferrous Metal Ores	380.8	537.8
非金属矿采选业	Mining and Processing of Nonmetal Ores	151.0	127.0
其他采矿业	Mining of Other Ores	-100.0	

6-6 续表2 Continued

单位：比上年增长，% (Growth Over the Previous Year，%)

指标	Item	合计 Total	地方 Local
制造业	Manufacturing	7.6	17.6
农副食品加工业	Processing of Food from Agricultural Products	-30.3	-40.9
食品制造业	Manufacture of Foods	-10.4	-16.4
饮料制造业	Manufacture of Beverages	-4.4	-40.2
烟草制品业	Manufacture of Tobacco		
纺织业	Manufacture of Textile	-80.3	-49.5
纺织服装、鞋、帽制造业	Manufacture of Textile Wearing Apparel,Footwear and Caps	-53.7	-53.7
皮革、毛皮、羽毛(绒)及其制品业	Manufacture of Leather, Fur,Feather and Related Products		
木材加工及木、竹、藤、棕、草制品业	Processing of Timber, Manufacture of Wood, Bamboo, Rattan, Palm and Straw Products	-67.4	-67.4
家具制造业	Manufacture of Furniture	27.6	27.6
造纸及纸制品业	Manufacture of Paper and Paper Products	1088.7	
印刷业和记录媒介的复制	Printing, Reproduction of Recording Media	-55.7	-55.7
文教体育用品制造业	Manufacture of Articles For Culture, Education and Sport Activities	-75.2	-80.1
石油加工、炼焦及核燃料加工业	Processing of Petroleum, Coking, Processing of Nuclear Fuel	-84.7	-88.9
化学原料及化学制品制造业	Manufacture of Raw Chemical Materials and Chemical Products	47.9	132.6
医药制造业	Manufacture of Medicines	-32.8	-28.1
化学纤维制造业	Manufacture of Chemical Fibers		
橡胶和塑料制造业	Manufacture of Rubber and Manufacture of Plastics	-84.7	-80.0
非金属矿物制品业	Manufacture of Non-metallic Mineral Products	13.4	27.6
黑色金属冶炼及压延加工业	Smelting and Pressing of Ferrous Metals	-22.1	-64.3
有色金属冶炼及压延加工业	Smelting and Pressing of Non-ferrous Metals	-27.4	-59.4
金属制品业	Manufacture of Metal Products	138.1	41.6
通用设备制造业	Manufacture of General Purpose Machinery	432.0	446.1
专用设备制造业	Manufacture of Special Purpose Machinery	13.2	0.8
汽车制造业	Manufacture of Automobile	151.3	151.3
铁路、船舶、航空航天和其他运输设备制造业	Manufacture of Railway,Watercraft,Aviation and other Transport Equipments	-89.8	-89.8
电气机械及器材制造业	Manufacture of Electrical Machinery and Equipment	41.1	46.6
计算机、通信和其他电子设备制造业	Manufacture of Computers, Communication and Electronic Equipment	184.1	251.6
仪器仪表制造业	Manufacture of Measuring Instruments and Machinery	51.1	145.0
其他制造业及金属制品、机械和设备修理业	Other Manufacture, Repair Service of Metal Products, Machinery and Equipment	-56.5	-9.5
废弃资源综合利用业	Recycling and Disposal of Waste	194.0	387.4

6-6 续表3 Continued

单位：比上年增长，% (Growth Over the Previous Year，%)

指 标	Item	合计 Total	地方 Local
电力、燃气及水的生产和供应业	Production and Supply of Electricity, Gas and Water	27.6	25.8
电力、热力的生产和供应业	Production and Supply of Electric Power and Heat Power	29.7	31.4
燃气生产和供应业	Production and Supply of Gas	62.0	72.6
水的生产和供应业	Production and Supply of Water	-33.8	-92.8
建筑业	Construction	-45.1	-47.7
房屋和土木工程建筑业	Construction of Buildings and Civil Engineering	-43.3	-45.8
建筑安装业	Building Installation	-84.3	
建筑装饰和其他建筑业	Building Decoration and Other Construction	-58.1	-98.8
交通运输、仓储和邮政业	Transport, Storage and Post	-10.2	-3.0
铁路运输业	Railway Transport	-28.4	
道路运输业	Road Transport	-7.2	-4.1
水上运输业	Water Transport	27.4	
航空运输业	Air Transport	-61.1	28.8
管道运输业	Transport Via Pipelines	419.6	
装卸搬运和其他运输服务业	Loading, Unloading and Other Transport Services	-76.9	-76.9
仓储业	Storage	172.5	378.8
邮政业	Post	-72.9	-69.3
信息传输、计算机服务和软件业	Information Transmission, Computer Services and Software	10.3	-53.8
电信和其他信息传输服务业	Telecommunications and Other Information Transmission Services	11.7	-51.5
计算机服务业	Computer Services	-64.1	-83.2
批发和零售业	Wholesale and Retail Trades	23.0	75.3
批发业	Wholesale Trade	28.5	117.8
零售业	Retail Trade	22.0	68.6
住宿和餐饮业	Hotels and Catering Services	9.6	-2.9
住宿业	Hotels	-0.6	-4.2
餐饮业	Catering Services	24.1	-0.8
金融业	Financial Intermediation	471.1	777.7
货币金融服务	Monetary Financial Services	248.8	1443.3
资本市场服务	Capital Market Service	665.8	665.8
保险业	Insurance		
其他金融活动	Other Financial Activities		
房地产业	Real Estate	25.8	205.5
租赁和商务服务业	Leasing and Business Services	104.6	155.3
租赁业	Leasing		
商务服务业	Business Services	104.6	155.3

6-6 续表4 Continued

单位：比上年增长，%　　　　(Growth Over the Previous Year，%)

指　标	Item	合计 Total	地方 Local
科学研究、技术服务和地质勘查业	Scientific Research, Technical Service and Geologic Prospecting	-8.7	19.2
研究与试验发展	Research and Experimental Development	-100.0	-100.0
专业技术服务业	Professional Technical Services	-39.6	-53.9
科技交流和推广服务业	Services of Science and Technology Exchanges and Promotion	69.2	511.7
水利、环境和公共设施管理业	Management of Water Conservancy,	60.4	75.9
水利管理业	Environment and Public Facilities	1.8	-9.8
生态保护和环境治理业	Ecological Protection and Environmental Mmanagement Industry	58.8	-19.2
公共设施管理业	Public Facilities Management	96.9	132.0
居民服务和其他服务业	Services to Households and Other Services	-58.2	-78.2
居民服务业	Services to Households	-89.3	-89.7
其他服务业	Other Services	-36.8	-61.4
教育	Education	56.6	59.8
卫生和社会工作	Health, Social Work	19.9	3.9
卫生	Health	12.0	3.0
社会工作	Social Work	64.6	9.4
文化、体育和娱乐业	Culture, Sports and Entertainment	69.7	13.8
新闻出版业	Journalism and Publishing Activities	-20.2	-100.0
广播、电视、电影和音像业	Broadcasting, Movies, Television and Audiovisual Activities	-82.5	106.5
文化艺术业	Cultural and Art Activities	67.4	109.4
体育	Sports Activities	39.7	-63.9
娱乐业	Entertainment	142.7	5.0
公共管理、社会保障和社会组织	Public Management, and Social Organization	-49.8	45.2
中国共产党机关	Organs of Communist Party of China	76.0	
国家机构	Government Agencies	-41.6	74.2
人民政协和民主党派	People's Political Consultative Conference and Democratic Parties		
社会保障	Social Security	-98.1	-95.6
群众团体、社会团体和其他成员组织	Non-Governmental Organizations, Social Organizations and Membership Organizations	-33.6	31.0
基层群众自治组织	Grass Roots Self-governing Organizations	-26.5	9.6
国际组织	International Organizations		

6-7 2018年分地区分行业项目固定资产投资

Investment in Fixed Assets by Sector and Region (2018)

单位：比上年增长，% (Growth Over the Previous Year，%)

指 标	Item	西宁市 Xining City	海东市 Haidong City	海北州 Haibei Zang A.P	黄南州 Huang-nan Zang A.P	海南州 Hainan Zang A.P	果洛州 Golog Zang A.P	玉树州 Yushu Zang A.P	海西州 Haixi Mong-olian & Zang A.P
总计	**Total**	**33.2**	**4.6**	**-29.6**	**22.4**	**24.9**	**10.0**	**17.5**	**13.2**
按行业分	**By Sector**								
农林牧渔业	Agriculture, Forestry, Animal Husbandry and Fishery	20.3	36.4	-19.6	25.8	-1.1	22.7	51.1	-11.1
采矿业	Mining	-35.9	967.7	-100.0	139.9	105.6			37.7
制造业	Manufacturing	16.8	-18.8	-69.2	-27.4	-26.5	378.6	-23.2	11.5
电力、煤气及水的生产和供应业	Production and Supply of Electricity, Gas and Water	25.0	25.2	20.1	-60.0	57.8	-35.1	-93.2	24.2
建筑业	Construction	-72.5	-45.4				-8.9	4.3	2.2
交通运输、仓储及邮政业	Transport, Storage and Post	-8.1	-40.3	-83.5	135.9	-41.1	-25.8	-69.9	-31.3
信息传输、软件和信息技术服务业	Information Transmission, Software and Information Technology Services	263.7	87.5	-100.0		40.6	921.0	8.6	-74.5
批发和零售业	Wholesale and Retail Trades	313.5	-30.3	759.6	27.3	-22.1	-61.7	118.4	-17.0
住宿、餐饮业	Hotels and Catering Services	8.8	173.0	-44.1	-4.1	-41.0	-48.7		-31.3
金融业	Financial Intermediation			-100.0	-100.0	1122.8			181.0
房地产业	Real Estate	140.0	7.5	-92.1	-10.8	-43.4	57.3	391.6	-38.3
租赁和商务服务业	Leasing and Business Services	32.6	920.9	-61.6	140.4	873.4			-77.9
科学研究、技术服务和地质勘查业	Scientific Research, Technical Services and Geological Prospecting Industry	91.5	-96.1	78.4	748.9	-100.0	238.3		77.4
水利、环境和公共设施管理业	Management of Water Conservancy, Environment and Public facilities	116.0	16.9	24.8	119.2	-3.4	28.3	253.3	23.9
居民服务和其他服务业	Residents Services and Other Service	-74.4			475.2	-11.0	-92.5	54.2	-99.1
教育	Education	82.5	54.4	8.6	62.8	41.3	134.3	-58.7	84.4
卫生和社会工作	Health and Social Work	7.2	1.1	130.2	313.9	84.7	80.2	420.4	24.6
文化体育和娱乐业	Culture, Sports and Entertainment	153.9	87.2	604.2	-18.5	288.1	17.8	618.9	-43.3
公共管理、社会保障和社会组织	Public Administration, Social Security and Social Organizations	85.8	-89.2	-37.5	-49.8	-96.7	427.6	-67.8	-27.5
国际组织	International Organizations								

注：本表为500万元以上项目投资完成情况未含省直报项目，未含跨地区直报项目。

a) Data in this table are completion condition of investment projects above 5 million yuan, and do not include provincial and trans-regional Projects reporting directly.

6-8 2014-2018年固定资产投资项目新增主要生产能力

Newly Increased Production Capacity of Investment in Fixed Assets(2014-2018)

能力名称	Item	2014	2015	2016	2017	2018
原煤开采 (万吨/年)	Coal Mining (10 000 tons/year)	500	45	135	405	40
洗煤 (万吨/年)	Coal washing (10 000 tons/year)	841	40			
天然原油 (万吨/年)	Petroleum Extraction (10 000 tons/year)		200	35	45	45
天然气开采 (亿立方米/年)	Extraction of Petroleum and Natural Gas (100 million cu.m/year)			0.3		
铁矿开采(原矿) (万吨/年)	Iron Ore Mining (10 000 tons/year)	19.0				
铁矿石成品矿 (万吨/年)	Finished Products of Iron Ore Mine (10 000 tons/year)					
炼铁 (万吨/年)	Iron-making (10 000 tons/year)					
炼钢 (万吨/年)	Steel-making (10 000 tons/year)					
初轧 (万吨/年)	Rolling Early (10 000 tons/year)					
铁合金 (万吨/年)	Iron Alloy (10 000 tons/year)	2.6				
热轧钢材 (万吨/年)	Hot-rolled Steel (10 000 tons/year)					
钢丝 (万吨/年)	Wire Steel (10 000 tons/year)					
铜采矿(原矿) (万吨/年)	Copper Ore Mining (10 000 tons/year)	52.0	30.0		5.0	
铜选矿(处理原矿) (万吨/年)	Copper Ore Dressing:Crude Ore Processing (10 000 tons/year)	0.03				
铜含量 (吨/年)	Copper Content (ton/year)		2862	4000		
铜冶炼 (吨/年)	Copper Smelting (ton/year)					
#电解铜	Electrolytic Copper (ton/year)					
铅锌采矿(原矿) (万吨/年)	Plumbum/Zinc Ore Mining(10 000 tons/year)	20.2	15.3			
铅锌选矿(处理原矿)(万吨/年)	Plumbum and Zinc Ore Dressing:Crude Ore Processing (10 000 tons/year)	50	2			
铅含量 (吨/年)	Plumbum Content (ton/year)	20				
锌含量 (吨/年)	Zinc Content (ton/year)					
铅冶炼 (吨/年)	Plumbum Smelting (ton/year)					
#电解铅	Electrolytic Plumbum					

6-8 续表1 continued

能力名称	Item	2014	2015	2016	2017	2018
镍采矿 (吨/年)	Nickel Ore Mining (ton/year)					
氧化铝 (吨/年)	Aluminum Oxide (ton/year)					
锌冶炼 (吨/年)	Zinc Smelting (ton/year)					
电解铝 (吨/年)	Electrolytic Aluminum (ton/year)	240000			247695	
粗铅 (吨/年)	Crude Plumbum (ton/year)					
铝加工 (吨/年)	Aluminum Processing (ton/year)	1040000	1040000	300000	197709	3000
金采矿(原矿) (万吨/年)	Gold Ore Mining (10 000 tons/year)					
金选矿(处理原矿) (吨/年)	Gold Ore Dressing: Crude Ore Processing (ton/year)					
金含量 (公斤/年)	Gold Content (kg/year)					
黄金 (公斤/年)	Gold (kg/year)	17	6	12		
矿山成品金 (公斤/年)	Gold Finished (kg/year)					
水力发电 (万千瓦)	Hydraulic Power Generat (10 000 kw)	861	67	515		18
火力发电 (万千瓦)	Fire Power Generation (10 000 kw)		66	35		
太阳能发电 (万千瓦)	Solar Power Generation (10 000 kw)	99	192	253	91	158
风力发电 (万千瓦)	Wind Power Generation (10 000 kw)	21	22	54	85	98
输电线路长度(11万伏及以上) (公里)	Length of Transmission Line (km)	1959	860	103	300	113
变电设备能力(11万伏及以上)(万千伏安)	Substation Equipment Capacity(10 000kVA)					
水泥 (万吨/年)	Cement (10 000 tons/year)	51		43		
胶合板 (万立方米/年)	Plywood (10 000 cu.m/year)					
刨花板 (万立方米/年)	Flakeboard (10 000 cu.m/year)					
平板玻璃 (万重量箱/年)	Plate Glass (10 000 Weight-box/year)					
硫酸 (吨/年)	Sulphuric Acid (ton/year)					
烧碱 (吨/年)	Caustic Soda (ton/year)					
纯碱 (吨/年)	Soda Ash (ton/year)					
电石 (吨/年)	Calcium Carbide (ton/year)					
氮肥 (吨/年)	Nitrogrn Fertilizers (ton/year)					94
磷肥 (吨/年)	Phosphate Fertilizer (ton/year)					
钾肥 (吨/年)	Potash Fertilizer (ton/year)	254493	1637080	620130	3500	156750

6-8 续表2 continued

能力名称	Item	2014	2015	2016	2017	2018
朔料树脂及共聚物（吨/年）	Plastic Colophony and Polymer (ton/year)	1290	228012			
化学原料药（吨/年）	Chemical Medicinal Materials (ton/year)					
中成药（吨/年）	Traditional Chinese Medicine (ton/year)					
毛纺锭（锭）	Wool Spindles (unit)					
原盐（吨/年）	Salt (ton/year)					
机制纸（万吨/年）	Machine-made Paper (10 000 cu.m/year)					
移动通信基站设备（个/年）	Mobile Communicating Base Station Equipment (unit/year)					
程控交换机（万线/年）	Program-Controlled Telephone Exchange (10 000 lines/year)				1070	
新建公路（公里）	Length of New Highways (km)	6424	3475	2789	1652	830
#高速公路	Express Way	132		201	434	
一级公路	First Class		2	166	31	
二级公路	Second Class	41	26	146		21
改建公路（公里）	Length of Reconstructed Highways (km)	1790	2122	595	1696	1044
#高速公路	Express Way					
一级公路	First Class					
二级公路	Second Class	143			477	886
新建独立公路桥梁（延长米）	New-built Seoarate (Extended Length)	7042	6783	3751	1948	2149
新建独立公路桥梁（座）	Highway and Bridge (unit)	109	77	33	36	7
新(扩)建客、货运站（个）	Number of Newly-built or Expanded (unit)	18	10	5	4	0.8
新(扩)建客、货运站（平方米）	Passenger and Freight Stations (sq.m)	31688	10485	7951	4385	2703
民航机场跑道（条）	Civil Aviation Airport Runway (strip)					1
民航机场跑道（米）	Civil Aviation Airport Runway (metre)					1500
飞机购置（架）	Aircraft acquisition (frame)					2
城市自来水供水能力（万吨/日）	Tap Water Supply Capacity (10 000 tons / day)					0.13
城市污水处理能力（万吨/日）	Urban Sewage Treatment Capacity (10 000 tons / day)					27.1

6-9 1996-2018年500万元以上项目固定资产投资

Investment in Fixed Assets of Projects over 5 Million Yuan in Urban Area(1996-2018)

单位：比上年增长，%　　(Growth Over the Previous Year，%)

年份 Year / 地区 Region	施工项目 Number of Projects under Construction	新开工项目 Number of Projects Started This Year	全部建成投产项目 Number of Projects Completed and Put into Use	项目建成投产率 Rate of Construction Projects Completed and Put into Use (%)	固定资产投资额 Investment in Fixed Assets Assets	新增固定资产 Newly Increased Fixed Assets	交付使用率 Rate of Projects of Fixed Assets Completed and Put into Use (%)
1996	10.8	25.0	12.4	67.7	48.5	52.3	75.1
1997	-1.3	-13.2	-11.8	60.5	16.1	45.2	93.9
1998	15.6	20.0	5.8	55.3	18.6	-14.4	67.8
1999	8.8	-2.7	14.8	58.4	3.2	24.8	81.9
2000	6.6	21.7	7.7	58.9	-100.0	-23.9	48.3
2001	17.4	20.1	19.1	59.8		91.1	69.1
2002	9.0	8.8	11.3	61.0	19.3	-18.4	47.2
2003	8.6	13.5	-1.9	55.1	9.1	-19.6	34.8
2004	-0.5	-6.7	13.2	62.7	16.2	98.9	59.6
2005	12.1	0.8	8.5	60.7	13.8	2.7	53.8
2006	-3.1	3.7	13.6	71.1	25.5	92.0	82.3
2007	-9.5	-8.9	-22.5	60.9	15.9	-24.4	53.7
2008	7.0	1.0	12.0	63.8	13.0	30.2	61.9
2009	11.9	9.7	5.3	60.0	33.1	-9.9	41.8
2010	8.3	-14.5	-13.1	48.2	18.7	8.5	38.2
2011	1.2	28.4	-2.6	46.4	40.7	59.0	43.2
2012	28.3	17.8	46.8	53.1	42.4	53.9	46.7
2013	15.7	18.6	34.3	61.6	26.2	26.4	46.7
2014	4.0	9.9	10.6	65.5	17.9	11.7	44.3
2015	64.0	80.4	85.1	74.0	31.1	85.5	62.6
2016	15.8	19.9	13.4	72.4	9.7	-4.6	54.4
2017	12.8	6.5	18.2	75.9	11.2	38.6	67.8
2018	-36.3	-46.6	-82.5	14.6	12.8	55.8	78.4
西宁市 Xining City	-39.9	-53.4	-88.9	12.1	33.2	-15.9	25.6
海东市 Haidong City	-20.7	-27.9	-13.5	26.8	4.6	-0.4	66.1
海北州 Haibei Zang A.P	-44.4	-54.3	-97.1	3.7	-29.6	-80.4	47.3
黄南州 Huangnan Zang A.P	-38.2	-48.3	-91.0	9.3	22.4	-92.7	11.2
海南州 Hainan Zang A.P	-37.1	-53.2	-79.2	22.3	24.9	-15.6	65.3
果洛州 Golog Zang A.P	-23.7	-46.5	-71.4	7.4	10.0	-31.2	14.8
玉树州 Yushu Zang A.P	-42.9	-52.3	-88.6	13.9	17.5	-87.3	18.4
海西州 Haixi Mongolian & Zang A.P	-42.7	-40.0	-84.0	11.2	13.2	71.0	77.8
不分地区 Not Classified by Region	17.9	54.5	87.5	32.6	-1.8	590.0	183.8

6-10 2018年主要产品建设规模
Construction Size of Main Production(2018)

能力名称		Item		建设规模 Total Construction Size	本年施工规模 Under Construction This Year	本年新开工 Started This Year	累计新增 Accumulated Newly Increased	本年新增 Newly Increased This Year
原煤开采	(万吨/年)	Coal Mining	(10 000 tons / year)	490	40		400	40
天然原油开采	(万吒/年)	Petroleum Extraction	(10 000 tons / year)	56	53	52	44.7	44.7
天然气开采	(亿立方米/年)	Extraction of Natural Gas	(10 000 cu.m / year)					
铁矿开采(原矿)	(万吨/年)	Iron Ore Mining	(10 000 tons / year)	240				
铁矿选矿处理量	(万吨/年)	Iron Ore Dressing: Crude Ore Dressing	(10 000 tons / year)					
铁合金	(折标吨/年)	Iron Allo	(equivalent standard ton / year)					
铜采矿(原矿)	(万吨/年)	Copper Ore Mining	(10 000 tons / year)					
铜选矿:处理原矿	(万吨/年	Copper Ore Dressing: Crude Ore Processing						
铅锌采矿(原矿)	(万吨/年)	Plumbum / Zinc Ore Mining	(10 000 tons / year)					
电解铝	(吨/年)	Electrolytic Aluminum	(ton / year)					
铝加工	(吨/年)	Aluminum Processing	(ton / year)	4500	3000	3000	3000	3000
水力发电	(万二瓦)	Hydraulic Power	(10 000 KW)	137.7	17.7	17.7	17.7	17.7
火力发电	(万千瓦)	Fire Power	(10 000 KW)					
风力发电		Wind power generation		331	146	105	113	98
太阳能发电		Solar power generation		307.32	204.92	194.92	206.22	158.12
其他发电	(万千瓦)	Other Power	(10 000 KW)	1.1	1.1			
输电线路长度	(公里)	Length of Transmission Line	(km)	2425.8	2425.8	1628	112.8	112.8
水泥	(万吨/年)	Cement	(10000 tons / year)					
氮肥	(万吨/年)	Nitrogenous fertilizer		130000	94	94	120094	94
磷肥	(吨/年)	Phosphate Fertilizer	(ton / year)					
钾肥	(吨/年)	Potash Fertilizer	(ton / year)	1222650	156750	94050	1034550	156750
塑料树脂及共聚物	(吨/年)	Plastic resins and copolymers	(ton / year)	1139000			1130000	
毛纺锭	(锭)	Wool Spindles	(unit)					
新建公路	(公里)	Length of New Highways	(km)	3286.07	3090.68	548.48	1901.14	830.38
改建公路	(公里)	Length of Reconstructed Highways	(km)	3342.64	2696.64	588.64	1428.64	1043.64
新建独立公路	(延长米)	New-built Separate Highway	(Extended Length)	7133.33	4903.5	2999.6	2451	2149
桥梁	(座)	Bridge	(unit)	35	20	18	9	7
新(扩)建客、货运站	(个)	Number of Newly-builtor Expanded Passengerand FreightStations	(unit)	3	2.8	0.8	1.8	0.8
新(扩)建客、货运站	(平方米)	Number of Newly-builtor Expanded Passengerand Freight Stations	(sq.m)	7368.7	5958	4003	4658	2703
民航机场跑道	(条)	Civil Aviation Airport Runway	(strip)	1	1	1	1	1
民航机场跑道	(米)	Civil Aviation Airport Runway	(metre)	2500	1500	1500	1500	1500
飞机购置	(架)	Aircraft acquisition	(frame)	2	2	2	2	2
城市自来水供水能力	(万吨/日)	Tap Water Supply Capacity	(10 000 tons / day)	0.85	0.38	0.3	0.13	0.13
城市污水处理能力	(万吨/日)	Urban Sewage Treatment Capacity	(10 000 tons / day)	27.33	27.33	27.33	27.1	27.1

6-11 2018年按行业分500万元以上施工、投产项目个数

Number of Construction Projects over 5 Million Yuan under Construction and Projects Completed and Projects Put into Use by Sector(2018)

单位：个、% (unit，%)

行 业	Sector	施工项目 Number of Projects under Construction	新开工项目 Started This Year	全部建成投产项目 Number of Projects Completed and Put into Use	项目建成投产率 Rate of Projects Completed and Put into Use
总计	**Total**	**3584**	**1938**	**524**	**14.6**
农林牧渔业	**Agriculture, Forestry, Animal Husbandry and Fishery**	**340**	**242**	**74**	**21.8**
农业	Agriculture	80	58	16	20.0
采矿业	**Mining**	**41**	**30**	**11**	**26.8**
煤炭开采和洗选业	Mining and Washing of Coal	1			
石油和天然气开采业	Extraction of Petroleum and Natural Gas	2	2	1	50.0
黑色金属矿采选业	Mining and Processing of Ferrous Metal Ores	4	3	2	50.0
有色金属矿采选业	Mining and Processing of Non-Ferrous Metal Ores	12	9	5	41.7
制造业	**Manufacturing**	**433**	**217**	**38**	**8.8**
农副食品加工业	Processing of Food from Agricultural Products	38	21	2	5.3
食品制造业	Manufacture of Foods	70	27	5	7.1
饮料制造业	Manufacture of Beverages	24	9	4	16.7
烟草制品业	Manufacture of Tobacco				
纺织业	Manufacture of Textile	2	1		
纺织服装、鞋、帽制造业	Manufacture of Textile Wearing Apparel, Footwear and Caps	2	2		
皮革、毛皮、羽毛(绒)及其制品业	Manufacture of Leather, Fur, Feather and Related Products				
木材加工及木、竹、藤、棕、草制品业	Processing of Timber, Manufacture of Wood, Bamboo, Rattan, Palm and Straw Products	2			
家具制造业	Manufacture of Furniture	1			
造纸及纸制品业	Manufacture of Paper and Paper Products	1			
印刷业和记录媒介的复制	Printing, Reproduction of Recording Media	2	1		
文教体育用品制造业	Manufacture of Articles For Culture, Education and Sport Activities	6	5		
石油加工、炼焦及核燃料加工业	Processing of Petroleum, Coking, Processing of Nuclear Fuel	3	3		
化学原料及化学制品业	Manufacture of Raw Chemical Materials and Chemical Products	55	27	9	16.4
医药制造业	Manufacture of Medicines	25	6		
化学纤维制造业	Manufacture of Chemical Fibres	1	1		
橡胶和塑料制品业	Manufacture of Rubber and Manufacture of Plastics	5	3		
非金属矿物制品业	Manufacture of Non-metallic Mineral Products	47	33	5	10.6
黑色金属冶炼及压延加工业	Smelting and Pressing of Ferrous Metals	15	12	2	13.3
有色金属冶炼及压延加工业	Smelting and Pressing of Non-ferrous Metals	42	19	7	16.7

6-11 续表 continued

单位：个、% (unit，%)

行业	Sector	施工项目 Number of Projects under Construction	新开工项目 Started This Year	全部建成投产项目 Number of Projects Completed and Put into Use	项目建成投产率 Rate of Projects Completed and Put into Use
金属制品业	Manufacture of Metal Products	10	3	2	20.0
通用设备制造业	Manufacture of General Purpose Machinery	8	6	1	12.5
专用设备制造业	Manufacture of Special Purpose Machinery	11	9		
交通运输设备制造业	Manufacture of Transport Equipment	1	1		
电气机械及器材制造业	Manufacture of Electrical Machinery and Equipment	45	21	1	2.2
通信设备、计算机及其他电子设备制造业	Manufacture of Communication Equipment, Computers and Other Electronic Equipment	4	3		
仪器仪表及文化、办公用机械制造业	Manufacture of Measuring Instruments and Machinery for Cultural Activity and Office Work	3			
工艺品及其他制造业	Manufacture of Artwork and Other Manufacturing	5	2		
废弃资源综合利用业	Recycling and Disposal of Waste	4	2		
电力燃气水的生产供应业	**Production and Supply of Electricity, Gas and Water**	**235**	**151**	**46**	**19.6**
电力、热力的生产和供应业	Production and Supply of Electric Power and Heat Power	180	119	44	24.4
建筑业	**Construction**	**225**	**101**	**23**	**10.2**
交通运输、仓储和邮政业	**Transport, Storage and Post**	**294**	**125**	**56**	**19.0**
仓储业	Storage	23	7	5	21.7
邮政业	Post	1		1	100.0
信息传输、计算机服务和软件业	**Information Transmission, Computer Services and Software**	**33**	**22**	**4**	**12.1**
批发和零售业	**Wholesale and Retail Trades**	**38**	**17**	**6**	**15.8**
住宿和餐饮业	**Hotels and Catering Services**	**50**	**25**	**13**	**26.0**
金融业	**Financial Intermediation**	**4**	**1**	**1**	**25.0**
房地产业	**Real Estate**	**199**	**72**	**33**	**16.6**
租赁和商务服务业	**Leasing and Business Services**	**59**	**23**	**5**	**8.5**
科学研究、技术服务和地质勘查业	**Scientific Research, Technical Service and Geologic Prospecting**	**22**	**14**	**3**	**13.6**
水利、环境和公共设施管理业	**Management of Water Conservancy, Environment and Public Facilities**	**916**	**533**	**107**	**11.7**
居民服务和其他服务业	**Services to Households and Other Services**	**44**	**32**	**7**	**15.9**
教育	**Education**	**221**	**115**	**26**	**11.8**
卫生和社会工作	**Health, Social Work**	**118**	**53**	**17**	**14.4**
文化、体育和娱乐业	**Culture, Sports and Entertainment**	**137**	**83**	**23**	**16.8**
公共管理、社会保障和社会组织	**Public Management, Social Security and Social Organization**	**175**	**82**	**31**	**17.7**
国际组织	**International Organizations**				

6-12 1985-2018年农村个人固定资产投资和建房
Individual Investment in Fixed Assets and Building Construction in Rural Area(1985-2018)

年份 Year	投资总额(万元) Total Investment (10 000yuan)	按投资来源分 By Sources of Funds			按投资方向分 By Investment Orientation			施工房屋建筑面积(万平方米) Floor Space of Buildings under Construction (10 000 sq.m)	竣工房屋建筑面积(万平方米) Floor Space of Buildings Completed (10 000 sq.m)	住宅 Residential Buildings	竣工房屋造价(元/平方米) Value of Buildings Completed (yuan/sq.m)	住宅 Residential Buildings
		国内贷款 Domestic Loans	自筹资金 Self-raising Funds	其他资金 Others	第一产业 Primary Industry	第二产业 Secondary Industry	第三产业 Tertiary Industry					
1985	9567							211.77	214.63	206.04		
1986	9467							109.31	109.31	109.31		
1987	11388							596.78	192.13	160.11		
1988	19950							167.82	167.82	126.60		
1989	17508							151.95	148.98	140.04		
1990	14747							124.64	121.60	112.48		
1991	16079							197.36	197.36	181.94		
1992	18259							113.00	113.00	113.00		
1993	31972							208.66	189.69	145.43		
1994	30580							176.25	176.25	163.96		
1995	35128							122.50	122.50	115.65		
1996	37359							150.41	150.41	122.90		
1997	36965							149.00	147.93	130.90		
1998	41852							198.09	198.09	172.37		
1999	40441							142.00	137.00	129.00	138.58	140.57
2000	77197	9124	62334	5739	11970	2085	63142	197.07	197.07	197.07	158.76	164.39
2001	81595	3509	74823	3264	18992	4018	58585	181.89	180.70	160.56	163.36	170.58
2002	98620	30474	63215	4931	19261	408	78951	141.45	141.28	127.05	181.06	176.11
2003	93563	9833	76727	7002	47676		45887	233.72	217.53	196.92	175.70	175.38
2004	97231	3563	87921	5748	46519	1685	49027	171.02	168.86	154.07	208.87	212.46
2005	101134	2899	85496	12739	30844	544	69746	252.74	252.74	201.03	217.44	250.72
2006	114113	1740	108697	3676	37755	393	75965	281.56	276.15	184.81	252.75	323.32
2007	140144	9198	126411	4536	41455	781	97908	257.34	252.80	219.70	328.79	361.00
2008	173472	13076	150996	9400	40129	652	132691	225.56	224.68	180.67	374.68	433.68
2009	229781	20083	209698		39770	689	189322	378.71	370.15	302.98	446.10	506.52
2010	494295	27300	404675	62320	45276	566	448453	710.42	707.52	661.72	559.97	578.32
2011	696640	136468	420730	139442	71336	561	624743	808.80	771.60	719.30	709.26	742.97
2012	747560	53743	567929	125889	57314	20254	669992	824.17	744.00	665.00	739.26	804.60
2013	760784	68804	587018	104962	65112	5269	690403	802.20	733.00	665.43	788.30	836.01
2014	723164	92480	537103	93581	61494	22637	639033	750.59	723.54	654.66	794.23	824.56
2015	664618	95165	476530	92923	41185	8459	614974	741.71	670.09	614.71	789.11	808.26
2016	725424	87662	475596	162166	51617	3082	670725	717.10	663.90	635.90	908.05	919.88
2017	636922	106758	408391	121773	40244	2721	593957	624.38	598.20	569.53	944.37	956.67
2018	543581	39645	270001	233935	53712	1048	488821	499.28	492.10	452.16	903.75	932.32

注：本表为抽样调查数。

a) Data in this table are taken from sample survey.

6-13 2014-2018年房地产开发主要指标

Main Indicators of Real Estate Development(2014-2018)

指　标	Item	2014	2015	2016	2017	2018
企业个数 (个)	**Number of Enterprises (unit)**	**325**	**330**	**353**	**321**	**293**
内资	Domestic Funded	322	329	352	318	292
国有	State-owned Enterprises	3	3	4	12	
集体	Collective-owned Enterprises					
港澳台投资	Enterprises with Funds from Hong Kong, Macao and Taiwan	2			2	
外商投资	Foreign Funded	1	1	1	1	1
年末从业人数 (人)	**Average Number of Employed Persons (persons)**	**10374**	**10449**	**10940**	**10095**	**9257**
内资	Domestic Funded	10311	10421	10913	10027	9231
国有	State-owned Enterprises	239	106	149	893	
集体	Collective-owned Enterprises					
港澳台投资	Enterprises with Funds from Hong Kong, Macao and Taiwan	27			41	
外商投资	Foreign Funded	36	28	27	27	26
土地开发及购置(万平方米)	**Land Development and Purchase (10 000 sq.m)**					
本年土地购置面积	Land Space Purchased This Year	99.87	48.35	18.52	44.86	56.39
本年完成投资额 (亿元)	**Investment Completed This Year(100 million yuan)**	**308.3**	**336.0**	**396.9**	**408.6**	**351.8**
住宅	Residential Buildings	190.7	201.4	227.8	213.7	215.9
资金来源小计 (亿元)	**Sources of Funds (100 million yuan)**	**351.1**	**361.0**	**423.3**	**412.0**	**335.3**
国内贷款	Domestic Loans	51.6	72.9	71.6	70.1	45.5
利用外资	Foreign Investment					
自筹资金	Self-raising Fund	139.4	153.8	197.2	199.1	127.4
定金及预收款	Deposit and Pre Payment					100.1
个人按揭贷款	Individual Mortgage Loans					43.2
其他到位资金	Others					19.1
房屋建筑面积 (万平方米)	**Floor Space of Buildings (10 000 sq.m)**					
施工面积	Floor Space under Construction	2545.9	2585.6	2847.7	2936.7	2538.8
竣工面积	Floor Space Completed	559.5	454.4	386.7	440.9	317.7
住宅	Residential Buildings	447.5	320.8	231.2	229.5	185.8
商品房销售面积(万平方米)	**Floor Space of Commercialized Buildings Sold (10 000 sq.m)**	**415.8**	**393.0**	**437.9**	**494.0**	**447.4**
住宅	Residential Buildings	362.9	329.7	373.0	399.6	376.9
商品房平均销售价格 (元/平方米)	**Selling Price of Commercialized Buildings (yuan/sq.m)**	**5081**	**5242**	**5400**	**6001**	**6476**
住宅	Residential Buildings	4294	4241	4612	5298	5941
实收资本合计 (亿元)	**Total Capital Held (100 million yuan)**	**131.9**	**158.5**	**198.5**	**154.5**	**132.8**
资产负债率 (%)	**Ratio of Liabilities to Assets (%)**	**85.4**	**85.7**	**84.1**	**84.5**	**87.2**
营业收入 (亿元)	**Total Revenue (100 million yuan)**	**159.0**	**116.7**	**260.3**	**139.9**	**159.3**
主营业务收入	Revenue from Principal Business	153.0	112.0	258.9	136.2	144.4
土地转让收入	Land Transferred	0.55	1.49	0.19	0.12	0.29

6-14 2000-2018年按用途分房地产开发企业(单位)投资额

Investment Actually Completed by Enterprises for Real Estate Development by Use (2000-2018)

单位：万元　　　　(10 000 yuan)

年份 地区 Year Region	本年完成投资额 Investment Completed This Year	住宅 Residential Buildings	办公室 Office	商业营业用房 Houses for Business Use	其他 Others
2000	134990	81416	8369	24031	21174
2001	153558	85985	11482	28707	27384
2002	169171	94830	14657	13913	45771
2003	223121	154604	21610	21205	25702
2004	262394	166081	27476	35841	32996
2005	291130	165786	19280	43828	62236
2006	311794	229397	7414	48459	26524
2007	342057	280506	7094	31633	22824
2008	511881	428812	5227	38627	39215
2009	728499	545720	7221	40297	135261
2010	1081887	752005	21522	158326	150034
2011	1447986	902274	39733	290551	215428
2012	1896795	1411006	33642	268742	183405
2013	2476138	1597196	167543	444914	266485
2014	3082702	1906743	273158	642797	260004
2015	3359998	2013766	374264	646196	325772
2016	3969204	2277750	325052	960228	406174
2017	4085865	2136640	334624	970840	643761
2018	3518188	2158873	164442	713064	481809
西宁市 Xining City	2922514	1753288	162456	585587	421183
海东市 Haidong City	489559	323806	1257	107610	56886
海北州 Haibei Zang A.P	38143	24629		12654	860
海南州 Hainan Zang A.P	14580	11993		1843	744
海西州 Haixi Mongolian & Zang A.P	52042	45157	654	4095	2136
黄南州 Huangnan Zang A.P	1350		75	1275	

6-15 2000-2018年房地产开发企业(单位)资金来源

Sources of Funds of Enterprises for Real Estate Development(2000-2018)

单位：万元 (10 000 yuan)

年 份 地 区 Year Region	本年资金来源小计 Total Funds This Year	国内贷款 Domestic Loans	利用外资 Foreign Investment	外商直接投资 Foreign Direct Investment	自筹资金 Self-raising Funds	其他资金来源 Others
2000	128862	21719	3105	3105	85719	18319
2001	164288	27458	2239	2239	98673	35918
2002	179958	25469	5001	3241	93406	56032
2003	230688	41998	3550	3550	97984	85056
2004	409130	59935	3175	3175	187639	155477
2005	309008	20764	375	375	185255	102614
2006	357658	35338	250		239909	82161
2007	443366	82493			218491	142382
2008	599312	102594			410936	85782
2009	887388	131286			470715	285387
2010	1248374	269021	23248	23248	567846	388259
2011	1670483	171335	15276	15276	795017	508995
2012	2284477	373912			1133544	777021
2013	2590856	444349			1179734	966773
2014	3510695	515589			1393612	1601494
2015	3610382	729430			1537963	1342989
2016	4232471	715784			1971709	1544978
2017	4120237	700860			1991255	1428122
2018	3353220	455421			1273725	1624074
西宁市 Xining City	2796926	436204			925250	1435472
海东市 Haidong City	410207	16517			282773	110917
海北州 Haibei Zang A.P	38143	2700			25416	10027
海南州 Hainan Zang A.P	15445				4730	10715
海西州 Haixi Mongolian & Zang A.P	86009				33774	52235
黄南州 Huangnan Zang A.P	6490				1782	4708

6-16 2000-2018年房地产开发建设房屋建筑面积和造价
Floor Space and Cost of Buildings Developed for Real Estate Development(2000-2018)

年份 地区 Year Region	施工房屋面积（万平方米） Floor Space of Buildings under Construction (10 000 sq.m)	竣工房屋面积（万平方米） Floor Space of Buildings Completed (10 000 sq.m)	房屋建筑面积竣工率 Rate of Floor Space of Buildings Completed (%)	竣工房屋价值（万元） Value of Buildings Completed (10 000 yuan)	竣工房屋造价（元/平方米） Cost of Buildings Completed (yuan/sq.m)
2000	218.6	74.3	34.0	74089	998
2001	267.6	106.0	39.6	92126	869
2002	342.4	133.6	39.0	133285	998
2003	412.1	157.0	38.1	152522	972
2004	511.0	240.6	47.1	267381	1111
2005	422.9	104.1	24.6	126588	1216
2006	457.8	133.1	29.1	174446	1311
2007	584.2	171.2	29.3	248771	1453
2008	698.2	225.3	32.3	359510	1596
2009	900.4	182.0	20.2	285579	1569
2010	1424.2	267.7	18.8	498434	1862
2011	1666.1	520.5	31.2	1268417	2437
2012	1891.2	416.2	22.0	1078925	2592
2013	2376.6	592.6	24.9	1607565	2713
2014	2545.9	559.5	22.0	1601984	2863
2015	2585.6	454.4	17.6	1203598	2649
2016	2847.7	386.7	13.6	1113944	2881
2017	2936.7	440.9	15.0	1374764	3118
2018	2538.8	317.7	12.5	1368213	
西宁市 Xining City	1875.9	231.9	12.4	1176454	
海东市 Haidong City	508.2	60.5	11.9	142020	
海北州 Haibei Zang A.P	34.6	10.3	29.8	26863	
海南州 Hainan Zang A.P	6.6				
海西州 Haixi Mongolian & Zang A.P	103.0	15.0	14.6	22876	
黄南州 Huangnan Zang A.P	10.4				

6-17 2000-2018年按用途分房地产开发企业(单位)新开工房屋面积
Floor Space of Buildings Started This Year by Enterprises for Real Estate Development by Use(2000-2018)

单位：万平方米 (10 000 sq.m)

年份 地区 Year Region	本年新开工房屋面积 Floor Space Started This Year	住宅 Residential Buildings	办公楼 Office Buildings	商业营业用房 Houses for Business Use	其他 Others
2000	127.88	96.44	7.51	21.40	2.53
2001	127.62	84.29	12.43	30.19	0.71
2002	168.08	135.14	16.34	13.91	2.69
2003	236.34	185.34	17.00	30.84	3.15
2004	199.86	169.78	8.42	17.60	4.07
2005	243.06	201.04	11.56	26.43	4.03
2006	209.89	173.44	8.06	25.38	3.01
2007	273.99	242.04	7.69	18.05	6.21
2008	299.11	274.96	1.40	19.45	3.30
2009	505.13	423.61	3.53	57.28	20.71
2010	700.67	568.91	17.26	69.48	45.03
2011	532.33	447.78	6.51	43.73	34.32
2012	772.90	605.33	7.79	97.38	62.41
2013	859.76	599.85	43.75	123.41	92.75
2014	694.77	406.66	53.11	149.39	85.61
2015	785.52	493.51	47.29	130.33	114.39
2016	870.10	524.82	47.97	191.01	106.30
2017	714.37	381.29	45.31	174.24	113.53
2018	504.04	326.33	7.48	87.67	82.55
西宁市 Xining City	332.39	213.39	7.27	51.74	59.99
海东市 Haidong City	140.87	91.13	0.07	27.87	21.80
海北州 Haibei Zang A.P	14.79	11.08		3.33	0.37
海南州 Hainan Zang A.P	0.47	0.38		0.09	
海西州 Haixi Mongolian & Zang A.P	14.33	10.35	0.14	3.45	0.39
黄南州 Huangnan Zang A.P	1.20			1.20	

6-18 2000-2018年按用途分的商品房屋实际销售面积
Actually Floor Space of Commercialized Buildings Sold by Use(2000-2018)

单位：万平方米 (10 000 sq.m)

年份 地区 Year Region	房屋销售面积 Floor Space of Commercialized Buildings Sold	住宅 Residential Buildings	办公楼 Office Buildings	商业营业用房 Houses for Business Use	其他 Others
2000	39.91	36.84	0.37	2.50	0.20
2001	33.66	31.86	0.08	1.57	0.15
2002	68.04	61.17	1.08	3.24	2.54
2003	83.51	70.34	4.14	8.27	0.76
2004	145.76	125.05	8.65	11.18	0.87
2005	121.04	108.46	8.73	3.57	0.28
2006	119.69	110.96	1.87	6.21	0.66
2007	154.53	147.34	1.60	5.26	0.34
2008	147.89	141.23	0.94	5.55	0.18
2009	216.82	208.02	1.38	6.63	0.79
2010	281.04	266.43	1.00	13.21	0.41
2011	359.56	342.56	1.48	14.81	0.71
2012	262.96	246.86	0.21	15.48	0.41
2013	381.56	369.70	0.69	10.27	0.90
2014	415.77	362.92	8.10	40.18	4.57
2015	392.96	329.71	23.74	32.27	7.24
2016	437.85	373.03	19.13	34.97	10.72
2017	494.04	399.57	26.98	58.28	9.21
2018	447.40	376.86	8.83	52.32	9.38
西宁市 Xining City	332.22	274.02	8.38	42.38	7.44
海东市 Haidong City	88.39	79.21		7.49	1.68
海北州 Haibei Zang A.P	10.32	8.00		2.32	
海南州 Hainan Zang A.P	0.78	0.78			
海西州 Haixi Mongolian & Zang A.P	15.26	14.43	0.45	0.11	0.27
黄南州 Huangnan Zang A.P	0.43	0.41		0.02	

6-19 2000-2018年按用途分的商品房屋实际销售额
Actually Sale of Commercialized Buildings by Use(2000-2018)

单位：万元 (10 000 yuan)

年份 地区 Year Region	房屋销售额 Total Sale of Buildings	住宅 Residential Buildings	办公楼 Office Buildings	商业营业用房 Houses for Business Use	其他 Others
2000	49413	41847	1395	5633	538
2001	40670	35796	167	4452	255
2002	87898	71375	1420	11845	3258
2003	122365	94398	8807	18820	340
2004	241004	183485	22682	33500	1337
2005	221768	182320	24132	14706	610
2006	229877	204230	4689	20267	691
2007	357123	324986	4924	26783	430
2008	363745	336669	3083	23531	462
2009	545761	508048	4949	31882	882
2010	844416	770999	2183	69964	1270
2011	1167878	1058522	2578	103981	2797
2012	1064592	911437	1395	150192	1568
2013	1588392	1462925	4067	118301	3099
2014	2112694	1558318	66418	470249	17709
2015	2059969	1398329	228392	413459	19789
2016	2364421	1720566	130616	461798	51441
2017	2964953	2117069	216501	596426	34957
2018	2897449	2238923	72941	543375	42210
西宁市 Xining City	2429686	1845087	70552	476375	37672
海东市 Haidong City	385644	325726		56373	3545
海北州 Haibei Zang A.P	34908	25564		9344	
海南州 Hainan Zang A.P	2436	2436			
海西州 Haixi Mongolian & Zang A.P	43241	38743	2389	1116	993
黄南州 Huangnan Zang A.P	1534	1367		167	

6-20　2000-2018年按用途分的商品房屋平均销售价格
Average Selling Price of Commercialized Buildings by Use (2000-2018)

单位：元/平方米　　　　(yuan/sq.m)

年　份 地　区 Year Region	房屋平均 销售价格 Average Selling Price of Buildings	住　宅 Residential Buildings	办公楼 Office Buildings	商业营业 用　房 Houses for Business Use	其　他 Others
2000	1238	1136	3770	2257	2662
2001	1208	1124	2174	2841	1700
2002	1292	1167	1311	3651	1004
2003	1465	1342	2127	2276	447
2004	1653	1460	7331	2995	1537
2005	1832	1681	2766	2802	1636
2006	1921	1840	2512	3266	1054
2007	2311	2206	3075	5093	1279
2008	2460	2384	3280	4240	2567
2009	2517	2442	3581	4805	112
2010	3005	2894	2183	5296	3098
2011	3248	3090	1742	7021	3939
2012	4048	3692	6643	9702	3824
2013	4163	3957	5862	11523	3436
2014	5081	4294	8200	11704	3875
2015	5242	4241	9621	12812	2733
2016	5400	4612	6828	13206	4799
2017	6001	5298	8024	10234	3796
2018	6476	5941	8261	10386	4500
西宁市 Xining City	7313	6733	8419	11241	5063
海东市 Haidong City	4363	4112		7526	2110
海北州 Haibei Zang A.P	3383	3196		4028	
海南州 Hainan Zang A.P	3123	3123			
海西州 Haixi Mongolian & Zang A.P	2834	2685	5309	10145	3678
黄南州 Huangnan Zang A.P	3567	3334		8350	

主要统计指标解释

固定资产投资　是以货币形式表现的在一定时期内全社会建造和购置固定资产的工作量以及与此有关的费用的总称。该指标是反映固定资产投资规模、结构和发展速度的综合性指标,又是观察工程进度和考核投资效果的重要依据。按登记注册类型可分为国有、集体、个体、联营、股份制、外商、港澳台商、其他等。统计内容是指各种登记注册类型的法人单位及个体经营进行的计划总投资500万元及以上项目投资和全部房地产开发投资情况。不包括农户投资。

房地产开发投资　指各种登记注册类型的房地产开发法人单位统一开发的住宅、厂房、仓库、饭店、宾馆、度假村、写字楼、办公楼等房屋建筑物和配套的服务设施,土地开发工程(如道路、给水、排水、供电、供热、通讯、平整场地等基础设施工程)和土地购置的投资;不包括单纯的土地开发和交易活动。

建设总规模　是指在报告期内所有施工项目的计划总投资。这个指标和施工项目相对应。

在建总规模　是指在报告期末所有在建项目的计划总投资。

在建净规模　是指报告期末所有在建项目建成投产尚需的投资总量。

在建净规模=在建总规模-未投产项目(期末在建)累计完成投资。

固定资产投资的资金来源　根据固定资产投资的资金来源不同,分为国家预算资金、国内贷款、债券、利用外资、自筹资金和其他资金。

(1)**国家预算资金**:指各级政府用于固定资产投资的财政资金,包括中央预算资金和地方预算资金。

国家预算包括一般预算、政府性基金预算、国有资本经营预算和社保基金预算。各类预算中用于固定资产投资的资金全部作为国家预算资金填报,其中一般预算中用于固定资产投资的部分包括基建投资、车购税、灾后恢复重建基金和其他财政投资。各级政府债券也应归入国家预算资金。

(2)**国内贷款**:指报告期固定资产投资项目单位向银行及非银行金融机构借入用于固定资产投资的各种国内借款,包括银行利用自有资金及吸收存款发放的贷款、上级主管部门拨入的国内贷款、国家专项贷款(包括煤代油贷款、劳改煤矿专项贷款等),地方财政专项资金安排的贷款、国内储备贷款、周转贷款等。

(3)**债券**:指企业或金融机构为筹集用于固定资产投资的资金向投资者出具的承诺按一定发行条件还本付息的债务凭证,包括金融债券和企业债券。金融债券是由银行和非银行金融机构发行的债券。在我国目前金融债券主要分两类,一是由国家开发银行、进出口银行等政策性银行发行的政策性金融债券,二是由商业银行、证券公司、财务公司等商业性金融机构发行的商业金融债券。企业债券是工商企业依照法定程序发行的债券。公司债券的发行主体可以是股份公司也可以是非股份公司,可以是上市公司也可以是非上市公司,包括依据《企业债券管理条例》发行的企业债券、依据《公司法》发行的上市公司债券、依据中国人民银行规章发行的中期票据等。

(4)**利用外资**:指报告期收到的境外(包括外国及港澳台地区)资金(包括设备、材料、技术在内)。包括对外借款(外国政府贷款、国际金融组织贷款、出口信贷、外国银行商业贷款、对外发行债券和股票)、外商直接投资、外商其他投资(包括补偿贸易、加工装配由外商提供的设备价款、国际租赁,外商投资收益的再投资资金)。不包括我国自有外汇资金(国家外汇、地方外汇、留成外汇、调济外汇和中国境内银行自有资金发放的外汇贷款等)。各类外资按报告期的外汇牌价(中间价)折成人民币计算。

(5)**自筹资金**:指在报告期内筹集的用于项目建设和购置的资金。包括自有资金、股东投入资金和借入资金,但不包括各类财政性资金、从各类金融机构借入资金和国外资金。

(6)**其他资金来源**:指在报告期收到的除以上各种资金之外的用于固定资产投资的资金。包括社会集资、个人资金、无偿捐赠的资金及其他单位拨入的资金等。

固定资产投资按国民经济行业分　根据建设项目建成投产后的主要产品种类或主要用途及社会经济活动性质种类来确定国民经济行业。一般情况下,一个建设项目只能属于一种国民经济行业。

固定资产投资按隶属关系分　根据本单位隶属于哪一级行政管理单位可分为:中央、地方和其他。中央与地方双重领导的单位,以领导为主的一方来划分中央属或地方属。

固定资产投资按建设性质分　指固定资产再生产的性质,按整个建设项目的具体情况确定。一个建设项目只能有一种建设性质。

(1)**新建**:指从无到有"平地起家"开始建设的项目。现有企业、事业、行政单位投资的项目一般不属于新建。但如有的单位原有基础很小,经过建设后新增的固定资产价值超过该企业、事业、行政单位原有固定资产价值(原值)三倍以上的,也应作为新建。

(2)**扩建**:指为扩大原有产品的生产能力(或效益)或增加新的产品生产能力,而增建的生产车间(或主要工程)、分厂、独立的生产线等项目。行政、事业单位在原单位增建业务性用房(如学校增建教学用房、医院增建门诊部、病房等)也作为扩建。

现有调查单位为扩大原有主要产品生产能力或增加新的产品生产能力,增建一个或几个主要生产车间(或主要工程)、分厂,同时进行一些更新改造工程的,也应作为扩建。

(3)**改建和技术改造**:指对原有设施进行技术改造或更新(包括相应配套的辅助性生产、生活福利设施)的建设项目。改建项目包括调查单位为适应市场变化的需要,而改变的主要产品种类(如军工企业转民用产品等)的建设项目;原有产品生产作业线由于各工序(车间)之间能力不平衡,为填平补齐充分发挥原有生产能力而增建但不增加主要产品生产能力的建设项目。技术改造是指调查单位在现有基础上用先进的技术代替落后的技术，用先进的工艺和装备代替落后的工艺和装备，以改变企业落后的技术经济面貌，实现以内涵为主的扩大再生产，达到提高产品质量、促进产品更新换代、节约能源、降低消耗、扩大生产规模、全面提高社会经济效益的目的。

技术改造具体包括以下内容：机器设备和工具的更新改造；生产工艺改革、节约能源和原材料的改造；厂房建筑和公共设施的改造；保护环境进行的“三废”治理改造；劳动条件和生产环境的改造等。

(4)**单纯建造生活设施**：指在不扩建、改建生产性工程和业务用房的情况下，单纯建造职工住宅、托儿所、子弟学校、医务室、浴室、食堂等生活设施的项目。

(5)**迁建**：指为改变生产能力布局或由于城市环境保护和安全生产的需要等原因而搬迁到另地建设的项目。在搬迁另地的建设过程中，不论是维持原来规模还是扩大规模都按迁建来统计。

(6)**恢复**：指因自然灾害、战争等原因，使原有固定资产全部或部分报废，以后又投资恢复建设的项目。不论是按原规模恢复还是在恢复的同时进行扩建的都按恢复项目统计。尚未建成投产的建设项目因自然灾害而损坏重建的，仍按原有建设性质划分。

(7)**单纯购置**：指单纯购置不需要安装的设备、工具、器具而不进行工程建设的项目。有些调查单位当年虽然只从事一些购置活动，但其设计中规定有建筑安装活动，应根据设计文件的内容来确定建设性质，不得作为单纯购置统计。

固定资产投资按构成分　固定资产投资活动按其工作内容和实现方式分为建筑工程、安装工程，设备工器具购置、其他费用四个部分。

(1)**建筑工程**：指各种房屋、建筑物的建造工程，又称建筑工作量。这部分投资额必须兴工动料，通过施工活动才能实现，是固定资产投资额的重要组成部分。

(2)**安装工程**：指各种设备、装置的安装工程，又称安装工作量。

(3)**设备工器具购置**：指报告期内购置或自制的，达到固定资产标准的设备、工具、器具的价值。

(4)**其他费用**：指在固定资产建造和购置过程中发生的，除建筑安装工程和设备、工器具购置投资完成额以外的应当分摊计入固定资产投资项目的费用，不指经营中财务上的其他费用。用于项目建设的贷款的利息支出，在项目建设期应纳入固定资产投资统计，项目建成投产后不应纳入固定资产投资统计。

在建项目　指项目本年正式进行过建筑或安装施工活动，但在报告期末尚未建成投产，处于建设阶段。包括本期施工项目，也包括以前年度施过工结转到本期尚未开工的建设项目。

全部投产　指项目按计划规定的生产能力(或效益)在报告期内全部建成，经验收合格或达到竣工验收标准。

新增生产能力(或工程效益)名称　指建成投产项目或工程新增生产能力(或工程效益)的名称。基层单位要将建成投产项目或工程的全部生产能力(或工程效益)，按《新增生产能力(或工程效益)目录及代码》规定的名称及代码填写。

建设规模　指建设项目或工程设计文件中规定的全部设计能力(或工程效益)。包括已经建成投产和尚未建成投产的工程的生产能力(或工程效益)。它是以实物形态表示固定资产投资规模的指标，反映建设项目或工程全部建成投产(或交付使用)后，能够为社会提供多少设计能力(或工程效益)。

房屋建筑面积及价值　以房屋单位工程(栋)为核算对象，不是按各栋施工房屋中部分或层次分割计算。各种房屋如厂房、仓库、办公室、住宅、商店、学校、医院、俱乐部、食堂、招待所等都应计算房屋建筑面积，但购买钢结构组装的房屋不应计算房屋施工面积。

房屋施工面积　指报告期内施工的全部房屋建筑面积。包括本期新开工的房屋建筑面积、上期跨入本期继续施工的房屋建筑面积、上期停缓建在本期恢复施工的房屋建筑面积、本期竣工的房屋建筑面积以及本期施工后又停缓建的房屋建筑面积。多层建筑应填各层建筑面积之和。

房屋竣工面积　指报告期内房屋建筑按照设计要求已全部完工，达到住人和使用条件，经验收鉴定合格或达到竣工验收标准，可正式移交使用的各栋房屋建筑面积的总和。

房屋竣工价值　指报告期内按规定已经上报竣工的房屋本身的建造价值。一般按房屋设计和预算规定的内容计算。包括竣工房屋本身的基础、结构、屋面、装修以及水、电、卫等附属工程的建筑价值；也包括作为房屋建筑组成部分而列入房屋建筑工程预算内的设备(如电梯、通风设备等)的购置和安装费用。不包括厂房内的工艺设备、工艺管线的购置和安装，工艺设备基础的建造；室外的水、暖、电、卫、道路工程、挡土墙等环境工程的费用；办公和生活用家具的购置等费用；购置土地的费用；迁移补偿费和场地平整的费用及城市建设配套投资。

项目建成投产率　指一定时期内全部建成投产项目个数与同期施工项目个数的比率。该指标是从建设单位建设速度的角度反映投资效果的指标。

固定资产交付使用率　指一定时期新增固定资产与同期完成投资额的比率。该指标是反映固定资产动用速度，衡量建设过程中宏观投资效果的综合指标。由于新增固定资产是较长时期内形成的结果，而投资额则是当年完成的，因此，该指标一般适宜于反映较长时期内固定资产的动用情况。

商品房销售面积　指报告期内出售商品房屋的合同总面积(即双方签署的正式买卖合同中所确定的建筑面积)。由现房销售建筑面积和期房销售建筑面积两部分组成。

商品房销售额　指报告期内出售商品房屋的合同总价款(即双方签署的正式买卖合同中所确定的合同总价)。该指标与商品房销售面积同口径，由现房销售额和期房销售额两部分组成。

Explanatory Notes on Main Statistical Indicators

Investment in Fixed Assets refers to the sum total of the amount of construction and purchase of fixed assets and the related expenses in a certain period of time. This index is not only a comprehensive index reflecting the scale, structure and development speed of fixed assets investment, but also an important basis for observing project progress and evaluating investment effect. It is the investment in construction projects with a total planned investment of 5 million yuan and over by enterprises of various ownerships, institutions, administrative units and urban self – employed individuals, and the investment in real estate development in both urban and rural areas. Since 2011, it covers the urban investment in fixed assets under the previous statistical coverage plus project investments by rural enterprises and institutions, excluding rural household.

Investment in Real Estate Development refers to the investment made by real estate development companies in the construction of housing, development of land, nonprofit buildings and value of land purchased.

Total construction scale refers to the total planned investment of all construction projects during the reporting period. This index corresponds to the construction project.

Total construction scale refers to the total planned investment of all projects under construction at the end of the reporting period.

Net scale under construction refers to the total amount of investment needed for the completion and operation of all projects under construction at the end of the reporting period.

Net scale under construction = total scale under construction – accumulated investment completed for projects not in production (under construction at the end of the period).

Actual Funds in Place for Investment in Fixed Assets are categorized as funds from the State budget, domestic loans, foreign investment, self – raised funds, and others, depending on the sources of investment.

(1) Fund from the State budget: State budget consists of general budget, government fund budget, operation budget of state – owned assets and social security fund budget. Funds for investment in fixed assets from various budgets are reported as fund from the state budget, of which, the general budget utilized on fixed assets investment includes investment on infrastructure construction, vehicle purchase tax, post – disaster restoration and reconstruction funds and other financial investment. Government bonds at all levels should also be included.

(2) Domestic loans refer to loans of various forms borrowed by investing units from banks and non – bank financial institutions during the reference period for the purpose of investment in fixed assets, including loans issued by banks from their self – owned funds and deposit, loans appropriated by higher responsible authorities, special loans by government (including loan for substituting petroleum with coal, special loans for reform – through – labor coal mines), loans arranged by local government from special funds, domestic reserve loan, and revolving loan, etc.

(3) Bonds refer to debt certificates issued by enterprises or financial institutions to investors in order to raise funds for fixed asset investment, including financial bonds and corporate bonds, which promise to repay the principal and interest under certain issuing conditions. Financial bonds are bonds issued by Banks and non – bank financial institutions. At present, financial bonds in China mainly fall into two categories: policy – based financial bonds issued by policy banks such as China development bank and export – import bank, and commercial financial bonds issued by commercial financial institutions such as commercial banks, securities companies and financial companies. Corporate bonds are bonds issued by industrial and commercial enterprises in accordance with legal procedures. Company bonds issue main body can be co. , LTD is a joint – stock company, can be listed company is a listed company, including on the basis of the "regulations on the administration of enterprise bonds" issued by corporate bonds, on the basis of the listed company bonds issued by the company law, according to the regulations of the people's bank of China issued by the medium – term notes, etc.

(4) Foreign investment refers to overseas (including foreign countries, Hongkong, Macao and Taiwan) funds received during the reference period (covering equipment, materials and technology), including foreign borrowings (loans from foreign governments and international financial institutions, export credit, commercial loans from foreign banks, issue of bonds and stocks overseas), foreign direct investment and other foreign investments (including funds from foreign direct investment income that are reinvested in fixed assets domestically). Excluded from this category is capital in foreign exchanges owned by China (foreign exchanges owned by the central and local governments, foreign exchanges retained by enterprises, foreign exchanges by enterprises through the regulating mechanism, loans in foreign exchanges issued by the Bank of China with its own fund, etc.). In calculat-

ing the utilization of foreign capital, foreign currencies are converted into China Yuan applying the exchange rate (central parity rate) at the end of the reference period.

(5) Self – raised funds refer to funds for investment in fixed assets received during the reference period by investing units, including investment in fixed assets using own funds of various enterprises and institutions or funds raised from other units other than financial funds, funds borrowed from financial institutions and overseas funds.

(6) Others refer to funds for investment in fixed assets received from sources other than those listed above, including funds raised from individuals and through donations, and funds transferred from other units.

Investment in Fixed Assets by Sector refers to the classification of investment by the nature of social economic activities the investing units are engaged in. The classification of construction projects by sector is determined by the major products or the purpose of the projects when they are put into production or use, and by the nature of their social economic activities, instead of being determined by industrial classification of the project enterprises. The project will be classified according to major product if there are several kinds of products yielded. In general, one project can only be classified into one sector.

Investment in Fixed Assets by Jurisdiction of Management refers to the classification of investment by the competent authorities under which investment is made by construction units, enterprises, institutions or administrative units.

Investment in Fixed Assets by Type of Construction Construction projects in general can be classified, by the type of construction, into new construction, expansion, reconstruction and technical transformation, purely construction of living facilities, moving, restoration and purely purchasing. However, investment by type of construction is not applied to investment by real – estate development units and investment by rural households.

(1) New construction in general refers to construction projects, which start from scratch. The existing projects invested by enterprises, institutions and administrative agencies cannot be classified as new construction. In case the size of the existing unit is quite small, and the value of newly added fixed assets is more than three times of the original value, the expansion will be considered as new construction.

(2) Expansion refers to projects of construction of new production workshop, branch factory or independent production line within a factory or in other locations, for the purpose of increasing the production capacity (or improving efficiency) or adding new production capacity. Newly constructed accommodation for the operation of institutions and administrative organizations (such as newly constructed buildings for teaching in schools, buildings for clinics or wards in hospitals, etc.) are also classified as expansion.

Also included in expansion are investments by existing enterprises or institutions in building major production line(s) or branch factory (ies) along with some work on innovation, for the purpose of expanding the production capacity of original products or producing new products.

(3) Reconstruction and technical transformation refers to construction projects by existing enterprises or institutions in innovation or technical transformation of the old facilities (including auxiliary production equipment and welfare facilities). Also considered as reconstruction is the construction of new workshops by the existing enterprises or institutions to change the variety of products to meet the market demand (such as the production of civil products by defense industries), or to bring the designed production capacity into full play through a more balanced production process on production lines. Technical transformation refers to replacement of old technology or equipment by new technology or equipment, in order to expand the reproduction through improvement of technology contents in production, to improve product quality, to promote new products, to save energy, to reduce consumption, to expand the production scale and to improve overall social – economic efficiency. Contents of technical transformation include: updating of machinery, equipment and tools; reforming production process by using energy or materials saving technology; construction of factory workshops and transformation of public facilities; treatment transformation of "three wastes" (waste gas, waste water and industrial residue) aiming at environmental protection; improvement of working conditions and environment, etc.

The technical transformation includes the following contents: renewal and transformation of machine equipment and tools; Reform of production technology, energy conservation and transformation of raw materials; Transformation of factory buildings and public facilities; Environmental protection of the "three kind of industrial waste" governance transformation; Transformation of working conditions and production environment, etc.

(4) simple construction of living facilities: refers to a project that simply builds living facilities such as staff residence, nursery school, children's school, medical room, bathroom and canteen without expanding or rebuilding production projects or business houses.

(5) relocation: refers to the project that is relocated to another place for the purpose of changing the layout of production capacity or for the need of urban environmental protection and safe production. In the construction process of moving to another place, no matter maintaining the original scale or expanding scale, statistics are made according to the relocation.

(6) restoration: refers to the projects that have completely or partially scrapped the original fixed assets due to natural disas-

ters, wars and other reasons, and then invested and resumed construction. No matter it is restored according to the original scale or expanded at the same time of restoration, it is counted according to the restoration project. Construction projects that have not yet been completed and put into operation that have been damaged or rebuilt due to natural disasters shall be classified according to the nature of the original construction.

(7) pure purchase: refers to the purchase of equipment, tools and appliances that do not need to be installed without carrying out engineering construction. Although some investigation units only engage in some purchase activities in the current year, they shall determine the construction nature according to the content of the design documents, and shall not be regarded as the pure purchase statistics.

Investment in Fixed Assets by Structure the investment activities of fixed assets can be divided into four parts: construction project, installation project, purchase of equipment and tools and other expenses.

(1) Construction refers to the construction of houses and buildings, also known as work volume of construction. This part of investment can only be achieved through construction activities, it is the major component of the total investment in fixed assets.

(2) Installation refers to the installation of various kinds of equipment and instruments, also known as work volume of installation.

The value of equipment installed itself is not included in the value of installation projects.

(3) Purchase of equipment and instruments refers to the total value of equipment, tools, and instruments purchased or self – produced which come up to the cut – off point for fixed assets during the reference period. Equipment, tools and instruments purchased or self – produced for new workshops by newly established or expanded units are categorized as "purchase of equipment and instruments" no matter whether they come up to the cut – off point for fixed assets.

(4) Other expenses refer to expenses arising during the construction or purchase of fixed assets other than those expenses on construction, installation and purchase of equipment and instruments. Other financial expenses arising in operation are not included.

A project under construction refers to a project that has been formally built or installed this year, but has not been completed and put into production at the end of the reporting period and is in the construction stage. Including the current period of construction projects, also including the previous year carried over to the current period of construction projects not started.

Full operation refers to the production capacity (or benefit) specified in the project has been completed within the reporting period, and the completion acceptance has been qualified or the completion acceptance standards have been reached.

Newly Increased Production Capacity (or Project Efficiency) refers to the increase in design capacity (or project efficiency) through investment in fixed assets. The main indicators include: construction scale, scale of projects under construction in current year, the accumulated newly increased production capacity (project efficiency) since the start of the projects and the newly increased production capacity (project efficiency) of current year.

Construction Scale refers to the total designed production capacity (project efficiency) of the construction projects in accordance with the design document, including those have been put into operation and those that have not been completed.

The building area and value of the building unit project (building) as the accounting object, not according to the building construction part or level segmentation calculation. All sorts of buildings are like workshop, warehouse, office, residence, shop, school, hospital, club, cantina, guesthouse to wait to answer computational building floor area, but the building that buys steel structure to assemble should not answer computational building construction area.

Floor Space of Buildings under Construction refers to the total space area of the buildings under construction in the year by real estate development companies. It includes buildings started in the year, continued from the previous year, suspended in earlier years but restarted in the year, completed in the year, and started in the year but suspended in the year as well. The floor space of a multi – storied building should be the sum of floor space of all the stories.

Floor Space of Buildings Completed refers to the total floor space area of the buildings completed in the year by real estate development companies, which meet the requirements as designed, reach the criteria set for people to live in or use, have passed the acceptance checks, and are ready for delivery or use.

The completion value of the house refers to the construction value of the completed house itself which has been reported in accordance with regulations during the reporting period. The content that presses house design and budget to stipulate commonly calculates. Including the foundation, structure, roof, decoration and water, electricity, sanitation and other ancillary works of the completed building value; It also includes the purchase and installation of equipment (such as elevators, ventilation equipment, etc.) that is included in the budget for housing construction projects as an integral part of the housing construction. Excluding the purchase and installation of process equipment, process pipelines and construction of process equipment foundation in the workshop; Outdoor water, heating, electricity, sanitation, road engineering, retaining wall and other environmental engineering costs; Purchase of office and living furniture and other expenses; Expenses for the acquisition of land; Relocation compensation fee, site leveling fee and supporting investment in urban construction.

Rate of Construction Projects Completed and Put into Use refers to the ratio of the number of construction projects completed and put into use in a certain period of time to the number of projects under construction in the same period. This reflects the investment efficiency from the perspective of the speed of projects construction.

Rate of Projects of Fixed Assets Completed and Put into Operation refers to the ratio of the newly increased fixed assets to the total investment made in the same period. This is a comprehensive indicator reflecting the speed of the employment of fixed assets and the investment efficiency at the macro – level. As the newly increase fixed assets is the result of a long period while the investment is completed in the current year, this indicator is expected to be used to reflect the employment of fixed assets over a long period of time.

Area of Commercialized Housing Sold refers to total contracted area of commercialized housing (i. e. area of floor space as designated in the formal contracts signed by both sides) sold by real estate development companies during the reference time.

Value of Commercialized Housing Sold refers to the total contracted value (i. e. value of sales/purchase for selling/purchase of commercialized housing as designated in the contract signed by both sides) received from the sales of the buildings by real estate development companies during the reference time. This indicator has the same coverage as the area of commercialized housing sold.

第 7 篇
CHAPTER 7

对外经济贸易
Foreign Trade and Economic Cooperation

进出口贸易

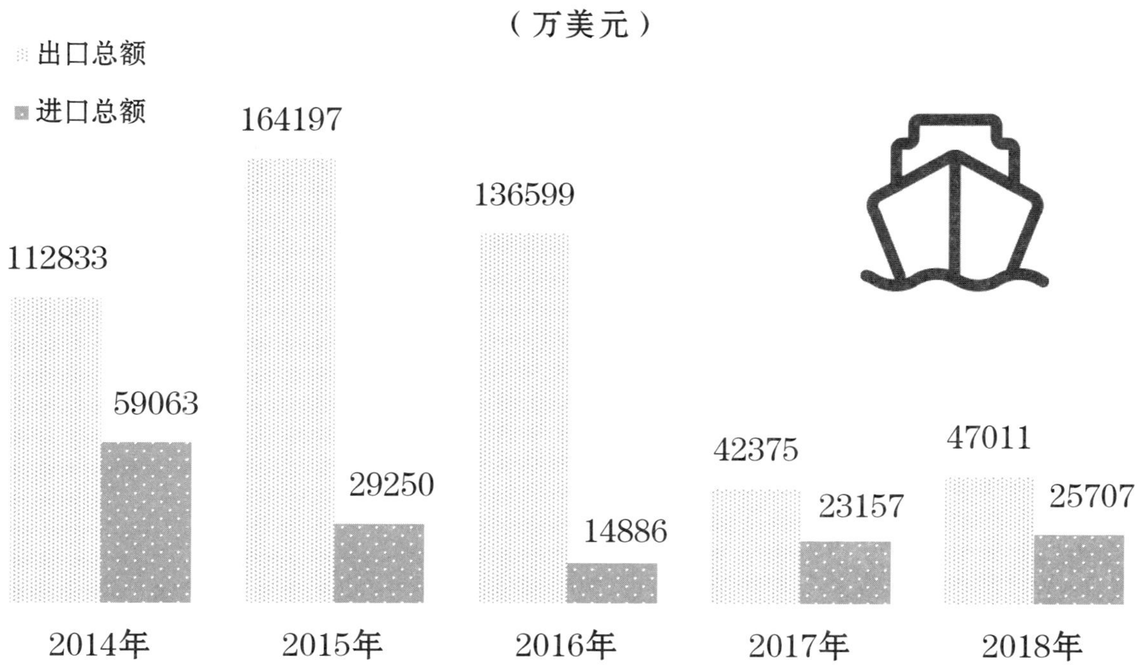

外商直接投资合同利用外资情况

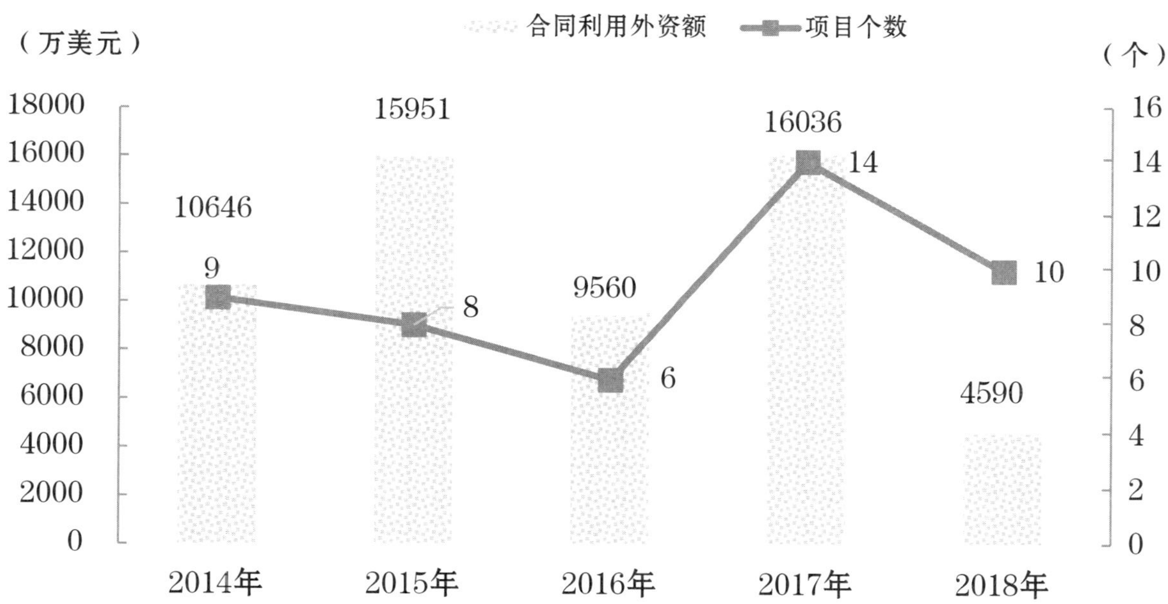

7—1 主要年份进出口贸易总额

Total Value of Imports and Exports in Main Years

单位：万美元 (USD 10 000)

年份 地区	Year Region	进出口总额 Total Value of Imports and Exports	进口总额 Total Exports	出口总额 Total Imports
1990		7027	222	6805
1991		7791	240	7552
1992		10399	1356	9043
1993		12442	2268	10174
1994		14331	1981	12350
1995		16226	2419	13807
1996		22497	9017	13480
1997		16476	4036	12440
1998		11405	974	10431
1999		10785	2099	8686
2000		15973	4773	11200
2001		20490	5577	14913
2002		19671	4562	15109
2003		33913	6526	27387
2004		57551	12075	45476
2005		41338	9014	32324
2006		65175	11752	53422
2007		61207	22616	38591
2008		68847	26972	41875
2009		58590	33491	25099
2010		78906	32276	46630
2011		92382	26199	66182
2012		116016	43032	72984
2013		140256	55530	84726
2014		171896	59063	112833
2015		193447	29250	164197
2016		151485	14886	136599
2017		65532	23157	42375
2018		72718	25707	47011
西宁市	Xining City	47398	16714	30684
海东市	Haidong City	11068	8532	2536
黄南州	Huangnan Zang A.P	20	20	
海南州	Hainan Zang A.P	655	165	490
果洛州	Golog Zang A.P	28		28
海西州	Haixi Mongolian & Zang A.P	13549	276	13273

注：本表数据来源于西宁海关，以下表同。

a)The data in this table are from the Xining customs.The same applies to the tables following.

7-2　2018年海关进口主要商品总值表
Total Value of Major Import Commodities by Customs(2018)

商品名称	Item	金额 Value	
		(万美元) (USD 10 000)	(万元) (10 000yuan)
铜矿砂及其精矿	Copper Ores and Concentrates	10973	71735
机电产品	Mechanical and Electrical Products	10485	70754
高新技术产品	High and New-tech Products	4500	30840
电器及电子产品	Mechanical and Electrical Products	2157	14321
焊接机器及零件	Welding Machine and Component	2015	13418
计量检测分析自控仪器及器具	Automatic Measuring and Analyzing Instrument and Apparatus	1371	9078
氧化铝	Aluminum Oxide	1154	7321
生命科学技术	Life Science and Technology Products	744	4931
橡胶或塑料加工机械及零件	Rubber or Plastic Processing Machinery and Parts	572	3817
农产品	Agriculture Products	554	3589
肉及杂碎	Meat and Chop	465	2999
铅矿砂及其精矿	Lead Ores and Concentrates	404	2800
塑料制品	Plastic Products	319	2114
非泡沫塑料的板、片、膜、箔	Plates, Sheets, Films, and Foils of non Foamed Plastics	210	1370
医药品	Medical and Pharmaceutical Products	198	1302
金属加工机床	Metal Processing Machine Tools	117	810
羊毛	Wool	68	453

7-3 2018年海关出口主要商品总值表
TotalValueofMajorExportCommoditiesbyCustoms(2018)

商品名称	Item	金额 Value (万美元) (USD10000)	(万元) (10000yuan)
铁合金	Ferroalloy	15630	102870
焦炭、半焦炭	Coke, Semi Coke	11807	78071
纺织纱线、织物及制品	Textile Yarn, Fabrics and Products	6243	41763
文化产品	Cultural Artifact	4166	27921
未锻轧铝及铝材	Non Forging Aluminum and Aluminum	2981	19769
农产品	Agriculture Products	1938	12854
机电产品	Mechanical and Electrical Products	1658	11103
电器及电子产品	Electrical and Electronic Products	402	2741
服装及衣着附件	Clothing and Accessories	1635	10796
碳酸钠(纯碱)	Sodium Carbonate (SodaAsh)	1084	7173
地毯	Carpet	1071	7129
山羊绒	Cashmere	1060	7031
中药材及中式成药	Medical Materials and Medicaments of Chinese Type	830	5495
高新技术产品	New and High-tech Product	559	3861
陶瓷产品	Ceramic Products	408	2741
自动数据处理设备及其部件	Automatic Data Processing Equipment and Parts	326	2262
肉及杂碎	Meat and Chop Suey	251	1680
羊肉	Mutton	251	1680
医药品	Medical Products	215	1411
床垫、寝具及类似品	Mattresses, Bedding, and Similar Products	209	1375
二极管及类似半导体器件	Diodes and Similar Semiconductor Devices	154	1066
鞋类	Footwear	149	976
钢材	Rolled Steel	118	760
帽类	Caps	60	395
初级形状的聚氯乙烯	Primary Shape of Polyvinyl Shloride	55	375
塑料制品	Plastic Product	41	265
汽车零件	Auto Parts	40	257
电线和电缆	Wires and Cables	27	186
家具及其零件	Furniture and Parts	29	186

7-4 2018年海关按国别(地区)分出口总值

Total Value of Export by Country (Region) From the Customs (2018)

国家(地区)	Country (Region)	(万美元) (USD 10 000)	(万元) (10 000yuan)	国家(地区)	Country (Region)	(万美元) (USD 10 000)	(万元) (10 000yuan)
南非	South Africa	11178	74027	伊朗	Iran	381	2638
巴基斯坦	Pakistan	4730	31739	阿联酋	United Arab Emirates	357	2341
中国台湾	Taiwan, China	4319	28388	澳大利亚	Australia	343	2293
日本	Japan	3797	25032	法国	France	272	1813
美国	United States	3806	24972	巴西	Brazil	263	1739
韩国	Republic of Korea	2634	17474	荷兰	Netherlands	235	1547
印度	India	1656	11138	埃及	Egypt	221	1458
泰国	Thailand	1460	9532	中国澳门	Macao, China	203	1349
意大利	Italy	1366	9074	西班牙	Spain	185	1214
印尼	Indonesia	977	6526	菲律宾	Philippines	183	1188
越南	Vietnam	947	6208	德国	Germany	156	1028
墨西哥	Mexico	672	4434	以色列	Israel	154	1013
巴林	Bahrain	634	4240	俄罗斯联邦	Russia	113	773
马来西亚	Malaysia	576	3801	摩洛哥	Morocco	109	728
中国香港	Hong Kong, China	572	3782	新喀里多尼亚	New Caledonia	92	631
土耳其	Turkey	566	3673	尼泊尔联邦民主共和国	Nepal	93	619
尼日利亚	Nigeria	510	3396	英国	United Kingdom	88	573
加拿大	Canada	493	3290	比利时	Belgium	86	569
沙特阿拉伯	Saudi Arabia	461	2982	利比亚	Libya	84	549
新西兰	Netherlands	419	2701	缅甸	Myanmar	84	545
智利	Chile	411	2695	阿尔及利亚	Algeria	81	534

7-4 续表

Continued

国家(地区)	Country (Region)	(万美元) (USD 10 000)	(万元) (10 000yuan)	国家(地区)	Country (Region)	(万美元) (USD 10 000)	(万元) (10 000yuan)
古巴	Cuba	72	474	哥伦比亚	Colombia	17	111
科威特	Kuwait	69	468	芬兰	Finland	16	107
新加坡	Singapore	63	424	挪威	Norway	17	105
白俄罗斯	Belarus	64	420	厄瓜多尔	Ecuador	15	103
波兰	Poland	63	416	希腊	Greece	16	100
蒙古	Mongolia	53	335	约旦	Jordan	14	93
斯洛文尼亚	Slovenija	47	306	加纳	Ghana	14	93
危地马拉	Guatemala	45	302	斯里兰卡	Sri Lanka	13	82
葡萄牙	Portugal	40	267	阿曼	Oman	12	80
秘　鲁	Peru	36	240	伊拉克	Iraq	11	72
罗马尼亚	Romania	35	227	毛里塔尼亚	Mauritania	10	62
孟加拉国	Bangladesh	33	214	乌兹别克斯坦	Uzbekistan	9	57
乌克兰	Ukraine	32	209	卡塔尔	Qatar	8	50
捷克	Czech	32	208	叙利亚	Syria	8	50
苏丹	Sultan	24	169	安哥拉	Angola	7	45
塔吉克斯坦	Tajikistan	26	166	所罗门群岛	Solomon Islands	6	35
阿根廷	Argentina	24	160	克罗地亚	Croatia	4	24
瑞典	Sweden	20	131	肯尼亚	Kenya	4	23
突尼斯	Tunisia	20	129	哥斯达黎加	Costa Rica	3	21
梅利利亚	Melilla	18	121	文莱	Brunei	3	19
柬埔寨	Cambodia	17	118	丹麦	Denmark	2	13

7–5 主要年份利用外资概况

Utilization of Foreign Capital in Main Years

单位：万美元 (USD 10 000)

年 份 Year	外商直接投资 Direct Foreign Investment		
	项 目(个) Number of Projects (unit)	合同利用外资额 Total Amount of Contracted Foreign Investment	实际利用外资额 Total Amount of Foreign Investment Actually Utilized
1985	4	318	108
1991	2	19	13
1992	11	399	191
1993	54	4300	900
1994	19	2143	965
1995	28	5447	1064
1996	18	2799	1114
1997	22	7284	2179
1998	24	12583	5066
1999	15	2821	2671
2000	40	15312	5309
2001	47	15961	5586
2002	32	21268	11380
2003	44	35767	19167
2004	52	35330	22500
2005	29	35562	26600
2006	17	40608	27500
2007	37	41601	31000
2008	22	30899	22000
2009	8	30835	21500
2010	17	31658	21930
2011	6	33596	16893
2012	16	37101	20578
2013	13	16751	9372
2014	9	10646	5010
2015	8	15951	5500
2016	6	9560	1495
2017	14	16036	1833
2018	10	4590	446

注：本表数据来源于青海省商务厅，以下表同。
The data in this table are from the Qinghai Provincial Department of Commerce，The same applies to the tables following.

7-6 2017－2018年按行业分外商直接投资合同外资额

Direct Foreign Investment by Sector(2017－2018)

行　业	Sector	项　目(个) Number of Projects (unit)		金　额(万美元) Value (USD 10 000)	
		2017	2018	2017	2018
总计	**Total**	**14**	**10**	**16036**	**4590**
农林牧渔业	Agriculture, Forestry, Animal Husbandry and Fishery		1		18
采掘业	Mining				
制造业	Manufacturing	3		10400	
电力、煤气及水的生产和供应业	Production and Supply of Electricity, Gas and Water	1	1	1654	3204
建筑业	Construction				
交通运输、仓储和邮政业	Transport, Storage and Post		1		200
批发和零售业	Wholesale and Retail Trades	3	1	3215	24
住宿和餐饮业	Hotels and Catering Services	2	1	52	8
房地产业	Real Estate				
租赁和商务服务业	Leasing and Business Services	2	1	186	1026
科学研究、技术服务和地质勘查业	Scientific Research, Technical Service and Geologic Prospecting		1		100
水利、环境和公共设施管理业	Management of Water Conservancy, Environment and Public Facilities				
居民服务和其他服务业	Services to Households and Other Services	2	1	303	4
卫生体育和社会福利业	Health, Sports and Social Welfare	1		226	
其　他	Others		2		6

7-7 2017－2018年利用外资额(按方式和国别分)

Utilization of Foreign Capital (by Method and Country) (2017－2018)

单位：万美元 (USD 10 000)

指 标	Item	合同数(个) Number of Projects (unit)		外方直接投资合同金额 Contracted Value of Direct Foreign Investment	
		2017	2018	2017	2018
总计	**Total**	**14**	**10**	**16036**	**4590**
按投资方式分组	**By Form**				
合资经营企业	Equity Joint Venture	8	3	10899	1041
合作经营企业	Contractural Joint Venture				
外资企业	Wholly Foreign-owned Enterprise	6	7	5137	3549
股份制	FDI Shareholding Inc.				
其 它	Others				
按投资国别(地区)分组	**By Country or Region**				
亚 洲	**Asia**	**7**	**5**	**3738**	**4465**
中国香港	Hong Kong, China	5	3	3524	4423
中国台湾	Taiwan， China	1	1	98	18
印度尼西亚	Indonesia				
韩 国	Republic of Korea				
日 本	Japan				
新加坡	Singapore				
尼泊尔	Nepal	1	1	116	24
印 度	India				
中国澳门	Macao, China				
欧 洲	**Europe**	**2**		**29**	
德 国	Germany	1		7	
荷 兰	Netherlands				
英 国	United Kingdom				
法 国	France				
瑞 士	Switzerland				
比利时	Belgium				
波 兰	Poland				
土耳其	Turkey	1		22	
美 洲	**North America**	**1**	**5**	**8335**	**125**
加拿大	Canada		1		2
美 国	United States	1	3	3	23
维尔京群岛	Virgin Islands		1	8332	100
大洋洲及太平洋诸岛	**Oceanic and Pacific Islands**				
澳大利亚	Australia				
萨摩亚	Samoa				
新西兰	New Zealand				
非洲	**Africa**	**1**		**761**	
埃 及	Egypt	1		761	
其他(外商投资企业再投资)	**Others**	**3**		**3173**	

主要统计指标解释

进出口总额 指实际进出我国国境的货物总金额。包括对外贸易实际进出口货物,来料加工装配进出口货物,国家间、联合国及国际组织无偿援助物资和赠送品,华侨、港澳台同胞和外籍华人捐赠品,租赁期满归承租人所有的租赁货物,进料加工进出口货物,边境地方贸易及边境地区小额贸易进出口货物(边民互市贸易除外),中外合资企业、中外合作经营企业、外商独资经营企业进出口货物和公用物品,到、离岸价格在规定限额以上的进出口货样和广告品(无商业价值、无使用价值和免费提供出口的除外),从保税仓库提取在中国境内销售的进口货物,以及其他进出口货物。该指标可以观察一个国家在对外贸易方面的总规模。我国规定出口货物按离岸价格统计,进口货物按到岸价格统计。

利用外资 指我国各级政府、部门、企业和其他经济组织通过对外借款、吸收外商直接投资以及用其他方式筹措的境外现汇、设备、技术等。

外商直接投资 指外国企业和经济组织或个人(包括华侨、港澳台胞以及我国在境外注册的企业)按我国有关政策、法规,用现汇、实物、技术等在我国境内开办外商独资企业、与我国境内的企业或经济组织共同举办中外合资经营企业、合作经营企业或合作开发资源的投资(包括外商投资收益的再投资),以及经政府有关部门批准的项目投资总额内企业从境外借入的资金。

合资经营企业 是指外国公司、企业和其他经济组织或个人依据《中华人民共和国中外合资经营企业法》,同中国的公司、企业或其他经济组织在中国境内共同投资举办的企业,合营各方按各自的出资比例分享利润、承担风险。

合作经营企业 是指外国公司、企业和其他经济组织或个人依据《中华人民共和国中外合作经营企业法》,同中国的公司、企业或其他经济组织在中国境内共同投资或提供合作条件举办的企业。合作各方的权利、义务、利益分配和风险分担等在各方签订的合同中确定。

外资企业 是指外国公司、企业和其他经济组织或个人依据《中华人民共和国外资企业法》,在中国境内设立的全部资本由外国投资者投资的企业。

Explanatory Notes on Main Statistical Indicators

Total Imports and Exports at Customs refer to the real value of commodities imported and exported across the border of China. They include the actual imports and exports through foreign trade, imported and exported goods under the processing and assembling trades and materials, supplies and gifts as aid given gratis between governments and by the United Nations and other international organizations, and contributions donated by overseas Chinese, compatriots in Hong Kong and Macao and Chinese with foreign citizenship, leasing commodities owned by tenant at the expiration of leasing period, the imported and exported commodities processed with imported materials, commodities trading in border areas (excluding mutual exchange goods), the imported and exported commodities and articles for public use of the Sino - foreign joint ventures, cooperative enterprises and ventures with sole foreign investment. Also included is import or export of samples and advertising goods for which CIF or FOB value are beyond the permitted ceiling (excluding goods of no trading or use value and free commodities for export), imported goods sold in China from bonded warehouses and other imported or exported goods. The indicator of the total imports and exports at customs can be used to observe the total size of external trade in a country. In accordance with the stipulation of the Chinese government, imports are calculated at CIF, while exports are calculated at FOB.

Utilization of Foreign Capitals refers to remittance, equipment and technology financed from abroad, by loans, foreign direct investment and other forms undertaken by the Chinese governments at all levels, by various departments, enterprises and other economic units.

Foreign Borrowings refer to funds borrowed from abroad through formal signing of borrowing agreements with foreign institutions, including loans of foreign governments, loans of international financial institutions, commercial loans of foreign banks, export credit, and funds raised by Chinese bonds (and shares before 1996) issued abroad. It is an important part of China's utilization of foreign capitals.

Joint Venture Enterprises with Foreign Investment refer to enterprises jointly established by foreign enterprises, foreigners or other economic organization with enterprises, or other economic organization in the mainland of China in accordance with the Law of the People's Republic of China on Sino - foreign Equity Joint Ventures and other relevant laws, where the sharing of investment, profits and risks is stipulated under contract.

Cooperative Enterprises with Foreign Investment refer to enterprises jointly established by foreign enterprises, foreigners or other economic organization with enterprises, or other economic organization in the mainland of China in accordance with the Law of the People's Republic of China on Sino - foreign Contractual Joint Venture and other relevant laws, where the investment or provision of facilities and the sharing of profits and risks are stipulated under cooperative contracts.

Enterprises with Sole (exclusive) Foreign Investment refer to enterprises established in the mainland of China with exclusive investment from foreign enterprises, foreigners or other economic organization in accordance with the Law of the People's Republic of China on Wholly Foreign - owned Enterprises and other relevant laws.

第 8 篇

CHAPTER 8

能源与环境

Energy and Environment

能源生产消费情况

（万吨标准煤）

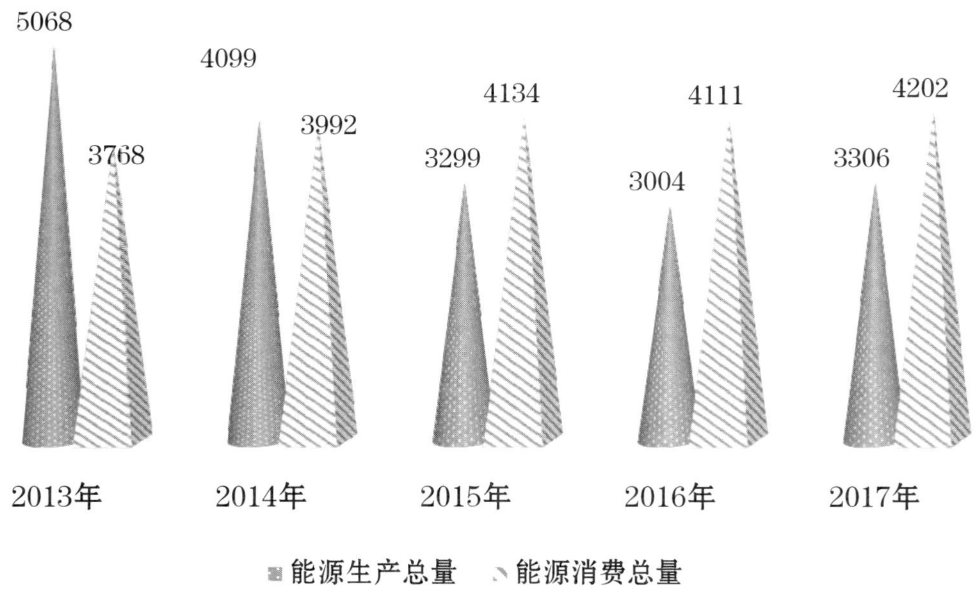

能源生产构成　　　　能源消费构成

(2017年)

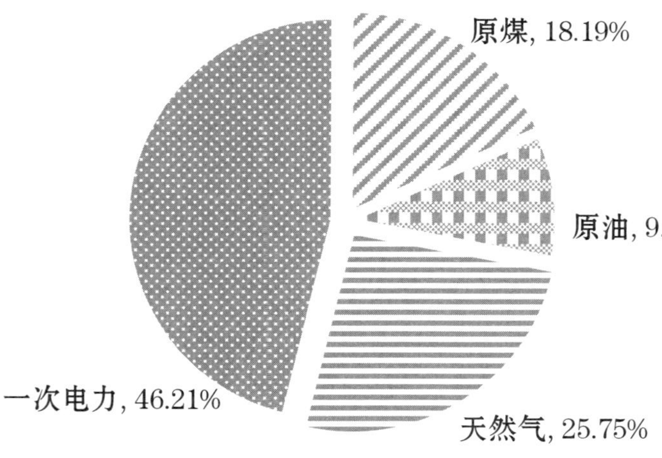

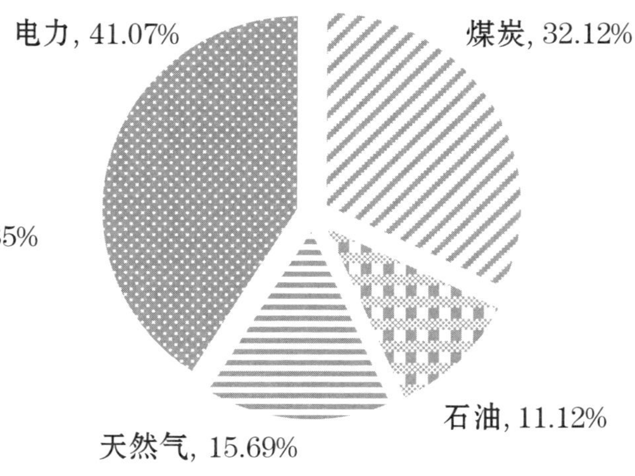

8-1 1990-2017年一次能源生产总量及构成

Total Production of Primary Energy and It's Composition (1990-2017)

年 份 Year	能源生产总量 (万吨标准煤) Total Energy Production (10 000 tons of SCE)	占能源生产总量的比重(%) As Percentage of Total Energy Production(%)			
		原煤 Coal	原油 Crude Oil	天然气 Natural Gas	一次电力 Primary Electric Power
1990	606.46	32.28	19.08	1.02	47.62
1991	552.26	31.82	26.39	1.65	40.14
1992	504.85	34.32	30.00	1.25	34.43
1993	559.17	25.29	27.69	1.00	46.01
1994	619.47	26.12	26.06	1.31	46.50
1995	571.57	29.74	30.41	1.36	38.49
1996	584.71	35.34	33.32	2.49	28.85
1997	672.89	28.79	34.02	3.97	33.22
1998	771.00	24.90	32.63	4.22	38.25
1999	885.89	23.00	30.57	4.76	41.67
2000	937.90	16.79	30.46	5.06	47.69
2001	907.05	13.31	32.44	8.76	45.49
2002	974.46	18.31	31.38	14.34	35.97
2003	990.14	22.40	31.75	18.90	26.95
2004	1226.30	23.92	25.86	17.76	32.46
2005	1867.27	26.92	16.95	15.86	40.27
2006	2113.85	25.60	15.07	14.50	44.83
2007	2458.17	32.35	12.82	18.56	36.27
2008	2857.42	36.66	11.02	20.32	32.00
2009	3219.77	39.41	8.27	17.79	34.53
2010	4005.82	41.07	6.64	18.63	33.67
2011	4035.16	41.27	6.90	20.50	31.33
2012	4631.37	43.59	6.32	17.34	32.75
2013	5068.33	48.05	6.05	16.99	28.91
2014	4099.40	33.47	7.67	21.26	37.60
2015	3298.88	18.17	9.66	24.74	47.43
2016	3003.89	18.72	10.51	26.92	43.84
2017	3305.78	18.19	9.85	25.75	46.21

注：1.电力折算标准煤的系数根据当年平均发电煤耗计算。
2.生产、消费量按等价值计算，下表同。
3.2018年数据国家统计局尚在审定中。

a) The coefficient for conversion of electric power into SCE (standard coal equivalent) is calculated on the basis of the data on average coal consumption in generating electric power in the same year.

b) The energy production and consumption in this table are at equalance prices. The same applies to the tables following.

c)Data for 2018 are still in the process of approval by the NBS.

8-2 1990-2017年能源消费总量及构成

Total Consumption of Energy and It's Composition (1990-2017)

年 份 Year	能源消费总量 (万吨标准煤) Total Energy Consumption (10 000 tons of SCE)	占能源消费总量的比重(%) As Percentage of Total Energy Consumption(%)			
		煤炭 Coal	石油 Crude Oil	天然气 Natural Gas	电力 Electric Power
1990	504.35	51.54	12.47	1.03	32.97
1991	474.29	44.08	11.25	2.24	42.43
1992	499.29	42.53	7.80	1.85	47.82
1993	559.98	38.57	8.69	1.00	51.74
1994	625.38	40.27	8.24	1.30	50.19
1995	687.71	41.64	8.42	1.13	48.81
1996	698.25	40.75	8.57	2.07	48.61
1997	706.78	45.45	19.15	3.77	31.63
1998	738.88	39.78	17.92	4.40	37.90
1999	938.68	37.29	16.84	4.38	41.49
2000	897.23	30.18	18.96	4.83	46.03
2001	939.33	28.02	18.05	7.52	46.41
2002	1018.83	26.42	15.77	13.25	44.56
2003	1122.70	28.72	13.47	15.07	42.74
2004	1364.38	27.56	14.07	15.79	42.58
2005	1830.48	44.20	8.63	8.00	39.17
2006	2085.84	45.18	7.75	8.46	38.61
2007	2295.91	47.56	8.09	8.29	36.06
2008	2497.74	43.72	8.95	12.20	35.13
2009	2573.44	42.99	7.79	12.69	36.53
2010	2814.57	34.14	7.61	11.21	47.04
2011	3145.28	28.58	10.68	12.97	47.77
2012	3475.88	31.43	9.40	14.60	44.57
2013	3768.16	31.67	8.24	13.95	46.14
2014	3991.70	29.77	8.21	12.86	49.16
2015	4134.11	32.53	8.52	14.28	44.67
2016	4110.51	36.28	9.92	14.97	38.83
2017	4202.46	32.12	11.12	15.69	41.07

注:1.2005-2013年能耗及相关数据根据第二次、第三次经济普查结果进行了修订，以下表同。
2.电力包括一次电力与电力净调入之和，按等价值(当年发电煤耗)计算。
3.煤炭包括：原煤、洗精煤、其它洗煤、煤制品、焦炭、焦炉煤气、煤矸石、高炉煤气、其他焦化产品、转炉煤气、其他煤气。
4.石油包括：原油、汽油、煤油、柴油、燃料油、石脑油、润滑油、石蜡、溶剂油、石油沥青、石油焦、液化石油气、炼厂干气和其他石油制品。

a) Data of energy consumption and related in 2005-2013 were adjusted and revised based on the second and third economic census.the same below
b) Electric Power is calculated at equal value (current coal consumption in generating electric power).
c) The Coal includs raw coal, washed coal, other coal washing, coal products, coke, coke oven gas, coal, blast furnace gas, other coking products, converter gas, other gas.
d) Petroleum includs crude oil, gasoline, kerosene, diesel oil, fuel oil, naphtha, lubricating oil, paraffin, solvent oil, petroleum asphalt, petroleum coke, liquefied petroleum gas, refinery gas and other petroleum products.

8−3 2012−2017年综合能源平衡表
Overall Energy Balance Sheet(2012-2017)

单位：万吨标准煤 (10 000 tons of SCE)

项 目	Item	2012	2013	2014	2015	2016	2017
可供本地区消费的能源量	**Total Energy Available for Consumption**	**3476.01**	**3768.41**	**3991.90**	**4134.50**	**4110.82**	**4202.43**
年初库存量	Early Stocks	232.84	215.47	342.33	334.94	305.08	336.65
一次能源生产量	Primary Energy Output	4631.37	5068.34	4099.40	3298.88	3003.89	3305.78
外省(区、市)调入量	Amount Tranferred from Other Provinces	1306.01	1351.25	1541.73	1261.85	1651.70	1209.25
进口量	Imports						
本省(区、市)调出量(−)	Amount Tranferred out from the Province(-)	-2467.63	-2537.88	-1656.61	-456.10	-513.14	-530.28
出口量(−)	Exports (-)						
年末库存量(−)	The End of Inventories	-226.58	-328.76	-334.94	-305.07	-336.72	-118.98
加工转换投入(−)产出(+)量	**Input(-) and Output(+) of Processing and Conversion**	**-82.07**	**-108.58**	**-57.65**	**-1.46**	**-26.50**	**-65.82**
火力发电	Thermal Power						
供 热	Heating	-4.91	-5.61	-5.20	-30.62	-12.75	-44.90
煤炭洗选	Coal Washing	-64.13	-75.08	-35.75	-1.78	-7.41	-16.08
炼 焦	Coking	-21.50	-39.41	-34.41		-31.32	-39.40
炼 油	Petroleum Refining	-15.37	-14.22	-9.96	-9.63	-10.58	-9.19
制 气	Gas Production						
天然气液化	Natural Gas Liquefaction			-1.02	-1.00	-0.76	-1.19
煤制品加工	Coal Goods of Process						
回收能	Recovery of Energy	23.83	25.73	28.69	41.57	36.32	44.95
损失量	Amount of Losses	72.69	78.47	76.04	101.48	81.04	90.37
其中：运输和输配损失	Transportation Losses	66.08	71.89	69.50	62.87	67.04	78.00
终端消费量	**End-use Consumption**	**3321.12**	**3581.11**	**3858.01**	**4031.17**	**4002.97**	**4046.27**
第一产业	Primary Industry	19.28	19.80	20.88	23.57	26.91	23.79
农林牧渔业	Agriculture, Forestry, Animal Husbandry, Fishery	19.28	19.80	20.88	23.57	26.91	23.79
第二产业	Secondary Industry	2766.16	3006.03	3247.87	3344.29	3270.99	3253.64
工 业	Industry	2729.60	2966.27	3205.84	3297.82	3225.36	3202.34
用于原材料	For Raw and Processed Material	204.52	239.60	239.50	263.78	226.05	258.02
建筑业	Construction	36.56	39.76	42.03	46.46	45.63	51.30
第三产业	Tertiary Industry	319.81	333.08	354.73	401.75	434.37	487.23
交通运输、仓储和邮政业	Transport, Storage and Post	135.91	142.67	152.18	173.58	196.50	219.69
批发、零售业和住宿、餐饮业	Wholesale and Retail Trades, Hotels and Catering Services	55.04	57.69	61.62	69.81	74.61	108.67
其 他	Others	128.87	132.72	140.93	158.36	163.26	158.88
生活消费	Household Consumption	215.87	222.19	234.53	261.56	270.70	281.60
城 镇	Urban	125.13	130.41	138.46	156.41	162.91	177.55
乡 村	Rural	90.74	91.78	96.07	105.15	107.79	104.05
消费量合计	**Total Consumption**	**3475.88**	**3768.16**	**3991.70**	**4134.11**	**4110.51**	**4202.46**

注：1.电力、热力按等价热值折算。
2.村办工业包括在工业中。
a) Electric power and heat are converted on the basis of equal caloric value.
b) Energy consumption of industry include that of village industry.

8-4　1990-2017年能源生产弹性系数

Elasticity Ratio of Energy Production(1990-2017)

年　份 Year	能源生产比上年增长(%) Growth Rate of Energy Production over Preceding Year (%)	电力生产比上年增长(%) Growth Rate of Electricity Production over Preceding Year (%)	生产总值比上年增长(%) Growth Rate of Gross Domestic Product (GDP) over Preceding Year (%)	能源生产弹性系数 Elasticity Ratio of Energy Production	电力生产弹性系数 Elasticity Ratio of Electricity Production
1990	17.24	21.30	3.72	4.63	5.73
1991	-8.94	-15.40	4.69		
1992	-8.58	-16.70	7.39		
1993	10.76	36.50	9.65	1.12	3.78
1994	10.80	7.40	8.12	1.33	0.91
1995	-7.70	-17.40	8.00		
1996	2.30	2.20	8.72	0.26	0.25
1997	15.08	36.45	9.04	1.67	4.03
1998	14.60	19.26	8.92	1.64	2.16
1999	14.90	13.80	8.11	1.84	1.70
2000	5.87	17.00	8.94	0.66	1.90
2001	-3.29	2.90	11.71		0.25
2002	7.40	-4.10	12.08	0.61	
2003	1.60	-14.90	11.86	0.13	
2004	23.85	41.23	12.27	1.94	3.36
2005	52 27	27.85	12.20	4.28	2.28
2006	13.21	28.51	13.26	1.00	2.15
2007	16.29	8.99	13.47	1.21	0.67
2008	16.24	6.64	13.53	1.20	0.49
2009	12.68	17.78	10.14	1.25	1.75
2010	24.41	24.35	15.33	1.59	1.59
2011	0.73	3.87	13.45	0.05	0.29
2012	14.78	20.78	12.25	1.21	1.70
2013	9.43	-0.13	10.84	0.87	
2014	-19.12	0.78	9.21		0.08
2015	-19.53	-3.30	8.17		
2016	-8.94	-15.82	7.99		
2017	10.05	15.98	7.29	1.38	2.19

注：生产总值增长速度按可比价格计算，以下表同。

a) The growth rate of GDP are calculated at constant prices. The same applies to the tables following.

8-5 1990-2017年能源消费弹性系数

Elasticity Ratio of Energy Consumption(1990-2017)

年 份 Year	能源消费比上年增长(%) Growth Rate of Energy Consumption over Preceding Year (%)	电力消费比上年增长(%) Growth Rate of Electricity Consumption over Preceding Year (%)	生产总值比上年增长(%) Growth Rate of Gross Domestic Product (GDP) over Preceding Year (%)	能源消费弹性系数 Elasticity Ratio of Energy Consumption	电力消费弹性系数 Elasticity Ratio of Electricity Consumption
1990	6.81		3.72	1.83	
1991	-5.96		4.69		
1992	5.27		7.39	0.71	
1993	12.16		9.65	1.26	
1994	11.68	9.78	8.12	1.44	1.20
1995	9.97	3.59	8.00	1.25	0.45
1996	1.53	4.40	8.72	0.18	0.50
1997	1.22	21.68	9.04	0.13	2.40
1998	4.54	7.61	8.92	0.51	0.85
1999	27.04	13.66	8.11	3.33	1.68
2000	-4.42	8.13	8.94		0.91
2001	4.69	-3.58	11.71	0.40	
2002	8.46	18.15	12.08	0.70	1.50
2003	10.19	19.65	11.86	0.86	1.66
2004	21.53	26.36	12.27	1.75	2.15
2005	34.16	4.09	12.20	2.80	0.34
2006	13.95	18.40	13.26	1.05	1.39
2007	10.07	16.69	13.47	0.75	1.24
2008	8.79	9.10	13.53	0.65	0.67
2009	3.03	7.67	10.14	0.30	0.76
2010	9.37	37.94	15.33	0.61	2.47
2011	11.75	20.52	13.45	0.87	1.53
2012	10.51	7.41	12.25	0.86	0.60
2013	8.41	12.30	10.84	0.78	1.13
2014	5.93	6.94	9.21	0.64	0.75
2015	3.57	-9.02	8.17	0.44	
2016	-0.57	-13.55	7.99		
2017	2.24	7.76	7.29	0.31	1.06

8-6 分行业终端能源消费总量和主要能源品种消费量(2017年)
Terminal Consumption of Energy and Major Variety Energy Consumption by Sector(2017)

行　业	Sector	能源消费总量(万吨标准煤) Total Energy Consumption (10 000 tons of SCE)	原煤消费量(万吨) Coal Consump-tion (10 000 tons)	汽油消费量(万吨) Gasoline Consump-tion (10 000 tons)	电力消费量(亿千瓦小时) Electricity Consumption (100 million kwh)
消费总计	**Total Consumption**	**4046.27**	**568.43**	**60.05**	**663.87**
一.农林牧渔业	**Agriculture, Forestry, Animal Husbandry, Fishery**	**23.79**	**3.17**	**2.47**	**2.49**
二.工业	**Industry**	**3202.34**	**418.02**	**3.88**	**594.10**
轻工业	Light Industry	19.10	2.50	1.16	3.33
重工业	Heavy Industry	3183.24	415.52	2.71	590.76
(一)采矿业	Mining	270.01	5.63	0.60	27.36
煤炭开采和洗选业	Mining and Washing of Coal	7.61	2.42	0.12	1.01
石油和天然气开采业	Extraction of Petroleum and Natural Gas	181.78	0.07	0.25	4.73
黑色金属矿采选业	Mining and Processing Ferrous Metal Ores	4.34	0.06	0.10	1.15
有色金属矿采选业	Mining and Processing Non-ferrous Metal Ores	14.96	1.65	0.11	4.13
非金属矿采选业	Mining and Processing Non-metal Ores	57.96	1.43	0.02	15.32
开采辅助活动	Support Activities of Mining				
其他采矿业	Mining of Other Minerals	3.36			1.02
(二)制造业	Manufacturing	2862.35	406.44	3.23	546.79
农副食品加工业	Processing of Food from Agricultural Products	6.55	0.74	0.22	1.24
食品制造业	Manufacture of Foods	2.63	0.97	0.11	0.33
酒、饮料和精制茶制造业	Manufacture of Liquor,Beverage and Refined Tea	2.41	0.48	0.22	0.32
烟草制品业	Manufacture of Tobacoo				
纺织业	Manufacture of Textile	1.30	0.08	0.10	0.27
纺织服装、服饰业	Manufacture of Textile Clothing, Apparel	0.72		0.10	0.05
皮革、毛皮、羽毛及其制品和制鞋业	Manufacture of Leather, Fur, Feather, and Related Products and Footware				
木材加工及木、竹、藤、棕、草制品业	Processing of Timber, Manufacture of Wood, Bamboo, Rattan, Palm, and Straw Products				
家具制造业	Manufacture of Furniture	0.59		0.10	0.13
造纸及纸制品业	Manufacture of Paper and Paper Products	0.01			0.01

8-6 续表1 Continued

行 业	Sector	能源消费总量(万吨标准煤) Total Energy Consumption (10 000 tons of SCE)	原煤消费量(万吨) Coal Consumption (10 000 tons)	汽油消费量(万吨) Gasoline Consumption (10 000 tons)	电力消费量(亿千瓦小时) Electricity Consumption (100 million kwh)
印刷和记录媒介复制业	Printing, Reproduction of Recording Media	0.34		0.10	0.04
文教、工美、体育和娱乐用品制造业	Manufacture of Articles For Culture, Education, Arts and Sport Activities	0.45		0.11	0.00
石油加工、炼焦和核燃料加工业	Processing of Petroleum, Coking, Processing of Nuclear Fuel	36.87	0.11	0.20	2.84
化学原料和化学制品制造业	Manufacture of Raw Chemical Materials and Chemical Products	749.64	241.08	0.55	48.74
医药制造业	Manufacture of Medicines	2.33	0.23	0.11	0.42
化学纤维制造业	Manufacture of Chemical Fibres	1.45			0.44
橡胶和塑料制品业	Manufacture of Rubber and Plastics	2.04	0.01	0.11	0.47
非金属矿物制品业	Manufacture of Non-metallic Mineral Products	231.01	146.47	0.23	30.44
黑色金属冶炼和压延加工业	Smelting and Pressing of Ferrous Metals	600.18	11.60	0.22	123.02
有色金属冶炼和压延加工业	Smelting and Pressing of Non-ferrous Metals	1201.48	4.66	0.24	332.25
金属制品业	Manufacture of Metal Products	3.21	0.00	0.23	0.75
通用设备制造业	Manufacture of General Purpose Machinery	1.45		0.16	0.21
专用设备制造业	Manufacture of Special Purpose Machinery	0.19			0.04
汽车制造业	Manufacture of Automobile	0.15		0.01	0.04
铁路、船舶、航空航天和其他运输设备制造业	Manufacture of Railroad, Marine, Aerospace and Other Transportation Equipments				
电气机械和器材制造业	Manufacture of Electrical Machinery and Equipment	7.66		0.01	1.92
通信设备、计算机和其他电子设备制造业	Manufacture of Communication Equipment, Computers and Other Electronic Equipment	0.99			0.26
仪器仪表制造业	Manufacture of Measuring Instruments	3.44			1.02
其他制造业	Others	2.25		0.10	0.64
废弃资源综合利用业	Utilization of Waste Materials	0.32			0.10
金属制品、机械和设备修理业	Metal Products, Mechanics and Equipments Maintainance	2.68			0.81

8-6 续表2 Continued

行　业	Sector	能源消费总量(万吨标准煤) Total Energy Consumption (10 000 tons of SCE)	原煤消费量(万吨) Coal Consump-tion (10 000 tons)	汽油消费量(万吨) Gasoline Consump-tion (10 000 tons)	电力消费量(亿千瓦小时) Electricity Consumption (100 million kwh)
(三)电力、燃气及水的生产和供应业	Electric Power, Gas and Water Production and Supply	69.99	5.96	0.05	19.94
电力、热力的生产和供应业	Production and Supply of Electric Power and Heat Power	58.07	5.96	0.04	16.35
燃气生产和供应业	Production and Supply of Gas	4.98			1.51
水的生产和供应业	Production and Supply of Water	6.93		0.01	2.07
三.建筑业	**Construction**	**51.30**	**4.73**	**5.86**	**4.82**
房屋和土木工程建筑业	Buildings and Civil Engineering	40.76	3.91	3.30	4.19
建筑安装业	Construction Installation	2.84	0.65	0.33	0.19
建筑装饰业	Construction Decoration	4.22	0.16	2.07	0.32
其它建筑业	Others	3.49	0.02	0.17	0.12
四.交通运输、仓储和邮政业	**Transport, Storage and Post**	**219.69**	**4.95**	**10.81**	**8.00**
铁路运输业	Railway Transportation	47.73	2.93	0.15	6.66
道路运输业	Road Transportation	165.39	0.39	10.20	0.69
水上运输业	Water Transportation				
航空运输业	Air Transportation	0.86	0.09	0.02	0.20
管道运输业	Pipeline Transportation	0.73	0.01	0.01	0.17
装卸搬运及其他运输服务业	Material Handling and Other Transportation Services	0.02	0.01	0.01	
仓储业	Storage	3.69	1.23	0.32	0.18
邮政业	Postal Services	1.28	0.29	0.10	0.09
五.批发、零售业和住宿、餐饮业	**Wholesale, Retail Trade, Accommodation and Catering Trade**	**108.67**	**9.56**	**4.59**	**9.65**
六.其他行业	**Others**	**158.88**	**22.50**	**6.52**	**17.47**
七.城乡居民生活	**Household Consumption of Urban and Rural Residents**	**281.60**	**105.49**	**25.92**	**27.35**

8-7 1990—2017年能源自给率

Energy Self-sufficiency Rate(1990-2017)

单位：万吨标准煤 (10 000 tons of SCE)

年 份 Year	能源生产总量 Total Energy Production	能源消费总量 Total Energy Consumption	能源自给率(%) Energy Self-sufficiency Rate(%)
1990	606.46	504.35	120.24
1991	552.26	474.29	116.44
1992	504.85	499.29	101.11
1993	559.17	559.98	99.85
1994	619.47	625.38	99.05
1995	571.57	687.71	83.11
1996	584.71	698.25	83.74
1997	672.89	706.78	95.21
1998	771.00	738.88	104.35
1999	885.89	938.68	94.38
2000	937.90	897.23	104.53
2001	907.05	939.33	96.56
2002	974.46	1018.83	95.65
2003	990.14	1122.70	88.19
2004	1226.30	1364.38	89.88
2005	1867.27	1830.48	102.01
2006	2113.85	2085.84	101.34
2007	2458.17	2295.91	107.07
2008	2857.42	2497.74	114.40
2009	3219.77	2573.44	125.12
2010	4005.82	2814.57	142.32
2011	4035.16	3145.28	128.29
2012	4631.37	3475.88	133.24
2013	5068.33	3768.16	134.50
2014	4099.40	3991.70	102.70
2015	3298.88	4134.11	79.80
2016	3003.89	4110.51	73.08
2017	3305.78	4202.46	78.66

8-8 主要年份主要能源产品产量

产品名称	Item	2010	2011	2012
原煤 (万吨)	Coal (10 000 tons)	1863	1961	2460
无烟煤 (万吨)	Anthracite (10 000 tons)	18	15	14
炼焦烟煤 (万吨)	Coking Bituminous Coal (10 000 tons)	1140	1300	1723
一般烟煤 (万吨)	Ordinary Bituminous Coal (10 000 tons)	705	646	723
洗精煤(用于炼焦) (万吨)	Coal Washing (For Coking) (10 000 tons)	291	649	798
其他洗煤 (万吨)	Other Coal Washing (10 000 tons)			
原油 (万吨)	Crude Petroleum Oil (10 000 tons)	186	195	205
天然气 (亿立方米)	Natural Gas (100 million cu.m)	56	65	64
常规天然气(亿立方米)	Conventional Natural Gas (100 million cu.m)	56	65	64
液化天然气 (万吨)	Liquified Natural Gas (10 000 tons)			
原油加工量 (万吨)	Processed Crude Oil (10 000 tons)	127	154	143
汽油 (万吨)	Gasoline (10 000 tons)	41	46	42
柴油 (万吨)	Diesel Oil (10 000 tons)	57	73	67
燃料油 (万吨)	Fuel Oil (10 000 tons)	3	4	4
液化石油气 (万吨)	Liquefied Petroleum Gas (10 000 tons)	10	11	10
炼厂干气 (万吨)	Refinery Gas (10 000 tons)			
其他石油制品 (万吨)	Other petroleum products (10 000 tons)			
焦炭 (万吨)	Coke (10 000 tons)	130	167	240
发电量 (亿千瓦小时)	Electricity (100 million kwh)	457	437	556
水电	Hydropower	360	345	435
火电	Thermal Power	97	92	116
燃煤发电	Coal Fired Power			
燃气发电	Gas Power			
余热余压等发电	Power by Residual Heat and Residual Pressure etc.			
风电	Wind Power Generation			
太阳能发电	Solar Power Generation.			

注：统计范围为规模以上工业企业法人单位。

Output of Major Energy Products in Major Years

2013	2014	2015	2016	2017
3020	1800	805	775	716
26	15			
1933	768			
1061	1017	805	775	716
1065	752	9	84	105
215	220	223	221	228
68	69	61	61	64
68	69	61	61	64
7	4	3	3	4
144	141	152	147	150
45	49	54	52	52
65	62	67	63	67
4	4	4	4	4
6	7	7	7	7
			5	6
			3	4
252	133	—	134	151
566	551	537	487	561
417	373	344	279	293
134	130	122	121	161
			114	153
			1	2
			6	6
	2	6	8	11
	46	65	79	96

a) The statistical scope is industrial legal person units above the scale.

8-9 环境保护基本情况

Basic Statistics on Environmental Protection

指标		Item		2016	2017	2018
水环境		**Water Environment Conditions**				
水资源总量	(亿立方米)	Total Amount of Water Resources	(100 million cu. m)	612.70	785.70	961.89
地表水资源量		Surface Water		591.47	764.30	939.48
地下水资源量		Groundwater		282.51	355.70	424.24
地表水与地下水资源重复量		Duplicated Measurement Between Surface Water and Groundwater		261.28	334.27	401.83
人均水资源量	(立方米/人)	Per Capita Water Resources	(cu.m/person)	10324	13299	15946
用水总量	(亿立方米)	Water Consumption	(100 million cu. m)	26.40	25.83	26.10
#农业用水		Agriculture		19.95	19.20	19.30
工业用水		Industry		2.57	2.54	2.51
生活用水		Consumption		2.78	2.85	2.98
生态环境补水		Ecological Protection		1.10	1.24	1.31
生态环境		**Ecological Environment Conditions**				
森林面积	(万公顷)	Area of Forest	(1 0000 hectares)	452.21	452.21	520.89
森林覆盖率	(%)	Forest Coverage Rate	(%)	6.3	6.3	7.3
湿地面积	(万公顷)	Wetland Area	(1 0000 hectares)	814.36	814.36	814.36

注：本表数据来源于青海省水利厅、青海省生态环境厅、青海省林业和草原局、青海省自然资源厅、青海省住房和城乡建设厅、青海省交通运输厅、青海省气象局(省气候中心)。

a)The data in this table are from theQinghai Water Conservancy Department, Qinghai Eco-environment Department, Qinghai Forestry and Grassland Bureau, Qinghai Natural Resources Department, Qinghai Housing and Urban-Rural Construction Department, Qinghai Transportation Department and Qinghai Meteorological Bureau (Provincial Climate Center).

8-9 续表1 Continued

指　　标	Item	2016	2017	2018
累计水土流失治理面积(千公顷)	Cumulative Soil Erosion Control Area (10 000 hectares)	858.18	1322.20	1465.44
当年造林面积 (公顷)	The Area of Afforestation This Year (hectare)	202614	198809	205904
自然保护区数 (个)	Number of Nature Reserves (unit)	11	11	11
#国家级自然保护区	Nation Level	7	7	7
自然保护区面积 (万公顷)	Area of Nature Reserves (10 000 hectares)	2177	2177	2177.74
自然灾害	**Natural Disasters**			
地质灾害次数 (次)	Number of Geologic Hazards (time)	46	31	207
地质灾害直接经济损失 (万元)	Direct Economic Losses of Geologic Hazard (10 000 yuan)	2512	889	5117
森林火灾次数 (次)	Number of Forest Fires (time)	11	16	21
森林火灾受害森林面积 (公顷)	Danaged Forest Area (hectare)	52	129	97
突发环境事件次数 (次)	Number of Sudden Environmental Incidents (unit)	0	0	0
本年林业投资完成额 (万元)	Investment Completed This Year for Afforestation(10 000 yuan)	307243	383704	386096
#生态建设与保护	Ecological Construction and Protection	238664	254357	291804
林业支撑与保障	Forestry Support and Protection	15694	10609	12177
林业产业发展	Development of Forestry	49509	90329	8506
林业基础设施建设	Forestry Projects for People's Livelihood		28409	73609

8-9 续表2 Continued

指　　标		Item		2016	2017
城市环境		**Urban Environmental**			
城区面积	(平方公里)	Total Urban Area	(sq.km)	688	688
城市现状建设用地面积	(平方公里)	Current Situation of City Construction Land Area	(sq.km)	176	179
公共供水总量	(万立方米)	Total public water supply	(10 000 cu.m)	16538	17870
供水普及率	(%)	Water supply popularity rate	(%)	99	99
污水排放总量	(万立方米)	Totle Discharge of Sewage	(10 000 cu.m)	18484	16496
污水处理总量	(万立方米)	Totle Disposal of Sewage	(10 000 cu.m)	14379	13075
污水处理率	(%)	Treatment Rate of Sewage	(%)	78	79
生活垃圾清运量	(万吨)	Urban Consumption Wastes Collected and Transported		82	78
生活垃圾无害化处理量	(万吨)	Volume of Urban Consumption Wastes Disposed	(10 000 tons)	79	74
生活垃圾无害化处理率	(%)	Treatment Rate of Urban Consumption Wastes	(%)	96.3	94.8
燃气普及率	(%)	Coverage Rate of Urban Population with Access to Gas	(%)	87.6	94.2
集中供热面积	(万平方米)	Area of Centralized Heating in Urban	(10 000 sq.m)	462	7845
人均公园绿地面积	(平方米/人)	Per Capita Public Green Area	(sq.m)	11	11
建成区绿化覆盖率	(%)	Green Covered Area as % of Completed Area	(%)	31.1	32.4
城市公共交通车辆标准运营数	(标台)	Standard Operation Number of Urban Public Transportation Vehicles(unit)		3042	3121

8-10 主要地区平均风速(2018年)

Average Wind Speed of Major Districts (2018)

单位：米/秒 (m/second)

月 份 Month	地 区 Region	西 宁 Xining	海 东 Haidong	海 北 HaiBei	黄 南 Huangnan	海 南 Hainan	果 洛 Golog	玉 树 Yushu	海 西 Haixi	格尔木 Geer Mu
年平均	**Annual Average**	**1.0**	**1.7**	**2.6**	**2.1**	**1.3**	**1.8**	**1.4**	**1.5**	**2.0**
一 月	Jan.	0.9	1.8	3.1	2.0	1.5	2.1	1.8	1.1	1.6
二 月	Feb.	1.0	1.9	3.1	2.2	2.0	2.5	1.9	1.6	1.8
三 月	Mar.	1.0	1.8	2.7	2.4	1.3	1.7	1.6	1.6	2.1
四 月	Apr.	1.3	1.9	3.1	2.5	1.8	1.9	1.9	1.9	2.3
五 月	May.	1.4	1.9	2.8	2.3	1.7	1.9	1.8	2.2	2.5
六 月	June.	1.1	1.8	2.8	2.3	1.4	1.8	1.3	2.1	2.5
七 月	July.	0.9	1.6	2.5	2.1	1.4	1.9	0.9	1.9	2.2
八 月	Aug.	0.9	1.3	2.3	1.8	1.2	1.7	1.0	1.5	2.2
九 月	Sept.	0.9	1.3	2.6	1.9	0.8	1.5	1.0	1.2	1.7
十 月	Oct.	0.8	1.3	2.0	1.8	0.9	1.5	0.9	1.1	1.5
十一月	Nov.	0.7	2.0	2.3	1.8	0.9	1.6	1.1	1.2	1.8
十二月	Dec.	0.8	1.7	2.6	1.8	1.0	2.0	1.2	1.1	1.4

注：本表数据来源于青海省气象局，以下表同。
a)The data in this table are from the Meteorological Bureau of Qinghai province,the same below.

8-11 主要地区平均气温(2018年)

Average Temperature of Major Districts (2018)

单位：摄氏度 (°C)

月 份 Month	地 区 Region	西 宁 Xining	海 东 Haidong	海 北 HaiBei	黄 南 Huangnan	海 南 Hainan	果 洛 Golog	玉 树 Yushu	海 西 Haixi	格尔木 Geer Mu
年平均	**Annual Average**	**6.4**	**8.0**	**1.9**	**7.1**	**5.3**	**1.4**	**3.6**	**4.6**	**6.7**
一 月	Jan.	-7.7	-6.2	-11.2	-5.5	-7.5	-8.9	-5.5	-9.3	-7.2
二 月	Feb.	-5.8	-3.9	-9.7	-3.7	-5.1	-7.4	-3.1	-6.8	-4.2
三 月	Mar.	4.9	7.3	-0.8	6.0	3.2	-2.5	-0.5	2.6	4.6
四 月	Apr.	8.5	10.2	3.8	9.0	7.2	1.8	3.8	7.1	8.9
五 月	May.	13.6	15.3	8.5	13.1	11.7	6.6	8.2	11.4	13.2
六 月	June.	17.1	19.0	11.9	16.1	14.6	9.2	11.6	15.0	17.3
七 月	July.	18.3	19.5	14.1	18.2	17.1	12.1	13.9	17.4	19.3
八 月	Aug.	17.7	18.9	13.7	17.5	16.3	11.8	13.1	16.7	18.7
九 月	Sept.	12.3	13.2	8.4	12.1	11.0	7.8	10.2	10.7	12.8
十 月	Oct.	5.7	7.3	1.0	6.5	3.3	0.2	1.6	2.7	4.9
十一月	Nov.	-1.8	0.5	-6.8		-2.4	-5.6	-3.4	-4.6	-1.6
十二月	Dec.	-7.0	-5.6	-10.2	-5.0	-6.6	-9.1	-7.2	-9.2	-6.6

8−12 主要地区降水量(2018年)
Monthly Precipitation of Major Districts (2018)

单位：毫米 (millimeters)

月 份 Month	地 区 Region	西 宁 Xining	海 东 Haidong	海 北 HaiBei	黄 南 Huangnan	海 南 Hainan	果 洛 Golog	玉 树 Yushu	海 西 Haixi	格尔木 Geer Mu
全 年	**Annual Total**	**519.1**	**498.8**	**447.8**	**658.9**	**523.6**	**691.5**	**590.0**	**398.1**	**68.4**
一 月	Jan.	2.3	1.3	1.0	0.4	1.3	2.2	1.6		
二 月	Feb.	0.1			1.6	0.5	5.7	0.4	0.9	0.6
三 月	Mar.	2.1	2.1	10.9	3.6	5.1	22.2	6.8	6.5	0.3
四 月	Apr.	30.2	26.8	18.5	47.6	28.3	42.9	16.6	17.7	2.3
五 月	May.	37.5	37.8	27.2	63.8	61.5	81.7	52.1	54.1	1.5
六 月	June.	55.8	10.6	51.9	41.8	54.7	128.2	145.9	54.0	11.4
七 月	July.	113.0	160.7	136.5	135.7	121.6	146.6	95.7	121.9	35.0
八 月	Aug.	136.6	176.1	112.2	220.7	142.1	139.6	85.9	73.5	8.1
九 月	Sept.	80.5	48.6	51.7	103.1	61.5	96.5	136.0	37.0	6.9
十 月	Oct.	31.4	22.9	19.0	13.4	24.7	17.0	32.0		0.2
十一月	Nov.	29.0	10.9	18.2	20.8	20.9	6.5	11.4	31.8	2.1
十二月	Dec.	0.6	1.0	0.7	6.4	1.4	2.4	5.6	0.7	

8−13 主要地区平均日照时数(2018年)
Average Sunshine Hours of Major Districts(2018)

单位：小时 (hours)

月 份 Month	地 区 Region	西 宁 Xining	海 东 Haidong	海 北 HaiBei	黄 南 Huangnan	海 南 Hainan	果 洛 Golog	玉 树 Yushu	海 西 Haixi	格尔木 Geer Mu
全 年	Annual Total	**2400.3**	**2410.2**	**2578.5**	**2341.1**	**2755.6**	**2411.9**	**2149.7**	**2771.0**	**2742.3**
一 月	Jan.	204.5	174.0	231.3	208.4	237.2	219.3	185.3	221.8	175.7
二 月	Feb.	209.1	204.6	228.8	192.3	227.0	190.7	152.8	227.9	198.2
三 月	Mar.	240.5	235.8	263.7	226.3	268.9	234.2	180.8	264.8	263.2
四 月	Apr.	235.9	236.5	230.5	220.9	244.5	238.3	236.6	251.5	260.7
五 月	May.	258.3	258.4	233.5	218.7	266.4	218.9	216.7	258.9	285.3
六 月	June.	197.5	195.0	178.2	171.6	189.0	160.2	184.0	196.1	225.0
七 月	July.	207.9	220.9	236.3	203.0	245.3	195.4	201.6	244.9	244.2
八 月	Aug.	158.7	172.6	183.3	154.8	214.6	176.5	181.5	197.1	223.5
九 月	Sept.	162.6	156.2	165.7	137.5	188.3	135.8	130.4	208.8	191.9
十 月	Oct.	216.5	219.6	222.2	221.3	256.1	193.0	116.8	278.1	263.8
十一月	Nov.	167.5	172.8	204.0	172.8	202.8	218.3	163.8	202.0	199.0
十二月	Dec.	141.3	163.8	201.0	213.5	215.5	231.3	199.4	219.1	211.8

主要统计指标解释

能源生产总量 指一定时期内全国(地区)一次能源生产量的总和,是观察全国(地区)能源生产水平、规模、过程构成和发展速度的总量指标。一次能源生产量包括原煤、原油、天然气、水电、核电及其他动力能(如风能、地热能等)发电量。不包括低热值燃料生产量、太阳热能等的利用和由一次能源加工转换而成的二次能源产量。

能源消费总量 指一定地域内(国家或地区)国民经济各行业和居民家庭在一定时期消费的各种能源的总和。能源消费总量分为三部分,即终端能源消费量、能源加工转换损失量和损失量。

(1)**终端能源消费量**:指一定时期内全国(地区)各行业和居民生活消费的各种能源在扣除了用于加工转换二次能源消费量和损失量以后的数量。

(2)**能源加工转换损失量**:指一定时期内全国(地区)投入加工转换的各种能源数量之和与产出各种能源产品之和的差额。它是观察能源在加工转换过程中损失量变化的指标。

(3)**能源损失量**:指一定时期内能源在输送、分配、储存过程中发生的损失和由客观原因造成的各种损失量。不包括各种气体能源放空、放散量。

能源生产弹性系数 是能源生产量的增长与国民经济增长之间的比值。计算公式:

$$能源生产弹性系数=\frac{能源生产总量年平均增长速度}{国民经济年平均增长速度}$$

本资料采用国内生产总值指标计算国民经济年平均增长速度。

电力生产弹性系数 是电力生产量的增长与国民经济增长之间的比值。计算公式:

$$电力生产弹性系数=\frac{电力生产量年平均增长速度}{国民经济年平均增长速度}$$

能源消费弹性系数 是能源消费增长速度与国民经济增长速度之间的比值。计算公式:

$$能源消费弹性系数=\frac{能源消费量年平均增长速度}{国民经济年平均增长速度}$$

电力消费弹性系数 是电力消费增长速度与国民经济增长速度之间的比值。计算公式:

$$电力消费弹性系数=\frac{电力消费量年平均增长速度}{国民经济年平均增长速度}$$

Explanatory Notes on Main Statistical Indicators

Total Energy Production refers to the total production of primary energy by all energy producing enterprises in the country (region) in a given period of time. It is a comprehensive indicator to show the capacity, scale, composition and development of energy production of the country (region). The production of primary energy includes that of coal, crude oil, natural gas, hydro power and electricity generated by other means such as wind power and geothermal power. However, it excludes the production of fuels of low calorific value, solar energy and the secondary energy converted from primary energy.

Total Energy Consumption refers to the total consumption of energy of various kinds of national economy industries and residents in a certain area (country or region) in a given period of time. Total energy consumption can be divided into three parts:

(1) **Final Energy Consumption**: refers to the total consumption of energy by industry and residential in the country (region) in a given period of time, but excludes the consumption in conversion of the primary energy into the secondary energy and the loss in the process of energy transformation.

(2) **Loss During Energy transformation**: refers to the total input of various kinds of energy for transformation, minus the total output of various kinds of energy in the country in a given period of time. It is an indicator to show the loss that occurs during the process of energy transformation.

(3) **Loss**: refers to the total of the loss of energy during the course of energy transport, distribution and storage and the loss caused by any objective reason in a given period of time. The loss of various kinds of gas due to gas discharges and stocktaking is excluded.

Elasticity of Energy Production is an indicator to show the relationship between the growth rate of energy production and the growth rate of the national economy. The formula is:

$$\text{Elasticity Ratio of Energy Production} = \frac{\text{Average Annual Growth Rate of Energy Production}}{\text{Average Annual Growth Rate of National Economy}}$$

The Gross Domestic Product (GDP) is used to calculate the growth rate of national economy in this book.

Elasticity of Electricity Production is an indicator to show the relationship between the growth rate of electricity production and the growth rate of the national economy. The formula is:

$$\text{Elasticity Ratio of Electricity Production} = \frac{\text{Average Annual Growth Rate of Electricity Production}}{\text{Average Annual Growth Rate of National Economy}}$$

Elasticity of Energy Consumption is an indicator to show the relationship between the growth rate of energy consumption and the growth rate of the national economy. The formula is:

$$\text{Elasticity Ratio of Energy Consumption} = \frac{\text{Average Annual Growth Rate of Energy Consumption}}{\text{Average Annual Growth Rate of National Economy}}$$

Elasticity of Electricity Consumption is an indicator to show the relationship between the growth rate of electricity consumption and the growth rate of the national economy. The formula is:

$$\text{Elasticity Ratio of Electricity Consumption} = \frac{\text{Average Annual Growth Rate of Electricity Consumption}}{\text{Average Annual Growth Rate of National Economy}}$$

第 9 篇

CHAPTER 9

财　政

Government Finance

公共财政预算收入

（亿元）

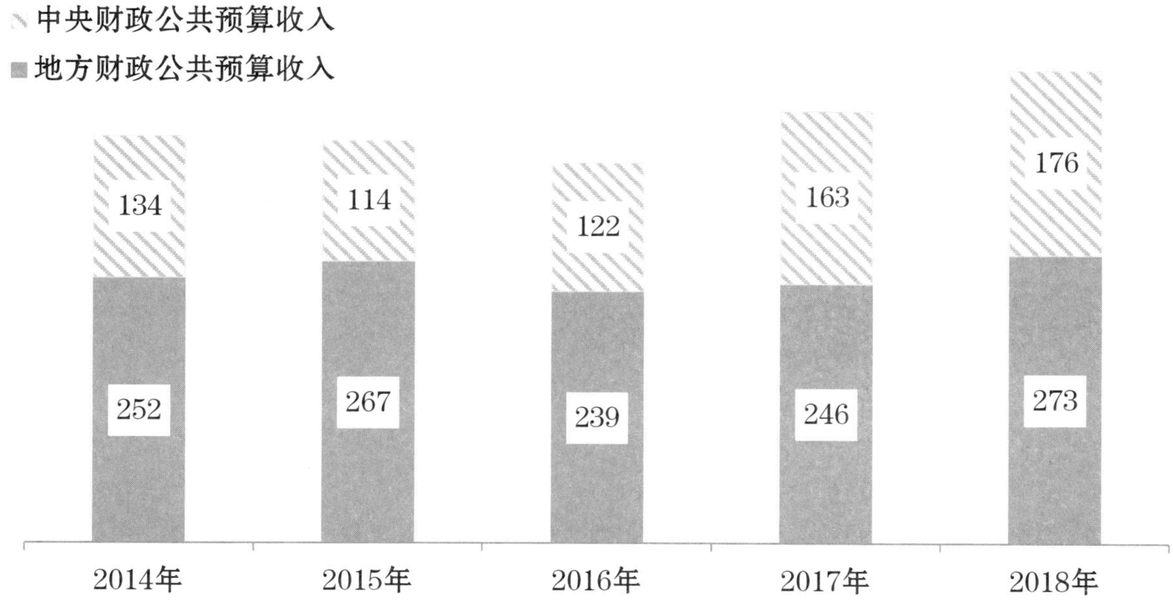

财政用于部分民生事业的支出

（亿元）

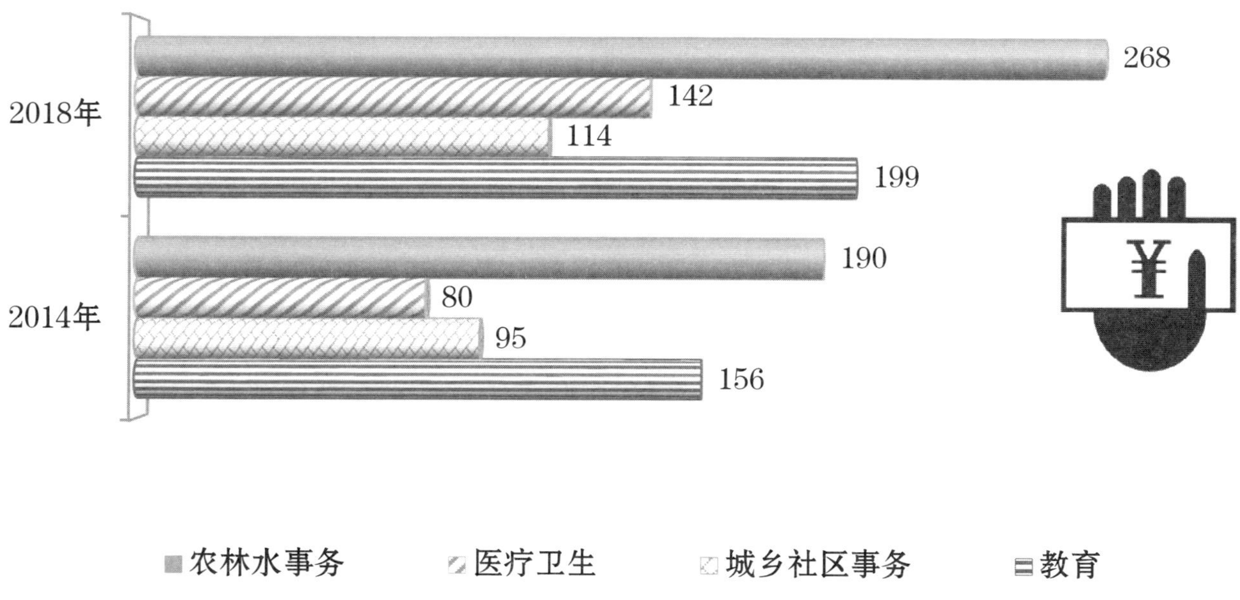

9-1 主要年份财政收支情况

Government Financial Revenue and Expenditure in Main Years

单位：万元、% (10 000 yuan，%)

年份 地区	Year Region	财政总收入 Total Government Revenue	国家财政补贴及其他收入 State Financial Subsidies and Other Revenue	公共财政预算收入 Public Budget Revenues	中央 Central Government	地方 Local Government	公共财政预算支出 Public Finance Budget Expenditures	地方公共财政预算收入 Public Budget Revenues of Local Governments: 占收入合计的比重 The Proportion of Total Revenue	占支出合计的比重 The Proportion of Total Expenditure
1957		16358	10187	6171		6171	16212	37.7	38.1
1965		17585	7008	10577		10577	18738	60.1	56.4
1970		26228	14254	11975		11975	27105	45.7	44.2
1975		47928	27450	20478		20478	45173	42.7	45.3
1978		70301	41261	29040		29040	68010	41.3	42.7
1980		63684	47191	16493		16493	58841	25.9	28.0
1990		169745	97375	72369		72369	171334	42.6	42.2
1995		276662	190686	170820	84844	85976	288021	31.1	29.9
1996		314159	218361	177073	81275	95798	327145	30.5	29.3
1997		353100	243900	198143	88943	109200	364713	30.9	29.9
1998		457668	329950	212742	85024	127718	440914	27.9	29.0
1999		667176	525440	230407	88671	141736	557191	21.2	25.4
2000		813082	647239	260944	95101	165843	682614	20.4	24.3
2001		1283790	1085549	325603	127362	198241	1012951	15.4	19.6
2002		1416571	1205606	381441	170476	210965	1187280	14.9	17.8
2003		1425380	1184969	436935	196524	240411	1220438	16.9	19.7
2004		1663816	1393856	512939	242979	269960	1373363	16.2	19.7
2005		2186018	1847796	633937	295715	338222	1697547	15.5	19.9
2006		2669398	2246961	830409	407972	422437	2146628	15.8	19.7
2007		3411001	2843918	1104683	537600	567083	2821993	16.6	20.1
2008		4466049	3750357	1365148	649456	715692	3635950	16.0	19.7
2009		5974197	5096816	1664598	787217	877381	4867457	14.7	18.0
2010		8622451	7520298	2049689	947536	1102153	7434033	12.8	14.8
2011		11174804	9656694	2703958	1185848	1518110	9674710	13.6	15.7
2012		13068261	11204096	3196862	1332697	1864165	11590499	14.3	16.1
2013		13677527	11438941	3685612	1447026	2238586	12278884	16.4	18.2
2014		15294734	12777975	3854678	1337919	2516759	13474303	16.5	18.7
2015		18268915	15597587	3811391	1140063	2671328	15151581	14.6	17.6
2016		19055430	16670367	3600450	1215387	2385063	15247999	12.5	15.6
2017		19003456	16541495	4087028	1625067	2461961	15304375	13.0	16.1
2018		20553430	17824560	4485844	1756974	2728870	16474296	13.3	16.6
西宁市	Xining City	3372887	2443432	929455		929455	2974767	27.6	31.2
海东市	Haidong City	2482822	2295498	187324		187324	2160078	7.5	8.7
海北州	Haibei Zang A.P	825694	781294	44400		44400	792951	5.4	5.6
黄南州	Huangnan Zang A.P	967312	935703	31609		31609	860416	3.3	3.7
海南州	Hainan Zang A.P	1148351	1043865	104486		104486	1074340	9.1	9.7
果洛州	Golog Zang A.P	923536	900429	23107		23107	887838	2.5	2.6
玉树州	Yushu Zang A.P	1276569	1255565	21004		21004	1009233	1.6	2.1
海西州	Haixi Mongolian & Zang A.P	1571980	1027199	544781		544781	1381802	34.7	39.4

注：1.本章数据来源于青海省财政厅。
　　2.1994年以后数据按照财税体制改革口径计算。
　　a)The data source of this chapter is the Finance Department of Qinghai.
　　b) Data since 1994 calculated by new caliber after the taxation system reform.

9-2 主要年份财政收入占地区生产总值的比重

Percentage of Financial Revenue on GDP in Main Years

单位：万元、%　　(10 000 yuan，%)

年份 地区	Year Region	财政收入合计 Total Financial Revenues	地方公共财政预算收入 Public Budget Revenues of Local Governments	财政收入合计占生产总值的比重 Percentage of Financial Revenue on GDP	地方公共财政预算收入占生产总值的比重 Percentage of Public Budget Revenues of Local Governments on GDP
1957		16358	6171	41.4	15.6
1965		17585	10577	28.6	17.2
1970		26228	11975	32.2	14.7
1975		47928	20478	38.6	16.5
1978		70301	29040	45.2	18.7
1980		63684	16493	35.8	9.3
1985		105053	23971	31.8	7.3
1990		169745	72369	24.3	10.3
1995		276662	85976	16.5	5.1
1996		314159	95798	17.1	5.2
1997		353100	109200	17.4	5.4
1998		457668	127718	20.7	5.8
1999		667176	141736	27.9	5.9
2000		813082	165843	30.8	6.3
2001		1283790	198241	42.8	6.6
2002		1416571	210965	41.6	6.2
2003		1425380	240411	36.5	6.2
2004		1663816	269960	35.7	5.8
2005		2186018	338222	40.2	6.2
2006		2669398	422437	41.2	6.5
2007		3411001	567083	42.8	7.1
2008		4466049	715692	43.8	7.0
2009		5974197	877381	55.3	8.1
2010		8622451	1102153	63.8	8.2
2011		11174804	1518110	66.9	9.1
2012		13068261	1864165	69.0	9.8
2013		13677527	2238586	64.5	10.5
2014		15294734	2516759	66.4	10.9
2015		18268915	2671328	75.6	11.1
2016		19055430	2385063	74.1	9.3
2017		19003456	2461961	72.4	9.4
2018		20553430	2728870	71.7	9.5
西宁市	Xining City	3372887	929455	26.2	7.2
海东市	Haidong City	2482822	187324	55.0	4.1
海北州	Haibei Zang A.P	825694	44400	98.8	5.3
黄南州	Huangnan Zang A.P	967312	31609	109.5	3.6
海南州	Hainan Zang A.P	1148351	104486	72.6	6.6
果洛州	Golog Zang A.P	923536	23107	222.8	5.6
玉树州	Yushu Zang A.P	1276569	21004	238.1	3.9
海西州	Haixi Mongolian & Zang A.P	1571980	544781	25.1	8.7

9−3　2014−2018年财政收支情况
Financial Revenue and Expenditure(2014-2018)

单位：万元 (10 000 yuan)

收　入	Revenue	2014	2015	2016	2017	2018
税收收入	**Taxes Revenue**	**1993917**	**2058050**	**1764775**	**1839621**	**2054871**
增值税	Value Added Tax	309253	229512	468213	893554	926987
营业税	Business Tax	778486	896136	503032		
企业所得税	Corporate Income Tax	198226	202302	170720	232450	250281
企业所得税退税	Tax Rebate for Corporate Income Tax					
个人所得税	Individual Income Tax	62826	57015	64075	89597	111666
资源税	Resource Tax	231518	219214	148438	185721	202828
城市维护建设税	City Maintenance and Construction Tax	120285	118340	115913	121915	129267
房产税	House Property Tax	53737	55214	56738	65281	73452
印花税	Stamp Tax	30151	27264	29668	35687	41296
城镇土地使用税	Urban Land Use Tax	37481	41897	56981	45782	41742
土地增值税	Land Appreciation Tax	31402	35288	32569	46047	92624
车船税	Tax on Vehicles and Boat Operation	18782	22615	25239	27301	31030
耕地占用税	Farm Land Occupation Tax	45195	92444	56363	50335	58854
契税	Deed Tax	76575	60676	36821	45951	88654
烟叶税	Tobacco Leaf Tax					
其他税收收入	Other Tax Revenue		133	5		
非税收入	**Total Non-tax Revenue**	**522842**	**613278**	**620288**	**622340**	**673999**
专项收入	Special Program Receipts	192589	261526	199195	155764	192271
行政事业性收费收入	Charge of Administrative and Institutional Units	90915	93187	85313	92348	104745
罚没收入	Penalty Receipts	45692	68805	51729	64072	80180
国有资本经营收入	State-owned Capital Operating Revenue	8113	3882	2285	7250	8442
国有资源(资产)有偿使用收入	Revenue Paid Use of State-owned Resources (Assets)	132963	143361	227911	251495	234186
其他收入	Other Revenues	52570	42517	53855	51411	54175
本年收入合计	**Total Revenue of This Year**	**2516759**	**2671328**	**2385063**	**2461961**	**2728870**

9-3 续表 continued

单位：万元 (10 000 yuan)

支 出	Expenditure	2014	2015	2016	2017	2018
一般公共服务	Expenditure for General Public Services	1005744	1173292	1214177	1238534	1325834
外交	Expenditure for Foreign Affairs					
国防	Expenditure for National Defense	7095	9959	8807	9877	8996
公共安全	Expenditure for Public Security	556325	590172	709793	900438	871907
教育	Expenditure for Education	1563054	1631899	1713643	1875109	1991041
科学技术	Expenditure for Science and Technology	103886	112165	109010	119353	127963
文化体育与传媒	Expenditure for Culture, Sport and Media	341602	335954	333145	375783	354922
社会保障和就业	Expenditure for Social Safety Net and Employment Effort	1480129	1893447	1961752	2095742	2307970
医疗卫生	Expenditure for Medical and Health Care	801340	994260	1030629	1252128	1415998
节能环保	Energy Saving and Environmental Protection	567286	873588	734098	609256	635099
城乡社区事务	Expenditure for Urban and Rural Community Affairs	950361	1284534	1197362	1370008	1143231
农林水事务	Expenditure for Agriculture, Forestry and Water Conservancy	1900408	2044144	2323489	2331198	2678537
交通运输	Expenditure for Transportation	2047049	2054930	1787185	953840	1546347
资源勘探电力信息等事务	Expenditure for Affairs of Exploration, Power and Information	563088	554697	495782	363478	378337
商业服务业等事务	Expenditure for Affairs of Commerce and Services	130316	190590	145958	176955	153245
金融监管等事务	Expenditure for Affairs of Financial Supervision and Reconstruction	129267	60020	69212	28758	6485
援助其他地区支出	Expenditure for Other Regional Assistance	421	866	490		
国土资源气象等事务	Expenditure for Affairs of Land and Weather	218139	165205	168857	391029	177532
住房保障	Expenditure for Affairs of Housing Security	677288	652487	699296	673207	665307
粮油物资储备事务	Expenditure for Affairs of Management of Grain & Oil Reserves	45840	75546	56047	54136	60913
预备费	Reserve Funds					
国债还本付息	Expenditure for the Principal and Interest of National Debts	228637	262807	415758	431770	579001
其他	Others	157028	191019	73509	53776	45631
本年支出合计	**Total Government Expenditure of This Year**	**13474303**	**15151581**	**15247999**	**15304375**	**16474296**

9-4 各时期地方财政收入主要项目

Main Items of Local Financial Revenue in Different Periods

单位：万元 (10 000 yuan)

时期(年份) Period(Year)	地方财政收入合计 Total Revenue of Local Covernments	企业收入 Revenue of Enterprises	国企所得税调节税 Regulation Tax of State-owned Enterprises Income Tax	税收收入 Tax Revenue	工商税收 Industrial and Commercial Taxes	农牧业税 Agricultural and Livestock Taxes	其他 Others
“五五”时期	106032	18866		80348	72906	7442	6818
1978	29040	9361		17322	15734	1588	393
1980	16493	-1803		16679	15384	1295	471
“六五”时期	79583	-31663	27226	103440	96503	6937	7806
1985	23971	-6666	11051	29561	28031	1530	1076
“七五”时期	262159	-23221	54199	258095	246002	12093	27285
1986	32112	-3267	9877	33798	32110	1688	1581
1990	72369	-6336	9603	67833	64553	3280	10872
“八五”时期	439198	-20180	39339	398643	369399	29244	60735
1991	87908	-2981	10804	71741	68419	3322	19148
1995	85976	-1379	7007	73313	64477	8836	14042
“九五”时期	640295	41413	62402	491057	430528	60529	107825
1996	95798	-2381	5991	80826	69519	11307	17353
1997	109200	3659	8824	89154	76885	12269	16387
1998	127718	5677	11939	97514	84146	13368	24503
1999	141736	12121	13402	106629	95565	11064	22986
2000	165843	22337	22246	116934	104413	12521	26572
“十五”时期	1257799	117763	96853	928300	863340	64960	211736
2001	198241	32562	28928	132185	123665	8520	33494
2002	210965	19340	13412	158181	141381	16800	33444
2003	240411	17021	12177	184095	166374	17721	39295
2004	269960	20197	16940	205194	191791	13403	44569
2005	338222	28643	25396	248645	240129	8516	60934
“十一五”时期	3684746	356857	353318	2560821	2491743	69078	767068
2006	422437	39652	36066	295126	285903	9223	87659
2007	567083	47479	47526	385376	375157	10219	134228
2008	715692	71292	71292	487674	474437	13237	156726
2009	877381	88601	88601	613052	595873	17179	175728
2010	1102153	109833	109833	779593	760373	19220	212727
“十二五”时期	10808948	924115	924115	7543704	6630858	424776	2341129
2011	1518110	146159	146159	1052317	1020736	31581	319634
2012	1864165	160761	160761	1306099	1265802	40297	397305
2013	2238586	216667	216667	1533849	967771	78008	488070
2014	2516759	198226	198226	1795691	1673921	121770	522842
2015	2671328	202302	202302	1855748	1702628	153120	613278
“十三五”时期	7575894	653451	653451	5005816	4668838	336978	1916627
2016	2385063	170720	170720	1594055	1500871	93184	620288
2017	2461961	232450	232450	1607171	1510885	96286	622340
2018	2728870	250281	250281	1804590	1657082	147508	673999

注：1. 企业收入系企业所得税、国有企业上缴利润、国有企业计划亏损补贴及所得税退税之和。
2. 各项税收按1988年口径整理，工商税收包括盐税、建筑税等。农牧业税包括耕地占用税和契税。

a)Revenue of enterprises, is the sum of enterprise income tax, profit delivery, plan subsidies to loss-making and the tax rebate of state-owned enterprises.

b) Revenues are arranged according to the caliber in 1988. Industrial and commercial tax include Salt tax, construction tax,and so on.Agriculture and livestock tax include farm land occupation tax and deed tax.

主要统计指标解释

财政收入　指国家财政参与社会产品分配所取得的收入，是实现国家职能的财力保证。主要包括：

（1）**各项税收**：包括国内增值税、国内消费税、进口货物增值税和消费税、出口货物退增值税和消费税、营业税、企业所得税、个人所得税、资源税、城市维护建设税、房产税、印花税、城镇土地使用税、土地增值税、车船税、船舶吨税、车辆购置税、关税、耕地占用税、契税、烟叶税等。

（2）**非税收入**：包括专项收入、行政事业性收费、罚没收入和其他收入。

财政支出　指国家财政将筹集起来的资金进行分配使用，以满足经济建设和各项事业的需要。主要包括：

（1）**一般公共服务**：指政府提供基本公共管理与服务的支出，包括人大事务、政协事务、政府办公厅（室）及相关机构事务、发展与改革事务、统计信息事务、财政事务、税收事务、审计事务、海关事务、人力资源事务、纪检监察事务、人口与计划生育事务、商贸事务、知识产权事务、工商行政管理事务、国土资源事务、海洋管理事务、测绘事务、地震事务、气象事务、民族事务、宗教事务、港澳台侨事务、档案事务、共产党事务、民主党派事务及工商联事务、群众团体事务、彩票事务等。

（2）**外交**：指政府外交事务支出，包括外交行政管理、驻外机构、对外援助、国际组织、对外合作与交流、边界勘界联检等方面的支出。

（3）**国防**：指政府用于国防方面的支出，包括用于现役部队、预备役部队、民兵、国防科研事业、专项工程、国防动员等方面的支出。

（4）**公共安全**：指政府维护社会公共安全方面的支出，包括武装警察、公安、国家安全、检察、法院、司法行政、监狱、劳教、国家保密、缉私警察等。

（5）**教育**：指政府教育事务支出，包括教育行政管理、学前教育、小学教育、初中教育、普通高中教育、普通高等教育、初等职业教育、中专教育、技校教育、职业高中教育、高等职业教育、广播电视教育、留学生教育、特殊教育、干部继续教育、教育机关服务等。

（6）**科学技术**：指用于科学技术方面的支出，包括科学技术管理事务、基础研究、应用研究、技术研究与开发、科技条件与服务、社会科学、科学技术普及、科技交流与合作等。

（7）**文化教育与传媒**：指政府在文化、文物、体育、广播影视、新闻出版等方面的支出。

（8）**社会保障和就业**：指政府在社会保障与就业方面的支出，包括社会保障和就业管理事务、民政管理事务、财政对社会保险基金的补助、补充全国社会保障基金、行政事业单位离退休、企业改革补助、就业补助、抚恤、退役安置、社会福利、残疾人事业、城市居民最低生活保障、其他城镇社会救济、农村社会救济、自然灾害生活救助、红十字事务等。

（9）**医疗卫生**：指政府医疗卫生方面的支出，包括医疗卫生管理事务支出、医疗服务支出、医疗保障支出、疾病预防控制支出、卫生监督支出、妇幼保健支出、农村卫生支出等。

（10）**环境保护**：指政府环境保护支出，包括环境保护管理事务支出、环境监测与监察支出、污染治理支出、自然生态保护支出、天然林保护工程支出、退耕还林支出、风沙荒漠治理支出、退牧还草支出、已垦草原退耕还草、能源节约利用、污染减排、可再生能源和资源综合利用等支出。

（11）**城乡社区事务**：指政府城乡社区事务支出，包括城乡社区管理事务支出、城乡社区规划与管理支出、城乡社区公共设施支出、城乡社区住宅支出、城乡社区环境卫生支出、建设市场管理与监督支出等。

（12）**农林水事务**：指政府农林水事务支出，包括农业支出、林业支出、水利支出、扶贫支出、农业综合开发支出等。

（13）**交通运输**：指政府交通运输和邮政业方面的支出，包括公路运输支出、水路运输支出、铁路运输支出、民用航空运输支出、邮政业支出等。

（14）**工业商业金融等事务**：指政府对工业、商业及金融等方面的支出，包括采掘业支出、制造业支出、建筑业支出、工业和信息产业监管支出、国有资产监管支出、商业流通事务支出、金融业监管支出、旅游业管理与服务支出等。

地方财政收入　指按现行分税制财政体制划分的地方本级收入。包括营业税（不含铁道部门、各银行总行、各保险公司总公司集中交纳的营业税），地方企业上交利润，城市维护建设税（不含铁道部门、各银行总行、各保险公司总公司集中交纳的部分），房产税，城镇土地使用税，土地增值税，车船税，耕地占用税，契税，烟叶税，印花税，增值税25%部分，纳入共享范围的企业所得税40%部分，个人所得税40%部分，证券交易印花税3%部分，海洋石油资源税以外的其他资源税，地方非税收入等。

Explanatory Notes on Main Statistical Indicators

Government Revenue refers to income for the government finance through participating in the distribution of social products. It is the financial guarantee to ensure government functioning. The contents of government revenue include the following main items:

(1) **Various tax revenues**, including domestic value added tax (VAT), domestic consumption tax, VAT and consumption tax from imports, VAT and consumption tax rebate for exports, business tax, corporate income tax, individual income tax, resource tax, city maintenance and construct tax, house property tax, stamp tax, urban land use tax, land appreciation tax, tax on vehicles and boat operation, ship tonnage tax, vehicle purchase tax, tariffs, farm land occupation tax, deed tax, and tobacco leaf tax, etc.

(2) **Non - tax revenue**, including special program receipts, charge of administrative and institutional units, penalty receipts and others non - tax receipts.

Government Expenditure refers to the distribution and use of the funds which the government finance has raised, so as to meet the needs of economic construction and various causes. It includes the following main items:

(1) **Expenditure for general public services**: It refers to the spending on the basic public management and services which provided by governments, including the expense on affairs of People's Congress, affairs of People's Political Consultative Conference, affairs of government general office and relative institutions, affairs of development and reform, affairs of statistics, affairs of finance, affairs of taxation, affairs of audit, affairs of customs, affairs of human resources and social security, affairs of discipline inspection and supervision, affairs of population and family planning, affairs of commerce and trade, affairs of intellectual property, affairs of administration for industry and commerce, affairs of land and resources, affairs of oceanic administration, affairs of surveying and mapping, affairs of earthquake, ethnic affairs, religious affairs, affairs of Hong Kong, Macao, Taiwan, and Overseas Chinese, affairs of archives administration, affairs of Chinese Communist Party, affairs of democratic parties and federation of industry and commerce, affairs of mass organization, and affairs of lottery, etc.

(2) **Expenditure for foreign affairs**: It refers to the spending of government on foreign affairs, including the expense on administration of foreign affairs, missions overseas, external assistance, international organizations, foreign cooperation and communication, surveying and joint inspection on borderline, etc.

(3) **Expenditure for national defence**: It refers to the spending of government on national defence, including the expense on active force, reserve force, militia, scientific research on national defence, special projects, mobilization of national defence, etc.

(4) **Expenditure for public security**: It refers to the spending of government on maintaining social and public security, including the expense on armed police force, public security, state security, prosecution, courts, justice, prison, labour education and rehabilitation, protection of state secrecy, anti - smuggling police, etc.

(5) **Expenditure for education**: It refers to the spending of government on education, including the expense on the administration of education, pre - primary education, primary education, secondary education, high school education, regular higher education, primary vocational education, secondary vocational education, technical school education, vocational high school education and higher vocational education, radio and television education, student abroad education, special education, on the job training of cadres, education authorities services, etc.

(6) **Expenditure for science and technology**: It refers to the spending of government on science and technology (S&T), including the expense on the administration of S&T, basic research, applied research, research and development, conditions and services of S&T, popularization of social science, science and technology, exchanges and cooperation of S&T, etc.

(7) **Expenditure for culture, sport and media**: It refers to the spending of government on culture, cultural heritage, sports, radio, film, television, press and publication, etc.

(8) **Expenditure for social safety net and employment effort**: It refers to the spending of government on social safety net and employment, including the expense on administration of social safety net and employment, civil affairs, budgetary subsidy on the social insurance funds, subsidy on National Social Security Fund, retirees of administrative units and institutions, subsidy on enterprise reform, subsidy on employment effort, pension, placement of ex - serviceman, social welfare, the handicapped undertakings, the system of cost of living allowances for urban residents, other urban social relief, rural social relief, living relief of natural disasters, affairs of Red Cross Society, etc.

(9) **Expenditure for medical and health care**: It refers to the spending of government on medical and health care, including the expense on administration of medical and health care, medical services, health care, disease prevention and control, health inspection and supervision, women and children's health, rural health care, etc.

(10) **Expenditure for environment protection**: It refers to the spending of government on environment protection, inclu-

ding the expense on administration of environment protection, environment monitoring and supervision, pollution control, natural ecology protection, project of virgin forests protection, reforesting farmland, controlling the sources of dust storms, returning pastureland to grassland, returning pastureland to grassland, returning cultivated land to grassland, energy conservation, emissions reduction, comprehensive utilization of renewable energy and resources, etc.

(11) **Expenditure for urban and rural community affairs**: It refers to the spending of government on urban and rural community affairs, including the expense on administration of urban and rural community, planning and management of urban and rural community, public facilities of urban and rural community, housing of urban and rural community, sanitation of urban and rural community, management and supervision on the construction market, etc.

(12) **Expenditure for agriculture, forestry and water conservancy**: It refers to the spending of government on agriculture, forestry and water conservancy, including the expense on agriculture, forestry, water conservancy, poverty alleviation, comprehensive agricultural development, etc.

(13) **Expenditure for transportation**: It refers to the spending of government on transportation and postal services, including the expense on road transportation, waterway transportation, railway transportation, civil aviation transportation, and postal services.

(14) **Expenditure for industry, commerce and banking**: It refers to the spending of government on industry, commerce and banking, including the expense on mining, manufacturing, construction, industry and information technology supervision and administration, State – owned assets supervision and administration, commerce and circulation affairs, financial intermediation supervision and administration, tourism administration and service, etc.

Revenue of the Local Governments refers to the revenue collected that by the local governments as defined by the decentralized taxation system. The revenue of the local governments includes business tax (excluding the part of the Ministry of Railways, head offices of banks, head offices of insurance company, which are handed over to the government in a centralized way), profit handed in by the local enterprises, city maintenance and construct tax (excluding the part of the Ministry of Railways, head offices of banks, head offices of insurance company, which are handed over to the government in a centralized way), house property tax, urban land use tax, land appreciation tax, tax on vehicles and boat operation, farm land occupation tax, deed tax, and tobacco leaf tax, stamp tax, 25% of the value added tax, 40% the share part of the corporate income tax, 40% of individual income tax, 3% of stamp tax on securities transactions, resource tax other than the tax on offshore petroleum resources, local non – tax revenue, etc.

第 10 篇
CHAPTER 10

价格指数
Prices

商品零售价格指数

(以上年为100)

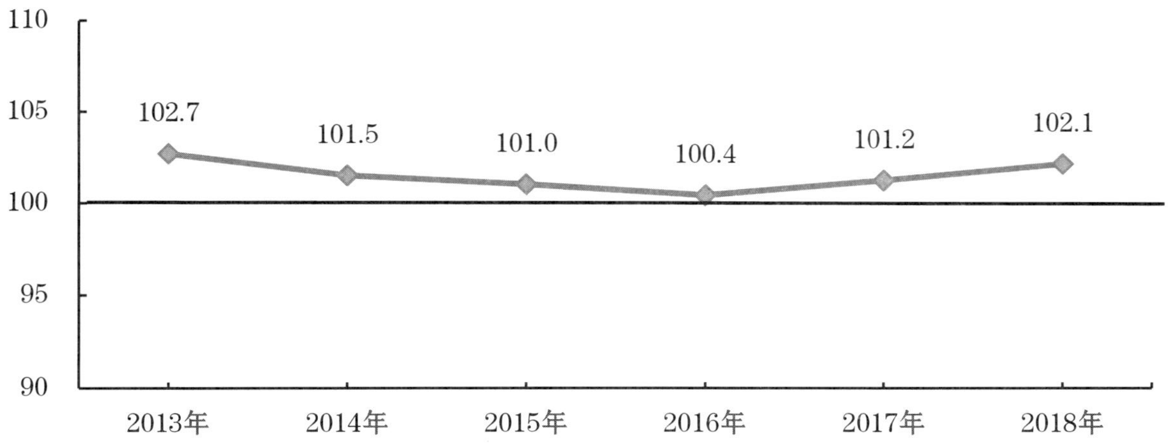

居民消费价格指数

(以上年为100)

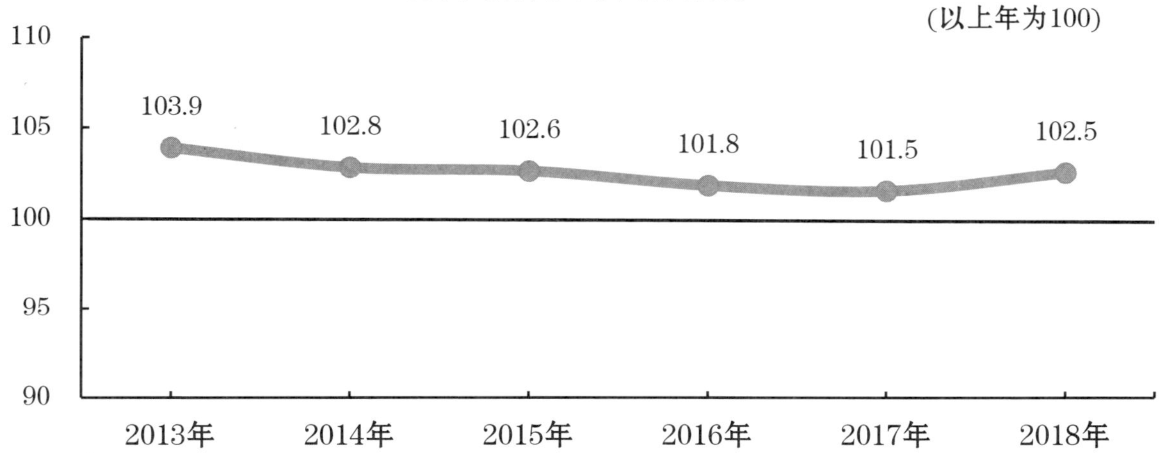

工业生产者价格指数

(以上年为100)

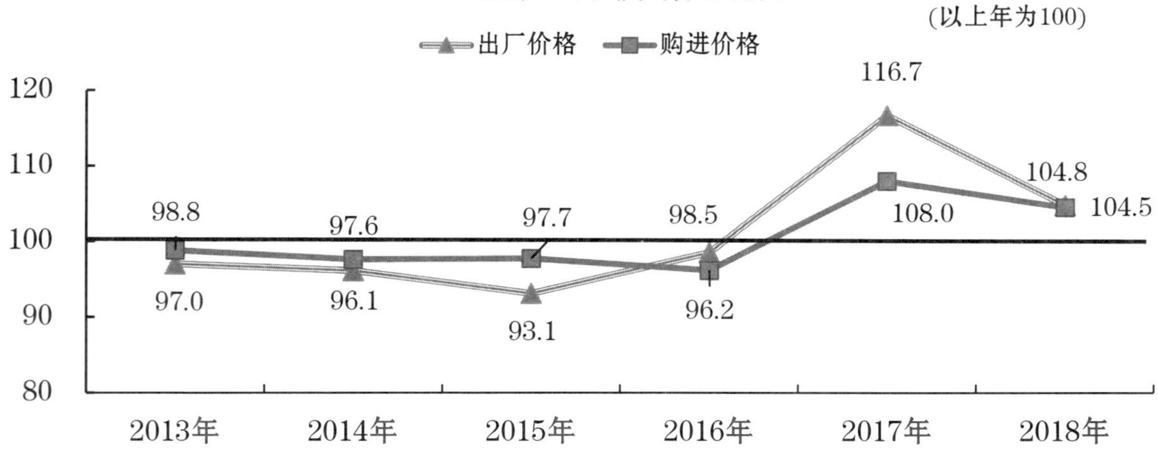

10-1 1978-2018年各种价格指数
Price Indices (1978-2018)

上年=100 (preceding year=100)

年 份 Year	商品零售价格指数 Retail Price Index	居民消费价格指数 Consumer Price Index	城市居民消费价格指数 Urban Household	农村居民消费价格指数 Rural Household	服务项目价格指数 Service Price Index	农业生产资料价格指数 Price Index for Means of Agricultural Production
1978	100.22	100.35	100.23	100.50	100.00	100.04
1979	102.22	102.15	103.38	100.31	100.11	99.16
1980	104.08	105.59	105.59	101.30	100.44	99.23
1981	101.37	101.30	101.30	100.67	100.00	100.52
1982	101.80	101.77	102.07	100.88	100.20	100.88
1983	100.65	100.74	100.62	101.40	104.73	100.36
1984	103.40	103.10	103.10	102.40	103.86	107.90
1985	110.70	110.70	111.80	106.20	105.80	103.70
1986	106.10	106.20	106.40	105.70	107.80	102.60
1987	107.30	107.20	107.80	105.20	104.80	104.10
1988	118.30	118.00	118.60	116.20	112.20	111.00
1989	117.70	117.50	117.30	118.00	115.30	116.40
1990	104.50	105.10	104.70	107.60	114.10	108.70
1991	106.30	107.60	108.70	105.20	117.50	104.10
1992	106.40	108.00	108.60	106.60	119.30	103.80
1993	112.50	113.20	114.00	110.50	121.00	117.60
1994	123.30	121.80	123.20	120.70	118.50	124.10
1995	116.30	118.00	119.70	115.70	116.80	123.90
1996	107.80	110.80	111.40	108.80	129.90	112.60
1997	103.00	104.80	105.10	104.20	116.00	105.00
1998	99.60	100.70	100.60	101.00	112.30	100.30
1999	98.50	99.50	99.50	99.60	110.30	95.60
2000	99.00	99.50	99.60	99.40	103.80	100.70
2001	99.90	102.60	103.00	101.20	112.70	99.60
2002	99.30	102.30	102.10	102.90	112.20	98.00
2003	100.80	102.00	101.80	102.50	104.00	101.10
2004	102.60	103.20	102.10	105.50	104.80	109.20
2005	100.70	100.80	99.70	103.10	102.00	106.50
2006	102.00	101.60	101.80	101.10	101.30	102.10
2007	106.00	106.60	106.30	107.30	102.70	108.10
2008	110.60	110.10	108.90	112.30	103.20	124.20
2009	101.60	102.60	103.20	101.70	101.50	97.80
2010	104.30	105.40	105.10	105.80	105.30	103.50
2011	105.40	106.10	106.00	106.40	105.10	112.40
2012	102.10	103.10	103.00	103.10	103.00	108.70
2013	102.70	103.90	104.10	103.70	102.70	104.30
2014	101.50	102.80	102.90	102.60	103.40	99.80
2015	101.00	102.60	102.80	102.20	104.20	100.80
2016	100.40	101.80	101.80	101.80	103.20	101.50
2017	101.20	101.50	101.70	101.10	102.20	102.40
2018	102.10	102.50	102.50	102.50	102.80	102.10

10–2 1978–2018年各种价格定基指数

Fixed-base Price Indices (1978-2018)

1978年=100 (year of 1978=100)

年 份 Year	商品零售价格指数 Retail Price Index	居民消费价格指数 Consumer Price Index	城市居民消费价格指数 Urban Household	农村居民消费价格指数 Rural Household	服务项目价格指数 Service Price Index	农业生产资料价格指数 Price Index for Means of Agricultural Production
1978	100.00	100.00	100.00	100.00	100.00	100.00
1979	102.22	102.15	103.38	100.31	100.11	99.16
1980	106.39	107.86	109.16	101.61	100.55	98.40
1981	107.85	109.26	110.58	102.29	100.55	98.91
1982	109.79	111.20	112.87	103.20	100.75	99.78
1983	110.50	112.02	113.57	104.64	105.52	100.14
1984	114.26	115.49	117.09	107.15	109.59	108.05
1985	126.49	127.85	130.90	113.79	115.95	112.05
1986	134.20	135.78	139.28	120.28	124.99	114.96
1987	144.00	145.55	150.15	126.54	130.99	119.67
1988	170.35	171.75	178.07	147.03	146.97	132.84
1989	200.50	201.81	208.88	173.50	169.46	154.62
1990	209.52	212.10	218.70	186.69	193.35	168.07
1991	222.72	228.22	237.30	196.39	227.19	174.97
1992	236.98	246.48	258.17	209.36	271.03	181.61
1993	266.60	279.01	294.31	231.34	327.95	213.58
1994	328.72	339.84	362.59	279.23	388.62	265.05
1995	381.99	401.01	434.02	323.06	453.91	328.40
1996	412.12	444.32	483.50	351.49	589.63	369.78
1997	424.48	465.65	508.16	366.25	683.97	388.27
1998	422.79	468.91	511.21	369.92	768.10	389.43
1999	416.44	466.57	508.65	368.44	847.21	372.29
2000	412.28	464.24	506.62	366.23	879.41	374.90
2001	411.87	476.31	521.82	370.62	991.09	373.40
2002	408.98	487.25	532.77	381.37	1112.00	365.93
2003	412.25	497.00	542.36	390.90	1156.48	369.96
2004	422.97	512.90	553.75	412.40	1211.99	404.00
2005	425.93	517.00	552.09	412.41	1236.23	430.26
2006	434.45	525.27	562.03	416.95	1252.30	439.30
2007	460.52	559.94	597.44	447.39	1286.11	474.88
2008	509.34	616.49	650.61	502.42	1327.27	589.80
2009	517.49	632.52	671.43	510.96	1347.18	576.82
2010	539.74	666.68	705.67	540.60	1418.58	597.01
2011	568.89	707.35	748.01	575.20	1490.93	671.04
2012	580.84	729.28	770.45	593.03	1535.66	729.42
2013	596.52	757.72	802.04	614.97	1577.12	760.78
2014	605.47	778.94	825.30	630.96	1630.74	759.26
2015	611.53	799.19	848.41	644.84	1699.23	765.34
2016	613.97	813.58	863.68	656.45	1753.61	776.82
2017	621.30	825.80	878.40	663.70	1792.20	795.50
2018	634.35	846.45	900.36	680.29	1842.38	812.21

10-3 居民消费价格分类指数(2018年)
Consumer Price Indices by Category (2018)

上年=100 (preceding year=100)

项目	Item	全省 Province	城市 Urban	农村 Rural
居民消费价格总指数	**Consumer Price Index**	**102.5**	**102.5**	**102.5**
非食品烟酒价格指数	**Non-Food, Tobacco and Liquor Price Index**	**102.5**	**102.7**	**102.1**
食品(原口径)指数	**Food(Original diameter) Price Index**	**103.0**	**102.4**	**104.2**
非食品(原口径)指数	**Non-Food(Original diameter) Price Index**	**102.4**	**102.6**	**102.0**
服务价格指数	**Services Price Index**	**102.8**	**103.5**	**101.3**
工业品价格指数	**Industrial Products Price Index**	**102.2**	**102.0**	**102.7**
鲜活食品价格指数	**Fresh Food Price Index**	**105.7**	**104.7**	**107.7**
消费品价格指数	**Consumer P ricei Index**	**102.4**	**102.1**	**103.1**
能源价格指数	**Energy Price Index**	**104.7**	**104.3**	**105.5**
非食品价格指数	**Non-Food Index**	**102.4**	**102.5**	**102.0**
扣除食品和能源价格指数	**Out of Food and Energy Price Index**	**102.2**	**102.4**	**101.8**
扣除鲜菜鲜果价格指数	**Out of Fresh Vegetables and Fruits Price Index**	**102.5**	**102.6**	**102.4**
扣除自有住房价格指数	**Out of Private Housing Price Index**	**102.4**	**102.3**	**102.6**
居住(扣自有住房)价格指数	**Residence (Out of Private Housing)Price Index**	**101.3**	**101.0**	**102.0**
食品烟酒	**Food, Tobacco and Liquor**	**102.7**	**102.2**	**103.7**
食品	Food	103.3	102.7	104.4
粮食	Grain	101.5	101.8	101.1
薯类	Tubers	105.1	104.7	105.4
豆类	Beans	103.3	104.9	98.8
食用油	Oil	99.9	100.1	99.6
菜	Vegetables	103.2	101.3	107.5
畜肉类	Meat	106.4	105.2	108.6
禽肉类	Poultry	103.6	104.2	102.7
水产品	Aquatic Products	100.1	100.2	99.7
蛋类	Eggs	112.5	113.8	109.8
奶类	Dairies	100.6	99.6	103.0
干鲜瓜果类	Dried and Fresh Melons and Fruits	100.9	101.7	99.1
糖果糕点类	Candy and Pastries	101.4	101.2	101.9
调味品	Flavorings	102.1	101.3	103.3
其他食品类	Others	100.9	101.0	100.8
茶及饮料	Tea and Beverages	100.0	98.1	102.9
烟酒	Tobacco and Liquor	100.1	100.1	100.1
在外餐饮	Dining Out	102.2	101.9	103.4
衣着	**Clothing**	**101.4**	**101.6**	**101.0**
服装	Garments	102.2	103.0	100.5
服装材料	Garments Material	102.3	104.1	100.2
其他衣着及配件	Other parts of Clothing Material	101.5	102.1	100.5
衣着加工服务费	Clothing Manufacturing Service	103.3	102.8	104.5
鞋类	Footwear	98.5	96.6	102.3
居住	**Residence**	**102.5**	**102.8**	**102.0**
租赁房房租	Renting	100.8	100.5	101.7
住房保养维修及管理	Housing maintenance and Manages	101.0	100.4	101.9
水电燃料	Water,Electricity andFuels	101.8	101.6	102.1
自有住房	Private Housing	104.4	105.3	102.0
生活用品及服务	**Articles for daily use and Sercices**	**101.1**	**101.2**	**101.0**
家具及室内装饰品	Furniture and Interior Decorations	101.9	102.3	101.3
家用器具	Household Appliances	101.2	101.9	99.7
家用纺织品	Household Textiles	100.3	99.9	101.0
家庭日用杂品	Daily Use Household Articles	99.6	98.5	101.5
个人护理用品	Personal care products	101.8	102.2	100.6
家庭服务	Household Sercices	103.5	104.2	102.0
交通和通信	**Transportation and Communication**	**101.6**	**101.1**	**102.5**
交通	Transportation	103.6	103.4	104.0
通信	Communication	97.2	96.9	98.2
教育文化和娱乐	**Education ,Cultural and Recreational Articles**	**104.8**	**106.3**	**101.6**
教育	Education	104.6	106.6	100.9
文化娱乐	Cultural and Recreational Articles	105.1	105.9	102.9
医疗保健	**Health Care**	**103.4**	**103.2**	**103.9**
药品及医疗器具	Drugs and Medical Appliances	107.6	106.6	109.9
医疗服务	Health Services	100.4	100.5	100.2
其他用品和服务	**Other Articlrs and Services**	**100.5**	**99.9**	**101.5**
其他用品类	Other Articlrs	99.6	99.5	99.7
其他服务类	Other Services	101.3	100.3	103.6

10−4 2018年分调查市县居民消费价格分类指数

Consumer Price Indices by Category of Survey Cities and Counties(2018)

上年=100 (preceding year=100)

项 目	Item	总指数 General Index	食品烟酒 Food, Tobacco and Liquor	衣着 Clothing	居住 Residence	生活用品及服务 Articles for daily use and Sercices	交通和通信 Transportation and Communication	教育文化和娱乐 Education , Cultural and Recreational Articles	医疗保健 Health Care	其他用品和服务 Other Articlrs and Services
2018		102.5	102.7	101.4	102.5	101.1	101.6	104.8	103.4	100.5
西宁市	Xining City	102.7	101.9	101.3	102.6	101.3	100.5	109.1	103.4	99.6
大通县	Datong County	102.5	103.9	101.3	101.9	100.5	100.8	100.3	105.9	100.7
乐都区	Ledu District	102.1	101.5	100.6	101.7	100.6	102.7	103.8	103.6	103.3
平安区	Pingan District	102.2	102.7	101.4	100.9	102.0	103.1	102.3	103.1	101.2
海晏县	Haiyan County	102.5	102.7	104.1	100.9	101.0	104.4	102.0	101.1	103.0
同仁县	Tongren County	102.5	104.2	102.2	101.4	100.8	102.3	103.0	101.4	100.3
共和县	Gonghe County	102.7	103.0	98.8	105.0	102.0	103.5	103.4	102.1	100.3
玛沁县	Maqin County	101.8	102.1	102.0	100.6	101.5	102.5	102.4	102.2	100.3
玉树市	YuShu City	101.7	102.2	101.0	102.7	100.9	101.6	101.1	101.0	101.5
格尔木市	Geermu City	102.6	103.1	100.5	104.2	101.9	101.3	102.0	103.7	101.2
德令哈市	Delingha City	102.6	102.7	102.2	101.3	100.7	103.5	104.1	103.8	99.9

10-5 2018年食品类价格指数
Food PriceIndices(2018)

上年=100 (precedingyear=100)

分类名称	Item	Index
食品类价格指数	**Food PriceIndex**	**103.3**
粮食	**Grain**	**101.5**
大米	Rice	102.0
面粉	Flour	101.6
薯类	**Tubers**	**105.1**
豆类	**Beans**	**103.3**
食用油	**Oil**	**99.9**
食用植物油	Edible Vegetable Oil	100.2
食用动物油	Edible Animal Oil	84.1
菜	**Vegetables**	**103.2**
鲜菜	Fresh Vegetables	103.2
畜肉类	**Meat**	**106.4**
猪肉	Pork	92.5
牛肉	Beef	108.0
羊肉	Mutton	125.9
畜肉副产品	Meatby-products	94.8
其他畜肉及制品	Other Meatand meat products	101.0
禽肉类	**Poultry**	**103.6**
鸡	Chicken	103.0
水产品	**Aquatic Products**	**100.1**
蛋类	**Eggs**	**112.5**
鸡蛋	Egg	116.3
奶类	**Dairies**	**100.6**
鲜奶	Milk	100.0
酸奶	Leben	99.4
干鲜瓜果类	**Driedand Fresh Melonsand Fruits**	**100.9**
鲜瓜果	Fresh Fruits	102.0
糖果糕点类	**Candy and Pastries**	**101.4**
调味品	**Flavorings**	**102.1**
其他食品类	**Others**	**100.9**

10−6 全省及调查市、县居民消费价格指数(2018年)

上年=100

项 目	Item	全 省 Province	西宁市 Xining City	大通县 Datong County
居民消费价格总指数	**Consumer Price Index**	**102.5**	**102.7**	**102.5**
非食品烟酒价格指数	**Non-Food, Tobacco and Liquor Price Index**	**102.5**	**103.0**	**101.9**
食品(原口径)指数	**Food(Original diameter) Price Index**	**103.0**	**102.1**	**104.4**
非食品(原口径)指数	**Non-Food(Original diameter) Price Index**	**102.4**	**102.9**	**101.8**
服务价格指数	**Services Price Index**	**102.8**	**104.2**	**100.4**
工业品价格指数	**Industrial Products Price Index**	**102.2**	**101.8**	**103.1**
鲜活食品价格指数	**Fresh Food Price Index**	**105.7**	**103.9**	**106.3**
消费品价格指数	**Consumer P ricei Index**	**102.4**	**101.9**	**103.5**
能源价格指数	**Energy Price Index**	**104.7**	**103.9**	**105.0**
非食品价格指数	**Non-Food Index**	**102.4**	**102.8**	**102.1**
扣除食品和能源价格指数	**Out of Food and Energy Price Index**	**102.2**	**102.7**	**101.9**
扣除鲜菜鲜果价格指数	**Out of Fresh Vegetables and Fruits Price Index**	**102.5**	**102.7**	**102.4**
扣除自有住房价格指数	**Out of Private Housing Price Index**	**102.4**	**102.4**	**102.5**
居住(扣自有住房)价格指数	**Residence (Out of Private Housing)Price Index**	**101.3**	**100.4**	**101.9**
食品烟酒	**Food, Tobacco and Liquor**	**102.7**	**101.9**	**103.9**
食品	Food	103.3	102.3	104.1
粮食	Grain	101.5	101.8	102.3
薯类	Tubers	105.1	103.4	102.9
豆类	Beans	103.3	105.7	96.6
食用油	Oil	99.9	100.5	100.1
菜	Vegetables	103.2	100.6	110.0
畜肉类	Meat	106.4	103.9	106.1
禽肉类	Poultry	103.6	103.9	103.1
水产品	Aquatic Products	100.1	100.4	99.2
蛋类	Eggs	112.5	114.8	114.0
奶类	Dairies	100.6	99.2	108.4
干鲜瓜果类	Dried and Fresh Melons and Fruits	100.9	102.2	96.2
糖果糕点类	Candy and Pastries	101.4	100.6	103.7
调味品	Flavorings	102.1	101.5	105.0
其他食品类	Others	100.9	100.7	100.1
茶及饮料	Tea and Beverages	100.0	97.7	101.4
烟酒	Tobacco and Liquor	100.1	100.1	100.5
在外餐饮	Dining Out	102.2	102.1	105.6
衣着	**Clothing**	**101.4**	**101.3**	**101.3**
服装	Garments	102.2	102.6	101.1
服装材料	Garments Material	102.3	104.7	100.0
其他衣着及配件	Other parts of Clothing Material	101.5	103.4	100.6
衣着加工服务费	Clothing Manufacturing Service	103.3	102.6	103.4
鞋类	Footwear	98.5	96.5	102.3
居住	**Residence**	**102.5**	**102.6**	**101.9**
租赁房房租	Renting	100.8	100.8	102.0
住房保养维修及管理	Housing maintenance and Manages	101.0	99.9	101.8
水电燃料	Water,Electricity andFuels	101.8	100.6	101.9
自有住房	Private Housing	104.4	105.8	102.1
生活用品及服务	**Articles for daily use and Sercices**	**101.1**	**101.3**	**100.5**
家具及室内装饰品	Furniture and Interior Decorations	101.9	101.8	99.1
家用器具	Household Appliances	101.2	102.0	99.2
家用纺织品	Household Textiles	100.3	99.5	100.0
家庭日用杂品	Daily Use Household Articles	99.6	98.5	102.1
个人护理用品	Personal care products	101.8	102.7	101.2
家庭服务	Household Sercices	103.5	105.4	102.6
交通和通信	**Transportation and Communication**	**101.6**	**100.5**	**100.8**
交通	Transportation	103.6	102.5	102.0
通信	Communication	97.2	96.9	97.2
教育文化和娱乐	**Education ,Cultural and Recreational Articles**	**104.8**	**109.1**	**100.3**
教育	Education	104.6	110.3	97.6
文化娱乐	Cultural and Recreational Articles	105.1	107.6	106.6
医疗保健	**Health Care**	**103.4**	**103.4**	**105.9**
药品及医疗器具	Drugs and Medical Appliances	107.6	107.0	114.5
医疗服务	Health Services	100.4	100.5	100.4
其他用品和服务	**Other Articlrs and Services**	**100.5**	**99.6**	**100.7**
其他用品类	Other Articlrs	99.6	99.0	100.8
其他服务类	Other Services	101.3	100.3	100.5

Consumer Price Indices of Pronvince, Surveyed Cities and Counties(2018)

(preceding Year=100)

乐都区 Ledu District	平安区 Pingan District	海晏县 Haiyan County	同仁县 Tongren County	共和县 Gonghe County	玛沁县 Maqin County	玉树市 YuShu City	格尔木市 Geermu City	德令哈市 Delingha City
102.1	**102.2**	**102.5**	**102.5**	**102.7**	**101.8**	**101.7**	**102.6**	**102.6**
102.3	**102.0**	**102.4**	**101.8**	**102.5**	**101.7**	**101.4**	**102.4**	**102.6**
101.9	**103.1**	**103.1**	**104.4**	**103.3**	**102.3**	**102.5**	**103.3**	**103.0**
102.2	**101.9**	**102.3**	**101.8**	**102.4**	**101.7**	**101.4**	**102.3**	**102.4**
102.5	**101.0**	**101.6**	**100.8**	**103.3**	**100.8**	**100.8**	**101.2**	**101.8**
102.2	**102.8**	**103.1**	**102.5**	**102.0**	**102.5**	**101.9**	**103.2**	**103.2**
103.5	**105.3**	**104.1**	**111.3**	**105.9**	**105.7**	**107.5**	**106.6**	**104.3**
101.9	**102.8**	**102.9**	**103.2**	**102.4**	**102.3**	**102.1**	**103.2**	**103.0**
104.4	**104.8**	**106.7**	**104.2**	**108.8**	**104.9**	**103.7**	**104.9**	**105.9**
102.1	**101.9**	**102.5**	**101.7**	**102.4**	**101.6**	**101.3**	**102.2**	**102.6**
102.0	**101.7**	**102.2**	**101.6**	**101.9**	**101.3**	**101.1**	**102.0**	**102.3**
102.0	**102.1**	**102.5**	**102.3**	**102.6**	**101.7**	**101.5**	**102.6**	**102.7**
102.1	**102.3**	**102.6**	**102.7**	**102.5**	**101.9**	**101.7**	**102.7**	**102.7**
101.4	**101.2**	**101.4**	**102.2**	**105.1**	**100.9**	**103.3**	**105.2**	**101.9**
101.5	**102.7**	**102.7**	**104.2**	**103.0**	**102.1**	**102.2**	**103.1**	**102.7**
101.9	103.3	102.5	105.1	103.5	102.8	103.3	104.0	102.6
100.9	100.7	100.0	100.2	99.7	101.1	100.8	101.0	100.1
109.9	104.1	105.4	101.7	109.2	105.8	105.3	112.0	106.1
96.9	105.2	106.0	99.7	101.4	100.0	104.0	100.1	102.2
98.6	100.9	100.2	96.1	100.9	99.3	95.5	100.0	102.1
106.1	104.6	103.8	109.9	107.0	103.8	107.3	104.6	101.9
100.6	105.9	105.0	110.6	106.4	103.8	106.3	108.0	105.8
103.4	103.2	100.2	103.0	101.2	103.1	102.4	107.8	103.6
100.8	100.4	101.0	98.8	100.6	99.8	100.0	101.4	100.3
106.8	112.8	102.4	106.4	114.6	104.4	115.2	113.4	110.6
101.1	98.7	97.2	100.1	102.6	100.0	97.5	101.3	101.6
102.5	100.3	100.9	103.2	97.2	105.3	103.3	97.5	99.2
100.4	105.1	103.3	100.3	99.5	101.0	100.7	105.5	102.9
100.1	104.1	105.6	99.0	103.6	103.1	100.0	102.3	97.2
100.7	96.9	102.1	100.8	104.3	100.0	101.2	101.2	100.8
106.5	104.0	103.9	101.6	101.1	100.7	100.0	101.4	101.3
99.2	100.0	100.1	102.0	100.0	100.0	100.0	100.6	100.1
101.5	102.6	105.7	100.5	102.3	100.0	100.1	101.6	104.2
100.6	**101.4**	**104.1**	**102.2**	**98.8**	**102.0**	**101.0**	**100.5**	**102.2**
100.3	101.4	103.4	101.5	97.8	100.9	101.7	101.7	102.9
99.9	100.0	100.0	100.0	101.3	100.0	100.0	104.5	100.0
100.2	103.1	101.7	95.3	99.9	100.0	95.4	99.5	101.2
110.2	102.7	103.1	105.4	99.0	105.0	91.7	102.1	104.1
101.1	100.9	108.0	104.5	101.4	107.5	100.0	96.7	100.2
101.7	**100.9**	**100.9**	**101.4**	**105.0**	**100.6**	**102.7**	**104.2**	**101.3**
103.8	100.0	100.0	100.0	102.7	100.0	100.0	100.4	100.8
101.5	102.6	104.2	104.9	100.6	101.4	100.8	104.3	103.2
100.7	100.8	99.6	100.2	109.9	100.7	104.8	107.0	101.7
102.4	100.0	100.0	100.0	104.7	100.0	100.0	100.0	100.0
100.6	**102.0**	**101.0**	**100.8**	**102.0**	**101.5**	**100.9**	**101.9**	**100.7**
101.8	102.2	102.3	103.9	102.2	104.4	100.1	106.7	100.3
99.5	100.1	101.2	100.3	100.2	100.2	100.1	100.6	100.9
101.8	105.6	99.2	100.7	99.8	100.0	100.3	103.2	101.4
101.4	102.0	101.3	100.0	101.5	100.4	100.8	98.6	97.5
100.5	101.2	99.8	100.4	100.0	100.0	101.6	101.1	101.7
97.3	101.1	100.0	100.0	111.1	101.5	103.4	102.6	108.5
102.7	**103.1**	**104.4**	**102.3**	**103.5**	**102.5**	**101.6**	**101.3**	**103.5**
104.3	104.2	105.9	103.8	106.0	103.7	102.7	102.5	104.8
98.9	100.1	98.9	97.9	97.3	99.2	99.4	98.9	101.2
103.8	**102.3**	**102.0**	**103.0**	**103.4**	**102.4**	**101.1**	**102.0**	**104.1**
105.6	103.3	101.2	104.3	102.0	101.8	101.5	103.0	103.5
99.4	100.7	104.0	100.8	105.7	103.7	100.5	100.5	105.2
103.6	**103.1**	**101.1**	**101.4**	**102.1**	**102.2**	**101.0**	**103.7**	**103.8**
108.6	107.2	106.6	107.5	106.6	105.1	102.4	108.5	109.3
100.4	100.9	100.0	97.5	100.1	100.2	100.1	100.8	100.4
103.3	**101.2**	**103.0**	**100.3**	**100.3**	**100.3**	**101.5**	**101.2**	**99.9**
98.4	101.7	99.5	97.9	99.2	99.6	103.7	100.6	101.1
108.1	100.8	106.0	105.7	102.9	101.3	99.1	101.8	98.9

10-7 全省及调查市、县商品零售价格指数(2018年)

上年=100

项 目	Ietm	全 省 Province	西宁市 Xining City	大通县 Datong County
商品零售价格总指数	**Retail Price Index**	**102.1**	**102.0**	**102.9**
食品	Food	102.9	102.4	103.9
饮料、烟酒	Beverages, Tobacco and Liquor	100.0	99.7	101.1
服装、鞋帽	Garments, Shoes and Hats	101.8	102.3	101.7
纺织品	Textiles	100.2	99.5	99.9
家用电器及音像器材	Household Appliances, Music and Video Equipment	98.8	99.1	98.4
家庭设备	Household Equipment	101.0	101.3	99.5
文娱用耐用消费品	Durable Consumer Goods for Culture and Entertainment	95.4	94.4	96.5
专业音像器材	Professional Video Equipment	100.7	100.5	102.3
文化办公用品	Cultural and Office Appliances	102.8	102.7	106.6
日用品	Articles for Daily Use	98.9	98.9	100.8
日用百货	General Merchandise for Daily Use	98.1	97.2	104.8
厨具餐具茶具	Kitchenware, Tableware and Tea Set	100.6	100.9	100.0
清洗用品	Cleaning Supplies	97.2	97.2	99.1
体育娱乐用品	Sports and Recreation Articles	98.7	98.1	101.1
交通、通信用品	Transportation and Communication Appliances	96.0	97.2	96.0
交通运输机械	Transportation Machinery	101.2	101.4	101.0
通信器材	Communication Equipment	93.0	91.0	93.9
家具	Furniture	102.8	102.0	99.0
化妆品	Cosmetics	101.9	102.2	101.6
金银饰品	Gold and Silver Ornaments	98.7	97.9	101.3
中西药品及医疗保健用品	Traditional Chinese and Western Medicines, and Health Care Articles	106.6	106.1	109.7
书报杂志及电子出版物	Books, Newspapers, Magazines and Publications	104.7	103.8	106.3
教材及参考书	Textbooks and Reference Books	104.6	103.3	106.9
书报杂志	Newspapers and Magazines	106.2	106.0	107.1
计算机办公软件	Computer Office Software	100.0	100.0	100.0
燃料	Fuels	109.8	110.1	108.9
煤炭及制品	Coal and Coal Products	107.2	107.9	107.9
石油及制品	Petroleum and Petroleum Products	110.8	110.5	110.7
建筑材料及五金电料	Building Materials and Hardware	100.7	99.9	103.9
建筑装潢材料	Building Decoration Materials	100.4	99.5	102.2
五金水暖	Hardware and Plumbing	101.7	101.4	107.9

Retail Price Indices of Province, Surveyed Cities and Counties(2018)

(preceding Year=100)

乐都区 Ledu District	平安区 Pingan District	海晏县 Haiyan County	同仁县 Tongren County	共和县 Gonghe County	玛沁县 Maqin County	玉树市 YuShu City	格尔木市 Geermu City	德令哈市 Delingha City
102.0	**102.8**	**102.5**	**102.2**	**102.3**	**102.7**	**101.7**	**103.3**	**103.0**
102.3	103.3	103.4	103.7	103.7	103.3	102.7	104.2	103.0
101.0	100.9	100.5	102.1	100.2	100.1	100.0	100.8	100.3
100.4	101.4	104.0	101.8	99.1	102.3	100.4	100.8	102.4
100.0	104.0	99.2	100.6	100.4	100.0	100.0	106.2	100.0
97.1	100.5	99.1	100.3	100.2	100.0	96.8	99.5	100.1
99.8	100.1	100.9	100.8	100.0	100.1	100.0	100.6	100.7
94.9	101.0	97.3	99.7	100.6	100.0	91.3	98.3	99.2
100.3	100.4	100.0	100.5	100.4	100.6	102.2	100.0	100.7
101.4	100.0	104.9	97.5	103.4	103.7	102.2	102.0	104.0
101.1	100.8	102.6	100.4	100.3	100.2	100.3	98.4	97.9
102.1	101.1	100.9	101.4	100.0	100.0	98.7	101.1	102.6
100.0	99.9	100.0	99.9	100.0	100.7	101.2	99.5	97.8
101.7	100.0	106.6	99.3	100.0	100.0	100.0	94.5	93.4
100.5	100.1	100.0	102.4	100.1	101.5	98.8	101.9	98.0
97.8	100.0	94.6	92.6	96.1	98.0	98.9	98.2	102.5
100.8	100.9	100.9	100.4	102.3	100.9	100.9	99.5	101.2
97.4	100.0	94.0	92.2	94.3	97.9	98.8	97.0	103.6
101.9	101.7	102.9	104.2	103.1	105.3	100.0	108.3	100.4
100.6	100.7	99.3	100.5	100.0	100.0	102.3	100.7	102.2
97.1	100.7	99.6	96.8	98.4	96.9	106.8	102.0	101.2
108.2	106.5	106.6	106.0	106.7	104.9	101.4	107.6	108.7
110.4	108.4	107.8	100.3	107.3	111.5	100.9	102.1	107.4
114.2	111.4	110.6	94.2	109.2	114.9	102.5	98.8	107.2
108.1	106.8	106.0	107.1	107.1	110.2	99.7	106.7	110.8
100.0	100.0	100.0	100.0	100.0	100.0	100.0	100.0	100.0
106.2	106.6	105.8	109.0	110.3	110.4	109.2	109.8	107.1
101.8	102.2	100.0	100.4	116.6	105.2	105.2	109.1	102.5
109.1	109.3	111.7	111.6	109.7	111.3	111.5	110.0	110.4
101.9	103.2	107.2	104.8	100.8	102.9	102.6	104.2	100.5
102.4	102.5	107.2	106.0	101.0	102.7	101.8	105.6	100.8
100.0	105.5	107.4	100.4	100.3	103.5	105.5	100.1	99.5

10-8 商品零售价格分类指数(2018年)

Retail Price Indices by Category (2018)

上年=100 (preceding year=100)

项 目	Item	全 省 Province	城 市 Urban	农 村 Rural
商品零售价格总指数	**Retail Price Index**	**102.1**	**102.0**	**102.6**
食品	Food	102.9	102.8	103.6
饮料、烟酒	Beverages, Tobacco and Liquor	100.0	99.9	100.9
服装、鞋帽	Garments, Shoes and Hats	101.8	102.0	100.8
纺织品	Textiles	100.2	100.1	100.8
家用电器及音像器材	Household Appliances, Music and Video Equipment	98.8	98.7	98.9
家庭设备	Household Equipment	101.0	101.1	99.8
文娱用耐用消费品	Durable Consumer Goods for Culture and Entertainment	95.4	94.9	97.8
专业音像器材	Professional Video Equipment	100.7	100.6	101.2
文化办公用品	Cultural and Office Appliances	102.8	102.8	102.8
日用品	Articles for Daily Use	98.9	98.6	100.8
日用百货	General Merchandise for Daily Use	98.1	97.5	102.2
厨具餐具茶具	Kitchenware, Tableware and Tea Set	100.6	100.7	100.0
清洗用品	Cleaning Supplies	97.2	96.8	100.2
体育娱乐用品	Sports and Recreation Articles	98.7	98.4	100.6
交通、通信用品	Transportation and Communication Appliances	96.0	95.8	96.9
交通运输机械	Transportation Machinery	101.2	101.2	101.2
通信器材	Communications Equipment	93.0	92.3	96.3
家具	Furniture	102.8	103.0	101.4
化妆品	Cosmetics	101.9	102.0	100.8
金银饰品	Gold and Silver Ornaments	98.7	98.6	99.4
中西药品及医疗保健用品	Traditional Chinese and Western Medicine, and Health Care Articles	106.6	106.4	107.9
书报杂志及电子出版物	Newspapers, Magazines and Electronic Publications	104.7	104.1	107.8
教材及参考书	Textbooks and Reference Books	104.6	103.7	109.8
书报杂志	Newspapers and Magazines	106.2	106.0	107.3
计算机办公软件	Computer Office Software	100.0	100.0	100.0
燃料	Fuels	109.8	110.0	108.9
煤炭及制品	Coal and Coal Products	107.2	107.5	105.5
石油及制品	Petroleum and Petroleum Products	110.8	110.8	110.6
建筑材料及五金电料	Building Materials and Hardware	100.7	100.4	102.8
建筑装潢材料	Building Decoration Materials	100.4	100.1	102.4
五金水暖	Hardware and Plumbing	101.7	101.3	104.0

10-9 全省及调查县农业生产资料价格指数(2018年)

Price Indices for Means of Agricultural Production in the Province and Counties Surveyed(2018)

上年=100 (preceding year=100)

项 目	Item	全 省 Province Total	大通县 Datong County	乐都区 Ledu District	平安区 Pingan District	海晏县 Haiyan County	同仁县 Tongren County	共和县 Gonghe County
农业生产资料价格指数	**Price Index for Means of Production**	**102.1**	**103.4**	**100.8**	**103.3**	**105.3**	**99.4**	**101.7**
农用手工工具	Farm Handtools	100.9	100.0	101.9	100.2	93.3	100.0	102.6
饲料	Forage	100.5	100.9	97.1	107.2	105.4	99.6	100.0
混合饲料	Mixed Forage	100.4	100.0	101.1	100.4	102.5	100.0	100.0
仔畜幼禽及产品畜	Newborn Animal, Poult and Commodity Animals	95.4	102.0	78.4	100.0	102.9	100.0	95.9
产品畜	Commodity Animals	100.9	98.1	106.0	100.0	114.2	100.0	101.9
半机械化农具	Semi-mechanized Farm Tools	101.4	105.7	100.0	100.0	100.0	100.0	100.8
机械化农具	Mechanized Farm Machinery	101.7	101.2	105.0	100.0	100.0	100.0	101.2
化学肥料	Chemical Fertilizer	105.8	104.5	109.1	103.6	105.5	107.2	105.4
氮肥	Nitrogen Fertilizer	108.5	107.6	109.3	106.6	127.1	107.2	107.3
磷肥	Phosphate Fertilizer	104.0	102.6	122.7	105.2	93.9	100.0	101.3
钾肥	Potassium Fertilizer	103.1	105.5	107.6	100.0	92.2	100.0	100.0
复合肥料	Compound Fertilizer	104.5	101.7	106.4	100.0	104.8	107.4	100.5
农药及农药器械	Pesticide and Its Appliances	107.4	111.4	103.8	105.3	99.9	106.3	100.9
化学农药	Chemical Pesticides	107.6	111.4	103.8	105.3	99.3	106.7	101.0
农药器械	Pesticide Equipment	100.7	100.0	99.2	101.8	125.7	100.0	100.0
农用机油	Oil for Farm Machinery	113.1	113.9	112.4	114.0	112.9	112.8	111.9
其他农业生产资料	Other Means of Agricultural Production	98.3	99.9	100.5	100.1	101.5	79.6	100.8
农用种子	Farm Seeds	97.2	99.9	100.6	100.0	102.7	76.5	98.7
农业生产服务	Service for Agricultural Production	101.7	100.0	106.1	100.0	110.4	96.0	100.0
排灌费	Irrigation and Drainage	100.0	100.0	100.0	100.0	100.0	100.0	100.0
机械作业费	Mechanical Handling	100.8	100.0	100.0	100.0	110.0	99.1	100.0
农业用电	Agricultural Electricity	100.0	100.0	100.0	100.0	100.0	100.0	100.0
农业用工	Agricultural Employment	103.3	100.0	107.4	100.0	123.1	85.7	100.0

10－10 城乡居民消费价格定基指数(2018年)
Fixed-base Consumer Price Indices in Urban and Rural Areas(2018)

2015年=100 (year of 2015=100)

项　目	Item	全　省 Province	城　市 Urban	农　村 Rural
居民消费价格总指数	**Consumer Price Index**	**107.3**	**107.5**	**106.9**
非食品烟酒价格指数	**Non-Food, Tobacco and Liquor Price Index**	**107.0**	**107.3**	**106.3**
食品(原口径)指数	**Food(Original diameter) Price Index**	**108.6**	**108.5**	**109.0**
非食品(原口径)指数	**Non-Food(Original diameter) Price Index**	**106.8**	**107.1**	**106.1**
服务价格指数	**Services Price Index**	**109.4**	**110.8**	**106.3**
工业品价格指数	**Industrial Products Price Index**	**104.9**	**104.2**	**106.4**
鲜活食品价格指数	**Fresh Food Price Index**	**113.8**	**113.3**	**114.6**
消费品价格指数	**Consumer P ricei Index**	**106.3**	**105.9**	**107.1**
能源价格指数	**Energy Price Index**	**106.4**	**105.9**	**107.4**
非食品价格指数	**Non-Food Index**	**106.9**	**107.2**	**106.2**
扣除食品和能源价格指数	**Out of Food and Energy Price Index**	**106.9**	**107.3**	**106.2**
扣除鲜菜鲜果价格指数	**Out of Fresh Vegetables and Fruits Price Index**	**107.2**	**107.5**	**106.8**
扣除自有住房价格指数	**Out of Private Housing Price Index**	**106.5**	**106.4**	**106.6**
居住(扣自有住房)价格指数	**Residence (Out of Private Housing)Price Index**	**105.5**	**106.0**	**104.7**
食品烟酒	**Food, Tobacco and Liquor**	**108.0**	**107.9**	**108.1**
食品	Food	109.0	108.9	109.2
粮食	Grain	106.0	106.6	105.1
薯类	Tubers	97.8	94.3	100.9
豆类	Beans	108.8	111.4	101.7
食用油	Oil	101.3	102.0	100.4
菜	Vegetables	107.5	106.0	110.8
畜肉类	Meat	118.5	117.7	119.9
禽肉类	Poultry	106.6	108.8	103.3
水产品	Aquatic Products	102.7	103.3	100.3
蛋类	Eggs	108.9	112.2	102.5
奶类	Dairies	99.6	99.1	100.8
干鲜瓜果类	Dried and Fresh Melons and Fruits	105.5	107.9	99.9
糖果糕点类	Candy and Pastries	104.4	104.5	104.2
调味品	Flavorings	110.4	108.3	113.9
其他食品类	Others	104.8	104.1	106.4
茶及饮料	Tea and Beverages	102.8	100.1	106.8
烟酒	Tobacco and Liquor	102.2	102.4	102.0
在外餐饮	Dining Out	107.9	107.9	108.1
衣着	**Clothing**	**105.2**	**105.2**	**105.1**
服装	Garments	106.6	107.5	104.5
服装材料	Garments Material	108.2	113.5	102.0
其他衣着及配件	Other parts of Clothing Material	104.3	106.3	101.0
衣着加工服务费	Clothing Manufacturing Service	124.8	119.4	139.8
鞋类	Footwear	100.0	96.9	106.4
居住	**Residence**	**110.9**	**112.8**	**106.8**
租赁房房租	Renting	105.9	105.2	107.9
住房保养维修及管理	Housing maintenance and Manages	107.3	109.7	103.5
水电燃料	Water,Electricity andFuels	104.3	104.1	104.9
自有住房	Private Housing	120.5	124.7	110.9
生活用品及服务	**Articles for daily use and Sercices**	**102.2**	**101.3**	**104.1**
家具及室内装饰品	Furniture and Interior Decorations	97.8	92.3	105.8
家用器具	Household Appliances	98.6	97.7	100.5
家用纺织品	Household Textiles	106.8	107.7	105.2
家庭日用杂品	Daily Use Household Articles	101.5	100.4	103.5
个人护理用品	Personal care products	104.9	106.0	101.0
家庭服务	Household Sercices	110.9	110.6	111.5
交通和通信	**Transportation and Communication**	**97.3**	**96.4**	**99.0**
交通	Transportation	100.0	99.9	100.3
通信	Communication	91.7	90.4	95.4
教育文化和娱乐	**Education ,Cultural and Recreational Articles**	**109.8**	**110.9**	**107.5**
教育	Education	117.2	120.3	111.5
文化娱乐	Cultural and Recreational Articles	99.1	98.9	99.4
医疗保健	**Health Care**	**113.7**	**113.1**	**114.8**
药品及医疗器具	Drugs and Medical Appliances	128.9	124.7	139.2
医疗服务	Health Services	104.0	105.1	102.0
其他用品和服务	**Other Articlrs and Services**	**104.4**	**103.7**	**105.8**
其他用品类	Other Articlrs	109.3	111.5	105.4
其他服务类	Other Services	99.9	97.1	106.3

10−11 城乡商品零售价格定基指数(2018年)

Fixed-base Retail Price Indices in Urban and Rural Areas(2018)

2015年=100 (year of 2015=100)

项 目	Item	全 省 Province	城 市 Urban	农 村 Rural
商品零售价格总指数	**Retail Price Index**	**104.4**	**104.1**	**106.5**
食品	Food	108.2	108.3	107.7
饮料、烟酒	Beverages, Tobacco and Liquor	102.4	102.2	103.9
服装、鞋帽	Garments, Shoes and Hats	105.9	106.1	104.8
纺织品	Textiles	108.5	109.0	104.9
家用电器及音像器材	Household Appliances, Music and Video Equipment	91.8	91.0	96.8
家庭设备	Household Equipment	97.6	97.2	100.3
文娱用耐用消费品	Durable Consumer Goods for Culture and Entertainment	83.5	81.7	92.9
专业音像器材	Professional Video Equipment	99.7	99.4	101.4
文化办公用品	Cultural and Office Appliances	103.7	103.6	105.6
日用品	Articles for Daily Use	100.6	100.4	101.8
日用百货	General Merchandise for Daily Use	105.0	105.2	103.3
厨具餐具茶具	Kitchenware, Tableware and Tea Set	101.9	101.9	101.9
清洗用品	Cleaning Supplies	93.6	92.7	99.6
体育娱乐用品	Sports and Recreation Articles	98.6	98.0	102.6
交通、通信用品	Transportation and Communication Appliances	83.8	82.4	93.3
交通运输机械	Transportation Machinery	95.5	95.4	97.7
通信器材	Communications Equipment	77.8	74.9	92.7
家具	Furniture	93.3	91.0	106.9
化妆品	Cosmetics	105.5	106.3	100.8
金银饰品	Gold and Silver Ornaments	113.9	114.7	109.8
中西药品及医疗保健用品	Traditional Chinese and Western Medicines, and Health Care Articles	123.0	122.1	129.7
书报杂志及电子出版物	Books, Newspapers, Magazines and Publications	112.2	111.0	119.2
教材及参考书	Textbooks and Reference Books	114.5	113.2	122.0
书报杂志	Newspapers and Magazines	115.4	114.3	122.0
计算机办公软件	Computer Office Software	95.7	95.7	95.6
燃料	Fuels	112.7	112.8	112.3
煤炭及制品	Coal and Coal Products	117.5	117.8	116.5
石油及制品	Petroleum and Petroleum Products	110.9	111.0	110.1
建筑材料及五金电料	Building Materials and Hardware	106.2	106.5	104.6
建筑装潢材料	Building Decoration Materials	106.7	107.6	102.0
五金水暖	Hardware and Plumbing	104.4	102.8	113.7

10-12 全省及调查市、县居民消费价格定基指数(2018年)

2015年=100

项 目	Item	全 省 Province	西宁市 Xining City	大通县 Datong County
居民消费价格总指数	**Consumer Price Index**	**107.3**	**108.0**	**107.5**
非食品烟酒价格指数	**Non-Food, Tobacco and Liquor Price Index**	**107.0**	**108.0**	**106.8**
食品(原口径)指数	**Food(Original diameter) Price Index**	**108.6**	**108.4**	**109.8**
非食品(原口径)指数	**Non-Food(Original diameter) Price Index**	**106.8**	**107.8**	**106.6**
服务价格指数	**Services Price Index**	**109.4**	**111.9**	**107.4**
工业品价格指数	**Industrial Products Price Index**	**104.9**	**104.3**	**106.3**
鲜活食品价格指数	**Fresh Food Price Index**	**113.8**	**112.7**	**113.1**
消费品价格指数	**Consumer P ricei Index**	**106.3**	**105.9**	**107.5**
能源价格指数	**Energy Price Index**	**106.4**	**105.3**	**107.0**
非食品价格指数	**Non-Food Index**	**106.9**	**107.8**	**107.0**
扣除食品和能源价格指数	**Out of Food and Energy Price Index**	**106.9**	**107.9**	**107.0**
扣除鲜菜鲜果价格指数	**Out of Fresh Vegetables and Fruits Price Index**	**107.2**	**107.9**	**107.4**
扣除自有住房价格指数	**Out of Private Housing Price Index**	**106.5**	**106.7**	**106.6**
居住(扣自有住房)价格指数	**Residence (Out of Private Housing)Price Index**	**105.5**	**106.3**	**103.9**
食品烟酒	**Food, Tobacco and Liquor**	**108.0**	**107.9**	**109.0**
食品	Food	109.0	108.8	109.3
粮食	Grain	106.0	107.8	105.8
薯类	Tubers	97.8	92.9	111.3
豆类	Beans	108.8	114.2	99.0
食用油	Oil	101.3	102.8	100.8
菜	Vegetables	107.5	106.4	110.2
畜肉类	Meat	118.5	116.0	119.5
禽肉类	Poultry	106.6	109.9	100.8
水产品	Aquatic Products	102.7	104.0	100.6
蛋类	Eggs	108.9	113.6	98.5
奶类	Dairies	99.6	99.4	99.8
干鲜瓜果类	Dried and Fresh Melons and Fruits	105.5	108.7	98.2
糖果糕点类	Candy and Pastries	104.4	104.5	107.7
调味品	Flavorings	110.4	109.9	114.8
其他食品类	Others	104.8	103.4	110.5
茶及饮料	Tea and Beverages	102.8	100.4	106.0
烟酒	Tobacco and Liquor	102.2	102.9	103.1
在外餐饮	Dining Out	107.9	107.7	112.3
衣着	**Clothing**	**105.2**	**105.2**	**102.4**
服装	Garments	106.6	107.0	102.1
服装材料	Garments Material	108.2	118.3	100.4
其他衣着及配件	Other parts of Clothing Material	104.3	107.6	99.3
衣着加工服务费	Clothing Manufacturing Service	124.8	123.0	164.8
鞋类	Footwear	100.0	97.8	100.7
居住	**Residence**	**110.9**	**114.0**	**110.0**
租赁房房租	Renting	105.9	107.9	121.5
住房保养维修及管理	Housing maintenance and Manages	107.3	110.5	98.6
水电燃料	Water,Electricity andFuels	104.3	102.9	105.1
自有住房	Private Housing	120.5	127.1	121.7
生活用品及服务	**Articles for daily use and Sercices**	**102.2**	**100.9**	**104.9**
家具及室内装饰品	Furniture and Interior Decorations	97.8	87.1	100.2
家用器具	Household Appliances	98.6	97.0	101.2
家用纺织品	Household Textiles	106.8	109.0	105.5
家庭日用杂品	Daily Use Household Articles	101.5	101.1	105.2
个人护理用品	Personal care products	104.9	107.7	102.1
家庭服务	Household Sercices	110.9	113.1	127.3
交通和通信	**Transportation and Communication**	**97.3**	**95.5**	**96.8**
交通	Transportation	100.0	98.0	98.2
通信	Communication	91.7	91.4	93.0
教育文化和娱乐	**Education ,Cultural and Recreational Articles**	**109.8**	**113.7**	**107.1**
教育	Education	117.2	126.2	109.8
文化娱乐	Cultural and Recreational Articles	99.1	100.1	101.2
医疗保健	**Health Care**	**113.7**	**113.0**	**117.7**
药品及医疗器具	Drugs and Medical Appliances	128.9	125.7	152.6
医疗服务	Health Services	104.0	104.1	99.9
其他用品和服务	**Other Articlrs and Services**	**104.4**	**103.9**	**103.6**
其他用品类	Other Articlrs	109.3	111.2	105.6
其他服务类	Other Services	99.9	95.4	101.1

Fixed-base Consumer Price Indices of Surveyed Cities and Counties (2018)

(year of 2015=100)

乐都区 Ledu District	平安区 Pingan District	海晏县 Haiyan County	同仁县 Tongren County	共和县 Gonghe County	玛沁县 Maqin County	玉树市 YuShu City	格尔木市 Geermu City	德令哈市 Delingha City
106.6	106.2	107.1	104.4	107.0	104.7	103.6	106.9	107.1
107.0	105.8	106.1	103.3	107.2	102.7	103.8	105.6	106.6
106.6	108.0	110.9	107.0	107.0	110.1	103.4	110.4	109.0
106.6	105.6	105.8	103.4	107.0	102.6	103.7	105.5	106.4
107.0	103.4	106.1	97.3	109.4	100.8	103.9	107.0	106.0
107.0	108.0	106.0	107.7	105.7	104.3	103.8	104.6	107.3
112.0	113.3	113.0	113.3	112.4	118.5	108.2	118.5	111.1
106.4	107.6	107.7	107.4	106.0	106.5	103.5	106.8	107.7
107.2	107.1	105.9	105.9	113.2	104.4	105.3	109.4	106.0
106.5	105.6	106.4	103.4	106.8	102.9	103.6	106.1	107.0
106.5	105.5	106.5	103.2	106.3	102.8	103.4	105.8	107.1
106.3	106.3	107.0	104.7	107.0	104.1	103.8	106.7	107.5
106.7	106.6	107.5	105.1	106.7	104.9	103.7	107.0	107.3
106.6	103.8	102.9	105.8	111.6	93.1	104.1	108.6	103.6
105.7	107.1	109.8	107.0	106.4	109.2	103.1	109.8	108.2
106.9	108.6	109.7	107.8	107.5	110.7	103.6	109.9	107.5
106.5	103.6	103.9	106.5	102.3	103.8	102.5	97.8	103.4
88.2	92.2	125.5	83.4	97.2	131.4	99.6	97.6	98.7
98.9	119.8	108.6	102.0	101.9	98.9	100.4	100.6	100.0
97.8	105.5	101.2	95.8	105.2	89.9	92.7	103.4	99.6
109.8	113.0	114.8	104.6	113.1	116.6	101.7	108.5	96.2
110.4	119.2	113.4	122.4	115.1	114.7	113.6	125.0	122.5
107.9	107.5	115.9	99.3	104.0	112.2	100.9	103.3	115.3
96.3	111.0	106.3	95.4	115.0	105.7	103.7	104.5	101.9
105.9	106.5	103.2	99.6	108.2	103.8	89.8	118.9	100.1
100.5	100.8	106.0	104.0	95.4	108.2	90.3	96.8	103.1
111.9	88.0	104.0	86.3	96.0	118.6	96.3	107.2	102.7
100.3	109.0	107.9	112.6	100.1	102.1	100.9	110.4	106.9
109.7	125.1	113.6	100.0	115.1	113.2	100.2	105.9	105.6
105.3	95.2	107.1	98.5	110.7	101.9	103.0	104.3	104.3
111.6	109.5	105.0	98.6	105.0	104.6	99.5	100.5	104.0
100.1	101.4	101.5	106.9	101.1	101.9	100.5	101.5	101.6
105.1	105.5	118.1	103.1	103.9	107.1	103.0	112.3	114.0
105.4	105.4	114.3	114.1	107.2	102.4	104.8	100.9	106.1
106.4	106.0	111.1	109.6	106.0	100.2	106.8	104.8	107.8
103.7	100.0	100.0	107.8	107.1	100.0	100.0	94.9	100.0
101.0	108.5	102.9	95.8	98.2	100.0	90.8	110.6	100.0
128.0	107.1	140.3	127.6	113.0	125.6	100.0	110.9	114.7
102.1	103.2	125.8	130.8	111.0	112.8	100.8	87.2	101.7
106.0	102.6	101.8	101.6	111.4	95.4	103.3	107.4	103.5
110.4	100.0	100.0	98.8	106.2	84.8	100.0	103.3	109.7
105.7	104.2	106.9	111.3	106.1	107.1	97.8	105.3	101.7
106.3	105.0	100.4	102.5	117.8	87.4	107.1	111.9	103.2
104.9	100.0	100.0	94.4	111.2	100.2	100.0	102.6	103.2
103.1	108.1	104.3	103.3	102.3	102.4	100.2	104.7	103.7
107.4	113.7	108.3	120.1	105.3	106.8	99.2	120.8	102.3
101.4	99.4	101.9	101.0	96.0	100.6	96.2	97.1	103.9
104.6	114.8	109.7	100.5	100.1	100.4	100.4	105.9	102.0
102.3	110.4	102.9	99.9	100.9	100.5	100.1	97.5	99.5
100.5	101.3	99.9	101.0	99.8	100.0	103.0	102.4	102.9
97.9	101.6	100.0	100.0	114.8	102.5	105.6	111.0	120.2
99.5	102.8	101.9	97.7	100.4	97.9	99.9	97.2	101.7
100.8	103.1	102.9	97.5	104.8	97.7	98.9	100.2	103.2
96.5	101.9	98.0	98.6	90.6	98.7	101.9	91.9	99.1
109.4	104.6	107.3	98.9	110.6	107.9	104.3	107.3	109.3
115.6	108.0	106.4	99.8	117.5	109.3	110.7	112.8	112.9
94.6	99.0	109.3	97.4	100.8	105.3	95.3	99.3	102.9
117.1	114.6	107.5	104.2	108.7	111.2	108.0	115.9	116.5
140.3	128.1	120.1	127.8	120.8	123.8	116.4	124.1	132.6
104.8	107.7	104.8	90.7	103.6	103.5	103.0	111.0	107.7
107.7	106.5	106.0	108.1	107.2	105.0	107.0	104.8	104.3
102.6	111.6	104.2	104.3	107.1	104.9	113.8	103.7	110.6
112.7	103.6	107.5	116.6	107.5	105.2	100.5	105.7	99.2

10−13 全省及调查市、县商品零售价格定基指数(2018年)

2015年=100

项 目	Item	全 省 Province	西宁市 Xining City	大通县 Datong County
商品零售价格总指数	**Retail Price Index**	**104.4**	**104.6**	**107.2**
食品	Food	108.2	108.3	108.3
饮料、烟酒	Beverages, Tobacco and Liquor	102.4	102.4	104.5
服装、鞋帽	Garments, Shoes and Hats	105.9	106.7	102.5
纺织品	Textiles	108.5	109.8	106.2
家用电器及音像器材	Household Appliances, Music and Video Equipment	91.8	91.8	97.3
家庭设备	Household Equipment	97.6	97.1	102.5
文娱用耐用消费品	Durable Consumer Goods for Culture and Entertainment	83.5	80.6	90.3
专业音像器材	Professional Video Equipment	99.7	99.4	103.9
文化办公用品	Cultural and Office Appliances	103.7	103.0	112.2
日用品	Articles for Daily Use	100.6	102.3	101.6
日用百货	General Merchandise for Daily Use	105.0	105.2	106.5
厨具餐具茶具	Kitchenware, Tableware and Tea Set	101.9	102.1	100.0
清洗用品	Cleaning Supplies	93.6	94.0	98.5
体育娱乐用品	Sports and Recreation Articles	98.6	97.7	107.7
交通、通信用品	Transportation and Communication Appliances	83.8	85.5	89.9
交通运输机械	Transportation Machinery	95.5	95.3	95.7
通信器材	Communications Equipment	77.8	73.0	87.5
家具	Furniture	93.3	84.9	99.8
化妆品	Cosmetics	105.5	107.3	103.1
金银饰品	Gold and Silver Ornaments	113.9	114.8	109.8
中西药品及医疗保健用品	Traditional Chinese and Western Medicines, and Health Care Articles	123.0	122.6	137.9
书报杂志及电子出版物	Books, Newspapers, Magazines and Publications	112.2	110.2	117.5
教材及参考书	Textbooks and Reference Books	114.5	112.1	118.7
书报杂志	Newspapers and Magazines	115.4	114.5	121.6
计算机办公软件	Computer Office Software	95.7	95.6	95.6
燃料	Fuels	112.7	111.9	115.6
煤炭及制品	Coal and Coal Products	117.5	117.5	117.8
石油及制品	Petroleum and Petroleum Products	110.9	110.9	111.4
建筑材料及五金电料	Building Materials and Hardware	106.2	106.7	104.3
建筑装潢材料	Building Decoration Materials	106.7	108.0	97.8
五金水暖	Hardware and Plumbing	104.4	102.5	123.1

Fixed-base Retail Price Indices of Cities and Counties Surveyed (2018)

(year of 2015=100)

乐都区 Ledu District	平安区 Pingan District	海晏县 haiyan County	同仁县 tongren County	共和县 Gonghe County	玛沁县 Maqin County	玉树市 Yushu City	格尔木市 Geermu City	德令哈市 Delingha City
106.2	**108.2**	**107.8**	**106.4**	**103.9**	**106.8**	**103.2**	**104.6**	**107.2**
106.1	108.0	113.4	105.1	107.2	110.9	102.1	109.0	108.2
104.7	103.2	101.4	107.0	102.0	101.8	99.5	101.0	101.9
105.0	105.4	112.8	112.2	106.0	103.1	103.9	102.5	106.4
102.4	108.8	110.5	104.3	102.0	100.1	100.0	106.6	100.3
93.2	100.7	100.1	96.4	96.5	99.5	90.7	92.1	101.2
100.6	100.0	104.8	101.2	96.6	100.3	96.5	96.9	104.2
87.6	101.5	95.6	91.6	96.3	98.5	80.5	86.5	97.6
99.7	99.5	100.0	99.4	99.5	99.4	103.7	100.0	99.3
103.4	100.0	115.0	99.8	105.9	108.8	107.0	105.1	106.0
102.2	104.6	104.7	100.5	98.8	100.5	102.4	93.9	100.7
103.1	102.1	102.3	104.8	100.0	100.3	93.0	100.4	104.2
101.6	107.1	100.0	97.4	101.2	101.0	98.7	101.4	98.0
102.6	102.7	111.9	98.0	93.2	100.0	107.3	82.8	97.0
98.6	101.8	100.0	107.0	100.4	104.4	97.4	100.9	97.4
94.5	104.8	89.4	95.0	86.7	96.1	103.3	85.7	100.6
101.2	98.8	95.3	93.4	101.0	95.2	95.3	95.5	98.3
93.7	105.1	88.9	95.1	82.9	96.2	103.6	78.0	102.5
108.9	112.1	109.7	122.0	106.1	108.1	97.4	126.9	101.8
99.0	100.4	98.8	100.8	99.6	100.0	103.9	100.7	101.7
103.9	116.2	107.9	109.9	109.9	108.9	131.0	108.2	115.6
135.1	123.5	121.0	121.3	118.8	119.2	111.5	121.2	129.3
119.9	121.0	115.0	104.9	122.1	122.9	100.8	102.8	119.8
122.8	122.5	119.9	92.6	133.5	128.5	103.5	94.7	121.3
122.5	125.6	114.5	121.4	117.0	124.5	99.5	114.5	126.4
95.6	95.6	93.5	95.6	95.6	93.5	95.6	95.6	100.0
111.0	110.8	105.2	110.3	110.5	110.6	111.0	114.4	110.8
113.8	111.6	100.4	110.0	142.5	107.0	112.3	131.2	111.4
109.2	110.3	110.5	110.4	107.8	111.2	110.2	111.5	110.4
103.8	109.2	110.0	110.5	99.8	107.3	99.4	105.6	99.3
104.0	104.2	109.7	113.2	99.4	107.8	97.3	105.5	99.1
102.9	128.6	111.0	101.0	100.9	105.5	107.1	106.1	99.9

10-14 全省及调查县(区)农业生产资料价格定基指数(2018年)
Fixed-base Price Indices for Means of Agricultural Production in the Province and Counties(District) Surveyed(2018)

2015年=100 (year of 2015=100)

项 目	Item	全 省 Province Total	大通县 Datong County	乐都区 Ledu District	平安区 Pingan District	海晏县 Haiyan County	同仁县 Tongren County	共和县 Gonghe County
农业生产资料价格指数	**Price Index for Means of Agricultural Production**	**106.1**	**110.6**	**106.8**	**103.6**	**116.2**	**96.5**	**101.2**
农用手工工具	Farm Handtools	105.9	100.0	113.0	102.2	90.5	97.4	113.9
饲料	Forage	97.8	93.8	100.9	95.9	104.2	96.5	100.0
混合饲料	Mixed Forage	97.1	95.7	100.3	88.7	99.2	100.0	100.0
仔畜幼禽及产品畜	Newborn Animal, Poult and Commodity Animals	122.8	147.7	88.1	122.3	163.7	100.0	107.9
产品畜	Commodity Animals	102.3	98.0	117.3	100.0	91.1	100.0	103.3
半机械化农具	Semi-mechanized Farm Tools	102.2	108.0	100.0	100.0	100.0	100.0	101.9
机械化农具	Mechanized Farm Machinery	103.5	101.6	110.2	100.0	100.0	100.0	104.4
化学肥料	Chemical Fertilizer	106.1	109.8	108.2	102.6	105.7	111.0	98.1
氮肥	Nitrogen Fertilizer	111.8	126.7	111.0	109.6	137.7	108.7	97.5
磷肥	Phosphate Fertilizer	101.0	99.5	123.8	103.5	88.1	113.0	95.4
钾肥	Potassium Fertilizer	103.7	106.9	109.1	100.0	88.2	100.0	100.0
复合肥料	Compound Fertilizer	104.1	102.2	104.1	96.6	107.3	112.1	103.1
农药及农药器械	Pesticide and Its Appliances	112.4	115.4	109.5	112.8	100.9	121.1	102.1
化学农药	Chemical Pesticides	112.7	115.5	109.5	112.9	99.9	122.5	102.2
农药器械	Pesticide Equipment	104.4	105.9	109.1	107.7	142.9	100.0	101.2
农用机油	Oil for Farm Machinery	111.8	113.1	110.9	111.4	113.9	110.1	110.8
其他农业生产资料	Other Means of Agricultural Production	99.2	102.6	104.7	100.5	102.0	67.4	104.2
农用种子	Farm Seeds	96.7	101.6	104.1	100.6	103.7	62.8	102.5
农业生产服务	Service for Agricultural Production	105.3	102.9	126.5	100.0	133.4	89.7	91.7
排灌费	Irrigation and Drainage	100.4	100.0	100.0	100.0	100.0	101.1	100.0
机械作业费	Mechanical Handling	95.9	99.4	100.0	100.0	150.0	69.1	83.1
农业用电	Agricultural Electricity	100.0	100.0	100.0	100.0	100.0	100.0	100.0
农业用工	Agricultural Employment	115.3	105.9	133.3	100.0	160.0	77.8	100.0

10–15 1991–2018年固定资产投资价格指数

Price Indices for Investment in Fixed Assets (1991-2018)

上年=100 (preceding year=100)

年 份 Year	固定资产投资价格总指数 Price Index for Investment in Fixed Assets	建筑安装、装饰工程 Construction and Installation	设备、工器具购置 Purchase of Equipment and Instruments	其他费用 Other Expenses
1991	119.5	123.5	109.5	114.2
1992	115.1	114.5	111.2	124.8
1993	125.9	129.6	120.2	112.5
1994	108.4	107.6	111.2	107.9
1995	105.3	104.3	106.7	108.7
1996	103.5	104.4	99.6	102.1
1997	103.0	104.5	97.9	100.6
1998	98.5	99.0	95.9	98.7
1999	100.1	101.0	96.2	100.0
2000	101.6	102.7	97.9	100.3
2001	100.3	101.0	97.3	100.0
2002	103.2	104.7	97.3	101.5
2003	102.0	102.9	97.8	101.9
2004	102.8	103.2	100.1	104.4
2005	102.1	102.1	100.7	104.2
2006	102.4	102.6	101.8	102.0
2007	104.2	104.6	102.9	102.6
2008	110.5	113.3	101.5	104.1
2009	100.9	101.1	99.4	102.1
2010	103.8	104.5	101.5	102.3
2011	106.5	107.9	101.5	102.6
2012	102.2	102.7	99.2	103.0
2013	101.5	102.0	99.0	101.6
2014	100.9	101.1	99.4	102.2
2015	98.2	97.7	99.5	100.9
2016	99.6	99.6	99.1	101.0
2017	106.1	107.4	100.6	102.7
2018	104.3	105.2	101.0	102.2

10−16 1991−2018年固定资产投资价格定基指数
Fixed-base Price Indices for Investment in Fixed Assets(1991-2018)

1990年=100 (year of 1990=100)

年 份 Year	固定资产投资价格总指数 Price Index for Investment in Fixed Assets	建筑安装、装饰工程 Construction and Installation	设备、工器具购置 Purchase of Equipment and Instruments	其他费用 Other Experses
1991	119.5	123.5	109.5	114.2
1992	137.5	141.4	121.8	142.5
1993	173.2	183.3	146.4	160.3
1994	187.7	197.2	162.8	173.0
1995	197.7	205.7	173.7	188.1
1996	204.6	214.7	172.9	192.0
1997	210.7	224.4	169.3	193.2
1998	207.6	222.1	162.4	190.6
1999	207.8	224.4	156.2	190.6
2000	211.1	230.4	152.9	191.2
2001	211.7	232.7	148.8	191.2
2002	218.5	243.6	144.8	194.1
2003	222.9	250.7	141.6	197.8
2004	229.1	258.7	141.7	206.5
2005	233.9	264.1	142.7	215.2
2006	239.5	271.0	145.3	219.5
2007	249.6	283.5	149.5	225.2
2008	275.8	321.2	151.7	234.4
2009	278.3	324.7	150.8	239.3
2010	288.9	339.3	153.1	244.8
2011	307.7	366.1	155.4	251.2
2012	314.5	376.0	154.2	258.7
2013	319.2	383.5	152.7	262.8
2014	322.1	387.7	151.8	268.6
2015	316.3	378.8	151.0	271.0
2016	315.0	377.3	149.6	273.7
2017	334.2	405.2	150.5	281.1
2018	348.6	426.3	152.0	287.3

10-17 1997-2018年西宁市区房地产价格指数

Price Indices for Real Estate in Xining(1997-2018)

上年=100 (preceding year=100)

年 份 Year	新建商品住宅价格指数 Price Index for New Commercial Residential Buildings	二手住宅价格指数 Price Index for Second-hand Residential Buildings	住宅租赁价格指数 Price Index for Residential Leasing	物业服务价格指数 Price Index for Property Services	土地交易价格指数 Price Index for Land Transactions
1997	100.6	100.0	197.6		100.8
1998	100.9	100.9	146.2		99.4
1999	99.0	100.7	100.0		94.4
2000	99.9	98.8	133.4		100.4
2001	100.4	102.5	126.4		99.7
2002	102.3	111.2	117.4		102.7
2003	104.6	106.1	106.5		106.2
2004	107.9	113.9	100.0		106.1
2005	102.8	104.3	100.9	100.0	102.9
2006	103.0	103.4	100.7	100.0	102.5
2007	104.9	103.3	104.6	100.9	103.2
2008	109.0	108.5	101.4	102.6	103.2
2009	104.9	104.8	100.7	101.0	104.0
2010	108.0	106.3	107.6	101.8	104.4
2011	106.5	105.8	104.4	100.2	104.1
2012	101.5	101.1	106.7	102.4	102.7
2013	106.8	103.2	101.7	101.3	101.0
2014	104.8	101.6			
2015	94.9	98.2			
2016	99.8	99.5			
2017	103.5	100.7			
2018	108.2	104.4			

10-18 1990-2018年按用途分工业生产者出厂价格指数

上年=100

年份 Year	总指数 General Index	轻工业 Light Industry	重工业 Heavy Industry	生产资料 Means of Production	采掘工业 Mining & Quarrying Industry	原料工业 Raw Materials Industry	加工工业 Processing Industry
1990	109.5	114.9	107.8	107.8	105.9	108.5	107.5
1991	108.7	109.0	109.2	109.1	124.9	109.6	101.3
1992	103.6	107.7	101.9	102.0	104.2	100.2	104.2
1993	124.4	112.9	127.9	127.6	122.2	128.6	128.1
1994	124.9	121.3	126.0	125.5	143.7	126.0	115.6
1995	114.6	119.8	112.2	112.6	123.5	108.7	110.8
1996	106.7	107.2	106.1	106.7	103.3	107.9	107.7
1997	103.5	102.1	103.8	103.8	102.2	104.7	102.0
1998	100.7	97.3	101.3	101.3	99.3	102.1	100.2
1999	102.8	98.7	104.1	104.0	111.3	101.1	102.0
2000	108.1	92.2	111.1	110.9	137.9	102.1	95.0
2001	93.7	95.0	93.5	93.6	94.3	93.0	96.4
2002	97.6	100.9	97.2	97.3	97.1	96.2	102.2
2003	105.5	100.0	106.2	105.8	114.1	101.7	102.0
2004	111.2	103.0	112.5	111.8	117.0	106.5	113.6
2005	110.2	101.0	111.7	111.1	130.7	100.3	102.8
2006	109.5	100.0	110.4	109.9	118.9	110.4	100.2
2007	104.2	104.2	104.2	104.1	106.4	102.9	104.7
2008	107.6	111.6	107.2	107.5	107.3	97.9	124.0
2009	91.3	102.4	90.2	90.9	89.0	89.4	94.6
2010	109.4	104.0	110.1	109.7	122.4	111.0	102.2
2011	107.4	108.7	107.3	107.4	112.3	105.6	107.4
2012	96.9	106.3	96.2	96.2	101.8	95.7	94.0
2013	97.0	104.9	96.4	96.4	96.1	95.6	97.4
2014	96.1	101.9	95.7	95.7	95.1	96.1	95.5
2015	93.1	100.4	92.6	92.5	82.4	94.5	95.0
2016	98.5	100.9	98.2	98.2	85.4	101.8	98.6
2017	116.7	102.8	118.6	118.8	134.4	115.9	117.7
2018	104.8	103.7	104.9	105.3	112.6	103.6	104.7

Producer Price Indices for Industrial Products by Sector and Category (1990-2018)

(preceding year=100)

生活资料 Consumer Goods	食品类 Food	衣着类 Clothing	一般日用品 Articles for Daily Use	耐用消费品 Durable Consumer Goods
115.0	116.6	116.5	100.8	
109.3	108.1	112.1	103.9	
107.7	114.9	102.4	103.4	
113.3	122.1	104.2	110.4	
122.4	123.3	126.5	114.9	
119.4	122.7	118.0	114.6	
106.5	112.5	101.0	104.3	
102.1	104.5	99.5	97.3	
97.1	97.2	97.6	97.5	
98.7	99.1	99.7	97.6	
91.7	88.3	100.0	97.2	94.5
94.5	92.9	92.9	101.0	93.9
100.7	99.2	103.7	101.8	98.1
100.7	100.1	95.3	105.4	100.0
104.8	104.6	101.5	108.4	101.2
101.8	102.1	98.5	103.9	105.8
101.5	101.0	100.0	103.9	98.4
106.5	111.1	99.8	101.5	99.9
110.4	113.2	102.6	110.8	103.6
101.2	98.4	104.0	102.9	116.4
104.2	104.2	101.6	107.0	100.5
107.3	105.2	108.8	113.9	103.3
105.9	104.9	119.6	102.8	101.1
104.7	104.8	111.2	102.0	100.0
101.6	101.9	104.0	99.6	100.0
100.5	100.8	101.9	99.2	100.0
100.5	100.7	100.8	100.0	100.5
102.4	103.2	100.1	100.6	106.7
101.2	102.5	101.6	96.8	107.7

10-19 1990-2018年按34个行业大类分工业生产者出厂价格指数

上年=100

年 份 Year	煤炭开采和洗选业 Mining and Washing of Coal	石油和天然气开采业 Extraction of Petroleum and Natural Gas	黑色金属矿采选业 Mining and Processing of Ferrous Metal Ores	有色金属矿采选业 Mining and Processing of Non-Ferrous Metal Ores	非金属矿采选业 Mining and Processing of Nonmetal Ores	农副食品加工业 Processing of Food from Agricultural Products	食品制造业 Processing of Foodstuff	酒、饮料和精制茶制造业 Manufacture of Liquor, Beverages and Refined Tea	纺织业 Manufacture of Textile
1990	103.6	119.8			96.6		107.6		112.9
1991	121.3	122.8			122.8		110.6		112.2
1992	106.4	105.9		114.8	102.8		115.6		100.0
1993	108.7	135.1		121.7	109.0		127.7		125.2
1994	144.2	173.8		106.5	101.7		131.0		128.5
1995	124.6	133.1		133.3	99.0		128.9		112.3
1996	109.9	95.7		96.3	85.6		124.9		96.0
1997	113.7	97.7		98.9	101.7		101.6	101.0	99.4
1998	105.9	100.3		89.5	99.8		93.9	102.2	95.6
1999	102.4	121.6		93.8	93.2		97.3	104.8	98.9
2000	103.0	171.8		108.4	96.5		85.0	96.2	102.9
2001	112.1	79.8		109.6	98.4	90.1	91.3	99.3	89.7
2002	101.8	91.7	101.7	102.3	100.9	101.5	100.1	96.8	106.6
2003	102.5	116.7	99.8	106.5	102.4	104.4	98.0	95.1	100.4
2004	103.8	113.8	118.3	150.1	101.1	107.1	96.6	103.0	96.0
2005	120.7	133.9	119.1	121.1	106.5	100.6	99.3	106.8	99.9
2006	114.3	117.9	97.5	134.1	102.2	98.6	102.1	102.0	101.2
2007	104.0	105.5	101.0	114.7	100.5	125.5	103.6	105.0	98.4
2008	118.2	115.5	122.0	68.6	106.0	130.4	104.3	102.5	104.0
2009	115.0	76.8	77.3	94.2	104.9	95.0	102.0	100.3	102.3
2010	105.5	130.9	108.8	130.8	98.7	106.3	109.4	102.0	108.3
2011	111.5	122.2	120.0	103.6	96.2	118.1	106.6	99.4	111.0
2012	105.5	97.5	85.9	94.6	103.6	110.6	104.4	102.0	105.0
2013	90.4	96.8	98.7	96.7	102.0	109.6	103.5	104.4	103.4
2014	86.6	96.9	94.3	100.1	101.4	99.3	107.2	102.6	100.4
2015	92.8	71.9	86.1	91.0	98.3	99.5	100.9	102.6	97.8
2016	109.8	70.9	96.1	99.3	98.1	100.9	100.4	100.5	99.5
2017	152.5	122.3	105.9	141.5	102.9	103.6	98.7	103.9	104.1
2018	102.8	120.5	118.2	99.1	100.2	103.4	102.1	103.5	109.7

Producer Price Indices for the 34 categories of Industrial Products by Sector(1990-2018)

(preceding year=100)

纺织服装服饰业 Manufacture of Textile, Wearing Apparel and Accessories	皮革、毛皮羽毛及其制品和制鞋业 Manufacture of Leather, Fur, Feather and Related Products	家具制造业 Manufacture of Furniture	造纸和纸制品业 Manufacture of Paper and Paper Products	印刷和记录媒介复制业 Printing, Reproduction of Recording Media	文教、工美体育和娱乐用品制造业 Manufacture of Articles for Culture, Education and Sport Activities	石油、煤炭及其他燃料加工业 Processing of Petroleum, Coal and Other Fuel	化学原料和化学制品制造业 Manufacture of Raw Chemical Materials and Chemical Products
106.6	100.6	103.0	109.4			137.3	102.5
104.6	109.9	115.2	103.8			117.8	100.6
105.3	108.9	115.1	115.1			123.8	102.3
104.8	107.0	118.2	100.7			134.1	114.3
123.7	106.7	119.3	108.0			146.0	116.5
133.3	125.3	105.5	127.8			132.2	120.6
105.1	139.5	109.2	124.4			96.3	113.1
	102.1	101.4	93.7			107.0	99.6
	100.7	102.8				94.7	100.7
	100.0	101.2				96.1	98.5
93.9	101.9	93.8	100.0			146.2	96.6
92.5	103.9	93.9	100.0	100.0		105.4	94.6
99.9	106.5	98.1	98.1	100.0		92.3	101.7
92.4	105.4	100.0	100.0	94.3		118.1	99.9
98.7	105.5	101.2	100.0	99.4		112.7	104.9
95.1	105.4	105.8	100.1	104.0		119.7	111.7
100.0	102.0	98.4	101.7	100.1		121.8	106.3
100.0	100.3	99.9	101.1	94.4		103.8	102.8
103.6	102.2	101.1	106.8	107.5		1[illegible]5.8	126.5
103.7	98.3	118.6	101.2	103.8		96.2	96.0
100.5	99.2	100.6	100.0	115.3		125.7	94.8
106.4	99.9	100.0	104.5	101.8	121.3	100.7	111.6
119.3	107.0	101.9	115.6	108.8	98.3	88.9	93.4
111.7	139.0	100.0	102.0	108.2	97.0	83.3	94.9
105.8	108.1	100.0	100.8	103.4	98.2	91.1	93.6
103.1	100.1	100.0	100.3	101.0	99.2	84.6	98.6
100.8	99.7	100.3	100.3	100.2	103.8	88.0	95.8
100.1	101.9	100.0	124.9	100.5	102.2	139.2	108.2
101.6	103.9	100.0	158.5	101.7	100.5	112.9	104.8

10-19 续表1

上年=100

年 份 Year	医药制造业 Manufacture of Medicines	橡胶和塑料制品业 Manufacture of Rubber and Plastics Products	非金属矿物制品业 Manufacture of Non-metallic Mineral Products	黑色金属冶炼和压延加工业 Smelting and Pressing of Ferrous Metals	有色金属冶炼和压延加工业 Smelting and Pressing of Non-ferrous Metals	金属制品业 Manufacture of Metal Products	通用设备制造业 Manufacture of General Purpose Machinery	专用设备制造业 Manufacture of Special Purpose Machinery
1990	102.1		114.8	104.2		102.8		
1991	93.7		107.4	111.0		99.8		
1992	106.7		100.4	103.3	89.8	104.2		
1993	119.0		127.8	148.4	148.8	114.3		
1994	124.6		125.0	135.8	129.8	107.8		
1995	129.8		119.6	100.3	129.1	114.4		
1996	94.8		104.9	97.3	85.5	115.8		
1997	106.9		103.4	99.8	96.4	102.7		
1998	105.2		98.9	96.3	94.0	94.5		
1999	99.8		109.5	96.4	107.6	99.0		
2000	98.4		90.1	94.6	110.1	99.3		
2001	104.7		105.3	94.5	89.6	95.1	97.2	98.4
2002	102.7		99.2	99.0	92.8	99.3	101.7	97.4
2003	99.9		99.2	103.7	102.9	98.3	100.2	101.3
2004	100.0		99.8	125.6	111.1	112.5	101.7	101.3
2005	100.0		98.5	99.9	102.0	109.4	104.2	101.9
2006	100.0		97.3	93.9	121.0	104.0	109.8	94.6
2007	100.0		103.5	104.9	104.7	101.2	114.9	135.1
2008	104.3		117.8	126.1	89.4	110.2	106.0	109.7
2009	99.6		104.5	85.6	81.6	102.3	109.7	116.0
2010	97.9		105.0	112.6	111.9	102.0	114.8	99.6
2011	100.8	115.2	103.7	111.3	103.0	100.0	101.7	115.4
2012	101.2	90.0	92.1	89.1	93.9	98.5	100.0	103.7
2013	101.7	104.2	102.4	95.2	96.7	98.0	99.8	102.6
2014	100.4	95.8	100.9	97.0	93.7	97.3	99.4	101.8
2015	99.7	90.1	93.3	88.5	93.3	100.6	99.9	98.2
2016	100.1	98.2	92.4	96.1	107.1	98.8	100.0	100.6
2017	103.5	100.9	122.1	134.4	120.7	104.6	99.3	101.5
2018	101.0	101.0	105.4	107.9	101.6	104.9	100.0	102.5

注：其他制造业类在2011—2015年为金属制品、机械和设备修理业类。

Continued

(preceding year=100)

汽车制造业 Manufacture of Automobiles	铁路、船舶航空航天和其他运输设备制造业 Manufacture of Railway, Ship, Aerospace and Other Transport Equipments	电气机械和器材制造业 Manufacture of Electrical Machinery and Apparatus	计算机通信和其他电子设备制造业 Manufacture of Computers, Communication and Other Electronic Equipment	仪器仪表制造业 Manufacture of Measuring Instruments and Machinery	其他制造业 Others	电力、热力生产和供应业 Production and Supply of Electric Power and Heat Power	燃气生产和供应业 Production and Supply of Gas	水的生产和供应业 Production and Supply of Water
		103.6						
		119.8						
		96.5						
		108.7						
		105.0						
		100.1						
		107.5						
		92.8				125.9		
		97.5				121.7		
		92.3				101.4		
		95.3				95.2		
		96.3				94.2		111.4
						98.6		114.3
		100.5		100.7		99.5		103.9
		111.1		93.3		99.9		105.6
		108.4		109.6		97.4		105.7
		117.7		99.3		97.1		111.4
		107.5		100.7		100.8	100.0	104.0
		99.2		100.4		100.5	112.6	101.5
		82.4		100.0		99.5	107.0	100.2
		108.5	100.9	100.1		100.7	102.5	100.1
108.1	100.0	107.1	100.1	104.9	95.5	103.7	103.4	87.8
101.6	103.0	98.7	96.2	100.9	100.0	104.7	100.0	112.8
99.5	106.4	96.9	89.5	100.0	98.8	101.8	100.0	110.9
99.5	101.3	99.0	100.0	100.0	98.9	101.3	100.0	100.2
100.2	100.0	98.9	100.2	100.0	99.3	99.7	100.0	100.0
99.0	100.3	100.2	99.6	100.3	99.8	100.1	90.8	100.3
99.8	102.4	102.3	101.1	103.7	99.4	99.4	101.3	101.4
100.0	104.5	99.4	100.0	98.9		100.0	100.7	101.1

a) Other manufacture referred to repair service of metal products, machinery and equipment in 2011 to 2015.

10-20 2011-2018年按工业产品生产阶段及工业门类分工业生产者出厂价格指数

Producer Price Indices for Industrial Products by Production Stage of Industrial Products and Industrial Department (2011-2018)

上年=100 (preceding year=100)

指 标	Item	2011	2012	2013	2014	2015	2016	2017	2018
核心指数	**Core Index**	**106.8**	**94.0**	**97.0**	**95.8**	**94.3**	**101.1**	**118.2**	**103.7**
高技术	**High Technology**	**100.9**	**100.6**	**100.3**	**100.3**	**99.7**	**99.1**	**101.4**	**96.7**
能源	**Energy**	**108.9**	**100.8**	**95.8**	**96.0**	**89.9**	**92.2**	**117.2**	**107.8**
初级产品	**Primary Products**	**112.4**	**101.7**	**96.1**	**95.1**	**82.3**	**85.4**	**134.4**	**112.6**
中间产品	**Intermediate Products**	**106.6**	**95.5**	**96.9**	**96.1**	**95.0**	**100.3**	**115.4**	**103.8**
最终产品	**Final Products**	**106.0**	**102.3**	**99.9**	**98.3**	**99.3**	**98.0**	**101.8**	**103.0**
冶金工业	Metallurgical Industry	105.4	92.6	96.4	95.1	91.9	104.1	124.3	103.1
电力工业	Electric Power Industry	103.7	104.7	101.8	101.3	99.7	100.1	99.4	100.0
煤炭及炼焦工业	Coal and Coke Industries	106.0	97.9	87.2	87.8	90.0	100.2	167.6	106.6
石油工业	Oil Industry	121.6	98.1	97.1	97.0	72.7	77.1	118.3	117.9
化学工业	Chemical Industry	110.6	94.0	95.6	94.3	98.6	96.6	107.4	104.2
机械工业	Machinery Industry	104.2	100.0	98.9	99.5	99.6	99.8	100.8	100.0
建筑材料工业	Building Materials Industry	101.3	95.1	102.8	101.5	93.7	92.3	120.9	103.6
森林工业	Forest Industry	100.0	101.9	100.0	100.0	100.0	100.3	100	100.0
食品工业	Food Industry	108.2	105.9	106.0	102.8	101.0	100.7	102.9	103.2
纺织工业	Textile Industry	109.5	97.3	102.3	100.6	96.9	99.5	104.1	109.7
缝纫工业	Sewing Industry	109.5	120.5	109.0	103.6	102.0	100.8	100.1	101.6
皮革工业	Leather Industry	99.9	107.0	139.0	108.1	100.1			
造纸工业	Paper Industry	104.5	115.6	102.0	100.8	100.3	100.3	124.9	158.5
文教艺术用品工业	Cultural, Educational and Art Supplies Industry	101.8	108.8	108.2	103.4	101.0	100.2	100.5	101.7
其他工业	Others	113.6	98.9	100.2	98.0	99.2	99.9	108.9	105.0

10-21 1990-2018年工业生产者购进价格指数
Purchasing Price Indices for Industrial Producers (1990-2018)

上年=100 (preceding year=100)

年份 Year	总指数 General Index	燃料、动力类 Fuel and Power	黑色金属材料类 Black Metals	有色金属材料类 Non-Ferrous Metals	化工原料类 Raw Chemical Materials	木材及纸浆类 Timber and Paper-Pulp	建材及非金属矿类 Building materials and non-metallic Mineral	其它工业原材料及半成品类 Other Industrial Raw Materials and Semi-finished Products	农副产品类 Agricultural Products	纺织原料类 Textile Materials	初级产品 Primary Products	中间产品 Intermediate Products
1990	113.9	119.4	107.4		96.5	106.7						
1991	112.8	113.9	115.7		95.2	105.5						
1992	108.4	134.6	109.1	116.8	90.4	99.9			102.8	98.6		
1993	138.9	129.4	164.8	121.7	135.7	132.0			120.3	99.3		
1994	112.3	115.7	102.8	112.7	108.1	113.7			121.7	102.3		
1995	110.2	112.8	98.6	126.6	124.5	109.1			129.0	145.7		
1996	108.8	112.6	97.5	96.1	111.4	108.3			111.8	104.5		
1997	110.9	121.2	100.7	101.9	103.2	104.3	104.9	106.5	97.1	90.3		
1998	101.3	105.1	95.5	101.3	104.6	102.4	96.5	99.9	89.5	98.5		
1999	99.1	100.5	96.5	95.6	95.0	98.5	99.7	98.5	96.8	100.0		
2000	98.9	100.3	101.1	129.4	105.6	99.3	100.2	100.9	90.3	103.5		
2001	99.1	102.7	97.9	85.6	99.7	102.2	107.0	105.1	88.7	100.0		
2002	102.8	102.1	100.6	92.5	96.6	112.7	95.9	99.2	106.4	99.6		
2003	101.8	101.6	107.6	111.5	98.8	107.8	96.0	97.3	98.0	94.2		
2004	108.5	104.4	128.6	138.2	101.8	100.5	112.8	99.8	110.4	99.6		
2005	105.3	104.6	104.1	101.0	106.0	110.7	105.0	100.0	108.3	100.0		
2006	102.8	102.3	94.5	112.3	102.4	102.4	143.8	100.1	97.5	100.0		
2007	104.4	104.1	102.1	97.1	109.7	109.2	101.4	104.7	108.8	96.6		
2008	110.4	108.4	119.6	97.7	107.5	115.9	111.3	113.4	132.6	99.4		
2009	99.8	101.3	92.0	81.2	102.0	101.2	105.9	101.6	97.5	97.7		
2010	108.6	105.8	110.3	120.5	101.5	99.7	110.2	104.4	108.4	117.6		
2011	107.0	103.3	108.2	108.8	103.8	107.8	105.5	109.4	115.8	106.3	113.4	106.1
2012	98.6	102.3	99.0	95.9	95.3	123.2	96.2	106.6	99.8	100.3	99.2	98.5
2013	98.8	100.3	98.8	95.4	98.5	102.2	95.5	102.6	109.1	104.6	99.6	98.7
2014	97.6	100.0	99.3	93.0	99.7	99.7	97.0	101.2	99.2	103.8	98.3	97.5
2015	97.7	97.8	98.6	96.4	97.4	99.8	97.0	100.1	101.7	95.2	99.6	97.5
2016	96.2	95.0	101.5	95.4	97.4	99.2	97.1	95.5	102.3	98.8	93.4	96.8
2017	108.0	105.7	111.6	116.9	106.0	105.9	110.1	99.7	102.1	100.7	112.0	107.1
2018	104.5	103.7	103.4	103.4	111.1	105.2	106.7	101.7	101.4	100.5	109.4	103.3

10-22 主要年份农产品生产价格总指数
Producer's Prices Indices for Farm Products in Main Years

年 份	农产品生产价格指数 Producer's Price Index for Farm Products	
	环比指数(上年=100) Linked Index(preceding year=100)	定基指数(1952=100) Fixed-base Index(1952=100)
1990	100.7	345.3
1991	103.3	356.7
1992	109.4	390.2
1993	123.1	480.3
1994	148.6	713.7
1995	115.4	823.7
1996	95.4	785.8
1997	91.9	722.1
1998	93.7	676.6
1999	94.6	640.1
2000	100.7	644.6
2001	103.2	665.2
2002	101.2	672.9
2003	105.8	711.6
2004	108.8	773.9
2005	103.3	799.2
2006	104.5	835.5
2007	119.0	993.9
2008	114.9	1142.2
2009	94.6	1080.7
2010	124.3	1343.1
2011	117.3	1574.7
2012	108.2	1703.1
2013	110.4	1879.9
2014	100.0	1879.7
2015	96.1	1805.6
2016	104.5	1887.0
2017	101.0	1905.3
2018	100.3	1911.6

注：2001年以前数据为农产品收购价格指数。
a)Data Before 2001 was Sprocurement Price Index for Farm Product.

10-23 2008-2018年主要农产品生产价格指数

Producer's Prices Indices for Major Farm Products(2008-2018)

上年=100 (preceding year=100)

指 标	Item	2008	2009	2010	2011	2012	2013	2014	2015	2016	2017	2018
总指数	**General Index**	**114.9**	**94.6**	**124.3**	**117.3**	**108.2**	**110.4**	**100.0**	**96.1**	**104.5**	**101.0**	**100.3**
种植业产品	**Planting Products**	**109.8**	**97.8**	**130.8**	**109.5**	**104.4**	**108.3**	**99.2**	**92.7**	**99.9**	**101.6**	**97.1**
谷物（原粮）	Cereal	111.4	105.7	117.2	116.2	106.0	104.3	103.1	100.6	97.7	98.6	103.8
小麦	Wheat	109.6	103.3	114.2	110.1	105.8	106.3	104.8	93.4	94.0	96.8	100.1
杂粮	Coarse Cereals	114.5	109.5	123.0	124.5	106.3	101.6	100.8	101.9	98.4	98.9	104.0
薯类	Tubers	109.7	101.4	194.1	86.4	100.0	136.2	104.2	97.5	110.4	105.6	85.3
豆类	Soybeans	113.2	103.6	138.9	106.5	84.0	98.7	102.8	104.0	93.2	90.3	106.9
油料	Oil-bearing Crops	111.8	87.2	121.2	110.9	104.2	106.7	98.7	92.1	94.0	102.3	101.2
蔬菜	Vegetables	114.6	119.5	133.2	99.2	118.7	104.3	103.5	104.5	101.2	97.4	105.3
中药材	Chinese Medicines Materials	99.0	65.6	140.4	117.3	113.2	111.8	86.1	85.3	105.7	97.6	96.3
畜牧业产品	**Animal Husbandry Products**	**118.8**	**92.2**	**119.4**	**124.4**	**111.6**	**112.3**	**100.7**	**101.4**	**106.7**	**100.2**	**105.6**
牛 （毛重）	Cattle and Buffaloes (gross weight)	131.6	100.0	105.9	116.1	115.0	128.9	102.0	92.0	96.0	104.4	106.0
羊 （毛重）	Sheep and Goats (gross weight)	129.7	98.8	112.2	125.9	113.7	112.1	98.3	87.5	97.0	107.2	129.1
奶类	Milk	118.7	104.5	115.2	113.9	110.8	112.0	116.6	94.3	95.2	101.8	103.1
毛绒类	Cashmere	89.0	81.9	143.7	115.5	104.0	94.8	104.6	100.0	127.8	113.8	143.6
猪 （毛重）	Pig (gross weight)	137.2	75.0	102.3	140.6	103.4	100.5	94.0	105.0	115.5	94.7	89.1
家禽（毛重）	Poultry (gross weight)	112.7	103.7	109.8	107.6	116.5	105.5	105.5	99.3	94.5	100.1	110.7

主要统计指标解释

定基价格指数 在一个价格指数数列中，每个指数都以同一时期为基期计算的价格指数。通常以某一年为基期来计算。其特点是无论计算期如何变动，其基期固定不变（通常每5年更换一次基期）。从2001年起，我国改用国际通用方法计算定基价格指数，首轮固定对比基期选为2000年，即以2000年平均价格作基数。编制定基价格指数的目的在于观察物价变动的长期趋势和变动程度及其规律。

同比价格指数 同比指数是根据报告期的定基指数除以上年同期的定基指数取得的。居民消费价格指数 是反映一定时期内城乡居民所购买的生活消费品价格和服务项目价格变动趋势和程度的相对数，是对城市居民消费价格指数和农村居民消费价格指数进行综合汇总计算的结果。该指数可以观察和分析消费品的零售价格和服务项目价格变动对城乡居民实际生活费支出的影响程度。

城市居民消费价格指数 是反映一定时期内城市居民家庭所购买的生活消费品价格和服务项目价格变动趋势和程度的相对数。该指数可以观察和分析消费品的零售价格和服务项目价格变动对城镇职工货币工资的影响，作为研究职工生活和确定工资政策的依据。

农村居民消费价格指数 是反映一定时期内农村居民家庭所购买的生活消费品价格和服务项目价格变动趋势和程度的相对数。该指数可以观察农村消费品的零售价格和服务项目价格变动对农村居民生活消费支出的影响，直接反映农村居民生活水平的实际变化情况，为分析和研究农村居民生活问题提供依据。

商品零售价格指数 是反映一定时期内城乡商品零售价格变动趋势和程度的相对数。商品零售价格的变动直接影响到城乡居民的生活支出和国家的财政收入，影响居民购买力和市场供需的平衡，影响到消费与积累的比例关系。因此，该指数可以从一个侧面对上述经济活动进行观察和分析。

农业生产资料价格指数 指反映一定时期内农业生产资料价格变动趋势和程度的相对数。其编制目的是了解农业生产中物质资料投入价格的变动状况，服务于国民经济核算。1994年以前，农业生产资料价格指数仅仅是商品零售价格指数的一个类别，此后，从商品零售价格指数中分离出来，单独编制。

农产品生产价格指数 是反映一定时期内，农产品生产者出售农产品价格水平变动趋势及幅度的相对数。该指数可以客观反映全国农产品生产价格水平和结构变动情况，满足农业与国民经济核算需要。其中某代表品生产价格指数是通过对全部有出售该产品行为的调查单位的个体指数进行几何平均求得的，类价格指数是通过对其所属的类（或代表品）的价格指数进行加权平均求得的。季度累计价格指数的计算方法与分季指数的计算方法相同。

工业生产者出厂价格指数 是反映一定时期内全部工业产品出厂价格总水平的变动趋势和程度的相对数，包括工业企业售给本企业以外所有单位的各种产品和直接售给居民用于生活消费的产品。该指数可以观察出厂价格变动对工业总产值及增加值的影响。

工业生产者购进价格指数 是反映工业企业作为生产投入，而从物资交易市场和能源、原材料生产企业购买原材料、燃料和动力产品时，所支付的价格水平变动趋势和程度的统计指标，是扣除工业企业物质消耗成本中的价格变动影响的重要依据。

目前，我国编制的工业生产者购进价格指数所调查的产品包括燃料动力、黑色金属、有色金属、化工、建材等九大类。

固定资产投资价格指数 是反映一定时期内固定资产投资品及取费项目的价格变动趋势和程度的相对数。固定资产投资额是由建筑安装工程投资完成额、设备工器具购置投资完成额和其他费用投资完成额三部分组成的。编制固定资产投资价格指数应首先分别编制上述三部分投资的价格指数，然后采用加权算术平均法求出固定资产投资价格总指数。

该指数可以准确地反映固定资产投资中涉及的各类投资品和取费项目价格变动趋势和变动幅度，消除按现价计算的固定资产投资指标中的价格变动因素，真实地反映固定资产投资的规模、速度、结构和效益，为国家科学地制定、检查固定资产投资计划并提高宏观调控水平，为完善国民经济核算体系提供科学的、可靠的依据。

房地产价格指数 是反映一定时期内房地产价格变动趋势和程度的相对数，包括房屋销售价格指数、房屋租赁价格指数、土地交易价格指数和物业管理价格指数。这四套指数的计算方法相似，均采用由下到上逐级汇总的方法。

住宅销售价格指数 包括新建住宅销售价格指数和二手住宅销售价格指数。新建住宅销售价格、面积、金额等资料直接采用当地房地产管理部门的网签数据。二手住宅销售价格调查为非全面调查，采用重点调查和典型调查相结合的方法，按照房地产经纪机构上报、房地产管理部门提供与调查员实地采价相结合的方式收集基础数据。

Explanatory Notes on Main Statistical Indicators

Fixed Base Price Indices in a series of price indices, each index during the same period are calculated as the base year price index. Usually there is a particular year to calculate the base period. It features no matter how change in period, the base period is fixed (usually once every 5 years to replace the base period). Since 2001, China has used international general method to calculate a fixed base price indices, fixed the first round of comparison in 2000 as the base period, that is, the average price in 2000 for the base. The preparation of fixed base price indices for the purpose is observation of long – term trends in price changes and changes in the extent and regularity.

Price Indices for the Same Period Last Year year – on – year indices is based on the reporting period divided by the fixed base indices of the fixed base year – on – year indices achieved.

Consumer Price Indices reflect the trend and degree of changes in prices of consumer goods and services purchased by urban and rural households during a given period. They are obtained by combining Consumer Price Indices of Urban Household and Consumer Price Indices of Rural Household. The Indices enable the observation and analysis of the degree of impact of the changes in the prices of retailed goods and services on the actual living expenses of urban and rural residents.

Consumer Price Indices of Urban Household reflects the trend and degree of changes in prices of consumer goods and services purchased by urban households during a given period. It can be used to observe and analyze the impact of price changes in consumer goods and services on wages (in monetary terms) of urban staff and workers, and provide a basis for research on the livelihood of staff and workers and policy – making concerning wages.

Consumer Price Indices of Rural Household reflects the trend and degree of changes in prices of consumer goods and services purchased by rural households during a given period. It can be used to observe the impact of change in retail prices of consumer goods and service prices in rural areas on living expenditure of rural households, and to show the changes in the living standard of rural households. It provides a basis for analysis and research on the condition of life in rural areas.

Retail Price Indices reflect the trend and degree of change in retail prices of commodities during a given period. The change in retail prices of commodities directly affect the living expenses of urban and rural residents, government revenue, purchasing power of residents and the equilibrium of market supply and demand, and the ratio of consumption to accumulation. Therefore, the retail price indices are useful from an oblique perspective for observing and analyzing the changes of the above economic activities.

Price Indices for Means of Agricultural Production reflects the trend and degree of changes in the prices of the means of agricultural production during a given period. Compilation of these indices helps to understand the changes in prices of input into agricultural production and facilitate the compilation of national accounts statistics. Before 1994, price indices for means of agricultural production were a sub – category in the retail price indices for commodities, and it has been compiled separately since 1994.

Producer Prices Indices for Farm Products reflect the trend and degree of changes in producers´ prices received by farmers when they sell farm products during a given period. These indices depict the change in the level and structure of producer prices for farm products of the country and meet the needs of agricultural statistics and national accounts statistics. The producer price index for a given product is calculated as the geometrical mean of individual indices for all surveyed units which sell such product, and the indices for a product category is obtained as the weighted mean of price indices for all products in the category. Method for calculating accumulative quarterly indices is the same as for calculating the individual quarterly indices.

Producer Price Indices for Industrial Products reflect the trend and degree of changes in general ex – factory prices of all manufactured goods during a given period, including sales of manufactured goods by an industrial enterprise to all units outside the enterprise, as well as sales of consumer goods to residents. It can be used to analyze the impact of ex – factory prices on gross output value and value – added of the industrial sector.

Purchasing Price Indices for Industrial Producers rreflect changes in the level and degree of prices paid by industrial enterprises when they purchase production input such as raw materials, fuels and power from the market or from other energy or raw materials producing enterprises. These indices provide an important basis for measuring the material consumption of industrial enterprises after removing the influence of price changes.

At present, products in 9 categories, including fuels and power, ferrous metals, non – ferrous metals, chemicals, building materials, are covered in China for the survey to produce indices for purchasing´prices for industrial producers.

Price Indices for Investment in Fixed Assets reflect the trend and degree of changes in prices of investment goods and projects in fixed assets during a given period. The investment in fixed assets consists of three components, namely the investment in construction and installation, the investment in purchases of equipment and instrument, and the investment in other items. Price indices for investment in fixed assets are calculated as the weighted arithmetic mean of the price indices for the three components of investment in fixed assets.

Removing the factor of price change in the aggregates of investment at current prices, this indicator shows the changes in the prices of commodities and fees involved in the investment of fixed assets, and can be used to observe the actual size, growth, structure, and efficiency of investment in fixed assets and provides reliable and scientific data for government planning, management, decision – making, and further improving the current national accounting system.

Price Indices for Real Estate reflect the trend and degree of changes in prices of real estate during a given period, including sale price indices for houses, price indices for renting houses, price indices for land transactions and price indices for management of properties. The methods for the compilation of these four sets of indices are similar in that they all use the bottom – up approach under which data are reported from lower level to higher level.

Residential Buildings Sales Price Indices includes new residential buildings sales price index and second – hand residential buildings sales price index. The price, size, amount and other information of new residential buildings sales are directly from the data network to sign the local real estate management. Second – hand residential buildings sales price survey is non – comprehensive survey, using the method of combining typical survey and key investigation, according to a combination of real estate agencies reporting, real estate management providing and investigators collected price field to collet infrastructure data. New residential buildings include new residential affordable housing.

第 11 篇
CHAPTER 11

人民生活
People's Living Conditions

全体居民人均可支配收入情况

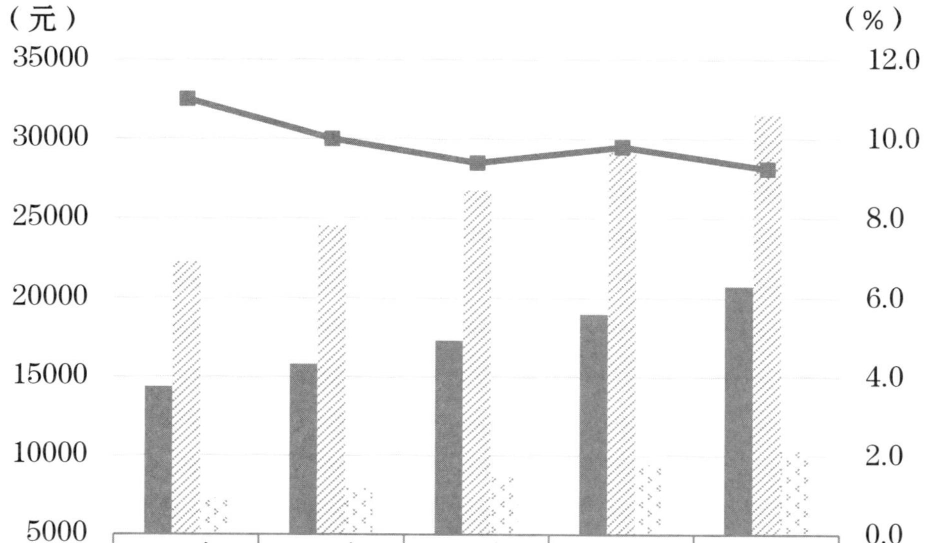

	2014年	2015年	2016年	2017年	2018年
全体居民人均可支配收入	14374	15813	17302	19001	20757
城镇	22307	24542	26757	29169	31515
农村	7283	7933	8664	9462	10393
全体居民人均可支配收入增速	11.0	10.0	9.4	9.8	9.2

全体居民人均生活消费支出情况

（2018年）

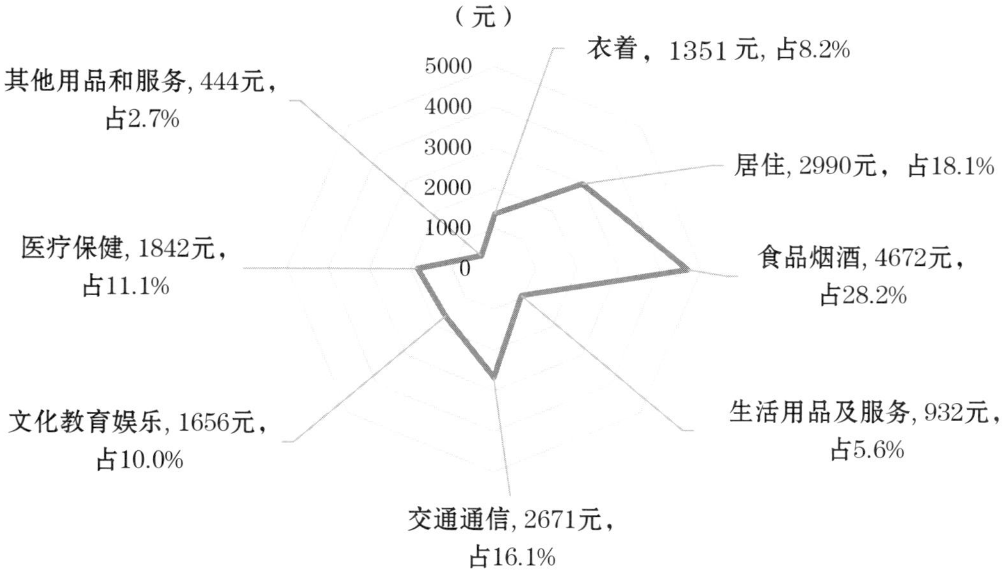

11-1 一体化住户调查主要指标
Main Indicators of Integrated Household Survey

指 标	Item	2014	2015	2016	2017	2018
全体居民人均可支配收入（元）	**Per Capita Disposable Income of All Households (yuan)**	**14374**	**15813**	**17302**	**19001**	**20757**
城镇	Urban Households	22307	24542	26757	29169	31515
农村	Rural Households	7283	7933	8664	9462	10393
全体居民人均可支配收入名义增长速度（%）	**Nominal Growth Rate of Per Capita Disposable Income of Households (%)**	**11.0**	**10.0**	**9.4**	**9.8**	**9.2**
城镇	Urban Households	9.6	10.0	9.0	9.0	8.0
农村	Rural Households	12.7	8.9	9.2	9.2	9.8
全体居民人均可支配收入实际增长速度（%）	**Actual Growth Rate of Per Capita Disposable Income of All Households (%)**	**8.0**	**7.2**	**7.5**	**9.7**	**6.6**
城镇	Urban Households	6.5	7.0	7.1	8.5	5.4
农村	Rural Households	9.9	6.6	7.3	9.1	7.2
全体居民人均可支配收入中位数（元）	**Median of Per Capita Disposable Income of All Households (yuan)**	**11870**	**13325**	**14194**	**15651**	**15798**
城镇	Urban Households	21572	23416	24651	27070	28082
农村	Rural Households	6896	7204	7501	7944	8467
全体居民人均消费支出（元）	**Per Capita Consumption Expenditure of All Households (yuan)**	**12605**	**13611**	**14775**	**15503**	**16557**
城镇	Urban Households	17493	19201	20853	21473	22998
农村	Rural Households	8235	8566	9222	9903	10352
全体居民人均消费支出增长速度（%）	**Growth Rate of Per CapitaConsumption Expenditure of All Households (%)**	**8.9**	**8.0**	**8.6**	**4.9**	**6.8**
城镇	Urban Households	7.8	9.8	8.6	3.0	7.1
农村	Rural Households	9.7	4.0	7.7	7.4	4.5
城乡居民收入比（以农村为1）	**Urban and Rural Households Income Ratio (Rural Income as 1)**	**3.06**	**3.09**	**3.09**	**3.08**	**3.03**

11-2 2010-2018年城乡居民人均收支情况

单位：元

指标	Item	2010	2011
全体居民人均可支配收入	**Per Capita Disposable Income of All Households**	**8661**	**10030**
工资性收入	Income of Wages and Salaries	5270	6147
经营净收入	Net Business Income	1521	1608
财产净收入	Net Income from Property	156	172
转移净收入	Net Income from Transfer	1712	2103
全体居民人均生活消费支出	**Per Capita Consumption Expenditure of All Households**	**7772**	**9035**
食品烟酒	Food,Tobacco and Liquor	2875	3254
衣着	Clothing	712	880
居住	Residence	1281	1481
生活用品及服务	Household Facilities, Articles and Services	475	580
交通通信	Transport and Communications	923	1098
文化教育娱乐	Education, Cultural and Recreation	755	871
医疗保健	Health Care and Medical Services	580	653
其它用品及服务	Miscellaneous Goods and Services	171	218
城镇居民人均可支配收入	**Per Capita Disposable Income of Urban Households**	**14462**	**16287**
工资性收入	Income of Wages and Salaries	10634	11871
经营净收入	Net Business Income	697	767
财产净收入	Net Income from Property	274	287
转移净收入	Net Income from Transfer	2856	3361
城镇居民人均生活消费支出	**Per Capita Consumption Expenditure of Urban Households**	**11519**	**13127**
食品烟酒	Food,Tobacco and Liquor	3932	4431
衣着	Clothing	1208	1422
居住	Residence	1875	2144
生活用品及服务	Household Facilities, Articles and Services	732	823
交通通信	Transport and Communications	1455	1687
文化教育娱乐	Education, Cultural and Recreation	1216	1298
医疗保健	Health Care and Medical Services	802	954
其它用品及服务	Miscellaneous Goods and Services	300	368
农村居民人均可支配收入	**Per Capita Disposable Income of Rural Households**	**4028**	**4806**
工资性收入	Income of Wages and Salaries	988	1368
经营净收入	Net Business Income	2180	2309
财产净收入	Net Income from Property	62	77
转移净收入	Net Income from Transfer	799	1052
农村居民人均生活消费支出	**Per Capita Consumption Expenditure of Rural Households**	**4779**	**5619**
食品烟酒	Food,Tobacco and Liquor	2030	2272
衣着	Clothing	316	428
居住	Residence	807	928
生活用品及服务	Household Facilities, Articles and Services	269	376
交通通信	Transport and Communications	499	606
文化教育娱乐	Education, Cultural and Recreation	387	515
医疗保健	Health Care and Medical Services	403	402
其它用品及服务	Miscellaneous Goods and Services	68	92

Per Capita Income and Consumption Expenditure of Urban and Rural Households (2010-2018)

(yuan)

2012	2013	2014	2015	2016	2017	2018
11468	**12948**	**14374**	**15813**	**17302**	**19001**	**20757**
6940	7607	8292	9192	10235	11351	12209
1687	2050	2397	2445	2629	2861	3014
199	562	699	803	863	949	1057
2641	2729	2986	3374	3575	3840	4477
10384	**11576**	**12605**	**13611**	**14775**	**15503**	**16557**
3550	3628	3854	3958	4272	4453	4672
975	1087	1153	1232	1270	1266	1351
1703	2245	2375	2353	2595	2755	2990
674	702	734	793	874	929	932
1422	1496	1790	2263	2287	2410	2671
971	1047	1293	1383	1568	1687	1656
829	1102	1071	1318	1504	1599	1842
260	270	335	310	405	406	444
18336	**20352**	**22307**	**24542**	**26757**	**29169**	**31515**
13320	14266	15283	16899	18741	20568	21719
879	1207	1699	1765	2008	1899	2089
345	1051	1160	1331	1451	1613	1674
3792	3828	4164	4547	4558	5089	6033
14794	**16223**	**17493**	**19201**	**20853**	**21473**	**22998**
4829	4922	5228	5503	5976	6061	6351
1534	1692	1754	1902	1964	1901	2004
2491	3391	3446	3340	3809	3837	4235
1046	1004	1009	1180	1322	1399	1386
2011	1797	2235	3355	3064	3241	3612
1463	1639	2056	2022	2353	2528	2394
1007	1345	1213	1459	1750	1949	2371
411	434	550	439	615	557	645
5594	**6462**	**7283**	**7933**	**8664**	**9462**	**10393**
1484	1774	2041	2235	2464	2704	3047
2379	2789	3021	3058	3197	3764	3905
75	133	288	326	325	326	463
1656	1766	1932	2315	2678	2668	2978
6613	**7506**	**8235**	**8566**	**9222**	**9903**	**10352**
2457	2494	2626	2564	2715	2945	3053
497	557	615	627	636	670	721
1028	1241	1416	1462	1487	1739	1790
355	438	488	445	464	488	495
918	1232	1392	1278	1577	1629	1765
549	528	611	807	851	897	945
677	889	944	1191	1279	1270	1332
131	127	143	194	213	264	251

11-3 居民家庭基本情况
Basic Conditions of Households

指标	Item	2017 全体住户 All Households	2017 城镇住户 Urban Households	2017 农村住户 Rural Households	2018 全体住户 All Households	2018 城镇住户 Urban Households	2018 农村住户 Rural Households
一.调查样本住户数 (户)	**Number of Households Surveyed (household)**	**1860**	**900**	**960**	**2410**	**1240**	**1170**
二.期内住户常住成员数 (人)	**Number of Resident Households Members During Period (person)**	**6547**	**2707**	**3840**	**8654**	**3895**	**4758**
三.常住劳动力情况(16周岁及以上非在校学生)	**Conditions of Resident Labor Force (Non Students of Aged 16 and Over)**						
(一)劳动力人数 (人)	Number of Labor Force (person)	4255	1896	2359	5666	2689	2977
1.整劳动力人数	Number of Full Labor Force	2522	1062	1460	3467	1627	1841
2.半劳动力人数	Number of Semi Labor Force	1734	834	899	2199	1062	1137
(二)性别 (人)	Sex (person)	4255	1896	2359	5666	2689	2977
1.男性	Male	2130	936	1194	2854	1321	1533
2.女性	Female	2126	961	1165	2812	1368	1444
(三)年龄 (人)	Age (person)	4255	1896	2359	5666	2689	2977
1.16-19岁	Aged 16-19	72	17	55	109	29	80
2.20-24岁	Aged 20-24	230	70	160	445	166	279
3.25-29岁	Aged 25-29	396	160	236	555	251	304
4.30-34岁	Aged 30-34	303	116	187	564	293	271
5.35-40岁	Aged 35-40	559	248	311	703	354	349
6.41-50岁	Aged 41-50	1362	636	726	1525	737	788
7.51-60岁	Aged 51-60	877	395	482	1062	508	554
8.61-65岁	Aged 61-65	232	102	130	293	143	150
9.66岁及以上	Aged 66 and Over	225	153	72	411	208	203
(四)受教育程度 (人)	Educational Attainment (person)	4255	1896	2359	5666	2689	2977
1.未上过学	No Schooling	502	109	393	936	234	702
2.小学	Primary School	1389	331	1058	1810	556	1254
3.初中	Junior Secondary School	1303	616	687	1357	648	709
4.高中	Senior Secondray School	520	378	142	572	431	141
5.大学专科	College Students	307	254	53	528	417	111
6.大学本科	University Undergraduate	231	205	26	444	383	61
7.研究生	Graduate Students	3	3		20	20	
四.常住从业人员情况 (人)	**Conditions of Resident Engaged Persons(person)**						
(一)常住成员从业人数	Number of Resident Engaged Persons	3365	1304	2061	4193	1822	2371
(二)年末就业类型	Type of Employment at Year-end	3365	1304	2061	4193	1822	2371
1.雇主	Employers	22	15	7	20	12	8
2.公职人员	Public Officials	71	67	4	144	135	9
3.事业单位人员	Business Unit Personnels	120	117	3	200	192	8
4.国有企业雇员	State-owned Enterprise Employees	142	139	3	188	178	10
5.其他雇员	Other Employees	1380	720	659	1864	908	956
6.农业自营	Agricultural Self-employed	1272	52	1220	1327	123	1204
7.非农自营	Non-agricultural Self-employed	359	194	165	451	274	177

11-3 续表 Continued

指标	Item	2017 全体住户 All Households	2017 城镇住户 Urban Households	2017 农村住户 Rural Households	2018 全体住户 All Households	2018 城镇住户 Urban Households	2018 农村住户 Rural Households
(三)年末从事主要行业 (人)	Engaged Industry at Year-end (person)	3365	1304	2061	4193	1822	2371
1.第一产业	Primary Industry	1366	76	1290	1513	165	1348
2.第二产业	Secondary Industry	643	273	370	798	378	420
3.第三产业	Tertiary Industry	1357	955	402	1882	1279	604
(四)单位离退休人员 (人)	Retired Personnels of Units (person)	346	331	15	389	374	15
五.住房情况	**Housing Conditions**						
(一)期末人均拥有房屋面积 (平方米)	Per Capita Floor Space of Houses at End of Period (sq.m)	34.2	34.6	33.9	35.2	37.8	32.8
1.自有现住房面积	Floor Space of Residential Building Now Owned	29.2	28.8	29.6	28.9	30.0	27.8
2.出租住房面积	Floor Space of Tenemental Houses	1.7	2.8	0.7	1.3	2.6	0.2
3.出租商用建筑物面积	Floor Space of Tenemental Commercial Buildings	0.2	0.3	0.1	0.3	0.3	0.2
4.偶尔居住房面积	Floor Space of Residential Building Occasionally Lived	0.7	1.1	0.4	2.3	2.2	2.3
5.空宅或其他用途房面积	Floor Space of Empty Building and Other Uses	2.3	1.5	3.1	2.5	2.8	2.3
(二)期末拥有房屋价值 (元/平方米)	Per Market Price Estimates of Houses at End of Period (yuan/sq.m)	1990	3216	816	2384	3603	1030
1.自有现住房市场价估计值	Market Price Estimates of Residential Building Now Owned	1969	3252	799	2388	3805	917
2.出租住房市场价估计值	Market Price Estimates of Tenemental Houses	2163	2506	769	2622	2747	698
3.出租商用建筑物市场价估计值	Market Price Estimates of Tenemental Commercial Buildings	3778	5278	473	2731	3628	1208
4.偶尔居住房市场价估计值	Market Price Estimates of Residential Building Occasionally Lived	3615	4015	2503	3759	5104	2560
5.空宅或其他用途房市场价估计值	Market Price Estimates of Empty Building and Other Uses	1427	2805	802	950	1033	855
(三)期内新购住房情况	Conditions of Houses Newly Purchased During Period						
1.期内新购住房建筑面积 (平方米/人)	Floor Space of Residential Buildings Newly Purchased During Period (sq.m/person)	1.0	1.7	0.4	1.1	1.7	0.4
2.新购住房总金额 (元/平方米)	Total Amount of Residential Buildings Newly Purchased (yuan/sq.m)	3578	3870	2408	3728	3829	3307
(四)期内新建住房情况	Conditions of Houses Newly Built During Period						
1.期内新建住房竣工建筑面积(平方米/人)	Floor Space Completed of Residential Buildings Newly Built During Period (sq.m/person)	1.1	0.3	1.9	0.8	0.6	1.0
2.新建住房总费用 (元/平方米)	Total Cost of Residential Buildings Newly Built (yuan/sq.m)	841	1105	801	1488	2388	1008

11-4 分地区全体居民人均可支配收入
Per Capita Disposable Income of All Households by Region

单位：元 (yuan)

地区	Region	2010	2011	2012	2013	2014	2015	2016	2017	2018
西宁市	Xining City	11319	13078	14965	16618	18129	19955	21820	23928	26074
海东市	Haidong City	6494	7843	9389	11005	12029	13226	14457	15841	17305
海北州	Haibei Zang A.P	7457	8928	10430	11777	12959	14230	15557	17084	18684
黄南州	Huangnan Zang A.P	6118	7269	8347	9468	10691	11742	12843	14099	15425
海南州	Hainan Zang A.P	7070	8280	9546	10967	12426	13656	14949	16413	17935
果洛州	Golog Zang A.P	5503	6150	7249	8232	9374	10264	11265	12459	13912
玉树州	Yushu Zang A.P	7961	7568	8664	9838	11203	12253	13445	14886	16348
海西州	Haixi Mongolian & Zang A.P	11709	13393	15132	16790	18632	20358	22218	24336	26524

注：依据全省第六次人口普查及2015—2016年1%人口抽样调查数据对各市州2010—2018年数据进行了校准。下表同。

a)Data by region from 2010 to 2018 were calibrated according to the sixth census of the whole province and the sample survey data of 2015-2016 per cent of the population.The same applies to the tables following.

11-5 分地区全体居民人均生活消费支出
Per Capita Consumption Expenditure of All Households by Region

单位：元 (yuan)

地区	Region	2010	2011	2012	2013	2014	2015	2016	2017	2018
西宁市	Xining City	8535	9805	11241	12567	14927	16273	17725	17198	18666
海东市	Haidong City	5584	6817	8163	9148	9382	10033	10446	11013	11653
海北州	Haibei Zang A.P	5122	5923	7619	8390	9256	9915	10636	11368	12249
黄南州	Huangnan Zang A.P	5399	6119	7322	7910	7743	8413	9314	9962	10689
海南州	Hainan Zang A.P	4981	6532	7542	8425	9459	10041	10748	11199	12005
果洛州	Golog Zang A.P	3864	4255	4599	5271	6108	6578	7358	8152	9025
玉树州	Yushu Zang A.P	3478	4331	5031	5617	7024	7525	8217	7987	8638
海西州	Haixi Mongolian & Zang A.P	9485	11041	11289	12419	12449	13409	14193	14846	16136

11-6 分地区城镇居民人均可支配收入
Per Capita Disposable Income of Urban Households by Region

单位：元 (yuan)

地区	Region	2010	2011	2012	2013	2014	2015	2016	2017	2018
西宁市	Xining City	15133	17021	18946	20891	22875	25202	27505	30007	32460
海东市	Haidong City	13705	15603	17691	19424	21208	23361	25480	27724	29857
海北州	Haibei Zang A.P	14292	16374	18646	20568	22250	24535	26752	29183	31647
黄南州	Huangnan Zang A.P	14277	16204	18226	20255	22139	24394	26553	28937	31039
海南州	Hainan Zang A.P	13296	15518	17536	19760	21784	23996	26187	28511	30767
果洛州	Golog Zang A.P	14868	16530	18806	21173	23380	25677	28041	30577	33205
玉树州	Yushu Zang A.P	16324	17446	18915	21183	23373	25627	27948	30479	32914
海西州	Haixi Mongolian & Zang A.P	15276	17325	19371	21328	23201	25422	27723	30237	32721

11-7 分地区城镇居民人均生活消费支出
Per Capita Consumption Expenditure of Urban Households by Region

单位：元 (yuan)

地区	Region	2010	2011	2012	2013	2014	2015	2016	2017	2018
西宁市	Xining City	10298	11534	13243	14874	18191	20030	21908	20544	22325
海东市	Haidong City	9714	11051	12893	13995	13488	14769	15347	16557	17390
海北州	Haibei Zang A.P	8077	9066	11277	12191	13151	14457	15588	16689	17894
黄南州	Huangnan Zang A.P	12241	13148	14193	15112	14005	15461	16803	16921	17379
海南州	Hainan Zang A.P	7554	8957	10166	11185	12493	13730	14705	15023	15972
果洛州	Golog Zang A.P	10161	11144	11763	13629	15692	17177	18785	20381	22255
玉树州	Yushu Zang A.P	7201	7861	8560	9236	12647	13827	14154	13879	13737
海西州	Haixi Mongolian & Zang A.P	12116	13761	13577	14838	14436	15669	16509	17170	18783

11-8 分地区农村居民人均可支配收入

Per Capita Disposable Income of Rural Households by Region

单位：元 (yuan)

地区	Region	2010	2011	2012	2013	2014	2015	2016	2017	2018
西宁市	Xining City	4415	5358	6302	7272	8155	8862	9675	10545	11500
海东市	Haidong City	4085	4943	5751	6648	7499	8186	8935	9712	10638
海北州	Haibei Zang A.P	4469	5710	6904	8032	9031	9816	10713	11689	12744
黄南州	Huangnan Zang A.P	3198	4054	4777	5546	6282	6814	7448	8157	8944
海南州	Hainan Zang A.P	4488	5235	6125	7116	8046	8759	9574	10452	11433
果洛州	Golog Zang A.P	2774	3128	3910	4497	5094	5513	6073	6684	7808
玉树州	Yushu Zang A.P	4057	2943	3869	4530	5137	5564	6176	6838	7807
海西州	Haixi Mongolian & Zang A.P	5264	6368	7668	8895	9971	10680	11646	12724	13882

11-9 分地区农村居民人均生活消费支出

Per Capita Consumption Expenditure of Rural Households by Region

单位：元 (yuan)

地区	Region	2010	2011	2012	2013	2014	2015	2016	2017	2018
西宁市	Xining City	5317	6383	6858	7503	8079	8353	8826	9824	10318
海东市	Haidong City	4198	5215	6079	6646	7307	7646	7956	8149	8606
海北州	Haibei Zang A.P	3834	4574	6076	6805	7662	7997	8511	9001	9662
黄南州	Huangnan Zang A.P	2971	3614	4856	5311	5347	5686	6384	7182	7912
海南州	Hainan Zang A.P	3923	5512	6417	7215	8037	8298	8860	9316	9995
果洛州	Golog Zang A.P	2057	2279	2559	2880	3181	3299	3827	4266	4839
玉树州	Yushu Zang A.P	1730	2678	3379	3924	4215	4365	5237	4940	6009
海西州	Haixi Mongolian & Zang A.P	4398	5926	7224	8181	8805	9154	9862	10429	10738

11-10 居民家庭主要耐用消费品每百户年末拥有量
Number of Durable Consumer Goods Owned Per 100 Households

指标	Item	2017			2018		
		全体住户 All Households	城镇住户 Urban Households	农村住户 Rural Households	全体住户 All Households	城镇住户 Urban Households	农村住户 Rural Households
家用汽车 （辆）	Automobile (unit)	34.1	32.1	35.7	38.8	40.4	36.9
摩托车 （辆）	Motorcycle (unit)	45.0	12.8	84.8	40.1	13.0	74.5
电动助力车（台）	Electric Bicycle (set)	11.4	7.5	16.1	10.8	8.2	14.0
洗衣机 （台）	Washing Machine (set)	99.3	97.4	98.8	95.3	98.0	91.9
电冰箱(柜)（台）	Refrigerator (set)	100.1	97.1	101.2	97.8	99.4	95.7
微波炉 （台）	Microwave Oven (set)	35.7	56.4	8.3	34.0	53.0	9.8
彩色电视机（台）	Color Television Set (set)	104.1	101.6	104.3	95.5	96.4	94.2
空调 （台）	Air Conditioner (set)	1.4	1.4	1.4	1.2	1.7	0.6
热水器 （台）	Water Heater (set)	44.4	53.8	31.1	55.9	73.6	33.5
排油烟机 （台）	Exhaust Fan (set)	51.5	77.3	17.1	52.1	79.0	17.8
固定电话 （部）	Telephone (unit)	33.2	44.6	17.7	15.1	21.2	7.3
移动电话 （部）	Mobile Telephone (unit)	255.8	225.0	288.0	254.6	234.9	279.7
计算机 （台）	Computer (set)	39.3	58.0	14.3	35.5	51.9	14.5
照相机 （台）	Camera (set)	11.7	18.4	2.8	8.6	13.7	2.1

11-11 2018年全体居民人均收支情况

Per Capita Income and Consumption Expenditure of All Households(2018)

指 标	Item	绝对数（元） Level(yuan)	增长率（%） Growth Rate(%)	构成（%） Composition(%)
可支配收入	**Disposable Income**	**20757**	**9.2**	**100.0**
工资性收入	Income of Wages and Salaries	12209	7.6	58.8
经营净收入	Net Business Income	3014	5.3	14.5
第一产业经营净收入	Net Business Income of Primary Industry	1552	14.7	7.5
第二产业经营净收入	Net Business Income of Secondary Industry	208	7.4	1.0
第三产业经营净收入	Net Business Income of Tertiary Industry	1254	-4.6	6.0
财产净收入	Net Income from Property	1057	11.4	5.1
转移净收入	Net Income from Transfer	4477	16.6	21.6
消费支出	**Consumption Expenditure**	**16557**	**6.8**	**100.0**
食品烟酒	Food,Tobacco and Liquor	4672	4.9	28.2
衣着	Clothing	1351	6.7	8.2
居住	Residence	2990	8.5	18.1
生活用品及服务	Household Facilities, Articles and Services	932	0.3	5.6
交通通信	Transport and communications	2671	10.9	16.1
教育文化娱乐	Education,Cultural and Recreation	1656	-1.8	10.0
医疗保健	Health Care and Medical Services	1842	15.2	11.1
其他用品和服务	Other Goods and Services	444	9.4	2.7

11－12 2018年城镇常住居民人均收支情况

Per Capita Income and Consumption Expenditure of Urban Households(2018)

指 标	Item	绝对数(元) Level(yuan)	增长率(%) Growth Rate(%)	构成(%) Composition(%)
可支配收入	**Disposable Income**	**31515**	**8.0**	**100.0**
工资性收入	Income of Wages and Salaries	21719	5.6	68.9
经营净收入	Net Business Income	2089	10.0	6.6
第一产业经营净收入	Net Business Income of Primary Industry	96	-19.2	0.3
第二产业经营净收入	Net Business Income of Secondary Industry	384	101.0	1.2
第三产业经营净收入	Net Business Income of Tertiary Industry	1609	1.2	5.1
财产净收入	Net Income from Property	1674	3.8	5.3
转移净收入	Net Income from Transfer	6033	18.6	19.1
消费支出	**Consumption Expenditure**	**22998**	**7.1**	**100.0**
食品烟酒	Food,Tobacco and Liquor	6351	4.8	27.6
衣着	Clothing	2004	5.4	8.7
居住	Residence	4235	10.4	18.4
生活用品及服务	Household Facilities, Articles and Services	1386	-0.9	6.0
交通通信	Transport and communications	3612	11.4	15.7
教育文化娱乐	Education,Cultural and Recreation	2394	-5.3	10.4
医疗保健	Health Care and Medical Services	2371	21.7	10.3
其他用品和服务	Other Goods and Services	645	15.7	2.8

11-13　2018年农村常住居民人均收支情况
Per Capita Income and Consumption Expenditure of Rural Households(2018)

指　　标	Item	绝对数(元) Level(yuan)	增长率(%) Growth Rate(%)	构成(%) Composition(%)
可支配收入	**Disposable Income**	**10393**	**9.8**	**100.0**
工资性收入	Income of Wages and Salaries	3047	12.7	29.3
经营净收入	Net Business Income	3905	3.7	37.6
第一产业经营净收入	Net Business Income of Primary Industry	2955	17.7	28.4
第二产业经营净收入	Net Business Income of Secondary Industry	38	-80.4	0.4
第三产业经营净收入	Net Business Income of Tertiary Industry	911	-13.8	8.8
财产净收入	Net Income from Property	463	41.9	4.5
转移净收入	Net Income from Transfer	2978	11.6	28.7
消费支出	**Food,Tobacco and Liquor**	**10352**	**4.5**	**100.0**
食品烟酒	Clothing	3053	3.7	29.5
衣着	Residence	721	7.6	7.0
居住	Household Facilities, Articles and Services	1790	2.9	17.3
生活用品及服务	Transport and communications	495	1.4	4.8
交通通信	Education,Cultural and Recreation	1765	8.3	17.1
教育文化娱乐	Health Care and Medical Services	945	5.3	9.1
医疗保健	Other Goods and Services	1332	4.9	12.9
其他用品和服务	Other Goods and Services	251	-4.9	2.4

11-14 居民家庭现金收入及支出

Cash Income and Consumption Expenditure of Households

单位：元 (yuan)

指标	Item	2017 全体居民 All House-holds	2017 城镇常住居民 Urban House-holds	2017 农村常住居民 Rural House-holds	2018 全体居民 All House-holds	2018 城镇常住居民 Urban House-holds	2018 农村常住居民 Rural House-holds
现金收入(未扣除生产费用)	**Cash Income(Not Deduct the Cost of Production)**	**20980**	**31491**	**11120**	**24348**	**34821**	**14258**
现金工资性收入	Cash Income of Wages and Salaries	11334	20533	2703	12173	21650	3042
现金经营性收入	Business Cash Income	4103	2712	5407	5898	4027	7700
现金财产性收入	Cash Income from Property	506	681	343	616	736	500
现金转移性收入	Cash Income from Transfer	5038	7565	2667	5662	8409	3015
现金支出	**Expenditure**	**20807**	**27262**	**14750**	**23902**	**31221**	**16850**
现金消费支出	Cash Consumption Expenditure	13626	19145	8449	14402	20156	8858
食品烟酒	Food, Tobacco and Liquor	4176	6023	2444	4423	6284	2630
衣着	Clothing	1266	1901	670	1350	2004	721
居住	Residence	1515	2010	1050	1558	2096	1039
生活用品及服务	Household Facilities, Articles and Services	927	1396	486	930	1382	494
交通通信	Transport and Communications	2409	3240	1629	2671	3611	1765
教育文化娱乐	Education,Cultural and Recreation	1687	2528	897	1655	2393	944
医疗保健	Health Care and Medical Services	1242	1491	1009	1380	1756	1018
其他用品和服务	Other Goods and Services	405	556	264	434	629	247
生产经营现金费用支出	Production and Business Cash Expenditure	1236	556	1873	2554	1480	3588
第一产业	Primary Industry	913	73	1702	1591	188	2943
第二产业	Secondary Industry	6	5	7	264	503	34
第三产业	Tertiary Industry	316	478	165	698	788	612
现金财产性支出	Cash Expenditure on Property	41	67	16	90	145	37
现金转移性支出	Cash Expenditure on Transfer	1561	2940	267	1656	2996	364
部分商业保险支出	Expenditure on Some Commercial Insurance	47	75	21	85	139	33
购置资产及非经常性转移支出	Expenditure on Accumulation of Assets and Non Recurring Transfer	3441	3667	3230	3768	4499	3063
借贷性支出	Expenditure on Loan	854	811	895	1348	1806	906

11-15 居民家庭主要食品人均消费量
Per Capita Consumption of Major Foods by Households

单位：公斤 (kg)

指　标	Item	2017 全体居民 All House-holds	2017 城镇常住居民 Urban House-holds	2017 农村常住居民 Rural House-holds	2018 全体居民 All House-holds	2018 城镇常住居民 Urban House-holds	2018 农村常住居民 Rural House-holds
粮食消费量	**Grain**	**116.8**	**95.4**	**136.9**	**113.2**	**90.0**	**135.5**
谷物消费量	Cereal	108.2	88.5	126.7	107.8	84.4	130.4
薯类消费量	Potato	6.0	3.7	8.2	3.9	3.4	4.4
豆类消费量	Beans	2.6	3.2	2.0	1.4	2.2	0.7
油脂类消费量	**Oil**	**9.4**	**9.3**	**9.5**	**9.3**	**8.7**	**9.8**
植物油	Vegetable Oil	9.2	9.2	9.1	8.9	8.6	9.2
动物油	Animal Oil	0.2	0.1	0.4	0.4	0.1	0.7
蔬菜及菜制品消费量	**Vegetable and Products**	**61.8**	**79.6**	**45.1**	**52.3**	**61.8**	**43.2**
鲜菜	Fresh Vegetable	60.2	77.6	43.9	51.1	60.3	42.3
肉类	**Meat**	**25.1**	**25.4**	**24.9**	**27.0**	**25.5**	**28.4**
猪肉	Pork	11.4	11.6	11.2	9.8	10.2	9.5
牛肉	Beef	5.3	5.4	5.2	9.4	8.5	10.2
羊肉	Mutton	7.1	6.4	7.8	6.6	5.0	8.2
其他肉类及制品	Other Meat and Processed Products	1.4	2.1	0.7	1.2	1.9	0.6
禽类	**Poultry**	**3.5**	**4.2**	**2.8**	**2.9**	**3.4**	**2.5**
水产品	**Aquatic Products**	**2.0**	**3.3**	**0.8**	**1.7**	**2.9**	**0.6**
鱼类	Fish	1.4	2.4	0.6	1.1	1.9	0.4
蛋类及蛋制品	**Eggs and Processed Products**	**4.8**	**6.7**	**2.9**	**3.7**	**5.3**	**2.2**
奶和奶制品	**Milk and Processed Products**	**17.9**	**24.8**	**11.4**	**17.6**	**22.9**	**12.5**
干鲜瓜果类	**Dry and Fresh Melons and Fruits**	**30.0**	**42.5**	**18.2**	**24.8**	**34.9**	**15.1**
糖果糕点类	**Candy Cakes**	**3.5**	**4.4**	**2.7**	**3.8**	**4.1**	**3.6**
食糖	Sugar	1.3	1.1	1.5	1.4	1.0	1.9
茶叶	**Tea**	**0.4**	**0.3**	**0.4**	**0.5**	**0.3**	**0.6**
烟草消费量(盒)	**Tobacco(box)**	**22.1**	**19.9**	**24.3**	**21.2**	**20.6**	**21.7**
酒	**Liquor**	**4.1**	**4.2**	**4.0**	**3.4**	**3.4**	**3.3**
白酒	White Liquor	2.3	2.3	2.3	1.9	2.0	1.9
啤酒	Beer	1.7	1.8	1.7	1.4	1.4	1.4
果酒	Fruit Wine	0.1	0.2	0.1	0.1	0.1	0.1

主要统计指标解释

住户收支与生活状况调查简介　住户收支与生活状况调查过去一直按照城镇和农村分别组织实施，城镇统计居民可支配收入，农村统计农民纯收入。从2012年起，国家统计局分别对城乡住户调查实施了一体化改革，统一了城乡居民收入指标名称、分类和统计标准，建立了城乡统一的一体化住户调查。青海省从2014年开始发布新口径全省住户收支调查数据，各州县新口径住户收支调查数据从2015年开始发布。本章中未标明“老口径”数据均为一体化改革后住户收支调查新口径数据。

可支配收入　指调查户在调查期内获得的、可用于最终消费支出和储蓄的总和，即调查户可以用来自由支配的收入。可支配收入既包括现金，也包括实物收入。计算方法：可支配收入＝工资性收入＋经营净收入＋财产净收入＋转移净收入。

经营净收入　指住户或住户成员从事生产经营活动所获得的净收入，是全部经营收入中扣除经营费用、生产性固定资产折旧和生产税之后得到的净收入。

财产净收入　指住户或住户成员将其所拥有的金融资产、住房等非金融资产和自然资源交由其他机构单位、住户或个人支配而获得的回报并扣除相关的费用之后得到的净收入。

转移净收入　计算公式为：

转移净收入＝转移性收入－转移性支出

转移性收入　指国家、单位、社会团体对住户的各种经常性转移支付和住户之间的经常性收入转移。包括政府、非行政事业单位、社会团体对居民转移的养老金或退休金、社会救济和补助、惠农补贴、政策性生活补贴、救灾款、经常性捐赠和赔偿以及报销医疗费等；住户之间的赡养收入、经常性捐赠和赔偿以及农村地区（村委会）在外（含国外）工作的本住户非常住成员寄回带回的收入等。转移性收入不包括住户之间的实物馈赠。

转移性支出　指调查户对国家、单位、住户或个人的经常性或义务性转移支付。包括缴纳的税款、各项社会保障支出、赡养支出、经常性捐赠和赔偿支出以及其他经常转移支出等。

消费支出　指住户用于满足家庭日常生活消费需要的全部支出，包括用于消费品的支出和用于服务性消费的支出。

现行一体化住户调查与老口径城镇及农村住户调查指标统计上的变化：

收入减少部分　以前计算收入现在不计算收入的项目主要包括：拆迁征地补偿所得、出售住房溢价所得、出售收藏品溢价所得、出售股票基金等金融衍生品的溢价所得、一次性抚恤金、一次性赔偿所得、遗产及一次性馈赠所得、压岁钱、婚丧嫁娶礼金所得、博彩所得等。

收入增加部分　以前不计算收入现在计算收入的项目主要包括：报销医疗费、实物福利、单位出资缴纳的各种社会保障费（如：养老金、住房公积金、失业保险金）等。

住户常住成员：满足下列三种情况之一，即可判定为常住成员：

（1）过去三个月或未来三个月居住时间超过一个半月的人。

（2）包括在外居住在工棚、集体宿舍、工作场所、帐篷船屋等且每月都回本住宅居住的人。

（3）由本住户供养的在校学生。

外出从业人员收入统计方法

首先判断外出从业人员是否本户常住成员，若是，则其所对应的收支均计算为本户的收支；否则，只有当外出从业人员有寄带回收入行为的方可计算为本户收入，同时其产生的消费支出不计入本户消费支出。

Explanatory Notes on Main Statistical Indicators

Income and Expenditure of Households and Living Conditions Survey In the past, income and expenditure of households and living conditions Survey have been in accordance with the urban and rural areas: urban statistics disposable income and the rural statistics net income. The NBS conducted survey of urban and rural households in implementation of the reform and integration since 2012, unified the name, classification and statistical standards of urban and rural residents income indicator, established a unified urban and rural integrated household survey. Qinghai Province began issuing new caliber household income and expenditure survey data since 2014. State and county began issuing new caliber household income and expenditure survey data since 2015. Data non - indicated the "old caliber" in this chapter are new caliber data from integrated reform of household income and expenditure survey.

Disposable Income Refers to the sum total of the households in the survey period, which can be used for final consumption and savings, namely, the income of the household can be used for free. Disposable income includes both cash and in kind. Calculation method: Disposable Income = Wage Income + Net Business Income + Net Income from Property + Net Income from Transfer.

Net Business Income refers to the members of the households or households get net income from production and business activities, equal to the total operating income deduct operating expenses, obtained after the production of fixed assets depreciation and tax.

Net Income from Property refers to the income received as returns by the members of the households or households of financial assets or tangible non - productive assets by providing capitals or tangible non - productive assets to other institutional units, households and personal, deducting the relevant expenses.

Net Income from Transfer The calculation formula is as follows: Net Income from Transfer = Income from Transfers - Transfer Expenditure.

Income from Transfers refers to the regular current transfers of the country, unit and social group to the households and the transfer of the regular income between households. It includes pension or retirement benefits, social benefits and subsidies, subsidies benefit farmers, policy subsidy, relief funds, regular donation, regular compensation and reimbursement of medical expenses that the government, the non - administrative institutions and social groups transfer to households. It also includes alimony income, regular donations and compensation between households and income send back by non - resident members of households work outside (including foreign) in rural areas (village). It does not include the physical gifts between households.

Transfer Expenditure refers to regular or voluntary transfer payment of survey households to the country, unit, household or individual. It includes the payment of taxes, social security expenses, maintenance expenses, regular donations and compensation expenses, and other expenses, etc..

Consumption Expenditure refers to the all the expenditures of households for consumption in daily life. It includes the expenses for the consumer goods and the expenses for the service.

The changes of survey indicators between the current integrated household survey and the old caliber survey of urban and rural household:

Reduced Income previously calculated income now does not calculate the income of the project mainly includes: land acquisition compensation income, the sale of housing premium income, sell collection of premium income, the sale of stock funds and other financial derivatives of premium income, lump sum pension, one - time compensation income, the gift of heritage and disposable income, lucky money, weddings and funerals gifts income, gaming income, etc..

Increased Income refers to income calculated now and does not calculated previously that mainly includes: reimbursement of medical expenses, physical benefits, various social security (pension, housing provident fund, unemployment insurance), etc..

Resident Permanent Members refers to the persons which meet one of the following three cases:

(1) living more than a month and a half over the past three months or three months in the future.

(2) living in the barracks, dormitories, workplaces, tents and boat house ,and back to the residence every month.

(3) the students in the school who are supported by the household.

Income Statistics Method for Employees Work Outside

Firstly judging whether employees work outside are the resident members, if so, the corresponding income and expenditure were calculated for the household income and expenditure; otherwise, only when out practitioners sent back to income behavior can be calculated as the household income, while its consumer spending not included in the household consumption expenditure.

第 12 篇

CHAPTER 12

农　业

Agriculture

农作物总播种面积及种植结构

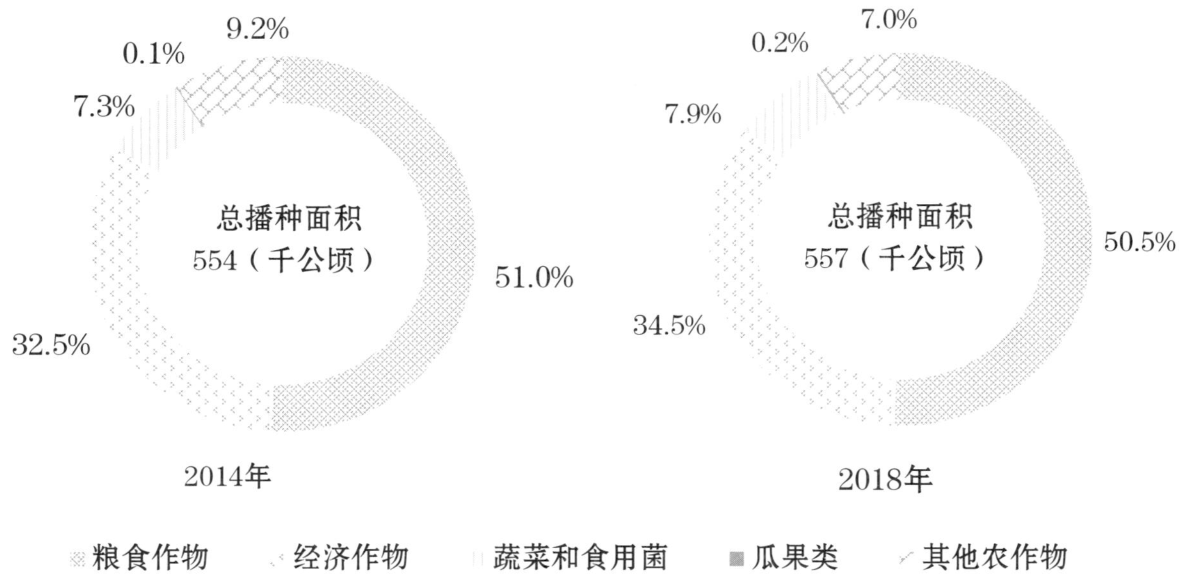

特色农牧产品产量

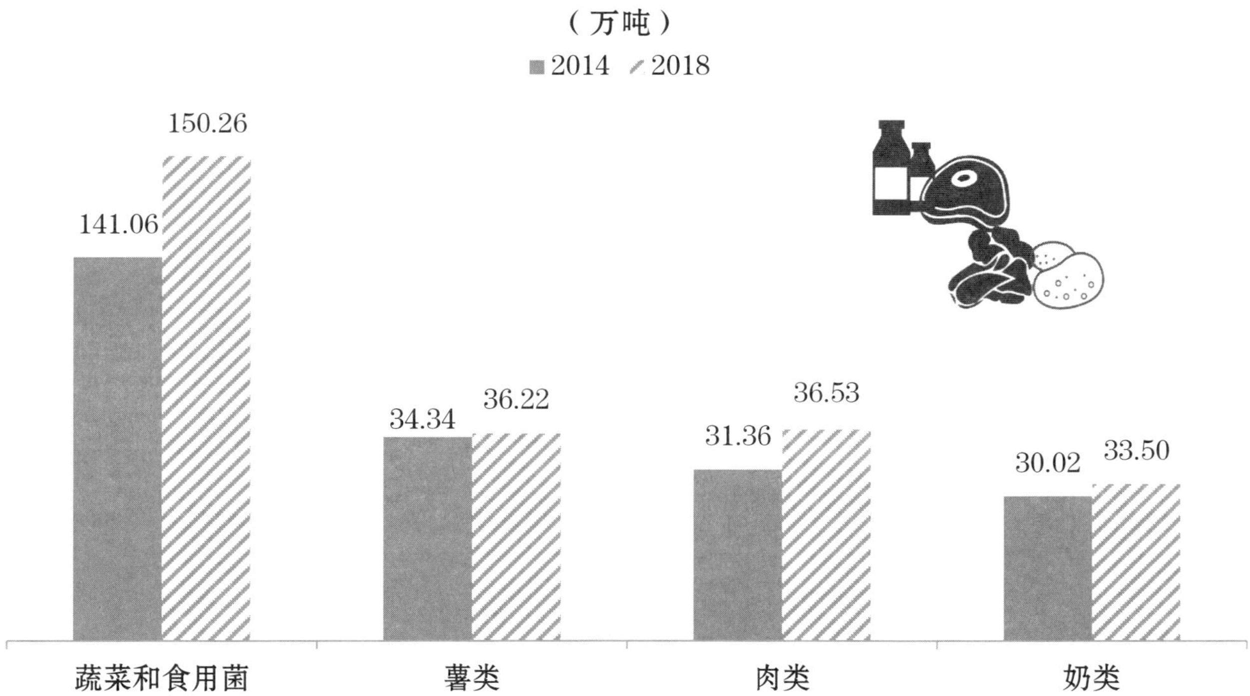

12-1 2013-2018年农村基本情况及乡村从业人员
Basic Statistics of Rural Area and Employed Persons(2013-2018)

指 标	Item	2013	2014	2015	2016	2017	2018
农村基层组织情况 （个）	**Basic Conditions of Rural Grass-root Units (unit)**						
乡镇数	Number of Township and Town Governments	365	365	365	365	366	366
镇数	Number of Town Governments	137	140	140	140	143	143
村民委员会	Number of Villagers' Committees	4170	4167	4166	4143	4146	4156
户数及人口情况	**Number of Households and Situation of Population**						
乡村户数 （万户）	Number of Rural Households (10 000 households)	92.5	94.9	96.1	97.4	98.4	99.6
乡村人口数 （万人）	Number of Rural Population (10 000 persons)	385.9	393.7	396.6	396.3	398.0	399.8
乡村从业人员 （万人）	**Number of Rural Employed Persons(10 000 persons)**						
乡村劳动力资源数	Number of Rural Labor Resources	230.0	234.7	240.2	242.8	245.7	248.5
乡村从业人员	Number of Rural Employed Persons	202.8	206.8	208.1	208.0	210.4	209.7
按性别分	By Sex						
男	Male	108.0	109.9	110.6	110.7	111.8	112.2
女	Female	94.8	96.9	97.5	97.3	98.6	97.5
按国民经济行业分	By National Economic Sector						
农林牧渔业	Agriculture, Forestry, Animal Husbandry & Fishery	115.2	115.7	116.4	115.5	116.7	114.2
工 业	Industry	13.7	14.5	14.1	14.3	14.4	14.4
建筑业	Construction	27.1	28.2	29.6	30.0	29.9	27.3
交通运输、仓储及邮政业	Transport, Storage and Post	9.4	9.5	9.4	9.3	9.6	9.7
信息传输、计算机服务和软件业	Information Transmission, Computer Services and Software	0.7	0.8	0.7	0.7	0.8	0.9
批发与零售业	Wholesale and Retail Trades	10.3	10.4	10.3	10.5	10.6	11.3
住宿和餐饮业	Hotels and Catering Services	11.6	11.4	11.8	12.1	12.5	15.9
其他行业	Others	14.8	16.3	15.8	15.6	15.9	16.0

12-2 主要年份农村基层组织及从业人员

Basic Conditions of Rural Grass-roots Units and Employed Persons in Main Years

年份 Year / 地区 Region	乡镇数（个）Number of Township and Town Governments (unit)	乡 Town-ship	镇 Town	村民委员会（个）Number of Villagers' Committees (unit)	乡村户数（万户）Number of Rural Households (10 000 units)	乡村人口数（万人）Number of Rural Population (10 000 persons)	乡村从业人员（万人）Number of Rural Employed Persons (10 000 persons)	按性别分 By Sex 男 Male	女 Female
1985	428	403	25	3933	50.72	286.17	120.17	61.31	58.86
1990	430	403	27	4021	57.35	304.13	135.88	69.00	66.88
1991	430	403	27	4027	58.70	308.38	139.80	71.34	68.46
1992	430	403	27	4039	59.93	314.60	143.74	73.38	70.36
1993	431	404	27	4002	61.01	316.15	146.02	74.55	71.47
1994	431	404	27	4002	62.19	319.65	150.02	76.56	73.46
1995	432	404	28	4008	63.34	322.86	152.65	78.01	74.64
1996	432	404	28	4008	64.80	325.99	158.33	81.21	77.12
1997	432	404	28	4046	65.73	328.30	161.40	82.93	78.47
1998	432	402	30	4054	67.08	331.11	162.38	83.33	79.05
1999	430	390	40	4056	68.48	334.06	173.25	88.60	84.65
2000	430	390	40	4120	69.90	336.59	171.97	88.68	83.29
2001	422	349	73	4123	71.16	339.48	174.01	89.75	84.26
2002	392	285	107	4129	72.50	342.89	177.32	91.66	85.66
2003	392	285	107	4133	73.82	347.28	180.55	94.60	85.95
2004	392	285	107	4158	75.88	354.10	184.55	97.52	87.03
2005	392	283	109	4161	77.60	357.33	186.04	98.24	87.80
2006	369	241	128	4162	77.82	353.30	185.34	98.76	86.58
2007	367	238	129	4173	80.19	359.48	189.35	100.96	88.39
2008	366	234	132	4161	82.85	367.01	193.74	103.64	90.10
2009	366	234	132	4163	85.06	372.02	197.30	105.34	91.96
2010	365	232	133	4163	87.49	378.20	198.34	106.70	91.64
2011	365	232	133	4164	89.97	381.00	203.01	107.62	95.39
2012	366	228	138	4163	91.75	385.17	203.14	108.08	95.06
2013	365	228	137	4170	92.53	385.91	202.75	107.96	94.79
2014	365	225	140	4167	94.95	393.66	206.78	109.86	96.92
2015	365	225	140	4166	96.12	396.65	208.06	110.54	97.52
2016	365	225	140	4143	97.39	396.25	208.04	110.70	97.34
2017	366	223	143	4146	98.37	397.98	210.41	111.79	98.62
2018	366	223	143	4156	99.56	399.78	209.74	112.27	97.47
西宁市 Xining City	50	23	27	917	26.77	109.19	62.56	33.69	28.87
海东市 Haidong City	94	59	35	1587	32.57	133.56	70.80	37.70	33.10
海北州 Haibei Zang A.P	30	19	11	214	6.26	24.00	10.98	6.38	4.60
黄南州 Huangnan Zang A.P	33	22	11	261	5.19	22.18	11.09	5.50	5.59
海南州 Hainan Zang A.P	36	17	19	426	9.40	36.34	17.77	9.37	8.40
果洛州 Golog Zang A.P	44	36	8	188	4.36	15.92	7.55	3.82	3.73
玉树州 Yushu Zang A.P	44	33	11	258	9.53	37.88	17.73	9.57	8.16
海西州 Haixi Mongolian & Zang A.P	35	14	21	305	5.48	20.71	11.26	6.24	5.02

12-2 续表 Continued

单位：万人　　　　(10 000 persons)

年份 Year 地区 Region	按行业分 By Sector							
	农林牧渔业 Agriculture, Forestry, Animal Husbandry & Fishery	工业 Industry	建筑业 Construction	交通运输，仓储及邮政业 Transport, Storage and Post	信息传输、计算机服务和软件业 Information Transmission, Computer Services and Software	批发，零售贸易业 Wholesale and Retail Trades	住宿和餐饮业 Hotels and Catering Services	其他行业 Others
1985	107.09	3.48	2.77	1.83		1.10		2.34
1990	119.65	3.94	2.47	2.92		1.69		3.64
1991	123.10	3.98	2.78	2.97		1.87		3.54
1992	126.59	4.03	2.79	3.15		1.92		3.70
1993	127.01	4.66	3.21	3.34		2.43		5.35
1994	130.18	5.11	3.02	3.68		2.60		5.43
1995	131.83	5.62	3.39	3.82		2.81		5.18
1996	137.09	5.67	3.07	3.52		2.82		6.16
1997	138.20	6.04	3.38	3.84		3.00		6.94
1998	138.16	6.09	3.65	3.85		3.01		7.62
1999	144.03	6.09	4.43	4.45		3.61		10.64
2000	142.25	6.14	5.01	3.93		3.63		11.01
2001	141.57	6.27	5.33	4.31		4.07		12.46
2002	136.50	6.94	6.86	5.11		4.99		16.92
2003	134.80	8.87	9.98	5.14		5.64		16.12
2004	131.85	9.74	13.29	5.62		5.32	4.17	14.56
2005	128.73	10.09	15.17	5.73		5.89	5.34	15.09
2006	124.03	11.35	17.69	6.21		6.82	5.73	13.50
2007	119.82	11.92	21.13	6.46	0.25	7.21	7.96	14.60
2008	120.61	12.04	23.17	6.72	0.20	7.50	8.88	14.62
2009	121.46	12.37	24.56	7.05	0.32	7.59	8.76	15.18
2010	120.99	12.98	25.17	7.06	0.35	7.92	9.40	14.49
2011	118.11	13.83	26.53	8.72	0.45	9.27	9.82	16.28
2012	114.94	13.75	26.62	9.50	0.54	9.68	11.70	16.41
2013	115.19	13.70	27.14	9.38	0.71	10.26	11.57	14.80
2014	115.70	14.48	28.16	9.54	0.77	10.43	11.38	16.32
2015	116.41	14.14	29.60	9.40	0.70	10.26	11.75	15.80
2016	115.50	14.29	29.96	9.26	0.75	10.48	12.15	15.65
2017	116.72	14.36	29.89	9.63	0.82	10.66	12.46	15.87
2018	114.24	14.44	27.28	9.71	0.89	11.26	15.87	16.05
西宁市 Xining City	24.33	7.00	11.15	4.41	0.05	4.93	4.69	6.01
海东市 Haidong City	31.24	4.93	11.56	3.29	0.69	3.98	8.89	6.22
海北州 Haibei Zang A.P	5.87	1.22	1.28	0.34	0.07	0.56	0.75	0.88
黄南州 Huangnan Zang A.P	8.53	0.39	0.53	0.35	0.02	0.37	0.40	0.50
海南州 Hainan Zang A.P	12.73	0.22	1.52	0.47	0.06	0.60	0.78	1.38
果洛州 Golog Zang A.P	7.15	0.01		0.07		0.14	0.03	0.15
玉树州 Yushu Zang A.P	16.68	0.14	0.06	0.09		0.14	0.09	0.52
海西州 Haixi Mongolian & Zang A.P	7.71	0.53	1.18	0.68		0.54	0.24	0.39

注：1. 本表分行业劳动力按从事的主行业划分，如以农业为主、兼营商业的，仍作为农林牧渔业劳动力。

a) Laborers Grouped by sector in this table is based on the division of the main industries, such as agricultural, run concurrently commercial , is still as agriculture, forestry, animal husbandry and fishery workers.

12-3 2013-2018年农业机械年末拥有量

Number of Agricultural Machinery at Year-end(2013-2018)

指 标	Item	2013	2014	2015	2016	2017	2018
农业机械总动力 （万千瓦）	**Total Agricultural Machinery Power (10 000 KW)**	**436.3**	**448.4**	**453.5**	**458.7**	**470.6**	**483.8**
柴油发动机动力	Diesel Engine	370.2	379.8	389.1	391.7	399.4	412.8
汽油发动机动力	Gasoline Engine	28.1	30.1	27.9	29.1	29.8	30.0
电动机动力	Motor Power	35.5	36.1	34.2	35.7	39.1	38.8
其他机械动力	Other Machinery Power	2.5	2.4	2.3	2.2	2.3	2.2
主要农业机械与设备	**Major Agricultural Machinery and Equipment**						
大中型拖拉机 (台)	Number of Large and Medium-sized Tractors (unit)	10236	11855	12779	13664	13814	15298
(万千瓦)	(10 000 KW)	26.4	30.8	34.2	37.7	40.0	45.44
小型拖拉机 (万台)	Number of Small Tractors (10 000 unit)	25.3	25.7	25.6	25.2	24.9	24.7
(万千瓦)	(10 000 KW)	243.8	249.2	249.8	248.9	245.9	244.97
大中型拖拉机配套农具(台)	Number of Large and Medium-sized Tractor Towing Farm Machinery (unit)	8283	13528	15706	21192	19257	20895
小型拖拉机配套农具(万台)	Small Tractor Towing Farm Machinery(10 000 unit)	25.1	28.3	27.8	30.0	31.9	30.9
农用排灌动力 (台)	Agricultural Irrigation and Drainage Power (unit)	2912	2882	2868	2873	3297	3650
(万千瓦)	(10 000 KW)	9.9	9.9	9.8	9.9	10.7	10.9
联合收割机 (台)	Combine Harvesters (unit)	1715	1879	2298	2396	2608	2854
(万千瓦)	(10 000 KW)	10.3	11.9	13.5	14.1	14.4	16.1
机动脱粒机 (台)	Motorized Threshing Machines (unit)	31747	34274	34641	41326	41808	41450
农用运输车 (辆)	Trucks for Agricultural Use (unit)	30780	33377	35857	30461	32039	31656
渔用机动船 (艘)	Number of Motorized Fishing Boats (unit)	192	213	224	225	394	509
(千瓦)	(KW)	2336	2570	2543	2553	3963	6467
农用排灌设施	Machinery for Agricultural Drainage and Irrigation						
机电井 (眼)	Motor-pumped Set (unit)	818	916	828	852	939	1195
农用水泵 (台)	Agricultural Pumps (unit)	5435	4928	4929	5022	4880	5258

12-4 主要年份农业机械年末拥有量

Number of Agricultural Machinery at Year-end in Main Years

年份 地区	Year Region	农机总动力（万千瓦）Total Power of Agricultural Machinery (10 000 KW)	大中型拖拉机 Large and Medium-sized Agricultural Tractors（混合台）(mixed unit)	（万千瓦）(10 000 KW)	小型和手扶拖拉机 Small and Walking Tractor（台）(unit)	（万千瓦）(10 000 KW)	排灌动力机械 Machinery for Agricultural Drainage and Irrigation（台）(unit)	（万千瓦）(10 000 KW)	联合收割机（台）Combine Harvesters (unit)	农用运输车（辆）Trucks for Agricultural Use (unit)
1965			775	2.66	6	0.01	127	0.50	100	
1970			1296	3.02	749	1.12	263	1.40	98	
1975		30.47	3434	12.02	5776	4.26	1716	4.41	113	
1980		69.62	6364	23.07	13933	12.48	4552	8.46	363	
1985		88.03	5018	17.91	28589	25.21	3117	7.77	439	
1990		126.86	4232	15.44	63143	56.91	2919	7.01	479	
1995		188.47	3149	11.89	112907	100.67	2963	8.53	533	
1996		199.21	2980	11.25	124629	111.12	3081	8.87	541	
1997		207.85	2772	10.92	127796	111.45	4922	9.05	549	
1998		219.43	2750	11.06	138187	122.01	5074	9.38	626	
1999		241.94	2548	11.02	158867	135.97	2974	8.71	650	
2000		256.18	2409	10.46	167830	150.66	2725	8.65	670	8906
2001		264.66	2469	10.69	178638	160.66	2858	8.89	676	13433
2002		281.39	2787	11.04	190581	174.77	3080	9.06	651	16320
2003		292.43	2808	10.53	200714	177.24	2874	8.80	665	21192
2004		328.77	2861	10.94	230496	196.65	3066	10.03	632	25862
2005		327.34	2745	10.35	221664	204.41	2876	9.81	657	27762
2006		335.07	3063	10.85	230866	215.42	2965	9.92	667	27724
2007		348.57	3002	10.44	245443	228.63	3018	10.12	736	27996
2008		362.41	3417	12.95	251531	232.32	2975	10.08	886	27330
2009		400.73	3875	16.83	263728	248.71	2405	9.57	856	29970
2010		421.31	4747	18.56	276168	261.03	2529	9.54	1113	31661
2011		432.34	9060	25.18	279616	265.24	2757	9.71	1231	32977
2012		435.26	9121	24.96	268005	254.80	2703	9.34	1446	31614
2013		436.32	10236	26.44	253428	243.78	2912	9.93	1715	30780
2014		448.37	11855	30.82	257160	249.18	2882	9.88	1879	33377
2015		453.51	12779	34.24	255994	249.82	2868	9.81	2298	35857
2016		458.72	13664	37.73	252320	248.93	2873	9.90	2396	30461
2017		470.63	13814	40.03	248818	245.94	3297	10.68	2608	32039
2018		483.82	15298	45.44	247244	244.97	3650	10.94	2854	31656
西宁市	Xining City	147.27	3005	10.72	87797	87.06	407	1.12	1195	10144
海东市	Haidong City	152.30	1901	4.92	89300	84.29	1348	5.41	276	10039
海北州	Haibei Zang A.P	50.91	1992	9.00	17198	17.34	259	0.43	684	65
黄南州	Huangnan Zang A.P	17.94	99	0.45	8604	10.73	124	0.94	26	4050
海南州	Hainan Zang A.P	53.72	1694	6.32	20970	22.16	1205	2.49	451	4705
果洛州	Golog Zang A.P	5.00			1589	1.85				476
玉树州	Yushu Zang A.P	13.79	4192	6.88	4461	3.93	20	0.11	24	194
海西州	Haixi Mongolian & Zang A.P	42.89	2415	7.15	17325	17.61	287	0.44	198	1983

12-5 2013-2018年农村电力、农田水利建设和物资消耗
Rural Electric Power, Construction of Farmland Irrigation and Water Conservancy, Material Consumption(2013-2018)

指 标		Item		2013	2014	2015	2016	2017	2018
农村电力		**Rural Electric Power**							
乡村办水电站	(个)	Hydropower Station in Rural Areas	(unit)	34	35	33	33	30	29
发电能力	(万千瓦)	Generating Capacity	(10 000 kw)	1.19	1.30	1.28	1.29	1.22	1.22
发电量	(万千瓦时)	Amount of Electric Power Generation	(10 000 kwh)	6256	6391	6030	6052	5612	5603
农村用电量	(万千瓦时)	Electricity Consumed in Rural Areas	(10 000 kwh)	45027	49557	59078	61545	64153	65515
农田水利建设情况	(千公顷)	**Construction of Farmland Irrigation and** Water Conservancy	(1000 hectares)						
旱涝保收面积		Farmland with Stable Yields Despite of Drought or Waterlogging		54.8	52.9	49.6	42.8	49.5	51.6
机电排灌面积		Pumping Irrigation and Drainage Area		24.7	25.5	26.9	28.5	34.6	36.2
农用化肥施用量	**(折纯)** (万吨)	**Consumption of Chemical Fertilizer**	**(100% Purity)** (10 000 tons)	**9.80**	**9.74**	**10.13**	**8.76**	**8.67**	**8.32**
氮肥	(实物量)	Nitrogenous Fertilizer	(Physical Volume)	8.33	8.65	8.74	8.69	8.49	8.18
折纯量			(100% Purity)	3.86	3.98	4.08	3.62	3.54	3.45
磷肥	(实物量)	Phosphate Fertilizer	(Physical Volume)	8.12	8.24	8.44	6.57	6.48	6.28
折纯量			(100% Purity)	1.53	1.70	1.77	1.50	1.46	1.44
钾肥	(实物量)	Potash Fertilizer	(Physical Volume)	0.67	0.68	0.66	0.51	0.53	0.52
折纯量			(100% Purity)	0.26	0.27	0.27	0.18	0.19	0.18
复合肥	(实物量)	Compound Fertilizer	(Physical Volume)	8.60	7.88	8.30	8.34	8.30	7.84
折纯量			(100% Purity)	4.15	3.79	4.01	3.46	3.48	3.25
农用塑料薄膜使用量	**(吨)**	**Consumption of Agricultural Plastic Film**	**(ton)**	**6472.24**	**7045.86**	**7377.47**	**7943.90**	**8415.78**	**7556.35**
地膜使用量	(吨)	Consumption of Plastic Mulching	(ton)	5415.30	5734.14	6005.99	6409.77	6698.66	5600.99
地膜覆盖面积	(公顷)	Area of Plastic Mulching	(hectare)	59912	66124	70860	72981	76380	69160
农用柴油使用量	**(万吨)**	**Consumption of Agricultural Diesel Oil**	**(10 000 tons)**	**6.52**	**6.56**	**6.54**	**6.39**	**6.41**	**6.44**
农药使用量	**(吨)**	**Consumption of Pesticide**	**(ton)**	**1996.96**	**1886.40**	**1956.18**	**1939.34**	**1875.00**	**1784.34**

12-6 主要年份农村电力、化肥施用量
Rural Electric Power , Consumption of Chemical Fertilizers in Main Years

年 份 Year / 地 区 Region		乡村办水电站 Hydropower Station in Rural Areas		农村用电量（万千瓦时） Electricity Consumed in Rural Areas (10 000 kwh)	化肥施用量（实物吨） Consumption of Chemical Fertilizer (physical ton)
		个 数 Number	装机容量（万千瓦） Installed Capacity (10 000 kw)		
1978		128	0.55	7442	158394
1980		138	0.77	8664	159014
1985		93	1.18	8292	117845
1990		67	0.76	14758	158840
1991		52	0.59	14856	160662
1992		43	0.48	15730	165501
1993		40	0.56	18647	171517
1994		41	0.69	21563	167100
1995		46	0.73	20377	179250
1996				20952	175006
1997		47	1.21	21446	181104
1998		48	1.26	21144	179885
1999		49	1.28	21420	185318
2000		57	1.64	23005	182439
2001		56	1.84	24427	182397
2002		54	2.73	22468	176458
2003		52	4.23	28789	171386
2004		49	4.07	29486	170655
2005		50	4.26	29923	176088
2006		51	4.28	31838	195053
2007		46	2.70	34533	197809
2008		43	2.65	36939	200804
2009		43	2.40	37782	210686
2010		42	1.44	38342	217853
2011		40	1.39	40709	225080
2012		35	1.24	44595	241106
2013		34	1.19	45027	257138
2014		35	1.30	49557	254482
2015		33	1.28	59078	261358
2016		33	1.29	61545	241128
2017		30	1.22	64153	237914
2018		29	1.22	65515	228331
西宁市	Xining City	8	1.00	26154	55319
海东市	Haidong City			19773	83273
海北州	Haibei Zang A.P	1		2566	18209
黄南州	Huangnan Zang A.P			1607	2899
海南州	Hainan Zang A.P	9	0.12	11420	30775
果洛州	Golog Zang A.P			127	10
玉树州	Yushu Zang A.P	7	0.02	815	779
海西州	Haixi Mongolian & Zang A.P	4	0.08	3053	37068

12−7 主要年份各地区耕地面积

Area of Cultivated Land by Region in Main Years

单位：公顷 (hectare)

地 区	Region	耕地面积总资源 Cultivated Land (Total Area) 2008	2011	2012	2013	2014	2015	2016	2017
全省	**Total**	**542719.26**	**588323.87**	**588527.67**	**588211.91**	**585707.95**	**588419.02**	**589427.58**	**590142.40**
西宁市	Xining City	145786.12	149394.26	148147.14	147006.27	145486.92	145284.00	144852.89	144708.54
海东市	Haidong City	201316.49	225688.15	224744.76	223210.80	222390.17	222138.23	221623.65	221172.71
海北州	Haibei Zang A.P	49053.35	54345.64	56606.35	56494.63	56313.06	56347.32	56712.46	56788.40
黄南州	Huangnan Zang A.P	19628.95	20037.45	20021.34	19942.57	19847.44	19859.47	19889.96	19850.78
海南州	Hainan Zang A.P	77317.58	83327.18	83273.86	83513.74	83463.63	83617.74	84123.47	84458.68
果洛州	Golog Zang A.P	991.80	1294.43	1293.97	1286.12	1282.54	1278.09	1276.00	1272.02
玉树州	Yushu Zang A.P	13728.10	13546.67	13456.18	13429.54	13386.59	13369.30	13237.41	13226.48
海西州	Haixi Mongolian & Zang A.P	34876.86	40690.09	40984.07	43328.24	43537.60	46524.87	47711.74	48664.79

注：本表数据来源于青海省自然资源厅，下表同。
a)Data in this table are from Department of Natural Resources of Qinghai Province，The same applies to the tables following.

12−8 主要年份耕地面积增减变动情况

Changing Situation of Increased and Decreased Cultivated Land in Main Years

单位：千公顷 (1 000 hectares)

指 标	Item	2008	2011	2012	2013	2014	2015	2016	2017
年初耕地总资源	**Total Area of Cultivated Land at Year-begin**	**542.2**	**587.9**	**588.3**	**588.5**	**588.2**	**585.7**	**588.4**	**589.4**
年内新增加	Increased During the Year	1.3	2.5	2.8	3.0	0.5	3.8	2.6	1.8
年内减少	Decreased During the Year	0.8	2.1	2.6	3.3	3.0	1.1	1.6	1.0
年末耕地总资源	**Total Area of Cultivated Land at Year-end**	**542.7**	**588.3**	**588.5**	**588.2**	**585.7**	**588.4**	**589.4**	**590.1**
水浇地	Irrigated Land	185.2	186.7	187.2	187.3	185.2	186.4	188.6	189.2
旱地	Dry Land	357.5	401.6	401.3	400.9	400.5	402.0	400.8	400.9

12-9 主要年份农业机械化与草原建设
Agricultural Mechanization and Grassland Construction in Main Years

单位：千公顷 (1 000 hectares)

指　标	Item	2013	2014	2015	2016	2017	2018
农业机械化情况	**Agricultural Mechanization**						
当年实际机耕面积	Mechanical Tillage Area	367	377	397	397	397	404
当年机械播种面积	Mechanical Sowing Area	268	283	295	300	297	325
当年机械收割面积	Mechanical Harvesting Area	200	207	232	242	251	266
草原建设情况	**Grassland Construction**						
围栏草场面积	Area of Fenced Grassland	10777	10777	11306	11679	12272	13322
当年新围面积	New Fenced in This Year	1300		529	373	593	1050
人工种草保留面积	Artificial Grass to Retain the Area	446	474	519	516	517	802
当年新种面积	New Sown in This Year	262	28	227	230	231	478
年内鼠害危害发生面积	Damage Occurrence Area by Rats in This Year	8719	7665	5929	5694	5933	5761
年内鼠害防治面积	Damage Prevention Area by Rats in This Year	1124	1452	2291	906	1597	2544
年内虫害危害面积	Damage Occurrence Area by Pests in This Year	1654	2060	1029	1029	879	880
年内虫害防治面积	Damage Prevention Area by Pests in This Year	443	314	552	637	241	608

注：草原建设数据来源于青海省林业和草原局。
a) Grassland Construction have been from Qinghai Forestry and Grassland Bureau.

12-10 主要年份水果、渔业生产情况
Production of Fruit and Fishery in Main Years

指 标	Item	2013	2014	2015	2016	2017	2018
水果	**Fruit**						
水果产量合计 (吨)	Total Output of Fruit (ton)	13519	13249	15011	12893	12878	13826
苹果	Apples	5382	4765	4846	4369	3912	4262
梨	Pears	4147	4041	4097	4059	4232	4140
葡萄	Grapes	99	205	206	120	170	150
年末实有果园面积(公顷)	Orchard Area at Year-end (hectare)	6845	7680	8566	7591	7607	7397
苹果园	Apple Orchard	1639	1594	1176	1176	1174	807
梨园	Pear Orchard	880	837	853	859	816	427
葡萄园	Grapery	52	58	59	57	57	39
年末实有零星果树(万株)	Sporadic Fruit Trees at Year-end (10 000 trees)	415	344	365	364	399	390
苹果树	Apple Trees	207	178	174	172	173	170
梨树	Pear Trees	152	118	139	142	172	168
渔业	**Fishery**						
水产品总产量 (吨)	Total Aquatic Products (ton)	6000	9037	10578	12050	16088	17116
养殖产量	Aquaculture Output	6000	9037	10578	12050	16088	17116
集中养殖面积 (千公顷)	Concentrated Aquaculture Area(1 000 hectares)	17	17	17	17	17	17

注：1.2013年起渔业产量和2014年起渔业养殖面积数据来源青海省农业农村厅渔业局。
2.渔业集中养殖面积数据根据农业普查结果作了修正。
a)Data of fishery output since 2013 and fishery aquaculture area since 2014 have been from Agricultural and Rural Bureau of Qinghai.
b)Data on centralized aquaculture areas of fisheries have been revised according to the results of the agricultural census.

12-11 农作物播种面积及种植结构
Total Sown Area of Farm Crops and Its Planting Structure

单位：千公顷、% (1 000 hectares，%)

指 标	Item	播种面积 Sown Areas						种植结构 Planting Structure					
		2013	2014	2015	2016	2017	2018	2013	2014	2015	2016	2017	2018
农作物总播种面积	**Total Sown Area**	**555.77**	**553.70**	**558.39**	**557.75**	**555.31**	**557.25**	**100.00**	**100.00**	**100.00**	**100.00**	**100.00**	**100.00**
粮食作物	**Grain Crops**	**282.68**	**282.14**	**280.39**	**284.70**	**282.55**	**281.26**	**50.86**	**50.96**	**50.21**	**51.04**	**50.88**	**50.47**
谷物	Cereal	177.56	179.55	182.16	187.74	182.48	180.23	62.81	63.64	64.97	65.94	64.58	64.08
小麦	Wheat	115.17	109.83	112.36	112.88	112.42	111.60	64.86	61.17	61.68	60.12	61.61	61.92
青稞	Highland Barley	42.05	46.94	47.08	53.51	49.77	48.68	23.68	26.14	25.84	28.50	27.27	27.01
玉米	Corn	19.11	21.54	21.33	20.07	18.90	18.45	10.76	12.00	11.71	10.69	10.35	10.24
其它	Others	1.22	1.24	1.40	1.29	1.40	1.50	0.69	0.69	0.77	0.69	0.77	0.83
豆类	Beans	15.12	13.85	12.63	11.41	13.24	12.76	5.35	4.91	4.51	4.01	4.69	4.54
蚕豆	Broad Bean	11.26	10.39	9.46	8.72	10.21	9.75	74.47	74.99	74.89	76.42	77.11	76.41
豌豆	Pea	3.86	3.46	3.17	2.69	3.03	3.01	25.53	25.01	25.11	23.58	22.89	23.59
薯类	Tubers	90.00	88.74	85.59	85.55	86.83	88.27	31.84	31.45	30.53	30.05	30.73	31.38
经济作物	**Economic Crops**	**186.21**	**180.18**	**182.67**	**183.59**	**193.24**	**191.99**	**33.51**	**32.54**	**32.71**	**32.92**	**34.80**	**34.45**
油料	Oil-bearing Crops	163.14	156.09	150.52	148.80	155.30	147.91	87.61	86.63	82.40	81.05	80.37	77.04
油菜籽	Rapeseeds	159.98	154.09	148.54	147.07	153.64	145.76	98.06	98.72	98.68	98.84	98.93	98.55
胡麻	Flax	3.16	2.00	1.98	1.73	1.66	2.15	1.94	1.28	1.32	1.16	1.07	1.45
其它	Others	23.07	24.09	32.15	34.79	37.94	44.08	12.39	13.37	17.60	18.95	19.63	22.96
枸杞	Wolfberry	21.70	22.57	29.59	31.90	33.53	35.53	94.06	93.69	92.04	91.69	88.37	80.60
蔬菜和食用菌	**Vegetables and Edible Fungus**	**43.41**	**40.33**	**41.09**	**43.21**	**43.11**	**43.96**	**7.81**	**7.28**	**7.36**	**7.75**	**7.77**	**7.89**
瓜果类	**Melon**	**0.40**	**0.35**	**1.43**	**1.63**	**1.62**	**1.07**	**0.07**	**0.06**	**0.26**	**0.29**	**0.29**	**0.19**
其他农作物	**Other Farm Crops**	**43.07**	**50.70**	**52.81**	**44.62**	**34.79**	**38.97**	**7.75**	**9.16**	**9.46**	**8.00**	**6.26**	**7.00**
青饲料	Succulence	40.06	43.21	45.99	40.64	31.96	35.34	93.01	85.23	87.09	91.08	91.87	90.69
果园面积	Area of Orchards	6.84	7.68	8.57	7.59	7.61	7.40	—	—	—	—	—	—

注：2013—2017年数据根据第三次全国农业普查数据进行了调整。
a)Data of 2013-2017 were adjusted according to the data of the third national agricultural census fed back by the state.

12-12 主要年份农作物播种面积
Sown Area of Farm Crops in Main Years

单位：千公顷 (1 000 hectares)

年 份 Year	粮 食 作 物 Grain Crops	小 麦 Wheat	杂 粮 Cereal Crops	薯 类 Tubers
1978	434.76	207.03	190.39	37.00
1980	411.96	201.14	174.47	36.35
1985	386.57	200.69	154.87	31.01
1990	400.33	213.46	152.51	34.36
1991	401.95	217.62	149.01	35.33
1992	401.26	220.74	143.21	37.31
1993	389.83	209.92	143.23	36.68
1994	386.85	204.99	143.55	38.31
1995	384.25	205.98	140.56	37.71
1996	394.79	210.58	146.29	37.92
1997	394.72	213.46	144.00	37.26
1998	384.85	211.91	135.44	37.50
1999	344.83	182.89	117.81	44.13
2000	322.72	165.54	110.91	46.27
2001	309.87	149.75	100.94	59.18
2002	284.74	142.50	81.54	60.70
2003	248.00	107.00	75.30	65.70
2004	244.70	102.20	74.70	67.80
2005	245.57	96.80	73.44	75.33
2006	278.81	104.87	88.30	85.64
2007	274.45	107.86	80.98	85.61
2008	271.45	110.17	76.66	84.63
2009	274.31	112.87	76.26	85.17
2010	273.96	112.42	76.79	84.75
2011	278.91	107.56	85.79	85.56
2012	279.97	110.69	88.42	80.87
2013	282.68	115.17	77.51	90.00
2014	282.14	109.83	83.57	88.74
2015	280.39	112.36	82.44	85.59
2016	284.70	112.88	86.28	85.55
2017	282.55	112.42	83.30	86.83
2018	281.26	111.60	81.39	88.27

注：1.2006年数据根据农业普查结果已作了修正。
2.2007—2017年数据根据第三次全国农业普查数据进行了调整。
a) Data in 2006 has been amended based on the results of the census of agriculture.
b)Data of 2007-2017 were adjusted according to the data of the third national agricultural census fed back by the state.

12-12 续表 Continued

单位：千公顷 (1 000 hectares)

年份 Year 地区 Region	经济作物 Economic Crops	油料 Oil-bearing Crops	蔬菜和食用菌 Vegetables and Edible Fungus
1978	62.11	61.18	7.19
1980	78.89	78.77	5.58
1985	95.19	94.89	4.49
1990	114.39	113.91	6.89
1991	117.38	117.01	7.36
1992	118.05	117.75	8.19
1993	129.20	129.02	10.18
1994	144.67	144.60	10.11
1995	149.88	149.77	12.44
1996	136.04	135.93	11.61
1997	137.89	137.76	12.61
1998	147.95	147.78	12.48
1999	192.45	192.36	13.94
2000	192.23	191.58	15.78
2001	154.67	168.74	17.81
2002	159.35	152.93	20.61
2003	155.90	152.10	24.11
2004	164.95	159.80	25.05
2005	165.68	161.86	25.83
2006	170.23	168.42	27.71
2007	175.37	173.14	29.31
2008	178.63	174.20	32.43
2009	183.42	174.62	32.37
2010	188.98	178.05	36.46
2011	207.40	188.17	37.95
2012	189.89	168.65	42.38
2013	186.21	163.14	43.41
2014	180.18	156.09	40.33
2015	182.67	150.52	41.09
2016	183.59	148.80	43.21
2017	193.24	155.30	43.11
2018	191.99	147.91	43.96
西宁市 Xining City	35.35	31.84	18.54
海东市 Haidong City	55.76	51.96	19.31
海北州 Haibei Zang A.P	29.37	29.09	0.59
黄南州 Huangnan Zang A.P	4.31	4.14	0.49
海南州 Hainan Zang A.P	29.28	27.56	2.84
果洛州 Golog Zang A.P	…	…	0.02
玉树州 Yushu Zang A.P	0.34	0.34	0.32
海西州 Haixi Mongolian & Zang A.P	37.58	2.98	1.85

注：1.2006年数据根据农业普查结果已作了修正。
2.2010年以后播种面积包括枸杞面积。
3.2007-2017年数据根据第三次全国农业普查数据进行了调整。
a) Data in 2006 has been amended based on the results of the census of agriculture.
b)The sowm areas of wolfberry have been included in the total sown areas since 2010.
c)Data of 2007-2017 were adjusted according to the data of the third national agricultural census fed back by the state.

12-13 2013-2018年主要农作物产品产量
Output of Major Farm Products (2013-2018)

指 标	Item	2013	2014	2015	2016	2017	2018
粮食 (万吨)	**Grain (10 000 tons)**	**103.55**	**105.80**	**104.04**	**104.78**	**102.55**	**103.06**
谷物	Cereal	65.91	68.55	68.38	67.85	64.93	63.95
小麦	Wheat	43.40	43.22	43.46	43.25	42.33	42.64
青稞	Highland Barley	8.77	10.19	10.19	10.71	10.08	9.52
玉米	Corn	13.48	14.88	14.45	13.63	12.24	11.53
其它	Others	0.25	0.26	0.28	0.26	0.28	0.26
豆类	Beans	3.15	2.91	2.65	2.61	2.81	2.89
蚕豆	Broad Bean	2.60	2.41	2.19	2.15	2.30	2.37
豌豆	Pea	0.55	0.50	0.45	0.46	0.51	0.52
薯类	Tubers	34.49	34.34	33.01	34.32	34.81	36.22
油料 (万吨)	**Oil-bearing Crops (10 000 tons)**	**33.55**	**32.60**	**31.67**	**31.33**	**30.27**	**28.45**
油菜籽	Rapeseeds	33.06	32.25	31.37	31.05	30.01	28.11
胡麻	Flax	0.49	0.35	0.30	0.28	0.26	0.34
麻类 (吨)	**Fiber Crops (ton)**						
甜菜 (吨)	**Beetroots (ton)**	**150**	**980**	**300**	**561**	**283**	**362**
烟叶 (吨)	**Tobacco (ton)**	**530**	**150**				
枸杞 (吨)	**Wolfberry (ton)**	**40203**	**53070**	**58531**	**65558**	**78705**	**85622**
蔬菜和食用菌(吨)	**Vegetables and Edible Fungus(ton)**	**1418772**	**1410588**	**1448009**	**1481362**	**1480797**	**1502614**
瓜果 (吨)	**Melons (ton)**	**16125**	**12500**	**21155**	**27356**	**25253**	**21236**
水果 (吨)	**Fruits (ton)**	**13519**	**13249**	**15011**	**12893**	**12878**	**13826**

注：2013-2017年数据根据第三次全国农业普查数据进行了调整。
a)Data of 2013-2017 were adjusted according to the data of the third national agricultural census fed back by the state.

12-14 主要年份主要农产品产量
Output of Major Farm Products in Main Years

年份 地区	粮食 (万吨) Grain (10 000 tons)	小麦 Wheat	杂粮 Cereal Crops	薯类 Tubers
1978	90.30	53.30	28.77	8.24
1980	95.60	56.31	31.67	7.62
1985	100.32	62.96	28.96	8.40
1990	114.56	74.18	29.51	10.87
1991	114.63	76.92	29.41	8.30
1992	118.50	74.90	31.41	12.19
1993	118.63	73.92	32.69	12.02
1994	116.84	68.64	33.59	14.61
1995	114.19	69.49	29.92	14.78
1996	123.83	76.66	33.36	13.81
1997	127.55	78.29	35.24	14.02
1998	128.20	79.94	33.41	14.85
1999	103.61	59.37	29.46	14.78
2000	82.70	47.58	20.23	14.89
2001	103.20	52.70	23.89	26.61
2002	91.28	45.20	21.68	24.40
2003	86.80	36.80	21.80	28.20
2004	88.47	37.11	22.33	29.03
2005	93.26	39.32	21.49	32.45
2006	95.17	41.06	21.10	33.01
2007	99.18	42.90	22.32	33.96
2008	102.15	44.35	22.03	35.77
2009	102.88	42.32	22.91	37.65
2010	102.22	41.51	24.98	35.72
2011	103.44	40.45	27.15	35.84
2012	101.71	41.36	28.95	31.40
2013	103.55	43.40	25.65	34.49
2014	105.80	43.22	28.24	34.34
2015	104.04	43.46	27.57	33.01
2016	104.78	43.25	27.21	34.32
2017	102.55	42.33	25.41	34.81
2018	103.06	42.64	24.20	36.22

注：1.2006年数据根据农业普查结果已作了修正。
2.2007—2017年数据根据第三次全国农业普查数据进行了调整。
a)Data in 2006 has been amended based on the results of the census of agriculture.
b)Data of 2007-2017 were adjusted according to the data of the third national agricultural census fed back by the state.

12-14 续表 Continued

年份 Year 地区 Region	油料(万吨) Oil-bearing Crops (10 000 tons)	油菜籽 Rapeseeds	蔬菜和食用菌(万吨) Vegetables and Edible Fungus (10 000 tons)	水果(吨) Fruits (ton)	苹果 Apples	梨 Pears	葡萄 Grapes	水产品产量(吨) Output of Aquatic Products (ton)
1978	4.53	4.18	19.77					
1980	7.07	6.81	14.33	7434	4281	3014	22	3245
1985	9.92	9.57	16.15	19825	11552	6880	41	4350
1990	12.04	11.74	22.85	22019	14431	6210	95	3356
1991	13.21	12.92	23.34	21365	14471	5148	77	3943
1992	14.03	13.68	28.59	26049	17388	6632	127	3994
1993	15.21	14.69	30.45	27180	18677	6236	69	3886
1994	18.44	18.05	34.00	25704	17444	6460	56	3602
1995	16.21	15.82	38.31	26831	17446	7116	72	2444
1996	17.09	16.56	39.26	29062	18935	7807	159	2213
1997	18.36	17.80	42.37	27179	18884	5891	189	1752
1998	21.04	20.42	46.26	24766	16138	6585	67	1416
1999	28.50	27.85	56.63	24144	15897	5931	106	1488
2000	19.40	19.08	60.28	22415	14144	5963	106	1166
2001	23.00	22.60	63.72	17252	9661	5525	117	1989
2002	23.40	22.66	67.63	16301	9078	5228	106	1796
2003	26.20	25.70	77.11	14603	8246	4418	74	1253
2004	28.89	28.26	78.44	14686	7198	5362	102	1058
2005	31.85	31.57	84.46	14772	7316	5105	80	878
2006	27.94	27.67	90.44	13308	5939	4912	114	1985
2007	32.17	31.79	96.23	13846	5804	4894	112	1780
2008	35.52	35.13	105.67	13241	5823	4680	106	2129
2009	37.07	36.72	110.61	14575	5729	4835	109	827
2010	37.54	37.14	124.06	14387	5738	4428	117	1600
2011	36.85	36.46	132.50	13511	5773	4725	97	3293
2012	36.13	35.59	141.77	14090	5880	4708	103	4520
2013	33.55	33.06	141.88	13519	5382	4147	99	6000
2014	32.60	32.25	141.06	13249	4765	4041	205	9037
2015	31.67	31.37	144.80	15011	4846	4097	206	10578
2016	31.33	31.05	148.14	12893	4369	4059	120	12050
2017	30.27	30.01	148.08	12878	3912	4232	170	16088
2018	28.45	28.11	150.26	13826	4262	4140	150	17116
西宁市 Xining City	7.14	7.11	68.48	923	49	46	10	
海东市 Haidong City	11.36	11.19	65.96	7444	2212	2062	94	1421
海北州 Haibei Zang A.P	4.73	4.73	0.91					
黄南州 Huangnan Zang A.P	0.64	0.63	1.36	1512	537	637	40	945
海南州 Hainan Zang A.P	3.81	3.68	6.34	3543	1464	1395	6	14236
果洛州 Golog Zang A.P	…	…	0.02					
玉树州 Yushu Zang A.P	0.07	0.07	0.43	404				
海西州 Haixi Mongolian & Zang A.P	0.70	0.70	6.76					514

注：2007—2017年数据根据国家反馈的第三次全国农业普查数据进行了调整。
a)Data of 2007-2017 were adjusted according to the data of the third national agricultural census fed back by the state.

12−15 2013−2018年林业生产情况

Basic Statistics of Afforestation(2013-2018)

单位：千公顷 (1 000 hectares)

指 标	Item	2013	2014	2015	2016	2017	2018
营林情况	**Forest Management**						
造林面积	**Barren Waste Afforestation Area**	**152.8**	**132.0**	**112.6**	**202.6**	**198.8**	**205.9**
人工造林	Reforestation	44.4	28.4	53.0	16.1	56.6	70.0
#灌木林面积	Shrubbery Area	37.3	20.7	29.7	7.5	24.0	35.6
无林地和疏林地新封	Newly Closed Area of No Woodland and Open Forest Land	108.4	103.6	59.6	154.9	138.8	135.8
年末实有封山(沙)育林面积	**Area of Closing Hillsides to Facilitate Afforestation**	**1096.8**	**970.8**	**1152.9**	**1362.3**	**1451.0**	**1479.3**
四旁(零星)植树 (万株)	**Fragmentary Planting (10 000 trees)**	**1395.2**	**1386.3**	**1354.5**	**1354.4**		**1586.0**
育苗面积	**Actual Sapling Breeding Area**	**4.7**	**6.4**	**1.4**	**4.8**	**8.9**	**8.9**
本年新育面积	Newly Breeded Area This Year	1.2	1.1				
森林抚育	**Forest Tending**						
低产低效林改造面积	Transformation Area of Low-yielding and Inefficient Forest	0.5					
未成林抚育作业面积	Tending Area of Immature Forest	5.0					
中幼龄林抚育面积	Tending Area of Middle-aged and Young Forest	23.5	23.5	24.2	24.2	26.0	38.3
木材采伐量 (万立方米)	**Volume of Timber Harvesting (10 000 cu.m)**	**0.6**	**1.0**	**1.3**			

注：本表数据来源于青海省林业和草原局。
a)Data in this table are from the Qinghai Forestry and Grassland Bureau.

12-16 主要年份牲畜饲养情况

Number of Livestock in Main Years

单位：万头(只) (10 000 heads)

年份 地区	Year Region	大牲畜年末存栏 Large Animals (year-end)	牛 Cattle and Buffaloes	马 Horses	羊年末存栏 Sheep and Goats (year-end)	绵羊 Sheep	猪年末存栏 Hogs (year-end)
1978		568.8	497.3	46.6	1645.0	1475.2	84.5
1980		553.9	486.8	41.9	1612.8	1447.0	68.3
1985		589.4	515.9	44.0	1328.2	1197.4	83.0
1990		612.3	538.6	44.8	1608.3	1404.7	96.5
1992		622.6	550.7	41.7	1648.1	1436.7	97.7
1993		575.1	509.1	38.2	1635.1	1421.7	102.6
1994		587.4	524.2	37.2	1677.1	1463.3	101.6
1995		559.0	500.9	34.6	1666.3	1466.2	108.9
1996		505.5	443.2	37.3	1569.5	1368.6	107.1
1997		481.3	421.7	37.4	1601.2	1372.9	108.9
1998		451.7	394.3	36.9	1638.9	1378.8	113.3
1999		431.4	378.2	35.1	1639.5	1372.5	109.2
2000		441.4	390.5	33.8	1642.0	1369.5	103.6
2001		454.3	400.7	28.9	1676.2	1396.7	103.2
2002		462.2	410.7	27.3	1732.9	1437.7	104.8
2003		455.9	405.6	26.8	1761.7	1446.0	101.0
2004		452.8	403.8	27.1	1763.7	1434.9	106.4
2005		453.5	406.2	24.5	1765.7	1435.2	105.1
2006		495.5	450.4	23.1	1501.8	1220.3	89.0
2007		491.0	455.7	21.0	1492.1	1261.4	86.4
2008		492.5	462.7	19.6	1489.5	1222.0	100.5
2009		495.5	470.8	18.2	1482.9	1255.3	101.1
2010		508.6	486.0	17.4	1485.3	1291.0	101.4
2011		507.1	486.7	16.2	1472.8	1279.2	102.2
2012		494.8	476.7	14.6	1417.7	1224.5	102.6
2013		532.9	516.8	13.4	1426.6	1234.8	103.9
2014		542.3	527.6	12.5	1418.8	1228.4	102.8
2015		554.4	540.6	12.1	1392.7	1201.2	98.2
2016		598.0	585.4	11.1	1345.2	1168.4	94.0
2017		559.3	546.6	11.1	1387.4	1207.4	82.7
2018		527.6	514.3	11.6	1336.1	1156.1	78.2
西宁市	Xining City	42.2	41.4	0.7	80.4	77.9	17.0
海东市	Haidong City	30.0	29.9	…	146.8	123.0	40.0
海北州	Haibei Zang A.P	51.3	48.9	2.4	283.3	278.7	2.1
黄南州	Huangnan Zang A.P	57.2	54.7	2.4	110.4	106.7	0.2
海南州	Hainan Zang A.P	65.9	64.7	1.1	390.1	354.0	3.2
果洛州	Golog Zang A.P	102.1	101.1	1.0	29.7	29.6	
玉树州	Yushu Zang A.P	183.4	181.4	2.0	49.8	43.6	
海西州	Haixi Mongolian & Zang A.P	23.2	20.0	2.0	283.3	214.5	4.2

注：1.全省大牲畜、羊年末存栏数为抽样调查数，与各州、市相加数不等。
2.2016年全省牛存栏数据根据农业普查结果已作了修正。
3.2006-2017年全省马存栏数据根据农业普查结果作了修正。

a) The number of livestock of large animals, sheep and Goats of total province are from sample survey, it states that the sum of regional data is not equal to provincial total.

b) Data in 2016 has been amended based on the results of the census of agriculture.

c)The livestock data of horses in 2006-2017 has been amended based on the results of the census of agriculture.

12-17 主要年份主要牲畜出栏情况

Major Livestock Slaughtered in Main Years

单位：万头(只) (10 000 heads)

年份 地区	Year Region	草食畜出栏数 Slaughtered Herbivorous Livestock		肉猪出栏头数 Slaughtered Fattened Hogs	家禽出栏数 Slaughtered Poultry
		大牲畜 Large Animals	羊 Sheep and Goats		
1978		33.12	184.94	37.62	
1980		36.48	248.14	35.67	
1985		47.98	294.61	42.39	
1990		61.87	326.35	61.59	
1991		63.51	349.93	62.64	
1992		76.44	366.79	63.56	
1993		71.31	351.40	66.27	
1994		61.29	385.29	73.10	
1995		82.68	397.20	80.65	
1996		81.41	399.46	85.17	
1997		87.81	393.84	89.04	
1998		90.06	397.33	95.03	
1999		73.37	400.10	98.53	
2000		75.57	417.01	99.72	
2001		89.01	448.97	101.36	100.71
2002		91.69	475.35	104.55	188.56
2003		95.91	508.58	105.35	248.82
2004		94.44	538.99	114.24	236.71
2005		96.79	559.08	121.75	264.68
2006		115.42	509.13	111.27	188.78
2007		95.49	540.79	102.41	219.78
2008		94.80	538.43	115.83	334.59
2009		95.15	547.42	124.10	343.19
2010		96.97	579.11	117.69	372.32
2011		97.18	579.02	115.53	413.66
2012		102.10	602.49	116.20	449.86
2013		107.00	608.44	118.42	468.31
2014		112.31	618.65	119.79	487.92
2015		116.93	637.13	114.04	519.20
2016		138.33	654.10	105.17	571.79
2017		133.56	726.06	110.63	520.39
2018		136.66	748.10	116.47	494.06
西宁市	Xining City	17.64	68.71	26.11	126.18
海东市	Haidong City	8.51	77.45	69.91	259.75
海北州	Haibei Zang A.P	15.73	176.96	4.50	13.16
黄南州	Huangnan Zang A.P	17.50	79.29	0.35	0.23
海南州	Hainan Zang A.P	18.68	200.11	6.78	77.13
果洛州	Golog Zang A.P	15.36	17.41		
玉树州	Yushu Zang A.P	37.15	20.58		
海西州	Haixi Mongolian & Zang A.P	6.10	107.58	8.82	17.60

注：1.全省草食畜出栏数为抽样调查数，与各州、市相加数不等。
2.2006年数据根据农业普查结果已作了修订。

a) The number of slaughtered herbivorous livestock of total province are from sample survey, it states that the sum of regional data is not equal to provincial total.

b) Data in 2006 has been amended based on the results of the census of agriculture.

12-18 主要年份主要畜产品产量

单位：吨

年 份 Year / 地 区 Region		肉类总产量 Total Output of Meat Products	猪肉 Pork	牛肉 Beef	羊肉 Mutton	其他 Others
1980		84857	19635	24920	39696	606
1985		111602	27825	35790	45783	2204
1990		153442	43985	52088	55518	1851
1991		157360	45787	52611	56120	2842
1992		163405	45994	57173	57790	2448
1993		159082	46725	54768	54633	2956
1994		178407	51688	58186	64946	3587
1995		183743	56114	62922	61346	3361
1996		187226	57813	63378	63834	2201
1997		198382	64047	68514	63211	2610
1998		205296	68022	68735	64325	4214
1999		201493	69923	60529	66508	4533
2000		208323	69530	63529	70011	5253
2001		220692	70419	69973	76269	4031
2002		227885	71703	70293	80001	5888
2003		236651	74195	70932	84919	6605
2004		248077	80136	72893	88438	6610
2005		257522	85506	74356	91581	6079
2006		256992	79334	88024	83401	6233
2007		239571	73753	73100	86526	6192
2008		248381	81921	72767	86148	7545
2009		263042	87101	81000	87588	7353
2010		273011	84582	84588	96508	7333
2011		277783	83606	87000	97761	9416
2012		292465	85348	95613	101821	9683
2013		302926	87511	102770	102874	9770
2014		313601	89802	106100	106333	11366
2015		324533	85584	114900	112168	11880
2016		341228	79900	133100	115897	12331
2017		353037	86700	128600	126800	10937
2018		365300	91500	131800	131200	10800
西宁市	Xining City	53984	21300	18800	11500	2384
海东市	Haidong City	81502	54300	9300	13300	4602
海北州	Haibei Zang A.P	51033	3300	15800	31500	433
黄南州	Huangnan Zang A.P	34451	322	18244	15844	41
海南州	Hainan Zang A.P	58453	5400	18200	33400	1453
果洛州	Golog Zang A.P	17000		14000	3000	
玉树州	Yushu Zang A.P	35906		31800	4106	
海西州	Haixi Mongolian & Zang A.P	32809	6900	5700	18300	1909

注：1.部分数据为抽样调查数，与各州、市相加数不等。
2.2006年数据根据农业普查结果作了修订。

Output of Major Livestock Products in Main Years

(ton)

奶 类 Milk	生牛奶 Cow Milk	羊 毛 Sheep and Goat Wool	绵羊毛 Sheep Wool	山羊绒 Cashmere	牛毛绒 Cattle Cashmere	蜂 蜜 Honey	禽 蛋 Poultry Eggs
119179	115614	17040	16662	113	1742	203	
159108	154527	15293	14956	107	1874	119	9160
209610	201312	17575	17155	157	2048	73	10690
210296	203234	18237	17736	189	2125	19	11068
214454	208438	18515	17887	190	2287	70	11132
195945	188922	17578	17044	173	1950	80	11281
201233	193769	17974	17390	209	2236	60	12394
205951	200184	17907	17302	211	2263	97	12444
185641	181421	16481	15974	195	2098	109	11739
190638	186035	16398	15861	225	2041	103	13284
204596	198677	16463	15904	221	2087	94	13683
196435	190405	15593	14980	281	1890	96	13495
212852	206132	16333	15588	310	1897	51	13392
228289	216514	16566	15775	313	1836	48	12941
235277	220342	16740	15930	314	1868	480	13672
235113	221398	17349	16483	319	2090	484	14005
240950	227500	17734	16629	341	2243	746	14062
250233	236166	17652	16501	355	2097	548	13884
236505	218960	17661	16505	357	2058	546	14631
254913	239685	15378	14551	355	2040	561	13865
262023	242497	15369	14560	347	2076	1030	14913
243184	242866	15378	14573	345	2214	1043	15151
251914	251512	17749	16666	417	2356	1059	15600
273528	258656	19411	17537	414	3092	1044	17553
282358	264346	19149	18076	398	2311	1029	20054
276252	264316	19308	17928	425	2166	1531	22622
300203	292619	18438	17110	397	1883	1533	21800
314324	302213	18675	17365	422	1942	1536	22600
328834	316604	18813	17506	435	1876	1526	23900
331908	324279	19089	17834	411	1847	1529	24600
335024	325700	18655	17600	355	1932	1640	23317
119900	119900	1253	1226	4	23		7965
35700	35700	2725	2529	47	15	120	12400
35000	35000	4266	4217	10	266	1500	293
37892	37230	1053	1020	5	337		200
34300	34300	5533	5261	95	405	20	2003
24401	24401	272	272		510		
36565	32100	144	125	9	318		
11397	7200	3409	2950	185	58		456

a) Some data are from sample survey, it states that the sum of regional data is not equal to provincial total.
b) Data in 2006 has been amended based on the results of the census of agriculture.

12-19 2013－2018年畜牧业生产情况及主要畜产品产量
Livestock and Its Major Products(2013-2018)

单位：万头只 (10 000 heads)

指　标	Item	2013	2014	2015	2016	2017	2018
牲畜年末头数	**Number of Animals at Year-end**						
草食畜合计	Total of Herbivorous Livestock	1959.5	1961.1	1947.1	1943.2	1946.7	1863.69
大牲畜	Large Animals	532.9	542.3	554.4	598.0	559.3	527.62
牛	Cattle and Buffaloes	516.8	527.6	540.6	585.4	546.6	514.33
羊	Sheep and Goats	1426.6	1418.8	1392.7	1345.2	1387.4	1336.07
绵羊	Sheep	1234.8	1228.4	1201.2	1168.4	1207.4	1156.05
猪	Hogs	103.9	102.8	98.2	94.0	82.7	78.18
肉用畜出栏数	**Slaughtered Fattened Animals**						
草食畜合计	Total of Herbivorous Livestock	715.4	731.0	754.1	792.4	859.6	884.76
大牲畜	Large Animals	107.0	112.3	116.9	138.3	133.6	136.66
牛	Cattle and Buffaloes	105.4	110.6	115.6	136.9	132.2	135.59
羊	Sheep and Goats	608.4	618.6	637.1	654.1	726.1	748.1
绵羊	Sheep	563.1	574.2	594.7	610.6	682.3	704.11
猪	Hogs	118.4	119.8	114.0	105.2	110.6	116.47
肉类产量（万吨）	**Output of Meat (10 000 tons)**	**30.3**	**31.4**	**32.5**	**34.1**	**35.3**	**36.53**
猪肉	Pork	8.8	9.0	8.6	8.0	8.7	9.15
牛肉	Beef	10.3	10.6	11.5	13.3	12.9	13.18
羊肉	Mutton	10.3	10.6	11.2	11.6	12.7	13.12
禽肉	Poultry	0.8	0.9	0.9	1.0	0.9	0.84
奶类　（万吨）	**Milk (10 000 tons)**	**27.6**	**30.0**	**31.4**	**32.9**	**33.2**	**33.5**
牛奶	Cow Milk	26.4	29.3	30.2	31.7	32.4	32.57
羊毛　（吨）	**Wool (ton)**	**19308**	**18438**	**18675**	**18813**	**19089**	**18655**
绵羊毛	Sheep Wool	17928	17110	17365	17506	17834	17600
山羊绒	Cashmere	425	397	422	435	411	355
禽蛋　（吨）	**Poultry Eggs (ton)**	**26185**	**25795**	**27310**	**29531**	**24600**	**23300**

注：2016年牛存栏数据根据农业普查结果已作了修正。
a)The data of cattle and buffaloes kept at end of 2016 were corrected according to the results of agricultural census.

12−20 主要年份农林牧渔业总产值
Gross Output Value of Farming, Forestry, Animal Husbandry and Fishery in Main Years

单位：万元 (10 000 yuan)

年份 Year / 地区 Region		按当年现行价格计算 Calculated at Current Prices 农林牧渔业总产值 Total Output	农业 Farming	林业 Forestry	牧业 Animal Husbandry	渔业 Fishery	农林牧渔服务业 Services for Farming,Forestry, Animal Husbandry and Fishery
1952		16071	6991	24	7958	16	
1978		59898	29069	545	29218	126	
1980		77772	47170	683	28725	109	
1981		72958	40265	685	30736	124	
1985		122515	61968	4709	50091	527	
1990		245270	114837	6944	109548	670	
1991		252406	115579	6787	116486	792	
1992		272619	120585	6839	129816	799	
1993		309975	151834	7463	149779	899	
1994		448723	218100	7699	221601	1323	
1995		550982	265469	8630	275705	1178	
1996		561574	299864	9099	251409	1220	
1997		590148	306163	9735	273363	887	
1998		607924	314152	9993	283127	652	
1999		590200	293093	13840	282361	906	
2000		569850	249055	15056	304939	800	
2001		632975	289023	18206	324693	1053	
2002		655019	285919	26555	341463	1082	
2003(旧)		681200	297347	27617	355361	875	
2003(新)		769492	297384	26377	407062	875	37795
2004		866478	342201	17980	464983	695	40618
2005		940416	364408	17521	516985	620	40881
2006		976369	386153	19919	540833	1043	28421
2007		1212521	491608	19608	670122	1105	30077
2008		1534004	587381	20477	891517	1439	33190
2009		1572984	613081	23051	900931	714	35207
2010		2013173	920725	37745	1014535	1236	38932
2011		2308188	1029100	41700	1193388	2000	42000
2012		2638613	1170875	45709	1370758	5583	45687
2013		3103020	1405389	56768	1579041	12628	49194
2014		3274916	1442060	66092	1691371	22172	53221
2015		3192654	1449985	74330	1583747	27755	56837
2016		3387977	1555179	82775	1657165	32526	60332
2017		3640974	1623826	90382	1829822	34402	62542
2018		4059339	1692359	104115	2159841	36413	66611
西宁市	Xining City	868382	389339	19677	451893		7473
海东市	Haidong City	1052326	621261	23240	385030	5540	17254
海北州	Haibei Zang A.P	324917	80631	4705	233047		6535
黄南州	Huangnan Zang A.P	291449	51569	6959	219677	2410	10833
海南州	Hainan Zang A.P	560214	150579	23096	349336	27671	9532
果洛州	Golog Zang A.P	89984	15507	564	71408		2506
玉树州	Yushu Zang A.P	351674	83560	4840	258659		4616
海西州	Haixi Mongolian & Zang A.P	520393	299913	21035	190790	792	7863

注：2006年数据根据农业普查结果作了修订。
a) Data in 2006 were amended based on the results of the census of agriculture.

12-21 主要年份农业总产值构成及环比指数(按可比价格计算)

Structure of Gross Output Value of Agriculture and Its Chain Indices in Main Years (Calculated at Constant Prices)

单位：% (%)

年份 Year	农业总产值构成 Structure of Gross Output Value of Agriculture	农业 Farming	林业 Forestry	牧业 Animal Husbandry	渔业 Fishery	农林牧渔服务业 Services for Farming,Forestry, Animal Husbandry and Fishery
1952	100	43.50	0.15	49.52	0.10	
1978	100	48.53	0.91	48.78	0.21	
1980	100	50.29	0.90	47.23	0.16	
1985	100	47.96	4.26	42.75	0.17	
1990	100	48.22	3.35	43.02	0.15	
1995	100	48.25	2.61	48.84	0.30	
1996	100	51.92	2.64	45.17	0.27	
1997	100	52.08	2.57	45.20	0.15	
1998	100	51.53	2.51	45.83	0.13	
1999	100	50.15	3.48	46.24	0.13	
2000	100	46.66	3.70	49.48	0.16	
2001	100	47.15	3.53	49.08	0.24	
2002	100	44.91	4.97	49.89	0.23	
2003	100	38.65	3.43	52.90	0.11	4.91
2004	100	39.73	2.78	52.66	0.12	4.71
2005	100	38.75	1.86	54.97	0.07	4.35
2006	100	39.55	2.04	55.39	0.11	2.91
2007	100	40.54	1.62	55.27	0.09	2.48
2008	100	38.29	1.34	58.12	0.09	2.16
2009	100	38.98	1.46	57.27	0.05	2.24
2010	100	45.74	1.87	50.40	0.06	1.93
2011	100	44.58	1.81	51.70	0.09	1.82
2012	100	44.38	1.73	51.95	0.21	1.73
2013	100	45.29	1.83	50.89	0.41	1.58
2014	100	44.03	2.02	51.65	0.68	1.62
2015	100	45.42	2.33	49.60	0.87	1.78
2016	100	45.90	2.45	48.91	0.96	1.78
2017	100	44.60	2.48	50.26	0.94	1.72
2018	100	41.69	2.56	53.21	0.90	1.64

12-21 续表 Continued

上年=100 (Preceding year=100)

年 份 Year	农业总产值环比指数 Chain Index of Gross Output Value of Agriculture	农 业 Farming	林 业 Forestry	牧 业 Animal Husbandry	渔 业 Fishery	农林牧渔服务业 Services for Farming,Forestry, Animal Husbandry and Fishery
1952	111.86	112.27	216.67	110.21	114.29	
1978	99.38	103.39	88.78	95.51	86.86	
1980	111.02	119.12	114.88	105.82	91.59	
1985	111.11	104.73	123.76	109.77	111.32	
1990	104.86	105.21	87.49	105.77	127.34	
1995	99.78	97.20	102.30	102.49	78.74	
1996	103.91	111.81	105.22	96.11	93.07	
1997	105.69	106.03	102.60	105.76	60.33	
1998	104.52	103.43	102.31	105.97	88.30	
1999	100.23	97.54	138.88	101.13	105.30	
2000	97.46	90.67	103.65	104.30	117.16	
2001	105.38	106.51	100.30	104.51	159.18	
2002	103.45	98.52	145.81	105.17	98.53	
2003	102.96	102.33	82.70	106.07	73.60	98.36
2004	103.70	104.32	71.76	105.58	77.32	106.02
2005	105.37	104.07	97.45	107.14	89.18	99.95
2006	100.36	97.88	113.68	104.11	168.14	68.29
2007	104.79	105.29	98.44	104.93	105.95	99.56
2008	104.51	108.90	104.43	101.40	130.28	101.33
2009	105.80	106.03	112.57	105.69	49.62	102.79
2010	106.65	109.40	129.04	104.09	173.04	105.01
2011	104.80	106.48	110.48	103.09	161.84	102.45
2012	105.44	105.65	109.61	104.81	279.17	105.61
2013	105.56	106.09	124.19	104.02	226.17	104.84
2014	105.44	106.62	116.43	103.51	175.58	104.73
2015	105.11	105.05	115.69	104.61	132.68	102.48
2016	105.44	105.54	111.38	104.93	118.86	104.00
2017	104.85	104.15	109.19	105.38	106.83	101.99
2018	104.56	103.74	116.07	104.78	115.98	104.11

12–22 分项目农业总产值

Gross Output Value of Agriculture by Project

单位：万元 (10 000 yuan)

指 标	Item	按当年价格计算 2013	2014	2015	2016	2017	2018
农林牧渔业总产值	**Total**	**3103020.3**	**3274916.4**	**3192653.8**	**3387977.1**	**3640973.6**	**4059338.8**
农业产值	**Farming**	**1405389.4**	**1442060.1**	**1449985.0**	**1555179.0**	**1623826.0**	**1692358.8**
谷物及其他作物	Cereal and Other Crops	706296.6	658662.2	620739.0	674468.3	696132.3	616043.7
谷物	Cereal	164474.6	170049.5	177667.2	166573.3	160756.2	161020.1
薯类	Tubers	242290.0	170320.8	160518.4	219412.6	244095.1	207403.8
油料	Oil-bearing	169345.2	170320.8	141694.5	142005.6	139497.8	133117.6
豆类	Beans	34170.5	31711.2	26600.6	26645.8	26815.3	19791.1
棉花	Cotton						
麻类	Fiber Crops						
糖料	Sugar Crops	60.0	346.4	118.2	105.2	17.4	42.4
烟草	Tobacco	276.0	113.9				
其他农作物	Other Farm Crops	95680.3	115799.6	114140.1	119725.8	124950.5	94668.7
蔬菜食用菌花卉园艺作物	Vegetables, Edible Fungi, Flowers and Plants, and Horticulture Crops	371250.4	406575.0	444766.5	437786.4	482466.6	508486.5
蔬菜	Vegetables	362983.8	397231.3	434366.6	425114.7	468765.4	494858.0
食用菌	Edible Fungi	4469.1	5621.6	6282.1	8153.1	7706.0	7692.8
花卉	Flowers and Plants	2682.0	2325.0	2718.3	1863.8	2035.9	1915.0
其他园艺作物	Other Horticulture Crops	1115.5	1397.1	1399.5	2654.8	3959.3	4020.6
水果坚果香料原料	Fruits, Nuts, Spices Raw Materials	15314.2	17162.1	28791.0	53471.4	51661.7	50676.7
中药材	Medicinal Meterials	312528.2	359660.8	355688.5	389452.9	393565.4	517151.9
林业产值	**Forestry**	**56767.9**	**66092.2**	**74330.2**	**82775.1**	**90381.9**	**104115.1**
林木的培育和种植	Forest of Cultivate and Raise						
育种育苗	Breeding of Seedlings	6133.2	5898.5	10280.9	5916.0	6256.0	5596.9
造林	Afforestation	30511.1	37122.4	42589.6	56024.1	56719.5	70360.3
抚育和管理	Tending and Management	12126.7	17167.5	16777.5	16297.6	23103.1	22413.9
竹木采运	Wood Harvesting	1068.8	2091.4	1298.8	1584.2	1393.8	842.4
林产品	Forest Products	6927.9	3812.4	3383.4	2953.2	2909.5	4901.6
牧业产值	**Animal Husbandry**	**1579041.2**	**1691371.3**	**1583746.6**	**1657165.1**	**1829822.0**	**2159840.9**
牲畜饲养	Number of Livestock	1321615.4	1440651.8	1354365.8	1400772.0	1544787.1	1906391.4
牛的饲养	Cattle and Buffaloes	504870.7	537477.5	404664.6	494658.5	526076.4	818086.7
羊的饲养	Sheep and Goats	557111.6	604040.0	587637.3	549591.1	649823.7	744733.6
其他牲畜饲养	Other Livestock	10182.0	12065.9	51030.7	72160.7	72160.7	4212.2
奶产品	Milk Products	221193.2	257025.2	283838.7	257317.8	269908.2	308440.6
毛绒产品	Down Products	28257.9	30043.2	27194.5	27043.9	26818.1	30918.4
其他牲畜副产品	Other by-products						
猪的饲养	Hogs	212241.5	203034.9	180187.6	200593.0	224701.5	193193.6
家禽饲养	Poultry	39674.4	43260.6	43332.5	49434.5	54070.2	51684.6
狩猎和捕捉动物	Hunting Animal	387.3	740.1	968.6	970.1	785.8	857.9
其他畜牧业	Other Animal Husbandry	5122.6	3683.9	4892.1	5395.5	5477.4	7713.5
渔业产值	**Fishery**	**12627.9**	**22171.7**	**27755.1**	**32526.2**	**34402.1**	**36413.0**
农林牧渔服务业	**Services for Farming, Forestry, Animal Husbandry and Fishery**	**49193.9**	**53221.1**	**56836.9**	**60331.7**	**62541.6**	**66611.1**

12-23 2013－2018年农业增加值(按当年价格计算)

Value-added of Agriculture (Calculated at Current Prices)(2013－2018)

单位：万元 (10 000 yuan)

指　标	Item	2013	2014	2015	2016	2017	2018
农业总产值	**Gross Output Value of Agriculture**	**3103020**	**3274916**	**3192654**	**3387977**	**3640974**	**4059339**
农业	Farming	1405389	1442060	1449985	1555179	1623826	1692359
林业	Forestry	56768	66092	74330	82775	90382	104115
牧业	Animal Husbandry	1579041	1691371	1583747	1657165	1829822	2159841
渔业	Fishery	12628	22172	27755	32526	34402	36413
农林牧渔服务业	Services for Farming, Forestry, Animal Husbandary and Fishery	49194	53221	56837	60332	62542	66611
中间消耗	**Between Consume**	**1027134**	**1084575**	**1070457**	**1141093**	**1220579**	**1339773**
农业	Farming	586935	589413	593804	637678	666007	694370
林业	Forestry	20730	24149	29213	32537	35528	40963
牧业	Animal Husbandry	396347	443678	417600	438599	485110	568212
渔业	Fishery	2636	5157	5929	6906	7648	8183
农林牧渔服务业	Services for Farming, Forestry, Animal Husbandary and Fishery	20486	22178	23911	25373	26286	28045
增加值	**Value-added**	**2075886**	**2190341**	**2122197**	**2246884**	**2420395**	**2719566**
农业	Farming	818454	852647	856181	917501	957819	997989
林业	Forestry	36038	41943	45117	50238	54854	63152
牧业	Animal Husbandry	1182694	1247693	1166147	1218566	1344712	1591629
渔业	Fishery	9992	17015	21826	25620	26754	28230
农林牧渔服务业	Services for Farming, Forestry, Animal Husbandary and Fishery	28708	31043	32926	34959	36256	38566

12−24 主要年份农业经济效益主要指标

Major Indicators of Agriculture Economy Benefit in Main Years

年 份 Year	人均粮食产量（千克/人）Per Capita Output of Grain (kg/person)			人均油料产量（千克/人）Per Capita Output of Oil-bearing Corps (kg/person)			人均农业总产值（元/人）Per Capita Output of Gross Output Value of Agriculture (yuan/person)		
	按总人口 By Total Population	按乡村人口 By Rural Population	按农业从业人员 By Rural Employed Persons	按总人口 By Total Population	按乡村人口 By Rural Population	按农业从业人员 By Rural Employed Persons	按总人口 By Total Population	按乡村人口 By Rural Population	按农业从业人员 By Rural Employed Persons
1978	248	326	875	12	16	44	476	626	1663
1980	254	341	883	19	25	65	492	658	1701
1985	246	343	894	25	34	88	585	808	2109
1990	258	361	952	27	38	100	576	806	2127
1995	239	362	854	34	51	121	591	854	2111
1996	254	371	886	35	51	122	601	880	2099
1997	257	383	911	37	55	131	626	930	2214
1998	255	379	908	42	62	149	645	957	2295
1999	203	303	706	56	84	194	637	951	2212
2000	160	244	577	38	57	135	613	933	2210
2001	197	298	714	44	66	159	638	962	2309
2002	173	261	656	44	67	168	653	987	2478
2003	163	250	644	49	75	194	662	1017	2620
2004	164	250	671	54	82	219	680	1034	2777
2005	172	261	724	59	89	247	1731	2632	7305
2006	174	269	768	51	79	225	1783	2764	7874
2007	180	276	828	58	89	269	2198	3373	10121
2008	184	278	847	64	97	295	2767	4180	12719
2009	185	277	847	67	100	305	2823	4228	12951
2010	181	270	845	67	99	310	3592	5323	16638
2011	182	271	876	65	97	312	4062	6058	19543
2012	177	264	885	63	94	315	4604	6851	22956
2013	179	268	899	58	87	291	5370	8041	26936
2014	181	269	914	56	83	282	5613	8319	28305
2015	177	262	894	54	80	272	5426	8049	27426
2016	177	264	907	53	79	271	5709	8550	29333
2017	171	258	879	51	76	259	6085	9149	31195
2018	171	258	902	47	71	249	6729	10154	35533

注：1.人均产值2004年以前按1990年不变价格计算，2005年后按当年价格计算。
2.2007—2017年数据根据第三次全国农业普查数据进行了调整。

a) Per capita output of gross output value of agriculture had been calculated at 1990 constant prices before 2004, and calculated at the current price since 2005.

b)The data for 2007-2017 were adjusted according to the data of the third national agricultural census.

主要统计指标解释

农林牧渔业总产值 指以货币表现的农、林、牧、渔业全部产品和对农林牧渔业生产活动进行的各种支持性服务活动的价值总量,它反映一定时期内农林牧渔业生产总规模和总成果。1957 年以前的农林牧渔业总产值中包括了厩肥和农民自给性手工业(如农民自制衣服、鞋、袜,自己从事粮食初步加工等)。1958 年及以后,林业中增加了村及村以下竹木采伐产值;牧业中取消了厩肥产值;副业中取消了农民自给性手工业产值,增加了村及村以下办的工业产值;渔业中增加了海洋捕捞水产品产值。1980 年及以后,在副业中增加了农民家庭兼营工业商品部分的产值。从 1984 年起村及村以下工业产值划归工业。从 1993 年起取消副业,将野生动物的捕猎划入牧业,野生植物采集和农民家庭兼营商品性工业划归农业。从 2003 年起,执行新的国民经济行业分类标准,农林牧渔业总产值中包括了农林牧渔服务业产值。林业中增加了森林采运业产值。农业中取消了家庭兼营商品性工业产值,将野生林产品的采集划归林业。第一次农业普查以后,由于畜牧业产品年报数据与普查数据之间存在一定的差距,国家统计局农调总队对畜牧业年报数据与普查数据进行衔接,对畜牧业产值进行相应调整。

农林牧渔业总产值的计算方法通常是按农、林、牧、渔业产品及其副产品的产量分别乘以各自单位产品价格求得;少数生产周期较长,当年没有产品或产品产量不易统计的,则采用间接方法匡算其产值;然后将四业产品产值及农林牧渔服务业产值相加即为农林牧渔业总产值。

粮食产量 指全社会的产量。包括国有经济经营的、集体统一经营的和农民家庭经营的粮食产量,还包括工矿企业办的农场和其他生产单位的产量。粮食除包括稻谷、小麦、玉米、高粱、谷子及其他杂粮外,还包括薯类和豆类。其产量计算方法,豆类按去豆荚后的干豆计算;薯类(包括甘薯和马铃薯,不包括芋头和木薯)1963 年以前按每 4 公斤鲜薯折 1 公斤粮食计算,从 1964 年开始改为按 5 公斤鲜薯折 1 公斤粮食计算。城市郊区作为蔬菜的薯类(如马铃薯等)按鲜品计算,并且不作粮食统计。其他粮食一律按脱粒后的原粮计算。1989 年以前全国粮食产量数据主要靠全面报表取得,1989 年开始使用抽样调查数据。

油料产量 指全部油料作物的生产量。包括花生、油菜籽、芝麻、向日葵籽、胡麻籽(亚麻籽)和其他油料。不包括大豆、木本油料和野生油料。花生以带壳干花生计算。

猪、牛、羊肉产量 指当年出栏并已屠宰、除去头蹄下水后带骨肉(即胴体重)的重量。包括全社会范围内的产量。

期初(末)畜禽存栏头(只)数 指报告期初(末)农村各种合作经济组织和国营农场、农民个人、机关、团体、学校、工矿企业、部队等单位以及城镇居民饲养的大牲畜、猪、羊、家禽等畜禽的存栏数。

1996 年前为各级逐级上报数据。1996 年第一次农业普查以后,由于畜牧业产品年报数据与普查数据之间存在一定的差距,国家统计局农调总队对畜牧业年报数据与普查数据进行衔接。1999 年以后,国家统计局在部分地区开展了猪、牛、羊、禽等主要畜禽品种的抽样调查,并用抽样数据作为国家定案数据使用。全省猪、牛、羊、禽等主要畜禽的存栏、出栏及畜产品产量为抽样调查数,其它小品种存栏、出栏及畜产品产量仍使用各级统计部门逐级上报数据。

农作物播种面积 指实际播种或移植有农作物的面积。凡是实际种植有农作物的面积,不论种植在耕地上还是种植在非耕地上,均包括在农作物播种面积中。在播种季节基本结束后,因遭灾而重新改种和补种的农作物面积,也包括在内。它是反映我国耕地面积利用情况的一个重要指标。目前,农作物播种面积主要包括粮食、棉花、油料、糖料、麻类、烟叶、蔬菜和瓜类、药材和其他农作物九大类。

有效灌溉面积 指具有一定的水源,地块比较平整,灌溉工程或设备已经配套,在一般年景下,当年能够进行正常灌溉的耕地面积。在一般情况下,有效灌溉面积应等于灌溉工程或设备已经配备,能够进行正常灌溉的水田和水浇地面积之和。它是反映我国耕地抗旱能力的一个重要指标。

农用化肥施用量 指本年内实际用于农业生产的化肥数量,包括氮肥、磷肥、钾肥和复合肥。化肥施用量要求按折纯量计算数量。折纯量是指把氮肥、磷肥、钾肥分别按含氮、含五氧化二磷、含氧化钾的百分之百成份进行折算后的数量。复合肥按其所含主要成分折算。公式为:折纯量 = 实物量 × 某种化肥有效成份含量的百分比**农业机械总动力** 指主要用于农、林、牧、渔业的各种动力机械的动力总和。包括耕作机械、排灌机械、收获机械、农用运输机械、植物保护机械、牧业机械、林业机械、渔业机械和其他农业机械〔内燃机按引擎马力折成瓦(特)计算、电动机按功率折成瓦(特)计算〕。不包括专门用于乡、镇、村、组办工业、基本建设、非农业运输、科学试验和教学等非农业生产方面用的动力机械与作业机械。这个指标的统计数据主要来源于农机部门。

Explanatory Notes on Main Statistical Indicators

Gross Output Value of Agriculture, Forestry, Animal Husbandry and Fishery refers to the total value of products of agriculture, forestry, animal husbandry and fishery, and total value of services in support of agriculture, forestry, animal husbandry and fishery activities. It reflects the total scale and results of agricultural production during a given period. Prior to 1957, China's gross agricultural output value included barnyard manure and handicraft products for self – consumption (clothes, shoes, stockings, and initial grain processing undertaken by peasants). Since 1958, cutting and felling of bamboo and trees by villages and other cooperative organizations under villages have been included in forestry; value of barnyard manure has been excluded from animal husbandry; self consumed handicrafts have not been included from sideline occupations, while the output value of industries run by villages and cooperative organizations under village has been included in sideline occupations; and the output value of fish catches by motor fishing boats has been added to fishery. Since 1980, the value of handicraft products made for sale by individuals in households has been added to sideline occupations. Since 1984, industries run by villages and under villages have been included in the sector of industry. Since 1993, the subdivision of sideline occupations has been cancelled, and the hunting of wild animals has been classified into animal husbandry, and the gathering of wild plants and commodity industry run by rural household have been included in farming. A new industrial classification of economic activities was introduced in 2003. Under the new classification, value of services to agriculture, forestry, animal husbandry and fishery is included in the gross output value of agriculture, value of wood felling and transport is included in forestry, value of industrial output by rural households is not included in agriculture, and the collection of wild forest products is taken from agriculture and included in forestry. The First Agriculture Census of China revealed some discrepancy between the production of animal products from the annual reports and that from the census. Efforts were made by the Rural Survey of NBS to adjust the output value of animal husbandry to make the figures from the annual reports consistent with the census data.

Gross output value of agriculture is obtained by multiplying the output of each product or by – product by its price, resulting in the output value of each single item. For a small number of products, annual output of which is not available or difficult to get due to the long production (growing) process involved, the output value is estimated through an indirect approach. The sum of output values of all products of agriculture, forestry, animal husbandry and fishery and services in support to those industries is then equal to the gross output value of agriculture.

Grain Output refers to the total output in the whole country including grains produced by State farms, collective units, rural households, as well as by farms affiliated to industrial and mining enterprises and other production units. Grain includes rice, wheat, corn, sorghum, millet and other miscellaneous grains as well as tubers and beans. Output of beans refers to dry beans without pods. The output of tubers (sweet potatoes and potatoes, not including taros and cassava) are converted into that of grain at the ratio 4:1, i. e. 4 kilograms of fresh tubers were equivalent to 1 kilogram of grain up to 1963. Since 1964 the ratio for conversion has been 5:1. Tubers supplied as vegetables (such as potatoes) in cities and suburbs are calculated as fresh vegetables and their output is not included in the output of grain. Output of all other grains refers to husked grain. Data on grain production before 1989 were obtained through the Comprehensive Statistical Reporting System. Since 1989, data from sample surveys are used.

Output of Oil – bearing Crops refers to the total production of oil – bearing crops of various kinds, including peanuts (dry, in shell), rapeseeds, sesame, sunflower seeds, flax seeds, and other oil – bearing crops. Soybeans, oil – bearing woody plants, and wild oil – bearing crops are not included.

Output of Pork, Beef, and Mutton refers to the meat of slaughtered hogs, cattle, sheep and goats with head, feet, and offal taken away. Data refers to the production of the whole country.

Number of Livestock or Poultry in Stock at Beginning (or End) of Period refers to the total number of large animals, pigs, sheep, fowls, etc. raised by rural cooperative organizations, State farms, rural individuals, government agencies, schools, industrial and mining enterprises, army, and urban residents at the beginning (or end) of the reference period. The First Agricultural Census of China in 1996 revealed some discrepancy between the production of animal products from the annual reports and that from the census. Efforts were made by the Rural Survey Organization of the NBS to adjust the output value of animal husbandry to make the figures from the annual reports consistent with the census data. Since 1999, the NBS conducted sample surveys for the major animal husbandry products, such as hogs, cattle, sheep and goats and fowls, and the data from sample surveys are used as national finalized data. The number of livestock, fallow and livestock output of pigs, cattle, sheep and poultry in the whole province was sampled. The statistics of other small varieties, livestock production and slaughter were still reported at all levels.

In accordance with the requirements of the Third National Agricultural Census Approval and Revision Program for Data Relevant to Conventional Annual Report, the Yearbook of 2019 approved and revised the historical data from 2006 to 2018.

Sown Area of Crops refers to area of land sown or transplanted with crops regardless of being in cultivated area or non – cultivated area. Area of land re – sown due to natural disasters is also included. This is an important indicator that can reflect the utilization condition of the cultivated land in China. At present, the sown area of crops mainly include the following 9 categories of crops: grain, cotton, oil – bearing crops, sugar crops, flax crops, tobacco, vegetables and melons, medicinal materials and other farm crops.

Irrigated Area refers to area of land that are effectively irrigated, i. e. relatively level land, where there are water sources or complete sets of irrigation facilities to lift and move adequate water for irrigation purpose under normal conditions. Under normal situations, irrigated area is the sum of watered fields and irrigated fields where irrigation systems or equipment have been installed for regular irrigation purpose. This important indicator reflects drought resistance capacity of the cultivated land in China.

Consumption of Chemical Fertilizers in Agriculture refers to the quantity of chemical fertilizers applied in agriculture in the year, including nitrogenous fertilizer, phosphate fertilizer, potash fertilizer, and compound fertilizer. The consumption of chemical fertilizers is calculated in terms of volume of effective components by means of converting the gross weight of the respective fertilizers into weight containing effective component (e. g. nitrogen content in nitrogenous fertilizer, phosphorous pentoxide contents in phosphate fertilizer, and potassium oxide contents in potash fertilizer). Compound fertilizer is converted in regard to its major components. The formula is:

Volume of effective component = physical quantity × effective component of certain chemical fertilizer (%)

Total Power of Agricultural Machinery refers to total mechanical power of machinery used in agriculture, forestry, animal husbandry and fishery, including machinery for ploughing, irrigation and drainage, harvesting, transport, plant protection, animal husbandry, forestry and fishery and other agricultural machineries. (For the power of internal combustion engines, it is converted from its horsepower into watts while for electric motors the output power is converted into watts.) Machinery employed for non – agricultural purposes, such as the machines used in township – run and village – run industry, construction, non – agricultural transport, scientific experiments and teaching, are not included. Data are mainly from agricultural machinery agencies.

第 13 篇
CHAPTER 13

工　业
Industry

规模以上工业增加值增速

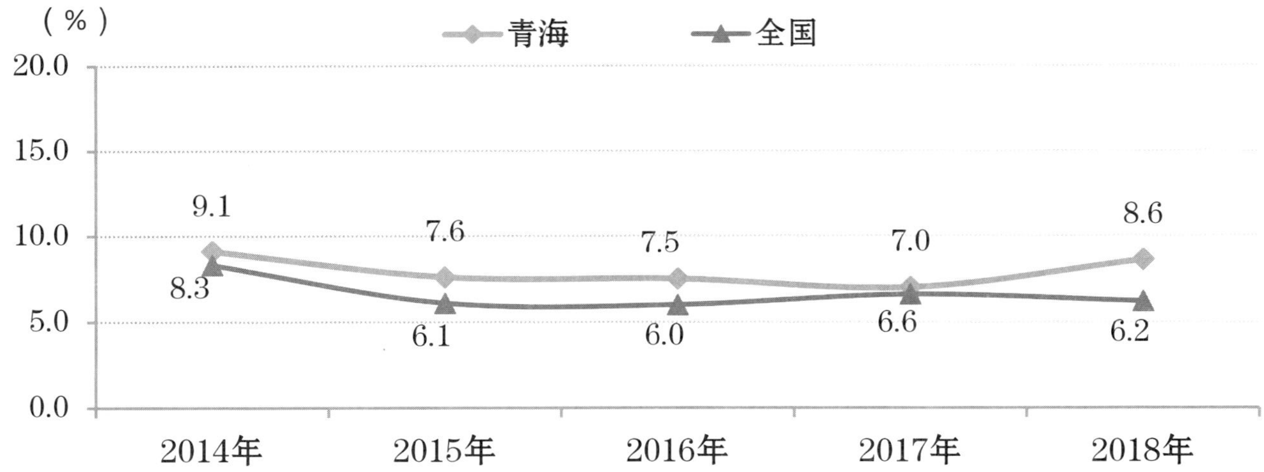

主要工业产品产量

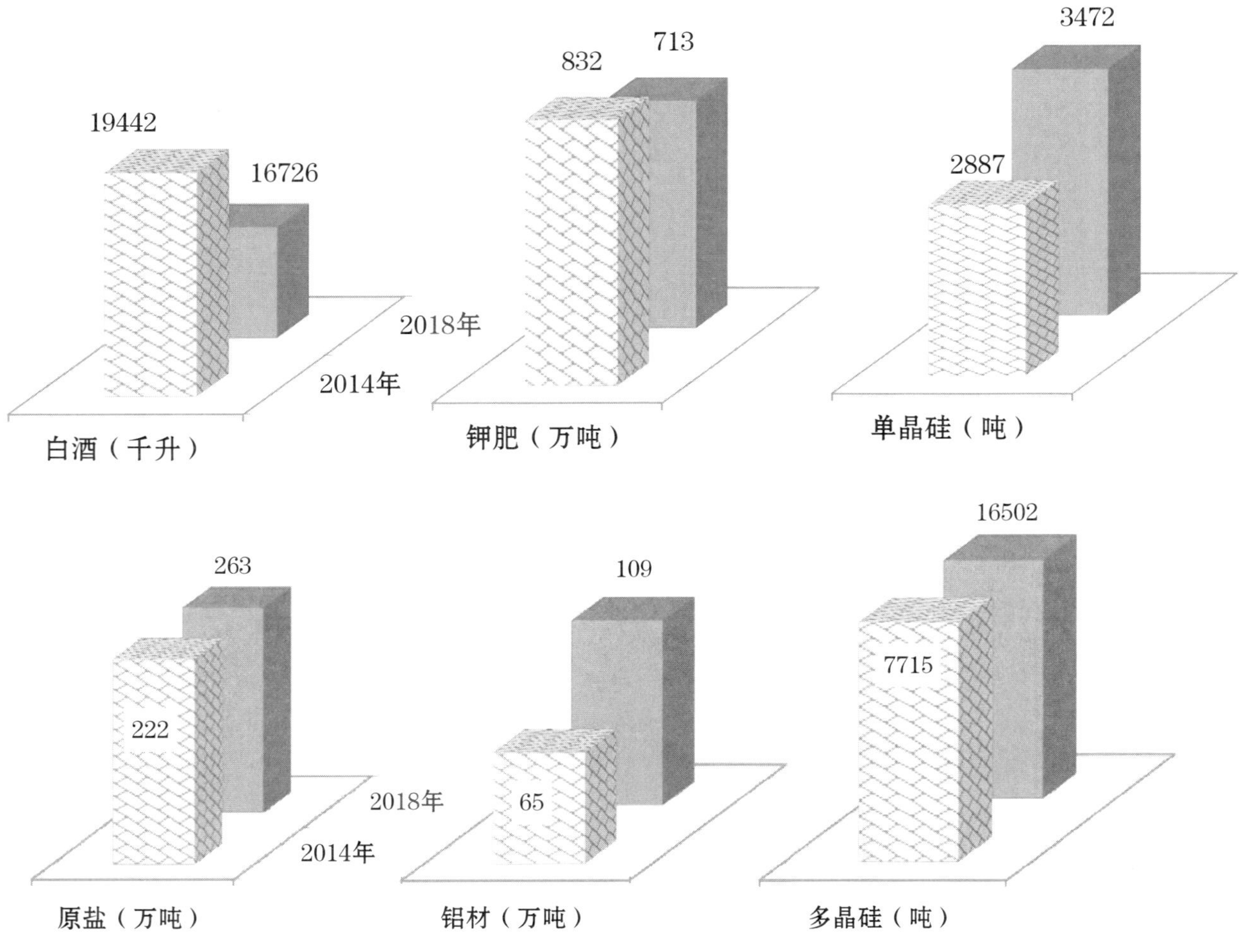

13-1 2016-2017年规模以上工业企业基本情况

Basic Condition of Industrial Enterprises above Designated Size (2016-2017)

指 标	Item	2016		2017	
		企业单位数(个) Number of Enterprises (unit)	工业总产值(万元) Gross Industrial Output Value (10 000 yuan)	企业单位数(个) Number of Enterprises (unit)	工业总产值(万元) Gross Industrial Output Value (10 000 yuan)
规模以上工业企业(下同)	**Industrial Enterprises above Designated Size**	**593**	**28355630**	**569**	**24942917**
按登记注册类型分	**By Status of Registration**				
内资企业	Domestic Funded	568	26999399	545	24125588
国有企业	State-owned Enterprises	8	2464446	6	2719521
中央企业	Central	1	2425084	1	2687301
地方企业	Local	7	39362	5	32220
集体企业	Collective-owned Enterprises	2	3852	1	6139
股份合作企业	Cooperative Enterprises	2	234548	2	102439
有限责任公司	Limited Liability Corporations	258	11126068	242	9147916
国有独资公司	State Sole funded Corporations	30	1319682	30	2148244
其他有限责任公司	Other Limited Liability Corporations	228	9806387	212	6999672
股份有限公司	Share-holding Corporations Limited	30	5565529	35	6116010
私营企业	Private Enterprises	267	7604957	258	6023386
私营独资企业	Private-funded Enterprises	4	29456	1	1876
私营合伙企业	Private Partnership Enterprises	1	84971	1	30796
私营有限责任公司	Private Limited Liability Corporations	248	6916804	244	5679970
私营股份有限公司	Private Share-holding Corporations Ltd.	14	573726	12	310744
其他企业	Other Eenterprises	1		1	10177
港、澳、台商投资企业	Enterprises with Funds from Hong Kong, Macao and Taiwan	10	781409	12	699703
合作经营企业(港或澳、台资)	Cooperative Enterprises				
合资经营企业(港或澳、台资)	Joint-ventures Enterprises	6	263810	6	120460
港澳台商独资经营企业	Enterprises with Sole Investment	4	517599	5	574905
港澳台商投资股份有限公司	Share-holding Corporations Ltd.			1	4338
外商投资企业	Foreign Funded Enterprises	15	574822	12	117627
中外合资经营企业	Joint-venture Enterprises	9	505851	7	84072
中外合作经营企业	Cooperation Enterprises	2	48140	1	7269
外资企业	Enterprises with Sole Funds	3	17137	3	23421
外商投资股份有限公司	Share-holding Corporations Ltd.	1	2695	1	2865
亏损企业	**Loss-making Enterprises**	**164**	**6142525**	**168**	**5597226**
国有控股企业	**State-holding Enterprises**	**138**	**13105143**	**138**	**13391075**
按轻重工业分	**Grouped by Light & Heavy Industries**				
轻工业	Light Industry	184	5261975	170	3552914
重工业	Heavy Industry	409	23093656	399	21390003
按企业规模分	**Grouped by Size of Enterprises**				
大型企业	Large Enterprises	23	10352783	22	11318133
中型企业	Medium-sized Enterprises	90	7150928	87	5508065
小型企业	Small Enterprises	480	10851919	460	8116719
微型企业	Micro Enterprises	69	595920	80	844696

注：1.规模以上工业企业是指主营业务收入在2000万元以上的工业企业(下表同)。
2.工业总产值按当年价格计算。
3.本章2018年经济效益数据因第四次全国经济普查数据尚在审核汇总中而未收录。

a)Industrial enterprises above designated size are those with annual revenue from principal business over 20 million yuan.The same applies to the tables following.

b)Gross industrial output value is calculated at current prices.

c)The economic benefit data of this chapter in 2018 are not included because the data of the fourth national economic census are still in the audit and summary.

13-2 2013-2018年规模以上工业企业增加值增速及比重
Growth Rate and Proportion of Value-added of Industry of Industrial Enterprises above Designated Size(2013-2018)

单位：% (%)

类 型	Type	2013	2014	2015	2016	2017	2018
工业增加值比上年增长	**Value-added of Industry Growth over the Previous Year**	**12.6**	**9.1**	**7.6**	**7.5**	**7.0**	**8.6**
在总计中：	Categories of the Total						
国有企业	State-owned Enterprises	9.4	-15.5	-6.9	9.6	5.4	6.6
集体企业	Collective-owned Enterprises	-21.7	-23.3	17.2	-9.3	107.3	77.5
股份合作企业	Cooperative Enterprises	-3.3	42.6	41.6	20.2	181.1	1.1
股份制企业	Joint-stock Enterprises	13.5	9.7	7.7	7.4	7.7	9.3
外商及港澳台投资企业	Enterprises with Funds from Hong Kong,Macao	5.8	19.9	23.3	5.7	-12.6	-7.0
其他经济类型	Other Enterprises	17.3	-16.1	22.1	2.3	1.0	-1.1
在总计中：	Categories of the Total						
国有控股企业	State-holding Enterprises	9.2	3.5	3.0	2.5	4.5	7.4
在总计中：	Categories of the Total						
非公有工业	Non-public-owned Industries	16.2	12.5	13.3	12.0	11.7	10.8
在总计中：	Categories of the Total						
大中型工业企业	Large and Medium-sized Industrial Enterprises	5.8	2.0	0.9	2.0	5.0	8.6
国有企业	State-owned Enterprises	7.9	-16.9	-9.5	-1.7	4.1	8.3
在总计中：	Categories of the Total						
私营企业	Private Enterprises	21.3	10.6	12.2	8.9	13.9	9.5
工业增加值占比	**Value-added of Industry Proportion**						
在总计中：	Categories of the Total						
国有企业	State-owned Enterprises	11.6	6.2	5.4	6.0	6.5	5.9
集体企业	Collective-owned Enterprises	0.1	…	…	…	…	…
股份合作企业	Cooperative Enterprises	0.5	0.5	0.9	1.1	0.3	0.1
股份制企业	Joint-stock Enterprises	82.5	88.6	87.7	87.1	89.6	91.1
外商及港澳台投资企业	Enterprises with Funds from Hong Kong,Macao	4.1	4.6	5.2	5.0	3.4	2.7
其他经济类型	Other Enterprises	1.2	0.1	0.7	0.8	0.2	0.2
在总计中：	Categories of the Total						
国有控股企业	State-holding Enterprises	45.6	44.3	42.2	41.3	51.3	64.0
在总计中：	Categories of the Total						
非公有工业	Non-public-owned Industries	44.2	46.2	48.5	48.8	40.8	33.7
在总计中：	Categories of the Total						
大中型工业企业	Large and Medium-sized Industrial Enterprises	62.4	59.5	56.6	55.6	61.3	74.2
国有企业	State-owned Enterprises	10.2	5.5	4.3	4.6	5.6	5.2
在总计中：	Categories of the Total						
私营企业	Private Enterprises	21.8	23.4	26.2	26.5	20.8	16.2

注：本表比上年增长数按不变价格计算。

a)The growthrate over the previous year in this table arecalculated at constant prices.

13-3 按行业分规模以上工业企业工业增加值增速及比重(2018年)
By industry sector that Growth rate and Proportion of Value -added of Industry of Industrial Enterprises above Designated Size(2018)

指 标	Item	比上年增长(%) Growth over the Previous Year (%)	占总量比重(%) Proportion of Total (%)
合计	**Total**	**8.6**	**100.00**
煤炭开采和洗选业	Mining and Washing of Coal	112.6	2.75
石油和天然气开采业	Extraction of Petroleum and Natural Gas	2.4	12.93
黑色金属矿采选业	Mining and Processing of Ferrous Metal Ores	234.9	0.35
有色金属矿采选业	Mining and Processing of Non-Ferrous Metal Ores	-2.9	2.77
非金属矿采选业	Mining and Processing of Non-metal Ores	-5.2	0.35
其他采矿业	Mining of Other Ores		
开采辅助活动	Support Activities for Mining	-22.2	0.31
农副食品加工业	Processing of Food from Agricultural Products	-20.3	1.03
食品制造业	Manufacture of Foods	21.7	2.09
酒、饮料和精制茶制造业	Manufacture of Liquor, Beverages and Refined Tea	-27.8	0.80
纺织业	Manufacture of Textile	-25.0	0.32
纺织服装、服饰业	Manufacture of Textile, Wearing Apparel and Accessories	-54.3	0.47
皮革、毛皮、羽毛及其制品和制鞋业	Manufacture of Leather, Fur, Feather and Related Products and Footwear		
木材加工和木、竹、藤、棕、草制品业	Processing of Timber, Manufacture of Wood, Bamboo, Rattan, Palm and Straw Products		
家具制造业	Manufacture of Furniture	-16.9	0.07
造纸和纸制品业	Manufacture of Paper and Paper Products	-26.4	0.03
印刷和记录媒介的复制业	Printing and Reproduction of Recording Media	4.6	0.07
文教、工美、体育和娱乐用品制造业	Manufacture of Articles for Culture, Education, Arts and Crafts, Sport and Entertainment Activities	16.5	0.65
石油加工、炼焦和核燃料加工业	Processing of Petroleum, Coking and Processing of Nuclear Fuel	-5.8	8.55
化学原料和化学制品制造业	Manufacture of Raw Chemical Materials and Chemical Products	6.4	14.56
医药制造业	Manufacture of Medicines	23.0	1.75
化学纤维制造业	Manufacture of Chemical Fibres		
橡胶和塑料制品业	Manufacture of Rubber and Plastics Products	19.7	0.24
非金属矿物制品业	Manufacture of Non-metallic Mineral Products	1.9	3.00
黑色金属冶炼和压延加工业	Smelting and Pressing of Ferrous Metals	4.3	5.27
有色金属冶炼和压延加工业	Smelting and Pressing of Non-ferrous Metals	7.7	12.54
金属制品业	Manufacture of Metal Products	14.4	0.34
通用设备制造业	Manufacture of General Purpose Machinery	-8.2	0.57
专用设备制造业	Manufacture of Special Purpose Machinery	90.4	0.19
汽车制造业	Manufacture of Automobiles		
铁路、船舶、航空航天和其他运输设备制造业	Manufacture of Railway, Ship, Aerospace and Other Transport Equipments	-107.4	0.01
电气机械和器材制造业	Manufacture of Electrical Machinery and Apparatus	29.1	3.44
计算机、通信和其他电子设备制造业	Manufacture of Computers, Communication and Other Electronic Equipment	23.0	2.85
仪器仪表制造业	Manufacture of Measuring Instruments and Machinery	6.5	0.05
其他制造业	Other Manufacture		
废弃资源综合利用业	Utilization of Waste Resources	84.6	0.05
金属制品、机械和设备修理业	Repair Service of Metal Products, Machinery and Equipment		
电力、热力生产和供应业	Production and Supply of Electric Power and Heat Power	15.8	20.86
燃气生产和供应业	Production and Supply of Gas	81.3	0.48
水的生产和供应业	Production and Supply of Water	4.4	0.26

注：1.本表为年快报数据，国民经济行业分类为GB/T4754—2011。
2.增长速度均按可比价格计算(价格缩减法)，根据当年企业增减变动后的行业数计算。
a)Data in this table are annual express report data. Classification of national economic industries is GB/T4754-2011.
b)Growth rate is calculated according to comparable prices (price reduction method), according to the number of sector after industrial enterprises changes increase or decrease in the same year.

13-4 工业循环经济重点行业总产值和增加值增速(2018年)

Gross Industrial Output Value and Value-added of Industry of Key Sectors of Industrial Circular Economy(2018)

指标名称	Item	工业总产值(万元) Gross Industrial Output Value (10 000yuan)	比上年增长(%) Growth Rate (%)	工业增加值 Value-added of Industry 增长(%) Growth Rate (%)	工业增加值 Value-added of Industry 比重(%) Value-added of I ndustry Proportion (%)
全省规模以上工业(快报)	**Industry above Designated Size (Express Report Forms)**	**2395.79**	**13.4**	**8.6**	**100.0**
循环经济十个重点行业	**Ten Key Sectors of Industrial Circular Economy**	**1342.15**	**18.1**	**10.1**	**69.3**
煤炭开采和洗选业	Mining and Washing of Coal	48.07	137.4	112.6	2.8
石油和天然气开采业	Extraction of Petroleum and Natural Gas	128.89	19.2	2.4	12.9
黑色金属矿采选业	Mining and Processing of Ferrous Metal Ores	7.31	341.2	234.9	0.3
石油加工、炼焦和核燃料加工业	Processing of Petroleum, Coking and Processing of Nuclear Fuel	105.51	10.9	-5.8	8.5
化学原料和化学制品制造业	Manufacture of Raw Chemical Materials and Chemical Products	352.28	15.9	6.4	14.6
非金属矿物制品业	Manufacture of Non-metallic Mineral Products	106.33	8.5	1.9	3.0
医药制造业	Manufacture of Medicines	33.00	28.4	23.0	1.7
黑色金属冶炼和压延加工业	Smelting and Pressing of Ferrous Metals	64.87	21.0	7.2	2.7
有色金属冶炼和压延加工业	Smelting and Pressing of Non-ferrous Metals	279.18	12.2	12.7	7.1
电力生产业	Production of Electric Power	216.72	19.6	18.6	15.7

注：1.黑色金属冶炼和压延加工业剔除铁合金冶炼，有色金属冶炼和压延加工业剔除铝冶炼，电力生产业剔除电力供应业。
2.增长率依据年度工业企业增减变动后的数据计算。
a)Smelting and pressing of ferrous metals excludes ferroalloy smelting, smelting and pressing of non-ferrous Metals excludes aluminum smelting, and production of electric power excludes supply of electric power.
b) Growth Rate is Calculated according to the data after the change of the industrial enterprises.

13−5 十大优势产业工业总产值和增加值增速(2018年)
The growth rate of the ten Superior industries output value and added value of Industry increased(2018)

单位：亿元、% (100 million yuan, %)

指标名称	Item	工业总产值 Gross Industrial Output Value		工业增加值比上年增长 Value-added of Industry Growth Over the Previous Year
		绝对量 Absolute Amount	比上年增长 Growth Over the Previous Year	
全省规模以上工业企业	**Industrial Enterprises above Designated Size**	**2395.79**	**13.4**	**8.6**
十大优势产业	**Ten Superior Industries**			
新能源产业	New Energy Industrial	80.29	4.4	5.3
新材料产业	New Materials Industry	147.46	12.5	18.6
盐湖化工产业	Salt Lake Chemical	120.12	2.8	-2.5
有色金属产业	Non-ferrous Metals	604.93	8.4	7.7
油气化工	Oil and Gas Chemical	76.23	3.7	-8.3
煤化工	Coal Chemical	29.51	61.7	56.1
装备制造业	Equipment Manufacturing Industry	191.91	19.8	21.2
钢铁产业	Iron and Steel Industry	165.93	13.0	4.3
轻工纺织业	Light Industry and Textile Industry	19.82	-38.7	-50.4
生物产业	Bio-industry	54.44	27.5	24.5

注：本表为快报数据，根据青海省“十二五”规划界定。
a)Data in this table are from express report forms and defined according to the "12th Five-Year" plan of Qinghai province.

13−6 规模以上工业战略性新兴产业总产值及增加值占比(2018年)
Proportion of Industrial Strategic Emerging Industry above Designated Size(2018)

指标名称	Item	企业数(个) Number of Enterprises (unit)	工业总产值(亿元) Gross Industrial Output Value (100 million yuan)	比重(%) Proportion (%)	工业增加值(亿元) Value-added of Industry (100 million yuan)	比重(%) Proportion (%)
工业战略性新兴产业	**Industrial Strategic Emerging Industry**	**112**	**245.95**	**100.0**	**96.37**	**100.0**
节能环保产业	Energy-saving and Environmental Protection Industry	1	0.08	0.0	0.01	0.0
新一代信息技术产业	New Generation of Information-technology Industry	7	54.38	22.1	17.27	17.9
生物产业	Bio-industry	21	25.02	10.2	8.33	8.6
高端装备制造业	High-end Equipment Manufacturing Industry	3	4.62	1.9	1.34	1.4
新能源产业	New Energy Industry	75	120.21	48.9	60.97	63.3
新材料产业	New Materials Industry	4	24.62	10.0	1.26	1.3
新能源汽车	New Energy Vehicles	1	17.02	6.9	7.19	7.5

注：规模以上工业战略性新兴产业的界定依据《工业战略性新兴产业目录（2018）》
a)Definition of industrial strategic emerging industry above designated size is according to Classification of Industrial Strategic Emerging Industry(2018).

13-7 规模以上工业企业主要指标(2017年)

单位：万元

项　目	Item	企业单位数(个) Number of Enterprises (unit)	亏损企业 Lossmaking Enterprises
总计	**Total**	**569**	**168**
国有控股企业	State-holding Enterprises	138	30
轻工业	Light Industry	170	40
重工业	Heavy Industry	399	128
大型企业	Large Enterprises	22	5
中型企业	Medium-sized Enterprises	87	32
小型企业	Small Enterprises	460	131
微型企业	Micro Enterprises	80	20
按登记注册类型分	**By Status of Registration**		
国有企业	State-owned Enterprises	6	3
集体企业	Collective-owned Enterprises	1	
股份合作企业	Cooperative Enterprises	2	1
有限责任公司	Limited Liability Corporations	242	70
股份有限公司	Share-holding Corporations Limited	35	7
私营企业	Private Enterprises	258	81
其他企业	Other Enterprises	1	
港、澳、台商投资企业	Enterprises with Funds from Hong Kong, Macao and Taiwan	12	1
外商投资企业	Foreign Funded Enterprises	12	5
按工业行业分	**Grouped by Sector**		
采掘业	**Mining**		
煤炭开采和洗选业	Mining and Washing of Coal	12	4
石油和天然气开采业	Extraction of Petroleum and Natural Gas	1	
黑色金属矿采选业	Mining and Processing of Ferrous Metal Ores	3	2
有色金属矿采选业	Mining and Processing of Non-Ferrous Metal Ores	9	2
非金属矿采选业	Mining and Processing of Non-metal Ores	7	2
制造业	**Manufacturing**		
农副食品加工业	Processing of Food from Agricultural Products	52	10
食品制造业	Manufacture of Foods	27	5
酒、饮料和精制茶制造业	Manufacture of Liquor, Beverages and Refined Tea	14	4
纺织业	Manufacture of Textile	7	2
纺织服装、服饰业	Manufacture of Textile, Wearing Apparel and Accessories	7	2
木材加工和木、竹、藤、棕、草制品业	Processing of Timber.Manufacture of Wood, Bamboo,Rattan,Palm and Straw Products	1	
家具制造业	Manufacture of Furniture	1	
造纸和印刷	Manufacture of Paper and Printing	1	
印刷和记录媒介复制业	Printing and Reproduction of Recording Media	5	2
文教、工美、体育和娱乐用品制造业	Manufacture of Articles for Culture, Education, Arts and Crafts,Sport and Entertainment Activities	7	3
石油加工、炼焦和核燃料加工业	Processing of Petroleum, Coking and Processing of Nuclear Fuel	4	3
化学原料和化学制品制造业	Manufacture of Raw Chemical Materials and Chemical Products	68	27
医药制造业	Manufacture of Medicines	30	5
橡胶和塑料制品业	Manufacture of Rubber and Plastics Products	8	1
非金属矿物制品业	Manufacture of Non-metallic Mineral Products	71	24
黑色金属冶炼和压延加工业	Smelting and Pressing of Ferrous Metals	32	12
有色金属冶炼和压延加工业	Smelting and Pressing of Non-ferrous Metals	47	20
金属制品业	Manufacture of Metal Products	8	5
通用设备制造业	Manufacture of General Purpose Machinery	6	3
专用设备制造业	Manufacture of Special Purpose Machinery	4	
汽车制造业	Manufacture of Automobiles		
铁路、航舶、航空航天和其他运输设备制造业	Manufacture of Railway, Ship, Aerospace and Other Transport Equipments	1	
电气机械和器材制造业	Manufacture of Electrical Machinery and Apparatus	27	12
计算机、通信和其他电子设备制造业	Manufacture of Computers, Communication and Other Electronic Equipment	3	2
仪器仪表制造业	Manufacture of Measuring Instruments and Machinery	2	
其他制造业	Other Manufacture		
废弃资源综合利用业	Utilization of Waste Materials	1	
金属制品、机械和设备修理业	Repair Service of Metal Products, Machinery and Equipment		
电力、燃气及水的生产和供应业	**Power, Gas and Water Production and Supply**		
电力、热力生产和供应业	Production and Supply of Electric Power and Heat Power	95	15
燃气生产和供应业	Production and Supply of Gas	5	1
水的生产和供应业	Production and Supply of Water	3	

Main Indicators of Industrial Enterprises above Designated Size(2017)

(10 000 yuan)

工 业 总产值 GrossIndustrial Output Value	资产总计 Total Assets	流动资产合计 Total Working Capitals	固定资产合计 Total Fixed Assets	固定资产原价 Original Value of Fixed Assets	累计折旧 Accumulated Depreciation	本年折旧 Depreciation Charge for the Year
24942917	**64669200**	**18998559**	**30368117**	**48756469**	**17116072**	**2680587**
13391075	46888176	11307877	23780660	37841514	13020040	1844881
3552914	4106774	1933108	1622041	3115603	1497427	292127
21390003	60562426	17065451	28746077	45640867	15618645	2388461
11318133	34089595	7928135	18195269	29688844	10911278	1433710
5508065	13811496	5034832	5228152	8999819	3511369	656955
8116719	16768109	6035592	6944697	10067807	2693425	589923
844696	3921792	1053009	1494848	2110119	471490	133152
2719521	4354364	469854	3428738	5860054	2430787	359105
6139	2297	2297				
102439	123853	60057	29646	46208	16562	2998
9147916	28821317	8630576	13888090	21797725	6853227	1168111
6116010	20750808	5293333	8965849	14464359	5245342	596096
6023386	8562165	3864241	3556327	5840414	2323099	500015
10177	2978	2859	119	403	284	45
699703	1772435	600577	303384	437626	119347	33244
117627	278984	74766	195964	309681	127423	20973
243433	1479649	718443	238053	379357	108866	11377
1852545	4035608	898093	2812950	5552587	2545404	306572
22078	419800	131419	223511	258196	52239	5979
263572	688857	344817	171372	345546	105409	18465
63070	167526	95192	31397	96138	51324	4902
599599	737779	401169	264178	354633	116317	26659
719222	678720	253532	302746	342704	45665	27371
465990	489515	218324	76936	181584	42695	10581
118783	196886	103383	93042	264403	171227	27299
152125	190809	77518	104977	167795	63320	17730
2058	618	358	260	260		
28883	9858	2704	7154	37070	29916	4436
4168	1717	407	1110	1261	151	151
62014	25417	14319	11093	19497	6339	1314
139519	170546	84650	82255	267986	186577	27923
198483	422399	135586	219667	365954	131977	17775
3628263	15458719	4458389	6339685	8649816	2107610	484873
482908	555707	241873	239905	298110	49372	15831
32535	43468	30312	11660	19658	8267	1907
1245672	2980032	1139265	1576851	2301096	720901	101380
1684003	3755796	1268938	1418963	2193437	788341	80672
6552230	9271525	3505638	2462321	4828259	2220635	263724
116046	181722	124638	54583	66144	12022	3256
171252	424343	263433	133852	159648	47311	13064
136692	142116	88539	37473	44322	8292	1645
35245	11604	6013	5591	18632	13041	2217
1036350	1190377	643183	470239	1215117	748948	133557
79677	32875	11461	10378	8073	1079	975
37645	25615	18917	5441	14091	8649	828
14672	44381	31072	10085	13468	3382	442
4685966	20482195	3532836	12821163	20149388	6651844	1060198
43287	137321	57688	57208	59020	16909	2832
24934	215700	96454	72020	83221	52045	4655

13-7 续表1

单位：万元

项　目	Item	负债合计 Total Liabilities	流动负债合计 Total Working Liabilities
总计	**Total**	**43550791**	**25492721**
国有控股企业	State-holding Enterprises	32001778	17562388
轻工业	Light Industry	2195794	1585020
重工业	Heavy Industry	41354997	23907701
大型企业	Large Enterprises	22490186	11795507
中型企业	Medium-sized Enterprises	9608295	6952134
小型企业	Small Enterprises	11452311	6745080
微型企业	Micro Enterprises	2785531	894846
按登记注册类型分	**By Status of Registration**		
国有企业	State-owned Enterprises	1842239	1574380
集体企业	Collective-owned Enterprises	1218	1218
股份合作企业	Cooperative Enterprises	58535	49185
有限责任公司	Limited Liability Corporations	20342324	11002968
股份有限公司	Share-holding Corporations Limited	14135104	7970842
私营企业	Private Enterprises	5415900	3902245
其他企业	Other Enterprises	2492	2389
港、澳、台商投资企业	Enterprises with Funds from Hong Kong, Macao and Taiwan	1585964	875945
外商投资企业	Foreign Funded Enterprises	167017	113550
按工业行业分	**Grouped by Sector**		
采掘业	**Mining**		
煤炭开采和洗选业	Mining and Washing of Coal	695989	601401
石油和天然气开采业	Extraction of Petroleum and Natural Gas	1802858	783064
黑色金属矿采选业	Mining and Processing of Ferrous Metal Ores	320663	281525
有色金属矿采选业	Mining and Processing of Non-Ferrous Metal Ores	288986	194459
非金属矿采选业	Mining and Processing of Non-metal Ores	112285	107166
制造业	**Manufacturing**		
农副食品加工业	Processing of Food from Agricultural Products	370132	255950
食品制造业	Manufacture of Foods	340552	202108
酒、饮料和精制茶制造业	Manufacture of Liquor, Beverages and Refined Tea	294781	261026
纺织业	Manufacture of Textile	109047	92127
纺织服装、服饰业	Manufacture of Textile, Wearing Apparel and Accessories	73851	49096
木材加工和木、竹、藤、棕、草制品业	Processing of Timber.Manufacture of Wood, Bamboo,Rattan,Palm and Straw Products	25	
家具制造业	Manufacture of Furniture	6932	2935
造纸和纸制品业	Manufacture of Paper and Paper Products	1017	1017
印刷和记录媒介复制业	Printing and Reproduction of Recording Media	14999	14894
文教、工美、体育和娱乐用品制造业	Manufacture of Articles for Culture, Education, Arts and Crafts,Sport and Entertainment Activities	100883	52541
石油加工、炼焦和核燃料加工业	Processing of Petroleum, Coking and Processing of Nuclear Fuel	310177	200309
化学原料和化学制品制造业	Manufacture of Raw Chemical Materials and Chemical Products	11110636	6585847
医药制造业	Manufacture of Medicines	230166	178360
橡胶和塑料制品业	Manufacture of Rubber and Plastics Products	32901	31521
非金属矿物制品业	Manufacture of Non-metallic Mineral Products	2362931	1697604
黑色金属冶炼和压延加工业	Smelting and Pressing of Ferrous Metals	3097074	2333728
有色金属冶炼和压延加工业	Smelting and Pressing of Non-ferrous Metals	7108041	5006617
金属制品业	Manufacture of Metal Products	139709	88520
通用设备制造业	Manufacture of General Purpose Machinery	232541	227154
专用设备制造业	Manufacture of Special Purpose Machinery	120173	70365
汽车制造业	Manufacture of Automobiles		
铁路、航舶、航空航天和其他运输设备制造业	Manufacture of Railway, Ship, Aerospace and Other Transport Equipments	1760	1003
电气机械和器材制造业	Manufacture of Electrical Machinery and Apparatus	824848	631672
计算机、通信和其他电子设备制造业	Manufacture of Computers, Communication and Other Electronic Equipment	13254	8381
仪器仪表制造业	Manufacture of Measuring Instruments and Machinery	4763	4561
其他制造业	Other Manufacture		
废弃资源综合利用业	Utilization of Waste Materials	23865	18965
金属制品、机械和设备修理业	Repair Service of Metal Products, Machinery and Equipment		
电力、燃气及水的生产和供应业	**Power, Gas and Water Production and Supply**		
电力、热力生产和供应业	Production and Supply of Electric Power and Heat Power	13252515	5420445
燃气生产和供应业	Production and Supply of Gas	66653	56908
水的生产和供应业	Production and Supply of Water	85784	31454

Continued

(10 000 yuan)

非流动负债合计 Total Non-current Liabilities	所有者权益合计 Total Owners' Equity	实收资本 Paid-up Capital	营业收入 Revenue of Operating	主营业务收入 Revenue from Principal Business	营业成本 Cost of Business	主营业务成本 Cost of Principal Business	税金及附加 Taxes and Other Charges	主营业务税金及附加 Tax and Extra Charges from Principal Business	其他业务利润 Other Operating Profit
16559977	**21067225**	**11127839**	**21854297**	**20805941**	**17794691**	**16876756**	**574357**	**491192**	**-31512**
13557645	14835221	7626095	13589379	12695249	10888180	10100589	481238	405047	-37424
434839	1910977	724862	2185397	2166763	1806346	1784724	26775	26359	1464
16125138	19156248	10402976	19668899	18639178	15988346	15092032	547582	464834	-32976
10688599	11599409	4826376	11491108	10702646	9229918	8526955	475329	402050	-41501
2402186	4203202	2985243	4585009	4460929	3856346	3771353	51038	49384	6858
3469192	5264615	3316220	5778180	5642366	4708427	4578449	47990	39759	3130
1173213	1085085	800121	518360	512024	334444	329176	8138	7809	-162
267860	2512124	1514106	2783615	2781758	2766436	2765726	6375	6002	
	1079	1000	6633	6633	5884	5884	1	1	
9350	65318	5706	38368	38368	34088	34088	776	775	
8413665	8454835	5978775	8234129	7997655	6519887	6322410	100434	96054	14464
6153835	6615704	1484164	5755308	4982788	4085353	3390636	433671	355643	-50609
1114046	3146261	1842656	4194531	4163391	3623885	3602268	29106	28795	4573
103	486	52	9698	9698	10053	10053	81	81	
553819	159449	222988	744854	740466	673903	672781	2643	2643	10
47299	111967	78393	87161	85184	75202	72909	1270	1199	50
93199	783660	170657	294097	276717	181563	165408	18976	18775	1532
1019794	2232750		1589793	1513429	850014	698176	317056	312703	-76439
39138	99137	85492	48923	48566	34971	34837	742	742	227
76728	372849	46374	263352	261934	98159	97006	11711	11711	
5119	55241	52970	58026	54353	36664	35173	2596	2596	2182
100229	367648	158634	470448	469655	421725	420725	307	307	578
49146	338167	74571	292026	291724	229176	228445	843	779	1
31556	194734	100865	186804	184090	121699	119142	20688	20688	522
15783	87839	27300	118321	118261	112277	112277	150	150	
18855	116957	37780	79408	78778	64469	61448	549	343	406
	593		2058	2058	1607	1607	0	0	
3997	2926	1770	28615	28615	25510	25510	83	83	
	700	100	2456	2456	2158	2158	4	4	
	10418	1456	58444	58438	55070	54567	137	64	
48343	69662	31051	150032	150032	142245	142245	625	625	
109130	112223	114573	182860	182039	141570	141048	1367	1305	266
3994202	4348083	1811458	3398793	2853004	2277512	1863715	129123	55185	5109
16240	325541	129689	225396	224967	134328	133982	1721	1721	-39
1380	10567	10814	32978	32891	28908	28508	518	518	87
613350	617100	575458	1010095	992873	817976	804379	6260	6207	694
749965	658721	575657	1718203	1684191	1565732	1535635	12909	12657	434
1777385	2163484	2129995	5771572	5457849	5511398	5252194	16980	14498	29053
51189	42013	34710	71997	69859	64433	62888	274	274	
5386	191803	56855	115375	115142	85284	85225	1483	1483	129
13501	21942	7989	38304	38304	33476	33476	12	11	
758	9844	2000	6036	6036	4956	4956	20	20	
164984	365529	188854	780134	763789	678727	662950	2096	1881	-3
4873	19621	17848	15258	15258	15561	15561	92	92	
202	20852	2500	12954	12953	10143	10143	182	182	1
4900	20517	6468	14672	14530	8389	8389	185	185	
7488632	7205524	4630843	4718200	4705494	3979258	3975798	26060	24871	3705
7684	70668	18680	70709	70444	46550	46361	283	283	46
54331	129916	24425	27960	27211	13184	12826	324	250	

13-7 续表2

单位：万元

项　目	Item	销售费用 Cost of Sales	管理费用 Management Expenses
总计	**Total**	**544311**	**974167**
国有控股企业	State-holding Enterprises	218168	634136
轻工业	Light Industry	107910	141043
重工业	Heavy Industry	436401	833124
大型企业	Large Enterprises	218209	527851
中型企业	Medium-sized Enterprises	155707	217527
小型企业	Small Enterprises	170395	228789
微型企业	Micro Enterprises	21831	17977
按登记注册类型分	**By Status of Registration**		
国有企业	State-owned Enterprises	231	16984
集体企业	Collective-owned Enterprises	443	196
股份合作企业	Cooperative Enterprises	411	2869
有限责任公司	Limited Liability Corporations	256761	291643
股份有限公司	Share-holding Corporations Limited	140740	460031
私营企业	Private Enterprises	126801	182106
其他企业	Other Enterprises		533
港、澳、台商投资企业	Enterprises with Funds from Hong Kong, Macao and Taiwan	15281	14942
外商投资企业	Foreign Funded Enterprises	3643	4863
按工业行业分	**Grouped by Sector**		
采掘业	**Mining**		
煤炭开采和洗选业	Mining and Washing of Coal	12561	21058
石油和天然气开采业	Extraction of Petroleum and Natural Gas	3971	176284
黑色金属矿采选业	Mining and Processing of Ferrous Metal Ores	6130	7653
有色金属矿采选业	Mining and Processing of Non-Ferrous Metal Ores	3519	19738
非金属矿采选业	Mining and Processing of Non-metal Ores	5223	11981
制造业	**Manufacturing**		
农副食品加工业	Processing of Food from Agricultural Products	11741	17939
食品制造业	Manufacture of Foods	15932	25692
酒、饮料和精制茶制造业	Manufacture of Liquor, Beverages and Refined Tea	23105	18732
纺织业	Manufacture of Textile	774	2052
纺织服装、服饰业	Manufacture of Textile, Wearing Apparel and Accessories	862	7304
木材加工和木、竹、藤、棕、草制品业	Processing of Timber.Manufacture of Wood, Bamboo,Rattan,Palm and Straw Products	201	140
家具制造业	Manufacture of Furniture	1096	1029
造纸和纸制品业	Manufacture of Paper and Paper Products	25	56
印刷和记录媒介复制业	Printing and Reproduction of Recording Media	451	2885
文教、工美、体育和娱乐用品制造业	Manufacture of Articles for Culture, Education, Arts and Crafts,Sport and Entertainment Activities	1248	4692
石油加工、炼焦和核燃料加工业	Processing of Petroleum, Coking and Processing of Nuclear Fuel	25308	15161
化学原料和化学制品制造业	Manufacture of Raw Chemical Materials and Chemical Products	195957	288425
医药制造业	Manufacture of Medicines	46933	23996
橡胶和塑料制品业	Manufacture of Rubber and Plastics Products	1443	1134
非金属矿物制品业	Manufacture of Non-metallic Mineral Products	60863	48654
黑色金属冶炼和压延加工业	Smelting and Pressing of Ferrous Metals	45478	56160
有色金属冶炼和压延加工业	Smelting and Pressing of Non-ferrous Metals	54920	107634
金属制品业	Manufacture of Metal Products	1651	4287
通用设备制造业	Manufacture of General Purpose Machinery	8010	17265
专用设备制造业	Manufacture of Special Purpose Machinery	139	2294
汽车制造业	Manufacture of Automobiles		
铁路、船舶、航空航天和其他运输设备制造业	Manufacture of Railway, Ship, Aerospace and Other Transport Equipments	411	461
电气机械和器材制造业	Manufacture of Electrical Machinery and Apparatus	6794	35674
计算机、通信和其他电子设备制造业	Manufacture of Computers, Communication and Other Electronic Equipment	472	1242
仪器仪表制造业	Manufacture of Measuring Instruments and Machinery	744	1656
其他制造业	Other Manufacture		
废弃资源综合利用业	Utilization of Waste Materials	292	1708
金属制品、机械和设备修理业	Repair Service of Metal Products, Machinery and Equipment		
电力、燃气及水的生产和供应业	**Power, Gas and Water Production and Supply**		
电力、热力生产和供应业	Production and Supply of Electric Power and Heat Power	3709	35946
燃气生产和供应业	Production and Supply of Gas	2800	6075
水的生产和供应业	Production and Supply of Water	1550	9165

Continued

(10 000 yuan)

财务费用 Financial Expenses	营业利润 Operating Profit	利润总额 Total Profits	所得税费用 Income Tax Expense	亏损企业亏损总额 The Total Loss of Loss-making Enterprises	利税总额 Total Profits and Taxes	本年应交增值税 Value Added Tax Payable
1135788	**843935**	**1011124**	**269354**	**451705**	**2179622**	**594141**
866754	496509	592567	214241	255047	1526463	452659
37673	83076	128594	2270	30348	193508	38138
1098115	760859	882530	267084	421357	1986114	556002
612325	421135	482599	214512	130006	1433555	475627
199840	134691	196986	20373	179808	366042	118018
323622	288110	331540	34469	141890	380025	496
95381	40332	40679	3544	16461	24746	-24070
19180	-23485	2990	5611	1537	8845	-519
1	107	106	27		108	
2514	-1621	-1612		2061	-141	695
664762	408174	457538	79338	244403	744604	186632
283711	347309	390822	167970	73046	1149354	324862
141711	98207	142708	14600	125591	237110	65296
26	-994	100			1330	1149
19492	18478	20025	1725	238	36230	13563
4390	-2241	-1551	83	4829	2181	2463
4885	57648	57557	8875	2735	107619	31086
20368	220623	251936			730168	161176
2547	-3122	-3430		5641	-735	1953
3329	124288	123412	1549	4232	163974	28850
580	6196	8846	-5019	1171	16180	4738
10617	8201	17602	382	2968	19665	1755
3920	16240	20876	730	4543	26719	4999
654	7826	7574	-2204	6501	35838	7576
2666	1131	1290		1421	1441	
769	4864	4944		1963	7257	1764
0	110	110			110	
399	498	498			582	1
1	211	211			240	25
223	72	564	19	703	1361	660
3268	-1900	104		563	1578	850
8175	-8745	-9145	255	10177	-7778	
281257	213608	229443	219810	132984	558933	200367
2862	15665	18131	1110	2844	33696	13843
666	309	353	112	125	2190	1319
71945	8638	29780	7557	64405	78108	42068
78916	-44578	-41102	3703	64319	-73	28120
119977	-29286	-20536	8048	73710	49094	52651
2726	-2052	-1654	-232	3468	613	1992
3398	-413	6534	287	1308	11255	3239
320	1914	2054	183		3082	1016
129	56	56			113	37
16792	51183	73456	3621	8620	83469	7918
137	-2245	-1066	5	1098	-448	525
26	204	281	26		1396	932
1260	2253	2365	214		4240	1691
493497	175578	203997	17791	56185	221281	-8776
503	14498	14728	1654	20	15740	729
-1025	4462	11356	879		12716	1037

13-8 地方规模以上工业企业主要指标(2017年)

单位：万元

项 目	Item	企业单位数(个) Number of Enterprises (unit)	亏损企业 Loss-making Enterprises
总计	**Total**	**543**	**163**
国有控股企业	State-holding Enterprises	112	25
轻工业	Light Industry	170	40
重工业	Heavy Industry	373	123
大型企业	Large Enterprises	17	4
中型企业	Medium-sized Enterprises	83	29
小型企业	Small Enterprises	443	130
微型企业	Micro Enterprises	75	19
按登记注册类型分	**By Status of Registration**		
国有企业	State-owned Enterprises	5	3
集体企业	Collective-owned Enterprises	1	
股份合作企业	Cooperative Enterprises	2	1
有限责任公司	Limited Liability Corporations	220	66
股份有限公司	Share-holding Corporations Limited	33	6
私营企业	Private Enterprises	258	81
其他企业	Other Enterprises	1	
港、澳、台商投资企业	Enterprises with Funds from Hong Kong, Macao and Taiwan	11	1
外商投资企业	Foreign Funded Enterprises	12	5
按工业行业分	**Grouped by Sector**		
采掘业	**Mining**		
煤炭开采和洗选业	Mining and Washing of Coal	12	4
黑色金属矿采选业	Mining and Processing of Ferrous Metal Ores	3	2
有色金属矿采选业	Mining and Processing of Non-Ferrous Metal Ores	9	2
非金属矿采选业	Mining and Processing of Non-metal Ores	7	2
制造业	**Manufacturing**		
农副食品加工业	Processing of Food from Agricultural Products	52	10
食品制造业	Manufacture of Foods	27	5
酒、饮料和精制茶制造业	Manufacture of Liquor, Beverages and Refined Tea	14	4
纺织业	Manufacture of Textile	7	2
纺织服装、服饰业	Manufacture of Textile, Wearing Apparel and Accessories	7	2
木材加工和木、竹、藤、棕、草制品业	Processing of Timber.Manufacture of Wood, Bamboo,Rattan,Palm and Straw Products	1	
家具制造业	Manufacture of Furniture	1	
造纸和纸制品业	Manufacture of Paper and Paper Products	1	
印刷和记录媒介复制业	Printing and Reproduction of Recording Media	5	2
文教、工美、体育和娱乐用品制造业	Manufacture of Articles for Culture, Education, Arts and Crafts, Sport and Entertainment Activities	7	3
石油加工、炼焦和核燃料加工业	Processing of Petroleum, Coking and Processing of Nuclear Fuel	4	3
化学原料和化学制品制造业	Manufacture of Raw Chemical Materials and Chemical Products	67	26
医药制造业	Manufacture of Medicines	30	5
橡胶和塑料制品业	Manufacture of Rubber and Plastics Products	8	1
非金属矿物制品业	Manufacture of Non-metallic Mineral Products	70	24
黑色金属冶炼和压延加工业	Smelting and Pressing of Ferrous Metals	31	12
有色金属冶炼和压延加工业	Smelting and Pressing of Non-ferrous Metals	44	19
金属制品业	Manufacture of Metal Products	8	5
通用设备制造业	Manufacture of Metal Products	6	3
专用设备制造业	Manufacture of Special Purpose Machinery	4	
汽车制造业	Manufacture of Automobiles		
铁路、船舶、航空航天和其他运输设备制造业	Manufacture of Railway, Ship, Aerospace and Other Transport Equipments	1	
电气机械和器材制造业	Manufacture of Electrical Machinery and Apparatus	27	12
计算机、通信和其他电子设备制造业	Manufacture of Computers, Communication and Other Electronic Equipment	3	2
仪器仪表制造业	Manufacture of Measuring Instruments and Machinery	2	
其他制造业	Other Manufacture		
废弃资源综合利用业	Utilization of Waste Materials	1	
金属制品、机械和设备修理业	Repair Service of Metal Products, Machinery and Equipment		
电力、燃气及水的生产和供应业	**Power, Gas and Water Production and Supply**		
电力、热力生产和供应业	Production and Supply of Electric Power and Heat Power	77	12
燃气生产和供应业	Production and Supply of Gas	4	1
水的生产和供应业	Production and Supply of Water	3	

Main Indicators of Local Industrial Enterprises above Designated Size (2017)

(10 000 yuan)

工　业 总产值 Gross Industrial Output Value	资产总计 Total Assets	流动资产合计 Total Working Capitals	固定资产合　计 Total Fixed Assets	固定资产原价 Original Value of Fixed Assets	累计折旧 Accumulated Depreciation	本年折旧 Depreciation Charge for the Year
17485547	**44764460**	**15474764**	**16755079**	**25392465**	**7946477**	**1446582**
5933704	26983436	7784082	10167622	14477510	3850444	610876
3552914	4106774	1933108	1622041	3115603	1497427	292127
13932632	40657686	13541656	15133038	22276862	6449050	1154456
4684547	17625323	5162767	6770081	9693797	2532736	364200
5228199	12907133	4837363	4535757	7980810	3203186	612019
7572800	14232005	5474634	5449241	7717858	2210554	470364
823969	3761326	1008261	1394251	1970237	446368	127479
32220	207303	48304	154165	199522	44830	8229
6139	2297	2297				
102439	123853	60057	29646	46208	16562	2998
6742419	17438664	6543604	6574901	10264988	3024022	599138
3761207	16415795	4293464	5957383	8315763	2296238	282648
6023386	8562165	3864241	3556327	5840414	2323099	500015
10177	2978	2859	119	403	284	45
689934	1732422	585172	286574	415486	114018	32537
117627	278984	74766	195964	309681	127423	20973
243433	1479649	718443	238053	379357	108866	11377
22078	419800	131419	223511	258196	52239	5979
263572	688857	344817	171372	345546	105409	18465
63070	167526	95192	31397	96138	51324	4902
599599	737779	401169	264178	354633	116317	26659
719222	678720	253532	302746	342704	45665	27371
465990	489515	218324	76936	181584	42695	10581
118783	196886	103383	93042	264403	171227	27299
152125	190809	77518	104977	167795	63320	17730
2058	618	358	260	260		
28883	9858	2704	7154	37070	29916	4436
4168	1717	407	1110	1261	151	151
62014	25417	14319	11093	19497	6339	1314
139519	170546	84650	82255	267986	186577	27923
198483	422399	135586	219667	365954	131977	17775
3588316	15272293	4397086	6214561	8385711	2029930	478135
482908	555707	241873	239905	298110	49372	15831
32535	43468	30312	11660	19658	8267	1907
1177821	2870667	1125434	1484939	2170487	676029	95861
1612262	3657243	1228818	1384491	2105695	735070	70395
5250098	8538192	3259137	1988681	3677119	1539930	228566
116046	181722	124638	54583	66144	12022	3256
171252	424343	263433	133852	159648	47311	13064
136692	142116	88539	37473	44322	8292	1645
35245	11604	6013	5591	18632	13041	2217
1036350	1190377	643183	470239	1215117	748948	133557
79677	32875	11461	10378	8073	1079	975
37645	25615	18917	5441	14091	8649	828
14672	44381	31072	10085	13468	3382	442
572580	5780753	1284292	2763031	3993707	889510	191163
33518	97308	42284	40397	36880	11580	2126
24934	215700	96454	72020	83221	52045	4655

13-8 续表1

单位：万元

项　目	Item	负债合计 Total Liabilities	流动负债合　计 Total Working Liabilities
总计	**Total**	**31489746**	**19972857**
国有控股企业	State-holding Enterprises	19940732	12042524
轻工业	Light Industry	2195794	1585020
重工业	Heavy Industry	29293951	18387837
大型企业	Large Enterprises	13034575	8168742
中型企业	Medium-sized Enterprises	8826712	6528890
小型企业	Small Enterprises	9628459	5275225
微型企业	Micro Enterprises	2678451	876132
按登记注册类型分	**By Status of Registration**		
国有企业	State-owned Enterprises	71097	27971
集体企业	Collective-owned Enterprises	1218	1218
股份合作企业	Cooperative Enterprises	58535	49185
有限责任公司	Limited Liability Corporations	12090929	7867955
股份有限公司	Share-holding Corporations Limited	12109390	7145195
私营企业	Private Enterprises	5415900	3902245
其他企业	Other Enterprises	2492	2389
港、澳、台商投资企业	Enterprises with Funds from Hong Kong, Macao and Taiwan	1573169	863149
外商投资企业	Foreign Funded Enterprises	167017	113550
按工业行业分	**Grouped by Sector**		
采掘业	**Mining**		
煤炭开采和洗选业	Mining and Washing of Coal	695989	601401
黑色金属矿采选业	Mining and Processing of Ferrous Metal Ores	320663	281525
有色金属矿采选业	Mining and Processing of Non-Ferrous Metal Ores	288986	194459
非金属矿采选业	Mining and Processing of Non-metal Ores	112285	107166
制造业	**Manufacturing**		
农副食品加工业	Processing of Food from Agricultural Products	370132	255950
食品制造业	Manufacture of Foods	340552	202108
酒、饮料和精制茶制造业	Manufacture of Liquor, Beverages and Refined Tea	294781	261026
纺织业	Manufacture of Textile	109047	92127
纺织服装、服饰业	Manufacture of Textile, Wearing Apparel and Accessories	73851	49096
木材加工和木、竹、藤、棕、草制品业	Processing of Timber.Manufacture of Wood, Bamboo,Rattan,Palm and Straw Products	25	
家具制造业	Manufacture of Furniture	6932	2935
造纸和纸制品业	Manufacture of Paper and Paper Products	1017	1017
印刷和记录媒介复制业	Printing and Reproduction of Recording Media	14999	14894
文教、工美、体育和娱乐用品制造业	Manufacture of Articles for Culture, Education, Arts and Crafts,Sport and Entertainment Activities	100883	52541
石油加工、炼焦和核燃料加工业	Processing of Petroleum, Coking and Processing of Nuclear Fuel	310177	200309
化学原料和化学制品制造业	Manufacture of Raw Chemical Materials and Chemical Products	10924380	6401364
医药制造业	Manufacture of Medicines	230166	178360
橡胶和塑料制品业	Manufacture of Rubber and Plastics Products	32901	31521
非金属矿物制品业	Manufacture of Non-metallic Mineral Products	2314681	1683773
黑色金属冶炼和压延加工业	Smelting and Pressing of Ferrous Metals	3009096	2283593
有色金属冶炼和压延加工业	Smelting and Pressing of Non-ferrous Metals	6339339	4677515
金属制品业	Manufacture of Metal Products	139709	88520
通用设备制造业	Manufacture of General Purpose Machinery	232541	227154
专用设备制造业	Manufacture of Special Purpose Machinery	120173	70365
汽车制造业	Manufacture of Automobiles		
铁路、航舶、航空航天和其他运输设备制造业	Manufacture of Railway, Ship, Aerospace and Other Transport Equipments	1760	1003
电气机械和器材制造业	Manufacture of Electrical Machinery and Apparatus	824848	631672
计算机、通信和其他电子设备制造业	Manufacture of Computers, Communication and Other Electronic Equipment	13254	8381
仪器仪表制造业	Manufacture of Measuring Instruments and Machinery	4763	4561
其他制造业	Other Manufacture		
废弃资源综合利用业	Utilization of Waste Materials	23865	18965
金属制品、机械和设备修理业	Repair Service of Metal Products, Machinery and Equipment		
电力、燃气及水的生产和供应业	**Power, Gas and Water Production and Supply**		
电力、热力生产和供应业	Production and Supply of Electric Power and Heat Power	4098309	1273991
燃气生产和供应业	Production and Supply of Gas	53858	44113
水的生产和供应业	Production and Supply of Water	85784	31454

Continued

(10 000 yuan)

非流动负债合计 Total Non-current Liabilities	所有者权益合计 Total Owners' Equity	实收资本 Paid-up Capital	营业收入 Revenue of Operating	主营业务收入 Revenue from Principal Business	营业成本 Cost of Business	主营业务成本 Cost of Principal Business	税金及附加 Taxes and Other Charges	主营业务税金及附加 Tax and Extra Charges from Principal Business	其他业务利润 Other Operating Profit
10037648	**13223531**	**7368304**	**14553022**	**13633733**	**11822688**	**11098210**	**229210**	**150960**	**36722**
7035316	6991527	3866560	6288105	5523041	4916176	4322043	136091	64815	30811
434839	1910977	724862	2185397	2166763	1806346	1784724	26775	26359	1464
9602810	11312554	6643442	12367625	11466970	10016342	9313486	202435	124602	35258
4859752	4590748	1653323	5027188	4352989	3884822	3362245	134527	65974	26734
2052975	4080421	2839870	4285444	4161587	3571800	3486875	48933	47279	6858
3124922	4552362	2875112	5240391	5119157	4366066	4249090	45751	37708	3130
1084847	1031699	771451	499699	493363	325203	319935	7945	7616	-162
43127	136206	84721	19640	19639	11427	11426	142	142	
	1079	1000	6633	6633	5884	5884	1	1	
9350	65318	5706	38368	38368	34088	34088	776	775	
3316135	5323577	3729175	5808654	5619661	4649958	4490937	81212	77020	7158
4953769	4306405	1407614	3661220	2968399	2748152	2207710	114054	40379	24932
1114046	3146261	1842656	4194531	4163391	3623885	3602268	29106	28795	4573
103	486	52	9698	9698	10053	10053	81	81	
553819	132232	218988	727117	722760	664039	662934	2568	2568	10
47299	111967	78393	87161	85184	75202	72909	1270	1199	50
93199	783660	170657	294097	276717	181563	165408	18976	18775	1532
39138	99137	85492	48923	48566	34971	34837	742	742	227
76728	372849	46374	263352	261934	98159	97006	11711	11711	
5119	55241	52970	58026	54353	36664	35173	2596	2596	2182
100229	367648	158634	470448	469655	421725	420725	307	307	578
49146	338167	74571	292026	291724	229176	228445	843	779	1
31556	194734	100865	186804	184090	121699	119142	20688	20688	522
15783	87839	27300	118321	118261	112277	112277	150	150	
18855	116957	37780	79408	78778	64469	61448	549	343	406
	593		2058	2058	1607	1607	0	0	
3997	2926	1770	28615	28615	25510	25510	83	83	
	700	100	2456	2456	2158	2158	4	4	
	10418	1456	58444	58438	55070	54567	137	64	
48343	69662	31051	150032	150032	142245	142245	625	625	
109130	112223	114573	182860	182039	141570	141048	1367	1305	266
3992430	4347912	1811458	3358846	2813081	2233915	1820166	128587	54649	5109
16240	325541	129689	225396	224967	134328	133982	1721	1721	-39
1380	10567	10814	32978	32891	28908	28508	518	518	87
588058	555984	542058	927761	910741	762099	748523	5885	5832	694
712122	648148	573077	1646256	1625228	1498758	1481645	12704	12640	434
1337785	2198852	1763373	4453624	4170741	4257407	4024123	10919	8436	24133
51189	42013	34710	71997	69859	64433	62888	274	274	
5386	191803	56855	115375	115142	85284	85225	1483	1483	129
13501	21942	7989	38304	38304	33476	33476	12	11	
758	9844	2000	6036	6036	4956	4956	20	20	
164984	365529	188854	780134	763789	678727	662950	2096	1881	-3
4873	19621	17848	15258	15258	15561	15561	92	92	
202	20852	2500	12954	12953	10143	10143	182	182	1
4900	20517	6468	14672	14530	8389	8389	185	185	
2490605	1658288	1277911	536630	532547	287571	286742	5221	4405	421
7684	43450	14680	52972	52738	36686	36513	208	208	46
54331	129916	24425	27960	27211	13184	12826	324	250	

13-8 续表2

单位：万元

项　目	Item	销售费用 Cost of Sales	管理费用 Management Expenses
总计	**Total**	**518517**	**761868**
国有控股企业	State-holding Enterprises	192374	421836
轻工业	Light Industry	107910	141043
重工业	Heavy Industry	410607	620825
大型企业	Large Enterprises	200899	328151
中型企业	Medium-sized Enterprises	152825	209215
小型企业	Small Enterprises	164793	224502
微型企业	Micro Enterprises	21831	17798
按登记注册类型分	**By Status of Registration**		
国有企业	State-owned Enterprises	231	5166
集体企业	Collective-owned Enterprises	443	196
股份合作企业	Cooperative Enterprises	411	2869
有限责任公司	Limited Liability Corporations	241683	275622
股份有限公司	Share-holding Corporations Limited	131512	277141
私营企业	Private Enterprises	126801	182106
其他企业	Other Enterprises		533
港、澳、台商投资企业	Enterprises with Funds from Hong Kong, Macao and Taiwan	13793	13371
外商投资企业	Foreign Funded Enterprises	3643	4863
按工业行业分	**Grouped by Sector**		
采掘业	**Mining**		
煤炭开采和洗选业	Mining and Washing of Coal	12561	21058
黑色金属矿采选业	Mining and Processing of Ferrous Metal Ores	6130	7653
有色金属矿采选业	Mining and Processing of Non-Ferrous Metal Ores	3519	19738
非金属矿采选业	Mining and Processing of Non-metal Ores	5223	11981
制造业	**Manufacturing**		
农副食品加工业	Processing of Food from Agricultural Products	11741	17939
食品制造业	Manufacture of Foods	15932	25692
酒、饮料和精制茶制造业	Manufacture of Liquor, Beverages and Refined Tea	23105	18732
纺织业	Manufacture of Textile	774	2052
纺织服装、服饰业	Manufacture of Textile, Wearing Apparel and Accessories	862	7304
木材加工和木、竹、藤、棕、草制品业	Processing of Timber.Manufacture of Wood, Bamboo,Rattan,Palm and Straw Products	201	140
家具制造业	Manufacture of Furniture	1096	1029
造纸和纸制品业	Manufacture of Paper and Paper Products	25	56
印刷和记录媒介复制业	Printing and Reproduction of Recording Media	451	2885
文教、工美、体育和娱乐用品制造业	Manufacture of Articles for Culture, Education, Arts and Crafts,Sport and Entertainment Activities	1248	4692
石油加工、炼焦和核燃料加工业	Processing of Petroleum, Coking and Processing of Nuclear Fuel	25308	15161
化学原料和化学制品制造业	Manufacture of Raw Chemical Materials and Chemical Products	195746	286583
医药制造业	Manufacture of Medicines	46933	23996
橡胶和塑料制品业	Manufacture of Rubber and Plastics Products	1443	1134
非金属矿物制品业	Manufacture of Non-metallic Mineral Products	58192	42184
黑色金属冶炼和压延加工业	Smelting and Pressing of Ferrous Metals	43988	54975
有色金属冶炼和压延加工业	Smelting and Pressing of Non-ferrous Metals	38956	95904
金属制品业	Manufacture of Metal Products	1651	4287
通用设备制造业	Manufacture of General Purpose Machinery	8010	17265
专用设备制造业	Manufacture of Special Purpose Machinery	139	2294
汽车制造业	Manufacture of Automobiles		
铁路、航舶、航空航天和其他运输设备制造业	Manufacture of Railway, Ship, Aerospace and Other Transport Equipments	411	461
电气机械和器材制造业	Manufacture of Electrical Machinery and Apparatus	6794	35674
计算机、通信和其他电子设备制造业	Manufacture of Computers, Communication and Other Electronic Equipment	472	1242
仪器仪表制造业	Manufacture of Measuring Instruments and Machinery	744	1656
其他制造业	Other Manufacture		
废弃资源综合利用业	Utilization of Waste Materials	292	1708
金属制品、机械和设备修理业	Repair Service of Metal Products, Machinery and Equipment		
电力、燃气及水的生产和供应业	**Power, Gas and Water Production and Supply**		
电力、热力生产和供应业	Production and Supply of Electric Power and Heat Power	3709	22729
燃气生产和供应业	Production and Supply of Gas	1312	4503
水的生产和供应业	Production and Supply of Water	1550	9165

Continued

(10 000 yuan)

财务费用 Financial Expenses	营业利润 Operating Profit	利润总额 Total Profits	所得税费用 Income Tax Expense	亏损企业亏损总额 The Total Loss of Loss-making Enterprises	利税总额 Total Profits and Taxes	本年应交增值税 Value Added Tax Payable
723229	**500475**	**608676**	**257723**	**422060**	**1204758**	**366873**
454195	153049	190118	202610	225403	551600	225391
37673	83076	128594	2270	30348	193508	38138
685556	417399	480081	255453	391712	1011250	328735
305314	162373	170694	204918	127293	532823	227603
180350	147962	206590	20254	153309	351826	106303
237565	190140	231392	32552	141458	310109	32967
90823	35748	36144	3262	16029	20655	-23434
1662	1256	1404	331	1537	66	-1480
1	107	106	27		108	
2514	-1621	-1612		2061	-141	695
292058	264378	310778	73663	217472	522179	130189
261475	127543	141599	167970	70332	410833	155180
141711	98207	142708	14600	125591	237110	65296
26	-994	100			1330	1149
19392	13840	15144	1048	238	31093	13381
4390	-2241	-1551	83	4829	2181	2463
4885	57648	57557	8875	2735	107619	31086
2547	-3122	-3430		5641	-735	1953
3329	124288	123412	1549	4232	163974	28850
580	6196	8846	-5019	1171	16180	4738
10617	8201	17602	382	2968	19665	1755
3920	16240	20876	730	4543	26719	4999
654	7826	7574	-2204	6501	35838	7576
2666	1131	1290		1421	1441	
769	4864	4944		1963	7257	1764
0	110	110			110	
399	498	498			582	1
1	211	211			240	25
223	72	564	19	703	1361	660
3268	-1900	104		563	1578	850
8175	-8745	-9145	255	10177	-7778	
281261	219770	233924	219810	128504	560743	198232
2862	15665	18131	1110	2844	33696	13843
666	309	353	112	125	2190	1319
69742	-6270	12885	7557	64405	55078	36309
77401	-45064	-41611	3703	64319	-842	28065
95400	-34107	-23521	8048	70996	29218	41820
2726	-2052	-1654	-232	3468	613	1992
3398	-413	6534	287	1308	11255	3239
320	1914	2054	183		3082	1016
129	56	56			113	37
16792	51183	73456	3621	8620	83469	7918
137	-2245	-1066	5	1098	-448	525
26	204	281	26		1396	932
1260	2253	2365	214		4240	1691
129697	71432	74273	6837	33735	23588	-55906
403	9859	9847	977	20	10602	547
-1025	4462	11356	879		12716	1037

13-9 规模以上国有及国有控股工业企业主要经济指标(2017年)

单位：万元

项　目	Item	企　业 单位数 （个） Number of Enterprises（unit）	亏损企业 Loss- making Enterprises
总计	**Total**	**138**	**30**
国有控股企业	State-holding Enterprises	138	30
轻工业	Light Industry	17	6
重工业	Heavy Industry	121	24
大型企业	Large Enterprises	14	4
中型企业	Medium-sized Enterprises	39	11
小型企业	Small Enterprises	85	15
微型企业	Micro Enterprises	26	3
按登记注册类型分	**By Status of Registration**		
国有企业	State-owned Enterprises	6	3
有限责任公司	Limited Liability Corporations	115	24
股份有限公司	Share-holding Corporations Limited	15	3
港、澳、台商投资企业	Enterprises with Funds from Hong Kong, Macao and Taiwan	2	
外商投资企业	Foreign Funded Enterprises		
按工业行业分	**Grouped by Sector**		
采掘业	**Mining**		
煤炭开采和洗选业	Mining and Washing of Coal	5	1
石油和天然气开采业	Extraction of Petroleum and Natural Gas	1	
黑色金属矿采选业	Mining and Processing of Ferrous Metal Ores		
有色金属矿采选业	Mining and Processing of Non-Ferrous Metal Ores	3	
非金属矿采选业	Mining and Processing of Non-metal Ores	2	
制造业	**Manufacturing**		
农副食品加工业	Processing of Food from Agricultural Products		
食品制造业	Manufacture of Foods	2	
纺织服装、服饰业	Manufacture of Textile, Wearing Apparel and Accessories	3	1
印刷和记录媒介复制业	Printing and Reproduction of Recording Media	2	1
石油加工、炼焦和核燃料加工业	Processing of Petroleum, Coking and Processing of Nuclear Fuel		
化学原料和化学制品制造业	Manufacture of Raw Chemical Materials and Chemical Products	21	9
医药制造业	Manufacture of Medicines	3	2
非金属矿物制品业	Manufacture of Non-metallic Mineral Products	7	2
黑色金属冶炼和压延加工业	Smelting and Pressing of Ferrous Metals	4	1
有色金属冶炼和压延加工业	Smelting and Pressing of Non-ferrous Metals	20	4
金属制品业	Manufacture of Metal Products	2	2
通用设备制造业	Manufacture of General Purpose Machinery		
专用设备制造业	Manufacture of Special Purpose Machinery	1	
电气机械和器材制造业	Manufacture of Electrical Machinery and Apparatus	5	2
其他制造业	Other Manufacture		
电力、燃气及水的生产和供应业	**Power, Gas and Water Production and Supply**		
电力、热力生产和供应业	Production and Supply of Electric Power and Heat Power	53	5
燃气生产和供应业	Production and Supply of Gas	1	
水的生产和供应业	Production and Supply of Water	3	

Main Indicators of State-holding andState-owned Industrial Enterprises above Designated Size(2017)

(10 000 yuan)

工业总产值 Gross Industrial Output Value	资产总计 Total Assets	流动资产合计 Total Working Capitals	固定资产合计 Total Fixed Assets	固定资产原价 Original Value of Fixed Assets	累计折旧 Accumulated Depreciation	本年折旧 Depreciation Charge for the Year
13391075	**46888176**	**11307877**	**23780660**	**37841514**	**13020040**	**1844881**
13391075	46888176	11307877	23780660	37841514	13020040	1844881
306527	591072	244034	258583	341303	125487	31323
13084548	46297104	11063843	23522078	37500211	12894553	1813558
9823782	30781180	6551427	17462638	28062568	10357162	1329468
2174824	9130149	2945190	3174995	5149288	1624932	257734
1392470	6976847	1811260	3143027	4629659	1037947	257678
220022	2172847	545701	594171	865126	144991	52126
2719521	4354364	469854	3428738	5860054	2430787	359105
5732213	23498324	6268471	11897150	18520965	5821146	969931
4923874	18950654	4551494	8437962	13438356	4762777	515138
15467	84834	18058	16811	22140	5329	707
131718	1257122	606541	223494	354037	97914	9588
1852545	4035608	898093	2812950	5552587	2545404	306572
222194	402482	173638	102046	239519	67482	12560
30362	105994	49153	17543	75862	41965	3715
51496	36645	4671	29869	37003	7134	3929
15728	37532	29232	6118	12741	7126	1432
8024	13717	8669	5045	10336	5291	610
2427652	12157246	3076184	5249440	6600793	1411238	288065
21993	94499	38729	45235	55379	9994	5774
148115	1246256	195593	1036626	1391883	364864	32800
659587	3153387	971412	1181316	1779673	589529	57504
3114923	6251502	2211074	1619318	3357631	1561740	144580
19425	11721	8463	3247	4285	1498	40
30881	54061	36882	1614	1891	666	666
201420	217110	76506	114201	157721	45091	16117
4420309	17557582	2811180	11243769	18104812	6205732	955569
9769	40013	15404	16811	22140	5329	707
24934	215700	96454	72020	83221	52045	4655

13-9 续表1

单位：万元

项　目	Item	负债合计 Total Liabilities	流动负债合计 Total Working Liabilities
总计	**Total**	**32001778**	**17562388**
国有控股企业	State-holding Enterprises	32001778	17562388
轻工业	Light Industry	356393	239546
重工业	Heavy Industry	31645385	17322842
大型企业	Large Enterprises	20387688	10311040
中型企业	Medium-sized Enterprises	6496841	4337496
小型企业	Small Enterprises	5117249	2913853
微型企业	Micro Enterprises	1684375	431038
按登记注册类型分	**By Status of Registration**		
国有企业	State-owned Enterprises	1842239	1574380
有限责任公司	Limited Liability Corporations	17133348	8701535
股份有限公司	Share-holding Corporations Limited	12995596	7273679
港、澳、台商投资企业	Enterprises with Funds from Hong Kong, Macao and Taiwan	30595	12795
外商投资企业	Foreign Funded Enterprises		
按工业行业分	**Grouped by Sector**		
采掘业	**Mining**		
煤炭开采和洗选业	Mining and Washing of Coal	560790	510455
石油和天然气开采业	Extraction of Petroleum and Natural Gas	1802858	783064
黑色金属矿采选业	Mining and Processing of Ferrous Metal Ores		
有色金属矿采选业	Mining and Processing of Non-Ferrous Metal Ores	114820	34292
非金属矿采选业	Mining and Processing of Non-metal Ores	76787	71668
制造业	**Manufacturing**		
农副食品加工业	Processing of Food from Agricultural Products		
食品制造业	Manufacture of Foods	9158	8293
纺织服装、服饰业	Manufacture of Textile, Wearing Apparel and Accessories	10821	10359
印刷和记录媒介复制业	Printing and Reproduction of Recording Media	10595	10595
石油加工、炼焦和核燃料加工业	Processing of Petroleum, Coking and Processing of Nuclear Fuel		
化学原料和化学制品制造业	Manufacture of Raw Chemical Materials and Chemical Products	9280308	5003359
医药制造业	Manufacture of Medicines	48129	39521
非金属矿物制品业	Manufacture of Non-metallic Mineral Products	1054384	694933
黑色金属冶炼和压延加工业	Smelting and Pressing of Ferrous Metals	2612121	1904140
有色金属冶炼和压延加工业	Smelting and Pressing of Non-ferrous Metals	4893195	3507544
金属制品业	Manufacture of Metal Products	5651	5100
通用设备制造业	Manufacture of General Purpose Machinery		
专用设备制造业	Manufacture of Special Purpose Machinery	40140	3772
电气机械和器材制造业	Manufacture of Electrical Machinery and Apparatus	200719	148139
其他制造业	Other Manufacture		
电力、燃气及水的生产和供应业	**Power, Gas and Water Production and Supply**		
电力、热力生产和供应业	Production and Supply of Electric Power and Heat Power	11182725	4782908
燃气生产和供应业	Production and Supply of Gas	12795	12795
水的生产和供应业	Production and Supply of Water	85784	31454

Continued

(10 000 yuan)

非流动负债合计 Total Non-current Liabilities	所有者权益合计 Total Owners' Equity	实收资本 Paid-up Capital	营业收入 Revenue of Operating	主营业务收入 Revenue from Principal Business	营业成本 Cost of Business	主营业务成本 Cost of Principal Business	税金及附加 Taxes and Other Charges	主营业务税金及附加 Tax and Extra Charges from Principal Business	其他业务利润 Other Operating Profit
13557645	**14835221**	**7626095**	**13589379**	**12695249**	**10888180**	**10100589**	**481238**	**405047**	**-37424**
13557645	14835221	7626095	13589379	12695249	10888180	10100589	481238	405047	-37424
116613	234678	75417	211049	206872	176698	168525	1560	1280	723
13441031	14600542	7550678	13378330	12488376	10711481	9932064	479678	403767	-38146
10070569	10393492	4296927	10033874	9257933	8192654	7494993	424339	351122	-44535
1952797	2633308	2111793	2320650	2226796	1884805	1819657	42004	40485	5921
1534279	1808421	1217374	1234855	1210520	810720	785940	14896	13440	1190
643139	437295	308638	203908	199630	96188	91650	6839	6523	
267860	2512124	1514106	2783615	2781758	2766436	2765726	6375	6002	
7573939	6340821	4870481	5754649	5631477	4542076	4449027	70015	65720	13870
5715846	5955058	1237508	5029591	4260778	3567920	2874378	404605	333082	-51294
	27218	4000	21525	21236	11747	11459	244	244	
48947	696332	122497	176789	169714	94410	87511	13268	13069	809
1019794	2232750		1589793	1513429	850014	698176	317056	312703	-76439
62728	260641	12000	204701	203283	54641	53488	10167	10167	
5119	29207	30000	37731	34058	19863	18372	1789	1789	2182
865	27487	8000	24906	24634	19199	19199	236	236	
463	26711	13400	15560	14930	8657	6037	358	152	406
	3122	736	7084	7083	5130	5129	48	48	
3757113	2876938	1107055	2317931	1784090	1577299	1169428	89384	22045	2662
8375	46370	24916	11265	11035	8231	8119	173	173	
350324	191872	317693	165225	159639	121725	116866	2359	2359	-132
701911	541266	402000	982575	954547	891252	866109	7503	7315	
1189609	1358307	1642469	3367939	3145501	3193720	3016807	14194	11719	29311
551	6070	6638	5465	5465	5261	5261	18	18	
61	13921	971	27111	27111	24021	24021	5	4	
52581	16390	3940	140745	137907	135773	130580	599	421	317
6304876	6350703	3905354	4468864	4457906	3855935	3852813	23684	22506	3461
	27218	4000	17737	17706	9864	9847	75	75	
54331	129916	24425	27960	27211	13184	12826	324	250	

13-9 续表2

单位：万元

项　目	Item	销售费用 Cost of Sales	管理费用 Management Expenses
总计	**Total**	**218168**	**634136**
国有控股企业	State-holding Enterprises	218168	634136
轻工业	Light Industry	4363	24805
重工业	Heavy Industry	213805	609331
大型企业	Large Enterprises	129426	465182
中型企业	Medium-sized Enterprises	59577	118439
小型企业	Small Enterprises	29165	50515
微型企业	Micro Enterprises	15444	8248
按登记注册类型分	**By Status of Registration**		
国有企业	State-owned Enterprises	231	16984
有限责任公司	Limited Liability Corporations	139418	196052
股份有限公司	Share-holding Corporations Limited	76941	419084
港、澳、台商投资企业	Enterprises with Funds from Hong Kong, Macao and Taiwan	1577	2016
外商投资企业	Foreign Funded Enterprises		
按工业行业分	**Grouped by Sector**		
采掘业	**Mining**		
煤炭开采和洗选业	Mining and Washing of Coal	4026	15108
石油和天然气开采业	Extraction of Petroleum and Natural Gas	3971	176284
黑色金属矿采选业	Mining and Processing of Ferrous Metal Ores		
有色金属矿采选业	Mining and Processing of Non-Ferrous Metal Ores	3278	11374
非金属矿采选业	Mining and Processing of Non-metal Ores	4364	10049
制造业	**Manufacturing**		
农副食品加工业	Processing of Food from Agricultural Products		
食品制造业	Manufacture of Foods	827	2966
纺织服装、服饰业	Manufacture of Textile, Wearing Apparel and Accessories	221	5750
印刷和记录媒介复制业	Printing and Reproduction of Recording Media		2044
石油加工、炼焦和核燃料加工业	Processing of Petroleum, Coking and Processing of Nuclear Fuel		
化学原料和化学制品制造业	Manufacture of Raw Chemical Materials and Chemical Products	125199	235903
医药制造业	Manufacture of Medicines	749	2656
非金属矿物制品业	Manufacture of Non-metallic Mineral Products	8693	15209
黑色金属冶炼和压延加工业	Smelting and Pressing of Ferrous Metals	25899	39347
有色金属冶炼和压延加工业	Smelting and Pressing of Non-ferrous Metals	36192	72076
金属制品业	Manufacture of Metal Products	79	857
通用设备制造业	Manufacture of General Purpose Machinery		
专用设备制造业	Manufacture of Special Purpose Machinery	112	1928
电气机械和器材制造业	Manufacture of Electrical Machinery and Apparatus	1522	3817
其他制品业	Other Manufacture		
电力、燃气及水的生产和供应业	**Power, Gas and Water Production and Supply**		
电力、热力生产和供应业	Production and Supply of Electric Power and Heat Power		28031
燃气生产和供应业	Production and Supply of Gas	1488	1571
水的生产和供应业	Production and Supply of Water	1550	9165

Continued

(10 000 yuan)

财务费用 Financial Expenses	营业利润 Operating Profit	利润总额 Total Profits	所得税费用 Income Tax Expense	亏损企业亏损总额 The Total Loss of Loss-making Enterprises	利税总额 Total Profits and Taxes	本年应交增值税 Value Added Tax Payable
866754	**496509**	**592567**	**214241**	**255047**	**1526463**	**452659**
866754	496509	592567	214241	255047	1526463	452659
6158	-721	9824	1558	9888	15776	4392
860596	497231	582743	212683	245160	1510688	448267
575704	232347	287347	192171	124470	1126344	414658
118701	110063	136404	12086	102194	261677	83270
172349	154100	168816	9984	28383	138443	-45269
52726	23424	24978	1606	2698	21475	-10343
19180	-23485	2990	5611	1537	8845	-519
590040	223342	261686	46522	190916	488439	156738
257328	291926	322923	161431	62594	1023388	295861
206	4726	4968	677		5791	579
3609	48814	48678	6702	1790	85281	23336
20368	220623	251936			730168	161176
509	122050	121553	847		158795	27076
584	6296	8990	-5046		14063	3284
-1	1680	2310	150		2686	140
-153	136	299		1929	2392	1736
-6	-128	35	15	21	502	418
242751	32620	40669	186691	80756	277835	147782
1599	-2130	-1615		1803	-917	526
31935	-28121	-17881	481	38081	811	16333
67837	-52917	-50507	2884	56355	-27802	15202
77162	-17290	-14052	4796	43508	35851	35710
99	-882	-818	-193	818	-806	-6
133	763	778	11		1696	914
6055	-4327	-2142	514	6134	-169	1375
415196	160221	188100	14832	23852	228224	16439
100	4638	4881	677		5138	182
-1025	4462	11356	879		12716	1037

13-10 大中型工业企业主要经济指标(2017年)

单位：万元

项　目	Item	企业单位数（个）Number of Enterprises (unit)	亏损企业 Loss-making Enterprises
总计	**Total**	**109**	**37**
国有控股企业	State-holding Enterprises	53	15
轻工业	Light Industry	26	7
重工业	Heavy Industry	83	30
大型企业	Large Enterprises	22	5
中型企业	Medium-sized Enterprises	87	32
按工业行业分	**Grouped by Sector**		
采掘业	**Mining**		
煤炭开采和洗选业	Mining and Washing of Coal	4	
石油和天然气开采业	Extraction of Petroleum and Natural Gas	1	
黑色金属矿采选业	Mining and Processing of Ferrous Metal Ores	1	1
有色金属矿采选业	Mining and Processing of Non-Ferrous Metal Ores	3	1
非金属矿采选业	Mining and Processing of Non-metal Ores	2	
制造业	**Manufacturing**		
农副食品加工业	Processing of Food from Agricultural Products	2	
食品制造业	Manufacture of Foods	3	
酒、饮料和精制茶制造业	Manufacture of Liquor, Beverages and Refined Tea	4	1
纺织业	Manufacture of Textile	3	1
纺织服装、服饰业	Manufacture of Textile, Wearing Apparel and Accessories	5	2
印刷业和记录媒介的复制业	Printing and Reproduction of Recording Media	1	1
文教、工美、体育和娱乐用品制造业	Manufacture of Articles for Culture, Education, Arts and Crafts,Sport and Entertainment Activities	2	1
石油加工、炼焦和核燃料加工业	Processing of Petroleum, Coking and Processing of Nuclear Fuel	1	1
化学原料及化学制品制造业	Manufacture of Raw Chemical Materials and Chemical Products	16	7
医药制造业	Manufacture of Medicines	2	
非金属矿物制品业	Manufacture of Non-metallic Mineral Products	10	6
黑色金属冶炼及压延加工业	Smelting and Pressing of Ferrous Metals	11	4
有色金属冶炼及压延加工业	Smelting and Pressing of Non-ferrous Metals	22	5
金属制品业	Manufacture of Metal Products	1	1
通用设备制造业	Manufacture of General Purpose Machinery	2	1
汽车制造业	Manufacture of Automobiles		
电气机械及器材制造业	Manufacture of Electrical Machinery and Apparatus	5	1
仪器仪表制造业	Manufacture of Measuring Instruments and Machinery	1	
电力、燃气及水的生产和供应业	**Power, Gas and Water Production and Supply**		
电力、热力的生产和供应业	Production and Supply of Electric Power and Heat Power	6	3
水的生产和供应业	Production and Supply of Water	1	

Main Indicators of Large and Medium-sized Industrial Enterprises(2017)

(10 000 yuan)

工业总产值 Gross Industrial Output Value	资产总计 Total Assets	流动资产合计 Total Working Capitals	固定资产合计 Total Fixed Assets	固定资产原价 Original Value of Fixed Assets	累计折旧 Accumulated Depreciation	本年折旧 Depreciation Charge for the Year
16826198	**47901091**	**12962968**	**23423421**	**38688663**	**14422647**	**2090665**
11998605	39911329	9496617	20637633	33211856	11982094	1587202
1311778	1687511	834758	680433	1730377	1034045	180888
15514420	46213580	12128210	22742988	36958286	13388602	1909777
11318133	34089595	7928135	18195269	29688844	10911278	1433710
5508065	13811496	5034832	5228152	8999819	3511369	656955
128323	1132592	596072	208021	329608	92332	9412
1852545	4035608	898093	2812950	5552587	2545404	306572
3301	325658	77953	218052	218052	40529	4357
235366	532573	288302	124309	273512	79211	14413
30362	105994	49153	17543	75862	41965	3715
93476	59684	37977	21480	19285	7667	2264
41528	78499	23132	53263	62611	9348	5379
339342	309458	146004	34873	117881	16765	6799
74413	98473	57818	40196	156558	116179	17456
104532	165446	66068	91295	113267	22473	12074
4707	6348	1320	5028	5710	682	682
82092	110578	46856	63722	189507	125785	18706
182502	289644	70171	211727	329916	118189	15606
2857314	12578056	3173929	5409269	7575313	1726837	410850
51248	69977	48627	21350	30610	9391	2665
365619	1877221	503786	1259518	1731358	496877	58190
1097824	3450883	1127562	1316991	2011020	701814	65672
4732347	8394976	3085516	2173246	4412455	2049629	237002
23616	33107	18808	12745	16238	3493	634
116713	321987	232519	87130	105423	39076	7332
559966	770441	366137	374384	1066533	692518	115828
12938	22976	16430	5291	13816	8525	803
3817759	12988000	1957295	8807010	14227512	5437924	770676
18366	142912	73441	54029	54029	40032	3578

13-10 续表1

单位：万元

项　目	Item	负债合计 Total Liabilities	流动负债合计 Total Working Liabilities
总计	**Total**	**32098481**	**18747641**
国有控股企业	State-holding Enterprises	26884529	14648535
轻工业	Light Industry	858181	671318
重工业	Heavy Industry	31240299	18076323
大型企业	Large Enterprises	22490186	11795507
中型企业	Medium-sized Enterprises	9608295	6952134
按工业行业分	**Grouped by Sector**		
采掘业	**Mining**		
煤炭开采和洗选业	Mining and Washing of Coal	491930	448159
石油和天然气开采业	Extraction of Petroleum and Natural Gas	1802858	783064
黑色金属矿采选业	Mining and Processing of Ferrous Metal Ores	222382	183259
有色金属矿采选业	Mining and Processing of Non-Ferrous Metal Ores	206983	142255
非金属矿采选业	Mining and Processing of Non-metal Ores	76787	71668
制造业	**Manufacturing**		
农副食品加工业	Processing of Food from Agricultural Products	36237	22634
食品制造业	Manufacture of Foods	30010	29145
酒、饮料和精制茶制造业	Manufacture of Liquor, Beverages and Refined Tea	60371	46228
纺织业	Manufacture of Textile	76386	70757
纺织服装、服饰业	Manufacture of Textile, Wearing Apparel and Accessories	66786	42775
印刷业和记录媒介的复制业	Printing and Reproduction of Recording Media	3820	3820
文教、工美、体育和娱乐用品制造业	Manufacture of Articles for Culture, Education, Arts and Crafts,Sport and Entertainment Activities	61619	33914
石油加工、炼焦和核燃料加工业	Processing of Petroleum, Coking and Processing of Nuclear Fuel	223058	141728
化学原料及化学制品制造业	Manufacture of Raw Chemical Materials and Chemical Products	9184336	5404533
医药制造业	Manufacture of Medicines	31490	31092
非金属矿物制品业	Manufacture of Non-metallic Mineral Products	1602596	1088124
黑色金属冶炼及压延加工业	Smelting and Pressing of Ferrous Metals	2832842	2123723
有色金属冶炼及压延加工业	Smelting and Pressing of Non-ferrous Metals	6434087	4516767
金属制品业	Manufacture of Metal Products	25020	20020
通用设备制造业	Manufacture of General Purpose Machinery	184057	178713
汽车制造业	Manufacture of Automobiles		
电气机械及器材制造业	Manufacture of Electrical Machinery and Apparatus	520089	419240
仪器仪表制造业	Manufacture of Measuring Instruments and Machinery	2873	2873
电力、燃气及水的生产和供应业	**Power, Gas and Water Production and Supply**		
电力、热力的生产和供应业	Production and Supply of Electric Power and Heat Power	7869599	2920055
水的生产和供应业	Production and Supply of Water	52265	23095

Continued

(10 000 yuan)

非流动负债合计 Total Non-current Liabilities	所有者权益合计 Total Owners' Equity	实收资本 Paid-up Capital	营业收入 Revenue of Operating	主营业务收入 Revenue from Principal Business	营业成本 Cost of Business	主营业务成本 Cost of Principal Business	税金及附加 Taxes and Other Charges	主营业务税金及附加 Tax and Extra Charges from Principal Business	其他业务利润 Other Operating Profit
13090785	**15802610**	**7811619**	**16076117**	**15163575**	**13086264**	**12298307**	**526367**	**451434**	**-34643**
12023365	13026800	6408720	12354524	11484729	10077459	9314650	466342	391607	-38613
174989	829330	259853	989785	975724	817598	804993	22820	22544	1185
12915796	14973281	7551767	15086332	14187850	12268667	11493315	503547	428890	-35827
10688599	11599409	4826376	11491108	10702646	9229918	8526955	475329	402050	-41501
2402186	4203202	2985243	4585009	4460929	3856346	3771353	51038	49384	6858
42383	640662	111322	176577	169502	94010	87111	13261	13062	809
1019794	2232750		1589793	1513429	850014	698176	317056	312703	-76439
39123	103276	83333	33138	32781	24172	24038	546	546	223
64728	325590	19200	217057	215897	64815	63934	10550	10550	
5119	29207	30000	37731	34058	19863	18372	1789	1789	2182
7640	23447	20000	85051	85051	81340	81340	0	0	
865	48490	5000	47220	46920	35003	34974	355	355	
14144	249087	47300	113743	111617	73665	71614	19677	19677	462
5629	22088	14800	73645	73645	71937	71937	28	28	
18111	98660	31280	48178	47549	36512	33491	500	294	406
	2528		3201	3201	3160	3160	70		
27704	48959	12137	80924	80924	76804	76804	47	47	
81330	66586	87500	160463	160179	122740	122581	1284	1221	125
3779802	3393720	1183812	2731824	2192670	1771346	1363245	106733	39394	4161
398	38486	18800	55295	55261	22365	22331	892	892	
499592	274625	362715	370668	363365	264510	258164	3833	3833	338
697550	618041	512621	1332890	1311979	1206738	1190675	12104	12040	374
1696979	1960889	1985260	4367659	4135346	4137104	3956463	15037	13138	28986
5000	8087	9805	21089	20614	21364	21362	121	121	
5343	137930	45555	90634	90447	66708	66650	1350	1350	129
100839	250352	110111	508866	497686	436463	428972	1239	1062	317
	20102	1500	10951	10950	8720	8720	168	168	1
4949544	5118402	3099814	3900092	3891410	3588112	3585484	19508	18944	3284
29169	90648	19755	19430	19096	8801	8710	221	221	

13-10 续表2

单位：万元

项 目	Item	销售费用 Cost of Sales	管理费用 Management Expenses
总计	**Total**	**373916**	**745378**
国有控股企业	State-holding Enterprises	189003	583621
轻工业	Light Industry	36037	61500
重工业	Heavy Industry	337879	683878
大型企业	Large Enterprises	218209	527851
中型企业	Medium-sized Enterprises	155707	217527
按工业行业分	**Grouped by Sector**		
采掘业	**Mining**		
煤炭开采和洗选业	Mining and Washing of Coal	3971	12961
石油和天然气开采业	Extraction of Petroleum and Natural Gas	3971	176284
黑色金属矿采选业	Mining and Processing of Ferrous Metal Ores	5352	5775
有色金属矿采选业	Mining and Processing of Non-Ferrous Metal Ores	3314	14566
非金属矿采选业	Mining and Processing of Non-metal Ores	4364	10049
制造业	**Manufacturing**		
农副食品加工业	Processing of Food from Agricultural Products	545	743
食品制造业	Manufacture of Foods	5103	4622
酒、饮料和精制茶制造业	Manufacture of Liquor, Beverages and Refined Tea	4100	12350
纺织业	Manufacture of Textile	220	1085
纺织服装、服饰业	Manufacture of Textile, Wearing Apparel and Accessories	636	7103
印刷业和记录媒介的复制业	Printing and Reproduction of Recording Media	272	658
文教、工美、体育和娱乐用品制造业	Manufacture of Articles for Culture, Education, Arts and Crafts,Sport and Entertainment Activities	637	2684
石油加工、炼焦和核燃料加工业	Processing of Petroleum, Coking and Processing of Nuclear Fuel	23529	12345
化学原料及化学制品制造业	Manufacture of Raw Chemical Materials and Chemical Products	161985	251281
医药制造业	Manufacture of Medicines	20823	5672
非金属矿物制品业	Manufacture of Non-metallic Mineral Products	40564	26004
黑色金属冶炼及压延加工业	Smelting and Pressing of Ferrous Metals	37052	47964
有色金属冶炼及压延加工业	Smelting and Pressing of Non-ferrous Metals	45041	88011
金属制品业	Manufacture of Metal Products	1136	672
通用设备制造业	Manufacture of General Purpose Machinery	6380	14996
汽车制造业	Manufacture of Automobiles		
电气机械及器材制造业	Manufacture of Electrical Machinery and Apparatus	3814	25143
仪器仪表制造业	Manufacture of Measuring Instruments and Machinery	412	1444
电力、燃气及水的生产和供应业	**Power, Gas and Water Production and Supply**		
电力、热力的生产和供应业	Production and Supply of Electric Power and Heat Power		16680
水的生产和供应业	Production and Supply of Water	695	6289

Continued

(10 000 yuan)

财务费用 Financial Expenses	营业利润 Operating Profit	利润总额 Total Profits	所得税费用 Income Tax Expense	亏损企业亏损总额 The Total Loss of Loss-making Enterprises	利税总额 Total Profits and Taxes	本年应交增值税 Value Added Tax Payable
812166	**555826**	**679585**	**234885**	**309815**	**1799597**	**593645**
694405	342410	423751	204257	226664	1388021	497928
13038	52726	74287	57	7991	117677	20570
799128	503100	605298	234828	301823	1681920	573075
612325	421135	482599	214512	130006	1433555	475627
199840	134691	196986	20373	179808	366042	118018
3561	50625	50468	6702		86869	23140
20368	220623	251936			730168	161176
2038	-4746	-4994		4994	-4448	
1714	120427	119294	847	2171	156522	26679
584	6296	8990	-5046		14063	3284
861	1561	1625	1		1625	
216	1920	2907	150		4076	814
432	9759	10016	-2240	1629	35582	5889
1235	-860	-827		1311	-799	
306	2531	2610		1963	4874	1764
41	-1009	-681		681	-611	
1841	-1087	370		116	582	166
6061	-5496	-5536	58	5536	-4252	
238672	182012	192611	207508	93740	472863	173519
268	5301	5886	592		13004	6226
59370	-18157	-282	2457	54107	31305	27754
75389	-49687	-47097	3702	60431	-10573	24421
105793	-13399	-6954	7571	55827	56588	48505
373	-2502	-2532	-39	2532	-1688	723
3228	-2309	4637		458	8416	2430
11636	39122	57135	2173	2291	64144	5770
-31	237	257	26		1239	815
279254	10495	35186	9714	22028	134485	79790
-1044	4167	4561	709		5562	780

13-11 规模以上非公有工业企业主要指标(2017年)

单位：万元

项 目	Item	企业单位数（个）Number of Enterprises (unit)	亏损企业 Lossmaking Enterprises
总计	**Total**	**421**	**135**
轻工业	Light Industry	152	34
重工业	Heavy Industry	269	101
大型企业	Large Enterprises	8	1
中型企业	Medium-sized Enterprises	43	19
小型企业	Small Enterprises	370	115
微型企业	Micro Enterprises	53	17
按登记注册类型分	**By Status of Registration**		
股份合作企业	Cooperative Enterprises	1	1
有限责任公司	Limited Liability Corporations	120	44
股份有限公司	Share-holding Corporations Limited	19	3
私营企业	Private Enterprises	258	81
其他企业	Other Enterprises	1	
港、澳、台商投资企业	Enterprises with Funds from Hong Kong, Macao and Taiwan	10	1
外商投资企业	Foreign Funded Enterprises	12	5
按工业行业分	**Grouped by Sector**		
采掘业	**Mining**		
煤炭开采和洗选业	Mining and Washing of Coal	7	3
黑色金属矿采选业	Mining and Processing of Ferrous Metal Ores	3	2
有色金属矿采选业	Mining and Processing of Non-Ferrous Metal Ores	6	2
非金属矿采选业	Mining and Processing of Non-metal Ores	5	2
制造业	**Manufacturing**		
农副食品加工业	Processing of Food from Agricultural Products	52	10
食品制造业	Manufacture of Foods	25	5
酒、饮料和精制茶制造业	Manufacture of Liquor, Beverages and Refined Tea	14	4
纺织业	Manufacture of Textile	7	2
纺织服装、服饰业	Manufacture of Textile, Wearing Apparel and Accessories	4	1
木材加工和木、竹、藤、棕、草制品业	Processing of Timber.Manufacture of Wood, Bamboo,Rattan,Palm and Straw Products	1	
家具制造业	Manufacture of Furniture	1	
造纸和纸制品业	Manufacture of Paper and Paper Products	1	
印刷和记录媒介复制业	Printing and Reproduction of Recording Media	3	1
文教、工美、体育和娱乐用品制造业	Manufacture of Articles for Culture, Education, Arts and Crafts, Sport and Entertainment Activities	7	3
石油加工、炼焦和核燃料加工业	Processing of Petroleum, Coking and Processing of Nuclear Fuel	4	3
化学原料和化学制品制造业	Manufacture of Raw Chemical Materials and Chemical Products	46	18
医药制造业	Manufacture of Medicines	26	3
橡胶和塑料制品业	Manufacture of Rubber and Plastics Products	8	1
非金属矿物制品业	Manufacture of Non-metallic Mineral Products	64	22
黑色金属冶炼和压延加工业	Smelting and Pressing of Ferrous Metals	28	11
有色金属冶炼和压延加工业	Smelting and Pressing of Non-ferrous Metals	25	15
金属制品业	Manufacture of Metal Products	5	2
通用设备制造业	Manufacture of General Purpose Machinery	4	2
专用设备制造业	Manufacture of Special Purpose Machinery	3	
汽车制造业	Manufacture of Automobiles		
铁路、航船、航空航天和其他运输设备制造业	Manufacture of Railway, Ship, Aerospace and Other Transport Equipments	1	
电气机械和器材制造业	Manufacture of Electrical Machinery and Apparatus	22	10
计算机、通信和其他电子设备制造业	Manufacture of Computers, Communication and Other Electronic Equipment	3	2
仪器仪表制造业	Manufacture of Measuring Instruments and Machinery	1	
废弃资源综合利用业	Comprehensive Utilization of Waste Resources	1	
金属制品、机械和设备修理业	Repair Service of Metal Products, Machinery and Equipment		
电力、燃气及水的生产和供应业	**Power, Gas and Water Production and Supply**		
电力、热力生产和供应业	Production and Supply of Electric Power and Heat Power	40	10
燃气生产和供应业	Production and Supply of Gas	4	1

Main Indicators of Non-public Industrial Enterprises Above Designated Size (2017)

(10 000 yuan)

工业总产值 Gross Industrial Output Value	资产总计 Total Assets	流动资产合计 Total Working Capitals	固定资产合计 Total Fixed Assets	固定资产原价 Original Value of Fixed Assets	累计折旧 Accumulated Depreciation	本年折旧 Depreciation Charge for the Year
11358134	**17471387**	**7532184**	**6489306**	**10785162**	**4047887**	**831463**
3225467	3491053	1669798	1358085	2761834	1364717	260307
8132667	13980334	5862386	5131221	8023328	2683170	571156
1494352	3308415	1376709	732631	1626276	554116	104242
3169084	4494826	1983043	2008096	3774878	1855699	395189
6694699	9668146	4172432	3748580	5384008	1638073	332031
619473	1710786	496672	873498	1208916	317600	81026
2401	33612	19982	9194	18862	9668	1163
3334544	5154796	2261244	1930837	3175862	991139	195790
1185763	1751251	726574	510292	1024454	482255	80940
6023386	8562165	3864241	3556327	5840414	2323099	500015
10177	2978	2859	119	403	284	45
684236	1687601	582518	286574	415486	114018	32537
117627	278984	74766	195964	309681	127423	20973
111716	222527	111902	14558	25319	10952	1789
22078	419800	131419	223511	258196	52239	5979
41378	286375	171179	69325	106027	37928	5906
32708	61532	46039	13854	20276	9359	1187
599599	737779	401169	264178	354633	116317	26659
667726	642075	248861	272877	305701	38531	23442
465990	489515	218324	76936	181584	42695	10581
118783	196886	103383	93042	264403	171227	27299
136398	153277	48286	98860	155054	56194	16298
2058	618	358	260	260		
28883	9858	2704	7154	37070	29916	4436
4168	1717	407	1110	1261	151	151
53990	11701	5650	6048	9160	1047	704
139519	170546	84650	82255	267986	186577	27923
198483	422399	135586	219667	365954	131977	17775
1194472	3299177	1379908	1090245	2049024	696371	196808
439994	436559	183869	189297	230266	32156	9560
32535	43468	30312	11660	19658	8267	1907
1097556	1733776	943671	540225	909213	356038	68580
1024416	602409	297526	237647	413765	198812	23168
3330896	2880879	1239224	804956	1441732	651692	117290
73006	136894	97367	38591	45621	7031	2582
155108	384569	230871	130518	149636	40616	12608
105811	88055	51656	35859	42431	7626	979
35245	11604	6013	5591	18632	13041	2217
834930	973267	566677	356038	1057397	703857	117441
79677	32875	11461	10378	8073	1079	975
24706	2640	2487	151	275	124	25
14672	44381	31072	10085	13468	3382	442
258116	2876923	707870	1544033	1996209	431107	104628
33518	97308	42284	40397	36880	11580	2126

13-11 续表1

单位：万元

项　目	Item	负债合计 Total Liabilities	流动负债合计 Total Working Liabilities
总计	**Total**	**11403589**	**7820693**
轻工业	Light Industry	1833285	1339755
重工业	Heavy Industry	9570304	6480938
大型企业	Large Enterprises	2102498	1484467
中型企业	Medium-sized Enterprises	3037692	2555845
小型企业	Small Enterprises	6263400	3780381
微型企业	Micro Enterprises	1080722	462375
按登记注册类型分	**By Status of Registration**		
股份合作企业	Cooperative Enterprises	24797	24797
有限责任公司	Limited Liability Corporations	3128930	2247822
股份有限公司	Share-holding Corporations Limited	1109084	666740
私营企业	Private Enterprises	5415900	3902245
其他企业	Other Enterprises	2492	2389
港、澳、台商投资企业	Enterprises with Funds from Hong Kong, Macao and Taiwan	1555369	863149
外商投资企业	Foreign Funded Enterprises	167017	113550
按工业行业分	**Grouped by Sector**		
采掘业	**Mining**		
煤炭开采和洗选业	Mining and Washing of Coal	135199	90947
黑色金属矿采选业	Mining and Processing of Ferrous Metal Ores	320663	281525
有色金属矿采选业	Mining and Processing of Non-Ferrous Metal Ores	174167	160167
非金属矿采选业	Mining and Processing of Non-metal Ores	35498	35498
制造业	**Manufacturing**		
农副食品加工业	Processing of Food from Agricultural Products	370132	255950
食品制造业	Manufacture of Foods	331394	193815
酒、饮料和精制茶制造业	Manufacture of Liquor, Beverages and Refined Tea	294781	261026
纺织业	Manufacture of Textile	109047	92127
纺织服装、服饰业	Manufacture of Textile, Wearing Apparel and Accessories	63030	38738
木材加工和木、竹、藤、棕、草制品业	Processing of Timber.Manufacture of Wood, Bamboo,Rattan,Palm and Straw Products	25	
家具制造业	Manufacture of Furniture	6932	2935
造纸和纸制品业	Manufacture of Paper and Paper Products	1017	1017
印刷和记录媒介复制业	Printing and Reproduction of Recording Media	4405	4300
文教、工美、体育和娱乐用品制造业	Manufacture of Articles for Culture, Education, Arts and Crafts,Sport and Entertainment Activities	100883	52541
石油加工、炼焦和核燃料加工业	Processing of Petroleum, Coking and Processing of Nuclear Fuel	310177	200309
化学原料和化学制品制造业	Manufacture of Raw Chemical Materials and Chemical Products	1829110	1581271
医药制造业	Manufacture of Medicines	175921	133121
橡胶和塑料制品业	Manufacture of Rubber and Plastics Products	32901	31521
非金属矿物制品业	Manufacture of Non-metallic Mineral Products	1308548	1002671
黑色金属冶炼和压延加工业	Smelting and Pressing of Ferrous Metals	484953	429589
有色金属冶炼和压延加工业	Smelting and Pressing of Non-ferrous Metals	2150686	1444262
金属制品业	Manufacture of Metal Products	109038	63400
通用设备制造业	Manufacture of General Purpose Machinery	212866	207743
专用设备制造业	Manufacture of Special Purpose Machinery	80034	66594
汽车制造业	Manufacture of Automobiles		
铁路、航舶、航空航天和其他运输设备制造业	Manufacture of Railway, Ship, Aerospace and Other Transport Equipments	1760	1003
电气机械和器材制造业	Manufacture of Electrical Machinery and Apparatus	624128	483533
计算机、通信和其他电子设备制造业	Manufacture of Computers, Communication and Other Electronic Equipment	13254	8381
仪器仪表制造业	Manufacture of Measuring Instruments and Machinery	1889	1687
废弃资源综合利用业	Utilization of Waste Materials	23865	18965
金属制品、机械和设备修理业	Repair Service of Metal Products, Machinery and Equipment		
电力、燃气及水的生产和供应业	**Power, Gas and Water Production and Supply**		
电力、热力生产和供应业	Production and Supply of Electric Power and Heat Power	2043430	631949
燃气生产和供应业	Production and Supply of Gas	53858	44113

Continued

(10 000 yuan)

非流动负债合计 Total Non-current Liabilities	所有者权益合计 Total Owners' Equity	实收资本 Paid-up Capital	营业收入 Revenue of Operating	主营业务收入 Revenue from Principal Business	营业成本 Cost of Business	主营业务成本 Cost of Principal Business	税金及附加 Taxes and Other Charges	主营业务税金及附加 Tax and Extra Charges from Principal Business	其他业务利润 Other Operating Profit
2987321	**6067791**	**3452989**	**8155185**	**8001675**	**6820398**	**6690113**	**91770**	**84798**	**5781**
317827	1657766	639445	1950831	1936374	1614980	1601531	24818	24681	742
2669494	4410025	2813543	6204354	6065301	5205418	5088582	66952	60116	5040
618031	1205917	529449	1457234	1444713	1037264	1031962	50991	50928	3033
434421	1457134	845475	2180887	2151323	1904385	1884600	7914	7780	807
1934869	3404740	2078064	4517064	4405639	3878749	3773552	32865	26090	1941
530074	630064	477002	310321	308263	236123	235392	1205	1193	-162
	8815	706	18890	18890	18443	18443	504	504	
834065	2025864	1067738	2399305	2286718	1916691	1812323	29344	29258	464
437989	642167	244456	722270	718564	513968	512794	29066	22561	685
1114046	3146261	1842656	4194531	4163391	3623885	3602268	29106	28795	4573
103	486	52	9698	9698	10053	10053	81	81	
553819	132232	218988	723330	719231	662156	661323	2399	2399	10
47299	111967	78393	87161	85184	75202	72909	1270	1199	50
44252	87328	48160	117308	107003	87154	77897	5709	5705	723
39138	99137	85492	48923	48566	34971	34837	742	742	227
14000	112208	34374	58651	58651	43518	43518	1545	1545	
	26034	22970	20295	20295	16801	16801	807	807	
100229	367648	158634	470448	469655	421725	420725	307	307	578
48281	310679	66571	267119	267090	209978	209246	607	543	1
31556	194734	100865	186804	184090	121699	119142	20688	20688	522
15783	87839	27300	118321	118261	112277	112277	150	150	
18392	90247	24380	63848	63848	55812	55412	191	191	
	593		2058	2058	1607	1607	0	0	
3997	2926	1770	28615	28615	25510	25510	83	83	
	700	100	2456	2456	2158	2158	4	4	
	7296	720	51359	51354	49940	49438	88	16	
48343	69662	31051	150032	150032	142245	142245	625	625	
109130	112223	114573	182860	182039	141570	141048	1367	1305	266
237089	1470066	703403	1074229	1062281	694329	688403	39738	33139	2447
7467	260638	94773	190614	190415	111429	111195	1152	1152	-39
1380	10567	10814	32978	32891	28908	28508	518	518	87
263026	425228	257765	844870	833235	696251	687513	3901	3848	826
48054	117456	173657	735628	729643	674480	669526	5406	5342	434
578426	730193	480327	2380709	2289424	2298568	2216277	2514	2508	-258
45638	27856	18267	45443	43781	37808	36265	135	135	
5123	171703	52885	97227	97227	72416	72416	1193	1193	
13440	8021	7018	11193	11193	9455	9455	7	7	
758	9844	2000	6036	6036	4956	4956	20	20	
112404	349138	184914	639390	625881	542954	532370	1497	1460	-320
4873	19621	17848	15258	15258	15561	15561	92	92	
202	750	1000	2004	2004	1423	1423	14	14	
4900	20517	6468	14672	14530	8389	8389	185	185	
1183756	833492	710208	242865	241124	119823	119485	2275	2265	244
7684	43450	14680	52972	52738	36686	36513	208	208	46

13-11 续表2

单位：万元

项 目	Item	销售费用 Cost of Sales	管理费用 Management Expenses
总计	**Total**	**321333**	**330742**
轻工业	Light Industry	102340	113227
重工业	Heavy Industry	218993	217515
大型企业	Large Enterprises	88783	62668
中型企业	Medium-sized Enterprises	92519	91091
小型企业	Small Enterprises	140031	176982
微型企业	Micro Enterprises	6387	9722
按登记注册类型分	**By Status of Registration**		
股份合作企业	Cooperative Enterprises	3	2009
有限责任公司	Limited Liability Corporations	113464	87615
股份有限公司	Share-holding Corporations Limited	63719	40689
私营企业	Private Enterprises	126801	182106
其他企业	Other Enterprises		533
港、澳、台商投资企业	Enterprises with Funds from Hong Kong, Macao and Taiwan	13703	12927
外商投资企业	Foreign Funded Enterprises	3643	4863
按工业行业分	**Grouped by Sector**		
采掘业	**Mining**		
煤炭开采和洗选业	Mining and Washing of Coal	8536	5950
黑色金属矿采选业	Mining and Processing of Ferrous Metal Ores	6130	7653
有色金属矿采选业	Mining and Processing of Non-Ferrous Metal Ores	241	8364
非金属矿采选业	Mining and Processing of Non-metal Ores	859	1932
制造业	**Manufacturing**		
农副食品加工业	Processing of Food from Agricultural Products	11741	17939
食品制造业	Manufacture of Foods	15105	22726
酒、饮料和精制茶制造业	Manufacture of Liquor, Beverages and Refined Tea	23105	18732
纺织业	Manufacture of Textile	774	2052
纺织服装、服饰业	Manufacture of Textile, Wearing Apparel and Accessories	641	1554
木材加工和木、竹、藤、棕、草制品业	Processing of Timber.Manufacture of Wood, Bamboo,Rattan,Palm and Straw Products	201	140
家具制造业	Manufacture of Furniture	1096	1029
造纸和纸制品业	Manufacture of Paper and Paper Products	25	56
印刷和记录媒介复制业	Printing and Reproduction of Recording Media	451	842
文教、工美、体育和娱乐用品制造业	Manufacture of Articles for Culture, Education, Arts and Crafts,Sport and Entertainment Activities	1248	4692
石油加工、炼焦和核燃料加工业	Processing of Petroleum, Coking and Processing of Nuclear Fuel	25308	15161
化学原料和化学制品制造业	Manufacture of Raw Chemical Materials and Chemical Products	70315	52325
医药制造业	Manufacture of Medicines	44977	18328
橡胶和塑料制品业	Manufacture of Rubber and Plastics Products	1443	1134
非金属矿物制品业	Manufacture of Non-metallic Mineral Products	52170	33445
黑色金属冶炼和压延加工业	Smelting and Pressing of Ferrous Metals	19580	16813
有色金属冶炼和压延加工业	Smelting and Pressing of Non-ferrous Metals	18240	34440
金属制品业	Manufacture of Metal Products	436	2758
通用设备制造业	Manufacture of General Purpose Machinery	6886	14989
专用设备制造业	Manufacture of Special Purpose Machinery	28	366
汽车制造业	Manufacture of Automobiles		
铁路、航舶、航空航天和其他运输设备制造业	Manufacture of Railway, Ship, Aerospace and Other Transport Equipments	411	461
电气机械和器材制造业	Manufacture of Electrical Machinery and Apparatus	5273	31857
计算机、通信和其他电子设备制造业	Manufacture of Computers, Communication and Other Electronic Equipment	472	1242
仪器仪表制造业	Manufacture of Measuring Instruments and Machinery	331	212
废弃资源综合利用业	Comprehensive Utilization of Waste Resources	292	1708
金属制品、机械和设备修理业	Repair Service of Metal Products, Machinery and Equipment		
电力、燃气及水的生产和供应业	**Power, Gas and Water Production and Supply**		
电力、热力生产和供应业	Production and Supply of Electric Power and Heat Power	3709	7341
燃气生产和供应业	Production and Supply of Gas	1312	4503

Continued

(10 000 yuan)

财务费用 Financial Expenses	营业利润 Operating Profit	利润总额 Total Profits	所得税费用 Income Tax Expense	亏损企业亏损总额 The Total Loss of Loss-making Enterprises	利税总额 Total Profits and Taxes	本年应交增值税 Value Added Tax Payable
264406	**343085**	**413435**	**54138**	**193140**	**640760**	**135555**
31514	79556	114467	121	20460	170907	31623
232893	263529	298969	54017	172680	469853	103932
36621	188788	195252	22341	5536	507211	60968
78282	23108	58563	7709	74625	96188	29711
149503	131189	159620	24089	112979	237361	44876
41467	16199	14991	1871	13763	2469	-13727
…	-2069	-2061		2061	-1557	
73082	180219	190756	31868	50497	244778	24678
25911	56211	68426	6539	9924	126478	28986
141711	98207	142708	14600	125591	237110	65296
26	-994	100			1330	1149
19287	13753	15057	1048	238	30440	12984
4390	-2241	-1551	83	4829	2181	2463
1276	8834	8879	2173	945	22338	7750
2547	-3122	-3430		5641	-735	1953
2820	2238	1860	702	4232	5179	1774
-4	-100	-145	27	1171	2117	1454
10617	8201	17602	382	2968	19665	1755
3922	14560	18567	580	4543	24033	4859
654	7826	7574	-2204	6501	35838	7576
2666	1131	1290		1421	1441	
922	4728	4645		34	4865	29
0	110	110			110	
399	498	498			582	1
1	211	211			240	25
229	200	529	5	681	859	242
3268	-1900	104		563	1578	850
8175	-8745	-9145	255	10177	-7778	
38505	180881	188668	33092	52229	280991	52585
1261	13553	15443	519	1041	27788	11193
666	309	353	112	125	2190	1319
40010	36759	47661	7075	26323	77297	25734
11078	8338	9406	819	7964	27729	12918
39828	-11615	-6405	3252	29674	12340	16231
2254	1331	1696		119	3107	1276
3289	-1940	4577		850	7523	1753
187	1152	1276	172		1386	103
129	56	56			113	37
10737	55510	75598	3107	2486	83638	6543
137	-2245	-1066	5	1098	-448	525
57	-34	25			157	118
1260	2253	2365	214		4240	1691
77114	14247	14789	2877	32334	-8222	-25286
403	9859	9847	977	20	10602	547

13-12 2016-2017年规模以上工业企业主要经济效益指标

指 标	Item	工业增加值率(%)收入法 Ratio of Value Added to Gross Industrial Output Value (%) By Production Approach	
		2016	2017年
总计	**Total**	**29.47**	**29.48**
国有控股企业	State-holding Enterprises	33.35	33.48
轻工业	Light Industry	28.97	27.41
重工业	Heavy Industry	29.58	29.76
大型企业	Large Enterprises	35.54	35.17
中型企业	Medium-sized Enterprises	24.43	22.27
小型企业	Small Enterprises	24.08	22.13
微型企业	Micro Enterprises		
按登记注册类型分	**By Status of Registration**		
集体企业	Collective-owned Enterprises	26.52	
股份合作企业	Cooperative Enterprises	2.55	5.26
有限责任公司	Limited Liability Corporations	26.68	27.24
股份有限公司	Share-holding Corporations Limited	43.37	41.85
私营企业	Private Enterprises	25.19	23.90
其他企业	Other Enterprises		
港、澳、台商投资企业	Enterprises with Funds from Hong Kong, Macao and Taiwan	25.01	20.08
外商投资企业	Foreign Funded Enterprises	35.87	41.37
按工业行业分	**Grouped by Sector**		
采掘业	**Mining**		
煤炭开采和洗选业	Mining and Washing of Coal	37.09	53.79
石油和天然气开采业	Extraction of Petroleum and Natural Gas	75.57	76.50
黑色金属矿采选业	Mining and Processing of Ferrous Metal Ores	13.02	55.52
有色金属矿采选业	Mining and Processing of Non-Ferrous Metal Ores	36.06	84.08
非金属矿采选业	Mining and Processing of Non-metal Ores	51.60	57.11
制造业	**Manufacturing**		
农副食品加工业	Processing of Food from Agricultural Products	23.02	17.86
食品制造业	Manufacture of Foods	23.67	30.82
酒、饮料和精制茶制造业	Manufacture of Liquor, Beverages and Refined Tea	27.68	13.49
纺织业	Manufacture of Textile	30.85	33.59
纺织服装、服饰业	Manufacture of Textile, Wearing Apparel and Accessories	29.82	38.74
木材加工和木、竹、藤、棕、草制品业	Processing of Timber.Manufacture of Wood, Bamboo,Rattan,Palm and Straw Products		9.72
家具制造业	Manufacture of Furniture	23.46	19.59
造纸和纸制品业	Manufacture of Paper and Paper Products	42.04	39.39
印刷和记录媒介复制业	Printing and Reproduction of Recording Media	37.95	13.99
文教、工美、体育和娱乐用品制造业	Manufacture of Articles for Culture, Education, Arts and Crafts,Sport and Entertainment Activities	31.22	26.43
石油加工、炼焦和核燃料加工业	Processing of Petroleum, Coking and Processing of Nuclear Fuel	3.18	27.77
化学原料和化学制品制造业	Manufacture of Raw Chemical Materials and Chemical Products	28.55	36.41
医药制造业	Manufacture of Medicines	38.48	46.14
橡胶和塑料制品业	Manufacture of Rubber and Plastics Products	20.88	26.84
非金属矿物制品业	Manufacture of Non-metallic Mineral Products	22.72	22.40
黑色金属冶炼和压延加工业	Smelting and Pressing of Ferrous Metals	27.83	18.52
有色金属冶炼和压延加工业	Smelting and Pressing of Non-ferrous Metals	17.49	10.77
金属制品业	Manufacture of Metal Products	20.81	13.81
通用设备制造业	Manufacture of General Purpose Machinery	36.95	37.60
专用设备制造业	Manufacture of Special Purpose Machinery	16.62	17.05
汽车制造业	Manufacture of Automobiles	31.75	
铁路、航舶、航空航天和其他运输设备制造业	Manufacture of Railway, Ship, Aerospace and Other Transport Equipments	27.10	23.27
电气机械和器材制造业	Manufacture of Electrical Machinery and Apparatus	30.96	31.91
计算机、通信和其他电子设备制造业	Manufacture of Computers, Communication and Other Electronic Equipment		0.13
仪器仪表制造业	Manufacture of Measuring Instruments and Machinery	34.85	16.81
其他制造业	Other Manufacture	64.75	
金属制品、机械和设备修理业	Repair Service of Metal Products, Machinery and Equipment	27.12	
电力、燃气及水的生产和供应业	**Power, Gas and Water Production and Supply**		
电力、热力生产和供应业	Production and Supply of Electric Power and Heat Power	31.35	31.05
燃气的生产和供应业	Production and Supply of Gas	60.05	58.28
水的生产和供应业	Production and Supply of Water	63.22	87.22

注：工业增加值率是采用企业成本费用调查年报资料。下表同。

Main Economic Indicators of Industria Enterprises above Designated Size(2016-2017)

总资产贡献率 (%) Ratio of Total Assets to Industrial Output Value (%)		资产负债率 (%) Assets-Liability Ratio (%)		流动资产周转率 (次/年) Number of Times of Annual of Turnover Working Capitals (times/year)		成本费用利润率 (%) Ratio of Profits to Industrial Cost (%)		产品销售率 (%) Proportion of Products Sold (%)	
2016	2017	2016	2017	2016	2017	2016	2017	2016	2017
4.44	**4.96**	**68.41**	**67.34**	**1.40**	**1.15**	**3.66**	**4.94**	**93.93**	**96.72**
4.65	5.01	70.87	68.25	1.31	1.20	4.53	4.70	95.64	97.76
5.47	5.43	47.75	53.47	1.83	1.13	4.98	6.14	89.71	92.46
4.35	4.93	70.25	68.28	1.34	1.15	3.42	4.81	94.89	97.43
5.39	5.96	67.97	65.97	1.50	1.45	4.09	4.56	95.40	99.06
3.06	3.91	73.17	69.57	1.25	0.91	0.84	4.45	91.01	93.47
3.49	3.82	66.09	68.30	1.37	0.96	5.03	6.10	94.45	95.66
1.74	2.46	72.39	71.03	0.44	0.49	16.19	8.66	97.97	92.33
-5.46	4.68	95.71	53.01	3.78	2.89	-1.98	1.63	100.59	98.69
5.10	1.91	46.16	47.26	6.10	0.64	0.54	-4.04	100.43	100.00
4.25	4.72	75.50	70.58	1.16	0.95	4.04	5.92	93.07	96.62
6.21	6.83	65.42	68.12	1.16	1.09	7.88	7.86	93.91	97.52
2.49	4.07	63.93	63.25	1.56	1.09	0.86	3.50	92.16	93.95
13.56	45.49	80.25	83.68	5.10	3.39	2.12	0.94		95.29
3.91	2.91	92.62	89.48	1.85	1.24	2.26	2.77	101.03	102.16
5.82	1.88	39.63	59.87	1.76	1.17	7.53	-1.76	96.38	95.91
4.90	7.55	58.40	47.04	0.96	0.41	0.62	26.15	84.43	108.49
15.45	18.60	45.87	44.67	1.56	1.77	16.68	23.98	96.50	100.03
-3.01	-0.66	89.08	76.38	0.36	0.37	-31.64	-6.69	84.83	94.86
16.80	23.96	47.37	41.95	2.05	0.76	20.62	98.93	85.61	93.55
4.55	10.02	69.08	67.03	0.77	0.61	1.72	16.25	85.72	88.38
2.63	3.90	49.64	50.17	1.62	1.17	2.80	3.81	97.75	97.26
4.87	4.30	38.90	50.18	1.69	1.15	6.03	7.60	70.26	84.75
14.15	7.21	46.32	60.22	1.59	0.86	15.76	4.61	67.67	91.25
2.62	2.06	49.40	55.39	3.51	1.14	1.29	1.10	100.74	98.30
7.07	4.19	43.20	38.70	3.73	1.02	3.71	6.73	99.98	97.54
9.25	17.79	8.53	4.04	4.78	5.75	4.24	5.64		100.00
15.56	9.95	43.27	70.32	17.01	10.58	1.48	1.78	99.26	99.07
31.12	13.99	68.11	59.22	8.59	6.03	6.59	9.42	90.62	90.76
3.40	5.37	43.70	59.01	2.30	4.08	1.62	0.96	93.37	95.11
4.41	2.01	60.36	59.15	4.23	1.77	1.22	0.07	98.72	99.09
-5.59	0.10	79.95	73.43	1.36	1.35	-14.54	-4.81	78.56	94.40
4.16	5.26	70.40	71.87	0.78	0.76	5.98	7.54	89.21	94.87
5.68	6.34	31.94	41.42	1.11	0.93	8.05	8.71	92.07	93.42
5.64	6.05	74.05	75.69	1.22	1.09	3.18	1.10	91.37	99.90
3.41	4.80	76.92	79.29	1.05	0.89	1.25	2.98	90.54	98.47
2.12	1.91	79.91	82.46	1.31	1.35	0.30	-2.35	94.61	92.35
2.41	1.79	79.64	76.67	2.23	1.65	0.46	-0.35	97.67	97.86
1.93	1.93	33.92	76.88	0.95	0.58	2.10	-2.26	91.21	88.02
5.71	3.11	57.00	54.80	0.72	0.44	9.37	5.73	98.68	84.00
4.32	2.29	64.04	84.56	0.72	0.43	4.03	5.67	99.24	99.52
0.27		64.03		0.07		-8.72		98.33	
4.09	2.08	14.06	15.17	1.18	1.00	1.62	0.93	97.25	97.25
4.02	8.32	67.65	69.29	1.79	1.21	4.50	9.95	97.97	92.91
5.10	-1.10	40.60	40.32	1.23	1.33	1.54	-6.12	99.90	100.00
4.59	5.66	11.72	18.59	0.55	0.68	4.43	2.24	91.71	95.27
3.02		38.82		1.45		-1.36		100.00	
1.80		24.56		24.78		0.12		99.18	
3.46	3.28	70.06	64.70	1.48	1.34	4.65	4.52	99.49	99.81
14.00	11.56	45.68	48.54	1.54	1.23	28.99	26.33	125.07	120.03
2.75	5.43	52.93	39.77	0.22	0.29	22.80	49.65	98.41	98.33

a) Ratio of value added to gross industrial output value are based on business costs surveyed. The same applies to the tables following.

13-13 2016-2017年地方规模以上工业企业经济效益指标

指 标	Item	工业增加值率 (%) Ratio of Value Added to Gross Industrial Output Value (%)	
		2016	2017
总计	**Total**	**27.86**	**29.75**
国有控股企业	State-holding Enterprises	32.73	33.48
轻工业	Light Industry	28.97	27.41
重工业	Heavy Industry	27.53	29.76
大型企业	Large Enterprises	35.90	35.17
中型企业	Medium-sized Enterprises	24.49	22.27
小型企业	Small Enterprises	23.38	22.13
微型企业	Micro Enterprises		
按工业行业分	**Grouped by Sector**		
采掘业	**Mining**		
煤炭开采和洗选业	Mining and Washing of Coal	37.09	53.79
黑色金属矿采选业	Mining and Processing of Ferrous Metal Ores	13.02	55.52
有色金属矿采选业	Mining and Processing of Non-Ferrous Metal Ores	36.06	84.08
非金属矿采选业	Mining and Processing of Non-metal Ores	51.60	57.11
制造业	**Manufacturing**		
农副食品加工业	Processing of Food from Agricultural Products	23.02	17.86
食品制造业	Manufacture of Foods	23.67	30.82
酒、饮料和精制茶制造业	Manufacture of Liquor, Beverages and Refined Tea	27.68	13.49
纺织业	Manufacture of Textile	30.85	33.59
纺织服装、服饰业	Manufacture of Textile, Wearing Apparel and Accessories	29.82	38.74
木材加工和木、竹、藤、棕、草制品业	Processing of Timber.Manufacture of Wood, Bamboo,Rattan,Palm and Straw Products		9.72
家具制造业	Manufacture of Furniture	23.46	19.59
造纸和纸制品业	Manufacture of Paper and Paper Products	42.04	39.39
印刷和记录媒介复制业	Printing and Reproduction of Recording Media	37.95	13.99
文教、工美、体育和娱乐用品制造业	Manufacture of Articles for Culture, Education, Arts and Crafts,Sport and Entertainment Activities	31.22	26.43
石油加工、炼焦和核燃料加工业	Processing of Petroleum, Coking and Processing of Nuclear Fuel	3.18	27.77
化学原料和化学制品制造业	Manufacture of Raw Chemical Materials and Chemical Products	28.84	36.59
医药制造业	Manufacture of Medicines	38.48	46.14
橡胶和塑料制品业	Manufacture of Rubber and Plastics Products	20.88	26.84
非金属矿物制品业	Manufacture of Non-metallic Mineral Products	22.55	20.74
黑色金属冶炼和压延加工业	Smelting and Pressing of Ferrous Metals	27.85	18.24
有色金属冶炼和压延加工业	Smelting and Pressing of Non-ferrous Metals	20.04	11.61
金属制品业	Manufacture of Metal Products	20.81	13.81
通用设备制造业	Manufacture of General Purpose Machinery	36.95	37.60
专用设备制造业	Manufacture of Special Purpose Machinery	16.62	17.05
汽车制造业	Manufacture of Automobiles	31.75	
铁路、航舶、航空航天和其他运输设备制造业	Manufacture of Railway, Ship, Aerospace and Other Transport Equipments	27.10	23.27
电气机械和器材制造业	Manufacture of Electrical Machinery and Apparatus	30.96	31.91
计算机、通信和其他电子设备制造业	Manufacture of Computers, Communication and Other Electronic Equipment		
仪器仪表制造业	Manufacture of Measuring Instruments and Machinery	34.85	16.81
其他制造业	Other Manufacture	64.75	
金属制品、机械和设备修理业	Repair Service of Metal Products, Machinery and Equipment	27.12	
电力、燃气及水的生产和供应业	**Power, Gas and Water Production and Supply**		
电力、热力生产和供应业	Production and Supply of Electric Power and Heat Power	56.72	44.29
燃气的生产和供应业	Production and Supply of Gas	60.05	45.42
水的生产和供应业	Production and Supply of Water	63.22	87.22

Main Indicators on Ecocomic Benefit of Local Industrial Enterprises above Designated Size(2016-2017)

总资产贡献率 (%) Ratio of Total Assets to Industrial Output Value (%)		资产负债率 (%) Assets-Liability Ratio (%)		流动资产周转率 (次/年) Number of Times of Annual of Turnover Working Capitals (times/year)		成本费用利润率 (%) Ratio of Profits to Industrial Cost (%)		产品销售率 (%) Proportion of Products Sold (%)	
2016	2017	2016	2017	2016	2017	2016	2017	2016	2017
3.78	**4.09**	**70.92**	**70.35**	**1.22**	**0.94**	**3.28**	**4.40**	**92.56**	**92.25**
3.67	3.59	75.81	73.90	0.92	0.92	4.25	3.18	92.77	94.72
5.47	5.43	47.75	53.47	1.83	1.83	4.98	6.14	89.71	92.46
3.58	3.95	73.53	72.05	1.12	1.12	2.84	4.09	93.44	95.96
4.37	4.70	74.22	73.95	1.02	1.02	4.15	3.62	92.12	97.49
3.21	4.00	72.07	68.39	1.28	1.28	0.97	5.02	90.79	93.18
3.18	3.41	64.37	67.65	1.37	1.37	4.29	4.63	94.02	95.30
1.68	2.36	72.36	71.21	0.44	0.44	15.26	7.93	97.92	92.14
4.90	7.55	58.40	47.04	0.96	0.41	0.62	26.15	84.43	108.49
-3.01	-0.66	89.08	76.38	0.36	0.37	-31.64	-6.69	84.83	94.86
16.80	23.96	47.37	41.95	2.05	0.76	20.62	98.93	85.61	93.55
4.43	10.02	64.51	67.03	0.76	0.61	1.67	16.25	85.53	88.38
2.63	3.90	49.64	50.17	1.62	1.17	2.80	3.81	97.75	97.26
4.87	4.30	38.90	50.18	1.69	1.15	6.03	7.60	70.26	84.75
14.15	7.21	46.32	60.22	1.59	0.86	15.76	4.61	67.67	91.25
2.62	2.06	49.40	55.39	3.51	1.14	1.29	1.10	100.74	98.30
7.07	4.19	43.20	38.70	3.73	1.02	3.71	6.73	99.98	97.54
9.25	17.79	8.53	4.04	4.78	5.75	4.24	5.64		100.00
15.56	9.95	43.27	70.32	17.01	10.58	1.48	1.78	99.26	99.07
31.12	13.99	68.11	59.22	8.59	6.03	6.59	9.42	90.62	90.76
3.40	5.37	43.70	59.01	2.30	4.08	1.62	0.96	93.37	95.11
4.41	2.01	60.36	59.15	4.23	1.77	1.22	0.07	98.72	99.09
-5.59	0.10	79.95	73.43	1.36	1.35	-14.54	-4.81	78.56	94.40
4.40	5.34	69.82	71.53	0.80	0.76	6.44	7.80	89.10	94.81
5.68	6.34	31.94	41.42	1.11	0.93	8.05	8.71	92.07	93.42
5.64	6.05	74.05	75.69	1.22	1.09	3.18	1.10	91.37	99.90
3.06	4.11	77.58	80.63	1.01	0.82	0.75	1.38	90.36	98.62
2.14	1.90	80.14	82.28	1.20	1.34	0.33	-2.48	93.94	92.13
1.99	1.44	76.97	74.25	1.94	1.37	0.38	-0.52	97.17	97.12
1.93	1.93	33.92	76.88	0.95	0.58	2.10	-2.26	91.21	88.02
5.71	3.11	57.00	54.80	0.72	0.44	9.37	5.73	98.68	84.00
4.32	2.29	64.04	84.56	0.72	0.43	4.03	5.67	99.24	99.52
0.27		64.03		0.07		-8.72		98.33	
4.09	2.08	14.06	15.17	1.18	1.00	1.62	0.93	97.25	97.25
4.02	8.32	67.65	69.29	1.79	1.21	4.50	9.95	97.97	92.91
5.10	-1.10	40.60	40.32	1.23	1.33	1.54	-6.12	99.90	100.00
4.59	5.66	11.72	18.59	0.55	0.68	4.43	2.24	91.71	95.27
3.02		38.82		1.45		-1.36		100.00	
1.80		24.56		24.78		0.12		99.18	
3.72	1.99	77.09	70.90	0.74	0.42	7.70	16.74	98.52	98.69
14.00	10.93	45.68	55.35	1.54	1.25	28.99	22.95	125.07	103.47
2.75	5.43	52.93	39.77	0.22	0.29	22.80	49.65	98.41	98.33

13-14 2016-2017年规模以上国有及国有控股工业企业主要经济效益指标

指 标	Item	工业增加值率 (%) Ratio of Value Added to Gross Industrial Output Value (%) 2016	2017
总计	**Total**	**33.16**	**33.48**
国有控股企业	State-holding Enterprises	33.35	33.48
轻工业	Light Industry	19.88	27.68
重工业	Heavy Industry	33.70	33.61
大型企业	Large Enterprises	36.49	34.60
中型企业	Medium-sized Enterprises	24.75	27.14
小型企业	Small Enterprises	26.55	35.46
微型企业	Micro Enterprises		
按工业行业分	**Grouped by Sector**		
采掘业	**Mining**		
煤炭开采和洗选业	Mining and Washing of Coal	44.46	69.18
石油和天然气开采业	Extraction of Petroleum and Natural Gas	75.57	76.50
黑色金属矿采选业	Mining and Processing of Ferrous Metal Ores	-23.90	55.52
有色金属矿采选业	Mining and Processing of Non-Ferrous Metal Ores	66.94	86.00
非金属矿采选业	Mining and Processing of Non-metal Ores	67.39	82.17
制造业	**Manufacturing**		
农副食品加工业	Processing of Food from Agricultural Products	5.69	
食品制造业	Manufacture of Foods	48.07	32.05
纺织服装、服饰业	Manufacture of Textile, Wearing Apparel and Accessories	73.93	50.25
印刷和记录媒介复制业	Printing and Reproduction of Recording Media		
石油加工、炼焦和核燃料加工业	Processing of Petroleum, Coking and Processing of Nuclear Fuel		
化学原料和化学制品制造业	Manufacture of Raw Chemical Materials and Chemical Products	27.97	29.77
医药制造业	Manufacture of Medicines	26.07	53.09
非金属矿物制品业	Manufacture of Non-metallic Mineral Products	26.91	31.17
黑色金属冶炼和压延加工业	Smelting and Pressing of Ferrous Metals	41.49	18.42
有色金属冶炼和压延加工业	Smelting and Pressing of Non-ferrous Metals	14.45	11.80
金属制品业	Manufacture of Metal Products	17.74	0.31
通用设备制造业	Manufacture of General Purpose Machinery	34.74	
专用设备制造业	Manufacture of Special Purpose Machinery	12.26	21.24
电气机械和器材制造业	Manufacture of Electrical Machinery and Apparatus	21.08	18.69
其他制造业	Other Manufacture	64.75	
金属制品、机械和设备修理业	Repair Service of Metal Products, Machinery and Equipment		
电力、燃气及水的生产和供应业	**Power, Gas and Water Production and Supply**		
电力、热力的生产和供应业	Production and Supply of Electric Power and Heat Power	31.29	30.95
水的生产和供应业	Production and Supply of Water	63.22	87.22

Main Indicators on Ecocomic Benefit of State-owned and State-holding Industrial Enterprises Above Designated Size(2016-2017)

总资产贡献率 (%) Ratio of Total Assets to Industrial Output Value (%)		资产负债率 (%) Assets-Liability Ratio (%)		流动资产周转率 (次/年) Number of Times of Annual of Turnover Working Capitals (times/year)		成本费用利润率 (%) Ratio of Profits to Industrial Cost (%)		产品销售率 (%) Proportion of Products Sold (%)	
2016	2017	2016	2017	2016	2017	2016	2017	2016	2017
4.65	**5.01**	**70.87**	**68.25**	**1.31**	**1.20**	**4.53**	**4.70**	**95.64**	**97.76**
4.65	5.01	70.87	68.25	1.31	1.20	4.53	4.70	95.64	97.76
1.39	3.58	58.03	60.30	1.08	0.86	1.44	4.63	97.30	96.76
4.70	5.03	71.09	68.35	1.32	1.21	4.61	4.70	95.59	97.78
5.06	5.48	68.75	66.23	1.54	1.53	3.28	3.07	96.73	99.49
2.87	4.06	77.19	71.16	0.89	0.79	2.10	6.25	90.01	90.21
4.57	4.22	74.26	73.35	1.05	0.68	15.11	15.88	97.89	97.34
3.20	3.08	70.70	77.52	0.60	0.37	35.03	14.47	97.95	98.19
5.76	7.04	79.87	44.61	1.79	0.29	15.58	41.55	103.81	116.41
15.45	18.60	45.87	44.67	1.56	1.77	16.68	23.98	96.50	100.03
-5.77		105.91		0.89		-43.18		100.00	
28.32	39.34	31.73	28.53	2.17	1.18	76.10	174.14	85.77	92.56
7.34	13.81	71.86	72.44	0.48	0.77	10.29	25.79	92.61	109.80
0.56		44.03		2.06		1.32		97.71	
12.03	7.34	28.39	24.99	1.24	5.33	12.11	10.05	99.93	91.82
11.85	5.96	31.49	28.83	0.60	0.53	16.34	2.06	100.06	94.87
3.27	3.62	77.16	77.24	0.80	0.82	-0.67	0.49	84.75	86.11
3.46	4.11	73.31	76.34	0.70	0.75	4.02	1.86	86.74	91.89
4.43	0.42	36.14	50.93	1.97	0.29	4.47	-12.20	89.59	86.95
1.45	2.62	80.45	84.60	1.08	0.84	1.36	-10.07	100.28	98.90
2.25	1.18	79.76	82.84	0.99	1.01	1.94	-4.93	99.95	98.93
2.55	1.75	84.08	78.27	1.91	1.52	0.72	-0.42	95.41	97.50
1.63	-6.12	50.93	48.21	0.73	0.65	0.41	-12.99	100.00	27.95
6.27		62.55		0.64		9.12		103.83	
3.73	3.14	61.00	74.25	0.88	0.74	1.99	2.97	100.00	100.00
-3.25	2.48	83.30	92.45	2.43	1.84	-2.98	-1.46	98.27	99.02
3.02		38.82		1.45		-1.36		100.00	
3.80	3.59	70.06	63.69	1.78	1.59	3.78	4.38	99.63	99.83
2.75	5.43	52.93	39.77	0.22	0.29	22.80	49.65	98.41	98.33

13-15 2016-2017年大中型工业企业经济效益指标

指　　标	Item	工业增加值率 (%) Ratio of Value Added to Gross Industrial Output Value (%)	
		2016	2017
总计	**Total**	**31.06**	**31.17**
国有控股企业	State-holding Enterprises	34.08	33.35
轻工业	Light Industry	29.78	28.00
重工业	Heavy Industry	31.25	31.45
大型企业	Large Enterprises	35.54	35.17
中型企业	Medium-sized Enterprises	24.43	22.27
按工业行业分	**Grouped by Sector**		
采掘业	**Mining**		
煤炭开采和洗选业	Mining and Washing of Coal	48.23	72.96
石油和天然气开采业	Extraction of Petroleum and Natural Gas	75.57	76.50
黑色金属矿采选业	Mining and Processing of Ferrous Metal Ores		
有色金属矿采选业	Mining and Processing of Non-Ferrous Metal Ores	66.94	86.00
非金属矿采选业	Mining and Processing of Non-metal Ores	69.80	82.17
制造业	**Manufacturing**		
农副食品加工业	Processing of Food from Agricultural Products	11.26	7.09
食品制造业	Manufacture of Foods	19.71	47.37
酒、饮料和精制茶制造业	Manufacture of Liquor, Beverages and Refined Tea	27.80	12.38
纺织业	Manufacture of Textile	30.30	31.32
纺织服装、服饰业	Manufacture of Textile, Wearing Apparel and Accessories	32.72	41.51
印刷业和记录媒介的复制	Printing and Reproduction of Recording Media	49.32	45.42
文教、工美、体育和娱乐用品制造业	Manufacture of Articles for Culture, Education, Arts and Crafts, Sport and Entertainment Activities	31.87	28.38
石油加工、炼焦和核燃料加工业	Processing of Petroleum, Coking and Processing of Nuclear Fuel	-0.48	
化学原料及化学制品制造业	Manufacture of Raw Chemical Materials and Chemical Products	28.11	36.14
医药制造业	Manufacture of Medicines	49.42	49.90
非金属矿物制品业	Manufacture of Non-metallic Mineral Products	22.95	24.89
黑色金属冶炼及压延加工业	Smelting and Pressing of Ferrous Metals	33.54	18.66
有色金属冶炼及压延加工业	Smelting and Pressing of Non-ferrous Metals	18.46	12.26
金属制品业	Manufacture of Metal Products	11.64	14.45
通用设备制造业	Manufacture of General Purpose Machinery	34.62	36.64
汽车制造业	Manufacture of Special Purpose Machinery	31.75	
电气机械和器材制造业	Manufacture of Electrical Machinery and Apparatus	34.94	33.59
仪器仪表制造业	Manufacture of Measuring Instruments and Machinery	42.28	36.95
电力、燃气及水的生产和供应业	**Power, Gas and Water Production and Supply**		
电力、热力的生产和供应业	Production and Supply of Electric Power and Heat Power	30.38	28.91
水的生产和供应业	Production and Supply of Water	62.21	87.15

Main Indicators on Economic Benefit of Large and Medium-sized Industrial Enterprises above Designated Size (2016-2017)

总资产贡献率 (%) Ratio of Total Assets to Industrial Output Value (%)		资产负债率 (%) Assets-Liability Ratio (%)		流动资产周转率 (次/年) Number of Times of Annual of Turnover Working Capitals (times/year)		成本费用利润率 (%) Ratio of Profits to Industrial Cost (%)		产品销售率 (%) Proportion of Products Sold (%)	
2016	2017	2016	2017	2016	2017	2016	2017	2016	2017
4.80	**5.37**	**69.29**	**67.01**	**1.41**	**1.24**	**2.97**	**4.53**	**93.61**	**97.23**
4.66	5.15	70.29	67.36	1.36	1.30	3.05	3.67	95.26	97.81
8.76	7.55	54.80	50.85	1.93	1.19	8.17	8.00	82.28	97.97
4.60	5.29	70.02	67.60	1.37	1.24	2.36	4.30	95.39	97.17
5.39	5.96	67.97	65.97	1.50	1.45	4.09	4.56	95.40	99.06
3.06	3.91	73.17	69.57	1.25	0.91	0.84	4.45	91.01	93.47
4.60	7.95	58.09	43.43	1.04	0.30	-0.34	44.08	102.98	116.85
15.45	18.60	45.87	44.67	1.56	1.77	16.68	23.98	96.50	100.03
	-1.99		68.29		0.43		-13.37		100.00
28.32	29.28	31.73	38.86	2.17	0.75	76.10	141.33	85.77	92.88
9.72	13.81	58.92	72.44	0.53	0.77	19.55	25.79	95.27	109.80
3.67	4.13	55.61	60.71	3.47	2.24	2.12	1.95	96.44	100.00
4.20	5.20	51.64	38.23	1.02	2.04	9.55	6.47	38.87	97.57
18.60	11.25	50.24	19.51	1.69	0.78	20.21	11.06	64.53	94.58
3.32	0.40	57.77	77.57	3.27	1.27	1.39	-1.11	101.41	98.03
8.08	3.11	42.79	40.37	3.35	0.73	4.69	5.86	100.94	96.73
3.06	-9.63	38.92	60.18	1.50	2.43	3.52	-16.50	90.00	99.38
3.59	1.30	55.07	55.72	3.36	1.73	1.83	0.45	99.28	98.58
-9.21	0.61	87.82	77.01	2.14	2.29	-19.11	-3.36	78.01	90.93
3.55	5.50	71.29	73.02	0.73	0.86	3.31	7.95	7.95	93.32
12.94	18.66	38.87	45.00	2.32	1.14	10.72	11.98	11.98	104.68
1.89	4.78	82.90	85.37	0.93	0.74	-4.96	-0.07	-0.07	98.63
2.37	1.69	80.01	82.09	1.00	1.18	1.13	-3.44	-3.44	90.12
2.82	1.96	80.40	76.64	1.94	1.42	0.71	-0.16	-0.16	98.15
1.77	-3.96	67.35	75.57	0.98	1.12	0.67	-10.75	-10.75	104.48
5.89	3.18	61.19	57.16	0.63	0.39	8.14	5.08	5.08	78.66
0.27		64.03		0.07		-8.72			
6.48	9.74	68.45	67.51	1.71	1.39	9.46	11.98	11.98	97.04
6.06	5.38	4.32	12.51	0.62	0.67	8.46	2.43	2.43	86.24
3.74	3.15	68.20	60.59	2.46	1.99	0.02	0.91	0.91	100.00
3.99	3.18	51.19	36.57	0.21	0.26	36.60	30.94	30.94	100.00

13-16 2016-2017年规模以上非公有工业企业经济效益指标

指　标	Item	工业增加值率 (%) Ratio of Value Added to Gross Industrial Output Value (%)	
		2016	2017
总计	**Total**	**25.16**	**22.70**
轻工业	Light Industry	29.55	27.07
重工业	Heavy Industry	22.83	20.89
大型企业	Large Enterprises	30.32	39.49
中型企业	Medium-sized Enterprises	24.91	19.22
小型企业	Small Enterprises	23.23	18.62
微型企业	Micro Enterprises		
按登记注册类型分	**By Status of Registration**		
股份合作企业	Cooperative Enterprises		
有限责任公司	Limited Liability Corporations	23.89	20.26
股份有限公司	Share-holding Corporations Limited	23.06	24.67
私营企业	Private Enterprises	25.19	23.90
其他企业	Other Enterprises		
港、澳、台商投资企业	Enterprises with Funds from Hong Kong, Macao and Taiwan	24.68	19.32
外商投资企业	Foreign Funded Enterprises	35.87	41.37
按工业行业分	**Grouped by Sector**		
采掘业	**Mining**		
煤炭开采和洗选业	Mining and Washing of Coal	29.69	33.23
黑色金属矿采选业	Mining and Processing of Ferrous Metal Ores	22.11	55.52
有色金属矿采选业	Mining and Processing of Non-Ferrous Metal Ores	15.35	19.79
非金属矿采选业	Mining and Processing of Non-metal Ores	14.77	23.22
制造业	**Manufacturing**		
农副食品加工业	Processing of Food from Agricultural Products	25.02	17.86
食品制造业	Manufacture of Foods	23.36	30.64
酒、饮料和精制茶制造业	Manufacture of Liquor, Beverages and Refined Tea	27.68	13.49
纺织业	Manufacture of Textile	31.41	33.59
纺织服装、服饰业	Manufacture of Textile, Wearing Apparel and Accessories	27.82	37.44
木材加工和木、竹、藤、棕、草制品业	Processing of Timber.Manufacture of Wood, Bamboo,Rattan,Palm and Straw Products		9.72
家具制造业	Manufacture of Furniture	23.46	19.59
造纸和纸制品业	Manufacture of Paper and Paper Products	42.04	39.39
印刷业和记录媒介的复制	Printing and Reproduction of Recording Media	37.95	13.99
文教、工美、体育和娱乐用品制造业	Manufacture of Articles for Culture, Education, Arts and Crafts, Sport and Entertainment Activities	31.22	26.43
石油加工、炼焦和核燃料加工业	Processing of Petroleum, Coking and Processing of Nuclear Fuel	3.18	27.77
化学原料及化学制品制造业	Manufacture of Raw Chemical Materials and Chemical Products	29.68	54.72
医药制造业	Manufacture of Medicines	40.71	42.99
橡胶和塑料制品业	Manufacture of Rubber and Plastics Products	20.88	26.84
非金属矿物制品业	Manufacture of Non-metallic Mineral Products	21.43	20.65
黑色金属冶炼及压延加工业	Smelting and Pressing of Ferrous Metals	15.85	18.69
有色金属冶炼及压延加工业	Smelting and Pressing of Non-ferrous Metals	22.27	9.81
金属制品业	Manufacture of Metal Products	23.98	18.22
通用设备制造业	Manufacture of General Purpose Machinery	43.73	36.90
专用设备制造业	Manufacture of Special Purpose Machinery	21.63	11.39
汽车制造业	Manufacture of Automobiles	31.75	
铁路、航舶、航空航天和其他运输设备制造业	Manufacture of Railway, Ship, Aerospace and Other Transport Equipments	27.10	23.27
电气机械和器材制造业	Manufacture of Electrical Machinery and Apparatus	35.59	37.40
计算机、通信和其他电子设备制造业	Manufacture of Computers, Communication and Other Electronic Equipment		0.13
仪器仪表制造业	Manufacture of Measuring Instruments and Machinery	30.88	6.26
金属制品、机械和设备修理业	Repair Service of Metal Products, Machinery and Equipment	27.12	
电力、燃气及水的生产和供应业	**Power, Gas and Water Production and Supply**		
电力、热力的生产和供应业	Production and Supply of Electric Power and Heat Power	42.14	53.01
燃气生产和供应业	Production and Supply of Gas	60.05	45.42

Main Indicators on Economic Benefit of Non-public Industrial Enterprises Above Designated Size(2016-2017)

总资产贡献率 (%) Ratio of Total Assets to Industrial Output Value (%)		资产负债率 (%) Assets-Liability Ratio (%)		流动资产周转率 (次/年) Number of Times of Annual of Turnover Working Capitals (times/year)		成本费用利润率 (%) Ratio of Profits to Industrial Cost (%)		产品销售率 (%) Proportion of Products Sold (%)	
2016	2017	2016	2017	2016	2017	2016	2017	2016	2017
3.90	**4.83**	**62.99**	**65.27**	**1.48**	**1.08**	**2.69**	**5.34**	**92.21**	**95.42**
6.01	5.58	46.15	52.51	1.96	1.17	5.23	6.15	88.77	91.89
3.25	4.65	68.13	68.46	1.33	1.06	1.60	5.09	93.86	96.82
8.45	10.43	60.78	63.55	1.30	1.06	8.87	15.93	88.13	96.24
3.13	3.53	68.43	67.58	1.63	1.10	-0.18	2.70	90.93	95.28
2.81	3.53	61.40	64.78	1.47	1.08	2.61	3.67	93.60	95.30
1.21	1.68	73.34	63.17	0.39	0.62	9.98	5.10	97.96	90.24
4.53	5.82	59.98	60.70	1.20	1.06	5.13	8.71	90.67	96.55
10.46	8.28	53.41	63.33	2.20	0.99	3.78	10.62	90.78	96.39
2.49	4.07	63.93	63.25	1.56	1.09	0.86	3.50	92.16	93.95
13.56	45.49	80.25	83.68	5.10	3.39	2.12	0.94		95.29
3.83	2.71	94.46	92.16	1.83	1.24	2.15	2.13	101.19	101.08
5.82	1.88	39.63	59.87	1.76	1.17	7.53	-1.76	96.38	95.91
4.23	10.46	41.73	60.76	0.83	1.05	-3.63	8.63	68.74	99.15
-2.13	-0.66	83.74	76.38	0.32	0.37	-28.25	-6.69	81.52	94.86
1.94	2.33	67.54	60.82	1.97	0.34	-4.27	3.39	85.53	98.87
0.13	3.49	64.70	57.69	1.07	0.44	-1.80	-0.74	83.36	68.50
2.69	3.90	49.80	50.17	1.62	1.17	2.82	3.81	97.75	97.26
4.86	4.13	38.97	51.61	1.70	1.07	6.20	7.38	69.71	84.21
14.15	7.21	46.32	60.22	1.59	0.86	15.76	4.61	67.67	91.25
1.60	2.06	49.33	55.39	3.72	1.14	0.81	1.10	99.16	98.30
6.27	3.75	45.17	41.12	5.05	1.32	3.13	7.88	99.97	97.84
9.25	17.79	8.53	4.04	4.78	5.75	4.24	5.64		100.00
15.56	9.95	43.27	70.32	17.01	10.58	1.48	1.78	99.26	99.07
31.12	13.99	68.11	59.22	8.59	6.03	6.59	9.42	90.62	90.76
3.42	7.43	38.56	37.65	2.98	9.09	1.92	1.03	94.37	96.44
4.41	2.01	60.36	59.15	4.23	1.77	1.22	0.07	98.72	99.09
-5.59	0.10	79.95	73.43	1.36	1.35	-14.54	-4.81	78.56	94.40
6.68	9.50	60.00	55.44	0.96	0.78	9.02	22.05	92.92	100.90
5.11	6.41	31.82	40.30	1.00	1.04	7.86	8.77	91.94	92.60
5.64	6.05	74.05	75.69	1.22	1.09	3.18	1.10	91.37	99.90
4.88	6.37	74.26	75.47	1.04	0.90	1.21	5.80	88.49	98.41
1.53	5.70	80.65	80.50	2.26	2.47	-1.78	1.30	91.43	88.11
2.09	1.84	74.45	74.65	2.48	1.92	0.10	-0.27	99.28	98.13
2.03	4.04	19.70	79.65	1.00	0.47	3.15	3.92	91.11	98.67
1.97	2.43	45.88	55.35	2.15	0.42	7.39	4.69	90.00	82.25
5.20	1.78	68.53	90.89	0.53	0.22	8.69	12.72	99.00	99.38
0.27		64.03		0.07		-8.72		98.33	
4.09	2.08	14.06	15.17	1.18	1.00	1.62	0.93	97.25	97.25
6.03	9.62	63.32	64.13	1.67	1.13	6.75	12.80	97.88	91.44
5.10	-1.10	40.60	40.32	1.23	1.33	1.54	-6.12	99.90	100.00
-7.37	8.06	71.76	71.58	0.18	0.81	-40.12	1.23	100.00	100.00
1.80		24.56		24.78		0.12		99.18	
1.35	1.41	70.27	71.03	0.36	0.34	23.26	7.11	96.85	99.51
14.00	10.93	45.68	55.35	1.54	1.25	28.99	22.95	125.07	103.47

13-17 分地区规模以上工业企业主要经济指标(2017年)

单位：万元

指 标	Item	企业单位数(个) Number of Enterprises (unit)	亏损企业 Loss-making Enterprises
西宁市	**Xining City**	**271**	**90**
国有控股企业	State-holding Enterprises	56	22
轻工业	Light Industry	126	30
重工业	Heavy Industry	145	60
国有企业	State-owned Enterprises	5	3
集体企业	Collective-owned Enterprises	1	
股份合作企业	Cooperative Enterprises	1	
有限责任公司	Limited Liability Corporations	103	35
股份有限公司	Share-holding Corporations Limited	14	4
私营企业	Private Enterprises	133	43
其他企业	Other Enterprises	1	
港、澳、台商投资企业	Enterprises with Funds from Hong Kong,Macao and Taiwan	5	1
外商投资企业	Foreign Funded Enterprises	8	4
海东市	**Haidong City**	**86**	**26**
国有控股企业	State-holding Enterprises	4	
轻工业	Light Industry	13	1
重工业	Heavy Industry	73	25
股份合作企业	Cooperative Enterprises	1	1
有限责任公司	Limited Liability Corporations	28	9
股份有限公司	Share-holding Corporations Limited	6	1
私营企业	Private Enterprises	49	14
港、澳、台商投资企业	Enterprises with Funds from Hong Kong,Macao and Taiwan	1	
外商投资企业	Foreign Funded Enterprises	1	1
海北州	**Haibei Zang A.P**	**25**	**9**
国有控股企业	State-holding Enterprises	9	2
轻工业	Light Industry	5	3
重工业	Heavy Industry	20	6
有限责任公司	Limited Liability Corporations	9	3
股份有限公司	Share-holding Corporations Limited	3	1
私营企业	Private Enterprises	13	5
黄南州	**Huangnan Zang A.P**	**9**	**1**
轻工业	Light Industry	5	1
重工业	Heavy Industry	4	
有限责任公司	Limited Liability Corporations	3	1
股份有限公司	Share-holding Corporations Limited	1	
私营企业	Private Enterprises	3	
港、澳、台商投资企业	Enterprises with Funds from Hong Kong,Macao and Taiwan	1	
外商投资企业	Foreign Funded Enterprises	1	
海南州	**Hainan Zang A.P**	**37**	**8**
国有控股企业	State-holding Enterprises	10	1
轻工业	Light Industry	9	2
重工业	Heavy Industry	28	6
有限责任公司	Limited Liability Corporations	21	5
股份有限公司	Share-holding Corporations Limited	1	
私营企业	Foreign Funded Enterprises	14	3
港、澳、台商投资企业	Enterprises with Funds from Hong Kong,Macao and Taiwan	1	
果洛州	**Golog Zang A.P**	**2**	
国有控股企业	State-holding Enterprises	1	
轻工业	Light Industry	1	
重工业	Heavy Industry	1	
有限责任公司	Limited Liability Corporations	2	
海西州	**Haixi Mongolian & Zang A.P**	**139**	**34**
国有控股企业	State-holding Enterprises	58	5
轻工业	Light Industry	11	3
重工业	Heavy Industry	128	31
国有企业	State-owned Enterprises	1	
有限责任公司	Limited Liability Corporations	76	17
股份有限公司	Share-holding Corporations Limited	10	1
私营企业	Private Enterprises	46	16
港、澳、台商投资企业	Enterprises with Funds from Hong Kong,Macao and Taiwan	4	
外商投资企业	Foreign Funded Enterprises	2	

Main Economic Indicators of Industrial Enterprises Above Designated Size by Region (2017)

(10 000 yuan)

工业总产值 Gross Industrial Output Value	资产总计 Total Assets	流动资产合计 Total Working Capitals	固定资产合计 Total Fixed Assets	固定资产原价 Original Value of Fixed Assets	累计折旧 Accumulated Depreciation	本年折旧 Depreciation Charge for the Year
15210808	**30790489**	**8893164**	**16299097**	**27261242**	**10832081**	**1544163**
7947375	23911950	5617116	13279355	21771419	8270116	1079695
2986774	3231778	1460982	1463874	2814512	1425551	277600
12224034	27558710	7378182	14835224	24446730	9406530	1266563
2711015	4269206	437582	3380683	5798977	2418294	356732
6139	2297	2297				
100037	90241	40075	20452	27346	6894	1836
5965750	16649950	4387763	8959584	14230516	5063008	721585
2209683	5460477	1958753	2033568	3647751	1643654	148606
4012179	4086018	1917449	1783490	3368178	1621743	298369
10177	2978	2859	119	403	284	45
105092	103380	37715	57867	80909	22467	4930
90736	125943	54672	63334	107163	55738	12061
2513997	**4803169**	**1774695**	**773405**	**1084559**	**270064**	**66386**
143427	1307155	149729	157568	176235	18671	3908
219758	377163	201797	39701	135244	22223	5712
2294239	4426006	1572898	733704	949315	247841	60674
2401	33612	19982	9194	18862	**9668**	1163
744425	604996	356806	144213	194113	69984	8277
258174	1839366	370081	147280	247492	22276	7896
988058	1146361	613651	351268	474701	138398	30664
512099	1176371	413868	119412	146516	27103	17550
8841	2463	306	2038	2875	2635	837
153541	**821203**	**213489**	**304468**	**482775**	**150179**	**17385**
104002	541049	93380	215273	371652	122791	9929
18702	29067	16620	9674	12898	3316	729
134840	792136	196869	294794	469877	146864	16656
97841	483986	86699	165037	313031	115014	11246
12613	163873	69203	60393	77406	17014	1015
43087	173345	57587	79038	92338	18152	5123
82111	**406653**	**114979**	**160488**	**233584**	**75175**	**6775**
52842	59518	35822	18867	21716	4924	1113
29269	347135	79157	141621	211868	70251	5662
35867	46675	26347	15524	24482	10557	1025
15006	4162	3426	509	509	450	68
6872	62136	11431	50671	58746	8104	20
12195	193201	67254				
12171	100479	6522	93783	149847	56063	5662
446520	**2823069**	**650707**	**1527656**	**2325458**	**406009**	**132441**
250600	1593077	331579	778093	1412661	239490	73024
63450	148197	82068	32647	45562	7912	1877
383071	2674872	568639	1495009	2279896	398097	130564
333713	2091238	478148	1152593	1891136	351476	120360
5437	5606	3836	1770	3315	1545	
101673	681404	166069	373294	431008	52987	12081
5698	44821	2654				
52707	**104385**	**21331**	**20139**	**102218**	**12087**	**8421**
47412	86632	13764	15105	96324	11228	7970
5295	17753	7567	5034	5894	860	451
47412	86632	13764	15105	96324	11228	7970
52707	104385	21331	20139	102218	12087	8421
6483232	**24920233**	**7384195**	**11282864**	**17266634**	**5370478**	**905017**
4898259	19448314	5102309	9335266	14013223	4357744	670356
206093	243298	128252	52244	79776	32642	4644
6277139	24676935	7255942	11230619	17186857	5337835	900373
8506	85158	32272	48055	61077	12494	2373
1917613	8840088	3273482	3430999	5042229	1231102	297198
3615099	13277325	2888035	6722330	10487886	3560403	438511
871517	2412901	1098055	918567	1415444	483714	153758
64620	254662	79086	126105	210202	69777	10764
5878	50099	13266	36809	49796	12988	2414

13-17 续表1

单位：万元

指　标	Item	负债合计 Total Liabilities	流动负债合　计 Total Working Liabilities
西宁市	**Xining City**	**20693930**	**12363118**
国有控股企业	State-holding Enterprises	16658216	9305164
轻工业	Light Industry	1651559	1149235
重工业	Heavy Industry	19042371	11213883
国有企业	State-owned Enterprises	1787739	1563006
集体企业	Collective-owned Enterprises	1218	1218
股份合作企业	Cooperative Enterprises	33737	24387
有限责任公司	Limited Liability Corporations	12205159	5759268
股份有限公司	Share-holding Corporations Limited	4184660	3214414
私营企业	Private Enterprises	2353277	1686690
其他企业	Other Enterprises	2492	2389
港、澳、台商投资企业	Enterprises with Funds from Hong Kong,Macao and Taiwan	45808	42569
外商投资企业	Foreign Funded Enterprises	79840	69177
海东市	**Haidong City**	**3784302**	**2392722**
国有控股企业	State-holding Enterprises	1081835	661642
轻工业	Light Industry	88285	80914
重工业	Heavy Industry	3696018	2311808
股份合作企业	Cooperative Enterprises	24797	24797
有限责任公司	Limited Liability Corporations	441021	374246
股份有限公司	Share-holding Corporations Limited	1411203	719077
私营企业	Private Enterprises	798452	634072
港、澳、台商投资企业	Enterprises with Funds from Hong Kong,Macao and Taiwan	1106295	637994
外商投资企业	Foreign Funded Enterprises	2535	2535
海北州	**Haibei Zang A.P**	**470683**	**348353**
国有控股企业	State-holding Enterprises	275113	238508
轻工业	Light Industry	17329	12842
重工业	Heavy Industry	453353	335511
有限责任公司	Limited Liability Corporations	230382	193567
股份有限公司	Share-holding Corporations Limited	130306	102506
私营企业	Private Enterprises	109994	52280
黄南州	**Huangnan Zang A.P**	**277456**	**79226**
轻工业	Light Industry	33523	8407
重工业	Heavy Industry	243933	70819
有限责任公司	Limited Liability Corporations	26852	8322
股份有限公司	Share-holding Corporations Limited	2963	2963
私营企业	Private Enterprises	53507	35147
港、澳、台商投资企业	Enterprises with Funds from Hong Kong,Macao and Taiwan	136340	
外商投资企业	Foreign Funded Enterprises	57794	32794
海南州	**Hainan Zang A.P**	**1910727**	**1302439**
国有控股企业	State-holding Enterprises	1049845	924342
轻工业	Light Industry	110863	81591
重工业	Heavy Industry	1799864	1220849
有限责任公司	Limited Liability Corporations	1426759	1089549
股份有限公司	Share-holding Corporations Limited	8422	8422
私营企业	Foreign Funded Enterprises	457746	204469
港、澳、台商投资企业	Enterprises with Funds from Hong Kong,Macao and Taiwan	17799	
果洛州	**Golog Zang A.P**	**18052**	**14662**
国有控股企业	State-holding Enterprises	8321	8321
轻工业	Light Industry	9730	6340
重工业	Heavy Industry	8321	8321
有限责任公司	Limited Liability Corporations	18052	14662
海西州	**Haixi Mongolian & Zang A.P**	**16395643**	**8992202**
国有控股企业	State-holding Enterprises	12928448	6424412
轻工业	Light Industry	284506	245691
重工业	Heavy Industry	16111137	8746511
国有企业	State-owned Enterprises	54500	11374
有限责任公司	Limited Liability Corporations	5994099	3563355
股份有限公司	Share-holding Corporations Limited	8397550	3923460
私营企业	Private Enterprises	1642924	1289587
港、澳、台商投资企业	Enterprises with Funds from Hong Kong,Macao and Taiwan	279722	195382
外商投资企业	Foreign Funded Enterprises	26849	9045

Continued

(10 000 yuan)

非流动负债合计 Total Non-current Liabilities	所有者权益合计 Total Owners' Equity	实收资本 Paid-up Capital	营业收入 Revenue from Business	主营业务收入 Revenue from Principal Business	营业成本 Cost of Business	主营业务成本 Cost of Principal Business	税金及附加 Taxes and Other Charges	主营业务税金及附加 Tax and Extra Charges from Principal Business	其他业务利润 Other Operating Profit
7990000	**10096557**	**6870595**	**13023352**	**12710292**	**11876781**	**11610823**	**62681**	**58036**	**35326**
7337611	7253733	5495857	8589837	8357252	7969915	7778951	44760	40257	33180
329412	1580218	487719	1831519	1814341	1556385	1535297	6317	5965	992
7660589	8516338	6382876	11191834	10895951	10320397	10075526	56364	52072	34334
224733	2481467	1489484	2776345	2774487	2763754	2763044	6287	5914	
	1079	1000	6633	6633	5884	5884	1	1	
9350	56504	5000	19478	19478	15645	15645	272	271	
6433635	4444790	3791853	5265346	5128293	4675244	4547470	30297	27606	9721
959820	1275817	754317	2217292	2070032	2011516	1894604	13619	12121	23000
356686	1732739	789310	2535133	2510419	2227249	2209075	10476	10464	2554
103	486	52	9698	9698	10053	10053	81	81	
1178	57571	16760	125717	125498	105918	105823	687	687	
4495	46103	22821	67711	65754	61518	59225	961	891	51
1355056	**1018865**	**654640**	**2311003**	**2234706**	**2118387**	**2049805**	**23283**	**23169**	**1790**
420193	225320	212285	235086	203892	211747	181593	549	549	67
7130	288878	87380	133374	132629	91089	90826	19048	19026	461
1347926	729987	567261	2177629	2102078	2027298	1958979	4235	4144	1330
	8815	706	18890	18890	18443	18443	504	504	
31214	163974	106764	592142	553612	545731	509396	765	760	459
692125	428164	246865	307248	275260	247168	216667	19376	19376	508
163416	347908	240570	847618	845230	780246	778758	2301	2193	825
468300	70077	59480	542873	539501	524595	524338	336	336	
	-72	257	2233	2213	2204	2204			-2
119156	**350520**	**114481**	**154365**	**153228**	**119644**	**119142**	**3639**	**3620**	**318**
35216	265936	73730	97116	96662	71572	71259	3515	3512	19
4089	11737	10992	18563	18563	17595	17595	4	4	
115068	338783	103489	135802	134665	102049	101548	3635	3616	318
35227	253603	69530	94558	93909	73612	73299	3578	3574	19
27800	33567	11000	15711	15382	9693	9505	3	3	141
56129	63350	33951	44096	43937	36338	36338	58	42	159
50117	**129197**	**117139**	**82240**	**82234**	**61886**	**61886**	**716**	**716**	
25117	25995	21060	52971	52971	42838	42838	99	99	
25000	103203	96079	29269	29264	19048	19048	617	617	
16757	19822	19160	26162	26157	16795	16795	25	25	
	1199	1000	12571	12571	12123	12123	0	0	
8360	8630	4700	19141	19141	16987	16987	156	156	
	56861	54279	12195	12195	7387	7387	254	254	
25000	42686	38000	12171	12171	8594	8594	281	281	
497219	**885320**	**601368**	**439133**	**437293**	**237741**	**237469**	**1896**	**1885**	
97978	516210	329797	244428	243593	120502	120230	853	853	
28846	37334	46790	59556	59545	46954	46954	117	117	
468373	847986	554578	379577	377748	190787	190515	1779	1768	
319141	664478	452397	328289	327712	166635	166635	1162	1152	
	-2816	1873	7453	7453	7140	7140	25	25	
178078	223658	147098	99603	98598	62082	62082	540	540	
			3788	3530	1883	1611	169	169	
3390	**86334**	**17700**	**48279**	**48141**	**30588**	**30558**	**2051**	**2051**	
	78311	12000	43392	43254	26816	26786	2051	2051	
3390	8023	5700	4887	4887	3773	3773			
	78311	12000	43392	43254	26816	26786	2051	2051	
3390	86334	17700	48279	48141	30588	30558	2051	2051	
6545039	**8500433**	**2751916**	**5795924**	**5140046**	**3349665**	**2767073**	**480091**	**401715**	**-68947**
5666646	6495711	1502426	4379521	3750597	2487628	1921771	429509	357825	-70690
36856	-41208	65222	84527	83827	47713	47442	1190	1148	11
6508183	8541641	2686693	5711397	5056219	3301952	2719631	478901	400568	-68958
43127	30658	24622	7270	7270	2682	2682	88	88	
1574300	2821834	1521372	1879352	1819831	1011282	978257	62557	60887	4265
4474090	4879775	469109	3195032	2602090	1797712	1250598	400647	324117	-74257
351378	769976	627028	648941	646066	500983	499028	15575	15400	1035
84340	-25060	92470	60283	59743	34120	33622	1197	1197	10
17804	23250	17315	5046	5046	2886	2886	27	27	

13－17 续表2

单位：万元

指 标	Item	销售费用 Cost of Sales	管理费用 Management Expenses
西宁市	**Xining City**	**215721**	**370163**
国有控股企业	State-holding Enterprises	86704	188511
轻工业	Light Industry	79334	108309
重工业	Heavy Industry	136386	261854
国有企业	State-owned Enterprises	231	16791
集体企业	Collective-owned Enterprises	443	196
股份合作企业	Cooperative Enterprises	409	860
有限责任公司	Limited Liability Corporations	82152	145464
股份有限公司	Share-holding Corporations Limited	60607	89875
私营企业	Private Enterprises	65890	105433
其他企业	Other Enterprises		533
港、澳、台商投资企业	Enterprises with Funds from Hong Kong,Macao and Taiwan	2345	6245
外商投资企业	Foreign Funded Enterprises	3643	4767
海东市	**Haidong City**	**37400**	**55812**
国有控股企业	State-holding Enterprises	5549	5663
轻工业	Light Industry	2171	12284
重工业	Heavy Industry	35229	43528
股份合作企业	Cooperative Enterprises	3	2009
有限责任公司	Limited Liability Corporations	16510	15514
股份有限公司	Share-holding Corporations Limited	6319	14155
私营企业	Private Enterprises	12109	19354
港、澳、台商投资企业	Enterprises with Funds from Hong Kong,Macao and Taiwan	2459	4780
外商投资企业	Foreign Funded Enterprises		
海北州	**Haibei Zang A.P**	**1512**	**17555**
国有控股企业	State-holding Enterprises	282	13164
轻工业	Light Industry	450	824
重工业	Heavy Industry	1062	16731
有限责任公司	Limited Liability Corporations	380	13851
股份有限公司	Share-holding Corporations Limited	290	1630
私营企业	Private Enterprises	842	2074
黄南州	**Huangnan Zang A.P**	**10226**	**3119**
轻工业	Light Industry	10219	2391
重工业	Heavy Industry	7	728
有限责任公司	Limited Liability Corporations	9372	2695
股份有限公司	Share-holding Corporations Limited	338	121
私营企业	Private Enterprises	516	225
港、澳、台商投资企业	Enterprises with Funds from Hong Kong,Macao and Taiwan		77
外商投资企业	Foreign Funded Enterprises		
海南州	**Hainan Zang A.P**	**9750**	**10640**
国有控股企业	State-holding Enterprises	429	2256
轻工业	Light Industry	4124	3296
重工业	Heavy Industry	5627	7344
有限责任公司	Limited Liability Corporations	6186	5975
股份有限公司	Share-holding Corporations Limited	126	179
私营企业	Foreign Funded Enterprises	3349	4043
港、澳、台商投资企业	Enterprises with Funds from Hong Kong,Macao and Taiwan	89	445
果洛州	**Golog Zang A.P**	**2363**	**4377**
国有控股企业	State-holding Enterprises	2174	4216
轻工业	Light Industry	189	161
重工业	Heavy Industry	2174	4216
有限责任公司	Limited Liability Corporations	2363	4377
海西州	**Haixi Mongolian & Zang A.P**	**267339**	**512501**
国有控股企业	State-holding Enterprises	123031	420325
轻工业	Light Industry	11424	13778
重工业	Heavy Industry	255915	498724
国有企业	State-owned Enterprises		193
有限责任公司	Limited Liability Corporations	139799	103766
股份有限公司	Share-holding Corporations Limited	73059	354073
私营企业	Private Enterprises	44094	50978
港、澳、台商投资企业	Enterprises with Funds from Hong Kong,Macao and Taiwan	10387	3396
外商投资企业	Foreign Funded Enterprises		96

Continued

财务费用 Financial Expenses	营业利润 Operating Profit	利润总额 Total Profits	所得税费用 Income Tax Payable	亏损企业 亏损总额 The Total Loss of Loss-making Enterprises	利税总额 Total Frofits and Taxes	本年应交 增 值 税 Value Added Tax Payable
560043	**-46079**	**55169**	**35056**	**286936**	**339018**	**221168**
477390	-168803	-116631	17421	237513	82691	154562
28228	64615	96839	4191	20688	130185	27028
531816	-110694	-41671	30865	266248	208833	194140
17509	-26362	105	5294	1537	7974	1582
1	107	106	27		108	
2514	448	448			1416	695
393312	-47180	-16223	20488	192334	151375	137302
96675	-62235	-52287	1668	63122	-312	38356
48801	84008	114333	6747	25878	165680	40871
26	-994	100			1330	1149
567	9954	11120	797	238	12554	747
640	-3825	-2535	35	3827	-1106	468
56813	**45258**	**49528**	**2647**	**31276**	**110294**	**37483**
7465	4053	3440	697		4324	335
1555	13192	13300	-2240	1002	38289	5941
55258	32066	36228	4887	30273	72005	31542
0	-2069	-2061		2061	-1557	
5068	8357	6777	1345	7921	14259	6717
12296	14224	14739	-1456	31	40699	6584
27643	25262	31067	2758	20260	46378	13010
11704	-106	9			11517	11172
101	-409	-1002		1002	-1002	
10362	**3850**	**4311**	**1054**	**7127**	**9989**	**2039**
4512	6292	6681	892	1799	14344	4148
479	-788	-261	1	468	-296	-40
9883	4638	4572	1053	6659	10285	2079
2149	2854	3184	849	1848	12411	5649
4602	-178	-561	131	4349	-1889	-1331
3611	1174	1688	75	930	-533	-2278
6283	**322**	**414**	**16**	**3570**	**2330**	**1201**
74	-2651	-2875	1	3570	-3640	-864
6209	2973	3289	16		5971	2065
2	-2727	-2980	16	3570	-3831	-876
0	-10	19	1		19	
710	547	546			783	82
3278	1198	1523			1777	
2294	1313	1306			3582	1995
91806	**85614**	**89558**	**2055**	**8210**	**83492**	**-7962**
55600	62891	65061	786	1679	67706	1792
4047	1032	2170	92	1901	2628	341
87759	84582	87388	1963	6309	80864	-8303
72593	74873	78292	1663	5056	74569	-4885
108	-125	9			182	148
19000	10778	11170	392	3154	8088	-3622
105	87	87			653	397
-4	**9045**	**8946**	**1119**		**15470**	**4473**
-83	8359	7463	1119		13987	4473
79	686	1483			1483	
-83	8359	7463	1119		13987	4473
-4	9045	8946	1119		15470	4473
410485	**745926**	**803199**	**227407**	**114587**	**1619029**	**335739**
321870	583719	626553	193326	14056	1343410	287348
3212	6990	17938	225	2719	24860	5732
407273	738936	785261	227181	111869	1594169	330007
1671	2877	2885	317		871	-2101
191641	362952	379542	53858	33674	480351	38253
170031	395633	428904	167627	5544	1110656	281106
41947	-23561	-16096	4629	75369	16713	17234
3838	7345	7286	928		9730	1247
1356	680	680	48		707	

13-18 主要年份主要工业产品产量
Output of Major Industrial Products in Main Years

产品名称	Item	2013	2014	2015	2016	2017	2018
铜选矿含铜 (吨)	Content of Cuprum in Cuprum Concentration (ton)	58954	56919	41745	32847	15101	9173
锌精矿含锌 (万吨)	Content of Zinc in Zinc Concentration (10 000 tons)	10	7	9	10	7	10
铅精矿含铅 (万吨)	Content of Lead in Lead Concentration (10 000 tons)	13	16	5	6	5	4
碳酸钠(纯碱) (万吨)	Soda Ash (10 000 tons)	228	327	349	368	375	432
原盐 (万吨)	Salt (10 000 tons)	261	222	286	206	183	263
碳化钙(电石) (万吨)	Calcium Carbide (10 000 tons)	16	38	26	16	5	8
食用植物油 (万吨)	Refined Edible Vegetable Oil (10 000 tons)	9	11	20	22	5	4
乳制品 (吨)	Dairy Products (ton)	166362	189955	198038	193778	159511	85783
饮料酒 (千升)	Alcohol Beverage (kilo-liter)	137228	138352	129421	133134	48872	36235
白酒 (千升)	Liquor (kilo-liter)	21128	19442	18471	26259	18262	16726
啤酒 (千升)	Beer (kilo-liter)	116100	118910	110950	106755	30210	19450
棉纱 (吨)	Cotton Yarn (ton)	5922	6103	4839	4156	1305	224
皮鞋 (万双)	Leather Shoes (10 000 pairs)	3	2	12	5	12	

13−18 续表

Continued

产品名称	Item	2013	2014	2015	2016	2017	2018
硫酸(折100%) (万吨)	Sulfuric Acid (10 000 tons)	48	41	42	23	8	6
氢氧化钠(烧碱) (万吨)	Caustic Soda (10 000 tons)	18	19	18	18	14	23
农用化肥 (万吨)	Chemical Fertilizers (10 000 tons)	413	503	520	552	462	477
钾肥(实物量) (万吨)	Potash Fertilizer (10 000 tons)	673	832	849	888	747	713
中成药 (吨)	Traditional Chinese Medicine (ton)	2052	2079	1807	1806	1377	1317
水泥 (万吨)	Cement (10 000 tons)	1786	1844	1744	1875	1450	1348
平板玻璃 (万重量箱)	Plain Glass (10 000 weight cases)	677	801	392	412	304	343
粗钢 (万吨)	Crude Steel (10 000 tons)	148	144	121	115	120	138
钢材 (万吨)	Rolled Steel (10 000 tons)	131	131	114	125	127	147
焦炭 (万吨)	Coke (10 000 tons)	252	133	—	134	151	
铁合金 (万吨)	Ferroalloy (10 000 tons)	223	221	215	177	155	151
十种有色金属 (万吨)	Ten Kinds of Nonferrous Metals (10 000 tons)	237	247	231	233	238	250
铅 (万吨)	Lead (10 000 tons)	4	4	1	2		9
锌 (万吨)	Zinc (10 000 tons)	10	8	7	5	7	10
原铝(电解铝) (万吨)	Electrolyzed Alumm (10 000 tons)	224	234	219	222	229	229
黄金 (千克)	Gold (kg)	7648	7256	6816	5990	3316	3126
铝材 (万吨)	Aluminum Material (10 000 tons)	36	65	100	143	123	109
金属切削机床 (台)	Metal-cutting Machine Tools (unit)	458	376	338	238	334	209
数控机床 (台)	Numerical Control Machine (unit)	321	258	269	207	281	102
环境保护专用设备 (台/套)	Environmental Protection Equipment (unit)	217	783	846	387	91	
变压器 (千伏安)	Transformer (kva)					588	15478
手工地毯、挂毯(万平方米)	Handmade Carpets and Tapestries (10 000 sq.m)	27	24	22	17	12	1
机制地毯、挂毯(万平方米)	Mechanisms Carpets and Tapestries(10 000 sq.m)	1634	1867	2507	3162	658	411
制帽 (万顶)	Hatting (10 000 units)	10065	11779	14748	22630	12862	1113
单晶硅 (吨)	Monocrystalline (ton)	2016	2887	4741	9829	4539	3472
多晶硅 (吨)	Polysilicon (ton)	6779	7715	11104	17502	16875	16502

13-19 分地区主要工业产品产量(2018年)
Output of Major Industrial Products by Region(2018)

产品名称	Item	西宁市 Xining City	海东市 Haidong City	海北州 Haibei Zang-A.P	黄南州 Huangnan Zang-A.P	海南州 Hainan Zang-A.P	果洛州 Golog Zang-A.P	玉树州 Yushu Zang-A.P	海西州 Haixi Mongolian &Zang-A.P
铜选矿含铜 (吨)	Content of Cuprum in Cuprum Concentration (ton)						9173.1		
碳酸钠(纯碱) (万吨)	Soda Ash (10 000 tons)								432.0
原盐 (万吨)	Salt (10 000 tons)								262.8
碳化钙(电石) (万吨)	Calcium Carbide (10 000 tons)	4.9	0.6						2.4
食用植物油 (万吨)	Refined Edible Vegetable Oil (10 000 tons)	1.7	1.9						
乳制品 (万吨)	Dairy Products (10 000 tons)	7.6				0.9			
饮料酒 (千升)	Alcohol Beverage (kilo-liter)	19457	16567						210
白酒 (千升)	Liquor (kilo-liter)	8	16567						151
啤酒 (千升)	Beer (kilo-liter)	19450							
棉纱 (吨)	Cotton Yarn (ton)					224			
手工地毯、挂毯(万平方米)	Handmade Carpets, Tapestries (10 000 sq.m)	1							
机制地毯、挂毯(万平方米)	Mechanism Carpets, Tapestries (10 000 sq.m)	411							
制帽 (万顶)	Hatting (10 000 units)	1113							
硫酸(折100%) (万吨)	Sulfuric Acid (10 000 tons)								6.5
氢氧化钠(烧碱) (万吨)	Caustic Soda (10 000 tons)	23.4							
农用化肥 (万吨)	Chemical Fertilizers (10 000 tons)	17.9				2.6			459.1
钾肥(实物量) (万吨)	Potash Fertilizer (10 000 tons)								713.3
中成药 (吨)	Traditional Chinese Medicine (ton)	1317.0							
水泥 (万吨)	Cement (10 000 tons)	398.6	517.4			75.4			356.4
焦炭 (万吨)	Coke (10 000 tons)								172.5
粗钢 (万吨)	Crude Steel (10 000 tons)	138.1							
钢材 (万吨)	Rolled Steel (10 000 tons)	146.6							
铁合金 (万吨)	Ferroalloy (10 000 tons)	87.8	62.8						
十种有色金属 (万吨)	Ten Kinds of Nonferrous Metals (10 000 tons)	190.9	47.0						11.7
原铝(电解铝) (万吨)	Electrolytic Aluminum(10 000 tons)	181.8	47.0						
黄金 (千克)	Gold (kg)			512.0					2614.5
铝材 (万吨)	Aluminum Material (10 000 tons)	74.6	34.0						
单晶硅 (吨)	Monocrystalline (ton)	3347.9							123.7
多晶硅 (吨)	Polysilicon (ton)	16377.1							124.9

13-20 2014-2017年规模以上工业主要产品生产能力

Production Capacity of Major Industrial Products of Industrial Enterprises above Designated Size(2014-2017)

能力名称		Item		年末生产能力 Production Capacity at Year-end				能力利用率(%) Capacity Utilization Ratio (%)			
				2014	2015	2016	2017	2014	2015	2016	2017
原煤开采	(万吨)	Coal Mining	(10 000 tons)	2045	1035	1060	1030	76.7	81.9	77.0	83.5
天然原油开采	(万吨)	Petroleum Extraction	(10 000 tons)	235	239	239	236	95.0	94.0	92.4	96.0
原油加工能力	(万吨)	Crude Oil Processing Capacity	(10 000 tons)	150	150	150	150	93.9	101.2	98.0	100.0
发电设备容量	(万千瓦)	Generating Capacity	(10 000 kw)	1600	2096	2323	2539	39.5	32.2	28.0	28.0
火电设备容量		Capacity of Thermal Power Equipment		221	192	406	399	68.1	62.8	42.6	46.1
水电设备容量		Hydropower Capacity		1053	1077	1091	1103	40.5	37.0	29.9	31.8
棉纺锭(环锭纺)	(万锭)	Cotton Spindles	(10 000 units)	…	5	5	2				
焦炭	(万吨)	Coke	(10 000 tons)	200	200	200	272	66.4	18.5	67.1	60.8
电石(折300升/千克)	(万吨)	Calcium Carbide	(10 000 tons)	72	72	67	10	53.8	36.3	63.1	24.7
农用氮磷钾肥料(折纯)	(万吨)	Chemical Npk Fertilizers	(10 000 tons)	597	649	678	706	89.4	84.2	93.5	72.3
水泥熟料	(万吨)	Cement Chamotte	(10 000 tons)	1708	1699	1699	2985	75.6	68.9	77.9	46.1
水泥	(万吨)	Cement	(10 000 tons)	2428	2468	2448	2318	75.1	71.1	75.3	61.1
平板玻璃	(万重量箱)	Plate Glass	(10 000 Weight-box)	880	880	880	880	93.3	44.5	46.8	34.6
生铁	(万吨)	Pig Iron	(10 000 tons)	210	210	160	160	62.0	53.6	52.2	64.0
粗钢	(万吨)	Steel-making	(10 000 tons)	210	210	160	160	80.2	57.4	62.1	74.7
钢材	(万吨)	Rolled Steel	(10 000 tons)	200	202	162	162	75.1	56.4	68.9	78.7
铁合金	(万吨)	Ferroalloy	(10 000 tons)	261	263	247	233	83.5	84.9	69.6	65.8
电解铝	(万吨)	Electrolytic Aluminum	(10 000 tons)	222	239	253	259	99.0	94.2	86.8	86.2
金属切削机床	(台)	Metal-cutting Machine Tools	(unit)	964	970	600	351	36.0	35.0	30.9	29.9

13-21 工业园区主要经济指标(2018年)
Main Economic Indicators of Industrial Park(2018)

指标名称		Item		绝对量 Absolute Amount	增长(%) Growth Rate(%)
园区工业企业单位数	(个)	Number of Enterprises of Industrial Park	(unit)	520	-2.1
其中：规模以上工业企业		Number of Enterprises above Designated Size		308	1.3
固定资产投资	(万元)	Investment in Fixed Assets	(10 000 yuan)	3840036	-9.4
其中：工业投资		Industrial Investment		3019024	-7.3
工业总产值	(万元)	Gross Industrial Output Value	(10 000 yuan)	15134101	12.3
工业销售产值	(万元)	Gross Industrial Sell Output Value	(10 000 yuan)	14528427	13.6
流动资产合计	(万元)	Total Working Capitals	(10 000 yuan)	11050516	2.6
其中：应收账款		Accounts Receivable		2419352	35.0
存货		Inventory		2235617	-5.6
其中：产成品		Finished Product		804514	7.8
资产总计	(万元)	Total Assets	(10 000 yuan)	31620552	-2.3
负债合计	(万元)	Total Liabilities	(10 000 yuan)	23556224	1.5
主营业务收入	(万元)	Revenue from Principle Business	(10 000 yuan)	11481932	8.4
主营业务成本	(万元)	Cost of Principal Business	(10 000 yuan)	9376714	10.9
主营业务税金及附加	(万元)	Taxes and Other Charges on Operating	(10 000 yuan)	212795	15.0
利润总额	(万元)	Total Profits	(10 000 yuan)	143878	-56.7
应交增值税	(万元)	Value Added Tax Payable	(10 000 yuan)	311850	77.8
从业人员平均人数	(人)	Aunnual Employed Persons at Year-end	(person)	92888	-12.7

主要统计指标解释

工业　指从事自然资源的开采，对采掘品和农产品进行加工和再加工的物质生产部门。具体包括：(1)对自然资源的开采，如采矿、晒盐等（但不包括禽兽捕猎和水产捕捞）；(2)对农副产品的加工、再加工，如粮油加工、食品加工、缫丝、纺织、制革等；(3)对采掘品的加工、再加工，如炼铁、炼钢、化工生产、石油加工、机器制造、木材加工等，以及电力、自来水、煤气的生产和供应等；(4)对工业品的修理、翻新，如机器设备的修理、交通运输工具（如汽车）的修理等。

工业统计调查单位为独立核算法人工业企业。

独立核算法人工业企业指从事工业生产经营活动的单位。独立核算法人工业企业应同时具备以下条件：①依法成立，有自己的名称、组织机构和场所，能够承担民事责任；②独立拥有和使用资产，承担负债，有权与其他单位签订合同；③独立核算盈亏，并能够编制资产负债表。

本年鉴中涉及的企业登记注册类型：

国有及国有控股企业　指国有企业加上国有控股企业。国有企业（即原全民所有制工业或国营工业）指企业全部资产归国家所有，并按《中华人民共和国企业法人登记管理条例》规定登记注册的非公司制的经济组织。包括国有企业、国有独资公司和国有联营企业。1957年以前的公私合营和私营工业，后均改造为国营工业，1992年改为国有工业，这部分工业的资料不单独分列时，均包括在国有企业内。国有控股企业是对混合所有制经济的企业进行的“国有控股”分类。它是指这些企业的全部资产中国有资产（股份）相对其他所有者中的任何一个所有者占资（股）最多的企业。该分组反映了国有经济控股情况。

集体企业　指企业资产归集体所有，并按《中华人民共和国企业法人登记管理条例》规定登记注册的经济组织。是社会主义公有制经济的组成部分。包括城乡所有使用集体投资举办的企业，以及部分个人通过集资自愿放弃所有权并依法经工商行政管理机关认定为集体所有制的企业。

股份合作企业　指以合作制为基础，由企业职工共同出资入股，吸收一定比例的社会资产投资组建，实行自主经营，自负盈亏，共同劳动，民主管理，按劳分配与按股分红相结合的一种集体经济组织。

联营企业　指两个及两个以上相同或不同所有制性质的企业法人或事业单位法人，按自愿、平等、互利的原则，共同投资组成的经济组织。联营企业包括：

国有联营企业指国有企业与国有企业间的联营；

集体联营企业指集体企业与集体企业间的联营；

国有与集体联营企业指国有企业与集体企业间的联营。

有限责任公司　指根据《中华人民共和国公司登记管理条例》规定登记注册，由两个以上，五十个以下的股东共同出资，每个股东以其所认缴的出资额对公司承担有限责任，公司以其全部资产对其债务承担责任的经济组织。

有限责任公司包括国有独资公司以及其他有限责任公司。

股份有限公司　指根据《中华人民共和国企业法人登记管理条例》规定登记注册，其全部注册资本由等额股份构成并通过发行股票筹集资本，股东以其认购的股份对公司承担有限责任，公司以其全部资产对其债务承担责任的经济组织。

私营企业　指由自然人投资设立或由自然人控股，以雇佣劳动为基础的营利性经济组织。包括按照《公司法》、《合伙企业法》、《私营企业暂行条例》规定登记注册的私营有限责任公司、私营股份有限公司、私营合伙企业和私营独资企业。

港、澳、台商投资企业　指企业注册登记类型中的港、澳、台资合资、合作、独资经营企业和股份有限公司之和。

外商投资企业　指企业注册登记类型中的中外合资、合作经营企业、外资企业和外商投资股份有限公司之和。

轻工业　指主要提供生活消费品和制作手工工具的工业。按其所使用的原料不同，可分为两大类：(1)以农产品为原料的轻工业，是指直接或间接以农产品为基本原料的轻工业。主要包括食品制造、饮料制造、烟草加工、纺织、缝纫、皮革和毛皮制作、造纸以及印刷等工业；(2)以非农产品为原料的轻工业，是指以工业品为原料的轻工业。主要包括文教体育用品、化学药品制造、合成纤维制造、日用化学制品、日用玻璃制品、日用金属制品、手工工具制造、医疗器械制造、文化和办公用机械制造等工业。

重工业　指为国民经济各部门提供物质技术基础的主要生产资料的工业。按其生产性质和产品用途，可以分为下列三类：(1)采掘（伐）工业，是指对自然资源的开采，包括石油开采、煤炭开采、金属矿开采、非金属矿开采等工业；(2)原材料工业，指向国民经济各部门提供基本材料、动力和燃料的工业。包括金属冶炼及加工、炼焦及焦炭、化学、化工原料、水泥、人造板以及电力、石油和煤炭加工等工业；(3)加工工业，是指对工业原材料进行再加工制造的工业。包括装备国民经济各部门的机械设备制造工业、金属结构、水泥制品等工业，以及为农业提供的生产资料如化肥、农药等工业。

根据上述划分原则，修理业中以重工业产品为修理作业对象的划为重工业，反之划为经工业。

工业总产值

(1)定义：

工业总产值是以货币形式表现的，工业企业在一定时期内生产的工业最终产品或提供工业性劳务活动的总价值量。它反映一定时间内工业生产的总规模和总水平。

(2)计算原则：

工业生产的原则，即凡是企业在报告期生产的经检验合格的产品，不管是否在报告期销售，均包括在内。

最终产品的原则，即凡是计入工业总产值的产品，必须是本企业生产的经检验合格的，不需要再进行任何加工的最终产品。如果企业有中间产品（半成品）对外销售，则对外销售的中间产品应视为企业的最终产品。

工厂法原则,即工业总产值是以工业企业作为基本计算(核算)单位,即按企业的最终产品计算工业总产值。按这种方法计算的工业总产值,不允许同一产品价值在企业内部重复计算,不能把企业内部各个车间(分厂)生产的成果相加,但允许企业间的重复计算。

(3)内容及计算方法:

1995 年全国工业普查对工业总产值(原规定)的内容及计算原则和方法做了某些修订,修订后的工业总产值(新规定)包括三项内容:即本期生产成品价值、对外加工费收入、在制品半成品期末期初差额价值三部分。

本期生产成品价值 指企业本期生产,并在报告期内不再进行加工,经检验、包装入库的全部工业成品(半成品)价值合计,包括企业生产的自制设备及提供给本企业在建工程、其他非工业部门和福利部门等单位使用的成品价值。本期生产成品价值为按自备原材料生产的产品的数量乘以本期不含增值税(销项税额)的产品实际销售平均单价计算;会计核算中按成本价格转帐的自制设备和自产自用的成品,按成本价格计算生产成品价值。生产成品价值中不包括用定货者来料加工的成品(半成品)价值。

对外加工费收入 指企业在报告期内完成的对外承接的工业品加工(包括用定货者来料加工产品)的加工费收入和对外工业修理作业所取得的加工费收入。对外加工费收入按不含增值税(销项税额)的价格计算,可根据会计“产品销售收入”科目的有关资料取得。

对于本企业对内非工业部门提供的加工修理、设备安装的劳务收入,如果企业会计核算基础较好,能取得这部分资料,而且这部分价值所占比重较大,应包括在对外加工费收入中。自制半成品在制品期末期初差额价值:指企业报告期在制品期末减期初的差额价值,本指标一般可以从会计核算资料中取得。如果会计产品成本核算中不计算半成品、在制品的成本,则总产值中也不包括这部分价值,反之则包括。

(4)工业总产值统计范围变化和计算方法修订情况:

1984 年以前工业总产值不包括村办工业,村办工业总产值划归农业。1984 年以后工业总产值包括村办工业。

1995 年工业普查对工业总产值计算方法做了修订,即从 1995 年始按新修订(新规定)方法计算工业总产值。新规定与原规定的区别如下:

全价与加工费的计算原则不同:新规定为凡自备原材料,不论其生产繁简程度如何,一律按全价计算工业总产值;凡来料加工,允许按加工费计算工业总产值。原规定则视生产加工的繁简程度不同,规定哪些行业按全价,哪些行业按加工费计算工业总产值。

自制半成品、在产品期末期初差额价值的计算原则不同:新规定要求,凡会计产品成本核算时计算了成本的差额价值,总产值中就应包括,否则可不包括;原规定则按生产周期六个月的界限区分,凡生产周期六个月以上的企业,总产值计算中应包括这部分差额价值,否则可不包括。

计算价格不同:新规定按不含增值税(销项税额)的价格计算;原规定则按含增值税(销项税额)的价格计算。

工业增加值 指工业企业在报告期内以货币表现的工业生产活动的最终成果。

工业增加值有两种计算方法:一是生产法,即工业总产出减去工业中间投入加上应交增值税;二是收入法,即从收入的角度出发,根据生产要素在生产过程中应得到的收入份额计算,具体构成项目有固定资产折旧、劳动者报酬、生产税净额、营业盈余,这种方法也称要素分配法。本年鉴中的工业增加值是以生产法计算的。

生产法工业增加值的计算方法为:

工业增加值 = 工业总产出 - 工业中间投入 + 应交增值税

(1)工业总产出:指工业企业在一定时期内工业生产活动的总成果。工业总产出包括:成品生产价值,对外加工费收入,自制半成品、在产品期末期初差额价值。1995 年后用新规定计算的工业总产值代替。

(2)工业中间投入:指工业企业在工业生产活动中消耗的外购物质产品和对外支付的服务费用。服务费用包括支付给物质生产部门(工业、农业、批发零售贸易业、建筑业、运输邮电业)的服务费用和支付给非物质生产部门(如保险、金融、文化教育、科学研究、医疗卫生、行政管理等)的服务费用。工业中间投入的确定须遵循以下原则:必须从外部购入的,并已计入工业总产出的产品和服务价值;必须是本期投入生产,并一次性消耗掉(包括本期摊销的低值易耗品等)的产品和服务价值。

工业中间投入包括直接材料费用、制造费用中的工业中间投入、管理费用中的工业中间投入、销售费用中的工业中间投入和利息支出五部分。

资产总计 指企业拥有或控制的能以货币计量的经济资源,包括各种财产、债权和其他权利。资产按流动性分为流动资产、长期投资、固定资产、无形资产、递延资产和其他资产。该指标根据企业会计“资产负债表”中“资产总计”项目的期末数增列。

流动资产 指企业可以在一年内或者超过一年的一个生产周期内变现或者耗用的资产,包括现金及各种存款、短期投资,应收及预付款项、存货等。

流动资产平均余额 指企业在报告期内全部流动资产的平均余额。

固定资产原价 指企业在建造、购置、安装、改建、扩建、技术改造某项固定资产时所支出的全部货币总额。它一般包括买价、包装费、运杂费和安装费等。

固定资产净值年平均余额 指固定资产净值在报告期内余额的平均数。计算公式为:

$$\text{固定资产净值年平均余额} = \frac{\text{1 至 12 月各月月初、月末固定资产净值之和}}{24}$$

该指标根据“资产负债表”中“固定资产原价”、“累计折旧”指标的期初、期末数计算填列。

固定资产净值 指固定资产原价减去历年已提折旧额后的净额。计算公式为:

固定资产净值 = 固定资产原价 - 累计折旧

负债合计 指企业所承担的能以货币计量,将以资产或劳务偿付的债务,偿还形式包括货币、资产或提供劳务。负债一般按偿还期长短分为流动负债和长期负债。根据会计“资产负债表”中“负债合计”的年末数填列。

所有者权益 指企业投资人对企业净资产的所有权。企业净资产等于企业全部资产减去全部负债后的余额,包括企业投资人对企业的最初投入的实际到位的资产及资本公积金、盈余公积金和未分配利润。所有者权益合计数小于零，表示企业资不抵债。

主营业务收入 指会计“利润表”中对应指标的本年累计数。未执行2001年《企业会计制度》的企业，用“产品销售收入”的本期累计数代替。

主营业务成本 指会计“利润表”中对应指标的本年累计数。未执行2001年《企业会计制度》的企业，用“产品销售成本”的本期累计数代替。

主营业务税金及附加 指会计“利润表”中对应指标的本年累计数。未执行2001年《企业会计制度》的企业，用“产品销售税金及附加”的本期累计数代替。

利润总额 指企业生产经营活动的最终成果，是企业在一定时期内实现的盈亏相抵后的利润总额（亏损以“－”号表示），它等于营业利润加上补贴收入加上投资收益加上营业外净收入再加上以前年度损益调整。

本年应交增值税 指企业在报告期内应交纳的增值税额。它等于本年销项税额加上出口退税加上进项税额转出数减去本年进项税额。小规模纳税企业直接按全年计税销售额乘以征收率计算取得。

从业人员平均人数 是指报告期内每天拥有的从业人员人数。其计算公式为：

$$月平均人数=\frac{报告月内每天实有人数和}{报告月日历日数}$$

$$季平均人数=\frac{季内各月平均人数之和}{3}$$

$$年平均人数=\frac{年内各月平均人数之和}{12}$$

总资产贡献率 反映企业全部资产的获利能力，是企业经营业绩和管理水平的集中体现，是评价和考核企业盈利能力的核心指标。计算公式为：

$$\begin{matrix}总资产\\贡献率(\%)\end{matrix}=\frac{利润总额+税金总额+利息支出}{平均资金总额}\times 100\%$$

公式中：税金总额为产品销售税金及附加与应交增值税之和；平均资产总额为期初期末资产之和的算术平均值。

资产负债率 该指标既反映企业经营风险的大小，也反映企业利用债权人提供的资金从事经营活动的能力。计算公式为：

$$资产负债率(\%)=\frac{负债总额}{资产总额}\times 100\%$$

资产与负债均为报告期期末数。

流动资产周转次数 指一定时期内流动资产完成的周转次数，反映投入工业企业流动资金的周转速度。计算公式为：

$$流动资产周转次数=\frac{产品销售收入}{全部流动资产平均余}$$

公式中：全部流动资产平均余额为期初和期末的流动资产之和的算术平均值。

成本费用利润率 反映企业投入的生产成本及费用的经济效益，同时也反映企业降低成本所取得的经济效益。计算公式为：

$$成本费用利润率(\%)=\frac{利润总额}{成本费用总额}\times 100\%$$

公式中：成本费用总额为产品销售成本、销售费用、管理费用、财务费用之和。

产品销售率 该指标反映工业产品已实现销售的程度，是分析工业产销衔接情况，研究工业产品满足社会需求的指标。计算公式为：

$$产品销售率(\%)=\frac{现价工业销售产值}{现价工业总产值}\times 100\%$$

规模以下工业主要指标解释

应收账款 指企业因销售商品、提供劳务等经营活动，应向购货单位或接受劳务单位收取的款项，主要包括企业销售商品或提供劳务等应向有关债务人收取的价款及代购货单位垫付的包装费、运杂费等。根据会计“资产负债表”中“应收账款”项目的期末余额数填报。

本年折旧 指企业在报告期内提取的固定资产折旧合计数。可以根据会计“财务状况变动表”中“固定资产折旧”项的数值填报。

负债合计 指企业过去的交易或者事项形成的，预期会导致经济利益流出企业的现时义务。包括流动负债和长期负债。

主营业务收入 指企业确认的销售商品、提供劳务等主营业务的收入。

出口产品销售收入 指工业企业销售给外贸部门或自营（委托）出口（包括销往香港、澳门、台湾），用外汇价格结算的销售收入，以及外商来样、来料加工、来件装配和补偿贸易等收入。在计算时，要把外汇价格按交易时的汇率折算成人民币计算。

主营业务成本 指企业经营主要业务所发生的成本总额。

税金总额 指企业报告期内应交纳的各种税金总和，包括产品销售税金及附加（城市维护建设税、消费税、资源税、营业税和教育费附加）、增值税、所得税、以及房产税、印花税、车船使用税和土地使用税等。

所得税 指企业按税法规定，应从生产经营等活动的所得中缴纳的税金。

营业利润 指企业从事生产经营活动所取得的利润。

利息支出 指企业短期借款利息、长期借款利息、应付票据利息、票据贴现利息、应付债券利息、长期应付引进国外设备款利息等利息支出。该指标为各项利息支出的总和，不冲减利息收入。

银行贷款利息 指本报告期，企业向银行、信用社等金融机构支付的利息。

民间借款利息 指本报告期，企业为生产经营发生的民间借款（非银行、非金融机构借款）所支付的利息。

期末剩余订单额 指本企业在报告期末，尚未兑现的订货金额，即企业现存的订货金额。

应付职工薪酬（贷方累计发生额） 指企业为获得职工提供的服务而给予各种形式的报酬以及其他相关支出。包括职工工资、奖金、津贴和补贴，职工福利费，医疗保险费、养老保险费、失业保险费、工伤保险费和生育保险费等社会保险费，住房公积金，工会经费和职工教育经费，非货币性福利，因解除与职工的劳动关系给予的补偿，其他与获得职工提供的服务相关的支出。

从业人员期末人数 指报告期末最后一日24时在本单位中工作，并取得工资或其他形式劳动报酬的人员数。该指标为时点指标，不包括最后一日当天及以前已经与单位解除劳动合同关系的人员，是在岗职工、劳务派遣人员及其他从业人员之和。

营业收入 指企业经营主要业务和其他业务所确认的收入总额。营业收入合计包括“主营业务收入”和“其他业务收入”。根据会计“利润表”中“营业收入”项目的本期金额数填报。

生产支出 指个体经营工业单位在工业生产活动中所消耗的原材料、燃料、动力、服务等费用。具体包括材料费、水电费、租赁费、邮电费、修理费、运输费、包装费等。但不包括支付给雇工的工资报酬、上交的税金及购置固定资产支出。

Explanatory Notes on Main Statistical Indicators

Industry refers to the material production sector which is engaged in the extraction of natural resources and processing and reprocessing of minerals and agricultural products, including (1) extraction of natural resources, such as mining, salt production (but not including hunting and fishing); (2) processing and reprocessing of farm and sideline produces, such as rice husking, flour milling, wine making, oil pressing, silk reeling, spinning and weaving, and leather making; (3) manufacture of industrial products, such as steel making, iron smelting, chemicals manufacturing, petroleum processing, machine building, timber processing; water and gas production and electricity generation and supply; (4) repairing of industrial products such as the repairing of machinery and means of transport (including cars).

In industrial statistics surveys, the units of enquiry are corporate industrial enterprises with independent accounting systems.

Corporate industrial enterprises with independent accounting systems refer to enterprises engaging in industrial production activities, which meet the following requirements: (1) They are established legally, having their own names, organizations, location and able to take civil liability; (2) They possess and use their assets independently, assume liabilities and are entitled to sign contracts with other units; (3) They are financially independent and compile their own balance sheets.

Enterprises covered in the industrial statistics in the Yearbook include the following categories by their registration:

State – owned and State – holding Enterprises refer to state – owned enterprises plus State – holding enterprises. State – owned enterprises (originally known as State – run enterprises with ownership by the whole society) are non – corporate economic entities registered in accordance with the Regulation of the People's Republic of China on the Management of Registration of Legal Enterprises, where all assets are owned by the State. Included in this category are State – owned enterprises, State – funded corporations and State – owned joint – operation enterprises. Joint State – private industries and private industries, which existed before 1957, were transformed into state – run industries since 1957, and into State – owned industries after 1992. Statistics on those enterprises are included in the State – owned industries instead of being grouped them separately. State – holding enterprises are a sub – classification of enterprises with mixed ownership, referring to enterprises where the percentage of State assets (or shares by the State) is larger than any other single share holder of the same enterprise. This sub – classification illustrates the control of the State over a particular industry.

Collective – owned Enterprises refer to economic entities registered in accordance with the Regulation of the People's Republic of China on the Management of Registration of Legal Enterprises, where assets are owned collectively. Collective enterprises constitute an integral part of the socialist economy with public ownership. They include urban and rural enterprises invested collectively, and some enterprises registered in industrial and commercial administration agency as collective units where funds are pooled together by individuals who voluntarily give up their right of ownership.

Cooperative Enterprises refer to economic units set up on a cooperative basis, with funding partly from employees of the enterprise and partly from outside investment, where the operation and management is decided by all the members who also participate in the production, and the distribution of income is based both on work (labour input) and on shares (capital input).

Joint Ownership Enterprises refer to economic units that are established by joint investment by two or more corporate enterprises or institutions of the same or different types of ownership on voluntary, equal and mutual – beneficial basis. They include:

a) State – owned joint – operation enterprises (joint operation between State – owned enterprises); b) Collective joint – operation enterprises (joint operation between collective enterprises; andc) State – collective joint – operation enterprises (joint operation between state and collective enterprises).

Limited Liability Corporations refer to economic units registered in accordance with the Regulation of the People's Republic of China on the Management of Registration of Corporations, with capital from 2 to 49 investors, each investor bears limited liability to the corporation depending on his/her holding of shares, and the corporation bears liability to its debt to the maximum of its total assets.

Limited liability corporations include state sole funded corporations and other limited liability corporations.

Share – holding Corporations Ltd. refer to economic units registered in accordance with the Regulation of the People's Republic of China on the Management of Registration of Corporate Enterprises, with total registered capital divided into equal shares and raised through issuing stocks. Each investor bears limited liability to the corporation depending on the holding of shares, and the corporation bears liability to its debt to the maximum of its total assets.

Private Enterprises refer to economic units invested or controlled (by holding the majority of the shares) by natural persons who hire labours for profit – making activities. Included in this category are private limited liability corporations, private share – holding corporations Ltd., private partnership enterprises and private sole investment enterprises registered in accordance with the Corporation Law, Partnership Enterprise Law and Tentative Regulation on Private Enterprises.

Enterprises with Funds from Hong Kong, Macao and Taiwan refers to all industrial enterprises registered as the joint – venture, cooperative, sole (exclusive) investment industrial enterprises and limited liability corporations with funds from Hong Kong, Macao and Taiwan.

Foreign Funded Enterprises refer to all industrial enterprises registered as the joint – venture, cooperative, sole (exclusive) investment industrial enterprises and limited liability corporations with foreign funds.

Light Industry refers to the industry that produces consumer goods and hand tools. It consists of two categories, depending on the materials used:

(1) Industries using farm products as raw materials. These are the branches of light industry which directly or indirectly use farm products as basic raw materials, including the manufacture of food and beverages, tobacco processing, textile, clothing, fur and leather manufacturing, paper making, printing, etc.

(2) Industries using non – farm products as raw materials. These are the branches of light industry which use manufactured goods as raw materials, including the manufacture of cultural, educational articles and sports goods, chemicals, synthetic fibre, chemical products for daily use, glass products for daily use, metal products for daily use, hand tools, medical apparatus and instruments, and the manufacture of cultural and office machinery.

Heavy Industry refers to the industry which produces capital goods, and provides various sectors of the national economy with necessary material and technical basis for production. It consists of the following three branches according to the purpose of production or the use of products:

(1) Mining, quarrying and logging industry, which refers to the industry that extracts natural resources, including extraction of petroleum, coal, metal and non – metal ores.

(2) Raw materials industry refers to the industry that provides various sectors of the national economy with raw materials, fuels and power. It includes smelting and processing of metals, coking and coke chemistry, chemical materials and building materials such as cement, plywood, and power, petroleum refining and coal dressing.

(3) Manufacturing industry which refers to the industry that processes raw materials. It includes machine – building industries which equip sectors of the national economy; industries producing metal structure and cement products; and industries producing means of agricultural production, such as chemical fertilizers and pesticides.

In accordance with the above principles of classification, the repairing trades, which are engaged primarily in repairing products of heavy industry, are classified as heavy industry while those which are engaged in repairing products of light industry are classified as light industry.

Gross Industrial Output Value

(1) Definition: Gross industrial output value is the total volume of final industrial products produced and industrial services provided during a given period. It reflects the total achievements and overall scale of industrial production during a given period.

(2) Principles for calculation:

Statistics on industrial production follow the principle that all products produced by the enterprises and accepted through quality check during the reference period are to be included no matter whether they are sold or not during the reference period.

Determination of final products follows the principle that all products that are included in the calculation of gross industrial output value are the final products of the enterprise which have been accepted through quality check and require no further processing. If an enterprise has intermediate (semi – finished) products to sell, these intermediate products are considered as the final products of the enterprise.

Gross industrial output value is calculated following the principle of factory approach, i. e. industrial enterprise is used as the basic accounting unit in calculating the gross industrial output value. By this approach, value of the same product is not to be double – counted, and the output value of different workshops (branch factories) within the enterprise should not be added. However, this approach allows the possibility of double counting between enterprises.

(3) Content and method of calculation:

The old definition of gross industrial output value was modified during the 1995 National Industrial Census. The revised (new) definition of gross industrial output value consists of 3 components: value of the finished products during the reference period, income from processing for external parties, and value of change in semi – finished products between the end and the beginning of the reference period.

Value of Finished Products During the Reference Period refers to the value of all finished (semi – finished) industrial products that are produced during the reference period without the need for further processing, checked for acceptance, packed and put into the warehouse of the enterprise, including the value of own – produced equipment and the value of products provided to the projects under construction of the enterprise, and to other non – industrial or welfare units. Value of finished products during the reference period is calculated by the quantity of products produced using own materials multiplied by the average unit prices at which products are sold (excluding value – added tax). Own – produced equipment and products produced for own use are valued at cost prices as in the case of enterprise accounting. Value of finished products does not include the value of finished products (semi – finished products) that are produced using the materials from the clients who place the orders.

Income from External Processing refers to income from contracted external processing of industrial products (including processing of industrial products using materials from the clients), and the income from industrial repairing work provided to other parties. Income from external processing is calculated using information from the item "products sales income" in the enterprise accounting at the prices with value - added tax excluded.

For income from services such as processing, repairing and installation of equipment provided to non - industrial units within the enterprise, if the accounting work of the enterprise is good enough to separate it from other records, and the share of such services is significant, it should also be included in the income from external processing.

Value of change in semi - finished products between the end and the beginning of the reference period: refers to the value of change in semi - finished products between the end and the beginning of the reference period, which generally can be obtained from accounting records of enterprises. If the enterprise accounting excludes the cost of semi - finished products, then it should not be included in the gross industrial output value, and the reverse if otherwise.

(4) Changes in the scope and method of calculation of the gross industrial output value

Prior to 1984, the value of rural industry run by villages was classified into agriculture instead of industry. Since 1984, it has been included in the gross industrial output value. Method of calculation for the gross industrial output value was modified in the industrial census in 1995. The difference in the new method as compared with the old one is outlined below:

Principle in using full value vs. processing fee: The new method stipulates that all products produced using own materials are to be calculated with full value in reporting the gross industrial output value irrespective of the complexity of production, and for external processing, it allows calculation using processing fee. In the old method, however, the use of full value or processing fee was determined by the degree of complexity of production in different branches of industries. Principle in determining the value of change in semi - finished products: The new method requires that value of change in semi - finished products should be included in the gross industrial output value if it is included in the accounting record of the enterprise, otherwise it should not be included. In the old method, it is determined by the type of enterprises in terms of production cycle. If the production cycle is over 6 months, the value of change in semi - finished products is included in the gross industrial output value, otherwise it is not.

Difference in prices: The new method uses prices excluding value - added tax in the calculation of gross industrial output value, while the old method used prices including value - added tax.

Value - added of Industry refers to the final results of industrial production of industrial enterprises in money terms during the reference period.

Industrial value - added can be calculated by two approaches: the production approach, i.e. gross industrial output value minus intermediate input plus value - added tax, and the income approach, i.e. income for various factors used in the course of production, including depreciation of fixed assets, remuneration of labourers, net of production tax, and operating surplus. Value - added of industry in the Yearbook is calculated by the production approach as follows:

Value - added of industry = gross industrial output - industrial intermediate input + value - added tax

(1) Gross industrial output: refers to the total achievements of industrial production activities during a given period. Gross industrial output includes value of finished products, income from external processing, and value of change in semi - finished products between the end and the beginning of the reference period. Since 1995, the gross industrial output value obtained by the new method is used in the calculation.

(2) Industrial intermediate input: refers to purchased goods and paid services consumed during the industrial production of enterprises. Fees paid for services include fees paid for the services provided by material production sectors (industry, agriculture, wholesale and retail trade, construction, transport, post and telecommunications) and by non - material production sectors (insurance, banking, culture, education, scientific research, health and medical care, public administration, etc.). The determination of industrial intermediate input follows the principle that the goods and services must be purchased from outside and included in the gross industrial output, and that the goods and services are inputted into production and consumed (include low - value consumables) during the reference period.

Industrial intermediate input includes 5 components, namely direct consumption of materials, industrial intermediate input in manufacturing cost, industrial intermediate input in management cost, industrial intermediate input in marketing cost and expenditure on interest.

Total Assets refer to all economic resources, in monetary term, these are owned or controlled by enterprises, including properties, creditor's equity and other economic rights of all forms. Classified by the degree of liquidity, total assets include working capitals, long - term investment, fixed assets, intangible assets, deferred assets and other assets. Data on this indicator can be obtained by the year - end figures of total assets in the Assets and Liability Table of accounting records of enterprises.

Working Capital refers to capital that an enterprise can cash or use during one year or one production cycle that may exceed one year, including cash and savings deposits of various forms, short - term investment, money receivable and prepaid money, inventories, etc.

Annual Average Value of Working Capital refers to the average value of all working capital of the enterprise during the reference period.

Original Value of Fixed Assets refers to the total value, in monetary terms, that an enterprise spent on fixed assets, through construction, purchase, installation, transformation, expansion or technical upgrading. Generally, it covers cost of purchase, packing, transportation and installation, etc.

Annual Average of Net Value of Fixed Assets refers to the average of the net value of fixed assets during the reference period, calculated with the following formula:

$$\text{Annual Average of Net Value of Fixed Assets} = \frac{\text{sum of net value of fixed assets at the beginning and at the end of each month from January to December}}{24}$$

Information on this indicator can be obtained from the beginning and ending figures of the original value of fixed assets and cumulative depreciation from the Assets and Liability Table of enterprises.

Net value of Fixed Assets refers to the original value of fixed assets minus depreciation over the years, calculated with the following formula:

Net value of Fixed Assets = original value of fixed assets − cumulative depreciation

Total Liabilities refer to payable liabilities of enterprises that have to be repaid in terms of money, assets or labour services. In terms of payment, it can be divided into liquid liabilities and long-term liabilities. Data on this item is obtained from the ending figures on total liabilities from the Assets and Liability Table from the enterprises.

Owner's Equity refers to the ownership of net assets of enterprise by its investors. Net assets equal total assets minus total liabilities of the enterprise, including the actual assets invested into the enterprise by investors, accumulation of capital and operating surplus and non-distributed profits. The enterprise's assets are less than its liabilities if the sum of owner's equity is smaller than zero.

Revenue from Principal Business refers to the annual accumulation of the corresponding item in the "profit table" of the accountant. For enterprises that do not follow the 2001 Enterprise Accounting Standards, the year-end accumulation of revenue from the sales of products is used as a substitute.

Cost of Principal Business refers to the annual accumulation of the corresponding item in the "profit table" of the accountant. For enterprises that do not follow the 2001 Enterprise Accounting Standards, the year-end accumulation of cost for the sales of products is used as a substitute.

Tax and Extra Charges from Principal Business refer to the annual accumulation of the corresponding item in the "profit table" of the accountant. For enterprises that do not follow the 2001 Enterprise Accounting Standards, the year-end accumulation of tax and extra charges from the sales of products is used as a substitute.

Total Profits refer to the final achievement of production and operation activities of the enterprises, represented by total profits after deducting losses (loss is expressed by the negative figure). It is the sum of profits from operation, income from subsidies, investment earnings, net income from activities other than operation, and adjustment of profits and losses of previous years.

Value-added Tax Payable in the Current Year refers to the amount of the value-added tax which should be paid by the enterprises during the reference period. It is the sum of tax on sales, export rebate, and transferred tax on purchases of the current year, minus the tax on purchases of the current year. Value-added tax payable of small-size enterprises is determined by the taxable sales of the year multiplied by the tax rate.

Average Number of Employed Persons refers to the number of employee everyday during the reference period, calculated with the following formula:

$$\text{Monthly average number} = \frac{\text{sum of actual employees everydayin reference month}}{\text{number of calendar dates in reference month}}$$

$$\text{Quarterly average number} = \frac{\text{sum of monthly average number in reference quarter}}{3}$$

$$\text{Annual average number} = \frac{\text{sum of monthly average number in reference year}}{12}$$

Ratio of Profits, Taxes and Interests to Average Assets reflects the profit-making capability of all assets of the enterprise and is a key indicator manifesting the performance and management and evaluating the profit-making potential of the enterprise. It is calculated as follows:

$$\text{Ratio of Profits, Taxes and Interests to Average Assets(\%)} = \frac{\text{total profits + total taxes + interest payment}}{\text{average assets}} \times 100\%$$

In the above formula, total taxes is the sum of tax and extra charges on the sales of products and value-added tax payable; and average assets is the arithmetic mean of the sum of beginning assets and ending assets.

Ratio of Debts to Assets reflects both the operation risk and the capability of the enterprise in making use of the capital from the creditors. It is calculated as follows:

$$\text{Ratio of Debts to Assets(\%)} = \frac{\text{total debts}}{\text{total assets}} \times 100\%$$

Both assets and debts are figures at the end of the reference period.

Turnover of Working Capital refers to the number of times of turnover of working capital in a given period of time, which reflects the speed of the turnover of working capital of industrial enterprises, and is calculated as follows:

$$\text{Turnover of Working Capital} = \frac{\text{sales revenue of products}}{\text{average balance of total working capital}}$$

In the above formula, average balance of total working capital refers to the arithmetic mean of the sum of working capital at the beginning and at the end of the reference period.

Ratio of Profits to Total Industrial Costs refers to the ratio of profits realized in a given period to the total costs in the same period, which reflects the economic efficiency of input cost and is calculated as follows:

$$\text{Ratio of Profits to Total Industrial Cost(\%)} = \frac{\text{total profits}}{\text{total costs}} \times 100\%$$

In the above formula, total costs in the above formula are the sum of cost of products sold, marketing cost, management cost and financial cost.

Sales Ratio of Products is an indicator reflecting the actual sale of industrial products, analyzing the production – selling and supply – demand relations. It is calculated as:

$$\text{Sales Ratio of Products}(\%) = \frac{\text{value of industrial sales}}{\text{gross industrial output value(current prices)}} \times 100\%$$

Explanatory Notes on Main Statistical Indicators of Industrial Enterprises under Designated Size

Accounts receivable refers to the money that purchase units or receiving services unit should receive to the enterprise for selling of goods and services, including businesses selling goods or providing services, should be charged to the debtor price and purchase the goods unit advance the packing expenses, transportation charges etc.. According to the account balance sheet, the final balance of the accounts receivable.

Depreciation in the Year refers to the total amount of depreciation of fixed assets during the reporting period. It can be filled according to the numerical of the "fixed assets depreciation" in " Statement of financial position " .

Total Liabilities refer to payable liabilities of enterprises that accumulated from previous trades or transactions with expectation of economic profits leaking out. In terms of payment, it can be divided into liquid liabilities and long – term liabilities.

Revenue from Principal Business refers to the income confirmed of an enterprise from the principal business of selling products and providing services.

Export Sales Revenue refers to the sales revenue of industrial enterprises sold to foreign trade departments or self (commissioned) exports (including sold to Hong Kong, Macao and Taiwan) settled by the price of foreign exchange, as well as foreign investors to sample, processing, assembling and compensation trade income. In the calculation, the exchange rate should be converted into RMB according to the exchange rate.

Cost of Principal Business refers to the total cost occurred from the principal business of the enterprise.

Due Tax refers to various taxes in the reporting period paid by enterprise, including sales tax and additional (urban maintenance and construction tax, consumption tax, resource tax, business tax and education fee additional), value added tax, income tax, and property tax, stamp tax, vehicle and ship use tax and land use tax and so on.

Due Income Tax refers to the tax from the production and operation of the proceeds of enterprise in accordance with the provisions of the tax law.

Business Profit refers to the profits made by the enterprises in the production and operation activities.

Interest Expense refers to the short – term loan interest payments, interest payments, notes payable, interest payable, notes payable interest on interest payments, and long – term accounts payable etc.. The indicator is the sum of the interest expense, not to cut interest income.

Bank Borrowing Interest refers to the interest paid by company to bank or credit union or other financial institution.

Non – governmental Borrowing Interest refers to the interest paid by the enterprises in the period for production and operation to private lending (non – banks, non – financial institutions).

End of Remaining Amount of Orders refers to the amount of the order that the enterprise has not been honored at the end of the reporting period, that is, the existing order amount of the enterprise.

Due Wage Refers to various forms of remuneration and other related expenses paid by the company for the services provided by the staff and workers, including wages, bonuses, allowances and subsidies, employee welfare benefit expenses, medical insurance, endowment insurance, unemployment insurance, work – related injury insurance premiums and maternity insurance fees social insurance, housing provident fund, the trade union funds and employee education funds, non – monetary benefits, the compensation to give labor relations and workers for the solution in addition, and related expenditure to worker for other services.

Employed Persons at Year – end refers to persons working in the unit at the final day 24 of the reporting period and receiving wages or other forms of remuneration. The indicator is point indicators, including on – the – job workers, labor dispatch personnel and other employees. It does not include personnel that labor contract has been suspended in the final day and before.

Business Income refers to the total revenue recognized by the business and other business operations of the enterprise. Total operating income includes "main business income" and "other business income", According to the "business income" in the accounting "profit statement".

Production Expenditures Refers to the cost of raw materials, fuel, power, service, etc. in the industrial production activities of the individual business units, including material costs, utilities, rental fees, post and telecommunications, repair, transportation, packaging, etc.. But it does not include the payment of wages to workers compensation, pay taxes and purchase of fixed assets expenditure.

第 14 篇

CHAPTER 14

建 筑 业

Construction

建筑业总产值

（亿元）

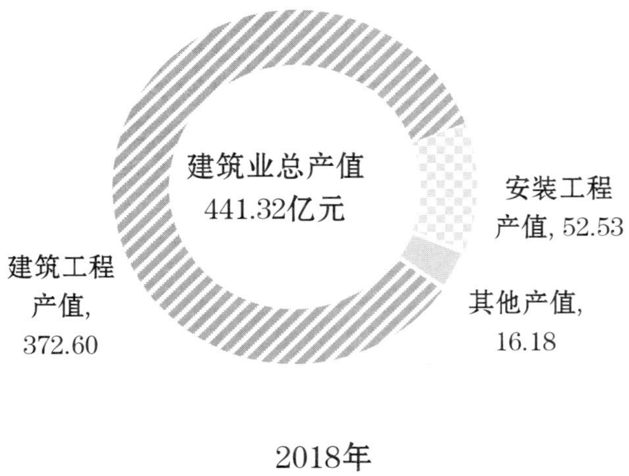

建筑业企业建筑面积

（万平方米）

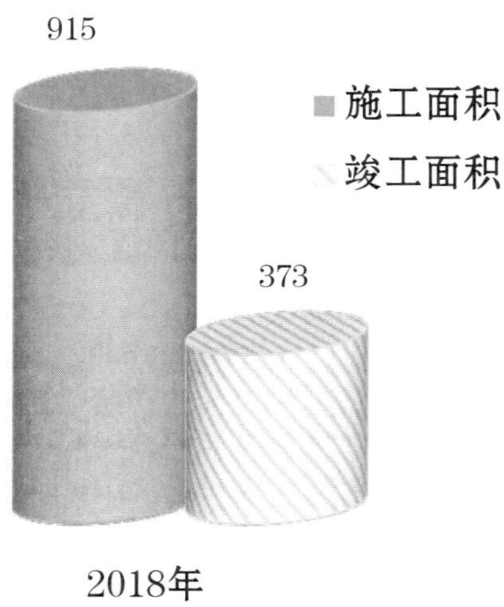

建筑业企业个数及从业人员

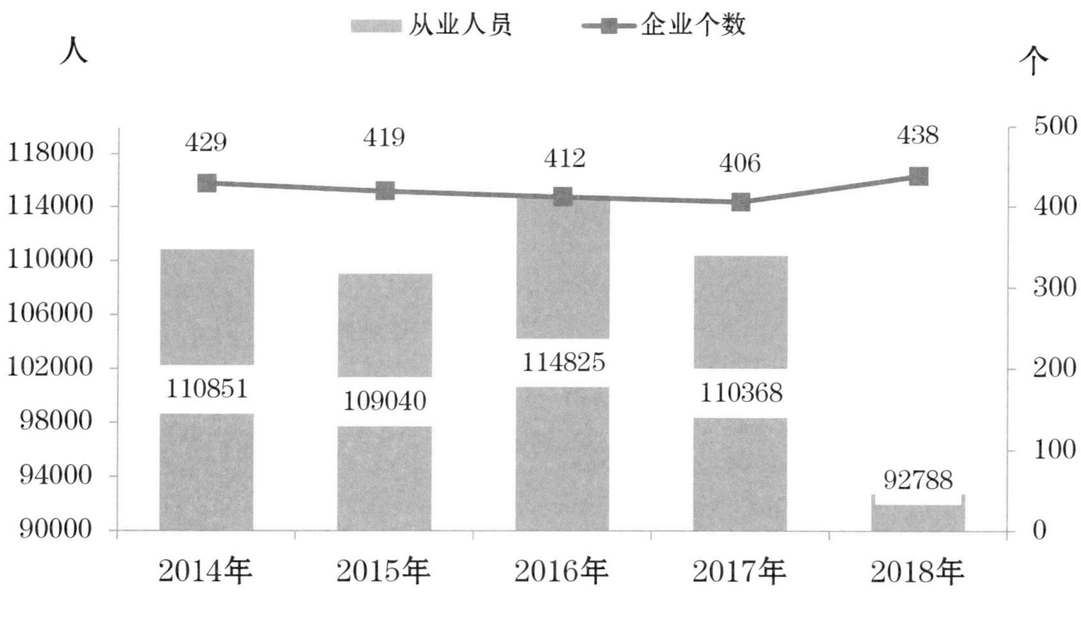

14-1 主要年份建筑安装施工企业概况

Main Indicators on Construction Enterprises in Main Years

年 份 Year	总 计 Total	国有企业 State-owned	集体企业 Collective-owned	有限责任公司 Limited Liability Corporation	股份有限公司 Share-holding Corporation Limited	私 营 企 业 Private Enterprise	港澳台及外商投资企业 Funded from Hong Kong, Macao, Taiwan and Foreign
企业单位数(个) Number of Enterprises (unit)							
2000	273	101	104	25	16	25	2
2005	392	68	47	133	12	128	3
2006	417	67	49	137	14	147	3
2007	425	64	48	138	16	156	2
2008	459	60	39	171	10	177	2
2009	440	58	39	156	9	176	2
2010	439	57	37	157	9	177	2
2011	446	57	35	147	9	190	2
2012	433	53	35	107	8	218	2
2013	438	38	28	135	12	223	2
2014	429	37	28	128	11	223	2
2015	419	34	25	131	10	217	1
2016	412	33	24	129	12	212	1
2017	406	32	24	131	12	206	1
2018	438	25	18	142	13	237	1
从业人员(人) Number of Persons Employed (person)							
2000	88269	45616	25873	7277	5236	4193	74
2005	86231	25921	10549	30018	3133	16454	144
2006	92565	30496	9619	29936	4035	18233	246
2007	95190	32046	7500	32204	3377	20012	51
2008	78936	24825	7162	23903	933	17082	31
2009	92625	34813	7305	31754	1203	17513	32
2010	89731	28654	6634	35441	1440	17535	27
2011	89183	35598	6429	24767	1301	20529	59
2012	118442	42943	13977	23288	3913	33433	33
2013	106366	19358	5142	44925	3373	33545	23
2014	110851	18535	5624	47451	3162	36056	23
2015	109040	13651	5424	45750	4524	30582	23
2016	114825	12063	8058	52350	7345	34954	11
2017	110368	11518	6967	51657	3799	36322	3
2018	92788	6163	3943	47521	3640	30780	3
建筑业总产值(万元) Gross Output Value (10 000 yuan)							
2000	447163	329320	68189	23110	14862	11457	225
2005	909337	495063	47415	257143	20541	87864	1311
2006	1083718	617117	61000	291618	21378	91124	981
2007	1254431	718053	79896	318459	24104	113863	56
2008	1429970	778884	79537	411936	26421	132607	585
2009	2043419	1173359	95438	569258	22914	182120	330
2010	2796060	1633263	105009	802596	40803	214133	256
2011	3194161	1670780	114279	954021	22286	426003	448
2012	3257576	1691462	97487	749498	100276	607692	230
2013	4137110	796391	86902	2220020	252124	781522	151
2014	4329067	742934	127994	2234244	257114	966544	237
2015	4095059	596582	149288	2311129	10619	809835	100
2016	4106249	595202	150855	2305059	211661	843046	54
2017	4069313	513618	154075	2256576	167467	974560	10
2018	4413167	294885	141678	2677393	95392	1163820	10

注:本表2005年及以后数据为具有资质等级的施工总承包、专业承包建筑业企业(不含劳务分包建筑业企业)数据。(此表中集体企业含股份合作企业)。

a)Data since 2005 included all general construction contractors and professional contractors (not including construction enterprises of worker subcontractors) which possess qualification grades.The same applies to the following tables. In this table, the Collective-owned enterprises include cooperative enterprises.

14-2 2015-2018年建筑业企业主要经济指标
Main Economic Indicators on Construction Enteprises（2015-2018）

指标	Item	2015	2016	2017	2018
企业单位数 (个)	Number of Construction Enterprises (unit)	419	412	406	438
期末从业人员 (人)	Number of Employed Persons (person)	109040	114825	110368	92788
建筑业总产值 (万元)	Gross Output Value of Construction (10000 yuan)	4095059	4106249	4069313	4413167
自有固定资产原值 (万元)	Original Value Fixed Assets Owned(original value) (10000 yuan)	866708	971660	999485	1082906
本年提取固定资产折旧(万元)	Depreciation of Fixed Assets (10000 yuan)	71032	84499	64297	63914
自有机械设备台数 (台)	Number of Machinery and Equipment Owned (set)	29300	41979	34548	29603
自有机械设备净值 (万元)	Net Value of Machinery and Equipment Owned (10000 yuan)	221590	225284	326723	201388
自有机械设备总功率 (千瓦)	Total Power of Machinery and Equipment Owned (KW)	968119	1094709	1110815	967076
工程结算税金及附加 (万元)	Taxes and Extra Charges on Project Settle Accounts(10000 yuan)	118952	61706	30305	32207
应付工资总额 (万元)	Wages Payable (10000 yuan)	446840	478207	435174	257874
利润总额 (万元)	Total Profits (10000 yuan)	134320	149497	106284	110800
税金总额 (万元)	Total Tax (10000 yuan)	140027	160157	145311	186525
施工面积 (万平方米)	Floor Space of Buildings under Construction (10000 sq.m)	908.69	886.79	861.16	915.08
竣工面积 (万平方米)	Floor Space of Buildings Completed (10000 sq.m)	350.21	301.94	338.65	373.06
技术装备率 (元/人)	Value of Machines per Laborer (yuan/person)	20322	15552	29603	21704
动力装备率 (千瓦/人)	Power of Machines per Laborer (KW/person)	8.88	7.56	10.06	10.42
房屋建筑面积竣工率 (%)	Rate of Floor Space of Buildings Completed (%)	38.54	34.05	39.32	40.77
产值利润率 (%)	Ratio of Profit to Gross Output Value (%)	3.28	3.64	2.61	2.51
产值利税率 (%)	Ratio of Pre-tax Profit to Gross Output Value (%)	6.70	7.54	6.18	6.74

注：建筑业总产值为现价。本表为所有具有资质等级的施工总承包、专业承包建筑业企业(不含劳务分包建筑业企业)数据。

a)Gross output value of construction is calculated at current prices.Data in this table included all general construction contractors and professional contractors(not including construction enterprises of worker subcontractors)which possess qualification grades.

14-3 主要年份建筑业企业概况

Basic Situation of Construction Enterprises In Main Years

年份 Year	建筑业企业单位数（个） Number of Construction Enterprises (unit)	国有 State-owned	集体 Collective-owned	建筑业企业从业人员（万人） Number of Persons Employed (10 000 persons)	国有 State-owned	集体 Collective-owned	建筑业企业总产值（亿元） Gross Output Value (100 million yuan)	国有 State-owned	集体 Collective-owned
1978	67	33	34	4.71	4.27	0.44	2.06	1.87	0.19
1980	67	38	29	5.70	5.09	0.61	2.75	2.44	0.31
1985	117	46	71	8.01	6.56	1.45	7.47	6.17	1.30
1990	131	43	88	4.65	2.97	1.68	9.01	7.55	1.46
1991	81	43	38	6.35	5.10	1.25	9.29	8.14	1.14
1992	87	46	41	6.75	5.15	1.60	11.35	9.75	1.60
1993	111	52	59	7.49	5.90	1.59	13.25	11.14	2.11
1994	115	53	62	8.20	5.54	2.66	16.44	14.29	2.14
1995	115	53	62	7.15	5.41	1.74	20.49	18.07	2.41
1996	212	84	109	13.32	10.15	2.98	27.77	22.73	4.73
1997	202	82	94	9.56	6.42	2.68	30.93	25.33	4.87
1998	215	78	100	8.39	4.86	2.64	35.56	26.77	6.08
1999	214	75	98	8.14	4.57	2.42	39.65	29.90	6.05
2000	273	101	104	8.83	4.56	2.59	44.72	32.93	6.82
2001	270	75	86	8.60	3.39	2.34	54.34	29.20	8.15
2002	374	83	75	9.73	3.57	1.73	73.38	42.74	10.17
2003	373	79	70	10.15	3.85	1.87	74.73	43.13	7.04
2004	399	74	51	9.38	2.83	1.25	88.73	44.84	4.61
2005	392	68	47	8.62	2.59	1.05	91.01	49.51	4.75
2006	417	67	49	9.26	3.05	0.96	108.42	61.71	6.11
2007	425	64	48	9.52	3.20	0.75	125.53	71.81	8.00
2008	500	61	51	7.89	2.48	0.72	143.47	77.89	7.96
2009	479	58	37	9.39	3.48	0.71	204.70	117.34	9.22
2010	478	57	37	9.11	2.87	0.66	280.47	163.33	10.50
2011	484	57	34	8.92	3.56	0.61	320.10	167.08	11.17
2012	461	53	36	11.84	4.29	1.40	326.31	169.15	9.75
2013	463	59	28	10.69	1.94	0.51	414.60	79.64	8.69
2014	453	37	26	11.20	1.94	0.50	434.16	65.19	11.78
2015	441	34	23	11.00	1.83	0.55	410.69	62.26	11.52
2016	434	33	22	14.62	2.44	0.74	411.38	59.52	14.20
2017	426	31	20	11.14	1.15	0.52	408.17	51.36	11.57
2018	459	25	18	9.33	0.62	0.39	443.15	29.49	14.17

注：1992年以前数据为全民和集体所有制建筑业企业数据，1993年至1995年数据为各种经济成分的建制镇以上建筑业企业数据；1996年至2001年数据为资质等级(旧资质)四级及四级以上建筑业企业数据；2002年及以后数据为所有具有资质等级的施工总承包、专业承包建筑业企业（含劳务分包建筑业企业)数据。

a) Data before 1992 are the figures of State-owned and collective-owned construction enterprises. Data from 1993 to 1995 are the figures of construction enterprises of all economic types above town level. Data from 1996 to 2001 included construction enterprises at fourth or higher quality grades(old classification of grades). Data since 2002 included all general construction contractors and professional contractors (not including construction enterprises of worker subcontractors) which possess qualification grades.

14-4 主要年份建筑业企业主要指标

Main Indicators on Construction Enterprises In Main Year

年份 Year	建筑业企业增加值(亿元) Total Value-added of Construction Enterprises (100 million yuan)	资产合计(亿元) Total Assets (100 million yuan)	利润总额(亿元) Total Profits (100 million yuan)	税金总额(亿元) Total Tax (100 million yuan)	按总产值计算劳动生产率(元/人) Overall Labor Productivity by Gross Output Value (yuan/person)	房屋建筑面积(万平方米) Floor Space of Building Construction (10 000 sq.m)	
						施工面积 Under Construction	竣工面积 Completed
1978	2.14				4372	138.76	67.14
1980	2.16				4832	176.72	87.37
1985	4.49		0.22	0.12	7542	282.04	139.08
1990	5.66		0.04	0.23	11395	214.22	127.86
1991	6.35		-0.03	0.26	13363	183.54	100.25
1992	9.62		-0.03	0.27	16009	194.70	107.80
1993	11.46	17.03	-0.09	0.40	18883	188.65	87.83
1994	11.65	21.56	-0.72	5.05	25803	174.18	86.82
1995	12.96	24.89	-0.08	0.65	33407	183.73	97.29
1996	16.73	36.38	-0.07	0.88	22395	250.02	139.01
1997	19.73	38.37	-0.08	0.96	39426	283.05	149.39
1998	23.04	44.25	-0.16	1.14	44169	428.81	190.09
1999	25.40	51.28	-0.39	1.28	39027	386.95	223.82
2000	30.03	61.67	0.38	1.45	42284	339.43	192.90
2001	38.07	20.44	0.52	0.10	51904	375.16	183.66
2002	47.03	89.11	1.38	2.64	58626	451.32	244.09
2003	54.74	95.82	1.36	2.61	61046	556.64	242.88
2004	58.20	114.22	0.58	2.63	84295	438.00	263.31
2005	60.67	113.81	0.57	2.97	87203	407.55	194.02
2006	66.79	123.19	0.86	3.49	103128	346.80	160.56
2007	74.51	147.95	2.39	4.54	120027	384.67	173.97
2008	88.52	179.96	3.58	5.97	145192	404.50	189.18
2009	105.00	203.24	5.41	7.71	168323	490.98	211.71
2010	130.98	227.71	6.17	9.24	221885	693.12	273.16
2011	163.45	308.64	8.06	11.21	262028	738.96	323.76
2012	196.45	388.19	10.81	12.81	252800	763.76	344.10
2013	238.97	442.85	14.05	13.04	387789	1158.30	466.52
2014	280.43	508.72	13.49	13.63	307456	1072.82	479.39
2015	313.81	543.47	13.43	12.66	318902	908.69	350.21
2016	348.67	609.40	14.95	16.06	355038	886.79	301.94
2017	384.85	674.44	10.64	14.57	281983	861.16	338.65
2018	428.39	765.61	11.06	18.77	427384	915.08	373.06

注：1.自2002年起，建筑业增加值核算口径有所调整。
2.从2004年第一次全国经济普查开始，建筑业增加值按新核算方法核算。
a) Since 2002, the statistical coverage of value added of construction have been adjusted accordingly.
b) New accounting methods were applied in 2004 during the First Economic Census in calculating the value-added of the construction industry.

14-5 各种分组总专包企业生产汇总表(2018年)

Production Summary of General and Professional Contractors with Diversified Grouping (2018)

单位：个、万元 (unit, 10 000 yuan)

指 标	Item	建筑业企业个数 Number of Construction Enterprises	有工作量的 Having Workload	合同情况 Total Value of Contracts	建筑业总产值 Gross Output Value of Construction	在外省完成的产值 Completed in Other Provinces	竣工产值 Completed Output Value
总计	**Total**	**438**	**389**	**11013478**	**4413167**	**1640941**	**1462735**
其中:国有及国有控股企业	Stated-owned and State-holding Enterprises	54	46	6958523	2251782	1609187	361585
按登记注册类型分组	**By Status of Registration**						
内资企业	Domestic Funded	437	388	11013424	4413157	1640941	1462735
国有企业	State-owned Enterprises	25	22	541053	294885	89937	192549
集体企业	Collective-owned Enterprises	18	18	182006	141678		87853
股份合作企业	Cooperative Enterprises	2	2	40990	39990		39990
有限责任公司	Limited Liability Corporations	142	127	7443482	2677393	1519133	600582
股份有限公司	Share-holding Corporations Limited	13	11	659834	95392	7275	58000
私营企业	Private Enterprises	237	208	2146059	1163820	24597	483761
其他企业	Others Enterprises						
外商投资企业	Foreign Funded Enterprises	1	1	55	10		
按国民经济行业分组	**By Sector**						
房屋建筑业	Housing Project building	179	159	2390027	1312975	114237	907124
土木工程建筑业	Civil Engineering Construction	153	137	8253465	2837606	1516270	371101
建筑安装业	Construction Installation	59	55	300438	201654	4419	151743
建筑装饰、装修和其他建筑业	Construction Decoration and Other Construction	47	38	69548	60933	6016	32767
建筑装饰和装修业	Construction Decoration	35	28	48915	37938		25903
建筑物拆除和场地准备活动	Engineering Preparation Activity	7	5	2937	6245		624
提供施工设备服务	Providing Construction Equipment Services						
其他未列明建筑业	Others	5	5	17696	16750	6016	6240
按隶属关系分组	**By Jurisdiction of Management**						
中央	Central	14	11	6047861	1892717	1514701	207144
地方	Local	67	62	816303	382911	2532	152737
其他	Others	357	316	4149314	2137539	123708	1102855
按企业资质等级分组	**By Qualification Criteria of Enterprises**						
施工总承包	Construction General Contractors	317	284	10547853	4089035	1546425	1295197
特级	Special grade	1	1	4980179	1404589	1278614	
一级及以上	Frist Grade and above	19	16	2428032	911504	240464	353785
二级	Second Grade	138	128	2096909	1070272	22505	568220
三级及以下	Third Grade and below	159	139	1042733	702671	4842	373192
专业总承包	Profession General Contractors	121	105	465625	324132	94517	167538
一级	Frist Grade	2	2	198152	110618	89937	89937
二级	Second Grade	46	43	96808	81257	2713	30953
三级及以下	Third Grade and below	73	60	170666	132256	1866	46648

注：本表为所有具有资质等级的施工总承包、专业承包建筑业企业(不含劳务分包建筑业企业)数据。
Data in this table included all general construction contractors and professional contractors (not including construction enterprises of worker subcontractors) which possess qualification grades.

14-6 总承包和专业承包建筑业企业财务情况(2018年)

单位：万元

指 标	Item	建筑业企业个数(个) Number of Construction Enterprises (unit)	年初存货 Stock at the Beginning of the Year
总计	**Total**	**438**	**941033**
其中：国有及国有控股企业	State-owned and State Holding Enterprises	54	509971
按登记注册类型分组	**By Status of Registration**		
内资企业	Domestic Funded	437	941033
国有企业	State-owned Enterprises	25	42938
集体企业	Collective-owned Enterprises	18	4223
股份合作企业	Cooperative Enterprises	2	202
有限责任公司	Limited Liability Corporations	142	570472
股份有限公司	Share-holding Corporations Limited	13	116817
私营企业	Private Enterprises	237	206383
其他企业	Others Enterprises		
港澳台商投资企业	Enterprises with Funds from Hong Kong,Macao and Taiwan		
外商投资企业	Foreign Funded Enterprises	1	0
按国民经济行业分组	**By Sector**		
房屋建筑业	Housing Project Building	179	236989
土木工程建筑业	Civil Engineering Construction	153	646162
建筑安装业	Construction Installation	59	52161
建筑装饰、装修和其他建筑业	Architectural Decoration, Decoration and Other Construction Industries	47	5721
建筑装饰和装修业	Architectural Decoration and Decoration Construction	35	3642
建筑物拆除和场地准备活动	Building Demolition and Site Preparatory Activities	7	1629
提供施工设备服务	Providing Construction Equipment Services		
其他未列明建筑业	Others	5	4498
按隶属关系分组	**By Jurisdiction of Management**		
中央	Central	14	387263
地方	Local	67	78766
其他	Others	357	475005
按企业资质等级分组	**By Qualification Criteria of Enterprises**		
施工总承包	General Contractors	317	906039
特级	Special Grade	1	366708
一级	First Grade	19	182301
二级	Second Grade	138	283760
三级以下	Third Grade and below	159	73270
专业承包	Professional Contractors	121	34994
一级	First Grade	2	9163
二级	Second Grade	46	22764
三级以下	Third Grade and below	73	3068

Financial Affairs Condition of Enterprises of General and Professional Contractors (2018)

(10000 yuan)

流动资产合计 Total Current Assets	应收工程款 Accounts for Projects	存货 Stock	固定资产减值准备 Impairment of Fixed Assets	固定资产原价 Original Cost of Fixed Assets	累计折旧 Accumulated Depreciation	本年折旧 Depreciation Charge for the Year	在建工程 Project under Construction	资产合计 Total Assets
5530543	**1384457**	**1056069**	**4954**	**1082906**	**524810**	**63914**	**79702**	**7645109**
2818503	621410	555279	2748	611213	317089	13637	34202	4126715
5530276	1384457	1056069	4954	1082801	524709	63914	79702	7644787
280063	78105	71837	0	76717	54951	3761	1182	345610
88945	57239	9681	528	20209	10839	606	523	140234
18162	8604	296	1262	1544	442	7		19601
3160226	769026	615331	2748	724643	342357	46045	53228	4420651
414687	68081	138714		52082	29830	1815		809601
1568193	403403	220209	416	207606	86291	11681	24769	1909090
267				105	101			322
1533538	351314	285781	2171	241899	113418	40492	39907	1906189
3552827	858739	725272	2752	744636	347076	17391	34092	5219705
387930	152635	40158	31	84329	57355	4479	5541	447323
56248	21769	4858		12042	6961	1551	163	71892
35384	11677	3941		6444	4230	211	163	46015
4446	849	179		1776	623	153		5621
16418	9243	738		3823	2108	1183		20257
2069201	497047	378679	2748	551831	275177	8980	2081	3303082
670821	145824	118441		71192	34661	6456	18641	831100
2790521	741587	558948	2206	459883	214971	48477	58981	3510927
5203714	1227549	1027428	4923	1027774	493962	57685	78122	7221721
1620434	306938	364510	2748	433537	197145	4304	2081	2491878
928073	271465	219593		141259	80735	3719	545	1487613
1835803	393293	337818	1262	333686	163613	44225	56573	2260042
819405	255854	105508	913	119293	52469	5436	18923	982187
326829	156909	28640	32	55131	30847	6229	1580	423388
36708	9315	8922		2540	2429			44843
130504	44192	15399	32	28041	15814	3781	760	156028
159617	103402	4319		24551	12604	2447	820	222518

14−6 续表1

单位：万元

指 标	Item	流动负债合计 Total Liquid Liabilities	应付账款 Accounts Payable
总计	**Total**	**4643381**	**1832543**
其中：国有及国有控股企业	State-owned and State Holding Enterprises	2679822	1152431
按登记注册类型分组	**By Status of Registration**		
内资企业	Domestic Funded	4643359	1832522
国有企业	State-owned Enterprises	240968	69865
集体企业	Collective-owned Enterprises	57484	28213
股份合作企业	Cooperative Enterprises	16195	414
有限责任公司	Limited Liability Corporations	2757348	1232202
股份有限公司	Share-holding Corporations Limited	576199	142125
私营企业	Private Enterprises	995164	359703
其他企业	Others Enterprises		
港澳台商投资企业	Enterprises with Funds from Hong Kong,Macao and Taiwan		
外商投资企业	Foreign Funded Enterprises	22	22
按国民经济行业分组	**By Sector**		
房屋建筑业	Housing Project Building	1071271	332891
土木工程建筑业	Civil Engineering Construction	3257636	1351443
建筑安装业	Construction Installation	283576	129873
建筑装饰、装修和其他建筑业	Architectural Decoration, Decoration and Other Construction Industries	30898	18336
建筑装饰和装修业	Architectural Decoration and Decoration Construction	18695	9049
建筑物拆除和场地准备活动	Building Demolition and Site Preparatory Activities	3886	1949
提供施工设备服务	Providing Construction Equipment Services		
其他未列明建筑业	Others	8317	7338
按隶属关系分组	**By Jurisdiction of Management**		
中央	Central	2234208	974122
地方	Local	428680	171061
其他	Others	1980493	687360
按企业资质等级分组	**By Qualification Criteria of Enterprises**		
施工总承包	General Contractors	4412187	1706882
特级	Special Grade	1644030	765054
一级	First Grade	1033120	317156
二级	Second Grade	1199068	438585
三级以下	Third Grade and below	535969	186087
专业承包	Professional Contractors	231194	125661
一级	First Grade	28091	16522
二级	Second Grade	92984	40985
三级以下	Third Grade and below	110118	68155

Continued

(10000 yuan)

非流动负债合计 Total Non-current Liabilities	负债合计 Total Liabilities	所有者权益合计 Total Owners' Equity	实收资本 Paid-in Capitals	国家资本 State Capitals	集体资本 Collective Capitals	法人资本 Corporate Capitals	个人资本 Personal Capitals
352905	**5170897**	**2474212**	**1508786**	**525900**	**59945**	**457068**	**465797**
261904	2982875	1143840	546489	522950	226	23163	150
352904	5170876	2473912	1508485	525901	59945	457069	465571
1832	243592	102018	64673	60382	-778	5069	
488	95309	44925	15091		14898	194	
	16680	2921	2184	106		2078	
241284	3069523	1351128	721297	414034	42482	158328	106454
62047	643897	165704	98530	48874	3087	43028	3541
47253	1101875	807216	606710	2505	256	248372	355576
	22	300	300				225
39362	1220353	685837	508190	14700	14059	232191	247240
305084	3599794	1619912	882208	494428	43681	181230	162869
6087	312411	134911	88478	16594	2206	28467	41212
2371	38340	33553	29910	178		15181	14477
2371	21761	24254	20981	178		11091	9638
	3886	1735	1647			1270	377
	12694	7563	7282			2820	4462
243360	2500329	802753	259830	244450	410	14970	
11188	498252	332849	291779	185043	30604	48797	27335
98356	2172317	1338610	957176	96407	28931	393301	438462
346227	4907368	2314353	1380162	521572	40493	412229	405868
188988	1833018	658861	187015	187015			
93198	1126591	361022	219979	45948	474	81612	91945
49747	1318387	941655	705797	273961	30303	211653	189880
14295	629373	352815	267371	14649	9715	118964	124043
6678	263529	159859	128623	4328	19452	44840	59923
1041	31505	13337	4317	300	4017		
4686	102670	53358	47371	178	3008	29542	14643
950	129353	93164	76934	3850	12427	15298	45285

14-6 续表2

单位：万元

指 标	Item	营业收入 Operating Revenue	主营业务收入 Revenue from Principal Business
总计	**Total**	**5340527**	**5202764**
其中：国有及国有控股企业	State-owned and State Holding Enterprises	2791262	2763881
按登记注册类型分组	**By Status of Registration**		
内资企业	Domestic Funded	5340527	5202764
国有企业	State-owned Enterprises	281921	279102
集体企业	Collective-owned Enterprises	94703	86210
股份合作企业	Cooperative Enterprises	39956	39691
有限责任公司	Limited Liability Corporations	3147606	3054218
股份有限公司	Share-holding Corporations Limited	261452	260311
私营企业	Private Enterprises	1514890	1483232
其他企业	Others Enterprises		
港澳台商投资企业	Enterprises with Funds from Hong Kong,Macao and Taiwan		
外商投资企业	Foreign Funded Enterprises		
按国民经济行业分组	**By Sector**		
房屋建筑业	Housing Project Building	1500777	1476392
土木工程建筑业	Civil Engineering Construction	3487137	3378600
建筑安装业	Construction Installation	282613	278190
建筑装饰、装修和其他建筑业	Architectural Decoration, Decoration and Other Construction Industries	70001	69582
建筑装饰和装修业	Architectural Decoration and Decoration Construction	40882	40464
建筑物拆除和场地准备活动	Building Demolition and Site Preparatory Activities	6562	6562
提供施工设备服务	Providing Construction Equipment Services		
其他未列明建筑业	Others	22558	22556
按隶属关系分组	**By Jurisdiction of Management**		
中央	Central	2337385	2311755
地方	Local	490335	488142
其他	Others	2512807	2402867
按企业资质等级分组	**By Qualification Criteria of Enterprises**		
施工总承包	General Contractors	4979963	4853021
特级	Special Grade	1837840	1818445
一级	First Grade	989774	919402
二级	Second Grade	1373574	1346562
三级以下	Third Grade and below	778775	768612
专业承包	Professional Contractors	360564	349743
一级	First Grade	108455	106116
二级	Second Grade	113055	110410
三级以下	Third Grade and below	139054	133217

Continued

(10000 yuan)

营业成本 Operating Cost	主营业务成本 Cost of Principal Business	营业税金及附加 Taxes and Other Charges	主营业务税金及附加 Taxes and Other Charges on Principal Business	其他业务利润 Other Operating Profit	销售费用 Selling Expenses	管理费用 Management Costs	财务费用 Financial Costs	利息收入 Interest Revenue	利息支出 Interest Expense	资产减值损失 Loss from Asset Devaluation
4910620	**4776250**	**35026**	**32207**	**1973**	**5764**	**287357**	**23365**	**2565**	**27417**	**-7032**
2512750	2489626	16206	15230	447	432	193804	7085	2122	20184	-4037
4910620	4776250	35026	32207	1973	5764	287357	23365	2565	27417	-7032
255228	250044	1449	1308	42	18	20944	353	-35	222	180
83253	70246	2032	956		0	7348	-45	23	5	396
38004	38004	514	514	265		417	-1	-0.7		
2860775	2773557	19654	18334	546	1212	197589	9123	2390	20919	870
246289	244934	972	972	773	2	11798	7831	-10	1590	-7796
1427071	1399465	10406	10124	347	4532	49262	6104	198	4680	-681
1432874	1409781	11884	11486	989	1073	44810	5747	108	3904	-607
3150580	3046206	21174	18883	490	2524	223005	16542	2231	22552	-3917
260848	254240	1643	1535	377	2080	15850	984	230	928	-2508
66318	66023	325	304	118	87	3692	92	-4	33	
39492	39198	218	216	118	87	1741	51	0	33	
5989	5989	22	22			439	24	-3		
20837	20837	86	66			1512	17	-1		
2103525	2080544	13276	12669	418	371	162776	4208	1947	19039	1197
448033	441262	4434	3384	543	195	24404	2953	120	1606	-4481
2359062	2254444	17316	16155	1012	5198	100178	16204	499	6772	-3747
4586072	4461644	32993	30269	1721	2644	263325	22518	2549	27359	-8531
1639692	1623454	11183	10640		23	136260	1432	1793	16706	5381
930594	865056	3326	2979	1049	1150	37491	10621	303	3598	-7051
1294303	1265718	12353	11871	680	997	53513	8284	217	5027	-6582
721484	707416	6131	4779	-9	474	36061	2182	236	2029	-279
324548	314606	2034	1939	253	3120	24032	847	16	58	1500
103364	99360	567	567			3423	455			168
101690	100164	641	561	179	1652	6094	291	-8	39	124
119495	115082	826	811	73	1468	14514	101	24	19	1208

14-6 续表3

单位：万元

指　标	Item	投资收益 Investment Income	其他收益 Miscell--aneous Incomes
总计	**Total**	**14782**	**5609**
其中：国有及国有控股企业	State-owned and State Holding Enterprises	11925	3370
按登记注册类型分组	**By Status of Registration**		
内资企业	Domestic Funded	14782	5609
国有企业	State-owned Enterprises	898	26
集体企业	Collective-owned Enterprises	115	
股份合作企业	Cooperative Enterprises		
有限责任公司	Limited Liability Corporations	11924	5530
股份有限公司	Share-holding Corporations Limited	1323	51
私营企业	Private Enterprises	522	2
其他企业	Others Enterprises		
港澳台商投资企业	Enterprises with Funds from Hong Kong,Macao and Taiwan		
外商投资企业	Foreign Funded Enterprises		
按国民经济行业分组	**By Sector**		
房屋建筑业	Housing Project Building	732	-2
土木工程建筑业	Civil Engineering Construction	13753	2378
建筑安装业	Construction Installation	297	3233
建筑装饰、装修和其他建筑业	Architectural Decoration, Decoration and Other Construction Industries		
建筑装饰和装修业	Architectural Decoration and Decoration Construction		
建筑物拆除和场地准备活动	Building Demolition and Site Preparatory Activities		
提供施工设备服务	Providing Construction Equipment Services		
其他未列明建筑业	Others		
按隶属关系分组	**By Jurisdiction of Management**		
中央	Central	10891	56
地方	Local	972	57
其他	Others	2919	5496
按企业资质等级分组	**By Qualification Criteria of Enterprises**		
施工总承包	General Contractors	14682	5606
特级	Special Grade	10829	56
一级	First Grade	2004	2236
二级	Second Grade	1357	85
三级以下	Third Grade and below	493	3229
专业承包	Professional Contractors	99	2
一级	First Grade		
二级	Second Grade		
三级以下	Third Grade and below	99	2

Continued

(10 000 yuan)

营业利润 Operating Profit	营业外收入 Non--operating Revenue	营业外支出 Non--operating Expenses	利润总额 Total Profit	应交所得税 Income Taxes Payable	应付职工薪酬 Employee Wages Payable	应交增值税 Value Added Tax Payable	建筑业企业在境外完成的营业收入 Operating Revenue Completed by Construction Enterprises in Overseas
106163	**13835**	**9198**	**110800**	**24367**	**257874**	**151499**	**313304**
80319	11442	7512	84249	16337	87962	69781	286113
106163	13835	9198	110800	24367	257874	151499	313304
4673	772	366	5078	2318	33792	7817	
2180	303	75	2408	634	11174	3023	4363
1022	1		1023	899	9956	3065	
75836	11313	7806	79343	16020	107537	81397	291663
3731	816	118	4430	587	12813	9762	
18721	631	833	18519	3910	82601	46435	17278
6071	974	1250	5795	3599	104779	39557	7527
93361	12534	7755	98140	19128	116296	95081	303391
7245	248	146	7347	1575	31194	14641	2386
-513	79	47	-481	66	5605	2220	
-707	31	28	-704	26	3252	1600	
88	6		94	14	331	179	
106	42	19	129	27	2023	442	
62980	9049	6953	65076	12954	44263	53566	286113
15827	1620	496	16951	2528	39214	16316	
27357	3166	1750	28773	8886	174398	81617	27191
101577	13184	9044	105718	23622	220046	142653	310888
54754	4361	2087	57028	10602	12532	7281	286113
17885	4411	5058	17238	3319	46094	59581	
12148	3097	1139	14106	5731	108073	45827	3164
16790	1316	760	17346	3969	53347	29964	21611
4586	651	155	5082	746	37828	8846	2416
479	157	32	604	201	8885	2358	
2564	93	36	2621	288	10774	3254	
1544	401	87	1857	257	18170	3234	2416

14-7 各种分组的劳务分包企业产值资产和损益情况(2018年)

指标名称	Item	企业个数(个) Number of Enterprises (unit)	建筑业总产值(万元) Total Gross Output Value (10 000 yuan)	从业人员期末人数(人) Number of Employed Persons (person)
总计	**Total**	**21**	**18382**	**559**
按登记注册类型分组	**By Status of Registration**			
内资企业	Domestic Funded	21	18382	559
有限责任公司	Limited Liability Corporations	7	7288	176
股份有限公司	Share-holding Corporation Limited	1	252	53
私营企业	Private Enterprises	13	10842	330
按国民经济行业分组	**By Sector**			
房屋建筑业	Housing Project building	3	4963	43
土木工程建筑业	Civil Engineering Construction	4	2787	173
建筑安装业	Construction Installation	4	1744	33
建筑装饰、装修和其他建筑业	Architectural Decoration, Decoration and Other Construction Industries	10	8888	310
按企业资质等级分组	**By Qualification Criteria of Enterprises**			
劳务分包	Labor Subcontract	21	18382	559
一级	First Grade			
二级	Second Grade			
三级及以下	Third Grade and Below	21	18382	559
按营业状态分	**By Business Status**			
营业	In Business	21	18382	559
停业(歇业)	Out of Business			
按控股情况分	**By Holding Situation**			
集体控股	Collective Holding	2	1695	120
私人控股	Private Holding	17	11749	398
其他	Others	2	4938	41

Assets and Profit Conditions of Labor Subcontracting Enterprises by Groups (2018)

资产负债(万元) Assets and Liabilities(10 000 yuan)				损益及分配(万元) Profit and Loss, Distribution(10 000 yuan)					
固定资产原价 Original Cost of Fixed Assets	本年折旧 Depreciation Charge for the Year	资产总计 Total Assets	负债合计 Total Liabilities	营业收入合计 Operating Revenue	营业成本 Operating Cost	销售费用 Selling Expenses	管理费用 Management Costs	利润总额 Total Profit	应交增值税 Value Added Tax Payable
1086	**197**	**10955**	**9109**	**28903**	**28343**	**68**	**627**	**-164**	**1058**
1086	197	10955	9109	28903	28343	68	627	-164	1058
724	114	863	300	7242	7107	68	130	-103	151
4		177	265	252	320		13	-81	
359	82	9915	8544	21409	20916		484	20	907
1	0	181	60	5187	5135		48	-26	156
589	94	1921	1410	2787	2541		186	47	37
87	17	2449	2127	1744	1614		211	12	1
410	86	6404	5511	19185	19053	68	181	-196	865
1086	197	10955	9109	28903	28343	68	627	-164	1058
1086	197	10955	9109	28903	28343	68	627	-164	1058
1086	197	10955	9109	28903	28343	68	627	-164	1058
693	101	590	194	1649	1504		83	54	
393	96	10363	8855	22316	21965	68	519	-239	9103
1	0	2	60	4938	4873		24	22	1481

14-8 按行业分建筑企业主要指标(2018年)

类 别	Item	企业数(个) Number of Enterprises (unit)	从业人员(人) Number of Employed Persons (person)
总计	**Total**	**438**	**92788**
房屋建筑业	Housing Project Building	179	37628
土木工程建筑业	Civil Engineering Construction	153	47190
铁路、道路、隧道和桥梁工程建筑	Railway,Road,Tunnel and Bridge Engineering Construction	77	15476
铁路工程建筑	Railway Engineering Construction	4	2221
公路工程建筑	Highway Engineering Construction	52	10781
市政道路工程建筑	Peripheral Road Engineering Construction	15	1047
其他道路、隧道和桥梁工程建筑	Other Road, Tunnel and Bridge Engineering Construction	6	1427
水利和内河港口工程建筑	Water and Inland Port Engineering Construction	31	6250
工矿工程建筑	Industrial and Mining Engineering Construction	4	611
架线和管道工程建筑	Line and Pipeline Engineering Construction	28	4123
电力工程施工	Electric Power Engineering Constructio	3	19613
其他土木工程建筑	Other Civil Engineering Construction	10	1117
建筑安装业	Construction Installation	59	6475
建筑装饰、装修和其他建筑业	Architectural Decoration, Decoration and Other Construction Industries	47	1495

注：本表数据为具有资质等级的施工总承包、专业承包建筑业企业(不含劳务分包建筑业企业)数据。

Main Indicators of Construction Enterprises by Sector(2018)

建筑业总产值(万元) Gross Output Value of Construction (10 000 yuan)	建筑工程 Output Value of Construction	安装工程 Output Value of Installation	竣工产值(万元) Output Value of Completed (10 000 yuan)	房屋建筑面积(平方米) Floor Space of Buildings(sq.m) 施工面积 Floor Space under Construction	竣工面积 Floor Space Completed	竣工房屋价值(万元) Value of Completed (10 000 yuan)	住宅 Residential Buildings
4413167	**3725995**	**525353**	**1462735**	**9150753**	**3730604**	**694314**	**330893**
1312975	1157325	96942	907124	8045161	3177035	571564	312347
2837606	2445967	302121	371101	921784	374400	85363	18400
805688	752338	28959	216109	727200	289833	71095	14485
243581	242793		68930	474713	64493	19849	12189
464573	412582	28704	73493	88226	84200	15004	1300
45212	45212		33355				
52323	51751	255	40331	164261	141140	36243	996
338375	333117	1376	90921	76460	75191	10449	3915
16715	11332	5383	11450				
238678	149764	39174	41078	1523			
1422361	1186118	224739	150	106175			
15789	13299	2490	11393	10426	9376	3818	
201654	91666	108196	151743	179521	175589	37029	
60933	31037	18094	32767	4287	3580	358	147

a)Data in this table included all general construction contractors and professional contractors (not including construction enterprises of worker subcontractors) which possess qualification grades.

14–9　2013–2018年建筑业企业房屋竣工面积
Floor Space of Buildings Completed by Construction Enterprises(2013-2018)

项　目	Item	房屋建筑竣工面积(平方米) Floor Space of Buildings Completed (sq.m)					
		2013	2014	2015	2016	2017	2018
总计	**Total**	**4665198**	**4793927**	**3502146**	**3019350**	**3386498**	**3730604**
按房屋主要用途分	By Usage of Housing						
厂　房	Workshop	197133	70698	85352	69567	98590	255893
住　宅	Residential Buildings	3069780	2746050	2108971	1581972	1864556	2079373
办公用房	Office	513490	614595	475030	314114	333055	426790
批发零售用房	Wholesale and Retail	34243	47370	47318	115563	2220	1010
住宿和餐饮用房	Hotel and Catering	39620	63787	36219	47238	73976	74054
居民服务业用房	Services to Households	140707	131035	221085	293849	221289	227678
教育用房	Education	383162	606568	271636	321766	339021	197237
文化体育娱乐用房	Culture, Sports and Entertainment	58803	130302	44935	47650	39457	63861
医疗用房	Medical	82918	37621	10953	43533	82090	58026
科研用房	Research	921	100899	450	968	8175	730
其他用房	Others	102212	214312	189561	180822	308529	326318
仓库用房	Storage	22111	17409	9296	1458	14690	5151
商务会展用房	Business Exhibition	20098	13281	1340	850	850	14483

14–10　2013–2018年建筑业经济效益指标
Main Indicators on Economic Benefit of Construction Enterprises (2013-2018)

指　标	Item	2013	2014	2015	2016	2017	2018
房屋建筑面积竣工率 (%)	Rate of Floor Space of Buildings Completed (%)	40.28	44.69	38.54	34.05	39.32	40.77
产值利润率 (%)	Ratio of Profit to Gross Output Value (%)	3.39	3.11	3.28	3.77	2.61	2.50
人均竣工产值 (元/人)	Gross Output Value Completed Per Capita (yuan/person)	128424	196401	161606	143928	174288	144933
人均施工面积 (平米/人)	Floor Space under Construction Per Capita (sq.m/person)	87.66	109.48	70.76	77.23	59.96	90.67
人均竣工面积 (平米/人)	Floor Space Completed Per Capita (sq.m/person)	35.30	48.92	27.27	26.30	23.58	36.96
人均利润 (元/人)	Profits Per Capita (yuan/person)	13138	13730	10460	13398	8793	10670
资产负债率 (%)	Assets-liability Ratio (%)	66.41	67.71	66.51	66.63	68.10	67.66
技术装备率 (元/人)	Value of Machines per Laborer (yuan/person)	17080	25679	20322	15552	29603	21704

14-11 按资质等级分的建筑业主要经济指标(2018年)

Main Economic Indicators of Construction Enterprises by Qualification Grade(2018)

指　标	Item	企业数(个) Number of Enterprises (unit)	有工作量的 Having Workload	年末从业人员(人) Number of Employed Persons (person)	工程技术人员(人) Engineering and Technical Personnel (person)	从事建筑业活动的平均人数(人) Average Number of people engaged in construction activities (person)	签订合同额(万元) Total Value of Contracts (10 000 yuan)
按资质等级关系分组	**By Qualification Criteria of Enterprises**	**438**	**389**	**92788**	**16552**	**100925**	**11013478**
施工总承包	General Contractors	317	284	84746	15109	91346	10547853
特级	Special Grade	1	1	19181	3146	15362	4980179
一级	First Grade	19	16	14646	3571	13367	2428032
二级	Second Grade	138	128	31562	6205	38574	2096909
三级及以下	Third Grade and Below	159	139	19357	2187	24043	1042733
专业承包	Professional Contractors	121	105	8042	1443	9579	465625
一级	First Grade	2	2	618	126	618	198152
二级	Second Grade	46	43	2865	535	3974	96808
三级及以下	Third Grade and Below	73	60	4559	782	4987	170666

14-11 续表1 Continued

单位：万元 (10 000 yuan)

指　标	Item	建筑业总产值 Total Gross Output Value	建筑工程产值 Output Value of Construction	安装工程产值 Output Value of Installation	其他产值 Output Value of Others	竣工产值 Output Value of Completed	建筑业企业在境外完成的营业收入 Operating Revenue Completed by Construction Enterprises in Overseas
按资质等级关系分组	**By Qualification Criteria of Enterprises**	**4413167**	**3725995**	**525353**	**161819**	**1462735**	**313304**
施工总承包	General Contractors	4089035	3485046	457320	146669	1295197	310888
特级	Special Grade	1404589	1186118	207217	11254		286113
一级	First Grade	911504	772522	48611	90372	353785	
二级	Second Grade	1070272	921946	121403	26923	568220	3164
三级及以下	Third Grade and Below	702671	604461	80090	18120	373192	21611
专业承包	Professional Contractors	324132	240949	68032	15150	167538	2416
一级	First Grade	110618	110618			89937	
二级	Second Grade	81257	50007	20677	10573	30953	
三级及以下	Third Grade and Below	132256	80324	47355	4577	46648	2416

14−11 续表2 Continued

单位：万元 (10 000 yuan)

项 目	Item	税金总额 Total Taxes	利润总额 Total Profits	营业收入 Operating Revenue	营业成本 Operating Cost
按企业资质等级分组	**By Qualification Criteria of Enterprises**	**186526**	**110800**	**5340527**	**4910620**
施工总承包	General Contractors	**175646**	105718	4979963	4586072
特级	Special Grade	**18464**	57028	1837840	1639692
一级	First Grade	**62907**	17238	989774	930594
二级	Second Grade	**58180**	14106	1373574	1294303
三级及以下	Third Grade and Below	**36095**	17346	778775	721484
专业承包	Professional Contractors	**10880**	5082	360564	324548
一级	First Grade	**2925**	604	108455	103364
二级	Second Grade	**3895**	2621	113055	101690
三级及以下	Third Grade and Below	**4060**	1857	139054	119495

14−11 续表3 Continued

项 目	Item	房屋建筑施工面积（平方米） Floor Space of Buildings Under Construction (sq.m)	房屋建筑竣工面积（平方米） Floor Space of Buildings Completed (sq.m)	住宅 Residential Buildings	竣工房屋价值（万元） Value of Buildings Completed (10 000 yuan)	住宅 Residential Buildings
按企业资质等级分组	**By Qualification Criteria of Enterprises**	**9150753**	**3730604**	**2079373**	**694314**	**330893**
施工总承包	General Contractors	9055525	3655928	2075450	683854	330009
特级	Special Grade	106175				
一级	First Grade	3618990	1403615	936410	236485	126781
二级	Second Grade	3681668	1396143	718620	294126	133697
三级及以下	Third Grade and Below	1648692	856170	420420	153243	69532
专业承包	Professional Contractors	95228	74676	3923	10459	884
一级	First Grade					
二级	Second Grade	88478	70156	2453	9772	737
三级及以下	Third Grade and Below	6750	4520	1470	687	147

14-12 分地区建筑业企业主要经济指标(2018年)

Basic Statistics of Construction Enterprises Production by Region(2018)

地 区	Region	企业数(个) Number of Enterprises (unit)	有工作量的 Having Workload	签订合同额(万元) Total Value of Contracts (10 000 yuan)	建筑业总产值(万元) Total Gross Output Value (10 000 yuan)	竣工产值(万元) Output Value of Completed (10 000 yuan)	房屋建筑施工面积(平方米) Floor Space of Buildings Under Construction (sq.m)	房屋建筑竣工面积(平方米) Floor Space of Buildings Completed (sq.m)
总计	**Total**	**438**	**389**	**11013478**	**4413167**	**1462735**	**9150753**	**3730604**
国有及国有控股企业	State-owned and State-holding Enterprises	54	46	6958523	2251782	361585	1074727	417147
西宁市	Xining City	315	271	9233797	3419183	833266	5220926	1984406
海东市	Haidong City	45	44	988875	515233	301125	2254089	676280
海北州	Haibei Zang A.P	11	10	80094	50659	37926	391051	123954
黄南州	Huangnan Zang A.P	11	10	100473	73763	54204	360439	193017
海南州	Hainan Zang A.P	24	24	422478	250387	154122	740258	588416
果洛州	Golog Zang A.P	5	5	31492	13386	5487	27440	27440
玉树州	Yushu Zang A.P	4	3	3055	2354	419	4805	1900
海西州	Haixi Mongolian & Zang A.P	23	22	153215	88202	76187	151745	135191

注：本表数据为具有资质等级的施工总承包、专业承包建筑业企业(不含劳务分包建筑业企业)数据。以下表同。

a)Data in this table included all general construction contractors and professional contractors (not including construction enterprises of worker subcontractors) which possess qualification grades.the same below.

14-12 续表1 Continued

单位：万元 (10 000 yuan)

地 区	Region	资产总计 Total Assets	负债合计 Total Liabilities	流动负债合计 Total Liquid Liabilities	非流动负债合计 Total Non-current Liabilities	所有者权益合计 Total Owners' Equity
总计	**Total**	**7645109**	**5170897**	**4643381**	**352905**	**2474212**
国有及国有控股企业	State-owned and State-holding Enterprises	4126715	2982875	2679822	261904	1143840
西宁市	Xining City	6438068	4352882	3846889	342606	2085187
海东市	Haidong City	524851	384018	371583	2484	140834
海北州	Haibei Zang A.P	62851	35340	33988	1352	27511
黄南州	Huangnan Zang A.P	77376	40113	39863		37263
海南州	Hainan Zang A.P	238277	154481	153594	224	83796
果洛州	Golog Zang A.P	20685	14601	14500	101	6085
玉树州	Yushu Zang A.P	4036	1007	720		3030
海西州	Haixi Mongolian & Zang A.P	278964	188457	182244	6138	90507

14-12 续表2 Continued

单位：万元 (10 000 yuan)

地区	Region	实收资本 Paid-in Capitals	营业收入 Operating Revenue	主营业务收入 Revenue from Principal Business	营业成本 Operating Cost	主营业务成本 Cost of Principal Business	营业税金及附加 Taxes and Other Charges	主营业务税金及附加 Taxes and Other Charges on Principal Business	其他业务利润 Other Operating Profit	销售费用 Selling Expense
总计	**Total**	**1508786**	**5340527**	**5202764**	**4910620**	**4776250**	**35026**	**32207**	**1973**	**5764**
国有及国有控股企业	State-owned and State-holding Enterprises	546489	2791262	2763881	2512750	2489626	16206	15230	447	432
西宁市	Xining City	1205670	4227892	4109285	3865375	3757533	27810	26180	1499	2979
海东市	Haidong City	102707	604963	596565	565488	552221	4673	3688	98	1905
海北州	Haibei Zang A.P	18810	53498	53498	46421	46421	278	260		
黄南州	Huangnan Zang A.P	33738	78363	78363	75375	74207	385	385		85
海南州	Hainan Zang A.P	73003	247927	247482	238805	238805	1142	1142		197
果洛州	Golog Zang A.P	2273	12474	12430	10932	10930	149	60	42	
玉树州	Yushu Zang A.P	888	2004	2004	1536	1536	15	15		7
海西州	Haixi Mongolian & Zang A.P	71696	113406	103137	106689	94598	574	478	335	591

14-12 续表3 Continued

单位：万元 (10 000 yuan)

地区	Region	管理费用 Management Expenses	财务费用 Financial Expenses	利息收入 Interest Revenue	利润总额 Total Profits	资产减值损失 Asset Impairment Loss	应付职工薪酬 Employee Wages Payable
总计	**Total**	**287357**	**23365**	**2565**	**110800**	**-7032**	**257874**
国有及国有控股企业	State-owned and State-holding Enterprises	193804	7085	2122	84249	-4037	87962
西宁市	Xining City	240142	20269	2325	103725	-8247	154217
海东市	Haidong City	20094	1401	166	12215	325	54895
海北州	Haibei Zang A.P	2705	222	20	3674		4244
黄南州	Huangnan Zang A.P	1926	264	-2	475		15341
海南州	Hainan Zang A.P	4441	307	-22	2834		13147
果洛州	Golog Zang A.P	1203	140	9	343		920
玉树州	Yushu Zang A.P	266	15		147	8	208
海西州	Haixi Mongolian & Zang A.P	16582	746	70	-12614	883	14903

主要统计指标解释

建筑业统计单位 指从事房屋、构筑物建造和设备安装活动的法人企业。建筑业法人企业应具有建筑业资质并能够独立核算,同时其应具备以下条件:①依法成立,有自己的名称、组织机构和场所,能够承担民事责任;②独立拥有和使用资产,承担负债,有权与其他单位签订合同;③独立核算盈亏,能够编制资产负债表。

建筑业总产值 是以货币形式表现的建筑业企业在一定时期内生产的建筑业产品和提供的服务的总和。建筑业总产值包括:

(1)建筑工程产值:指列入建筑工程预算内的各种工程价值。

(2)安装工程产值:指设备安装工程价值,不包括被安装设备本身的价值。

(3)其他产值:建筑业总产值中除建筑工程、安装工程以外的产值。包括房屋构筑物修理产值、非标准设备制造产值、总包企业向分包企业收取的管理费以及不能明确划分的施工活动所完成的产值。

a. 房屋构筑物修理产值:指房屋和构筑物修理所完成的产值,但不包括被修理房屋、构筑物本身价值和生产设备的修理产值。

b. 非标准设备制造产值:指加工制造没有定型的非标准生产设备的加工费和原材料价值(如化工厂、炼油厂用的各种罐、槽,矿井生产统一使用的各种漏斗、三角槽、阀门等)以及附属加工厂为本企业承建工程制作的非标准设备的价值。

建筑业增加值 指建筑业企业在报告期内以货币形式表现的建筑业生产经营活动的最终成果。

从2004年第一次全国经济普查开始,建筑业现价增加值按生产法和分配法(收入法)两种方法计算,以收入法的计算结果为准,即从收入的角度出发,根据生产要素在生产过程中应得的收入份额计算。具体计算方法:经济普查年度建筑业增加值按照《经济普查年度GDP核算方案》计算,非经济普查年度建筑业增加值按照《非经济普查年度GDP核算方案》计算。

房屋建筑施工面积 指在报告期内施过工的全部房屋建筑面积,包括本期新开工的房屋面积、上期施工跨入本期继续施工的房屋面积、上期停缓建在本期恢复施工的房屋面积、本期竣工的房屋面积及本期施工后又停缓建的房屋面积。

房屋建筑竣工面积 指在报告期内房屋建筑按照设计要求全部完工,达到了使用条件,经验收鉴定合格,正式移交使用单位的房屋建筑面积。

Explanatory Notes on Main Statistical Indicators

Statistical Unit in the Construction Industry refers to a corporate enterprise engaged in the construction of buildings and structures and in the installation of equipment. A corporate construction enterprise should have qualification certificates with independent accounting system, and should meet the following 3 requirements: a) being set up in line with relevant legal basis, having its full name, organization and location, and capable of taking civil liabilities; b) independently possessing and using its assets and assuming its liabilities, and entitled to sign contracts with other institutions; and c) making independent accounts of its profits and losses, and capable of compiling its own balance sheet.

Gross Output Value of Construction refers to total of construction products and services, expressed in money terms, produced or rendered by construction and installation enterprises during a given period of time. It includes:

(1) Output value of construction projects: the value of projects covered by the project budgets;

(2) Output value of installation projects: the value of the installation of equipment, (excluding the value of the equipment to be installed);

(3) Other output values: the output value of construction industry apart from that of construction projects and installation projects. It includes: output value of repair of buildings and structures; output value of non - standard equipment manufacturing; overhead expenses received by contracted enterprises from the sub - contracted enterprises and the completed output value of construction activities for which there is no clear definition.

a. Output value of repair of buildings and structures: the value created through the repairs of buildings or structures. It does not include the value of buildings or structures being repaired and the value of the repair of production equipment;

b. Output value of manufactured non - standard equipment: the value of non - standard production equipment, including raw materials and manufacturing cost, made for the construction project (i. e. , chemical plant; kettles or tanks used by refineries; various fillers, triangle tanks, valves used by mines). It also includes the output value of equipment manufactured by subsidiary workshops.

Value - added of Construction refers to the final result of the activities of production and operation of enterprises of the construction industry in monetary terms during the reference period.

Starting from the 2004 economic census, value - added of construction is calculated by both production approach and income approach, with the figures from the income approach as the final figures. Under the income approach, , calculation starts from the perspective of income and is based on the share of income derived from the production process by the relevant factors of production. . Specifically, value - added of construction for the Census years is calculated in accordance with the Programme of Compilation of GDP and National Accounts for the Year of Economic Census, and value - added of construction for other years is calculated in accordance with the Programme of Compilation of GDP and National Accounts for the Non Economic Census Years.

Floor Space of Buildings Under Construction refers to floor space of buildings under construction during the reference period, including the floor space of buildings for which construction has newly started; buildings for which construction has started earlier and is continuing during the reference period; and buildings for which construction has been suspended earlier but has restarted during the reference period; buildings completed during the reference period; and buildings under construction but construction has subsequently been during the reference period.

Floor Space of Buildings Completed refers to the floor space of buildings that are completed in the reference period in accordance with the requirements of the design, up to the standard for being put into use, and having been checked and accepted by departments concerned as qualified ones.

第 15 篇

CHAPTER 15

运输和邮电

Transport, Postal and Telecommunication

铁路、公路、民航年末到达数

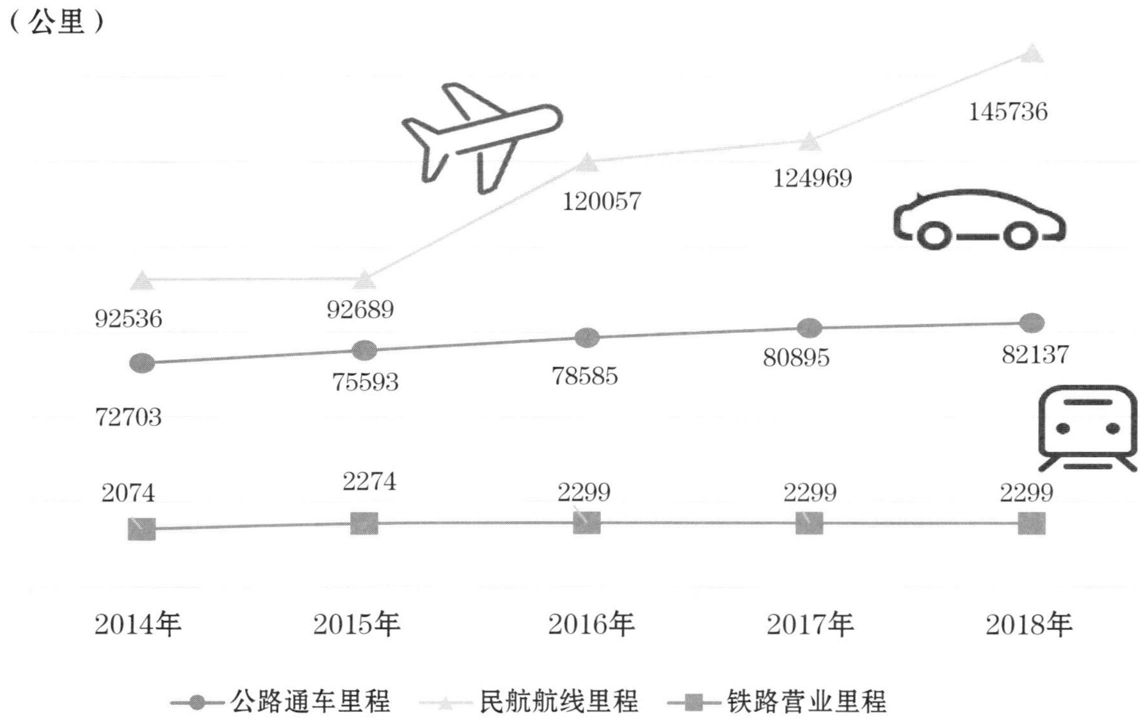

移动电话用户

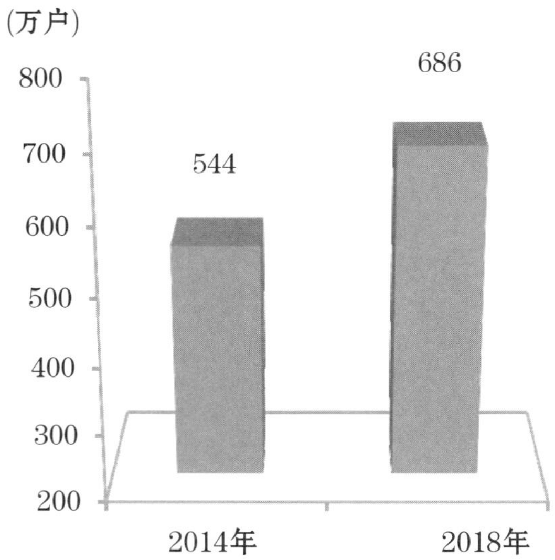

民用汽车拥有量

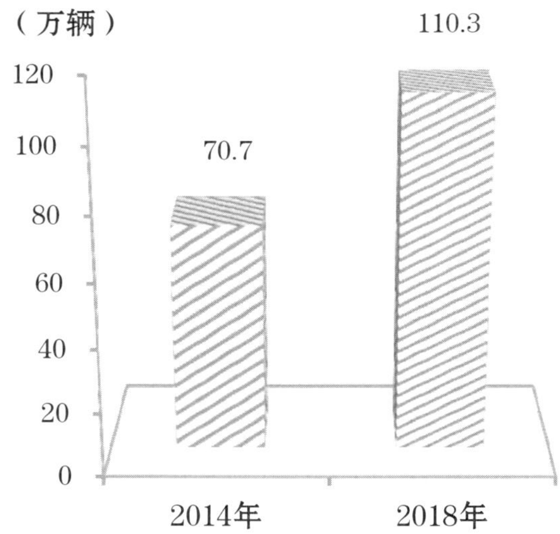

15-1 主要年份交通运输业基本情况
Basic Conditions of Transport in Main Years

指 标	Item	2013	2014	2015	2016	2017	2018
客运量总计 （万人）	**Total Passenger Traffic (10 000 persons)**	**4957**	**5643**	**5825**	**6201**	**6603**	**6819**
铁路	Railways	592	615	936	994	1134	1256
公路	Highways	4140	4769	4595	4873	5070	5092
民用航空	Civil Aviation	167	199	224	268	329	377
水路	Waterways	58	60	70	66	70	95
旅客周转量总计(万人公里)	**Total Passenger-Kilometers (10 000 passenger-km)**	**1199090**	**1324986**	**1506906**	**1602593**	**1790854**	**1916229**
铁路	Railways	548882	563086	744449	775300	869476	901385
公路	Highways	403349	465045	446500	475000	497684	507669
民航	Civil Aviation	246116	296093	315100	351500	422832	506146
水路	Waterways	742	762	857	793	862	1030
货运量总计 （万吨）	**Total Freight Traffic (10 000 tons)**	**13576**	**14846**	**16173**	**17090**	**18140**	**19120**
铁路	Railways	3783	3608	2729	2834	3052	3220
公路	Highways	9588	11030	13233	14047	14871	15685
民用航空	Civil Aviation	0.70	0.70	0.86	0.99	1.27	1.75
管道（输油管道）	Petroleum Pipeline	204	207	210	208	215	213
货物周转量总计(万吨公里)	**Total Freight Ton-kilometers (10 000 ton-km)**	**4594935**	**5162956**	**4549272**	**4850751**	**5290860**	**5609583**
铁路	Railways	2476842	2727096	2234468	2397600	2660328	2756156
公路	Highways	2027634	2343632	2221300	2360400	2534297	2757436
民用航空	Civil Aviation	1122	1206	1231	1338	1655	2450
管道(输油管道)	Petroleum Pipeline	89337	91022	92273	91413	94580	93541
民用汽车拥有量 （辆）	**Possession of Civil Motor Vehicles (units)**	**611681**	**706699**	**794476**	**896124**	**1001025**	**1102977**
载客汽车	Passenger Vehicles	452810	542585	631616	729042	825561	914182
载货汽车	Trucks	127864	138219	142446	149421	161715	175438
普通载货汽车	Ordinary Trucks	91140	97788	101740	106328	113562	122268
#私人汽车	Private Vehicles	469563	558984	643629	739024	829005	914662

注：1.民用车辆数据由青海省车辆管理部门提供。
2.根据交通运输部要求，青海省交通运输厅对2015年公路运输量数据按照2015年小样本抽样调查结果进行了调整。
a)Data of civil motor vehicles is provided by the provincial vehicle management department.
b)Data on Highways traffic in 2015 were adjusted for the 2015 small sample survey According to the requirements of the Ministry of transport by Bureau of Transport of Qinghai province.

15-2 主要年份客运量

Passenger Traffic in Main Years

单位：万人、万人公里 (10 000 persons,10 000 passenger-km)

年 份 Year	客运量 合 计 Total Passenger Traffic	铁 路 Railways	公 路 Highways	民用航空 Civil Aviation	水路 Waterways	旅客周转量 合 计 Total Passener-Kilometers	铁 路 Railways	公 路 Highways	民用航空 Civil Aviation	水路 Waterways
1978	328	170	158			103241	85259	17982		
1985	1288	295	993			127647	73123	54524		
1990	1843	209	1634			153736	61220	92411	105	
1991	1899	196	1703			154238	55314	98817	107	
1992	2010	197	1812	1		161839	54785	105760	1294	
1993	2227	208	2017	2		186261	59608	123432	3221	
1994	2292	217	2073	2		193057	62980	126527	3550	
1995	2388	220	2165	3		198391	64027	129270	5094	
1996	2690	185	2500	5		205356	53923	144088	7345	
1997	2885	200	2680	5		220469	59275	153000	8194	
1998	3157	261	2889	7		245574	73025	161569	10980	
1999	3359	297	3055	7		275227	93634	171219	10374	
2000	3612	352	3250	10		312497	115090	182000	15407	
2001	3832	392	3428	12		347706	133605	195930	18171	
2002	4007	436	3556	15		372837	150444	200720	21673	
2003	4324	408	3900	16		407362	163987	220000	23375	
2004	4601	386	4193	22		451229	186281	232035	32913	
2005	4920	368	4525	27		472389	186922	246556	38911	
2006	5310	411	4861	38		598831	283518	262333	52980	
2007	5655	393	5218	44		744085	386640	293940	63505	
2008	9447	404	8996	47		826430	332583	424611	69236	
2009	10101	430	9603	68		955376	398742	455610	101024	
2010	10997	474	10439	85		1072054	446155	502093	123806	
2011	11972	520	11308	102	42	1205720	497642	556426	151096	556
2012	12830	544	12100	138	48	1302492	505492	595000	201349	651
2013	4957	592	4140	167	58	1199090	548882	403349	246116	742
2014	5643	615	4769	199	60	1324986	563086	465045	296093	762
2015	5825	936	4595	224	70	1506906	744449	446500	315100	857
2016	6201	994	4873	268	66	1602593	775300	475000	351500	793
2017	6603	1134	5070	329	70	1790854	869476	497684	422832	862
2018	6819	1256	5092	377	95	1916229	901385	507669	506146	1030

15-3 主要年份货运量
Freight Traffic in Main Years

单位：万吨、万吨公里 (10 000 tons,10 000 ton-km)

年份 Year	货运量合计 Total Freight Traffic	铁路 Railways	公路 Highways	民用航空 Civil Aviation	管道输油量 Petroleum and Gas Pipelines	货物周转量合计 Total Freight Ton-Kilometers	铁路 Railways	公路 Highways	民用航空 Civil Aviation	管道输油量 Petroleum and Gas Pipelines
1952	3		3			553		553		
1978	1326	546	780			321164	274437	46727		
1985	2033	334	1699			244198	141109	103089		
1990	2434	454	1957		23	498544	298810	187665	3	10066
1991	2998	502	2413	…	83	565197	329657	199435	2	36103
1992	3071	518	2471	…	82	559774	317891	205994	15	35670
1993	3127	550	2533	…	89	578134	327642	211633	35	38824
1994	3328	538	2694	…	96	613271	335860	235274	41	42096
1995	3529	532	2887	…	110	664296	367320	248815	57	48104
1996	3909	535	3247	…	127	702042	357686	289646	86	54624
1997	4180	585	3450	…	145	760636	390821	306500	99	63216
1998	4502	590	3743	…	169	816028	409500	333172	101	73255
1999	4654	607	3865	…	182	883310	459448	344629	93	79140
2000	5076	833	4050	…	193	957168	507030	366000	140	83998
2001	5456	957	4305	…	194	1067872	598885	384419	178	84390
2002	5652	1000	4450	0.10	202	1120184	694370	397538	189	88087
2003	6189	1092	4890	0.15	207	1337595	814313	433000	237	90045
2004	6656	1308	5136	0.23	212	1394733	848590	453129	385	92629
2005	7152	1453	5491	0.33	208	1562445	987866	482660	563	91356
2006	7641	1572	5864	0.50	205	1549176	944456	514149	743	89828
2007	8260	1772	6280	0.50	207	1851758	1207432	552563	811	90952
2008	9318	2310	6805	0.60	202	3433354	1485024	1866003	1016	81311
2009	10057	2702	7173	0.64	182	3722543	1654897	1986737	1090	79819
2010	11426	3286	7962	0.47	178	4275704	1922024	2274730	645	78304
2011	12772	3634	8952	0.35	185	4945713	2283398	2580397	571	81347
2012	13680	3784	9700	0.50	195	5362693	2466199	2810000	792	85702
2013	13576	3783	9588	0.74	204	4594935	2476842	2027634	1122	89337
2014	14846	3608	11030	0.72	207	5162956	2727096	2343632	1206	91022
2015	16173	2729	13233	0.86	210	4549272	2234468	2221300	1231	92273
2016	17090	2834	14047	0.99	208	4850751	2397600	2360400	1338	91413
2017	18140	3052	14871	1.27	215	5290860	2660328	2534297	1655	94580
2018	19120	3220	15685	1.75	213	5609583	2756156	2757436	2450	93541

15-4　2016-2018年民用汽车拥有量
Possession of Civil Vehicles(2016-2018)

单位：辆　　　　(unit)

指　标	Item	2016	新注册 New Registrations	私人 Private	2017	新注册 New Registrations	私人 Private	2018	新注册 New Registrations	私人 Private
民用汽车合计	**Total**	**896124**	**122050**	**739024**	**1001025**	**123790**	**829005**	**1102977**	**110490**	**914662**
载客汽车	Passenger Vehicles	729042	103748	620493	825561	102412	706821	914182	89883	783636
大型	Large	7967	1170	81	8395	891	65	9065	1041	62
中型	Medium	5641	576	1135	5706	379	1062	5755	367	1058
小型	Small	709291	101942	614618	805934	101133	701677	894247	88465	778889
微型	Minicar	6143	60	4659	5526	9	4017	5115	10	3627
#轿车	Car	439475	52895	382590	485541	48892	421469	529048	43377	457577
载货汽车	Trucks	149421	16929	106243	161715	20310	113904	175438	19427	123365
重型	Heavy	26941	1858	9686	29831	3625	10566	32581	3190	11273
中型	Medium	7527	344	5376	7597	309	5354	7553	206	5317
轻型	Light	114696	14726	90985	124106	16376	97839	135178	16030	106671
微型	Mini	257	1	196	181		145	126	1	104
#普通载货	Ordinary Trucks	106328	12493	84754	113562	13900	90589	122268	13484	98051
其他汽车	Others	17661	1373	12288	13749	1068	8280	13357	1180	7661
摩托车	**Motorcycle**	**38505**	**1847**	**38003**	**49215**	**1837**	**48453**	**49785**	**1613**	**48881**
普通	General	38384	1846	37882	49066	1836	48306	49640	1611	48736
轻便	Light	121	1	121	149	1	147	145	2	145
农用运输车	**Farm Vehicles**	**17661**	**1373**	**12288**	**13749**	**1068**	**8280**	**13357**	**1180**	**7661**
三轮汽车	Tri-wheel Vehicle	6583	548	6532	3312	354	3274	2733	331	2695
低速货车	Low-speed Vehicle	3003	30	2853	1990	1	1884	1590		1490
拖拉机	**Tractors**	**275729**	**2089**	**275729**	**270440**	**626**	**270440**	**269945**	**965**	**269945**
大中型	Large and Medium	17808	881	17808	18434	626	18434	12234	964	12234
小型	Small	257921	1208	257921	252006		252006	257711	1	257711
挂车	**Trailers**	**6982**	**1194**	**1771**	**9077**	**2331**	**2475**	**10812**	**1838**	**3092**
其他类型车	**Other Vehicles**	**11**			**8**			**7**		

补充资料：1.2016年机动车驾驶员1434199人，其中汽车驾驶员1254031人。
2.2017年机动车驾驶员1535165人，其中汽车驾驶员1364644人。
3.2018年机动车驾驶员1622831人，其中汽车驾驶员1453208人。
a)1 434 199 Motor Vehicle drivers in 2016, of whom 1 254 031 were Automobile drivers.
b)1 535 165 Motor Vehicle drivers in 2017, of whom 1 364 644 were Automobile drivers.
c)1 622 831 Motor Vehicle drivers in 2017, of whom 1 453 208 were Automobile drivers.

15-5 主要年份铁路、公路、民航里程年末达到数
Total Length of Routes of Railway, Highway, Civil Aviation at Year-end in Main Years

单位：公里、公里/万平方公里 (km,km/10000 sq.km)

年 份 Year	铁 路 Railways		公 路 Highways								民用航空航线里程 Length of Civil Aviation Routes
	营业里程 Length of Railways in Operation	线路密度 Railway Density	通车里程 Length of Highways	线路密度 Highway Density	有路面里程 Length of Railways with Road Surface	高级 Hihgways	等级路合计 Expressway and Class I to IV Highways	高速 Express way	一、二级 First and Second Class	等外路 Highways Below Class IV	
1965	205	2.75	11981	166.40	6643	182					1949
1970	409	5.68	12584	174.78	7244	367					1949
1975	497	6.90	12979	180.26	9141	1268					4893
1978	503	6.99	13675	189.93	9837	1958					4893
1980	505	7.01	15497	215.24	11624	2105					4251
1985	1095	15.21	15933	221.29	12252	2939					4972
1990	1095	15.21	16732	232.39	14212	3408	11974		1156	4758	4972
1991	1095	15.21	16769	232.90	14249	3435	12026		1156	4743	4748
1992	1100	15.28	16854	234.08	14334	3617	12151		1202	4703	4892
1993	1097	15.24	16963	235.60	14491	3640	12354		1202	4609	5942
1994	1097	15.24	17089	237.35	14646	3911	12509		1202	4552	5942
1995	1100	15.28	17223	239.21	14887	4028	12734		1202	4462	8869
1996	1100	15.28	17383	241.43	15047	4284	13056		1202	7327	11442
1997	1100	15.28	17640	245.00	15451	4494	13485		1236	4155	14700
1998	1100	15.28	17936	249.11	15866	4818	14024		1306	3912	14700
1999	1100	15.28	18268	253.72	16252	5191	14549		1412	3719	14700
2000	1100	15.28	18679	259.43	16713	5313	15178		1837	3501	16490
2001	1100	15.28	23328	315.24	19849	6452	17424	26	2544	5904	27636
2002	1100	15.28	24003	333.38	20868	7910	18484	35	3084	5519	31413
2003	1097	15.24	24377	338.57	21278	8745	21568	118	3449	2809	23423
2004	1097	15.24	28059	389.70	25032	10420	25322	171	3697	2737	20855
2005	1097	15.24	29719	412.76	26692	11787	26811	171	4146	2737	21458
2006	1651	22.92	47726	662.59	13371	9235	24638	171	4180	23088	23996
2007	1651	22.92	52625	730.60	16019	11361	30636	215	5045	21990	33264
2008	1651	22.92	56642	783.88	17331	12085	32649	215	5190	23994	32149
2009	1651	22.92	60136	835.22	18961	13704	39727	217	5410	20409	31562
2010	1651	22.92	62185	862.24	19594	14052	47604	235	5560	14582	32602
2011	1856	25.78	64280	891.30	22497	17268	49972	1133	5601	14309	37612
2012	1856	25.78	65988	915.00	25858	20755	52060	1148	6354	13927	50273
2013	1856	25.78	70117	972.22	29865	24740	57069	1228	6438	13048	62820
2014	2074	28.81	72703	1008.09	33147	28620	60806	1719	6817	11897	92536
2015	2274	31.54	75593	1048.15	37877	33290	64640	2662	7446	10952	92689
2016	2299	31.88	78585	1089.64	38653	34128	69956	2878	7680	8629	120057
2017	2299	31.88	80895	1121.67	39768	35338	68470	3223	8202	12425	124969
2018	2299	31.88	82137	1138.89	55014	52707	70157	3328	9134	11980	145736

注：1.2006年交通部门对公路进行了普查，将乡村公路列入了等外公路。
2.2011年铁路营业里程含哈木铁路194.6公里。
3.2014年12月25日，兰新客运专线开通运营，线路营业里程218公里。
a) Department of Transportation carried out a general survey on the highway in 2006, rural roads were included in below Class Ⅳ.
b)The length of railways in operation of 2011 included 194.6 km of Haergai-Muli railway.
c)Lanzhou passenger dedicated line operated in december 25, 2014, whose operating mileage is 218 km.

15-6 主要年份邮电业务通信水平

指 标	Item	2010
邮政通信水平	**Postal Services Available**	
平均每一邮政局所服务面积(平方公里)	Average Area Served by Every Postal Office (sq.km)	3767
平均每一邮政局所服务人口 (万人)	Average People Served by Every Postal Office (10 000 persons)	3.11
平均每人每年发函件数 (件)	Annual Average Number of Letters Mail per Capita (piece)	1.01
平均每百人每年订报刊数 (份)	Annual Average Number of Newspaper and Magazine Subscribed per 100 Persons(piece)	8.72
设有邮政局、所的乡(镇)比重 (%)	Percentage of Townships with Postal Offices (%)	28.42
已通邮的行政村比重 (%)	Percentage of Administrative Village with Posts (%)	73.76
电信通信水平	**Telecommunication Services Available**	
电话普及率（包括移动电话)(部/百人)	Popularization Rate of Telephone (Include Mobile Telephone) (sets/100 persons)	89.90
农村固定电话普及率	Popularization Rate of Telephone in Rural Area	3.98
移动电话普及率 (部/百人)	Popularization Rate of Mobile Telephone (sets/100 persons)	70.70
每千人拥有公用电话数 (部)	Public Telephone owned Per 1 000 Persons (sets)	11.00
已通电话的行政村比重 (%)	Percentage of Administrative Village with Telephone (%)	100.00

注：邮电数据分别由省邮政管理局、省通信管理局提供。

Communication Level of Postal and Telecommunication Services in Main Years

2011	2012	2013	2014	2015	2016	2017	2018
3860	3818	3756	1691	1581	1579	1575	1581
3.24	3.33	3.23	1.37	1.29	1.30	1.31	1.32
0.93	1.00	1.00	1.00	0.63	1.00	0.81	0.45
8.27	8.17	7.23	8.00	8.60	3.00	8.02	8.53
28.42	27.87	27.52	86.00	99.45	100.00	100.00	100.00
73.61	73.65	73.56	92.47	92.73	92.73	93.00	100.00
100.60	112.60	112.40	111.48	106.09	109.07	119.92	133.66
3.50	5.53	4.10	4.60	4.30	4.41	4.21	8.73
82.10	94.50	94.60	94.15	88.71	91.73	102.09	113.79
10.10	9.80	8.17	7.96	6.56	5.40	4.69	--
100.00	100.00	100.00	100.00	100.00	100.00	100.00	100.00

a)Postal data are from Qinghai Provincial Postal Administration.

15-7 1985-2018年邮电业务情况

年份 Year	邮电业务总量（万元）Business Volume of Postal and Telecommunication Services (10 000 yuan)	邮政业务总量 Business Volume of Postal Services	电信业务总量 Business Volume of Telecommunication Services	函件（万件）Number of Letters (10 000 pcs)	特快专递（万件）Pieces of Express Mail Services (10 000 pcs)	报刊期发数（万份）Issue of Newspapers and Magazines (10 000 copies)	集邮业务（万枚）Stamps for Collection (10 000 pcs)	固定互联网用户（万户）Number of Fixed Internet Users (10 000 subscribers)
1985	1720			2344		154		
1986	1866			2607		151		
1987	2023			2829		150		
1988	2480			3222		147		
1989	3020			3221		81		
1990	3457			2778		70		
1991	6223			2074		69		
1992	7510			2186		74		
1993	9541			2864		79		
1994	11592			3389		114		
1995	15595			3354		262		
1996	23901			3156		80		
1997	32718			2664		75		
1998	47018			2966		74		
1999	67672			2108	12	52	1741	
2000	49181	6206	42974	2762	17	47	2361	0.90
2001	64792	14078	50714	2961	31	45		3.35
2002	199104	14728	184376	3580	40	44		5.25
2003	229811	15343	214468	3800	48	67		6.70
2004	339801	16262	323539	2836	48	75	599	8.34
2005	314330	17710	296620	1886	49	51	490	12.72
2006	396898	20229	376669	981	55	49	591	14.42
2007	537416	20956	516460	627	65	42	592	16.20
2008	699514	22514	677000	566	78	47	720	22.52
2009	916651	26651	890000	440	101	37	740	28.38
2010	1221325	23325	1198000	472	112	47	720	35.31
2011	479943	22943	457000	430	123	48	909	42.10
2012	569083	25083	544000	533	126	48	822	50.50
2013	602757	26057	576700	412	128	44	802	55.50
2014	802792	35355	767437	405	142	48	764	62.20
2015	1054328	37264	1017064	371	63	51	828	83.07
2016		48320	666048	321	76	27	849	100.52
2017		60114	1616839	483	90	48	679	121.10
2018		71500	4228131	272	217	51	646	153.86

注：1.电信业务总量1985-1989年按1980年不变价格计算,1990-2000年的业务总量按1990年不变价格计算,2001年后的业务量按2000年不变价格计算,2011年以后按2010年不变价格计算，2016年及以后按2015年不变价格计算。2002-2004年数据中含铁通、网通业务量。
2.邮政数据由省邮政管理局提供；集邮数据由省邮政公司提供。
3.邮政业务总量2011年以后按2010年不变价格计算。

Basic Conditions of Postal and Telecommunication Services(1985－2018)

移动电话年末用户(万户) Number of Mobile Telephone Subscribers at Year-end (10 000 subscribers)	固定电话年末用户(万户) Number of Subscribers of Fixed Telephone at Year-end (10 000 subscribers)	城市电话用户 Number of Urban Fixed Telephone Subscribers	住宅电话 Household Fixed Telephone Subscribers	乡村电话用户 Rural Fixed Telephone Subscribers	住宅电话 Household Fixed Telephone Subscribers	公用电话(万户) Public Telephone (10 000 subscribers)	邮政局所(处) Number of Postal Offices (unit)	信筒信箱(个) Number of Fost Boxes (unit)	邮路总长度(公里) Length of Postal Routes (km)	农村投递线路(公里) Rural Delivery Routes (km)
	2.22	1.50		0.72		0.01				
	2.50	1.66		0.84						
	2.83	1.86		0.97						
	3.15	2.04	0.03	1.10		0.02				
	2.43	2.19	0.10	0.24		0.02				
	2.74	2.49	0.12	0.25		0.02				
	2.91	2.73	0.35	0.17		0.03				
	3.45	3.29	0.57	0.16		0.03				
	4.31	4.13	1.38	0.18	0.02	0.04				
0.16	5.38	5.39	2.31	0.22		0.05				
0.26	9.40	9.12	5.61	0.28	0.08	0.15				
0.65	13.84	13.43	9.18	0.41	0.17	0.24	521	717	22431	11601
1.41	17.57	17.10	12.55	0.47	0.25	0.49	217		21994	
3.53	21.56	20.80	16.03	0.77	0.57	0.61	292	705	20683	12619
6.59	27.55	26.14	20.08	1.41	1.03	0.83	208	663	25488	11596
21.07	36.87	34.35	27.68	2.51	2.13	1.09	201	574	26978	11563
42.10	46.81	42.52	34.72	4.29	3.75	1.33	198	576	28090	12081
77.14	57.92	50.21	38.52	7.67	7.12	1.53	220	598	35351	12737
100.36	76.42	64.91	51.87	11.51	10.94	3.23	210	600	24107	12728
117.73	94.35	77.66	56.91	16.69	15.16	5.60	211	601	24101	13138
121.36	113.50	92.90	65.70	20.60	18.50	6.80	219	571	23721	14278
172.20	126.30	99.50	68.40	25.90	23.70	7.60	233	584	20680	14207
222.00	123.00	96.00	65.00	27.00	25.00	7.60	245	593	24587	12526
247.20	119.40	92.50	62.40	27.00	24.50	7.30	288	457	24508	12740
310.70	109.30	84.10	50.10	25.20	22.20	6.75	185	426	33586	11981
397.80	103.20	80.80	48.80	22.40	19.90	6.19	185	360	43484	10451
461.80	104.20	84.60	50.05	19.60	17.20	5.70	180	349	48841	4987
537.20	102.50	85.60	50.60	16.90	14.50	5.60	183	354	88855	5517
542.40	101.80	86.60	46.10	15.20	12.40	4.68	186	325	64969	5291
543.99	100.15	86.48	46.14	13.67	10.73	4.61	427	322	58428	6770
517.53	101.42	88.77	45.13	12.65	10.51	3.83	457	351	33661	34993
539.76	102.07	89.18	50.30	12.90	10.81	3.18	455	351	95136	35253
610.88	106.69	94.88	52.83	11.81	9.83	2.81	457	345	86279	35626
686.40	119.88	95.90	57.52	23.98	14.38		456	526	88507	42981

a)Data in 1985-1989 of business volume of Telecommunication Services were calculated at 1980 prices, that in 1990-2000 were calculated at 1990 constant prices, and since 2001 that were calculated at 2000 constant prices, since 2011 that were calculated at 2010 constant prices,and since 2016 that were calculated at 2015 constant prices. Data in 2002-2004 contained business volume of China Tietong and China Netcom.

b)Postal data are from Qinghai Provincial Postal Administration. Stamps for collection data are from Qinghai Post.

c)Data of business volume of Postal Services were calculated at 2010 constant prices since 2011.

15-8 各地区邮政行业业务总量基本情况(2018年)

Basic Conditions of Postal Services by Region(2018)

地 区	Region	邮政行业业务总量(万元)(2010年价格) Business Volume of Postal Services (2010 price) (10 000 yuan)	国内 Domestic	国际 Internatonal
总计	Total	71500.33	71353.12	147.21
西宁市	Xining City	46906.45	46777.31	129.13
海东市	Haidong City	6689.19	6688.23	0.96
海北州	Haibei Zang A.P	1917.54	1916.02	1.52
黄南州	Huangnan Zang A.P	1273.90	1271.75	2.14
海南州	Hainan Zang A.P	2518.23	2517.53	0.70
果洛州	Golog Zang A.P	1214.59	1214.52	0.08
玉树州	Yushu Zang A.P	1988.22	1984.73	3.49
海西州	Haixi Mongolian & Zang A.P	8992.21	8983.03	9.18

注：本表数据来源于青海省邮政管理局。
a)Data in this table are from Qinghai Provincial Postal Administration.

15-9 各地区电话及互联网用户(2018年)

Telephone and Internet Subscribers by Region(2018)

地 区 Region	固定电话用户 (户) Number of Fixed Telephone Subscribers (subscribers)	固定电话普及率 (部/百人) Popularization Rate of Fixed Telephone (sets/100 persons)	移动电话用户 (户) Number of Mobile Telephone Subscribers (subscribers)	移动电话普及率 (部/百人) Popularization Rate of Mobile Telephone (sets/100 persons)	固定互联网宽带接入用户(户) Subscriber with Fixed Internet Broadband Access (subscribers)
总计 Total	**1198760**	**19.87**	**6863976**	**113.79**	**1529004**
西宁市 Xining City	660476	27.86	3122764	131.70	802874
海东市 Haidong City	180793	12.21	1433736	96.85	232743
海北州 Haibei Zang A.P	45754	16.09	315476	110.97	79566
黄南州 Huangnan Zang A.P	22228	8.03	280668	101.40	53764
海南州 Hainan Zang A.P	72126	15.14	486498	102.14	91389
果洛州 Golog Zang A.P	17891	8.58	196379	94.23	32512
玉树州 Yushu Zang A.P	37002	8.88	359329	86.25	50917
海西州 Haixi Mongolian & Zang A.P	162490	31.33	669126	129.03	185239

15-10 电信服务水平(2018年)

Telecommunication Services Level(2018)

指 标		Item		数量 Amount	占全省比重% Percentage of Provincial Total (%)
已通电话的行政村	(个)	Number of Administrative Villages with Telephone	(unit)	4158	100
已通电话的自然村	(个)	Number of Natural Villages with Telephone	(unit)	9375	95.3
3G网络覆盖的(县)市	(个)	Number of Cities and Counties Covered by 3G Network	(unit)	45	100
3G网络覆盖的乡(镇)	(个)	Number of Townships and Towns Covered by 3G Network	(unit)	366	100
4G网络覆盖的(县)市	(个)	Number of Cities and Counties Covered by 4G Network	(unit)	45	100
4G网络覆盖的乡(镇)	(个)	Number of Townships and Towns Covered by 4G Network	(unit)	366	100
互联网宽带接入普及率	(%)	Popularization Rate of Internet by Broadband	(%)	25.3	
其中：城市互联网宽带接入普及率		Popularization Rate of Internet by Broadband of Urban Area		36.1	
农村互联网宽带接入普及率		Popularization Rate of Internet by Broadband of Rural Area		12.5	
家庭互联网宽带接入普及率	(%)	Popularization Rate of Household Internet by Broadband	(%)	68.9	
互联网宽带接入通达的乡(镇)	(个)	Number of Townships and Towns with Access to the Internet by Broadband	(unit)	366	100
互联网宽带接入通达的行政村	(个)	Number of Administrative Villages with Access to the Internet by Broadband	(unit)	4124	99

注：家庭互联网宽带接入普及率采用户籍人口统计数。

a)The popularization rate of household internet by broadband is by household registration statistics.

主要统计指标解释

铁路营业里程　又称营业长度(包括正式营业和临时营业里程),指办理客货运输业务的铁路正线总长度。凡是全线或部分建成双线及以上的线路,以第一线的实际长度计算;复线、站线、段管线、岔线和特殊用途线以及不计算运费的联络线都不计算营业里程。该指标可以反映铁路运输业基础设施的发展水平,也是计算客货周转量、运输密度和机车车辆运用效率等指标的基础资料。

铁路电气化里程　指在全部铁路营业里程中已安装了供电线路及设备,可以供电力机车牵引列车运行的区段的总里程。

公路里程　指在一定时期内实际达到《公路工程技术标准 JTJ01－88》规定的等级公路,并经公路主管部门正式验收交付使用的公路里程数。包括大中城市的郊区公路以及通过小城镇街道部分的公路里程和桥梁、渡口的长度,不包括大中城市的街道、厂矿、林区生产用道和农业生产用道的里程。两条或多条公路共同经由同一路段,只计算一次,不得重复计算里程长度。该指标可以反映公路建设的发展规模,也是计算运输网密度等指标的基础资料。

民用航空航线里程　指统计期间内全部民用航空航线的航线总长度。航线长度指民用航空航线的计费距离。计算航线里程可按重复和不重复两种方法,前者是指各航线长度相加的总和;后者则要扣除各航线之间相同航段重复计算的部分。

输油(气)管道长度　也称输油(气)里程,指油品(或天然气)的实际输送距离,一般按输油(气)管道的单线长度计算。若包括复线和备用线长度则称为输油(气)管道延展长度,是指管道铺设的实际长度。我们通常使用的是不包括复线的"输油(气)管道里程",该指标可以反映管道运输的发展规模和水平。

货(客)运量　指在一定时期内,各种运输工具实际运送的货物(旅客)数量。该指标是反映运输业为国民经济和人民生活服务的数量指标,也是制定和检查运输生产计划、研究运输发展规模和速度的重要指标。货运按吨计算,客运按人计算。货物不论运输距离长短、货物类别,均按实际重量统计。旅客不论行程远近或票价多少,均按一人一次客运量统计;半价票、小孩票也按一人统计。

货(客)运密度　指在一定时期内某种运输方式在营运线路的某一区段平均每公里线路通过的货物(旅客)运输周转量。计算公式为:

$$货(客)运密度=\frac{货物(旅客)周转量}{营业线路长度}$$

该指标可以反映交通运输线路上的货物(旅客)运输量运输繁忙程度,是平衡运输线路运输能力和通过能力,规划线路建设及改造、配备技术设备,研究运输网布局的重要依据。

货物(旅客)周转量　指在一定时期内,由各种运输工具运送的货物(旅客)数量与其相应运输距离的乘积之总和。该指标可以反映运输业生产的总成果,也是编制和检查运输生产计划,计算运输效率、劳动生产率以及核算运输单位成本的主要基础资料。计算货物周转量通常按发出站与到达站之间的最短距离,也就是计费距离计算。计算公式为:

货物(旅客)周转量 = $\sum$(货物(旅客)运输量 × 运输距离)

民用汽车拥有量　指报告期末,在公安交通管理部门按照《机动车注册登记工作规范》,已注册登记领有民用车辆牌照的全部汽车数量。汽车拥有量统计的主要分类:根据汽车结构分为载客汽车、载货汽车及其他汽车;根据汽车所有者不同分为个人(私人)汽车、单位汽车;根据汽车的使用性质分为营运汽车、非营运汽车;根据汽车大小规格不同载客汽车分为大型、中型、小型和微型,载货汽车分为重型、中型、轻型和微型。

邮电业务总量　指以货币形式表示的邮电企业为社会提供各类邮电服务的总数量,是用于观察邮电业务发展变化总趋势的综合性总量指标。分别按邮政业务总量和电信业务总量统计。邮电业务总量是以各类业务的实物量分别乘以相应的不变单价,得出各类业务的货币量再加总求得。

移动电话用户　指在电信运营企业营业网点办理开户登记手续,通过移动电话交换机进入移动电话网,占用移动电话号码的各类电话用户。包括 GSM 数字移动电话用户、CDMA 数字移动电话用户和电信运营企业发行的报告期末已激活充值的能异地漫游的各种智能卡用户。

互联网上网人数　指平均每周使用互联网至少 1 小时的 6 周岁以上中国公民人数。

固定电话用户　指在电信运营企业营业网点办理开户登记手续并已接入固定电话网上的全部电话用户。包括普通电话用户、公用电话用户、窄带综合业务数字网(N－ISDN)用户、智能网专用接入终端用户等。按行政区划分为城市电话用户和农村电话用户。

城市电话用户　指直辖市、省辖市、地级市、县级市的市区、市郊区及县城范围内接入局用交换机的电话用户。包括分布在农村地区县团级以上建制的独立工矿区、林区、驻军等电话用户。

农村电话用户　指县城关区以下的集镇和农村接入局用交换机的电话用户。

住宅电话用户　指安装在居民住宅或农民家里并按照住宅电话用户登记注册和收费的各类电话用户。包括私人付费、单位付费和按规定免费安装的住宅电话用户。

Explanatory Notes on Main Statistical Indicators

Length of Railways in Operation refers to the total length of the trunk line for passenger and freight transportation (including both full operation and temporary operation). The calculation is based on the actual length of the first line if this line has a full or partial double (or more). Not included are double tracks, station sidings, tracks under the charge of stations, branch lines, special - purpose lines and non - payable connecting lines. The length of railways in operation is an important indicator to show the development of the infrastructure of railway transport. It is also essential data to calculate volume of passenger freight transport, traffic density and utilization efficiency of locomotives and carriages.

Length of Electrified Railways refers to the length of the section of railways in operation in which the power supply lines and other equipment are installed for the running of electrified locomotives. The proportion of the length of electrified railways to the total length of railways in operation is an important indicator to show the modernization of railways.

Length of Highways refers to the length of highways which are built in conformity with the grades specified by the highway engineering standard [Highways WTBZ - Technical Standard JTJ01 - 88] formulated by the Ministry of Transport, and have been formally checked and accepted by the departments of highways and put into use. The length of highways includes that of the suburb highways at large and medium - sized cities, highways passing through streets at small cities and towns, and also the length of bridges and ferry piers. It does not include the length of streets in big and medium - sized cities and highways built for the production purpose at factories, mines, forest areas and agricultural areas. If two or more highways go the same section of the way, the length of the section is only calculated for once and no duplication is allowed. The length of highways is an indicator to show the development of the scale of highway construction and to provide essential information to calculate the transport network density.

Length of Civil Aviation Routes refers to the length of all routes for civil aviation flights, which is used to account the freight, during the period of statistics.. There are usually two ways to calculate the route length: duplicated calculation and non - duplicated calculation, the former is the sum of length of all civil aviation routes, and the latter should deduct the duplication length of same route among all routes.

Length of Oil (Gas) Pipelines is used as an indicator to show the development, scale and level of the pipeline transportation. It refers to the actual transport distance of oil (or gas) products, and is in general calculated according to the length of single pipeline. If the length of the double pipelines and alternate pipeline are included, it is called the extension length of the oil (gas) pipelines, which indicates the actual length of the pipelines built. The commonly used indicator, the "length of oil (gas)" pipelines, does not include the double pipelines. It can reflect the extent and level of development of pipeline transport.

Freight (Passenger) Traffic refers to the volume of freight (passenger) transported with various means within a specific period of time. This indicator reflects the service of the transport industry towards the national economy and people's living conditions, as well as an important indicator used in formulating and monitoring transport production plans and research into the scale and pace of transport development. Freight transport is calculated in tons and passenger traffic is calculated in terms of number of persons. Freight transport is calculated in terms of the actual weight of the goods and takes no account of the type of freight and distance of travel. Passenger traffic is calculated by the principle that one person can be counted only once in one trip and takes no account of the travelling distance and ticket price. The passengers who travel with a half price ticket or a child's ticket is also calculated as one person.

Freight (Passenger) Traffic Density refers to the freight (passenger) traffic volume carried by a particular means of transportation during a given period through one kilometre of a specific section of transportation route. The formula is as follows:

$$\text{Freight (Passenger) traffic density} = \frac{\text{freight ton - kilometres (passenger - kilometres)}}{\text{length of route in operation}}$$

Freight (passenger) traffic density reflects how busy freight (passenger) traffic is on transportation routes. It provides an important basis for balancing transport capability and throughput capability, planning construction and upgrading of transport routes, installing technical facilities and studying the distribution of transport networks.

Freight Ton - kilometres (Passenger - kilometres) refers to the sum of the product of the volume of transported cargo (passengers) multiplied by the transport distance. It is an important indicator to reflect the achievement of the transportation industry. This is an important indicator to show the total results of the transport industry; to prepare and examine the transport plan; and to serve as the main basic data for calculating the efficiency, labour productivity and unit cost of transport. Normally, the shortest distance between the departure station and the destination station (i. e. , the payable distance) is the basis in calculating the freight ton - kilometres. The formula is as follows:

$$\text{Freight ton - kilometres (passenger - kilometres)} = \sum \text{freight (passenger) traffic} \times \text{distance of transportation}$$

Possession of Civil Motor Vehicles refer to the total numbers of vehicles that are registered and received vehicles license tags according to the Work Standard for Motor Vehicles Registration formulated by the Transport Management Office under the department of public security at the end of the reference period. They are divided into categories. According to the structure of motor vehicles, they are divided into passenger vehicles, trucks and others; according to ownership into private vehicles and vehicles for the unit's use; according to kind of usage into working vehicles and non - working vehicles; and according to size of vehicles into large passenger vehicles, medium - sized passenger vehicles, small passenger vehicles and mini passenger vehicles, heavy trucks, light - heavy trucks, light trucks and mini - trucks.

Business Volume of Post and Telecommunications refers to the total amount of postal and telecommunication services, expressed in value terms, provided by the post and telecommunications departments for society. This indicator reflects the overall results of development of postal and telecommunication services. It can be classificated as postal services and telecommunication services. Business volume of post and telecommunications is the sum of all services in kind multiplying with the unit price (constant price) to get the total business value.

Mobile Telephone Subscribers refer to persons who have gone through registration procedures in the operation points of enterprises engaged in telecommunications and are hence connected with the mobile telephone communication network through the mobile telephone switchboards and occupy mobile phone numbers. Included are GSM digital mobile phone subscribers, CDMA digital mobile phone subscribers and subscribers to intelligent phone cards with roaming facility issued by telecommunications enterprises and which have been subscribed to and activated at the end of the reference period.

Internet Users refer to the number of Chinese citizens aged 6 and over who use the Internet at least for one hour each week.

Local Telephone Subscribers refer to all subscribers who have gone through registration procedures in the operation points of enterprises engaged in telecommunications and are hence connected to the local telecommunications service provider through fixed line network. Included are general subscribers, public telephones subscribers, N - ISDN subscribers and intelligent network terminal subscribers. They are also classified in terms of administrative districts as urban telephone subscribers and rural telephone subscribers according to location.

Urban Telephone Subscribers refer to the number of telephone subscribers, located at the different administrative districts of municipalities directly under the Central Government, cities under the jurisdiction of province, cities at prefecture level, downtown and suburb of city at county level town and county towns, that are connected to the public line telephone network, including rural mineral area, forest area, military area.

Rural Telephone Subscribers refer to telephone subscribers, located at the towns below the level of county town and villages that are connected to the public line telephone network.

Household Telephone Subscribers refer to telephone sets installed in the dwelling units of urban or rural residents, and registered as residence subscribers for payment, including three types of payment for the service: private payment, public payment and free service in accordance with relevant regulations.

第 16 篇
CHAPTER 16

国内贸易
Domestic Trade

社会消费品零售总额及增速

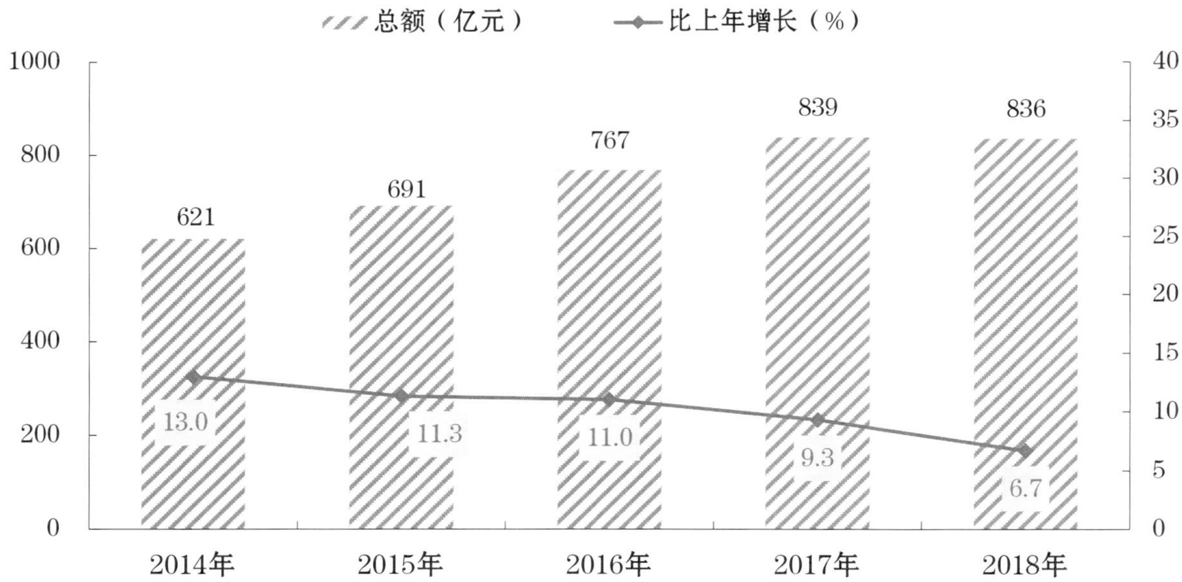

限额以上批发零售、住宿餐饮业基本情况

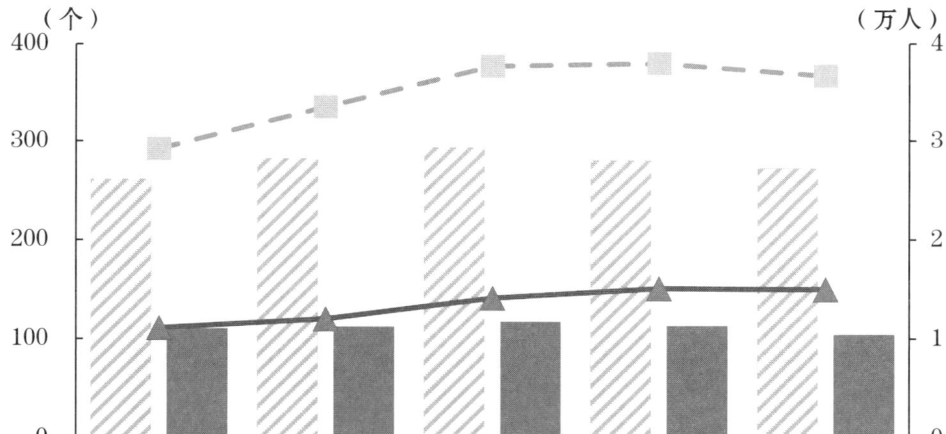

	2014年	2015年	2016年	2017年	2018年
批零企业从业人员	2.61	2.82	2.93	2.80	2.72
住餐企业从业人员	1.10	1.12	1.17	1.13	1.04
批零企业个数	292	335	377	380	367
住餐企业个数	111	120	141	151	149

16-1 2013-2018年国内贸易基本情况
Basic Statistics of Domestic Trade(2013-2018)

指　标	Item	2013	2014	2015	2016	2017	2018
限额以上法人单位　（个）	**Number of Corporation Enterprises Above Designated Size (unit)**	**376**	**403**	**455**	**518**	**531**	**516**
批发和零售贸易业	Wholesale and Retail Trades	268	292	335	377	380	367
住宿和餐饮业	Hotels and Catering Services	108	111	120	141	151	149
从业人员　（万人）	**Engaged Persons (10 000 persons)**	**3.61**	**3.72**	**3.94**	**4.10**	**3.93**	**3.76**
批发和零售贸易业	Wholesale and Retail Trades	2.54	2.61	2.82	2.93	2.80	2.72
住宿和餐饮业	Hotels and Catering Services	1.07	1.10	1.12	1.17	1.13	1.04
批发和零售贸易业（亿元）	**Wholesale and Retail Trades (100 million yuan)**						
商品购进总额	Total Purchases	1243.0	1161.1	884.3	883.9	946.0	830.2
商品销售总额	Total Sales	1329.7	1273.0	1029.8	1136.7	1245.1	1049.7
商品库存总额	Total Stocks	205.4	61.2	58.7	59.9	62.0	54.8
社会消费品零售总额（亿元）	**Total Retail Sales of Consumer Goods (100 million yuan)**	**549.6**	**620.8**	**691.0**	**767.3**	**839.0**	**835.6**
限额以上单位零售额	Retail Sales of Enterprises above Designated Size	225.7	267.4	311.4	364.4	395.3	339.4
社会消费品零售总额增速	**Growth of Total Retail Sales of Consumer Goods**	**14.3**	**13.0**	**11.3**	**11.0**	**9.3**	**6.7**

注：2013—2014年社会消费品零售总额数为第三次经济普查修订数。

a)Data of Total Retail Sales of Consumer Goods in 2013-2014 have been amended based on the third economic census.

16–2 主要年份社会消费品零售总额

Total Retail Sales of Consumer Goods in Main Years

单位：万元 (10 000 yuan)

年 份 地 区	Year Region	社会消费品零售总额 Total Retail Sales of Consumer Goods	按销售单位所在地分 By Location		
			城镇 City	城区 County	乡村 Under County Level
1978		66815			
1980		82920			
1985		163903			
1990		287193			
1991		319869			
1992		352897			
1993		490480			
1994		595815			
1995		706331			
1996		763068			
1997		814859			
1998		862361			
1999		917987			
2000		1002576			
2001		1103644			
2002		1233703			
2003		1253967			
2004		1411984			
2005		1615902			
2006		1825969			
2007		2125428			
2008		2597274			
2009		3004652			
2010		3510347			
2011		4133523	3599676	277910	533847
2012		4802502	4201134	330301	601368
2013		5495816	4770290	3522396	725525
2014		6208264	5396764	3877805	811501
2015		6909798	6002201	4296608	907597
2016		7673039	6663123	3928317	1009916
2017		8390284	7280793	4271866	1109491
2018		8355646	6692566	4148058	1663080
西宁市	Xining City	5643800	4610404	3504653	1033396
海东市	Haidong City	1019720	654276	40228	365444
海北州	Haibei Zang A.P	245268	206738		38530
黄南州	Huangnan Zang A.P	110904	99597	18385	11307
海南州	Hainan Zang A.P	323111	217775		105336
果洛州	Golog Zang A.P	69378	58135		11243
玉树州	Yushu Zang A.P	133042	90956	640	42086
海西州	Haixi Mongolian &Zang A.P	810423	754685	584152	55738

注：1.2010—2012年社会消费品零售总额增加了“其他”零售额，即非批零住餐法人附营的限额以下产业活动单位零售额及非批零住餐法人单位消费品零售额。
2.2010年至2014年社会消费品零售总额为第三次经济普查修订数。

a) The Other Retail Sales have been increased in Total Retail Sales of Consumer Goods in 2010-2012. The Other Retail Sales refer to the retail sales of industrial activity unit below designated size attached to non-wholesale and retail trades, non-hotels and catering services legal person units. It also refer to the retail sales of Consumer Goods of non-wholesale and retail trades, non-hotels and catering services legal person units.

b)Data of Total Retail Sales of Consumer Goods in 2010-2014 have been amended based on the third economic census.

16-3 2018年限额以上批发零售贸易业基本情况

Basic Conditions of Enterprises above Designated Size in Wholesale and Retail Trades(2018)

指 标	Item	法人企业数(个) Number of Corporation Enterprises (unit)	从业人员(人) Engaged Persons (person)	销售总额(万元) Total Sales Value (10 000 yuan)	批发 Wholesale Trade	零售 Retail Trade
总计	**Total**	**367**	**27259**	**10497250**	**7157763**	**3339077**
批发业	**Wholesale Trade**	**130**	**8289**	**7247665**	**6674936**	**572319**
按登记注册类型分	**By Status of Registration**					
内资企业	Domestic Funded Enterprises	128	7564	7059806	6611622	447775
国有企业	State-owned Enterprises	10	1095	1164742	1162930	1812
集体企业	Collective-owned Enterprises	1	26	3578	2505	1073
股份合作企业	Cooperative Enterprises	1	5	2151	679	1472
有限责任公司	Limited Liability Corporations	52	2706	4342586	4221603	120983
国有独资公司	State Sole Funded Corporations	6	770	802968	730131	72837
其他有限责任公司	Other Limited Liability Corporations	46	1936	3539618	3491472	48146
股份有限公司	Share-holding Corporations Ltd.	6	1972	617089	315994	301095
私营企业	Private Enterprises	58	1760	929660	907911	21340
私营有限责任公司	Private Limited Liability Corporations	58	1760	929660	907911	21340
私营股份有限公司	Private Share-holding Corporations Ltd.					
港澳台商投资企业	Enterprises with Funds from Hong Kong, Macao and Taiwan	1	665	183118	58574	124544
与港澳台商合资经营企业	Joint-venture Enterprises					
其他港澳台投资企业	Other Hong Kong, Macao and Taiwan investment enterprises	1	665	183118	58574	124544
外商投资企业	Foreign Funded Enterprises	1	60	4741	4741	
外资企业	Enterprises with Sole Fund	1	60	4741	4741	
按国民经济行业分组	**Grouped by Sector**					
农林牧产品批发	Wholesale of Farming, Forestry, Animal Husbandry and Fishery Product	4	133	185499	183611	1888
食品、饮料及烟草制品批发	Wholesale of Food, Beverages and Tobaccos	27	2177	1344290	1330456	13425
纺织、服装及家庭用品批发	Wholesale of Textiles, Wearing Apparel and Household Articles	3	76	31122	31057	64
文化、体育用品及器材批发	Wholesale of Culture, Sports Appliances and Equipments	1	348	39455	28029	11426
医药及医疗器材批发	Wholesale of Medicines and Medical Appliances	21	1422	300563	290088	10475
矿产品、建材及化工产品批发	Wholesale of Mineral Products, Building Materials and Chemical Products	60	3697	4797277	4272001	525276
机械设备、五金交电及电子产品批发	Wholesale of Machinery, Hardware and Electronics	13	431	544702	534982	9720
贸易经纪与代理	Trade Broker and Agency	1	5	4756	4712	44

注：限额以上批发业包括年主营业务收入在2000万元及以上的批发业企业及个体户；限额以上零售业包括年主营业务收入在500万元及以上的零售业企业及个体户。

a) Wholesale trade units above designated size include the wholesale enterprises and self-employed persons which annual revenue from principal business are 20 million yuan and above. Retail trade units above designated size include the retail enterprises and self-employed persons which annual revenue from principal business are 5 million yuan and above.

16-3 续表 Continued

指 标	Item	法人企业数(个) Number of Corporation Enterprises (unit)	从业人员(人) Engaged Persons (person)	销售总额(万元) Total Sales Value (10 000 yuan)	批发 Wholesale Trade	零售 Retail Trade
零售业	**Retail Trade**	**237**	**18970**	**3249586**	**482827**	**2766758**
按登记注册类型分组	**By Status of Registration**					
内资企业	Domestic Funded Enterprises	234	18574	3182417	482827	2699590
国有企业		3	350	139810	103611	36198
有限责任公司	Limited Liability Corporations	72	7242	1192563	131838	1060725
国有独资公司	State Sole Funded Corporations	1	125	40114		40114
其他有限责任公司	Other Limited Liability Corporations	71	7117	1152449	131838	1020611
股份有限公司	Share-holding Corporations Ltd.	10	4103	959354	215421	743933
私营企业	Private Enterprises	148	6866	889294	30571	858724
私营独资企业	Private-funded Enterprises	2	118	1228		1228
私营有限责任公司	Private Limited Liability Corporations	140	6389	830761	30571	800191
私营股份有限公司	Private Share-holding Corporations Ltd.	6	359	57305		57305
其他企业	Other Enterprises	1	13	1397	1387	10
港澳台商投资企业	Enterprises with Funds from Hong Kong, Macao and Taiwan	3	396	67168		67168
与港澳台商合资经营企业	Joint-venture Enterprises	1	22	2337		2337
港澳台商独资企业	Enterprises with Sole Investment	2	374	64831		64831
按国民经济行业分组	**Grouped by Sector**					
综合零售	Integrated Retail	36	4978	519184	6831	512353
食品饮料及烟草制品专门零售	Special Retail of Food, Beverages and Tobaccos	20	478	30737	2528	28209
纺织、服装及日用品专门零售	Special Retail of Textiles, Wearing Apparel and Household Articles	8	1135	74172	7800	66372
文化、体育用品及器材专门零售	Special Retail of Culture, Sports Appliances and Equipments	7	458	13024	22	13002
医药及医疗器材专门零售	Special Retail of Medicines and Medical Appliances	14	1386	75166	1566	73599
汽车、摩托车、燃料及其他动力销售	Special Retail of Motor Vehicles, Motorcycles, Fuel and Parts	125	9024	2297380	436760	1860620
家用电器及电子产品专门零售	Special Retail of Household Electric Appliances and Electronic Products	13	803	139032	8162	130870
五金、家具及室内装修材料专门零售	Special Retail of Hardware, Furniture and Interior Decoration Materials	3	157	14618		14618
货摊、无店铺及其他零售业	Stalls, Non-shop and Other Retails	11	551	86274	19159	67115

16－4　2018年限额以上批发零售贸易企业商品销售类值

Total Sales of Enterprises above Designated Size in Wholesale and Retail Trades by Category of Commodities(2018)

单位：万元　　(10 000 yuan)

项　目	Item	批发业 Wholesale		零售业 Retail	
		销售额 Sales Value	零售额 Retail Value	销售额 Sales Value	零售额 Retail Value
合计	**Total**	**7317596**	**1173697**	**2285653**	**2118360**
粮油、食品类	Grain and Oil, Food	194157	9234	194252	185038
饮料类	Beverages	14596	2038	15456	14664
烟酒类	Tobacco and Liquor	1284496	13219	27755	25812
服装、鞋帽、针纺织品类	Clothing, Shoes, Hats and Textiles	28834		205922	205152
化妆品类	Cosmetics	857	8	64072	59486
金银珠宝类	Gold, Silver and Jewellery			42178	42178
日用品类	Articles for Daily Use	2067	603	54050	52552
五金、电料类	Hardware and Electrical Materials	401	33	559	555
体育、娱乐用品类	Sports and Recreation Articles			1251	1246
书报杂志类	Newspapers and Magazines	34778	10167	2432	2432
电子出版物及音像制品类	E-journals and Video Products	591	173	3126	3126
家用电器和音像器材类	Household Appliances and Video Appliances			105762	105762
中西药品类	Traditional Chinese and Western Medicines	257331	7882	73026	64242
文化办公用品类	Cultural and Offices Appliances	1754	1754	8899	8877
家具类	Furniture			16830	16830
通讯器材类	Communication Appliances			27108	23069
煤炭及制品类	Coal and Related Products	412491	271	7644	7644
石油及制品类	Petroleum and Related Products	1687528	1098987	286373	153879
化工材料及制品类	Chemical Materials and Related Products	239471		132	
金属材料类	Metal Materials	2992104			
建筑及装潢材料类	Building and Decoration Materials	124	124		
机电产品及设备类	Mechanical and Electrical Products	76124	393	70	70
汽车类	Automobiles	35063	9530	1122110	1119419
种子饲料类	Seeds and Feedstuff	1413		55	
其他类	Others	53416	19281	26590	26328

16-5 2018年限额以上批发零售贸易业财务状况

单位：万元

指 标	Item	企业个数(个) Number of Enterprises (unit)
总计	**Total**	**367**
批发业	**Wholesale Trade**	**130**
按登记注册类型分组	**By Status of Registration**	
内资企业	Domestic Funded Enterprises	128
国有企业	State-owned Enterprises	10
集体企业	Collective-owned Enterprises	1
股份合作企业	Cooperative Enterprises	1
有限责任公司	Limited Liability Corporations	52
国有独资公司	State Sole Funded Corporations	6
其他有限责任公司	Other Limited Liability Corporations	46
股份有限公司	Share-holding Corporations Ltd.	6
私营企业	Private Enterprises	58
私营有限责任公司	Private Limited Liability Corporations	58
私营股份有限公司	Private Partnership Enterprises	
港澳台商投资企业	Enterprises with Funds from Hong Kong, Macao and Taiwan	1
合资经营企业(港或澳台资)	Joint-venture Enterprises	
其他港澳台投资企业	Other Hong Kong, Macao and Taiwan investment enterprises	1
外商投资企业	Foreign Funded Enterprises	1
外资企业	Enterprises with Sole Fund	1
按国民经济行业分组	**Grouped by Sector**	
农林牧产品批发	Wholesale of Farming,Forestry,Animal Husbandry and Fishery Product	4
食品、饮料及烟草制品批发	Wholesale Trade of Food, Beverages and Tobaccos	27
纺织、服装及家庭用品批发	Wholesale Trade of Textiles, Garments and Daily Consumer Articles	3
文化、体育用品及器材批发	Wholesale Trade of Culture, Sports Appliances and Equipments	1
医药及医疗器材批发	Wholesale Trade of Medicines and Medical Appliances	21
矿产品、建材及化工产品批发	Wholesale Trade of Mineral Products, Building Materials and Chemical Products	60
机械设备、五金交电及电子产品批发	Wholesale Trade of Mechanical Equipment, Hardware and Electronic Products	13
贸易经纪与代理	Trade Broker and Agency	1

Main Financial Indicators of Enterprises above Designated Size in Wholesale and Retail Trades(2018)

(10 000 yuan)

流动资产合计 Working Capitals	固定资产合计 Total Fixed Assets	累计折旧 Accumulated Depreciation	资产总计 Total Assets	负债合计 Total Liabilities	实收资本 Paid-in Capitals	主营业务收入 Revenue from Principal Business
5507565	**461354**	**254872**	**15631021**	**6605501**	**2015044**	**9387797**
4588028	**155959**	**125135**	**14254276**	**5618379**	**1717855**	**6618571**
4464168	117764	98833	14088739	5468468	1710812	6448167
340148	16018	26442	387922	60457	18045	1002558
2772	1750	452	4677	2395	1159	3574
811			811	585	201	1891
3486439	47497	47626	12621392	4671356	1561586	4026231
1349619	8846	25607	8663119	2324107	508508	836298
2136819	38651	22019	3958273	2347249	1053077	3189934
149684	9915	11826	416226	246584	31016	600120
484314	42584	12486	657712	487091	93806	813793
484314	42584	12486	657712	487091	93806	813793
122173	38121	26029	163775	148390	6587	165664
122173	38121	26029	163775	148390	6587	165664
1687	74	274	1762	1521	455	4741
1687	74	274	1762	1521	455	4741
55018	7774	1867	68573	47928	15960	151372
444143	43377	33267	529611	155060	54880	1160578
21509	495	830	24513	7223	16900	30697
37200	4426	5537	51526	41151	3070	38895
232421	5833	3381	258889	192008	33381	261181
3643397	83242	76805	13132466	5047822	1538712	4501473
153328	10813	3448	187686	127175	53952	470276
1011		1	1011	13	1000	4100

16-5 续表1

单位：万元

指　标	Item	主营业务成　本 Cost of Principal Business
总计	**Total**	**8603011**
批发业	**Wholesale Trade**	**6122666**
按登记注册类型分组	**By Status of Registration**	
内资企业	Domestic Funded Enterprises	5951755
国有企业	State-owned Enterprises	815823
集体企业	Collective-owned Enterprises	3049
股份合作企业	Cooperative Enterprises	1815
有限责任公司	Limited Liability Corporations	3862487
国有独资公司	State Sole Funded Corporations	759741
其他有限责任公司	Other Limited Liability Corporations	3102745
股份有限公司	Share-holding Corporations Ltd.	497403
私营企业	Private Enterprises	771179
私营有限责任公司	Private Limited Liability Corporations	771179
私营股份有限公司	Private Partnership Enterprises	
港澳台商投资企业	Enterprises with Funds from Hong Kong, Macao and Taiwan	167543
合资经营企业(港或澳台资)	Joint-venture Enterprises	
其他港澳台投资企业	Other Hong Kong, Macao and Taiwan investment enterprises	167543
外商投资企业	Foreign Funded Enterprises	3369
外资企业	Enterprises with Sole Fund	3369
按国民经济行业分组	**Grouped by Sector**	
农林牧产品批发	Wholesale of Farming,Forestry,Animal Husbandry and Fishery Product	149467
食品、饮料及烟草制品批发	Wholesale Trade of Food, Beverages and Tobaccos	934029
纺织、服装及家庭用品批发	Wholesale Trade of Textiles, Garments and Daily Consumer Articles	29610
文化、体育用品及器材批发	Wholesale Trade of Culture, Sports Appliances and Equipments	29817
医药及医疗器材批发	Wholesale Trade of Medicines and Medical Appliances	226893
矿产品、建材及化工产品批发	Wholesale Trade of Mineral Products, Building Materials and Chemical Products	4286472
机械设备、五金交电及电子产品批发	Wholesale Trade of Mechanical Equipment, Hardware and Electronic Products	462285
贸易经纪与代理	Trade Broker and Agency	4094

Continued

(10 000 yuan)

销售费用 Selling Expenses	管理费用 Management Expenses	财务费用 Financial Expenses	营业利润 Business Profit	利润总额 Total Profits	应交所得税 Income Tax Payable
275575	**151637**	**138185**	**282070**	**298718**	**31836**
129341	**77782**	**117833**	**210702**	**218824**	**20157**
127940	75815	119564	213204	221005	20157
12692	31175	-12117	69198	68925	12221
175	378	44	-87	-22	
31	3	35		7	2
45888	26639	122946	137081	142734	3566
15884	8803	92998	9861	13283	291
30003	17837	29948	127220	129451	3275
50149	4334	1534	8079	9165	3885
19005	13286	7122	-1066	197	485
19005	13286	7122	-1066	197	485
653	1574	-1723	-2502	-2181	
653	1574	-1723	-2502	-2181	
749	392	-7			
749	392	-7			
171	924	1187	-470	465	67
38620	35097	-11748	78877	78766	14654
204	643	216	-10	125	16
5628	4574	-162	1122	1391	250
15317	8605	2844	6601	6542	1335
65184	24320	122624	124690	130997	3647
4216	3617	2867	-80	565	189
	1	6	-26	-26	

16-5 续表2

单位：万元

指　标	Item	企业个数（个）Number of Enterprises (unit)	流动资产合计 Working Capitals
零售业	**Retail Trade**	**237**	**919537**
按登记注册类型分组	**By Status of Registration**		
内资企业	Domestic Funded Enterprises	234	909242
国有企业	State-owned Enterprises	3	2334
有限责任公司	Joint Ownership Enterprises	72	437696
国有独资公司	State Sole Funded Corporations	1	7818
其他有限责任公司	Other Limited Liability Corporations	71	429878
股份有限公司	Share-holding Corporations Ltd.	10	41980
私营企业	Private Enterprises	148	426449
私营独资企业	Private-funded Enterprises	2	1847
私营有限责任公司	Private Limited Liability Corporations	140	400045
私营股份有限公司	Private Share-holding Corporations Ltd.	6	24557
其他企业	Other Enterprises	1	783
港澳台商投资企业	Enterprises with Funds from Hong Kong, Macao and Taiwan	3	10295
合资经营企业(港或澳台资)	Joint-venture Enterprises	1	2206
港澳台商独资经营企业	Enterprises with Sole Investment	2	8090
按国民经济行业分组	**Grouped by Sector**		
综合零售	Integrated Retail	36	141262
食品、饮料及烟草制品专门零售	Special Retail of Food, Beverages and Tobaccos	20	27269
纺织、服装及日用品专门零售	Special Retail of Textiles, Wearing Apparel and Household Articles	8	23255
文化、体育用品及器材专门零售	Special Retail of Culture, Sports Appliances and Equipments	7	15930
医药及医疗器材专门零售	Special Retail of Medicines and Medical Appliances	14	72127
汽车、摩托车、燃料及其他动力销售	Special Retail of Motor Vehicles, Motorcycles, Fuel and Parts	125	504691
家用电器及电子产品专门零售	Special Retail of Household Electric Appliances and Electronic Products	13	58072
五金、家具及室内装修材料专门零售	Special Retail of Hardware, Furniture and Interior Decoration Materials	3	3344
货摊、无店铺及其他零售业	Stalls, Non-shop and Other Retails	11	73588

Continued

(10 000 yuan)

固定资产合计 Total Fixed Assets	累计折旧 Accumulated Depreciation	资产总计 Total Assets	负债合计 Total Liabilities	实收资本 Paid-in Capitals	主营业务收入 Revenue from Principal Business
305395	**129737**	**1376745**	**987123**	**297189**	**2769226**
300325	125163	1360802	979303	293303	2710442
21720	1067	35303	26748	998	139804
159370	54105	652824	495045	117373	1030613
1073	1244	8891	7682	1000	34327
158297	52861	643933	487363	116373	996287
67278	46907	152510	115522	33986	763648
51593	23064	518916	340888	140846	774980
586	58	2510	551	550	1201
45551	21823	483814	317324	133657	724059
5456	1183	32592	23014	6639	49720
365	21	1250	1100	100	1397
5070	4574	15943	7820	3886	58784
84	556	2290	1024	500	2254
4985	4017	13653	6795	3386	56530
114711	44559	286262	244396	54082	407411
3706	1281	38303	22260	9608	29326
34852	8272	63767	52323	14405	65565
3060	4347	20426	11429	5715	14047
4193	1847	79557	70131	15147	69253
114657	55498	706973	467396	173612	1967134
4977	2103	64479	51185	11719	113423
55	101	3942	4955	701	4095
25183	11729	113036	63046	12200	98972

16−5 续表3

单位：万元

指　标	Item	主营业务成本 Cost of Principal Business	销售费用 Selling Expenses
零售业	**Retail Trade**	**2480345**	**146234**
按登记注册类型分组	**By Status of Registration**		
内资企业	Domestic Funded Enterprises	2428874	140876
国有企业	State-owned Enterprises	132335	5756
有限责任公司	Joint Ownership Enterprises	884418	73656
国有独资公司	State Sole Funded Corporations	32051	507
其他有限责任公司	Other Limited Liability Corporations	852367	73149
股份有限公司	Share-holding Corporations Ltd.	721797	20681
私营企业	Private Enterprises	690325	40764
私营独资企业	Private-funded Enterprises	818	119
私营有限责任公司	Private Limited Liability Corporations	644228	38451
私营股份有限公司	Private Share-holding Corporations Ltd.	45279	2195
其他企业	Other Enterprises		19
港澳台商投资企业	Enterprises with Funds from Hong Kong, Macao and Taiwan	51471	5359
合资经营企业(港或澳台资)	Joint-venture Enterprises	1319	243
港澳台商独资经营企业	Enterprises with Sole Investment	50152	5116
按国民经济行业分组	**Grouped by Sector**		
综合零售	Integrated Retail	334598	52039
食品、饮料及烟草制品专门零售	Special Retail of Food, Beverages and Tobaccos	24806	1739
纺织、服装及日用品专门零售	Special Retail of Textiles, Wearing Apparel and Household Articles	56527	5447
文化、体育用品及器材专门零售	Special Retail of Culture, Sports Appliances and Equipments	8239	1358
医药及医疗器材专门零售	Special Retail of Medicines and Medical Appliances	56791	8800
汽车、摩托车、燃料及其他动力销售	Special Retail of Motor Vehicles, Motorcycles, Fuel and Parts	1821598	62663
家用电器及电子产品专门零售	Special Retail of Household Electric Appliances and Electronic Products	99434	9145
五金、家具及室内装修材料专门零售	Special Retail of Hardware, Furniture and Interior Decoration Materials	1765	1540
货摊、无店铺及其他零售业	Stalls, Non-shop and Other Retails	76587	3506

Continued

(10 000 yuan)

管理费用 Management Expenses	财务费用 Financial Expenses	营业利润 Business Profit	利润总额 Total Profits	应 交 所得税 Income Tax Payable
73856	**20352**	**71368**	**79895**	**11678**
72947	20319	69668	78117	11289
1459	54	50	270	
28646	12344	48261	51656	7628
1283	21	610	606	150
27363	12323	47651	51050	7479
15578	1587	7695	12298	437
27265	6335	13662	13893	3224
97	2	154	157	5
25714	6203.8	12203.8	12503	3021
1454	129	1304	1234	197
909	33	1699	1778	389
93	-11	600	600	90
816	44	1100	1179	299
17438	6421	4942	5645	4789
1114	360	1089	1757	3
6901	2221	-3325	2935	6
1854	33	2913	3014	66
3159	514	-428	30	245
32485	9961	52481	52648	3508
5580	1485	-1526	-691	283
1632	-1.1	-908.2	-1891.5	-0.2
3694	-640.9	16129.3	16447.9	2779.1

16-6 2017-2018年限额以上住宿餐饮业基本情况
Basic Conditions of Hotels and Catering Services Enterprises above Designated Size (2017-2018)

项 目	Item	法人企业数(个) Number of Corporation Enterprises (unit)		营业总收入(万元) Total Business Income (10 000 yuan)	
		2017	2018	2017	2018
总计	**Total**	**151**	**149**	**131019**	**127974**
住宿业	**Hotels**	**98**	**102**	**87338**	**88449**
按登记注册类型分组	**By Status of Registration**				
内资企业	Domestic Funded Enterprises	96	100	82823	84439
国有企业	State-owned Enterprises	10	9	12862	10714
集体企业	Collective-owned Enterprises	1	1	199	179
股份合作企业			1		231
有限责任公司	Limited Liability Corporations	34	30	27652	25887
国有独资公司			1		1423
其他有限责任公司	Other Limited Liability Corporations	34	29	27652	24465
股份有限公司	Private Enterprises	3	4	9890	10369
私营企业	Private Enterprises	46	55	30990	37060
私营独资企业	Private-funded Enterprises	4	4	932	842
私营有限责任公司	Private Limited Liability Corporations	38	48	28450	35147
私营股份有限公司	Private Share-holding Corporations Ltd	4	3	1607	1070
其他企业	Other Enterprises	2		1231	
外商投资企业	Enterprises With Foreign Investment	2	2	4515	4009
中外合资经营企业	Joint-venture Enterprises	1	1	1887	1735
外资企业	Enterprises with Sole Fund	1	1	2628	2274
按国民经济行业分组	**Grouped by Sector**				
旅游饭店	Tourist Hotel	73	74	75778	72123
一般旅馆	Ordinary Hotel	23	22	10252	13043
其他住宿业	Other Accommodation Services	2	6	1308	3282
餐饮业	**Catering Services**	**53**	**47**	**43681**	**39526**
按登记注册类型分组	**By Status of Registration**				
内资企业	Domestic Funded Enterprises	53	47	43681	39526
有限责任公司	Limited Liability Corporations	8	7	7590	7079
国有独资公司	Wholly State-owned Enterprises	1	1	1360	1502
其他有限责任公司	Other Limited Liability Corporations	7	6	6230	5576
股份有限公司	Share-holding Corporations Ltd.	4	2	4417	2286
私营企业	Private Enterprises	41	38	31674	30161
私营独资企业	Private-funded Enterprises	1		802	
私营合伙企业	Private partnership	1	1	442	319
私营有限责任公司	Private Limited Liability Corporations	37	37	28006	29842
私营股份有限公司	Private Share-holding Corporations Ltd.	2		2425	
按国民经济行业分组	**Grouped by Sector**				
正餐服务	Dinner services	51	45	43058	38290
快餐服务	Fast food services	1	1	624	83
其他餐饮业			1		1153

注：限额以上住宿、餐饮业包括年主营业务收入在200万元及以上的住宿、餐饮业企业及个体户。
a)Hotels and catering services enterprises above designated size include hotels, catering enterprises and self-employed whose main business income is at 2 million yuan and above.business are 20 million yuan and above. Retail trade units above designated size include the retail enterprises and self-employed persons which annual revenue from principal business are 5 million yuan and above.

16-7 2018年城乡私营企业基本情况

Basic Statistics of Private Enterprises in Urban and Rural Areas(2018)

单位：个、万元 (unit，10 000 yuan)

项目	Item	期末实有 Actually Number at End of Period					
		合计 Total			#城镇 Urban		
		单位数 Number of Enterprises	雇工人数 Registered Capital	注册资金 Registered Capital	单位数 Number of Enterprises	雇工人数 Registered Capital	注册资金 Number of Enterprises
合计	**Total**	**80237**	**286383**	**60723156**	**72921**	**200358**	**51171258**
农林牧渔业	Agriculture, Forestry, Animal Husbandry and Fishery	8305	29481	3317525	6836	20829	2675757
采矿业	Mining	684	5452	1030402	413	1768	652340
制造业	Manufacturing	5569	36501	4553365	4110	14629	2910526
电力、热力、燃气及水生产和供应业	Production and Supply of Electriaty, Heat and Gas	601	4157	1605233	406	1666	1336015
建筑业	Construction	9180	36416	8781862	8401	25350	7371018
批发和零售业	Wholesale and Retail Trades	23107	66023	12916348	22644	49134	10727314
交通运输、仓储和邮政业	Transport, Storage and Post	1871	10523	817521	1637	8793	693221
住宿和餐饮业	Hotels and Catering Services	2746	9558	1386384	2421	7185	1249613
信息传输、软件和信息技术服务业	Information Transmission, Software, and Information Technology Services	3035	5842	1249765	2696	5404	1161774.9
金融业	Financial Intermediation	333	1444	5363602	248	902	5192573
房地产业	Real Estate	2236	8989	2971149	1752	5269	1860945
租赁和商务服务业	Leasing and Business Services	11009	34669	9723633	11009	29923	9138114
科学研究和技术服务业	Scientific Research, and Technical Services	3507	9650	3504147	3278	8467	3265052
水利、环境和公共设施管理业	Management of Water Conservancy, Environment and Public Facilities	851	2074	544486	761	1699	486405
居民服务、修理和其他服务业	Residential Services, Repairs and Other Services	4319	14764	1421747	3972	11482	1286310
教育	Education	256	1099	102706	228	1058	95775
卫生和社会工作	Health and Social Work	233	1213	159494	211	1140	147479
文化、体育和娱乐业	Culture, Sports and Entertainment	1975	5780	946131	1845	5492	907580
其他	Other	420	2748	327654	53	168	13446

注：本表数据来源于青海省市场监督管理局。

a)The data source of this table is the Qinghai Administration for Market Regulation.

16-8　2018年零售业连锁经营情况综合表

Statistics on Chain Business of Retail Trade(2018)

单位：个、人、万元　　　　(unit，person，10 000 yuan)

指标	Item	连锁总店数 Number of General Chain Stores	门店数 Number of Branch Stores	年末从业人员数 Engaged Persons	连锁门店商品购进总额 Total Purchases Value of Branch Stores	统一配送商品购进额 Centralized Purchase and Delivery	连锁门店商品销售额 Sales of Commodities of Branch Stores
总计	**Total**	**10**	**187**	**4841**	**140587**	**100240**	**239923**
按登记注册类型分组	**By Status of Registration**						
内资企业	Domestic Funded Enterprises	10	187	4841	140587	100240	239923
有限责任公司	Limited Liability Corporations	8	111	2787	101795	80890	160948
其他有限责任公司	Other Limited Liability Corporations	8	111	2787	101795	80890	160948
股份有限公司	Private Enterprises	2	76	2054	38792	19350	78975
按行业分	**By Sector**						
批发业	**Wholesale Trade**	**1**	**73**	**122**	**19350**	**19350**	**18270**
其他批发业	Wholesale of Food, Beverages and Tobaccos	1	73	122	19350	19350	18270
零售业	**Retail Trade**	**9**	**114**	**4719**	**121237**	**80890**	**221653**
综合零售	Integrated Retail	4	68	3480	63633	44192	156166
纺织、服装及日用品	Special Retail of Textiles, Garments	1	7	334	550		933
医药及医疗器材	Special Retail of Medicines and	3	24	690	26832	6476	34332
家用电器及电子产品专门零售	Special Retail of Household Electric Appliances and Electronic Products	1	15	215	30222	30222	30222
按批发零售连锁业态分组	**By Wholesale and Retail Trade Business Categories**						
超市	Supermarkets	1	50	740	13171	13171	49494
大型超市	Large Supermarkets	1	6	700	26983	26983	44641
百货商店	Department Stores	1	3	1932	19441		60705
专业店	Specialty Stores	5	46	1239	57604	36698	65486
其他	Others	2	82	230	23388	23388	19597

16-9　2018年商品交易市场情况
Statistics on Commodity Exchange Markets(2018)

单位：个、平方米、万元　　(unit，sq.m，10 000 yuan)

指标	Item	市场数 Number of Markets	总摊位数 Number of Booths	营业面积 Operating Area	成交额 Turnover
总计	**Total**	**9**	**7751**	**616513**	**585419**
按市场类别分组	**By Markets Category**				
专业市场	Special Markets	9	7751	616513	585419
生产资料市场	Capital Goods Markets	1	25	1000	13100
金属材料市场	Metal Materials Markets	1	25	1000	13100
农产品市场	Farm Produce Markets	4	3022	464348	380526
蔬菜市场	Vegetables Markets	2	1882	277000	353998
干鲜果品市场	Dry and fresh fruit market	1	740	71145	20928
其他农产品市场	Others	1	400	116203	5600
纺织、服装、鞋帽市场	Textiles, Clothing, Shoes and Hats Markets	2	3347	119000	77383
服装市场	Clothing Markets	1	320	19000	11000
其他纺织服装鞋帽市场	Others	1	3027	100000	66383
医药、医疗用品及器材市场	Medicine, Medical Materials and Medical Instruments Markets	1	70	20000	12000
中药材市场	Chinese Medicine Markets	1	70	20000	12000
家具、五金及装饰材料市场	Furniture, Hardware and Decoration Materials Markets	1	1287	12165	102410
其他装修市场	Others	1	1287	12165	102410
按营业状态分组	**By Operating Status**				
常年营业	Perennial Operation	9	7751	616513	585419
按经营方式分组	**By Operation Mode**				
以批发为主	Wholesale as the Main Mode	6	6074	565348	460009
以零售为主	Retail as the Main Mode	3	1677	51165	125410
按经营环境分组	**By Business Environment**				
露天式	Open Air	3	1165	188348	39628
封闭式	Closed	6	6586	428165	545791

16-10 2018年城乡个体工商业基本情况

Basic Statistics of Individual Industry and Commerce in Urban and Rural Areas(2018)

项　目	Item	户　数（个）Number of Stores (unit)	城镇 Urban	资金数额（万元）Amount of Funds (10 000 yuan)	城镇 Urban
合计	**Total**	**307642**	**287608**	**3445713**	**3263903**
农林牧渔业	Agriculture, Forestry, Animal Husbandry and Fishery	8590	6633	299970	226930
采矿业	Mining	79	69	3884	2842
制造业	Manufacturing	16384	14488	160014	129811
电力、燃气及水的生产和供应业	Production and Supply of Electricity, Gas and Water	54	51	2266	2236
建筑业	Construction	642	588	12203	10807
交通运输、仓储和邮政业	Transport, Storage and Post	12966	11514	122124	109665
信息传输、计算机服务和软件业	Information Transmission, Computer Services and Software	988	892	8933	8326
批发和零售业	Wholesale and Retail Trades	171484	160369	1267361	1262957
住宿和餐饮业	Hotels and Catering Services	51760	50331	1085332	1059017
金融业	Finance	4	4	8	8
房地产业	Real Estate	48	44	666	491
租赁和商务服务业	Leasing and Business Services	2342	2111	43358	39633
科学研究、技术服务和地质勘查业	Scientific Research, Technical Service and Geologic Prospecting	76	73	1352	1339
水利、环境和公共设施管理业	Management of Water Conservancy, Environment and Public Facilities	339	335	1447	1412
居民服务和其他服务业	Services to Households and Other Services	34989	33530	332741	308238
教育	Education	105	101	3067	3032
卫生、社会保障和社会福利业	Health, Social Security and Social Welfare	1315	1238	24323	22813
文化、体育和娱乐业	Culture, Sports and Entertainment	3126	2915	68551	66314
其他行业	Others	2351	2322	8112	8032

注：本表数据来源于青海省市场监督管理局。

a)The data source of this table is the Qinghai Administration for Market Regulation.

主要统计指标解释

社会消费品零售总额 指国民经济各行业直接售给城乡居民和社会集团的消费品总额。它是反映各行业通过多种商品流通渠道向居民和社会集团供应的生活消费品总量，是研究国内零售市场变动情况、反映经济景气程度的重要指标。

社会消费品零售总额包括:⑴售给城乡居民作为生活用的商品和修建房屋用的建筑材料;⑵售给社会集团的各种办公用品和公用消费品;⑶售给机关、团体、学校、部队、企业、事业单位的职工食堂和旅店(招待所)附设专门供本店旅客食用,不对外营业的食堂的各种食品、燃料;企业、单位和国营农场直接售给本单位职工和职工食堂的自己生产的产品;⑷售给部队干部、战士生活用的粮食、副食品、衣着品、日用品、燃料;⑸售给来华的外国人、华侨、港澳台同胞的消费品;⑹居民自费购买的中、西药品、中药材及医疗用品;⑺报社、出版社直接售给居民和社会集团的报纸、图书、杂志,集邮公司出售的新、旧纪念邮票、特种邮票、首日封、集邮册、集邮工具等;⑻旧货寄售商店自购、自销部分的商品;⑼煤气公司、液化石油气站售给居民和社会集团的煤气灶具和罐装液化石油气;⑽农民售给非农业居民和社会集团的商品。不包括售给国民经济各部门企业、事业单位(包括国有经济的农场)生产经营用的各种原材料、燃料、设备、工具等和售给批发零售贸易业、餐饮业作为转卖用的商品,旧货寄售商店受托寄售卖出的商品,服务业的营业收入,邮局出售邮票的收入,自来水、电力、煤气生产(供应)单位的产品供应收入,也不包括农民之间的商品销售。

批发零售贸易业商品购、销、存总额 指各种登记注册类型的批发、零售贸易业(不包括个体)企业(单位)以本企业(单位)为总体的商品购进、销售、库存总额。

商品购进总额 指从本企业(单位)以外的单位和个人购进(包括从境外直接进口)作为转卖或加工后转卖的商品总额。它反映批发零售贸易业从国内、国外市场上购进商品的总量。商品购进总额包括:⑴从工农业生产者购进的商品;⑵从出版社、报社的出版发行部门购进的图书、杂志和报纸;⑶从各种登记注册类型的批发零售贸易企业(单位)购进的商品;⑷从其他单位购进的商品,如从机关、团体、企业等单位购进的剩余物资,从餐饮业、服务业购进的商品,从海关、市场管理部门购进的缉私和没收的商品,从居民手中收购的废旧商品等;⑸从国(境)外直接进口的商品。不包括企业(单位)为自身经营用和未通过买卖行为而收入的商品以及销售退回、商品升溢等。

商品销售总额 指对本企业(单位)以外的单位和个人出售(包括对境外直接出口)的商品总额(含增值税)。它反映批发零售贸易业在国内市场上销售商品以及出口商品的总量。商品销售总额包括:⑴售给城乡居民和社会集团消费用的商品;⑵售给工业、农业、建筑业、运输邮电业、批发零售贸易业、餐饮业、服务业等作为生产、经营使用的商品;⑶售给批发零售贸易业作为转卖或加工后转卖的商品;⑷对国(境)外直接出口的商品。不包括出售本企业(单位)自用的废旧包装用品;未通过买卖行为付出的商品;经本单位介绍,由买卖双方直接结算,本单位只收取手续费的业务;购货退出的商品以及商品损耗和损失等。

批发零售贸易业库存 指报告期末各种登记注册类型的批发零售贸易企业(单位)已取得所有权的商品。它反映批发零售贸易企业(单位)的商品库存情况和对市场商品供应的保证程度。期末库存包括:⑴存放在批发零售贸易业经营单位(如门市部、批发站、经营处)仓库、货场、货柜和货架中的商品;⑵挑选、整理、包装中的商品;⑶已记入购进而尚未运到本单位的商品,即发货单或银行承兑凭证已到而货未到的部分;⑷寄放他处的商品,如因购货方拒绝承付而暂时存放在购货方的商品和已办完加工成品收回手续而未提回的商品;⑸委托其他单位代销(未作销售或调出)尚未售出的商品;⑹代其他单位购进尚未交付的商品。不包括所有权不属于本单位的商品、拨付除批发零售贸易业以外的其他行业所属独立核算加工厂等加工生产尚未收回成品的商品、代国家物资储备部门保管的商品等。

住宿和餐饮业营业额 指住宿和餐饮业法人企业(单位)在经营活动中因提供服务或销售商品等取得的收入。包括:客房收入、餐费收入、商品销售额和其他收入。客房收入指住宿和餐饮业法人企业(单位)在经营活动中因提供住宿服务取得的收入。餐费收入指住宿和餐饮业法人企业、(单位)因为顾客提供就餐服务取得的收入,包括经烹饪、调制加工后出售的各种食品,如主食、炒菜、凉拌菜等的收入。商品销售额指住宿和餐饮业法人企业(单位)伴随服务而出售商品所取得的收入(含增值税)。其他收入指营业收入中除客房收入、餐费收入、商品销售额以外的其他收入,包括娱乐、健身和商务服务等。

Explanatory Notes on Main Statistical Indicators

Total Retail Sales of Consumer Goods refer to the sum of retail sales of commodities sold by Various industries of national economy to urban and rural households for household consumption and to social institutions for public consumption. It is a reflection of the industry through a variety of channels for commodity circulation to the residents and social group for the supply of consumer goods total, and it also is an important index for research of domestic retail market changes and reflecting the degree of economic boom.

Total retail sales of consumer goods include:

a) Sales sold to urban and rural residents as a commodity and the construction of housing construction materials.

b) Various office supplies and consumer goods sold to the social group;

c) Food, fuel sold to staff canteens of Organs, organizations, schools, military units, enterprises and institutions and canteen nearby hotels (Hospitality) specifically for the shop passenger edible and non - open to the public; products producing by enterprises, units and state farms sold directly to their employees and staff canteen own.

d) Food, non - staple food, clothing, daily necessities, fuel sold to military personnel, soldiers for living;

e) Consumer goods sold to foreigners, overseas Chinese, Hong Kong, Macao and Taiwan compatriots in China;

f) Chinese and Western medicine, Chinese herbal medicine and medical supplies purchased by residents purchased at their own expense;

g) Newspapers, books, magazines, new and old commemorative stamps sold by philatelic corporation , special stamps, FDC, stamps, stamp collecting tools, etc. sold by newspapers, publishing houses to residents and social groups;

h) Goods Since the purchase of second - hand shops;

i) Gas cooker and bottled liquefied petroleum gas sold by gas and liquefied petroleum gas stations to residents and social groups;

j) Goods sold by farmers to non - agricultural residents and social groups. It does not include all raw materials, fuel, equipment, tools etc. sold to national economic departments, enterprises and institutions (including farm of state - owned economy) for production and management and goods sold to wholesale and retail trade, catering industry as commodities, consignment selling goods commissioned by vintage consignment shop, services revenue of service industry, income of post on sell stamps, income of tap water, electricity, gas production and supply unit on the supply of products. It also does not include sales of commodities among farmers.

Purchase, Sales and Stock of Commodities by Wholesale and Retail Trades refer to the total volume of commodities purchased, total volume of sales and exports, and the stock of commodities by wholesale and retail enterprises (establishments) of different status of registration from domestic and overseas markets.

Total Purchases of Commodities refer to the total value of purchases of commodities by enterprises (establishments) from other establishments or individuals (including direct import from abroad) for the purpose of re - selling, either with or without further processing of the commodities purchased. This indicator is used to show the total value of purchases of commodities by wholesale and retail establishments from domestic and overseas markets. The purchases include: (1) agricultural and industrial products purchased from producers; (2) books, magazines and newspapers purchased from distribution departments of the publishers; (3) commodities purchased from wholesale and retail establishments of different status of registration; (4) commodities purchased from other units, such as surplus materials purchased from government agencies, enterprises or institutions, commodities purchased from hotels and catering services establishments, confiscated goods purchased from customs authorities or market management agencies, second - hand goods and wastes purchased from residents; and (5) commodities directly imported from abroad. Excluded are commodities purchased by enterprises (establishments) for use in their own business operation, commodities obtained without buying or selling procedures, rejected commodities, etc.

Total Sales of Commodities refer to value of commodities sold by the establishments to other establishments and individuals (including direct export to abroad). This indicator is used to show the total value of sales of commodities at domestic markets and export. The sales include: (1) commodities sold to urban and rural residents and social groups for their consumption; (2) commodities sold to establishments in industry, agriculture, construction, transportation, post and telecommunications, wholesale and retail trades, hotels and catering services, and public utility for their production and operation; (3) commodities sold to wholesale and retail establishments for re - selling, with or without further processing; and (4) commodities for direct export to abroad. Excluded are selling of waste packaging materials used by the establishments (units) themselves, commodities transferred without buying or selling procedures, commission income from brokerage in transactions for which settlement is directly handled by buyers and sellers, rejected commodities in the purchase, loss in commodities, etc.

Total Stock of Wholesale and Retail Trade refers to total commodities possessed by wholesale and retail enterprises (units) of various types of registration status at the end of the reference period, reflecting the commodity stock level of various wholesale and retail enterprises and the potential for market supply. It includes: (1) commodities located in storage, garages, counters, and shelves of operating units (such as sale stores, wholesale centres, and operating offices) of wholesale and retail enterprises; (2) commodities in the process of being selected, sorted, and packed; (3) commodities not arrived but recorded as purchase in the account, i. e. commodities not arrived but payment receipts for the commodities from the sellers or the banks arrived; (4) commodities deposited in other places rather than places mentioned above, for instance: commodities in the hold of purchasers temporarily due to the refusal of payment and commodities not taken back after going through the formalities; (5) commodities entrusted to other units to sell but not sold yet; (6) commodities purchased for other units but not delivered yet. Commodities not included as stock are those not owned by the enterprises (units), commodities on commission for processing but not yet delivered, imported commodities of agency of foreign trade enterprise but not yet delivered to ordering units and finally those put in stock on behalf of the state material reserves units.

Business Revenue of Hotels and Catering Services refers to revenue received from providing services or selling commodities by corporate enterprises and establishments engaged in hotels and catering services, including income from hotels, from catering services, from selling of commodities and from other services. Income from hotels refers to income of corporate enterprises and establishments engaged in hotels and catering services by providing lodging services. Income from catering services refers to income of corporate enterprises and establishments engaged in hotels and catering services by providing catering services, including selling of cooked or prepared foods such as staple food, cooked dishes or cold dishes. Income from selling of commodities refers to income of corporate enterprises and establishments engaged in hotels and catering services by selling commodities (including value – added tax) that accompany the services they provide. Income from other activities refers to income received other than income from hotels, catering services or selling of commodities, such as income from providing recreation, fitness or business services.

第 17 篇

CHAPTER 17

旅　游

Tourism

旅游收入

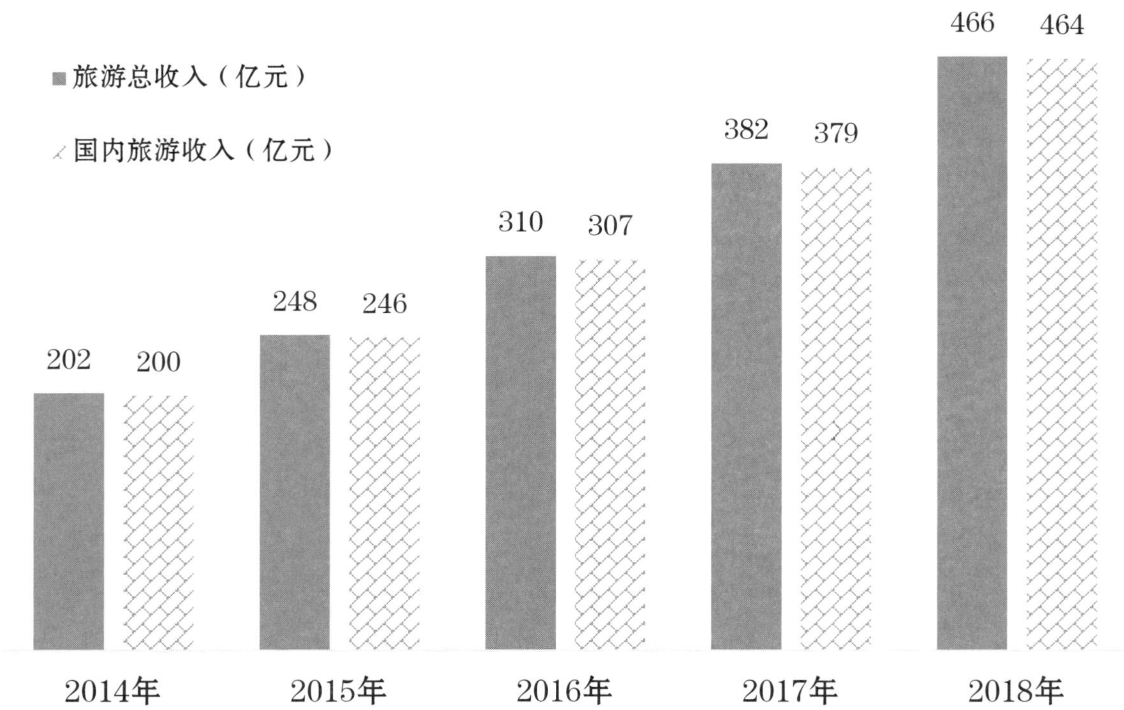

入青游客主要客源

（2018年）

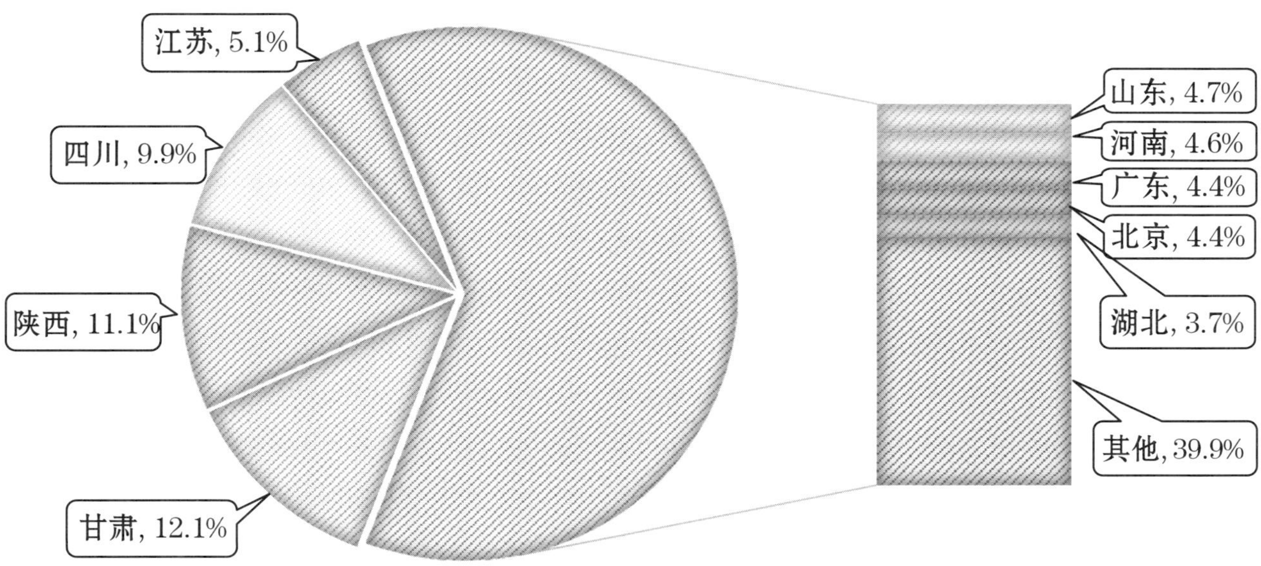

17－1　2014－2018年旅游事业发展情况

Development of Tourism (2014－2018)

指　标	Item	2014	2015	2016	2017	2018
年末旅行社数　（个）	**Number of Travel Agencies (unit)**	**247**	**238**	**273**	**308**	**437**
国际旅行社	International Travel Agencies	15	15	19	23	25
国内旅行社	Domestic Travel Agencies	232	222	254	285	412
年末旅行社从业人员　（人）	**Engaged Persons of Travel Agencies (person)**	**2480**	**2138**	**2057**	**2303**	**3267**
国际旅行社	International Travel Agencies	525	457	492	552	625
国内旅行社	Domestic Travel Agencies	1955	1681	1565	1751	2642
星级饭店总数　（个）	**Number of Star-rated Hotels (unit)**	**219**	**313**	**332**	**339**	**344**
旅游人次合计　（万人次）	**Number of Tourists (10 000 persons-time)**	**2005.6**	**2315.4**	**2876.9**	**3484.1**	**4204.4**
国际旅游者	Number of Overseas Visitor Arrivals	5.2	6.6	7.0	7.0	6.9
外国人	Foreigners	4.1	4.5	5.0	5.7	5.4
港、澳、台湾同胞	Chinese Compatriots From Hong Kong, Macao and Taiwan	1.1	2.0	2.0	1.3	1.6
国内旅游者	Number of Domestic Visitors	2000.4	2308.8	2869.9	3477.1	4197.5
旅游总收入　（亿元）	**Total Tourism Earnings (100 million yuan)**	**202**	**248**	**310**	**382**	**466**
国内旅游收入　（亿元）	Earnings from Domestic Tourism (100 million yuan)	200	246	307	379	464
国内旅游者人均花费　（元）	**Per Capita Expenditure from Domestic Tourism(yuan)**	**1001**	**1064**	**1071**	**1090**	**1105**
国际旅游外汇收入（万美元）	**Foreign Exchange Earnings from International Tourism (10 000 USD)**	**2574**	**3876**	**4416**	**3829**	**3613**
国际旅游者人均天花费（美元）	**Per Capita Expenditure from International Tourism (USD)**	**159**	**179**	**166**	**169**	**172**

注：本章数据来源于青海省文化和旅游厅。

a)This data is from the Qinghai Provincial Development of Culture and Tourism.

17-2 2017-2018年接待外国旅游人数(按国别分)

Number of Oversea Visitor Arrivals by Country(2017-2018)

单位：人次 (person-time)

国家(地区) Country(Region)		2017	2018	国家(地区) Country(Region)		2017	2018
总 计	**Total**	**56953**	**53603**	德 国	Germany	1242	1302
亚洲小计	**Total Asia**	**33143**	**24311**	意大利	Italy	426	829
日 本	Japan	8855	5468	其 它	Others	5140	5820
韩 国	Republic of Korea	2494	2951	**美洲小计**	**Total America**	**10350**	**11206**
印度尼西亚	Indonesia	431	1907	美 国	United States	7741	6101
马来西亚	Malaysia	2669	1878	加拿大	Canada	1542	2092
菲律宾	Philippines	159	297	其 它	Others	1067	3013
新加坡	Singapore	3509	1798	**大洋洲小计**	**Total Oceanic**	**1891**	**2411**
泰 国	Thailand	164	1210	澳大利亚	Australia	1312	1117
其 他	Others	14862	8802	新西兰	New Zealand	169	259
欧洲小计	**Total Europe**	**10054**	**13387**	其 它	Others	410	1035
英 国	United Kingdom	1779	2308	**非洲小计**	**Total Africa**	**288**	**1246**
法 国	France	1467	3128	**其 它**	**Others**	**1227**	**1042**

17–3 2018年进入青海省自驾车量
Volume of Tourists by Self-driving Cars (2018)

车源地	Car Source	自驾车数量（辆）Volume (unit)	比上年增长(%) Increase Over the Previous Year (%)
合 计	**Total**	**1739699**	
甘 肃	Gansu	699949	14.99
陕 西	Shaanxi	151349	52.02
宁 夏	Ningxia	132513	41.08
河 南	Henan	60726	46.82
四 川	Sichuan	54301	-36.73
山 西	Shanxi	37011	11.80
内蒙古	Inner Mongolia	31594	-34.36
西 藏	Tibet	22378	-13.98
重 庆	Chongqing	19276	-68.83
北 京	Beijing	19191	-54.72
新 疆	Xinjiang	17641	-39.36
其 他	Others	493770	91.01

17–4 2018年入青游客主要客源地
The Main Source of Tourists into Qinghai(2018)

地区	Region	省外游客(万人次) Foreign Province Tourists (10 000 person-times)	所占比重(%) Percentage (%)
合 计	**Total**	**2090.24**	**100.0**
甘 肃	Gansu	252.71	12.1
陕 西	Shaanxi	232.64	11.1
四 川	Sichuan	207.77	9.9
江 苏	Jiangsu	107.02	5.1
山 东	Shandong	98.87	4.7
河 南	Henan	96.36	4.6
广 东	Guangdong	92.60	4.4
北 京	Beijing	91.34	4.4
湖 北	Hubei	77.55	3.7
其 他	Others	833.38	39.9

17-5 2018年星级饭店基本情况

Basic Conditions of Star-rated Hotel (2018)

指 标	Item	星级饭店 (个) Number of Star-rated Hotel (unit)	客房数 (间) Number of Rooms (unit)	床位数 (张) Number of Beds (unit)	从业人数 (人) Employed Persons (person)
合 计	**Total**	**344**	**27075**	**49607**	**17053**
五星级	Five-star Hotel	2	942	1534	850
四星级	Four-star Hotel	49	7082	12862	7288
三星级	Three-star Hotel	176	13465	25089	6928
二星级	Two-star Hotel	114	5444	9849	1950
一星级	One-star Hotel	3	142	273	37

17-6 2016-2018年分地区旅游业发展情况

Development of Tourism by Region(2016-2018)

单位：亿元、万人次、元 (100 million yuan,10 000 person-times,yuan)

地 区	Region	旅游总收入 Total Tourism Earnings			旅游人数 Number of Tourists			人均花费 Per Capita Expenditure		
		2016	2017	2018	2016	2017	2018	2016	2017	2018
西宁市	Xining City	195.8	251.0	312.4	1852.5	2138.3	2460.7	1057.0	1173.7	1269.7
海东市	Haidong City	35.7	44.7	55.1	962.5	1161.4	1375.2	370.4	384.8	400.5
海北州	Haibei Zang A.P	20.5	26.6	33.7	733.5	862.7	1000.0	278.8	308.6	336.5
黄南州	Huangnan Zang A.P	13.2	16.1	19.5	427.9	557.1	672.7	308.9	288.5	290.2
海南州	Hainan Zang A.P	16.6	20.7	25.3	657.8	778.5	939.2	251.9	265.5	269.6
果洛州	Golog Zang A.P	3.1	4.0	2.4	45.9	55.4	32.6	675.2	725.9	720.9
玉树州	Yushu Zang A.P	4.2	5.8	7.3	63.9	88.5	111.7	649.5	649.8	649.8
海西州	Haixi Mongolian &Zang A.P	58.0	85.9	98.7	1105.8	1375.2	1711.7	524.5	624.8	576.6
青海湖管理局	Qinghai Lake Administration Bureau	2.5	3.3	5.6	189.8	330.5	400.5	130.1	99.3	140.3

注：表中旅游人数合计存在重复统计因素(一日游、自驾游等)，旅游收入合计也只含入住、餐饮、景点门票等收入。因此，分地区指标除代表本地旅游发展情况外，只做全省旅游统计指标测算参考依据，各地简单合计不能准确代表全省旅游发展情况。

a) There is repeated statistical factors (day trips, driving, etc.)in Total Tourist Arrivals in the table , and total tourism revenues contains only staying, restaurants, attractions tickets and other revenue. Therefore, indicators by region represent the local tourism development of the region, and become only measuring reference of the province's tourism statistical indicators, simple total of all the regions can not accurately represent the provincial tourism development situation.

17-7 青海省A级旅游景区名录
Catalogue of State Class Scenic Spots of Qinghai

景区名称	Scenic Spot Name	地 址
5A级景区	**AAAAA State Class Scenic Spots**	
塔尔寺景区	Ta'er Lamasery	西宁市湟中县鲁沙尔镇
青海湖景区	Qinghai Lake	青海湖管理与保护局
互助土族故土园旅游区	Huzhu Tu Homeland Park Scenic Spot	海东市互助县威远镇北大街1号
4A级景区	**AAAA State Class Scenic Spots**	
青海省博物馆	Qinghai Museum	西宁市西关大街新宁广场
格尔木昆仑文化旅游区	Geermu Kunlun Culture Area	海西州格尔木市八一中路
循化撒拉族绿色家园	Xunhua Sala Nationality Gardens	海东市循化县积石镇
金银滩景区	Jinyintan Pasture	海北州西海镇
青海藏医药文化博物馆	Qinghai Tibetan Medicine and Culture Museum	西宁市生物园区
门源百里油菜花海景区	Menyuan Hundred Miles of Rapeseeds Flower Field	海北州门源县东街
祁连风光旅游景区	Qilian Mountains	海北州祁连县祁连广场
热贡国家级历史文化名城旅游区	Regong State Historical and Cultural City	黄南州同仁县热贡宾馆
玉树称多拉布民俗村	Yushu Chengduo Labu Folk Customs Village	玉树州称多县拉布村
大通老爷山风景名胜区	Datong Laoyeshan Mountain	西宁市大通县桥头镇
湟源丹噶尔古城	the Ancient city of Dan Gar in Huangyuan County	西宁市湟源县
西宁乡趣农耕文化生态园	Xining Rural Farming Culture Ecological Park	西宁市城北区大堡子镇陶北村口
西宁市青藏高原野生动物园	Xining Qinghai-Tibet Plateau Wildlife Park	西宁市城西区行知路9号
贵德高原养生休闲度假区	Guide Highland Health and Leisure Resort	海南州贵德县
西宁市青海藏文化馆	Qinghai Tibetan Cultural Center	西宁市湟中县鲁沙尔镇
坎布拉景区	Kanbula Area	黄南州尖扎县西北部
青海茶卡盐湖旅游景区	Qinghai Chaka Salt Lake	海西州乌兰县茶卡镇
刚察县高原海滨藏城景区	Gangcha Plateau Seashore Tibetan City	海北州刚察县
西宁市中国工农红军西路军纪念馆	Chinese Red Army Memorial Museum	西宁市城中区
西宁市力盟步行街文化旅游区	Limeng Walking Street Cultural Tourism Area	西宁市城西区
格尔木市将军楼文化主题公园	Geermu Gen. Building Cultural Theme Park	海西州格尔木市
民和县永禄康格达景区	Minhe Yonglu Kangeda Area	民和县满坪镇大庄村
乡趣卡阳户外旅游度假景区	Kayang Village Interesting Outdoor Tourist Resort	西宁市湟源县
龙羊峡旅游景区	Longyangxia Reservoir	海南州共和县龙羊峡库区
3A级景区	**AAA State Class Scenic Spots**	
西宁市人民公园	Xining People's Park	西宁市胜利路
西宁市东关清真大寺	Xining Dongguan the Great Mosque	西宁市东关大街
西宁市南山旅游风景区	Xining South Hill	西宁市南山公园
北山土楼观旅游景区	Beishan Taoist Temple	西宁市祁连路
西宁市麒麟湾	Xining Kirin Bay	西宁市黄河路29号
浦宁之珠(高原明珠)	Pearl Puning (Plateau Pearl)	西宁市西山一巷
青海赞普林卡旅游景区	Qinghai Zanpulinka Palace	西宁市湟源县县城入口处
青海日月山旅游景区	Qinghai Riyue Mountain	西宁市湟源县
大通国家森林公园察汗河景区	Datong National Forest Park Chahanhe Scenic Area	西宁市大通县宝库乡油坊卡村224号
大通县汇丰景园农业旅游景区	Datong Huifengjing Garden Agricultural Tourist Area	大通县景阳镇
贵德黄河奇石苑	Guide the Yellow River Rare Stones Garden	海南州贵德县河西镇
可鲁克湖—托素湖高原生态旅游景区	Keluke Lake-Tuosu Lake Plateau Ecological Area	海西州德令哈市
玉树新寨嘉那嘛呢景区	Yushu Xinzhai Jiana Mani Stones City	玉树州玉树市结古镇

17-7 续表1 Continued

景区名称	Scenic Spot Name	地　址
西宁市红叶谷休闲生态旅游景区	Xining Hongyegu Leisure Ecological Area	西宁市经济技术开发区杨沟湾
平安峡群寺森林公园	Pingan Xiaqiong Temple Forest Park	海东市平安区国有林场
西宁市大通国家森林公园鹞子沟景区	Datong National Forest Park's Kite Ditch	西宁市大通县东峡镇衙门庄村
勒巴沟—文成公主庙景区	Lebagou Valley Stone Drawing-the Temple of Princess Wencheng	玉树州玉树市结古镇
玉树当卡寺旅游景区	Yushu Dangka Lamasery	玉树州玉树市结古镇
玉树结古寺旅游景区	Yushu Jiegu Lamasery	玉树州玉树市结古镇
民和药泉山旅游景区	Minghe Medical Spring	海东市民和县古鄯镇七里寺
民和金三川民俗风情游览区	Minghe Jin Sanchuan Folk Customs Tourist Area	海东市民和县官亭镇
乐都柳湾彩陶旅游景区	Ledu Liuwan Pottery Tourist Attractions	海东市乐都区高庙镇柳湾村
化隆夏琼寺景区	Hualong Xiaqiong Temple	海东市化隆县查普乡
乌兰金子海风景区	Wulan Jinzihai Senic Area	海西州乌兰县
囊谦尕尔寺大峡谷生态旅游景区	Nangqian Gaer Temple Grand Canyon Ecotourism	玉树州囊谦县
囊谦达那河谷生态旅游景区	Nangqian Dana Valley Ecotourism	玉树州囊谦县
称多尕朵觉悟神山旅游景区	Chengduo Gaduojuewu Mountain	玉树州称多县
玛柯河原始森林生态旅游景区	Make River Virgin Forest Ecotourism	果洛州班玛县
治多贡萨寺旅游景区	Yushu Zhiduo Gongsa Lamasery	玉树州治多县
天峻县神湖之源旅游风景区	the Source of God Lake Scenic Area in Tianjun County	海西州天峻县
狮龙宫殿旅游景区	Lion Dragon Palace Scenic Area	果洛州达日县
格萨尔林卡旅游景区	Gesar Linka Scenic Area	果洛州达日县
查朗寺旅游景区	Chalang Temple Scenic Area	果洛州达日县
星星海生态旅游景区	Sea Star Zoology Scenic Area	果洛州玛多县
东格措纳湖生态旅游区	Donggecuona Lake Zoology Scenic Area	果洛州玛多县
白扎寺旅游景区	Baizha Temple Scenic Area	果洛州班玛县
多尕麻格萨尔王莲花圣殿旅游景区	Duogama Lotus Temple of King Gesar Scenic Area	果洛州班玛县
官仓峡旅游景区	Guancang Gorge Scenic Area	果洛州甘德县
龙恩寺德尔文格萨尔文化史诗村旅游区	Long'en Temple De'erwen Gesar Epic Village Scenic Area	果洛州甘德县
兴海赛宗寺文化旅游区	Xinghai Saizong Lamasery Culture Scenic Area	海南州兴海县南38公里处赛宗寺
拉加寺旅游景区	Lajia Temple Scenic Area	果洛州玛沁县
青海可可西里工业旅游景区	Qinghai Kekexili Industrial Scenic Area	西宁市城中区同安路108号
兴海县图旦达杰民俗文化旅游景区	Xinghai Tudandajie Folk Culture Scenic Area	海南州兴海县城西大街
共和县千卜录寺藏传佛教文化与民俗旅游景区	Gonghe Qianbulu Temple Tibetan Buddhist Culture and Folklore Scenic Area	海南州共和县廿地乡曲什纳村
西北骄集团	Xi Bei Jiao	西宁(国家级)经济开发区高新路7号
中华枸杞养生苑	Chinese Wolfberry Health Garden	西宁市经济技术开发区昆仑东路21号

17-7 续表2 Continued

景区名称	Scenic Spot Name	地 址
大通娘娘山景区	Datong Niangniang Mountain	西宁市大通县桥头镇
乐都区河湟碑林景区	Ledu District Hehuang Tablet Forest Area	海东市乐都区
久治县德合龙寺景区	Jiuzhi Dehelong Temple Area	果洛州久治县康赛乡
西宁锦熙丰生态旅游景区	Xining Jinxifeng Zoology Scenic Area	西宁市城东区
青海多巴国家高原体育训练基地	Qinghai Duoba National Plateau Sports Training Base	西宁市多巴镇
西宁湟源大黑沟旅游景区	Scenic Area Huangyuan Daheigou Scenic Area	西宁市湟源县
青海大漠红枸杞工业旅游景区	Qinghai Damohong Medlar Industrial Scenic Area	海西州都兰县
久治白玉旅游景区	Jiuzhi Baiyu Scenic Area	果洛州久治县
玛沁县喇日寺 格萨尔文化产业园旅游景区	Maqing Lari Temple Gesar Cultural Industry Garden Scenic Area	果洛州玛沁县
河南县瀞渡工业旅游景区	Henan Jingdu Industrial Scenic Area	黄南州河南县
民和县七里寺景区	Minghe Qili Temple Area	民和县古鄯镇七里寺
青海牦牛文化博物馆暨 臧宝工业旅游景区	Qinghai Yak Culture Museum and Tibetan Treasure Industrial Tourism Scenic Area	青海省西宁市湟源县
青海玉生琨昆仑玉文化景区	Qinghai Yushengkun Kunlun Jade Culture Area	青海省西宁市
西宁市上山庄花海景区	Xining shangshan village Flower Sea Area	湟中县土门关乡
西宁市慕容古寨景区	Xining Murong Ancient village Scenic Area	湟中县拦隆口镇
西宁市马佳肴民族文化产业园	Xining Majiayao National Cultural Industrial Park	城中区同安路133号
西宁市鳌林景区	Xining Aoling Scenic Area	南关街49号
西宁市体育公园景区	Xining Sports Park Scenic Area	海湖大道12号
2A级景区	**AA State Class Scenic Spots**	
玉树称多赛巴寺旅游景区	Yushu Chengduo Saiba Lamasery	玉树州称多县拉布村
同德石藏文化旅游区	Tongde Shizang Culture Scenic Area	海南州同德县河北乡
乐都瞿昙寺旅游景区	Ledu Qutan Temple Scenic Area	海东市乐都区瞿昙镇
民和天井峡-松山原始森林风景区	Minghe Tianjingxia- Songshan Virgin Forest	海东市民和县官亭镇
化隆县雄先岗山生态旅游景区	Hualong Xiongxiangang Mountain Zoology Scenic Area	化隆县西部雄先森林公园内
化隆县阿河滩撒拉民俗村	Hualong Ahetan Salar Customs Village	海东市化隆县甘都镇
乐都区农业示范园旅游景区	Ledu Agricultural Demonstration Garden Area	海东市乐都区
乐都区杨宗林场旅游区	Ledu Yangzong Tree Farm Area	海东市乐都区中坝乡杨宗寺
乌兰县哈里哈图国家森林公园	Wulan Halihatu National Forest Park	海西州乌兰县城东北部约25公里处
都兰县海寺花海景区	Dulan Hai Temple Flower Sea Area	海西州都兰县东行15公里左右
甘德县直尕尔风景区	Gande Zhigaer Scenie Area	果洛州甘德县
泽库县麦秀国家森林公园	Zeku Mexiu National Forest Park	黄南州泽库县
阿尼格日佛景区	Anigerifo Scenie Area	黄南州泽库县
石沟寺景区	Shigou Temple Scenic Area	海东市乐都区
水峡景区	Shuixia Scenic Area	海东市乐都区
药草台景区	Yaocaotai Scenic Area	海东市乐都区
上北山省级森林公园	Shangbeishan Provincial Forest Park	海东市乐都区
九寺掌旅游景区	Jiusizhang Scenic Area	海东市乐都区
黄河第一湾景区	First Gulf of the Yellow River Scenic Area	海东市化隆县

17−8 青海省对外开放山峰
Main Mountain Peaks Opened to the Outside

山峰名称 Names of Mountain Peak	海拔高程(米) Altitude(m)	所属山系 Mountain Range	地理位置 Geography of Place
阿尼玛卿峰	6282	昆仑山脉	果洛州玛沁县
格拉丹东峰	6621	唐古拉山脉	海西州格尔木市
雅拉达则峰	5215	昆仑山脉	果洛州玛多县
新青峰	6860	昆仑山脉	海西州与新疆交界处
年保玉则峰	5369	昆仑山脉	果洛州久治县
错日尕则峰	4610	昆仑山脉	果洛州玛多县
玉珠峰	6179	昆仑山脉	海西州格尔木市
玉虚峰	5933	昆仑山脉	海西州格尔木市
马阑山	6056	昆仑山脉	玉树州治多县
湖北冰峰	5769	昆仑山脉	海西州与玉树州交界处
五雪峰	5805	昆仑山脉	玉树州治多县
大雪峰	5863	昆仑山脉	玉树州治多县
唐古拉山	6205	唐古拉山脉	海西州格尔木市管辖区
龙亚拉峰	6104	唐古拉山脉	海西州格尔木市管辖区

17-9 各级政府驻地海拔高程

Altitude of the Government Locations by Region

县(市、行委)名称	Names of Cities and Counties	海拔高程(米) Altitude(m)	驻地名称 Names of Locations	备注 Remarks
西宁市	**Xining City**			
西宁市	Xining City	2250	西宁市	省政府驻地
大通县	Datong Hui&Tu County	2720	桥头镇	
湟中县	Huangzhong County	2645	鲁沙尔镇	
湟源县	Huangyuan County	2666	城关镇	
海东市	**Haidong City**			
平安区	Pingan County	2114	平安镇	海东市政府驻地
民和县	Minhe Hui&Tu County	1800	川口镇	
乐都区	Ledu County	2000	碾伯镇	
互助县	Huzhu Tu County	2520	威远镇	
化隆县	Hualong Hui County	2848	巴燕镇	
循化县	Xunhua Salar County	1860	积石镇	
海北州	**Haibei Zang A.P**			
海晏县	Haiyan County	3000	西海镇	海北州政府驻地
门源县	Menyuan Hui County	2880	浩门镇	
祁连县	Qilian County	2810	八宝镇	
海晏县	Haiyan County	3000	三角城镇	
刚察县	Gangcha County	3300	沙柳河镇	
黄南州	**Huangnan Zang A.P**			
同仁县	Tongren County	2480	隆务镇	黄南州政府驻地
尖扎县	Jianzha County	1990	马唐镇	
泽库县	Zeku County	3660	泽曲镇	
河南县	Henan Mengolian A.C.	3510	优干宁镇	
海南州	**Hainan Zang A.P**			
共和县	Gonghe County	2880	恰卜恰镇	海南州政府驻地
同德县	Tongde County	2980	尕巴松多镇	
贵德县	Guide County	2205	河阴镇	
兴海县	Xinghai County	3306	子科滩镇	
贵南县	Guinan County	3100	茫曲镇	
果洛州	**Golog Zang A.P**			
玛沁县	Maqin County	3730	大武镇	果洛州政府驻地
班玛县	Banma County	3560	赛来塘镇	
甘德县	Gande County	4020	柯曲镇	
达日县	Dari County	3970	吉迈镇	
久治县	Jiuzhi County	3628	智青松多镇	
玛多县	Maduo County	4300	玛查里镇	
玉树州	**Yushu Zang A.P**			
玉树市	Yushu County	3710	结古镇	玉树州政府驻地
杂多县	Zadou County	4080	萨呼腾镇	
称多县	Chengduo County	3825	称文镇	
治多县	Zhiduo County	4193	加吉博洛镇	
囊谦县	Nangqian County	3660	香达镇	
曲麻莱县	Qumalai County	4223	约改镇	
海西州	**Haixi Mongolian & Zang A.P**			
德令哈市	Delingha City	2980	德令哈市	海西州政府驻地
格尔木市	Geermu City	2850	格尔木市	
乌兰县	Wulan County	2960	希里沟镇	
都兰县	Dulan County	3180	察汗乌苏镇	
天峻县	Tianjun County	3408	新源镇	
茫崖市	Mangya City	2940	花土沟镇	
大柴旦行委	Dachaidan	3176	柴旦镇	

17−10 主要旅游景点海拔高程

Altitude of the Main Senics in the Province

旅游景点名称 Names of Scenic Spots	海拔高程(米) Altitude(m)	地理位置 Geography of Place
东关清真大寺	2230	西宁市
塔尔寺	2680	西宁市湟中县
青海湖	3190	海南州共和县、海北州刚察县交界处
瞿坛寺	2458	海东市乐都区
坎布拉国家森林公园	2630	黄南州尖扎县
十世班禅故居	2530	海东市循化县
孟达天池	2506	海东市循化县
隆宝滩黑颈鹤自然保护区	4352	玉树州玉树市
长江源头	6564	海西州格尔木市管辖区
察尔汗盐湖	2670	海西州格尔木市
鸟岛	3228	青海湖
互助北山国家森林公园	2290	海东市互助县
黄河源头	4780	玉树州曲麻莱县
阿尼玛卿山	6282	果洛州玛沁县
金银滩草原风光	3150	海北州海晏县
布喀达坂峰(昆仑山最高点)	6860	新疆与玉树交界处
昆仑山口	4771	海西州格尔木市与玉树州曲麻莱、治多县交界处
北禅寺	2330	西宁市
青海博物馆	2270	西宁市
老爷山	2928	西宁市大通县
互助北山国家森林公园	2740(场部2290)	海东市互助县
街子清真大寺	1940	海东市循化县
文都寺	2540	海东市循化县
夏宗寺	2795	海东市平安区
夏琼寺	2900	海东市化隆县
佑宁寺	2640	海东市互助县
日月山	3520	西宁市湟源县
倒淌河	3280	青海湖旅游区
龙羊峡	2480	海南州共和县龙羊峡库区
青海湖度假村	3190	青海湖旅游区
玉皇阁	2219	海南州贵德县
茶卡盐湖	3061	海西州乌兰县
原子城	3010	海北州海晏县
李家峡	2060	黄南州尖扎县和海东市化隆县交界处
南宗寺	2320	黄南州尖扎县
隆务寺	2480	黄南州尖扎县
麦秀林场	2910	黄南州同仁县
土蕃葬墓	3225	海西州都兰县
都兰国际狩猎场	4930	海西州都兰县
可可西里无人区	5863--4750	海西州格尔木市

17-10 续表 Continued

旅游景点名称 Names of Scenic Spots	海拔高程(米) Altitude(m)	地理位置 Geography of Place
万丈盐桥	2670	海西州格尔木市
巴颜喀拉山	5267	果洛州玛多、玉树州称多县交界处
文城公主庙	4250	玉树州玉树市
西王母瑶池	4470	海西州格尔木市
结古寺	3780	玉树州玉树市
骆驼泉撒拉族风情	1920	海东市循化县
凤凰山公园	2420	西宁市
金塔寺	2253	西宁市
苏家堡城	2560	西宁市大通县
南佛山	3265	西宁市湟中县
哈城	3150	西宁市湟源县
城隍庙	2666	西宁市湟源县
七里寺药水泉	2465	海东市民和县
官亭古文化遗址	2150	海东市民和县
白马寺	2105	海东市互助县
五峰寺	2860	海东市互助县
却藏寺	3023	海东市互助县
西海度假村	2155	海东市平安区
十四世达赖故居	2850	海东市平安区
古雷寺	2630	海东市循化县
二郎剑	3190	青海湖旅游区
三块石	3211	青海湖旅游区
海心山	3266	青海湖旅游区
三角城	3215	青海湖旅游区
沙岛	3252--3195	青海湖旅游区
祁连山原始森林	3020	海北州祁连县
祁连山鹿场	2870	海北州祁连县
仙米寺	2990	海北州门源县
珠固寺	2590	海北州门源县
热贡艺术馆	2520	黄南州同仁县
二郎洞	3580	海西州天峻县
石油城	2940	海西州茫崖行委
扎陵湖	4610	果洛州玛多县
鄂陵湖	4309	果洛州玛多县
囊谦猕猴自然保护区	3974	玉树州囊谦县
晒经台	4120	玉树州玉树市
敦科尔寺	3170	西宁市湟源县
魔鬼城	2980	海西州德令哈市
柳湾墓地	2060	海东市乐都区

主要统计指标解释

旅游人数

（1）入境旅游人数　指报告期内来我国观光、度假、探亲访友、就医疗养、购物、参加会议或从事经济、文化、体育、宗教活动的外国人、港澳台同胞等入境游客。统计时，外国人、港澳台同胞每入境一次统计1人次。

（2）出境人数　指中国（大陆）居民因公或因私出境前往其他国家、中国香港特别行政区、澳门特别行政区和台湾省观光、度假、探亲访友、就医疗养、购物、参加会议或从事经济、文化、体育、宗教活动的人数，即出境游客。统计时，按每出境一次统计1人次。

（3）国内旅游人数　指在报告期内在中国（大陆）观光游览、度假、探亲访友、就医疗养、购物、参加会议或从事经济、文化、体育、宗教活动的中国（大陆）居民人数，其出游的目的不是通过所从事的活动谋取报酬。统计时，国内游客按每出游一次统计1人次。

国际旅游（外汇）收入　指入境游客在中国（大陆）境内旅行、游览过程中用于交通、参观游览、住宿、餐饮、购物、娱乐等全部花费。

国内旅游收入　又称旅游总花费指国内游客在国内旅行、游览过程中用于交通、参观游览、住宿、餐饮、购物、娱乐等全部花费。

国际旅行社　指经营业务范围包括入境旅游业务、出境旅游业务和国内旅游业务的旅行社。

国内旅行社　指经营范围仅限于国内旅游业务的旅行社。

星级饭店　指设备、设施、服务符合《旅游饭店星级的划分与评定》（GB/T14308－2003），通过相关旅游管理部门评定，并取得星级饭店称号的饭店（含预备星级饭店）。

Explanatory Notes on Main Statistical Indicators

Number of Tourists

(1) Visitor arrivals refer to the number of foreigners, Chinese compatriots from Hong Kong, Macao and Taiwan Chinese (mainland) who come to China (mainland) for sight－seeing, vacation, visiting relatives, medical treatment, shopping, attending conference, or to engage in economic, cultural, sports and religious activities. In compiling statistics, each time of entering China is counted as one person－time.

(2) Number of Chinese residents going abroad refer to the number of Chinese (mainland) residents going to other countries, Hong Kong Special Administrative region, Macao Special Administrative region and Taiwan for on official or private purposes, for sight－seeing, vacation, visiting relatives, medical treatment, shopping, attending conference, or to engage in economic, cultural, sports and religious activities. In compiling statistics, each time of leaving is counted as one person－time.

(3) Number of domestic tourists refers to the number of Chinese (mainland) residents who travel within China (mainland) for sight－seeing, vacation, visiting relatives, medical treatment, shopping, attending conference, or to engage in economic, cultural, sports and religious activities. In compiling statistics, each time of travelling is counted as one person－time.

Foreign Exchange Earnings from International Tourism refer to the total expenditure of foreigners, overseas Chinese, Chinese compatriots from Hong Kong, Macao and Taiwan during their stay in the mainland of China on transportation, sighting, accommodation, food, shopping and entertainment.

Income from Domestic Tourism refer to expenditure of domestic tourists on transportation, sighting, accommodation, food, shopping and entertainment while they travel.

International Travel Agencies refer to travel agencies engaged in tourism entering China, Chinese residents going abroad and domestic tourism.

Domestic Travel Agencies refer to travel agencies only engaged in domestic tourism.

Star－rated Hotels refer to hotels rated with stars as assessed by the relevant tourism authorities according to GB/T14308－2003 standard with reference to their infrastructure, facilities and service levels.

第 18 篇
CHAPTER 18

金 融 业
Financial Intermediation

金融机构基本情况

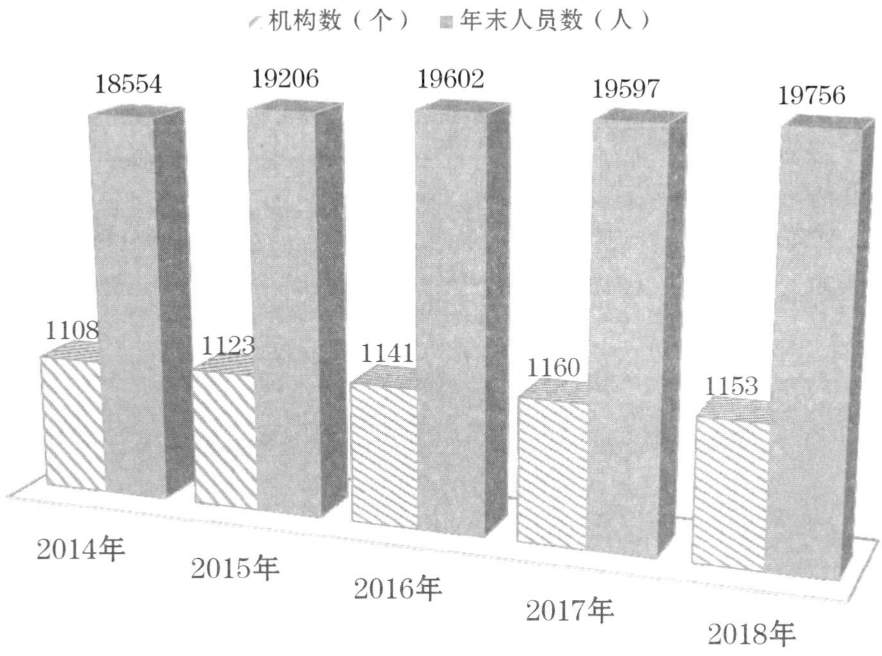

金融机构人民币存贷款余额　　保险业务保费收入情况

（亿元）

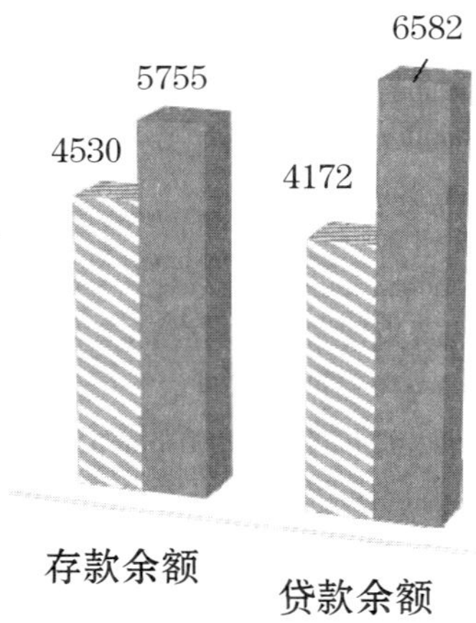

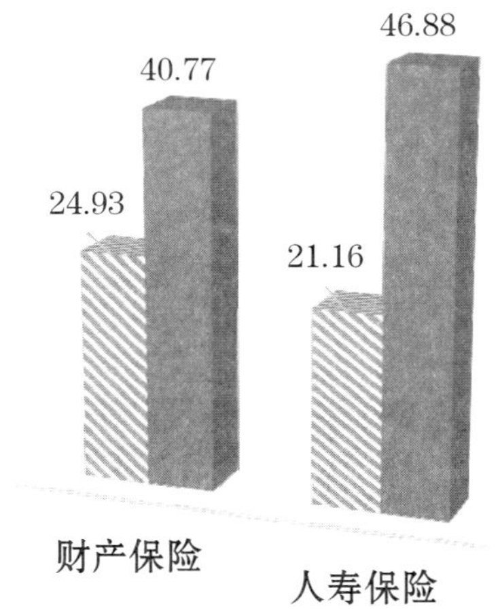

2014年 2018年

18-1　2015-2018年银行系统机构、人员数

Number of Institutions and Employees in Bank System(2015-2018)

项目	Item	机构数(个) Number of Institutions(unit)				年末人数(人) Number of Employees at Year-end (person)			
		2015	2016	2017	2018	2015	2016	2017	2018
全省金融机构合计	**Total Financial Institutions throughout the Province**	**1123**	**1141**	**1160**	**1153**	**19206**	**19602**	**19597**	**19756**
中国人民银行	People's Bank of China	18	18	18	18	1400	1314	1309	1291
国家开发银行	China Development Bank	1	1	1	1	144	134	144	150
农业发展银行	Agricultural Development Bank of China	26	26	26	26	468	414	422	418
工商银行	Industrial and Commercial Bank of China	90	85	84	84	2250	2239	2199	2196
农业银行	Agricultural Bank of China	177	177	177	177	2936	2903	2756	2741
中国银行	Bank of China	46	46	47	48	1210	1230	1265	1256
建设银行	China Construction Bank	114	114	114	113	2989	2962	2855	2831
交通银行	Bank of Communications	4	4	5	5	155	170	184	185
邮储银行	Postal Savings Bank	181	181	181	179	926	961	970	971
中信银行	China Citic Bank	7	8	8	8	211	238	228	219
光大银行	China Everbright Bank			1	1			75	92
华夏银行	Hua Xia Bank				1				106
招商银行	China Merchants Bank	9	9	10	10	242	253	254	265
浦发银行	Shanghai Pudong Development Bank	4	7	12	10	158	190	213	207
兴业银行	Industrial Bank	1	1	3	4	113	143	132	155
民生银行	China Minsheng Bank		1	1	1		95	106	106
青海银行	Qinghai Bank	78	81	82	82	1676	1561	1684	1556
农村信用社	Rural Credit Cooperatives	230	230	173	121	2468	2697	2004	1438
农村商业银行	Rural Commercial Bank	133	146	211	256	1432	1647	2319	2908
村镇银行	Rural Bank	2	4	4	6	58	118	120	180
财务公司	Finance Companies	1	1	1	1	27	29	31	32
五矿信托	Minmetals Trust	1	1	1	1	343	304	327	453

注：金融数据来源于人民银行西宁中心支行，以下表同。
a)financial data in this table are from the people's Bank of China, Xining central sub branch，The same applies to the tables following.

18-2 2015-2018年末金融机构人民币信贷收支
RMB Credit Balance of Financial Institutions at Year-end (2015-2018)

单位：亿元 (100 million yuan)

项　目	Item	2015	2016	2017	2018
各项存款	**Total Deposits**	**5212.80**	**5570.17**	**5826.63**	**5754.66**
境内存款	Domestic Deposits	5212.42	5569.74	5826.19	5754.28
住户存款	Individual Deposits	1816.76	2002.42	2141.41	2295.95
活期存款	Demand Deposits	967.97	1083.68	1151.50	1203.47
定期及其他存款	Fixed Deposits and others	848.79	918.74	989.91	1092.48
非金融企业存款	Non Financial Enterprises Deposits	1632.77	1642.42	1608.34	1443.70
活期存款	Demand Deposits	1192.37	1125.09	1095.80	991.65
定期及其他存款	Fixed Deposits and others	440.40	517.33	512.54	452.05
广义政府存款	General Government Deposits	1716.00	1885.57	1924.28	1945.60
财政性存款	Fiscal Deposits	181.91	241.64	337.36	394.26
机关团体存款	Organization Deposits	1534.09	1643.93	1586.92	1551.35
非银行业金融机构存款	Non Banking Financial Institutions Deposits	46.89	39.33	152.16	69.03
境外存款	Foreign Deposits	0.39	0.43	0.44	0.38
各项贷款	**Total Loans**	**4988.01**	**5579.76**	**6222.49**	**6582.44**
境内贷款	Domestic Loans	4987.93	5578.30	6220.23	6578.52
住户贷款	Individual Loans	449.81	518.38	629.34	722.00
短期贷款	Short-term Loans	154.49	167.46	208.65	220.56
消费贷款	Consumer Loans	52.25	58.96	93.74	102.94
经营贷款	Operating LoanS	102.23	108.50	114.90	117.62
中长期贷款	Medium & Long-term Loans	295.32	350.92	420.70	501.44
消费贷款	Consumer Loans	181.00	218.71	266.70	342.16
经营贷款	Operating LoanS	114.32	132.21	154.00	159.27
非金融企业及机关团体贷款	Non Financial Enterprises and Organization Loans	4538.12	5059.92	5590.88	5856.52
短期贷款	Short-term Loans	773.91	817.28	1075.31	982.40
中长期贷款	Medium & Long-term Loans	3356.96	3581.89	3887.70	3993.87
票据融资	Bill Financing	402.18	655.55	622.66	877.02
融资租赁	Finance Lease				0.40
各项垫款	Total Advances	5.08	5.20	5.22	2.84
非银行业金融机构贷款	Non Banking Financial Institutions Loans				
境外贷款	Foreign Loans	0.08	1.46	2.26	3.92

18-3 2018年金融机构人民币存款余额
RMB Deposits Balance of Financial Institutions(2018)

单位：万元 (10 000 yuan)

年份 地区	Year Region	合计 Total	境内存款 Domestic Deposits	住户存款 Individual Deposits	非金融企业存款 Non Financial Enterprises Deposits	广义政府存款 General Government Deposits	非银行业金融机构存款 Non Banking Financial Institutions Deposits	境外存款 Foreign Deposits
全　省	Provincial Total	57546560	57542765	22959458	14436997	19456006	690304	3795
西宁市	Xining City	37865199	37861562	14367707	11701863	11102299	689692	3637
海东市	Haidong City	6615311	6615247	3433022	783710	2398256	259	64
海北州	Haibei Zang A.P	1459273	1459259	621306	205597	632340	16	14
黄南州	Huangnan Zang A.P	1409816	1409814	508607	103689	797516	1	2
海南州	Hainan Zang A.P	2044684	2044681	940375	201534	902761	11	3
果洛州	Golog Zang A.P	1276062	1276056	338147	40460	897449		6
玉树州	Yushu Zang A.P	1432604	1432590	615406	139013	678167	5	14
海西州	Haixi Mongolian & Zang A.P	5443610	5443556	2134888	1261132	2047218	319	55

注：分地区数据为当年年度数，以下表同。
a)Data by region is current year data.The same applies to the tables following.

18-4 2018年金融机构人民币贷款余额
RMB Loans Balance of Financial Institutions(2018)

单位：万元 (10 000 yuan)

年份 地区	Year Region	合计 Total	境内贷款 Domestic Loans	住户贷款 Individual Loans	非金融企业及机关团体贷款 Non Financial Enterprises and Organization Loans	非银行业金融机构贷款 Non Banking Financial Institutions Loans	境外贷款 Foreign Loans
全　省	Provincial Total	65824419	65785228	7219996	58565232		39192
西宁市	Xining City	54169000	54129809	4793616	49336193		39192
海东市	Haidong City	3604018	3604018	910278	2693740		
海北州	Haibei Zang A.P	765115	765115	364425	400690		
黄南州	Huangnan Zang A.P	583536	583536	201493	382042		
海南州	Hainan Zang A.P	1128668	1128668	408991	719677		
果洛州	Golog Zang A.P	233823	233823	65155	168668		
玉树州	Yushu Zang A.P	438400	438400	108389	330011		
海西州	Haixi Mongolian & Zang A.P	4901858	4901858	367649	4534210		

18-5　2015-2018年末农村信用社人民币存、贷款余额
RMB Deposits and Loans Balance of Rural Credit Cooperatives at Year-end (2015-2018)

单位：万元　(10 000 yuan)

项　目	Item	2015	2016	2017	2018
各项存款	**Total Deposits**	**3434521**	**3654734**	**3062654**	**2276346**
境内存款	Domestic Deposits	3434521	3654734	3062654	2276346
个人存款	Individual Deposits	1602012	1862295	1551746	1294259
活期储蓄存款	Demand Savings Deposits	929232	1049282	822258	667944
定期储蓄存款	Fixed Savings Deposits	665122	807256	724045	620492
结构性存款	Structured Deposits				
单位存款	Unit Deposits	1832509	1792439	1510908	982087
活期存款	Demand Deposits	1743207	1685136	1381147	915859
定期存款	Fixed Deposits	67679	80309	98778	42660
保证金存款	Margin Deposits	21623	26994	30983	23568
结构性存款	Structured Deposits				
国库定期存款	Treasury Fixed Deposits				
非存款类金融机构存款	Non Deposit Financial Institutions Deposits				
境外存款	Foreign Deposits				
各项贷款	**Total Loans**	**2200677**	**2505319**	**2014282**	**1506318**
境内贷款	Domestic Loans	2200677	2505319	2014282	1506318
短期贷款	Short-term Loans	582063	544585	397768	298606
中长期贷款	Medium & Long-term Loans	1164267	1143024	804930	635827
票据融资	Bill Financing	454347	817710	811584	571885
融资租赁	Finance Lease				
各项垫款	Total Advances				
境外贷款	Foreign Loans				

注：本表统计口径同金融机构人民币信贷收支表。
a) Statistical caliber in this table is the same as RMB loans of financial institutions balance sheet.

18-6　2013－2018年保险业务基本情况

Basic Statistics of Insurance Business(2013－2018)

单位：万元　　(10 000 yuan)

项　目	Item	2013	2014	2015	2016	2017	2018
财产保险公司保费收入	**Premium of Property Insurance Companies**	**214234**	**249273**	**279280**	**320450**	**361243**	**407742**
企业财产保险	Enterprise Property Insurance	14572	14279	15108	13517	12182	13596
家庭财产保险	Family Property Insurance	299	407	586	634	669	1186
机动车辆保险	Motor Vehicle Insurance	151516	184281	209121	232242	257673	258642
责任保险	Liability Insurance	8946	10682	11118	14340	17546	21877
工程保险	Engineering Insurance	6431	5332	3570	3988	3433	4523
保证保险	Guarantee Insurance	149	253	145	2612	7168	18253
船舶保险	Ship Insurance	93	108	108	67	38	57
货运险	Freight Transport Insurance	551	478	494	468	440	392
特殊风险保险	Special Risks Insurance	25	33	25	24	70	75
农业保险	Agriculture Insurance	12507	14061	20803	28089	33487	51491
健康险	Health Insurance	12688	12940	11978	15343	18302	25486
意外伤害保险	Accident Injury Insurance	6435	6390	6112	8688	9578	12003
信用保险	Credit Insurance	31	-13	3	285	432	-2
其　他	Other Insurance	-9	41	108	153	225	163
人寿保险公司保费收入	**Premium of Life Insurance Companies**	**175921**	**211618**	**283674**	**366833**	**440551**	**468837**
意外险	Personal Accident Insurance	6893	9126	10284	11635	12585	14139
健康险	Health Insurance	30817	36788	46739	66766	84566	108046
寿　险	Life Insurance	138211	165703	226650	288432	343400	346652

注：本表数据来源于中国银行保险监督管理委员会青海监管局。

a) Data in this table are from China Banking and Insurance Regulatory Commission Qinghai Office.

18-6 续表 Continued

单位：万元 (10 000 yuan)

项　目	Item	2013	2014	2015	2016	2017	2018
财产保险公司赔款支出	**Payment of Property Insurance Companies**	**104758**	**120839**	**136078**	**167412**	**185182**	**210638**
企业财产保险	Enterprise Property Insurance	6068	8538	4719	6396	5451	4199
家庭财产保险	Family Property Insurance	83	176	286	187	486	787
机动车辆保险	Motor Vehicle Insurance	70294	82053	91260	103492	118071	129472
责任保险	Liability Insurance	3335	4986	5553	6453	6745	8659
工程保险	Engineering Insurance	2417	2341	4028	4086	3653	2191
保证保险	Guarantee Insurance		15	12	47	306	1621
船舶保险	Ship Insurance	6	31	17	8	4	9
货运险	Freight Transport Insurance	48	67	97	51	52	151
特殊风险保险	Special Risks Insurance		6	3	8	2	5
农业保险	Agriculture Insurance	8256	7066	14839	28125	30148	38481
健康险	Health Insurance	12196	12374	11007	13849	15917	20703
意外伤害保险	Accident Injury Insurance	2018	3164	4206	4636	4245	4311
信用保险	Credit Insurance				…	1	5
其　他	Other Insurance	35	22	50	75	101	44
人寿保险公司赔款支出与给付	**Payment of Life Insurance Companies**	**48044**	**59939**	**67120**	**106382**	**107346**	**136260**
意外险	Accident Insurance	1914	2851	3427	4081	4348	3466
健康险	Health Insurance	16562	14072	19343	25054	20675	37153
寿　险	Life Insurance	29569	43015	44350	77248	82323	95641

18-7 证券业主要情况

General Statistics on Securities Industry

指标	Item	2015	2016	2017	2018
上市公司情况	**Listed Companies**				
上市公司（户）	Number of Listed Companies (accounts)	10	12	12	12
# A股（只）	A Shares (number)	10	12	12	12
上市公司总股本（亿股）	Total Issued Capital of Listed Companies (100 million shares)	95.77	129.59	137.54	137.11
# 流通股本	Negotiable Shares	85.43	89.10	106.16	113.01
上市公司股票市价总值(亿元)	Total Market Capitalization of Listed Companies(100 million yuan)	1409.80	1657.18	1585.16	994.11
# 股票流通市值	Negotiable Market Capitalization	1191.80	1061.12	1136.95	761.60
证券公司及交易情况	**Securities Companies and Trading**				
证券公司（个）	Number of Securities Companies (number)	1	1	1	1
证券营业部（个）	Security Exchange (number)	21	25	28	32
（含外地公司在青营业部）	(include Nonlocal Exchange in QingHai)				
证券交易开户数（万户）	Total Stock Investors (10 000 accounts)				
其中：在青	In Qinghai	22.86	26.96	31.03	34.63
辖外	Outside Jurisdiction	0.21	3.40	6.51	8.81
证券交易额（亿元）	Trading Volume (100 million yuan)				
其中：在青	In Qinghai	5060.83	2830.17	2507.98	1969.59
辖外	Outside Jurisdiction	1603.27	4211.16	8162.83	3944.03
# 股票、基金	Stocks and Funds				
其中：在青	In Qinghai	3433.24	1501.87	1291.99	998.90
辖外	Outside Jurisdiction	1442.45	979.66	2632.08	1624.31
期货交易情况	**Futures Trading**				
期货代理交易额（亿元）	Agent's Turnover of Futures (100 million yuan)	5436.11	3288.43	2895.88	3106.04

注：本表数据来源于青海证监局。

a) Data in this table are from Qinghai Securities Regulatory Bureau.

18-8 资金流量表(实物交易)(2017年)

单位：亿元

项目	Items	非金融企业部门 Non-financial Enterprises Departments					
		运用小计 Subtotal Use	来源小计 Subtotal Source	工业企业部门 Industrial Enterprise		其他非金融企业部门 Other non-financial Enterprises	
				运用 Use	来源 Source	运用 Use	来源 Source
一.净出口	Net Exports						
二.增加值	Added Value		1521.94		764.66		757.28
三.劳动者报酬	Worker's Reward	396.40		118.09		278.31	
(一)工资及工资性收入	Wage and Salary Income	375.00		111.71		263.29	
(二)单位社会保险付款	Unit Social Security Payment	21.39		6.37		15.02	
四.生产税净额	Net Taxes on Production	274.69		183.81		90.88	
(一)生产税	Production Tax	274.69		183.81		90.88	
(二)生产补贴	Production Subsidies						
五.财产收入	Property Income	149.09	75.12	31.44	80.31	117.65	-5.19
(一)利息	Interest	149.08	75.12	31.43	80.31	117.65	-5.19
(二)红利	Bonus						
(三)土地租金	Land Rent						
(四)其他财产收入	Other Property Income	0.00		0.00			
六.初次分配总收入	Initial Distribution of Income		776.89		511.64		265.25
七.经常转移	Current Transfers	-0.06		3.72		-3.78	
(一)收入税	Income Tax	-3.63		0.15		-3.78	
(二)社会保险缴款	Social Insurance Contributions						
(三)社会保险福利	Social Insurance Benefits						
(四)社会补助	Social Assistance						
(五)其他经常转移	Other Current Transfers	3.57		3.57			
八.可支配总收入	Total Disposable Income		776.95		507.92		269.03
九.最终消费	Final Consumption						
(一)居民消费	Household Consumption						
(二)政府消费	Government Consumption						
十.总储蓄	Total Savings		776.95		507.92		269.03
十一.资本转移	Capital Transfers		536.86		272.68		264.18
(一)投资性补助	Investment Grant		536.86		272.68		264.18
(二)其他资本转移	Other Capital Transfers						
十二.资本形成总额	Gross Capital Formation	2284.82		1979.22		305.60	
(一)固定资本形成总额	Gross Fixed Capital Formation	2308.70		1990.19		318.51	
(二)存货增加	Increase in Inventories	-23.88		-10.97		-12.91	
十三.其他非金融资产获得减处置	Other Non-financial Assets Gets Minus the Disposal						
十四.净金融投资	Net Financial Investment	-971.01		-1198.62		227.61	
十五.统计误差	Statistical Error						

Flow of Funds Accounts (Barter) (2017)

(100 million yuan)

金融机构部门 Financial Enterprise Departments										政府部门 Governments	
运用小计 Subtotal Use	来源小计 Subtotal Source	银行部门 Banks		证券部门 Securities Department		保险部门 Insurance Department		其他金融企业部门 Other Financial Enterprise Departments		运用 Use	来源 Source
		运用 Use	来源 Source	运用 Use	来源 Source	运用 Use	来源 Source	运用 Use	来源 Source		
	335.58		274.60		8.03		16.14		36.81		381.03
57.95		39.13		5.05		6.55		7.22		577.63	
54.04		36.67		4.53		6.07		6.77		501.73	
3.91		2.46		0.52		0.48		0.45		75.90	
39.43		31.05		0.11		6.10		2.17		24.55	339.03
39.43		31.05		0.11		6.10		2.17		7.98	339.03
										16.57	
139.31	104.32	86.63	125.36	1.35	1.19	35.29	0.24	16.03	-22.48	132.43	30.40
104.32	104.32	86.63	125.36	1.35	1.19	0.30	0.24	16.03	-22.48	127.33	30.40
34.99						34.99				5.10	0.00
	203.21		243.15		2.71		-31.56		-11.09		15.85
20.89		19.54		0.28		0.06		1.01		317.32	205.65
20.89		19.54		0.28		0.06		1.01			26.22
										68.28	167.22
										78.76	
										170.28	
											12.21
	182.32		223.61		2.43		-31.62		-12.10		-95.82
										741.55	
										741.55	
	182.32		223.61		2.43		-31.62		-12.10		-837.37
										536.86	
										536.86	
1.00		1.00								1619.55	
1.00		1.00								1619.55	
181.32		222.61		2.43		-31.62		-12.10		-2993.78	

18-8 续表

单位：亿元

项目	Items	住户部门 Households 运用 小计 Subtotal Use	住户部门 Households 来源 小计 Subtotal Source	城镇住户部门 Urban Households 运用 Use	城镇住户部门 Urban Households 来源 Source
一.净出口	Net Exports				
二.增加值	Added Value		386.28		258.37
三.劳动者报酬	Worker's Reward	515.98	1547.95	421.66	1199.43
(一)工资及工资性收入	Wage and Salary Income	451.24	1374.24	356.92	1025.72
(二)单位社会保险付款	Unit Social Security Payment	64.74	173.71	64.74	173.71
四.生产税净额	Net Taxes on Production	16.93	16.57	16.93	
(一)生产税	Production Tax	16.93		16.93	
(二)生产补贴	Production Subsidies		16.57		2.90
五.财产收入	Property Income	9.79	71.35	6.77	54.39
(一)利息	Interest	9.79	34.24	6.77	18.47
(二)红利	Bonus				
(三)土地租金	Land Rent				
(四)其他财产收入	Other Property Income		37.11		35.93
六.初次分配总收入	Initial Distribution of Income		1479.45		1066.84
七.经常转移	Current Transfers	116.51	249.04	125.44	212.12
(一)收入税	Income Tax	8.96		8.96	
(二)社会保险缴款	Social Insurance Contributions	98.94		107.87	
(三)社会保险福利	Social Insurance Benefits		78.76		58.87
(四)社会补助	Social Assistance		170.28		153.25
(五)其他经常转移	Other Current Transfers	8.61		8.61	
八.可支配总收入	Total Disposable Income		1611.97		1153.52
九.最终消费	Final Consumption	1073.87		736.89	
(一)居民消费	Household Consumption	1073.87		736.89	
(二)政府消费	Government Consumption				
十.总储蓄	Total Savings		538.10		416.63
十一.资本转移	Capital Transfers				
(一)投资性补助	Investment Grant				
(二)其他资本转移	Other Capital Transfers				
十二.资本形成总额	Gross Capital Formation	374.69		308.45	
(一)固定资本形成总额	Gross Fixed Capital Formation	372.14		308.45	
(二)存货增加	Increase in Inventories	2.55			
十三.其他非金融资产获得减处置	Other Non-financial Assets Gets Minus the Disposal				
十四.净金融投资	Net Financial Investment	163.41		108.18	
十五.统计误差	Statistical Error				

Continued

(100 million yuan)

农村住户部门 Rural Households		省内合计 Total Province		国内省外 Domestic and out of Province		国外部门 Foreign		合计 Total	
运用 Use	来源 Source	运用 Use	来源 Source	运用 Use	来源 Source	运用 Use	来源 Source	运用 Use	来源 Source
					-3087.60				-3087.60
	127.91		2624.83						2624.83
94.32	348.52	1329.37	1329.37					1329.37	1329.37
94.32	348.52	1155.66	1155.66					1155.66	1155.66
		173.71	173.71					173.71	173.71
	13.67	345.92	345.92					345.92	345.92
		362.49	362.49					362.49	362.49
	13.67	16.57	16.57					16.57	16.57
3.02	16.95	430.62	281.18					430.62	281.18
3.02	15.77	390.52	244.07					390.52	244.07
	1.18	40.09	37.11					40.09	37.11
	409.71		2475.39						2475.39
	36.92	454.66	454.70					454.66	454.70
		26.22	26.22					26.22	26.22
-8.93		167.22	167.22					167.22	167.22
	19.89	78.76	78.76					78.76	78.76
	17.03	170.28	170.28					170.28	170.28
		12.18	12.21					12.18	12.21
	446.62		2475.43						2475.43
336.98		1815.42						1815.42	
336.98		1073.87						1073.87	
		741.55						741.55	
	109.64		660.01						660.01
		536.86	536.86					536.86	536.86
		536.86	536.86					536.86	536.86
66.24		3897.01						3897.01	
63.69		3918.34						3918.34	
2.55		-21.33						-21.33	
43.40		-3620.06						-3620.06	

主要统计指标解释

信贷资金 指金融机构以信用方式积聚和分配的货币资金。金融机构信贷资金的来源有各项存款、金融债券、对国际金融机构负债、流通中现金、其他项目等;信贷资金的运用有各项贷款、有价证券及投资、金银占款、外汇占款、财政借款及在国际金融机构中的资产等。

存款 指企业、机关、团体或居民根据资金必须收回的原则,把货币资金存入银行或其他信贷机构保管并取得一定利息的一种信用活动形式。根据存款对象或性质的不同可划分为企业存款、财政存款、机关团体存款、城乡储蓄存款、农业存款、信托及委托类存款、其他存款等科目。它是银行信贷资金的主要来源。

贷款 指银行或其他信贷机构根据资金必须归还的原则,按一定利率,为企业、个人等提供资金的一种信用活动形式。我国银行贷款分为短期贷款、委托及信托类贷款、其他类贷款等。

保险公司 在中国境内的、经过保险监督管理部门批准设立,并依法登记注册的各类商业保险公司。

保险金额 指保险人承担赔偿或者给付保险金责任的最高限额。

保费 指投保人为取得保险人在约定范围内所承担赔偿责任而支付给保险人的费用。

赔款 指保险人根据保险合同的规定,向被保险人支付的赔偿保险责任损失的金额。

给付 包括死伤医疗给付和满期给付。死伤医疗给付是指保险人根据人寿保险及长期健康保险合同的规定,因被保险人在保险期内发生保险责任范围内的保险事故支付给被保险人(或受益人)的金额。满期给付是指被保险人生存期满,保险人按人寿保险合同规定支付给被保险人的满期保险金额。

机构单位 指有权拥有资产和承担负债,能够独立地从事经济活动并与其他实体进行交易的经济实体。

机构部门 将相同性质的机构单位归并在一起,就形成机构部门。资金流量核算将常住机构单位划分为以下四个机构部门:非金融企业部门、金融机构部门、政府部门、住户部门。与常住单位发生经济往来关系的非常住单位组成国外部门,在资金流量核算中也视同机构部门。

初次分配总收入 初次分配是生产活动形成的净成果在参与生产活动的生产要素的所有者及政府之间的分配。生产活动的净成果是增加值。生产要素包括劳动力、土地、资本。劳动力所有者因提供劳动而获得劳动报酬;土地所有者因出租土地而获得地租;资本的所有者因资本的形态不同而获得不同形式的收入:借贷资本所有者获得利息收入;股权所有者获得红利或未分配利润;政府因直接或间接介入生产过程而获得生产税或支付补贴。初次分配的结果形成各个机构部门的初次分配总收入。各部门的初次分配总收入之和就等于国民总收入,亦即国民生产总值。

经常转移 转移是一个机构单位向另一个机构单位提供货物、服务或资产,而同时并没有从后一机构单位获得任何货物、服务或资产作为回报的一种交易。经常转移包括扣除资本转移外的所有转移。其形式有收入税、社会保险付款、社会补助和其他经常转移。

可支配总收入 在初次分配总收入的基础上,通过经常转移的形式对初次分配总收入进行再次分配。再分配的结果形成各个机构部门的可支配总收入。各部门的可支配总收入之和称为国民可支配总收入。

总储蓄 指可支配总收入用于最终消费后的余额。各部门的总储蓄之和称为国民总储蓄。

资本转移 指一个部门无偿地向另一个部门支付用于非金融投资的资金,是一种不从对方获取任何对应物作为回报的交易。资本转移具有不同于经常转移的两个特征,一是转移的目的是用于投资,而不是用于消费;二是资本转移其实物形式往往涉及除存货和现金以外资产所有权的转移;其现金形式往往涉及除存货以外的资产的处置。资本转移包括投资性补助和其他资本转移。

Explanatory Notes on Main Statistical Indicators

Credit Funds refer to the monetary funds accumulated and distributed in the means of credit by the financial institutions. The sources of credit funds include various deposits, financial bonds, liabilities to international financial institutions, currency in circulation, other items. The uses of credit funds include loans, securities and investment, position for bullion and silver purchase, position for foreign exchange purchase, advances to treasury, and assets with international financial institutions.

Deposit is a form of credit by which enterprises, institutions, organizations or households can put money into banks and other credit institutions for safekeeping and interest earning under the principle of free withdrawal. According to different depositors, deposits are divided into enterprise deposits, fiscal deposits, deposits of government agencies and organizations, savings deposits of rural and urban households, agricultural savings deposits, entrusted deposits and other deposits. Deposits are major sources of the credit funds of banks.

Loan is a form of credit by which banks and other credit institutions provide funds at certain interest rate to enterprises and individuals in the light of the principle of unconditional repayment. Loans from Chinese banks include short – term loan, medium – term and long – term loans, entrusted loans, and other loans.

Insurance Companies refer to commercial insurance companies of various forms registered by law and established in China with the approval of insurance regulatory agencies.

Amount Insured refers to the maximum that the insurant will get for the claim of the case insured.

Premium is the fee paid by the insurant to the insurer to obtain the obligation of compensation from the insurance within the agreed terms.

Settled Claim is the compensation paid by the insurer to the insurant in accordance with the insurance contract.

Payment includes payment for death, injury or medical treatment and payment at maturity. Payment for death, injury or medical treatment refers to the money paid to the insurant (or the beneficiary) in accordance with the life or health insurance contract when the insurant encounters accidents within the insured period covered in the contract. Payment at maturity refers to the payment to the insurant in accordance with the life insurance contract at the end of the insured period.

Institutions Unit refer to economic entity which have the right to own assets and liabilities, to be able to engage in economic activities independently and to engage in transactions with other entities.

Institutional Departments refer to the consolidated institutional units with the same nature. Capital flow accounting will be permanent institutional units divided into the following four institutional sectors: non – financial corporate sector, financial institutions, government departments, household sector. The foreign departments composed by the non – resident units which occurred economic relations with resident units shall be deemed as departments and agencies in the flow of funds accounts .

Initial Distribution of Income initial distribution refer to the distribution between the owner of production factors the production activities and government in the net result of production activities. Net result of production activities is an added value. Production factors including labor, land, capital. Ownership of labor obtain labor remuneration for labor, while land owners obtain rent because of the leased land, owner of capital obtain different forms of income because of different forms of capital: loan capital owner obtain the interest income, equity holders receive dividends or undistributed profit and government obtained production tax or the payment of subsidies because of directly or indirectly involving in the production process. The initial distribution of the various institutional sectors form their total revenue. The total income of the initial distribution of the various institutional sector is equal to the gross national income, which is the gross national product.

Current Transfers Transfer refers to transaction that an institutional unit supply goods and services or assets to another unit, while does not obtain any goods, services or assets as a returns. Current transfers include all transfers excluding capital transfers. It is formed by income tax, social insurance payments, social assistance and other current transfer.

Total Disposable Income On the basis of initial distribution, the total income is allocated again by the form of the current transfer. The result of the redistribution forms the disposable income of the various institutional sectors. The total income of the various institutional sectors is the national disposable total income.

Total Savings refers to the balance of disposable income after final consumption. The total savings of the various institutional sectors is the national total savings.

Capital Transfers Refers to the funds a department pays gratis to another department for the payment of non – financial investment. The transaction isn't obtain any correspondence as a return . There are two capital characteristics that make the capital transfer different from the current transfer: one is that the transfer shifted to invest, but not for consumption and the other is capital transfer the kind often involve ownership transfer except for stock and cash assets and the form of cash often involves the disposal of assets except for stocks. Capital transfers include investment grants and other capital transfers.

第 19 篇

CHAPTER 19

教育和科技

Education, Science and Technology

各级各类学校在校学生数

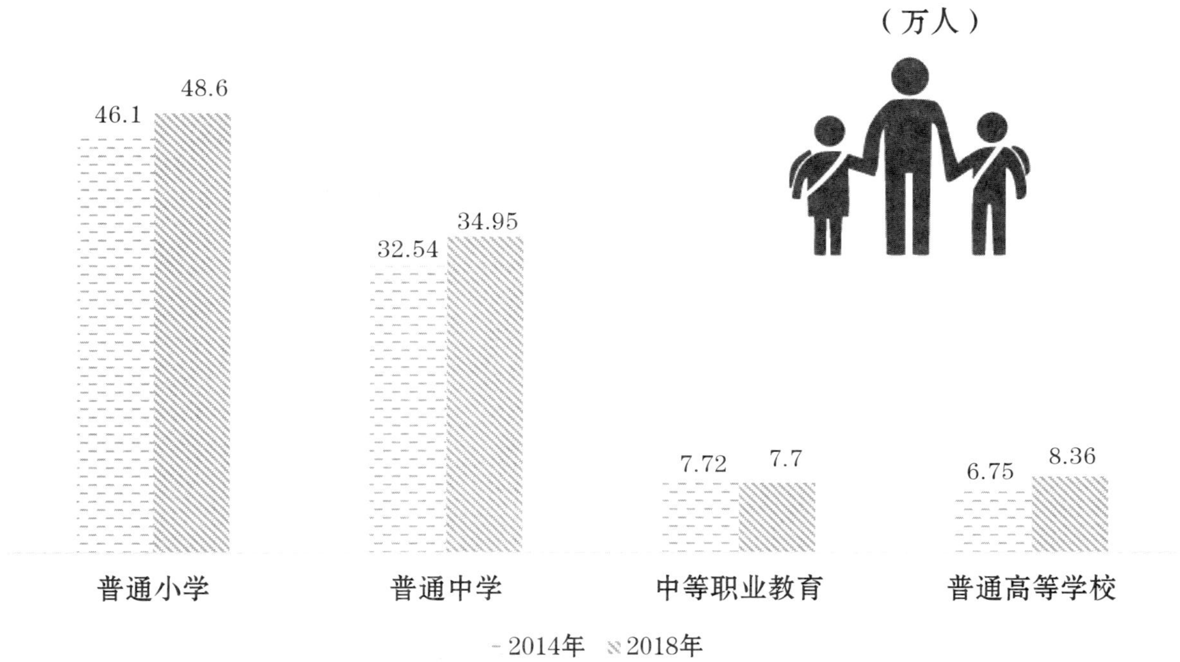

国有企业事业单位各类专业技术人员

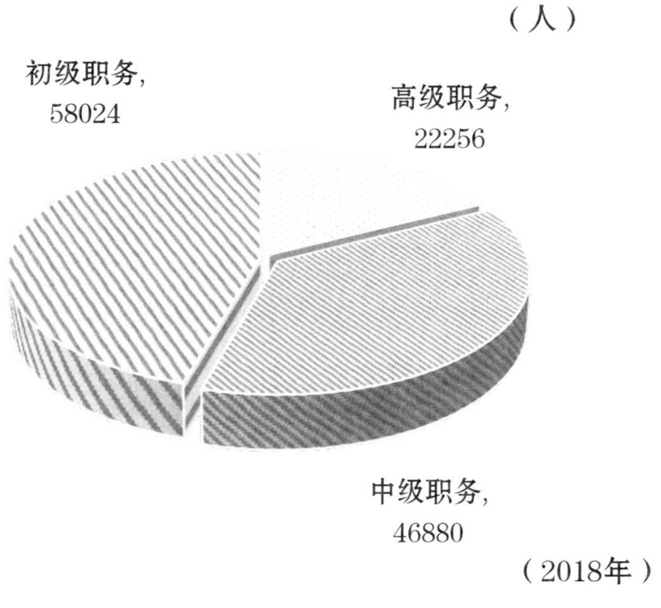

专利申请量和授权量

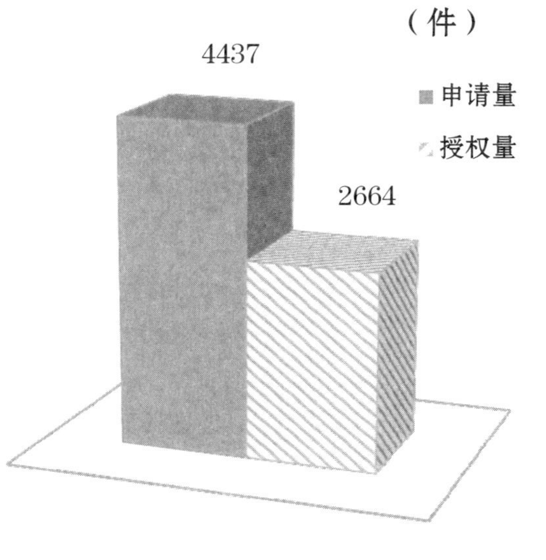

19−1 主要年份各级各类学校数

Number of Schools by Level and Type of School in Main Years

单位：所 (unit)

年份 地区	Year Region	普通高等学校 Regular Institutions of Higher Education	中等职业教育 Secondary Vocational Education	普通中学 Regular Secondary Schools	普通小学 Regular Primary Schools
1952			7	4	1065
1957		1	18	14	1441
1965		1	14	30	5847
1970		3	9	49	3097
1975		4	11	540	6531
1978		6	27	818	6577
1980		6	33	582	5207
1985		7	37	435	4256
1990		7	39	484	3839
1995		7	34	471	3437
1996		7	34	467	3451
1997		6	35	459	3473
1998		6	35	449	3465
1999		6	35	448	3448
2000		8	15	448	3429
2001		6	16	486	3159
2002		8	15	444	3120
2003		9	17	504	2998
2004		9	14	507	2995
2005		8	47	511	2898
2006		8	50	498	2841
2007		8	45	495	2727
2008		8	43	491	2556
2009		9	39	449	2047
2010		9	40	434	1792
2011		9	40	416	1533
2012		9	39	370	1425
2013		9	38	365	1250
2014		12	38	370	1114
2015		12	39	371	978
2016		12	39	374	889
2017		12	39	371	758
2018		12	38	370	731
西宁市	Xining City	10	19	138	141
海东市	Haidong City	1	5	98	234
海北州	Haibei Zang A.P		2	11	30
黄南州	Huangnan Zang A.P		1	16	97
海南州	Hainan Zang A.P		2	25	54
果洛州	Golog Zang A.P		5	15	52
玉树州	Yushu Zang A.P		2	18	82
海西州	Haixi Mongolian & Zang A.P	1	2	49	41

注：本表数据来源于青海省教育厅，以下表同。
a)The data in this table are from the Qinghai Provincial Education Department， The same applies to the tables following.

19-2 主要年份普通高等学校基本情况

Basic Statistics on Regular Institution of Higher Education in Main Years

单位：人 (person)

年份 地区	Year Region	毕业人数 Graduates	招生人数 New Enrollment	在校学生数 Total Enrollment	教职工人数 Teachers and Staff	专任教师 Full-time Teachers	生师比 Student-Teacher Ratio
1957			102	178	113	55	3.2
1965		297	176	566	634	326	1.7
1970		323	368	616	792	351	1.8
1975		688	861	2709	1350	625	4.3
1978		785	1314	3538	1663	819	4.3
1980		692	1208	4238	1970	999	4.2
1985		1159	2037	6414	2559	1253	5.1
1990		1930	1725	6241	2805	1470	4.2
1995		2133	2339	7332	2965	1410	5.2
1996		2033	2460	7780	2973	1398	5.6
1997		2135	2619	8202	3108	1587	5.2
1998		2241	2787	8691	3399	1678	5.2
1999		2490	3172	7347	3454	1711	5.5
2000		2130	6105	13307	4229	2107	6.3
2001		2561	7032	17918	4669	2094	8.6
2002		2763	7123	22198	5314	2580	8.6
2003		4771	9075	26124	5589	2769	9.9
2004		5802	9452	29483	5820	3079	9.6
2005		8344	12812	34374	5830	3051	11.3
2006		8773	12318	37146	6038	3296	11.3
2007		9842	12493	39066	6127	3156	12.4
2008		13986	20505	55792	6242	3368	16.6
2009		14626	18375	58229	6418	3757	15.5
2010		15000	18676	60384	6682	3731	14.4
2011		20748	19075	58661	6677	3735	13.6
2012		16422	20832	61858	6668	3717	15.4
2013		17327	20797	63918	6851	3785	16.9
2014		17740	22805	67533	6182	3920	15.8
2015		18404	23028	71387	6357	4127	16.1
2016		19937	24782	74631	6625	4340	16.0
2017		19837	25879	79215	6911	4671	16.1
2018		22550	28340	83555	7046	4746	16.1
西宁市	Xining City	21327	26147	77701	6653	4464	15.9
海东市	Haidong City	614	1015	2910	271	171	19.0
海西州	Haixi Mongolian & Zang A.P	609	1178	2944	122	111	20.1

注：1.2008年以后普通高校毕业生数、招生数、在校生数含成人本专科生。

2.生师比采用教育统计折算法测算，生师比=折合在校生数/教师总数.

折合在校生数=普通本、专科(高职)生数+硕士生数*1.5+博士生数*2+留学生数*3+预科生数+进修生数+成人脱产班学生数+夜大(业余)学生数*0.3+函授生数*0.1+自学助考生+中职在校生数

教师总数=专任教师数+聘请校外教师数*0.5

a) Graduates, new enrollment and total enrollment of regular institution of higher education after 2008 include adult undergraduates and adult college students.

b) The teacher-student ratio is calculated by education statistical conversion method.

Number of Reduced total enrollment =number of ordinary undergraduate,college(Higher Vocational) students+number of Masters*1.5, number of doctors*2 students*0.3,Student-teacher ratio is number of reduced total enrollment divide by total number of teacthers. students*0.3+number of orrespondence students*0.1+number of self-study students+number of secondary vocational school students. Total number of teacthers=number of Full-time teachers+ half of outside school teachers hired.

19-3 主要年份中等职业教育基本情况

Basic Statistics on Secondary Vocational Schools in Main Years

单位：人 (person)

年份 地区	Year Region	毕业人数 Graduates	招生人数 New Enrollment	在校学生数 Total Enrollment	教职工人数 Teachers and Staff	专任教师 Full-time Teachers	生师比 Student-Teacher Ratio
1952		134	499	1602	236	88	18.2
1957		465	1486	5856	862	330	17.8
1965		510	1644	3825	753	313	12.2
1970		970	1677	2210	578	261	8.5
1975		1502	2006	5703	989	436	13.1
1978		1778	3459	7966	1374	657	12.1
1980		2484	2922	9615	1917	955	10.5
1985		2872	4512	12159	2555	1283	9.5
1990		4216	3378	11286	3102	1670	6.8
1995		3280	4217	13643	3048	1691	8.1
1996		4296	4186	13479	3062	1701	7.9
1997		4121	3867	13215	3048	1719	7.7
1998		4215	4019	12925	3079	1758	7.4
1999		4252	4050	12600	3072	1777	7.1
2000		4093	4781	13406	2398	1363	9.8
2001		3477	3006	12296	2252	1307	9.4
2002		3266	2881	11382	1159	713	16.0
2003		4204	1829	8107	773	470	10.2
2004		2401	1466	5028	546	342	14.7
2005		5836	13216	24656	2227	1588	15.5
2006		7939	21173	36886	2408	1723	21.4
2007		9175	30861	54566	2569	1906	28.6
2008		13798	30968	67917	3100	2379	28.5
2009		19356	31892	76375	3140	2480	30.8
2010		19773	30713	79105	3157	2444	32.4
2011		21620	29600	80057	3222	2549	31.4
2012		23660	30143	76842	3188	2454	31.3
2013		22386	29277	77784	3234	2567	30.3
2014		20116	27303	77163	3022	2450	31.5
2015		19492	27047	76364	2931	2410	31.7
2016		19256	26852	74057	3058	2457	30.1
2017		19455	28004	75047	3041	2433	30.8
2018		20654	28694	76979	2940	2357	32.7
西宁市	Xining City	11291	11405	32122	1644	1363	23.6
海东市	Haidong City	4233	7794	18846	322	313	60.2
海北州	Haibei Zang A.P	717	1690	3994	171	111	36.0
黄南州	Huangnan Zang A.P	583	1287	3115	32	30	103.8
海南州	Hainan Zang A.P	1278	1621	5312	100	81	65.6
果洛州	Golog Zang A.P	869	1161	3134	279	122	25.7
玉树州	Yushu Zang A.P	783	1517	4187	196	169	24.8
海西州	Haixi Mongolian & Zang A.P	900	2219	6269	196	168	37.3

19-4 主要年份普通中学基本情况

Basic Statistics on Regular Secondary Schools in Main Years

单位：人 (person)

年份 地区	Year Region	毕业人数 Graduates	招生人数 New Enrollment	在校学生数 Total Enrollment	教职工人数 Teachers and Staff	专任教师 Full-time Teachers	生师比 Student-Teacher Ratio
1952		193	454	1221	137	60	8.9
1957		1026	4111	9382	539	400	17.4
1965		2182	4403	11978	1122	767	10.7
1970		8096	14374	38913	1700	1375	22.9
1975		26410	53092	120724	7528	5857	16.0
1978		49600	78600	209100	11512	9791	18.2
1980		58600	70597	199200	14058	10779	18.5
1985		58200	76200	230700	16599	12917	17.9
1990		67074	76269	217470	20161	16023	13.6
1995		57835	69755	193862	19190	15691	12.4
1996		55389	67599	192854	19046	15638	12.3
1997		58488	70944	194628	19440	16089	12.1
1998		58703	72987	195037	18884	16009	12.2
1999		56712	78901	207214	19090	16260	12.7
2000		57812	86540	224660	19378	16645	13.5
2001		61357	93034	244629	19835	16857	14.5
2002		56820	85181	220921	16670	14801	14.9
2003		75421	110325	294400	21257	18613	15.8
2004		83727	111830	315284	21853	19402	16.3
2005		93478	116340	327502	22370	20050	16.3
2006		100558	111044	328027	23047	20765	15.8
2007		101883	112097	327039	23357	21038	15.5
2008		106574	106538	315371	23429	21194	14.9
2009		100108	114485	322666	23587	21308	15.1
2010		100291	115028	327178	23923	21875	14.9
2011		99746	111925	330309	24482	22422	14.7
2012		104354	111579	314728	24560	22526	14.0
2013		98110	116321	317121	25438	23598	13.4
2014		94044	112779	325464	24869	23346	13.9
2015		101220	112104	329793	26293	24796	13.3
2016		107779	112186	328241	26674	25094	13.1
2017		106483	112899	329679	26891	25167	13.1
2018		106788	119063	349538	28466	26089	13.4
西宁市	Xining City	39931	42074	124992	9973	9688	12.9
海东市	Haidong City	27798	31352	90712	7104	6893	13.2
海北州	Haibei Zang A.P	5822	6021	17811	2162	1375	13.0
黄南州	Huangnan Zang A.P	5335	6167	18341	1303	1211	15.1
海南州	Hainan Zang A.P	9445	10544	31482	2444	2305	13.7
果洛州	Golog Zang A.P	3133	4029	12613	1091	794	15.9
玉树州	Yushu Zang A.P	6687	10174	27444	1939	1624	16.9
海西州	Haixi Mongolian & Zang A.P	8637	8702	26143	2450	2199	11.9

19-5 主要年份小学基本情况

Basic Statistics on Primary Schools in Main Years

单位：万人、人 (10 000 persons,person)

年 份 地 区	Year Region	毕业人数 Graduates	招生人数 New Enrollment	在校学生数 Total Enrollment	教职工人数 Teachers and Staff	专任教师 Full-time Teachers	生师比 Student-Teacher Ratio
1957		2.3	4.1	15.4	4661	4401	34.9
1965		1.7	14.8	31.0	11148	10812	28.6
1970		2.3	3.4	23.1	10196	10057	23.0
1975		4.8	18.3	54.1	20512	19485	27.7
1978		6.5	13.4	59.9	24933	23918	25.0
1980		6.3	11.5	57.5	27049	25162	22.8
1985		6.1	9.6	54.2	26818	24649	22.0
1990		6.5	7.7	49.0	28582	26515	18.5
1995		5.9	8.3	44.8	28810	26881	16.7
1996		5.9	8.7	46.0	29298	27350	16.8
1997		6.1	8.9	47.1	29490	27611	17.1
1998		6.3	9.1	48.7	29433	27702	17.6
1999		6.9	9.6	50.1	29130	27452	18.2
2000		7.6	9.4	50.5	29371	27706	18.2
2001		7.9	9.5	50.2	29377	27870	18.0
2002		8.1	10.3	50.7	29546	28215	18.0
2003		8.2	9.5	50.7	29692	28496	17.8
2004		8.1	9.9	51.3	28926	27832	18.4
2005		8.1	8.9	50.7	28551	27478	18.4
2006		7.6	10.2	52.2	29209	28124	18.6
2007		7.1	10.1	53.1	28393	27303	19.4
2008		6.9	9.3	53.8	28115	27318	19.7
2009		7.8	8.7	53.3	27814	26794	19.9
2010		8.2	8.1	51.9	27516	26584	19.5
2011		8.0	8.2	51.2	26542	25897	19.8
2012		8.1	8.3	49.9	27052	26103	19.1
2013		8.3	7.8	47.4	28002	26974	17.5
2014		7.8	7.6	46.1	26187	25224	18.3
2015		7.6	7.7	45.4	27406	26479	17.1
2016		7.2	8.2	45.8	27531	26408	17.3
2017		7.3	8.5	46.5	28684	27319	17.0
2018		7.5	9.1	48.6	29978	27483	17.7
西宁市	Xining City	24467	27302	153627	8285	8273	18.6
海东市	Haidong City	18914	23458	124531	7412	7310	17.0
海北州	Haibei Zang A.P	4000	3925	22503	2586	1448	15.5
黄南州	Huangnan Zang A.P	4087	4959	27340	1883	1819	15.0
海南州	Hainan Zang A.P	6383	7338	43645	2617	2544	17.2
果洛州	Golog Zang A.P	3001	5522	21890	1732	1240	17.7
玉树州	Yushu Zang A.P	8030	11568	53576	2995	2477	21.6
海西州	Haixi Mongolian & Zang A.P	5823	6920	38914	2468	2372	16.4

19-6 主要年份幼儿教育事业基本情况

Basic Statistics on Kindergartens in Main Years

单位：人 (person)

年 份 地 区	Year Region	幼儿园数（所） Kindergartens (unit)	在园幼儿数 Total Enrollment	教职工人数 Teachers and Staff	幼师 Kindergarten Teachers	生师比 Student-Teacher Ratio
1957		4	882	121	40	22.1
1965		13	2007	212	65	30.9
1980		46	15561	1053	408	38.1
1985		219	29140	1417	843	34.6
1990		203	44320	1820	1275	34.8
1995		203	72030	2694	1719	41.9
1996		192	70467	2443	1690	41.7
1997		185	73735	2947	2141	34.4
1998		192	70908	2643	1883	37.7
1999		189	66795	2784	1999	33.4
2000		201	63711	2721	2115	30.1
2001		183	67387	2646	1491	45.2
2002		215	69402	3079	1704	40.7
2003		220	74075	3243	1825	40.6
2004		240	77512	3518	1955	39.6
2005		284	82558	3978	2211	37.3
2006		317	88006	4265	2386	36.9
2007		318	88985	4384	2484	35.8
2008		374	94274	4701	2676	35.2
2009		466	101425	5356	3143	32.3
2010		599	111950	6202	3544	31.6
2011		980	134022	7334	4051	33.1
2012		1143	153340	7243	4361	35.2
2013		1245	166659	8047	4668	35.7
2014		1316	174980	9340	5276	28.4
2015		1525	184214	11711	6656	25.2
2016		1667	199804	17092	10158	18.3
2017		1735	207248	18703	10663	18.3
2018		1804	214680	19851	11502	17.8
西宁市	Xining City	569	77320	8292	4631	16.6
海东市	Haidong City	355	49829	3920	2098	20.8
海北州	Haibei Zang A.P	151	10740	1175	621	17.1
黄南州	Huangnan Zang A.P	160	13040	1000	820	14.4
海南州	Hainan Zang A.P	302	21680	1952	1155	18.6
果洛州	Golog Zang A.P	57	6632	337	195	31.2
玉树州	Yushu Zang A.P	113	18564	1455	1011	17.0
海西州	Haixi Mongolian & Zang A.P	97	16875	1720	971	16.7

注：生师比为独立幼儿园生师比.
a)Student-teacher ratio in independent kindergartens.

19-7 主要年份基础教育基本情况

Basic Statistics on Basic Education in Main Years

单位：% (%)

年 份 地 区	Year Region	初中毕业生升学率 Promotion Rate from Junior Secondary Schools to Senior Seconday Schools	小学毕业生升学率 Promotion Rate from Primary Schools to Junior Secondary Schools	小学学龄儿童入学率 Net Enrollment Ratio of Primany Schools
1957		113.0	58.1	
1965		93.7	106.7	73.1
1970		46.8	53.4	51.4
1975		63.0	89.5	89.8
1978		58.8	92.1	85.5
1980		40.2	86.9	82.4
1985		49.9	92.6	79.2
1990		48.4	88.9	81.5
1995		52.5	86.5	87.4
1996		66.5	87.9	89.6
1997		67.9	87.4	90.4
1998		60.1	91.1	92.1
1999		60.5	90.5	92.7
2000		66.4	88.7	94.2
2001		63.1	89.6	95.4
2002		65.5	92.0	95.4
2003		62.5	95.2	96.1
2004		66.5	96.9	96.6
2005		74.6	97.3	97.0
2006		75.1	97.3	97.1
2007		89.3	100.1	98.6
2008		85.0	97.5	99.4
2009		85.9	99.9	99.5
2010		86.5	95.6	99.6
2011		89.5	95.5	99.7
2012		86.1	90.6	99.7
2013		91.7	91.9	99.7
2014		92.4	94.3	99.7
2015		87.5	94.7	99.8
2016		87.7	96.2	99.8
2017		93.1	96.8	99.8
2018		98.3	102.4	99.8
西宁市	Xining City	99.1	103.0	100.0
海东市	Haidong City	99.1	103.6	100.0
海北州	Haibei Zang A.P	99.2	95.2	100.0
黄南州	Huangnan Zang A.P	96.4	104.3	99.8
海南州	Hainan Zang A.P	98.2	105.5	99.8
果洛州	Golog Zang A.P	93.2	103.8	98.1
玉树州	Yushu Zang A.P	99.7	99.9	99.2
海西州	Haixi Mongolian & Zang A.P	93.0	99.4	100.0

注：初中升学率测算含异地就读学生。
a)Secondary school enrollment rate includes students from different places.

19-8 主要年份全省每万人口中在校学生数

Students Enrollment per 10 Thousand People in Main Years

单位：人 (person)

年份 Year	普通高等学校 Regular Institutions of Higher Education	中等职业学校 Secondary Vocational Schools	普通中学 Regular Secondary Schools	普通小学 Primary Schools
1957	0.9	30.0	46.0	749.0
1965	3.0	16.0	52.0	1343.0
1970	2.0	8.0	138.0	818.0
1975	8.0	17.0	358.0	1602.0
1978	10.0	22.0	573.0	1642.0
1980	11.0	25.0	529.0	1525.0
1985	15.9	30.3	556.4	1350.6
1990	14.0	25.4	489.9	1104.6
1995	15.4	28.6	406.0	938.2
1996	15.9	27.6	421.6	941.1
1997	16.5	26.7	392.7	951.2
1998	17.3	25.7	387.9	967.9
1999	18.3	24.7	406.5	982.1
2000	25.7	25.9	433.7	974.5
2001	34.2	23.5	467.6	959.2
2002	42.0	21.5	499.8	958.4
2003	48.9	19.7	551.5	949.6
2004	54.7	34.9	585.4	951.7
2005	63.3	45.4	602.9	933.1
2006	92.7	67.3	598.9	953.1
2007	92.4	98.9	592.9	963.1
2008	100.7	122.5	569.0	970.9
2009	104.5	137.0	578.9	956.9
2010	107.4	140.8	582.2	923.5
2011	103.2	140.9	581.4	900.6
2012	107.9	134.1	549.1	870.6
2013	110.6	134.6	548.9	820.2
2014	116.0	134.1	561.1	794.9
2015	121.4	130.0	560.9	772.1
2016	125.8	124.8	553.1	771.7
2017	132.4	125.4	551.0	777.3
2018	138.5	127.6	579.4	805.7

19-9 主要年份国有企业、事业单位各类专业技术人员情况
Scientific and Technical Personnel in State-owned Institutions and Enterprises in Main Years

单位：人 (person)

指 标	Item	2010	2013	2014	2015	2016	2017	2018
总计	**Total**	**117652**	**139471**	**138691**	**141419**	**132917**	**148469**	**129806**
#市(州)	City (Prefecture)	15524	18294	17341	18727	15473	20476	17261
县(市、区)	County (City、District)	47117	54573	53639	51952	51241	55349	50074
乡(镇)	Villages (Towns)	25517	27999	27075	27225	24159	26840	26653
#高级职务	Senior technical position	15344	18145	17771	18036	18755	20452	22256
正高级职务	Senior Technical Position	19	1507	1607	1643	1778	1814	1950
中级职务	Intermediate Technical Position	48018	47560	45512	45103	46791	47112	46880
初级职务	Elementary Technical Position	53222	61021	62346	64658	64274	65112	58024

注：1.本表数据来源于青海省人力资源和社会保障厅，下表同。
2.正高级职务指标2010年统计口径为企业单位，其余年份统计口径均为企业、事业单位。
a) The data in this table are from the Provincial Department of human resources and social security.The same applies to the tables following.
b) The calibre of senior technical position personnel in 2010 is enterprise units. The libre in other year is enterprise units and state-owned institutions.

19－10　2018年国有企、事业单位分行业专业技术人员情况

Professional and Technical Personnel in State-owned Institutions and Enterprises by Sector(2018)

单位：人 (person)

行　业	Sector	合　计 Total	
		事业 Institutions	企业 Enterprises
总计	**Total**	**111424**	**18382**
农林牧渔业	Farming, Forestry, Animal Husbandry and Fishery	8866	725
采矿业	Mining	129	1526
制造业	Manufacturing	4	8891
电力、燃气及水的生产和供应业	Production and Distribution of Electricity, Gas and Water		1350
建筑业	Construction	613	1536
交通运输仓储邮政业	Transport, Storage and Post	2325	1151
信息传输计算机服务和软件业	Information Transmission, Computer Service and Software	126	762
批发和零售业	Wholesale and Retail Trades	1	72
住宿和餐饮业	Hotels and Catering Services	3	20
金融业	Financial Intermediation	116	133
房地产业	Real Estate	112	378
租赁和商务服务业	Leasing and Business Services	16	54
科学研究技术服务地质勘查业	Scientific Research, Technology Service and Geological Prospecting	3955	636
水利环境和公共设施管理业	Water Conservancy, Environment and Public Facility Management	2516	822
居民服务和其他服务业	Services to households and Other Services	499	102
教育	Education	61628	11
卫生社会保障和社会福利业	Health, Social Security and Social Welfare	22279	
文化体育和娱乐业	Culture, Sports and Entertainment	3882	175
公共管理和社会组织	Public Management and Social Organizations	3834	38
国际组织	International Organization	520	

19-11 主要年份科协系统科技活动基本情况

Basic Statistics on Scientific and Technological Activities of Science and Technology Associations in Main Years

指 标	Item	2017	2018
举办科普宣讲活动 (次)	Number of S&T Popularization Propaganda Activities (time)	278	303
院士科普报告会	Academician Science Popularization Report	2	5
举办专题展览	Thematic Exhibition	89	38
流动科技馆巡展	Mobile Technology Museum Itinerant Exhibition	37	39
开展科技咨询	Scientific and Technological Consultation	94	124
宣讲活动受众人数 (人次)	Number of Participants in Propaganda Activities (person-time)	1227391	1895636
流动科技馆巡展受众人数	Number of Participants in Mobile Technology Museum Itinerant Exhibition	280853	464800
播放科技广播、影视节目 (分钟)	Time for S&T Broadcasting, Film and Television Programs (minute)	115358	124816
电视台播放科技节目	Time for S&T Programs on TV Station	12949	16151
举办实用技术培训 (次)	Number of Practical Technical Training (time)	137	124
实用技术培训人数 (人次)	Number of Participants in Practical Technical Training (person-time)	46126	47518
推广新技术、新品种 (项)	Number of New Technologies and Varieties for Popularization (unit)	56	52
参加活动科技人员总数 (人次)	Number of S&T Personnel Participanting in Activities (person-time)	31988	12130
其中：专家人数	Number of Experts	1831	2409
参加活动的学会协会研究会(个次)	Number of Learned Society, Associations,and Research Institutes Participating in Activities (unit-time)	483	684
覆盖村 (个)	Covered Villages (unit)	2055	2642
覆盖社区 (个)	Covered Communities (unit)	335	625

注：本表数据来源于青海省科学技术协会。
The data source of this table is Qinghai science and technology association.

19-12　2017年73-75行业科技机构主要人员指标情况

指标名称	Item	机构数(个) Number of Institutions (unit)	有R&D的机构数 Number of R&D Institutions (unit)
73-75行业全部机构	All 73-75 Sectors of Institutions	77	36
事业单位	Government-affiliated Institutions	59	25
1.自然科学研究机构	Natural Science Research Institution	18	7
2.社会人文研究机构	Society and Humanity Research Institution	5	4
3.信息文献研究机构	Information and Documentation Research Institution	2	
4.县属研究机构	County Research Institution	1	
5.其　他	Others	33	14
企业单位	Enterprise	18	11

注：1.本表数据来源于青海省科学技术厅。
　　2.73行业指研究和试验发展；74行业指专业技术服务业；75行业指科技推广和应用服务业。以下表同。

Basic Situatics on 73-75 Sectors of S&T Institutions Major Personnels in 2017

全部科技活动人员(人) Total Personnels in S&T Activities (person)	大学本科及以上学历 University Degree or Above	R&D人员折合全时当量(人年) Full-time Equivalent of R&D Personnel (man-year)	研究人员 Resear-chers	R&D人员数(人) Number of R&D Personnels (person)	全时人员 Full-time Personnel	博士 Doctor
5837	4376	970	555	1552	604	294
4861	3569	888	514	1414	541	291
1293	1071	668	395	1022	404	276
125	110	84	49	115	66	8
37	26					
16	10					
3390	2352	136	70	277	71	7
976	807	82	41	138	63	3

a)The data source of this table is Qinghai provincial science and Technology Department.

b)73 industry refers to the development of research and experimenta; 74 industry refers to professional and technical services; 75 industry refers to the promotion of science and technology and application services. The same applies to the tables following.

19-13 2017年73-75行业科技机构主要经费指标情况

单位：个、万元

指标名称	Item	有R&D的机构数 Number of R&D Institutions (unit)	科技活动经费收入总额中政府拨款 Government Appropriation in Total S&T Funds Income	科技活动经费内部支出 Internal Expenditure on S&T Activities	R&D经费内部支出 Intramural R&D Expenditure
73-75行业全部机构	All 73-75 Sectors of Institutions	36	163344.6	196476.2	34533.7
事业单位	Government-affiliated Institutions	25	158029.6	181705.5	32868.7
1.自然科学研究机构	Natural Science Research Institution	7	44884.8	43465.5	25321.5
2.社会人文研究机构	Society and Humanity Research Institution	4	4828.1	4987.3	3926.3
3.信息文献研究机构	Information and Documentation Research Institution		995.4	875.5	
4.县属研究机构	County Research Institution		269.4	269.4	
5.其　　他	Others	14	107051.9	132107.8	3620.9
企业单位	Enterprise	11	5315.0	14770.7	1665.0

注：表中因四舍五入引起的误差未做配平调整。

Basic Situatics on 73-75 Sectors of S&T Institutions Major Funds in 2017

(unit,10 000yuan)

按来源分 by Source		按活动类型分 by Activity Type			R&D课题经费	按活动类型分 by Activity Type			R&D经费外部支出
政府资金 Government funds	企业资金 Enterprise funds	基础研究 Basic Research	应用研究 Applied Research	试验发展 Experimental Development	Expenditure on R&D Topics	基础研究 Basic Research	应用研究 Applied Research	试验发展 Experimental Development	External Expenditure on R&D
30548.6	2636.2	9474.0	8845.2	16214.5	19174.5	4643.7	4585.4	9945.4	60.5
29690.6	1829.2	9270.8	8672.9	14925.0	18013.4	4440.8	4491.7	9080.9	
22845.8	1821.2	6394.5	6802.6	12124.4	15106.3	3704.9	3894.3	7507.1	
3524.3		2207.6	1105.2	613.5	663.1	489.8	96.0	77.3	
3320.5	8.0	668.7	765.1	2187.1	2244.0	246.1	501.4	1496.5	
858.0	807.0	203.2	172.3	1289.5	1161.1	202.9	93.7	864.5	60.5

a)The errors caused by four to five entries in the table are not trimmed.

19-14 2017年自然领域研究机构R&D人员情况

指标名称	Item	机构数(个) Number of Institutions (unit)	有R&D的机构数(个) Number of R&D Institutions (unit)	全部科技活动人员(人) Total Personnels in S&T Activities (person)	大学本科及以上学历 University Degree or Above
合　计	**Total**	**18**	**7**	**1293**	**1071**
按地区分	**by Region**				
西宁市	Xining City	10	7	1121	944
海北州	Haibei Zang A.P	2		54	47
黄南州	Huangnan Zang A.P	2		28	20
海南州	Hainan Zang A.P	1		14	10
果洛州	Golog Zang A.P	1		31	15
海西州	Haixi Mongolian & Zang A.P	2		45	35
按隶属分	**by Administrative**				
中央部门属	Central Department	2	2	590	530
地方部门属	Local Department	16	5	703	541

Basic Situatics on Natural Domain Research Institutions Personnels on R&D in 2017

R&D人员折合全时当量(人年) Full-time Equivalent of R&D Personnel (man-year)	研究人员 Researchers	R&D人员数(人) Number of R&D Personnels (person)			
			研究人员 Researchers	博士 Doctor	硕士 Master
668	**395**	**1022**	**624**	**276**	**296**
668	395	1022	624	276	296
487	355	748	529	248	217
181	40	274	95	28	79

19－15　2017年自然领域研究机构R＆D经费情况

Basic Situatics on Natural Domain Research Institutions Funds on R＆D in 2017

单位：个、万元　(unit,10 000yuan)

指标名称	Item	有R＆D的机构数 Number of R＆D Institutions	科技活动经费内部支出 Internal Expenditure on S＆T Activities	科技收入中的政府资金 Government Funds in S＆T Income	R＆D经费内部支出 Intramural Expenditure on R＆D	政府资金 Government Funds in S＆T	R＆D课题支出 Expenditure on R＆D Topics
合　计	**Total**	**7**	**43465.5**	**44884.8**	**25321.5**	**22845.8**	**15106.3**
按地区分	**by Region**						
西宁市	Xining City	7	36313.0	38261.3	25321.5	22845.8	15106.3
海北州	Haibei Zang A.P		2712.9	3009.1			
黄南州	Huangnan Zang A.P		689.5	743.0			
海南州	Hainan Zang A.P		417.2	417.2			
果洛州	Golog Zang A.P		1605.1	718.9			
海西州	Haixi Mongolian & Zang A.P		1727.8	1735.3			
按隶属分	**by Administrative**						
中央部门属	Central Department	2	22938.4	23654.7	21025.8	18797.2	11321.3
地方部门属	Local Department	5	20527.1	21230.1	4295.7	4048.6	3785.0

19－16　2016－2017年规模以上工业企业科技活动情况表

Basic Statistics on Scientific and Technological Activities of Industrial Enterprises above Designated Size(2016-2017)

指标	Item	2016	2017
有R&D活动的企业数　(个)	Number of Enterprises with R&D Activities(unit)	57	57
R&D人员　(人)	R&D Personnel　(person)	3147	3837
R&D经费内部支出　(万元)	Intramural R&D Expenditure　(10 000 yuan)	77940	83276
基础研究	Basic Research	45	582
应用研究	Applied Research	1686	2340
试验发展	Experimental Development	76208	80354
全部R&D项目　(项)	R&D Projects　(unit)	296	310
全部项目经费内部支出(万元)	Project Internal Expenditures　(10 000 yuan)	61197	83193
企业办研发机构　(个)	R&D Institutions Run by Enterprise　(unit)	46	50
研发机构人员　(人)	R&D Institutions Personnel　(person)	2271	2995

注：1.R&D指科学研究与试验发展。
2.2018年数据因第四次全国经济普查数据尚在审核汇总中而未收录，以下表同。
a)R&D refers to Research and Development.
b)Data of 2018 are not included because the data of the fourth national economic census have not yet been published. The same applies to the tables following.

19-17 2016-2017年高等院校科技活动基本情况
Basic Statistics on Higher Education for Scientific Techological Activities（2016-2017）

指　标	Item	理工农医类 Engineering, Agriculture and Medicine		人文、社科类 Humanities and Social Science	
		2016	2017	2016	2017
研究与试验发展经费支出(万元)	Expenditure on R&D (10 000 yuan)	19310	22449	1600	2249
研究与试验发展人员 (人)	Research and Development Personnel (person)	539	517	931	1061
研究与试验发展机构 (个)	R&D Institutions (unit)	14	15	11	11
研究与试验发展课题 (项)	Questions for Discussion Research and Development(item)	696	715	447	563
研究与试验发展成果	Research and Development Achievements				
出版科技著作 (种)	Monographs of Science Published (unit)	17	26	28	40
发表科技论文 (篇)	Scientific Papers Issued (piece)	2334	2104	245	324

19-18 2016-2017年全省科技活动情况
Basic Statistics of Scientific and Technological Activities（2016-2017）

指标	Item	2016	2017
有R&D活动单位 (个)	Number of Institutions with R&D Activities (unit)	118	121
R&D人员 (人)	R&D Personnel (person)	7378	9675
博士毕业	Doctor's Degree	516	603
硕士毕业	Master's Degree	1330	1470
R&D人员折合全时当量 (人年)	Full-time Equivalent of R&D Personnel (man-year)	4166	5656
R&D经费内部支出 (亿元)	Intramural R&D Expenditure (100 million yuan)	14.00	17.91
基础研究	Basic Research	2.63	2.42
应用研究	Applied Research	1.83	2.78
试验发展	Experimental Development	9.54	12.71
专利申请数 (件)	Patent Applications (piece)	906	1112
项目(课题)数 (项)	Number of Projects (unit)	2143	2390
项目(课题)经费内部支出(亿元)	Project Intramural Expenditure (100 million yuan)	9.97	15.06
机构数 (个)	Number of Institutions (unit)	107	113

19-19 主要年份技术市场基本情况

Basic Statistics of Technical Market in Main Years

单位：项、万元 (Unit,10 000 yuan)

指 标	Item	2010	2014	2015	2016	2017	2018
合同数	**Number of Contracts**	**464**	**805**	**953**	**986**	**1016**	**1071**
技术开发合同	Technology Development	68	99	115	66	94	97
技术转让合同	Technology Transfer	48	64	97	73	82	86
技术咨询合同	Technology Consultation	73	143	199	274	280	384
技术服务合同	Technology Service	275	499	542	573	560	504
技术合同成交额	**Transaction Value in Technical Market**	**114644**	**354287**	**469489**	**569190**	**677186**	**793553**
技术开发合同	Technology Development	84930	40664	40694	20481	37349	28613
技术转让合同	Technology Transfer	7634	68153	8990	7810	14290	8089
技术咨询合同	Technology Consultation	1274	14439	75680	120372	44879	122700
技术服务合同	Technology Service	20805	231031	344124	420527	580668	634150

注：本表数据来源于青海省科学技术开发中心。

a)The data in this table are from the Qinghai Provincial Science and Technology Development Center.

19-20 主要年份专利申请受理量及授权量

Number of Patent Applications Accepted and Granted in Main Years

单位：件 (piece)

年份 Year	申请量 Application Accepted	发明 Inventions	实用新型 Utility Models	外观设计 Designs	授权量 Application Granted	发明 Inventions	实用新型 Utility Models	外观设计 Designs
1990	111	26	82	3	59	4	55	
1995	100	24	66	10	65	2	61	2
2000	174	36	90	48	117	16	67	34
2001	162	44	75	43	101	15	58	28
2002	151	40	56	55	85	14	48	23
2003	173	70	60	43	91	17	36	38
2004	124	49	44	31	70	21	30	19
2005	216	103	83	30	79	24	34	21
2006	325	79	98	148	97	30	45	22
2007	387	91	115	181	222	28	84	110
2008	431	148	120	163	228	23	100	105
2009	499	175	147	177	368	35	89	244
2010	602	193	129	280	264	41	134	89
2011	732	204	233	295	538	70	147	321
2012	844	298	283	263	527	101	218	208
2013	1099	520	364	215	502	91	285	126
2014	1534	660	590	284	619	110	357	152
2015	2590	1103	1183	304	1217	207	687	323
2016	3284	1381	1569	334	1357	271	883	203
2017	3181	949	1946	286	1580	240	1079	261
2018	4437	1285	2885	267	2664	295	2142	227

注：本表数据来源于青海省知识产权局。

a)The data source of this table is the Intellectual Property Office of Qinghai province.

19−21 2018年全省重大科技成果登记基本情况

Basic Conditions of Important Achievements in Scientific Research(2018)

单位：项、万元 (item, 10 000 yuan)

指 标	Item	合计 Total	科研机构 Scientific Research Institutes	大专院校 University and Colleges	企业 Enterprises	医疗机构 Medical Treatment Institutes	其他 Others
总计	**Total**	**518**	**86**	**68**	**151**	**106**	**107**
按应用技术成果水平分类	**By Application Technology Achievements Level**						
国际领先	International Leading	16	5	3	6		2
国际先进	International Advanced	21	7	4	8		2
国内领先	Domestic Leading	120	24	15	38	18	25
国内先进	Domestic Advanced	122	8	6	39	35	34
国内一般	Domestic Common	22			9	6	7
按应用技术成果行业分类	**By Application Technology Achievements Sector**						
农林牧渔业	Agriculture, Forestry, Animal Husbandry and Fishery	131	41	13	35	1	41
采矿业	Mining	38	2		29		7
制造业	Manufacturing	33	1	5	27		
电力燃气及水生产供应业	Production and Supply of Electricity, Gas and Water	20		2	15		3
建筑业	Construction	66	14	6	22		24
交通运输、仓储和邮政业	Transport,Storage and Post	6	1		3		2
信息传输、软件和信息技术服务业	Information Transmission, Software and Information Technology Services	7	1		4		2
科学研究和技术服务业	Scientific Research and Technical Services	19	5	3	2		9
水利、环境和公共设施管理业	Water Conservancy, Environment and Public Facilities Management	5		3	1		1
卫生和社会工作	Health, Social Security and Social Work	66	1	3	2	58	2

注：本表数据来源于青海省科技成果管理办公室。

a)The data in this table are from the Qinghai province science and technology achievement management office.

19—21 续表 Continued

单位：项、万元 (item, 10 000 yuan)

指 标	Item	合计 Total	科研机构 Scientific Research Institutes	大专院校 University and Colleges	企业 Enterprises	医疗机构 Medical Treatment Institutes	其他 Others
按应用技术成果情况分类	**By Application Condition of Application Technology Achievements**						
产业化应用项目数	Number of Application Projects of Industrialization	152	18	12	70	15	37
小批量或小范围应用项目数	Application Number of Items in Small Quantities or Small-scale	122	23	10	40	31	18
试用项目数	Number of Trial Projects	92	20	7	31	6	28
未应用项目数	Number of Not Applied Projects	27	5	6		7	9
资金问题	Capital Reason	10	2	1		4	3
技术问题	Technique Reason	5	2	3			
市场问题	Market Reason	2				1	1
管理问题	Manage Reason	8	1	1		2	4
政策因素	Policy Reason	2		1			1
经济效益项目数	**Cost-effective Projects**	**81**	**12**	**4**	**56**	**1**	**8**
应用后本年度取得的经济效益	**Economic Profits Made after Application This year**						
净利润	Net Profits	140619		1225	105974		33420
实交税金	Actual Tax Payments	44441		150	44291		
出口创汇	Earning Foreign Exchange Through Exports	5600			5600		
节约资金	Saving Capital	50360	18000	1130	31228		2
技术转让与许可收入	Technology Transfer and Licensing Income	10				10	

19−22　2018年规模(限额)以上企业创新活动总体情况

单位：个，%

指标名称	Item	企业数 Number of Enterprises (unit)	开展创新活动的 Enterprises Carrying out Innovative Activities	
			数　量 Quantity	比　重 proportion
总计	**Total**	**1342**	**466**	**34.7**
按规模分	**Grouped by Size of Enterprises**			
大型企业	Large Enterprises	49	35	71.4
中型企业	Medium-sized Enterprises	314	143	45.5
小型企业	Small Enterprises	774	250	32.3
微型企业	Micro Enterprises	205	38	18.5
按登记注册类型分	**By Type of Investment**			
内资企业	Domestic Funded	1311	452	34.5
国有企业	State-owned Enterprises	63	21	33.3
集体企业	Collective-owned Enterprises	3	1	33.3
股份合作企业	Cooperative Enterprises	7	4	57.1
有限责任公司	Limited Liability Corporations	545	199	36.5
股份有限公司	Share-holding Corporations Ltd.	88	42	47.7
私营企业	Private Enterprises	605	185	30.6
港澳台商投资企业	Hong Kong, Macao and Taiwan Investment Enterprises	18	8	44.4
合资经营企业(港或澳台资)	Joint-venture Enterprises	6	2	33.3
合作经营企业(港或澳台资)	Cooperative Business Enterprise	1		
港澳台商独资经营企业	Enterprises with Sole Investment	10	5	50.0
其他港澳台投资企业	Other Enterprises	1	1	100.0
外商投资企业	Foreign Funded Enterprises	13	6	46.2
中外合资经营企业	Joint-venture Enterprises	5	3	60.0
中外合作经营企业	Cooperation Enterprises	1		
外资企业	Enterprises with Sole Funds	4	1	25.0
其他外商投资企业	Other Enterprises	3	2	66.7
按行业分	**By Sector**			
采矿业	Mining	35	12	34.3
制造业	Manufacturing	408	207	50.7
电力、热力、燃气及水生产和供应业	Production and Supply of Electricity, Gas and Water	119	22	18.5
建筑业	Construction	205	50	24.4
批发和零售业	Wholesale and Retail Trades	366	110	30.1
交通运输、仓储和邮政业	Transport, Storage and Post	69	21	30.4
信息传输、软件和信息技术服务业	Information Transmission, Software and Information Technology	28	13	46.4
租赁和商务服务业	Leasing and Business Services	40	8	20.0
科学研究和技术服务业	Scientific Research and Technical Services	60	18	30.0
水利、环境和公共设施管理业	Management of Water Conservancy,Environment and Public Facilities	12	5	41.7
按地区分	**By Regions**			
西宁市	Xining City	805	289	35.9
海东市	Haidong City	119	34	28.6
海北州	Haibei Zang A.P	33	10	30.3
黄南州	Huangnan Zang A.P	26	11	42.3
海南州	Hainan Zang A.P	68	21	30.9
果洛州	Golog Zang A.P	11	7	63.6
玉树州	Yushu Zang A.P	6	2	33.3
海西州	Haixi Mongolian & Zang A.P	274	92	33.6

Overall Situation of Enterprises above the Scale (Limit) Innovation Activities(2018)

(unit,%)

成功实现创新的 Successful Innovative Enterprises		同时实现四种创新的 Successful Four kinds of Innovation Enterprises		开展产品或工艺创新的 Carrying out Innovation of Product or Process		有组织(管理)创新或营销创新的 Organization (Management) or Marketing Innovation	
数量 Quantity	比重 proportion	数量 Quantity	比重 proportion	数量 Quantity	比重 proportion	数量 Quantity	比重 proportion
437	**32.6**	**68**	**5.1**	**254**	**18.9**	**403**	**30.0**
33	67.3	13	26.5	33	67.3	31	63.3
133	42.4	22	7.0	83	26.4	118	37.6
234	30.2	27	3.5	128	16.5	219	28.3
37	18.0	6	2.9	10	4.9	35	17.1
424	32.3	63	4.8	245	18.7	390	29.7
21	33.3	4	6.3	11	17.5	18	28.6
1	33.3	1	33.3	1	33.3	1	33.3
4	57.1	2	28.6	3	42.9	4	57.1
183	33.6	26	4.8	109	20.0	166	30.5
40	45.5	9	10.2	28	31.8	38	43.2
175	28.9	21	3.5	93	15.4	163	26.9
7	38.9	2	11.1	4	22.2	7	38.9
2	33.3	1	16.7	1	16.7	2	33.3
4	40.0	1	10.0	2	20.0	4	40.0
1	100.0			1	100.0	1	100.0
6	46.2	3	23.1	5	38.5	6	46.2
3	60.0	1	20.0	3	60.0	3	60.0
1	25.0					1	25.0
2	66.7	2	66.7	2	66.7	2	66.7
9	25.7			7	20.0	8	22.9
189	46.3	42	10.3	152	37.3	167	40.9
21	17.6	1	0.8	3	2.5	20	16.8
46	22.4	6	2.9	27	13.2	45	22.0
110	30.1	7	1.9	36	9.8	107	29.2
21	30.4			5	7.2	19	27.5
13	46.4	7	25.0	8	28.6	12	42.9
8	20.0	1	2.5	1	2.5	8	20.0
15	25.0	4	6.7	13	21.7	12	20.0
5	41.7			2	16.7	5	41.7
271	33.7	45	5.6	173	21.5	246	30.6
32	26.9	6	5.0	16	13.4	32	26.9
10	30.3	1	3.0	3	9.1	10	30.3
11	42.3	2	7.7	3	11.5	11	42.3
21	30.9	2	2.9	5	7.4	20	29.4
6	54.5	2	18.2	5	45.5	6	54.5
2	33.3			1	16.7	1	16.7
84	30.7	10	3.6	48	17.5	77	28.1

19−23 2018年规模以上工业企业创新活动总体情况

单位：个，%

指标名称	Item	企业数 Number of Enterprises	开展创新活动的 Enterprises Carrying out Innovative Activities	
			数 量 Quantity	比 重 proportion
总计	**Total**	**562**	**241**	**42.9**
按规模分	**Grouped by Size of Enterprises**			
大型企业	Large Enterprises	25	22	88.0
中型企业	Medium-sized Enterprises	74	49	66.2
小型企业	Small Enterprises	365	153	41.9
微型企业	Micro Enterprises	98	17	17.3
按登记注册类型分	**By Type of Investment**			
内资企业	Domestic Funded	543	233	42.9
国有企业	State-owned Enterprises	6	3	50.0
股份合作企业	Cooperative Enterprises	3	2	66.7
有限责任公司	Limited Liability Corporations	265	107	40.4
国有独资公司	State Sole Funded Corporations	36	12	33.3
其他有限责任公司	Other Limited Liability Corporations	229	95	41.5
股份有限公司	Share-holding Corporations Limited	44	25	56.8
私营企业	Private Enterprises	225	96	42.7
私营独资企业	Private-funded Enterprises	3		
私营有限责任公司	Private Limited Liability Corporations	208	89	42.8
私营股份有限公司	Private Share-holding Corporations Ltd.	14	7	50.0
港澳台商投资企业	Hong Kong, Macao and Taiwan Investment Enterprises	10	4	40.0
合资经营企业(港或澳台资)	Joint-venture Enterprises	3		
港澳台商独资经营企业	Enterprises with Sole Investment	1		
港澳台商投资股份有限公司	Share-holding Corporations Ltd.	6	4	66.7
外商投资企业	Foreign Funded Enterprises	9	4	44.4
中外合资经营企业	Joint-venture Enterprises	5	3	60.0
中外合作经营企业	Cooperation Enterprises	1		
外资企业	Enterprises with Sole Funds	3	1	33.3
按行业分	**By Sector**			
采矿业	Mining	35	12	34.3
制造业	Manufacturing	408	207	50.7
电力、热力、燃气及水生产和供应业	Production and Supply of Electricity, Gas and Water	119	22	18.5
按地区分	**By Regions**			
西宁市	Xining City	252	135	53.6
海东市	Haidong City	75	22	29.3
海北州	Haibei Zang A.P	23	7	30.4
黄南州	Huangnan Zang A.P	11	2	18.2
海南州	Hainan Zang A.P	40	10	25.0
果洛州	Golog Zang A.P	3	2	66.7
海西州	Haixi Mongolian & Zang A.P	158	63	39.9

Overall Situation of Industrial Enterprises above Designated Size Innovation Activities(2018)

(unit,%)

成功实现创新的 Successful Innovative Enterprises		同时实现 四种创新的 Successful Four kinds of Innovation Enterprises		开展产品或 工艺创新的 Carrying out Innovation of Product or Process		有组织(管理)创新 或营销创新的 Organization (Management) or Marketing Innovation	
数　量 Quantity	比　重 proportion	数　量 Quantity	比　重 proportion	数　量 Quantity	比　重 proportion	数　量 Quantity	比　重 proportion
219	**39.0**	**43**	**7.7**	**162**	**28.8**	**195**	**34.7**
21	84.0	9	36.0	21	84.0	19	76.0
44	59.5	14	18.9	41	55.4	36	48.6
138	37.8	20	5.5	98	26.8	125	34.2
16	16.3			2	2.0	15	15.3
212	39.0	41	7.6	157	28.9	188	34.6
3	50.0			2	33.3	2	33.3
2	66.7	1	33.3	1	33.3	2	66.7
95	35.8	19	7.2	71	26.8	83	31.3
11	30.6	2	5.6	6	16.7	10	27.8
84	36.7	17	7.4	65	28.4	73	31.9
24	54.5	6	13.6	17	38.6	23	52.3
88	39.1	15	6.7	66	29.3	78	34.7
81	38.9	13	6.3	61	29.3	71	34.1
7	50.0	2	14.3	5	35.7	7	50.0
3	30.0	1	10.0	2	20.0	3	30.0
3	50.0	1	16.7	2	33.3	3	50.0
4	44.4	1	11.1	3	33.3	4	44.4
3	60.0	1	20.0	3	60.0	3	60.0
1	33.3					1	33.3
9	25.7			7	20.0	8	22.9
189	46.3	42	10.3	152	37.3	167	40.9
21	17.6	1	0.8	3	2.5	20	16.8
124	49.2	30	11.9	106	42.1	107	42.5
20	26.7	2	2.7	10	13.3	20	26.7
7	30.4			2	8.7	7	30.4
2	18.2					2	18.2
10	25.0	2	5.0	4	10.0	9	22.5
1	33.3			1	33.3	1	33.3
55	34.8	9	5.7	39	24.7	49	31.0

19–24 2018年资质等级以上建筑业企业创新活动总体情况

单位：个，%

指 标	Item	企业数 Number of Enterprises	开展创新活动的 Enterprises Carrying out Innovative Activities	
			数 量 Quantity	比 重 proportion
总计	**Total**	**205**	**50**	**24.4**
按规模分	**Grouped by Size of Enterprises**			
大型企业	Large Enterprises	5	3	60.0
中型企业	Medium-sized Enterprises	69	26	37.7
小型企业	Small Enterprises	101	21	20.8
微型企业	Micro Enterprises	30		
按登记注册类型分	**By Type of Investment**			
内资企业	Domestic Funded	205	50	24.4
国有企业	State-owned Enterprises	16	5	31.3
股份合作企业	Cooperative Enterprises	2	2	100.0
有限责任公司	Limited Liability Corporations	70	18	25.7
国有独资公司	State Sole Funded Corporations	7	5	71.4
其他有限责任公司	Other Limited Liability Corporations	63	13	20.6
股份有限公司	Share-holding Corporations Limited	11	4	36.4
私营企业	Private Enterprises	106	21	19.8
私营有限责任公司	Private Limited Liability Corporations	96	19	19.8
私营股份有限公司	Private Share-holding Corporations Ltd.	10	2	20.0
按行业分	**By Sector**			
房屋建筑业	Housing Construction	98	22	22.4
土木工程建筑业	Civil Engineering	61	21	34.4
建筑安装业	Construction Installation	25	7	28.0
建筑装饰和其他建筑业	Construction Decoration and other Construction	21		
按地区分	**By Regions**			
西宁市	Xining City	159	36	22.6
海东市	Haidong City	17	6	35.3
黄南州	Huangnan Zang A.P	3		
海南州	Hainan Zang A.P	12	4	33.3
果洛州	Golog Zang A.P	1	1	100.0
海西州	Haixi Mongolian & Zang A.P	13	3	23.1

Overall Situation of Construction Enterprises above the level of Qualification Innovation Activities(2018)

(unit,%)

成功实现创新的 Successful Innovative Enterprises		同时实现四种创新的 Successful Four kinds of Innovation Enterprises		开展产品或工艺创新的 Carrying out Innovation of Product or Process		有组织(管理)创新或营销创新的 Organization (Management) or Marketing Innovation	
数 量 Quantity	比 重 proportion	数 量 Quantity	比 重 proportion	数 量 Quantity	比 重 proportion	数 量 Quantity	比 重 proportion
46	**22.4**	**6**	**2.9**	**27**	**13.2**	**45**	**22.0**
2	40.0	1	20.0	3	60.0	2	40.0
24	34.8	2	2.9	13	18.8	24	34.8
20	19.8	3	3.0	11	10.9	19	18.8
46	22.4	6	2.9	27	13.2	45	22.0
5	31.3			3	18.8	5	31.3
2	100.0	1	50.0	2	100.0	2	100.0
16	22.9	2	2.9	13	18.6	15	21.4
5	71.4	1	14.3	4	57.1	5	71.4
11	17.5	1	1.6	9	14.3	10	15.9
3	27.3	1	9.1	4	36.4	3	27.3
20	18.9	2	1.9	5	4.7	20	18.9
18	18.8	2	2.1	5	5.2	18	18.8
2	20.0					2	20.0
20	20.4	3	3.1	9	9.2	20	20.4
19	31.1	2	3.3	15	24.6	18	29.5
7	28.0	1	4.0	3	12.0	7	28.0
32	20.1	4	2.5	20	12.6	31	19.5
6	35.3	2	11.8	4	23.5	6	35.3
4	33.3			1	8.3	4	33.3
1	100.0			1	100 0	1	100.0
3	23.1			1	7.7	3	23.1

19-25 2018年规模(限额)以上服务业企业创新活动总体情况

单位：个，%

指标名称	Item	企业数 Number of Enterprises	开展创新活动的 Enterprises Carrying out Innovative Activities	
			数 量 Quantity	比 重 proportion
总计	**Total**	**575**	**175**	**30.4**
按规模分	**Grouped by Size of Enterprises**			
大型企业	Large Enterprises	19	10	52.6
中型企业	Medium-sized Enterprises	171	68	39.8
小型企业	Small Enterprises	308	76	24.7
微型企业	Micro Enterprises	77	21	27.3
按登记注册类型分	**By Type of Investment**			
内资企业	Domestic Funded	563	169	30.0
国有企业	State-owned Enterprises	41	13	31.7
集体企业	Collective-owned Enterprises	3	1	33.3
股份合作企业	Cooperative Enterprises	2		
有限责任公司	Limited Liability Corporations	210	74	35.2
国有独资公司	State Sole Funded Corporations	30	12	40.0
其他有限责任公司	Other Limited Liability Corporations	180	62	34.4
股份有限公司	Share-holding Corporations Limited	33	13	39.4
私营企业	Private Enterprises	274	68	24.8
私营独资企业	Private-funded Enterprises	3	1	33.3
私营有限责任公司	Private Limited Liability Corporations	263	64	24.3
私营股份有限公司	Private Share-holding Corporations Ltd.	8	3	37.5
港澳台商投资企业	Enterprises with Funds from Hong Kong,	8	4	50.0
合资经营企业(港或澳台资)	Joint-venture Enterprises	3	2	66.7
港澳台商独资经营企业	Enterprises with Sole Investment	4	1	25.0
其他港澳台投资企业	Other Hong Kong, Macao and Taiwan Investment Enterprises	1	1	100.0
外商投资企业	Foreign Funded Enterprises	4	2	50.0
外资企业	Foreign enterprise	1		
其他外商投资企业	Other Foreign-invested Enterprises	3	2	66.7
按行业分	**By Sector**			
批发和零售业	Wholesale and Retail Trades	366	110	30.1
交通运输、仓储和邮政业	Transport, Storage and Post	69	21	30.4
信息传输、软件和信息技术服务业	Information Transmission, Software and Information Technology	28	13	46.4
租赁和商务服务业	Leasing and Business Services	40	8	20.0
科学研究和技术服务业	Scientific Research and Technical Services	60	18	30.0
水利、环境和公共设施管理业	Management of Water Conservancy,Environment and Public Facilities	12	5	41.7
按地区分	**By Regions**			
西宁市	Xining City	394	118	29.9
海东市	Haidong City	27	6	22.2
海北州	Haibei Zang A.P	10	3	30.0
黄南州	Huangnan Zang A.P	12	9	75.0
海南州	Hainan Zang A.P	16	7	43.8
果洛州	Golog Zang A.P	7	4	57.1
玉树州	Yushu Zang A.P	6	2	33.3
海西州	Haixi Mongolian & Zang A.P	103	26	25.2

Overall Situation of Service Enterprises above Scale (Limit) Innovation Activities(2018)

(unit,%)

成功实现创新的 Successful Innovative Enterprises		同时实现四种创新的 Successful Four kinds of Innovation Enterprises		开展产品或工艺创新的 Carrying out Innovation of Product or Process		有组织(管理)创新或营销创新的 Organization (Management) or Marketing Innovation	
数量 Quantity	比重 proportion	数量 Quantity	比重 proportion	数量 Quantity	比重 proportion	数量 Quantity	比重 proportion
172	**29.9**	**19**	**3.3**	**65**	**11.3**	**163**	**28.3**
10	52.6	3	15.8	9	47.4	10	52.6
65	38.0	6	3.5	29	17.0	58	33.9
76	24.7	4	1.3	19	6.2	75	24.4
21	27.3	6	7.8	8	10.4	20	26.0
166	29.5	16	2.8	61	10.8	157	27.9
13	31.7	4	9.8	6	14.6	11	26.8
1	33.3	1	33.3	1	33.3	1	33.3
72	34.3	5	2.4	25	11.9	68	32.4
11	36.7	2	6.7	7	23.3	9	30.0
61	33.9	3	1.7	18	10.0	59	32.8
13	39.4	2	6.1	7	21.2	12	36.4
67	24.5	4	1.5	22	8.0	65	23.7
1	33.3					1	33.3
63	24.0	4	1.5	21	8.0	61	23.2
3	37.5			1	12.5	3	37.5
4	50.0	1	12.5	2	25.0	4	50.0
2	66.7	1	33.3	1	33.3	2	66.7
1	25.0					1	25.0
1	100.0			1	100.0	1	100.0
2	50.0	2	50.0	2	50.0	2	50.0
2	66.7	2	66.7	2	66.7	2	66.7
110	30.1	7	1.9	36	9.8	107	29.2
21	30.4			5	7.2	19	27.5
13	46.4	7	25.0	8	28.6	12	42.9
8	20.0	1	2.5	1	2.5	8	20.0
15	25.0	4	6.7	13	21.7	12	20.0
5	41.7			2	16.7	5	41.7
115	29.2	11	2.8	47	11.9	108	27.4
6	22.2	2	7.4	2	7.4	6	22.2
3	30.0	1	10.0	1	10.0	3	30.0
9	75.0	2	16.7	3	25.0	9	75.0
7	43.8					7	43.8
4	57.1	2	28.6	3	42.9	4	57.1
2	33.3			1	16.7	1	16.7
26	25.2	1	1.0	8	7.8	25	24.3

主要统计指标解释

普通高等学校 指按国家规定的设置标准和审批程序批准举办的，通过全国普通高等学校统一招生考试，招收高中毕业生为主要培养对象，实施高等学历教育的全日制大学、独立设置的学院和高等专科学校、高等职业学校及其他机构（独立学院和分校、大专班）。

大学、独立设置的学院主要实施本科层次以上教育。高等专科学校、高等职业学校实施专科层次教育。其他机构是承担国家普通招生计划任务不计校数的机构，包括独立学院、普通高等学校分校、大专班和批准筹建的普通高等学校等。

成人高等学校 指按照国家规定的设置标准和审批程序批准举办的，通过全国成人高等教育统一招生考试，招收具有高中毕业或同等学历的人员为主要培养对象，利用函授、业余、脱产等多种形式对其实施高等学历教育的学校。包括职工高等学校、农民高等学校、管理干部学院、教育学院、独立函授学院、广播电视大学、其他机构等。其他机构是承担国家成人招生计划任务不计校数的机构。

小学学龄儿童入学率 指调查范围内已入小学学习的学龄儿童占校内外学龄儿童总数（包括弱智儿童，不包括盲聋哑儿童）的比重。计算公式为：

$$小学学龄儿童入学率=\frac{已入学的小学学龄儿童数}{校内外小学学龄儿童总数}\times 100\%$$

生师比采用教育统计折算法测算

1、折合在校生数＝普通本、专科（高职）生数＋硕士生数＊1.5＋博士生数＊2＋留学生数＊3＋进修生数＋成人脱产班学生数＋夜大（业余）学生数＊0.3＋函授生数＊0.1＋自学助考生＋中职在校生数。

2、教师总数＝专任教师数＋聘请校外教师数＊0.5。

3、生师比＝折合在校生数/教师总数。

科技活动 是指在自然科学、农业科学、医药科学、工程与技术科学、人文与社会科学领域（简称科学技术领域）中与科技知识的产生、发展、传播和应用密切相关的有组织的活动。为核算科技投入的需要，科技活动可分为科学研究与试验发展（R&D）、科学研究与试验发展成果应用及相关的科技服务三类活动。

R&D（科学研究与试验发展，简称“研发”） 是指在科学技术领域，为增加知识总量、以及运用这些知识去创造新的应用进行系统的创造性的活动，包括基础研究、应用研究、试验发展三类活动。

基础研究 是指为了获得关于现象和可观察事实的基本原理的新知识（揭示客观事物的本质、运动规律，获得新发现、新学说）而进行的实验性或理论性研究，它不以任何专门或特定的应用或使用为目的。其成果以科学论文和科学著作为主要形式。

应用研究 是指为获得新知识而进行的创造性研究，主要针对某一特定的目的或目标。应用研究是为了确定基础研究成果可能的用途，或是为达到预定的目标探索应采取的新方法（原理性）或新途径。其成果形式以科学论文、专著、原理性模型或发明专利为主。

试验发展 是指利用从基础研究、应用研究和实际经验所获得的现有知识，为产生新的产品、材料和装置，建立新的工艺、系统和服务，以及对已产生和建立的上述各项作实质性的改进而进行的系统性工作。其成果形式主要是专利、专有技术、具有新产品基本特征的产品原型或具有新装置基本特征的原始样机等。在社会科学领域，试验发展是指把通过基础研究、应用研究获得的知识转变成可以实施的计划（包括为进行检验和评估实施示范项目）的过程。人文科学领域没有对应的试验发展活动。

R&D人员 指单位内部从事基础研究、应用研究和试验发展三类活动的人员。包括直接参加上述三类项目活动的人员以及这三类项目的管理人员和直接服务人员。为研发活动提供直接服务的人员包括直接为研发活动提供资料文献、材料供应、设备维护等服务的人员。

R&D经费内部支出 指调查单位在报告年度用于内部开展R&D活动（基础研究、应用研究和试验发展）的实际支出。包括用于R&D项目（课题）活动的直接支出，以及间接用于R&D活动的管理费、服务费、与R&D有关的基本建设支出以及外协加工费等。不包括生产性活动支出、归还贷款支出以及与外单位合作或委托外单位进行R&D活动而转拨给对方的经费支出。

专业技术人员 指从事专业技术工作和专业技术管理工作的人员，即企事业单位中已经聘任专业技术职务从事专业技术工作和专业技术管理工作的人员，以及未聘任专业技术职务，现在专业技术岗位上工作的人员。包括工程技术人员、农业技术人员、科学研究人员、卫生技术人员、教学人员、经济人员、会计人员、统计人员、翻译人员、图书资料、档案、文博人员、新闻出版人员、律师、公证人员、广播电视播音人员、工艺美术人员、体育人员、艺术人员及企业政治思想工作人员，共十七个专业技术职务类别。用来反映科技人力资源情况。

专利 是专利权的简称，是对发明人的发明创造经审查合格后，由专利局依据专利法授予发明人和设计人对该项发明创造享有的专有权。包括发明、实用新型和外观设计。反映拥有自主知识产权的科技和设计成果情况。

发明（专利） 指对产品、方法或者其改进所提出的新的技术方案。是国际通行的反映拥有自主知识产权技术的核心指标。

实用新型（专利） 指对产品的形状、构造或者其结合所提出的适于实用的新的技术方案。反映具有一定技术含量的技术成果情况。

外观设计（专利） 指对产品的形状、图案、色彩或者其结合所作出的富有美感并适于工业上应用的新设计。反映拥有自主知识产权的外观设计成果情况。

创新 指本企业推出了新的或有重大改进的产品或工

艺,或采用了新的组织管理方式或营销方法。此处的"新"是指它们对本企业而言必须是新的,但对于其他企业或整个市场而言不要求一定是新的。

产品创新(工业) 指企业推出了全新的或有重大改进的产品。产品创新的"新"要体现在产品的功能或特性上,包括技术规范、材料、组件、用户友好性等方面的重大改进。

工艺创新(工业) 指企业采用了全新的或有重大改进的生产方法、工艺设备或辅助性活动。工艺创新的"新"要体现在技术、设备或流程上;它对本企业而言必须是新的,但对于其他企业或整个市场而言不一定是新的。

产品创新(建筑业) 指企业向市场推出或向客户交付了全新的或有重大改进的产品。产品创新的"新"要体现在产品的功能或特性上,包括技术规范、材料、组件、用户友好性等方面的重大改进。

工艺创新(建筑业) 指企业采用了全新的或有重大改进的施工工艺、生产工艺或辅助性活动。工艺创新的"新"要体现在技术、设备或流程上;它对本企业而言必须是新的,但对于其他企业或整个市场而言不一定是新的。

产品(服务)创新(服务业) 指企业向市场推出了全新的或有重大改进的服务或产品。产品(服务)创新的"新"要体现在服务或产品的功能或特性上,包括在技术规范、材料、组件、用户友好性等方面的重大改进。

工艺(流程)创新(服务业) 指企业在推出服务或其他产品的过程以及辅助性活动中采用了全新的或有重大改进的技术、设备或软件等。工艺(流程)创新的主要目的是提高服务质量或降低单位成本;它对本企业而言必须是新的,但对于其他企业或整个市场而言不一定是新的。

组织(管理)创新 指企业采取了此前从未使用过的全新的组织管理方式,主要涉及企业的经营模式、组织结构或外部关系等方面。

营销创新 指企业采用了此前从未使用过的全新的营销概念或营销策略,主要涉及产品设计或包装、产品推广、产品销售渠道、产品定价等方面。

Explanatory Notes on Main Statistical Indicators

Regular Institutions of Higher Education refer to educational establishments set up according to the government evaluation and approval procedures, recruiting graduates from senior secondary schools as the main target by National Matriculation TEST. They include full - time universities, colleges, institutions of higher professional education, institutions of higher vocational education, institutions of higher vocational education and others (non - university tertiary, branch schools and undergraduate classes).

Universities and colleges primarily provide undergraduate courses; institutions of higher professional education and institutions of higher vocational education primarily provide professional trainings; and others refer to educational establishments, which are responsible for enrolling higher education students under the State Plan but not enumerated in the total number of schools, including: branch schools of universities and colleges, and universities and colleges that have been approved and under plan for construction. Non - university tertiary refers to the regular undergraduate branch college which is running in new mechanism and mode, excluding the branch schools and other similar branches of educational institutions.

Institutions of Higher Education for Adults refer to educational establishments, set up in line with relevant rules approved by the government, enrolling staff and workers with senior secondary school or equivalent education, and providing higher education courses in many forms of correspondence, spare time, or full time for adults. Professionals thus trained receive a qualification equivalent to graduates studying regular courses at regular universities, colleges and professional colleges. Institutions of higher learning for adults include schools of higher education for staff and workers, schools of higher education for peasants, colleges for management cadres, pedagogical colleges, independent correspondence colleges, Radio and TV universities and other educational establishments. Other educational establishments have undertakings to enrol adult students but not enumerated in the schools under the State Plan.

Net Enrolment Ratio of Primary Schools refers to the proportion of school age children enrolled at schools to the total number of school age children both in and outside schools (including retarded children, but excluding blind, deaf and mute children). The formula is:

$$\text{Net Enrolment Ratio of Primary Schools} = \frac{\text{Total Primary School - age Children at Schools}}{\text{Total Primary School - age Children Whether or Not Attending School}} \times 100\%$$

The teacher - student ratio is calculated by education statistical conversion method.

Number of Reduced total enrollment = number of ordinary undergraduate, college (Higher Vocational) students + number of Masters * 1.5, number of doctors * 2 + number of foreign students * 3 + number of preppies + number of advanced students + number of adult students + number of evening university and mater students * 0.3 + number of correspondence students * 0.1 + number of self - study students + number of secondary vocational school students.

Total number of teachers = number of Full - time teachers + half of outside school teachers hired.

Student - teacher ratio is number of reduced total enrollment divide by total number of teachers.

Scientific and Technological Activities (S&T Activities)

refer to organized activities which are closely related with the creation, development, dissemination and application of the scientific and technical knowledge in the fields of natural sciences, agricultural science, medical science, engineering and technological science, humanities and social sciences (referred to as scientific and technological fields). S&T activities can be classified into 3 categories: research and development (R&D) activities, application of R&D results, and related S&T services. This statistical definition is made by UNICHIEF for scientific and technological activities to meet the need of carrying out statistical work in this field for its member countries particularly the developing countries.

Research and Development (R&D) refers to systematic and creative activities in the field of science and technology aiming at increasing the knowledge and using the knowledge for new application. R&D includes 3 categories of activities: basic research, applied research and experimentation for development. The scale and intensity of R&D are widely used internationally to reflect the strength of S&T and the core competitiveness of a country in the world.

Basic Research refers to empirical or theoretical research aiming at obtaining new knowledge on the fundamental principles regarding phenomena or observable facts to reveal the intrinsic nature and underlying laws and to acquire new discoveries or new theories. Basic research takes no specific or designated application as the aim of the research. Results of basic research are mainly released or disseminated in the form of scientific papers or monographs. This indicator reflects the innovation capacity for original knowledge.

Applied Research refers to creative research aiming at obtaining new knowledge on a specific objective or target. Purpose of the applied research is to identify the possible uses of results from basic research, or to explore new (fundamental) methods or new approaches. Results of applied research are expressed in the form of scientific papers, monographs, fundamental models or invention patents. This indicator reflects the exploration of ways to apply the results of basic research.

Experiments and Development refer to systematic activities aiming at using the knowledge from basic and applied researches or from practical experience to develop new products, materials and equipment, to establish new production process, systems and services, or to make substantial improvement on the existing products, process or services. Results of experiment and development activities are embodied in patents, exclusive technology, and monotype of new products or equipment. In social sciences, experiment and development activities refer to the process of converting the knowledge from basic or applied researches into feasible programs (including conduct of demonstration projects for assessment and evaluation). There are no experiment and development activities in the science of humanities. This indicator reflects the capability of transferring the results of S&T into technique and products, and measures the realization of S&T in spearheading the economic and social development.

R&D Personnel refer to persons engaged in research, management and supporting activities of R & D, including persons in the project teams, persons engaged in the management of S&T activities of enterprises and supporting staff providing direct service to the research projects. This indicator reflects the size of personnel engaged in R&D activities with independent intellectual property.

Funding for S&T Activities refers to funds obtained from various sources for S&T activities, including government funds, self - raised funds by enterprises, self - raised funds by institutions, loans from financial institutions, foreign funds and other funds. This indicator reflects the efforts made by various social economic entities in promoting the development of S&T.

Professional and Technical Personnel refer to persons engaged in professional and technical work or in the management of professional and technical activities, i. e., people with professional or technical positions who are engaged in professional and technical work or in the management of professional and technical activities, and people without professional or technical positions but are working on professional or technical posts. They include professionals and technicians working in 17 categories of technical occupations including engineering, agriculture, scientific researches, medical service, teaching, economic research and application, accounting, statistics, translation, libraries, archives, cultural and museum service, journalism and publication, lawyers, notarization service, radio and television broadcasting, handicraft and fine arts, sports, performing art, and political workers in enterprises. This indicator reflects the condition of human resources in S&T.

Patent is an abbreviation for the patent right and refers to the exclusive right of ownership by the inventors or designers for the creation or inventions, given from the patent offices after due process of assessment and approval in accordance with the Patent Law. Patents are granted for inventions, utility models and designs. This indicator reflects the achievements of S&T and design with independent intellectual property.

Patented Inventions refer to new technical proposals to the products or methods or their modifications. This is universal core indicator reflecting the technologies with independent intellectual property.

Patented Utility Models refer to the practical and new technical proposals on the shape and structure of the product or the combination of both. This indicator reflects the condition of technological results with certain technical content.

Designs refer to the aesthetics and industrially applicable new designs for the shape, pattern and colour of the product, or their combinations. This indicator reflects the appearance design achievements with independent intellectual property.

Innovation refers to the introduction of new or significantly improved products or processes, or the adoption of new organizational management methods or marketing methods by enterprises. The "new" here must be new to the enterprise, but it is not necessarily new to other enterprises or the whole market.

Product innovation (**industry**) refers to the introduction of new or significantly improved products. The innovation should be reflected by the functions or features of the products, including improvement on technical specifications, materials, parts, user – friendliness etc.

Process innovation (**industry**) refers to the adoption of new or significantly improved production methods, process equipments or supporting activities by enterprises. The innovation should be reflected by technology, equipment or process. It must be new to the enterprise, but it is not necessarily new to other enterprises or the whole market.

Product innovation (**construction**) refers to the introduction to the market or delivered of new or significantly improved products by enterprises. The innovation should be reflected by the functions or features of the products, including improvement on technical specifications, materials, parts, user – friendliness etc.

Process innovation (**construction**) refers to the adoption of new or significantly improved construction technology, production process or supporting activities by enterprises. The innovation should be reflected by technology, equipment or process. It must be new to the enterprise, but it is not necessarily new to other enterprises or the whole market.

Product (**service**) **innovation** (**service**) refers to the introduction of new or significantly improved services or products. The innovation should be reflected by the functions or features of the services or products, including improvement on technical specifications, materials, parts, user – friendliness etc.

Process (**procedure**) **innovation** (**service**) refers to the adoption of new or significantly improved technology, equipment, or software in the process of launching services or other products and auxiliary activities by enterprises. The main purpose of the innovation is to improve service quality or reduce unit cost. It must be new to the enterprise, but it is not necessarily new to other enterprises or the whole market.

Organization (**management**) **innovation** refers to the adoption of new organization management mode which has never been used before by enterprises, mainly involving the business mode, organizational structure or external relationship of the enterprise.

Marketing innovation refers to the adoption of new marketing concept or marketing strategy which has never been used before by enterprises, mainly involving product design or packaging, product promotion, product sales channel, product pricing etc.

第 20 篇
CHAPTER 20

卫生和社会服务
Public Health and Social Services

卫生机构情况

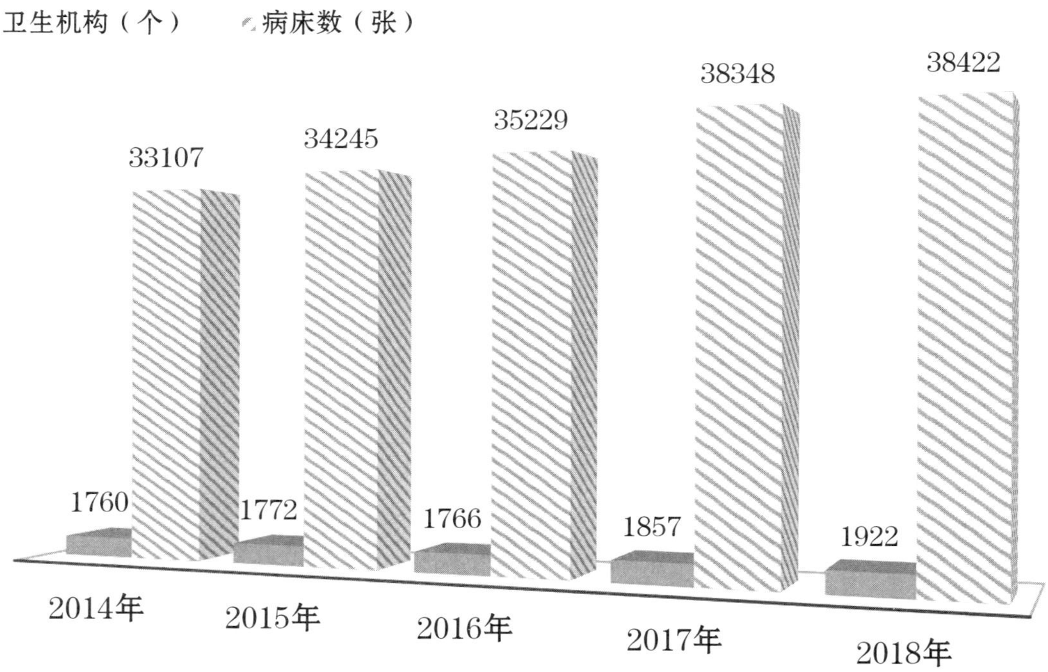

卫生技术人员情况

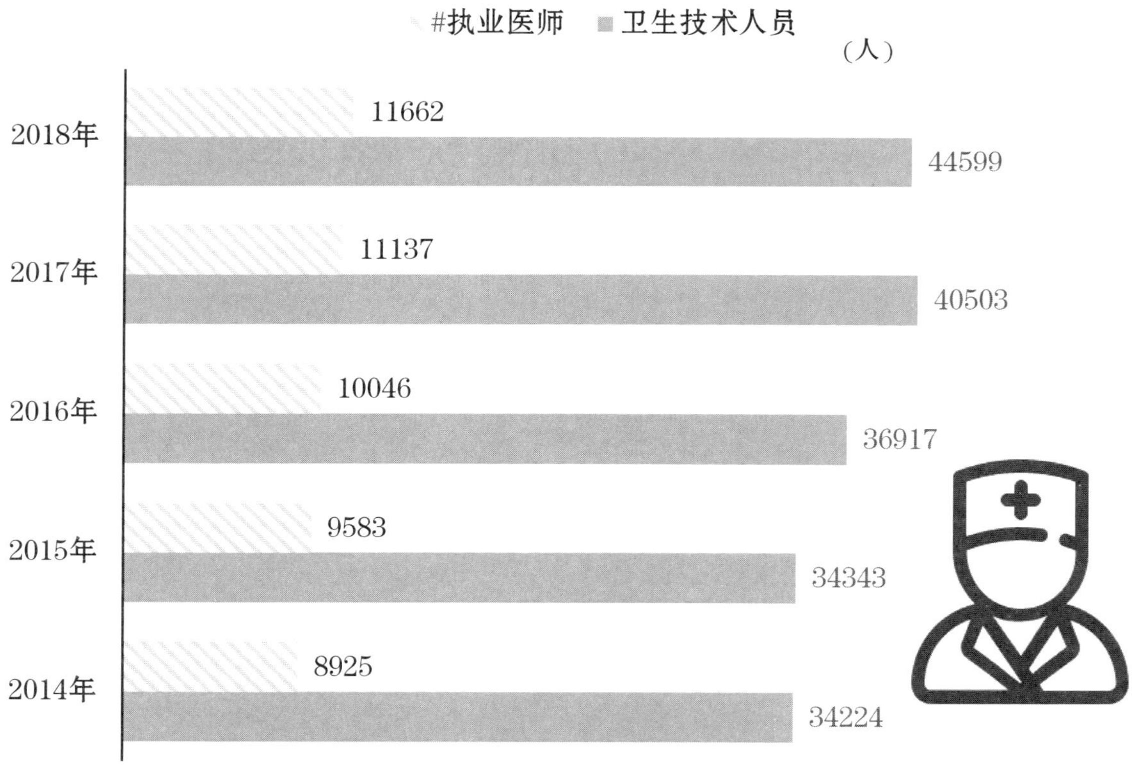

20-1 主要年份卫生事业机构、床位、人员数

Number of Health Care Institutions, Beds and Medical Technical Personnel in Main Years

年 份	卫生机构数 (个) Health Care Institutions (unit)	医疗机构 Medical Institutions	病床数 (张) Beds (unit)	卫生技术人员 (人) Medical Technical Personnel (person)
1952	67	28	529	513
1957	215	45	2115	2605
1965	822	63	6634	6114
1970	818	80	8212	8217
1975	920	499	10222	11390
1978	1032	507	10951	13090
1980	1047	511	11941	15115
1985	1253	518	13743	18031
1986	1282	454	14417	18906
1987	1302	433	15119	19759
1988	1276	445	15093	19780
1989	1226	436	15511	20103
1990	1218	446	15698	19893
1992	1187	510	16828	20239
1993	1172	494	16584	19891
1994	1177	592	16896	20116
1995	1176	592	17165	20233
1996	1201	590	17461	20216
1997	1201	592	17176	21418
1998	1263	591	17096	21159
1999	1259	586	16862	21825
2000	1847	577	16521	21502
2001	1437	564	16464	20119
2002	1411	549	15127	19294
2003	1408	536	15652	23036
2004	1434	535	16461	20002
2005	1478	562	16035	20771
2006	1613	687	16273	20119
2007	1640	688	16383	20347
2008	1643	713	17861	21973
2009	1598	734	19119	23440
2010	1569	734	20052	23897
2011	1601	748	23171	26132
2012	1630	764	26018	28158
2013	1671	771	29560	32451
2014	1760	836	33107	34224
2015	1772	863	34245	34343
2016	1766	878	35229	36917
2017	1857	956	38348	40503
2018	1922	1001	38422	44599

注:1.本表数据来源于青海省卫生健康委员会，以下表同。
2.2000年及以后卫生机构数据由省卫生部门按统一口径进行了调整。
a)The data in this table are from the Health and Health Commission of Qinghai Province, The same applies to the tables following.
b)The Health Care Institutions data were adjusted according to the unified caliber by Provincial Health Department since 2000 .

20−2 2018年医疗机构、床位及人员数

Number of Medical Institutions, Beds and Medical Technical Personnel(2018)

医疗机构	Medical Institutions	机构数（个）Number of Institutions (unit)	床位数（张）Beds (unit)	卫生技术人员(人) Medical Technical Personnel (person)							
				小计 Subtotal	执业医师 Licensed Doctors	助理医师 Assistant Doctors	注册护士 Registered Nurses	药剂人员 Pharmacist	技师（士）Technician	检验人员 Laboratory Technician	其他 Others
总　计	**Total**	**1001**	**38422**	**40178**	**11662**	**1968**	**16804**	**2201**	**2177**	**1314**	**5366**
医　院	**Hospitals**	**220**	**32590**	**31008**	**8962**	**1052**	**14141**	**1680**	**1714**	**1012**	**3459**
综合医院	General Hospitals	124	22451	22380	6394	739	10660	1063	1146	648	2378
中医医院	Hospitals Specialized in Traditional Chinese Medicine	14	2549	2451	755	44	941	237	176	106	298
中西医结合医院	Hospitals Combining Chinese and Western Medicine	5	226	236	65	15	83	16	24	12	33
蒙藏民族医院	Mongolian and Tibetan Nationalities Hospitals	36	3393	1888	661	161	450	182	88	51	346
专科医院	Specialized Hospitals	40	3877	4027	1085	93	1983	182	280	195	404
护理院	Nursing Home	1	94	26	2		24				
社区卫生服务中心（站）	**Community Health Service Centers(Stations)**	**256**	**710**	**2388**	**735**	**132**	**969**	**199**	**86**	**46**	**267**
社区卫生服务中心	Community Health Service Centers	32	710	1204	346	78	437	106	80	43	157
社区卫生服务站	Community Health Service Stations	224		1184	389	54	532	93	6	3	110
卫生院	**Health Care Centers**	**405**	**4522**	**5041**	**1332**	**655**	**1158**	**215**	**234**	**159**	**1447**
中心卫生院	Central Health Centers	93	1702	1758	431	186	427	82	97	61	535
专科疾病防治院（所、站）	**Specialized Disease Prevention & Treatment Institutions**	**1**	**40**	**30**	**9**	**2**	**10**	**3**	**4**	**3**	**2**
门诊部	**Clinics**	**69**	**94**	**559**	**218**	**39**	**177**	**56**	**36**	**16**	**33**
妇幼保健院（所、站）	**Women and Children Care Agencies (Stations)**	**50**	**466**	**1152**	**406**	**88**	**349**	**48**	**103**	**78**	**158**

注：医疗机构不包括诊所、卫生所、医务室、村卫生室和采供血机构。

a) Medical Institutions don't include dispensary, health-center, infirmary, village health clinic and Blood collection agencies.

20-3 2018年分地区村卫生室机构数
Number of Health Institutions at Village Level by Region(2018)

单位：个 (unit)

地 区 Region	总 计 Total	按设置／主办单位分 By Setting / Host Unit 村 办 Village Run	乡卫生院设点 Under the Township Hospital	联合办 Jointly Run	私人办 Privately Run	其 他 Others	按行医方式分 By Way to Practice Medicine 西医为主 Western Medicine-oriented	中医为主 Traditional Chinese Medicine-oriented	中西医 Traditional Chinese and Western Medicine
机构数 Number of Institutions	**4474**	**1789**	**636**	**596**	**927**	**526**	**1921**	**171**	**2382**
西宁市 Xining City	1115	326	170	35	504	80	380	29	706
海东市 Haidong City	1594	893	47	157	346	151	800	42	752
海北州 Haibei Zang A.P	253	77	47	5	59	65	115	12	126
黄南州 Huangnan Zang A.P	286	66	100	109		11	111	8	167
海南州 Hainan Zang A.P	452	192	33	135	15	77	230	18	204
果洛州 Golog Zang A.P	188	49	6	56		77	39		149
玉树州 Yushu Zang A.P	259	176	81	1		1	96	48	115
海西州 Haixi Mongolian & Zang A.P	327	10	152	98	3	64	150	14	163

20−4 2017−2018年残疾人事业基本情况
Basic Statistics of Disabled Persons(2017-2018)

指 标	Item	2017	2018
康复	**Rehabilitation**		
社区康复	**Community-based Rehabilitation(CBR)**		
开展社区康复的县(市、区) （个）	Counties and Districts Where CBR Has Been Conducted (unit)	46	46
接受社区康复服务的残疾人 （人）	Disabled Persons Who Began to Get CBR Service (persons)	63104	77398
社区康复协调员 （人）	CBR Coordinators at Communities	2353	2378
残疾人精准康复服务	The Provision of Precision Rehabilitation Service		
视力残疾人 （人）	Visual Disability (persons)	9065	11015
听力残疾人 （人）	Hearing Disability (persons)	8754	9430
肢体残疾人 （人）	Physical Disability (persons)	31052	43341
智力残疾人 （人）	Intellectual Disability (persons)	5282	5627
精神残疾人 （人）	Psychosocial Disability (persons)	2044	2408
其中：0−6岁残疾儿童 （人）	Disabled children aged 0-6 (persons)	1246	1226
接受辅助器具适配服务的残疾人(人)	Providing and fitting assistive devices for persons with disablities(persons)	14780	31136
康复机构建设	Construction of Rehabilitation institution		
残疾人康复机构 （人）	Rehabilitation Institution for PWDs (unit)	35	31
康复机构在岗人员 （人）	n-Service Personnel for Rehabilitation Institutions (persons)	489	405

注：本表数据来源于青海省残疾人联合会。
a)The data in this table are from the Qinghai disabled persons' Federation.

20-4 续表 Continued

指　标	Item	2017	2018
教育	**Education**		
未入学适龄残疾儿童少年(人)	School-age Disabled Children Unable to Enter School (person)	958	495
就业	**Employment**		
城镇残疾人就业状况 (人)	Employment of Urban Handicapped Persons (person)		
当年安排就业	Persons Employed in the Year	3416	3078
按比例就业	Proportional Employment	1660	1880
集中就业	Concentrated Employment	2005	1999
个体就业	Self-employed	2773	2976
未安排就业	Unemployed		
农村残疾人就业状况 (人)	Employment of Rural Handicapped Persons (person)		
就　业	Employed	44893	48220
未就业	Unemployed		
盲人医疗按摩员培训 (人)	Blind Medical Massage Personnel Training (person)	24	105
扶贫	**Poverty Alleviation**		
农村实际脱贫人数 (人)	Actual Number of Persons out of Poverty in Rural Areas(person)	10009	9478
农村贫困残疾人 (人)	Rural Poor Handicapped Persons (person)	13762	5063
农村贫困残疾人危房改造(户)	Dangerous House Transformation of Rural Poor Handicapped Persons (household)	1012	1307
残疾人工作者数 (人)	Workers for Handicapped (person)	619	1291

主要统计指标解释

卫生机构 指从卫生行政部门取得《医疗机构执业许可证》,或从民政、工商行政、机构编制管理部门取得法人单位登记证书,为社会提供医疗保健、疾病控制、卫生监督服务或从事医学科研和教育等的单位。卫生机构包括医院、疗养院、社区卫生服务中心(站)、卫生院、门诊部、诊所(卫生所、医务室)、急救中心(站)、采供血机构、妇幼保健院(所、站)、专科疾病防治院(所、站)、疾病预防控制中心(防疫站)、卫生监督所、卫生监督检验(监测、检测)机构、医学科研机构、医学在职培训机构、健康教育所(站)等其他卫生机构。

医疗机构 指从卫生行政部门取得《医疗机构执业许可证》的机构,包括医院、疗养院、社区卫生服务中心(站)、卫生院、门诊部、诊所(卫生所、医务室)、妇幼保健院(所、站)、专科疾病防治院(所、站)、急救中心(站)和临床检验中心。

社区卫生服务中心(站) 指为本社区居民提供预防、医疗、保健、康复、健康教育、计划生育技术服务等的基层卫生机构。包括社区卫生服务中心和社区卫生服务站。

卫生技术人员 指卫生事业机构支付工资的全部固定职工和合同制职工中现任职务为卫生枝术工作的人员。包括中医师、西医师、中西医结合高级医师、护师、中药师、西药师、检验师、其他技师等。

执业医师 指具有《医师执业证》及其"级别"为"执业医师"且实际从事医疗、预防保健工作的人员,不包括实际从事管理工作的执业医师。执业医师类别分为临床、中医、口腔和公共卫生。

Explanatory Notes on Main Statistical Indicators

Health Care Institutions refer to the units which have been qualified the Certification of Health Care Institution by the administration of public health, or qualified the Certification of Corporate Unit by the civil affairs, administration for industry and commerce, commission office for public sector reform, and engaging in medical care, disease prevention and control, health supervision and inspection, medicine research and health education, etc., including: hospitals, sanatoriums, community health service centers (stations), health centers, clinics (health stations and infirmaries), first – aid centers (stations), blood gathering and supplying institutions, women and children care agencies (centers and stations), special disease prevention and curing agencies (centers and stations), disease prevention and control centers (epidemic prevention stations), health supervision and inspection agencies, sanitary inspection institutions, medicinal scientific research and on – job training institutions, health education centers and so on.

Medical Organizations refer to the institutions which have been qualified the Certification of Health Care Institution by the administration of public health, including: hospitals, sanatoriums, community health service centers (stations), health centers, clinics (health stations and infirmaries), women and children care agencies (centers and stations), special disease prevention and curing agencies (centers and stations), first – aid centers (stations) and clinic inspection centers.

Community Health Service Centers (stations) refer to the primary units that provide the health care for community residents, such as disease prevention and control, medical treatment, health care, rehabilitation, health education, family planning technical services, including community health service centers and community health service stations.

Health Care Employee refer to all employee engaged in the health care institutions, such as medical organizations, disease prevention and control centers, health care agencies, medicinal scientific research and on – job training institutions, including medical technical personnel, other technical personnel, manager and labor.

Licensed Doctors refer to the medical workers who have obtained the licenses of qualified doctors and are employed in medical treatment, disease prevention or healthcare institutions, excluding the licensed doctors engaged in management job. The classification of licensed doctors is clinician, Chinese medicine, dentist and public health.

第 21 篇
CHAPTER 21

文化和体育
Culture and Sports

文化事业机构情况

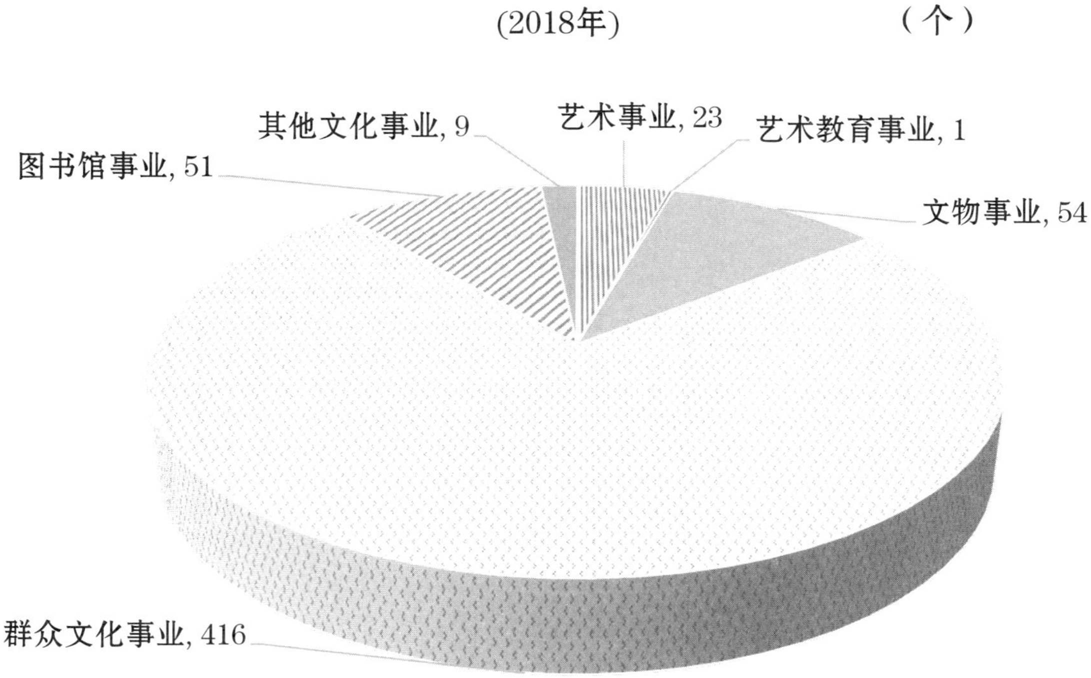

青少年业余体校在校师生情况

21-1 2017-2018年文化事业机构、人员情况

Basic Statistics on Cultural Institutions and Personnel(2017-2018)

类别	Category	机构数(个) Number of Institutions (unit)		从业人员(人) Number of Employed Persons (person)	
		2017	2018	2017	2018
总计	**Total**	**555**	**554**	**3162**	**3310**
艺术事业	**Arts**	**25**	**23**	**513**	**494**
艺术表演团体	Arts Performance Troupes	12	12	471	467
歌舞团、轻音乐团	Song and Dance Troupe, Light Music Troupe	12	12	471	467
艺术表演场所	Arts Performance Places	13	11	42	27
图书馆事业	**Public Libraries**	**49**	**51**	**483**	**520**
文物事业	**Cultural Relics**	**53**	**54**	**413**	**498**
文物机构	Historical Relics Agencies	29	29	109	120
文物保护机构	Agencies of Historical Relics Preservation	28	28	62	72
博物馆	Museums	23	24	294	366
文物商店	Cultural Relics Shops	1	1	10	12
其他文物	Others				
群众文化事业	**Mass Culture**	**415**	**416**	**1173**	**1201**
群众艺术馆	Mass Art Centers	9	8	169	134
文化馆	Cultural Centers	46	47	495	565
文化站	Cultural Stations	360	361	509	502
艺术教育事业	**Art Education**	**1**	**1**	**145**	**145**
中等专业学校	Specialized Secondary Schools	1	1	145	145
其他文化事业	**Other Cultural Units**	**12**	**9**	**435**	**452**
艺术科研机构	Art Research Institutions	1	1	16	15
其他	Others	11	8	419	437

注：本表数据来源于青海省文化和旅游厅，下表同。
a)This data is from the Qinghai Provincial Development of Culture and Tourism.The same applies to the tables following.

21-2 主要年份报刊、杂志、图书出版情况

Basic Statistics on Newspapers, Magazines, Books Published in Main Years

年 份 Year	报 纸 Newspapers Published		杂 志 Magazines Published		图 书 Books Published	
	种 数 (种) Number of Publication (item)	总印数 (万份) Total Printed Copies (10 000 Copies)	种 数 (种) Number of Publication (item)	总印数 (万册) Total Printed Copies (10 000 Copies)	种 数 (种) Number of Publication (item)	总印数 (万册) Total Printed Copies (10 000 Copies)
2000	21	4800.2	50	91.2	195	586.2
2001	19	4235.8	31	280.8	148	507.0
2002	20	4494.2	43	59.2	142	397.5
2003	20	4752.0	41	73.8	156	827.7
2004	21	4384.0	49	220.0	377	504.0
2005	19	4486.0	40	204.0	390	840.4
2006	27	4400.0	52	108.0	392	1077.0
2007	25	9757.0	52	196.0	576	1143.0
2008	26	8859.0	52	281.0	656	987.0
2009	26	9172.0	53	353.0	680	843.0
2010	27	9769.7	53	322.5	652	1002.9
2011	27	10825.0	53	460.0	781	1015.0
2012	28	11085.0	53	421.0	788	1115.0
2013	28	12426.4	53	379.5	1051	1331.3
2014	27	13737.5	53	378.1	1091	1213.0
2015	27	10554.4	53	299.3	1111	1213.4
2016	27	9573.5	54	317.6	1136	1128.4
2017	27	9102.2	54	283.4	1109	1215.2
2018	27	8881.5	54	269.0	1139	1377.6

21-3 主要年份广播、电视事业发展和普及情况

Basic Statistics on Development and Popularization of Radio and Television in Main Years

年份 Year	中短波发射台(座) Medium and Short Wave Relay Station (set)	广播节目套数(套) Number of Radio Programs (set)	广播人口覆盖率(%) Radio Coverage Rate of the Population (%)	调频、电视转播发射台(座) FM and Television Rebroadcast and Transmitting Station (set)	电视节目套数(套) Number of Television Programs (set)	电视人口覆盖率(%) TV Coverage Rate of the Population (%)	广播电视台数(座) Radio and Television Station (set)
2000	7	8	63.0	1274	6	86.0	
2001	8	8	80.5	1206	11	87.8	
2002	8	8	84.4	1208	12	88.9	
2003	8	8	84.5	1415	13	90.4	
2004	8	8	86.4	1393	13	92.0	
2005	8	8	86.5	1495	13	92.5	
2006	8	8	87.5	1480	13	93.0	
2007	8	8	88.0	1440	13	93.5	
2008	8	9	88.5	1584	13	94.0	
2009	8	9	88.9	1449	13	94.3	
2010	9	9	90.0	1194	13	95.0	
2011	12	9	91.6	1187	13	95.7	
2012	21	10	94.1	1162	15	96.3	
2013	21	12	95.7	1134	16	96.9	
2014	21	12	97.0	1011	16	97.5	
2015	21	15	98.0	421	17	98.0	
2016	26	15	98.2	436	17	98.2	
2017	26	26	98.4	439	46	98.4	46
2018	26	43	98.6	439	50	98.7	46

注：1.本表数据来源于青海省广播电视局。

2.2017年起，广播电视台数量统计范围包括广播电视台和电视台。

a)The data in this table are from the Radio and Television Bureau of Qinghai province.

b)The number of radio and television stations has been covered by radio and television stations and television stations since 2017.

21-4 分项目在队优秀运动员达到等级运动员人数(2018年)
Number of Certified Athletes in the Team by Sports Item (2018)

单位：人 (person)

项目	Item	合计 Total	女 Female	一级 First Grade	女 Female	二级 Second Grade	女 Female
总计	**Total**	**264**	**78**	**80**	**27**	**184**	**51**
田径	Track and Field Events	38	9	8	4	30	5
中国式摔跤	Chinese Wrestling						
跆拳道	Taekwondo	28	6	15	4	13	2
足球	Football						
拳击	Boxing	55	19	14	5	41	14
自行车	Cycling	1		1			
射击	Shooting	8	3	6	2	2	1
柔道	Judo	3		2		1	
武术	Wushu	22	4	5	1	17	3
散打	Free Combat						
射箭	Archery	1	1			1	1
篮球	Basketball	27		1		26	
乒乓球	Ping-pong	31	13	14	6	17	7

注：本表数据来源于青海省体育局，下表同。
The data in this table are from Qinghai Sports Bureau，The same applies to the tables following.

21-5 主要年份青少年业余体校
Juvenile Amateur Sports Schools in Main Years

年份 Year	学校数 (所) Number of Schools (unit)	在校学生 (人) Enrollment (person)	教练员 (人) Full-time Coaches (person)	重点业余学校 Key Amateur Sports Schools 学校数 (所) Number of Schools (unit)	在校学生 (人) Enrollment (person)
1993	20	1352	114	1	156
1994	20	1374	110	3	664
1995	20	1274	109	3	670
1996	21	1351	105	1	70
1997	21	1248	114	1	95
1998	21	1157	125	1	117
1999	21	1211	201	1	39
2000	20	1120	109	1	49
2001	20	1783	112	1	98
2002	23	4059	138	15	2099
2003	22	2175	133	15	
2004	20	2647	128	20	2647
2005	19	2452	125	19	2452
2006	20	1874	133	20	1874
2007	17	1808	123	17	1808
2008	15	966	115	15	966
2009	18	721	99	18	721
2010	16	626	226	16	626
2011	16	769	102	16	769
2012	16	810	117	16	810
2013	15	1034	127	15	1034
2014	17	1331	94	17	1331
2015	17	1092	142	17	1092
2016	17	1224	106	17	1224
2017	19	1363	149	19	1224
2018	16	1214	110	9	905

主要统计指标解释

艺术表演团体 由文化部门主办或实行行业管理(经文化市场行政部门审批或已申报登记并领取相关许可证),专门从事表演艺术等活动的各类专业艺术表演团体,含民间职业剧团。如话剧团、方言话剧团、滑稽剧团、儿童剧团、歌剧团、木偶团、皮影团等以及由若干剧种组成的综合性专业艺术表演团体。不包括半工半艺、半农半艺的剧团。

艺术表演场所 指由文化部门主办或实行行业管理(经文化市场行政部门审批或已申报登记并领取相关许可证),有观众席、舞台、灯光设备,公开售票、专供文艺团体演出的文化活动场所。包括剧院(场)、音乐厅、歌剧院(场)、舞剧院(场)、话剧院(场)、戏院、马戏场、影剧院等进行文艺表演的场所。不包括电影院、礼堂、体育场馆、美术馆及绘画、雕塑等艺术馆。

广播人口覆盖率 指根据国家广电总局制定的《广播电视人口覆盖率统计技术标准和方法》进行统计调查的,在对象区内采用无线、有线、卫星等技术手段能够收听到包括中央、省、地市、县广播节目其中任意一套的人口数占全省总人口数的百分比。

电视人口覆盖率 指根据国家广电总局制定的《广播电视人口覆盖率统计技术标准和方法》进行统计调查的,在对象区内采用无线、有线、卫星等技术手段能够收看到包括中央、省、地市、县级电视节目中任意一套的人口数占全省总人口数的百分比。

Explanatory Notes on Main Statistical Indicators

Arts Performance Troupes refer to the various professional performing arts groups, which sponsored by the cultural sectors or guided by the cultural society (approved by the cultural market administration, or registered and permitted with the relative certificate), including non - governmental troupes, such as drama troupes, dialect troupes, comedy troupes, children troupes, Opera troupes, puppetry troupes, Shadowgraph troupes, etc., comprehensive professional arts performance troupes. The semi - working and semi - farming arts troupes are not included.

Arts Performance Places refer to the various sites for cultural activities, which sponsored by the cultural sectors or guided by the cultural society (approved by the cultural market administration, or registered and permitted with the relative certificate), with the facility of auditorium, stage, and lighting, and selling tickets in public, specially performed by arts troupes, including theatre, concert halls, opera halls, dance halls, drama halls, cinemas, circus fields, and other showplaces for the performing arts. The cinemas, auditoriums, stadiums, and arts museums, such as art galleries, painting houses, sculpture houses, are not included.

Radio Coverage of Population refers to the percentage of population, which can listen to one of central, provincial, city, prefecture, and county radio programs by wireless, cable, satellite and other technical means, in the surveying area, to national total population, according to Statistical Standard and Method on Television and Radio Coverage of Population established by the State Administration of Broadcasting, Film and Television.

Television Coverage of Population refers to the percentage of population, which can watch one of central, provincial, city, prefecture, and county television programs by wireless, cable, satellite and other technical means, in the surveying area, to national total population, according to Statistical Standard and Method on Television and Radio Coverage of Population established by the State Administration of Broadcasting, Film and Television.

第 22 篇

CHAPTER 22

公共管理、社会保障和其他

Public Management, Social Security and Others

党建与团建基本情况

(万人)

	2014年	2015年	2016年	2017年	2018年
党员数	36.7	37.1	37.6	38.0	39.1
团员数	24.7	22.8	26.9	25.1	23.5

律师工作者与公证人员

(人)

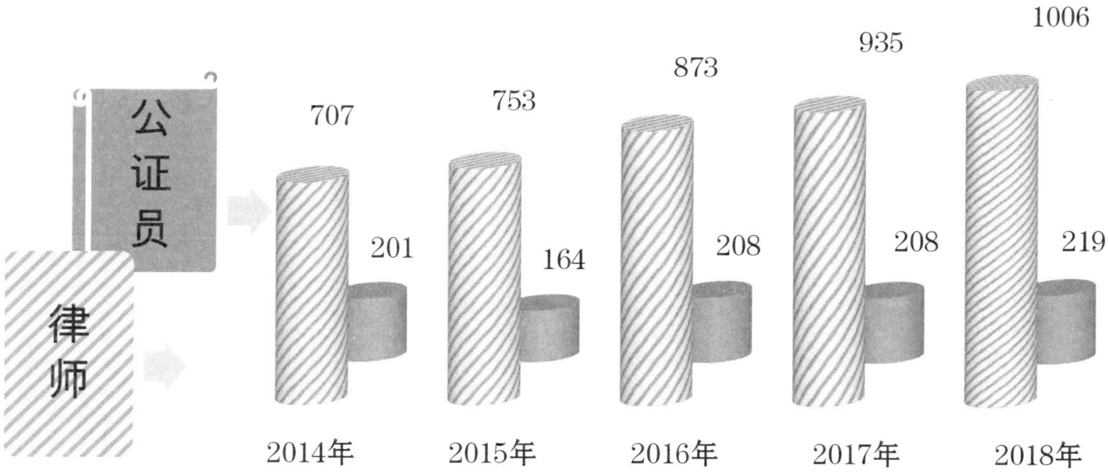

22-1 2013-2018年各党派党员(成员)数

Number of Members of Parties(2013-2018)

单位：人 (person)

名 称	Name	2013	2014	2015	2016	2017	2018
中国共产党 (万人)	Communist Party of China (10 000 persons)	36.3	36.7	37.1	37.6	38.0	39.1
中国国民党革命委员会	Revolutionary Committee of Chinese Kuomintang	511	539	561	583	601	642
中国民主同盟	China Democratic League	1677	1750	1845	1929	2027	2113
中国民主建国会	China Democratic National Construction Association	893	957	1015	1107	1202	1251
中国农工民主党	Peasants and Workers Democratic Party	1180	1230	1281	1405	1442	1488
九三学社	Jiu San Society	1386	1457	1551	1638	1722	1799

注：本表数据分别来源于青海省委组织部和统战部。
a)The data in this table are from the Party Committee Organization department and Committee of United Front Work department of Qinghai provincial.

22-2 历届青海省人民代表大会的代表人数

Number of Deputies to All the Previous People's Congresses of Qinghai Province

单位：人、% (person,%)

届别	Congress	年份 Year	代表总数 Total Number of Deputies	女代表 Female Deputies	少数民族代表 Ethnic Minority Deputies	占代表总数的比重 As Percentage to Total Deputies 女代表 Female Deputies	少数民族代表 Ethnic Minority Deputies
一届	First Congress	1954	300	21	152	7.0	50.7
二届	Second Congress	1958	303				
三届	Third Congress	1963	355	48	127	13.5	35.8
五届	Fifth Congress	1977	715	157	277	22.0	38.7
六届	Sixth Congress	1983	450	97	182	21.6	40.4
七届	Seventh Congress	1988	381	71	148	18.6	38.8
八届	Eighth Congress	1993	376	71	169	18.9	44.9
九届	Ninth Congress	1998	392	77	174	19.6	44.4
十届	Tenth Congress	2003	391	75	157	19.2	40.2
十一届	Eleventh Congress	2008	394	77	167	19.5	42.4
十二届	Twelfth Congress	2013	398	79	162	19.8	40.7
十三届	Thirtrrnth Congress	2018	392	111	156	28.3	39.8

注：本表数据来源于青海省人民代表大会常务委员会。
a)The data in this table are from the Standing Committee of Qinghai Provincial People's Congress.

22-3 历届青海省政治协商会议的委员人数
Number of Deputies to All the Previous People's Political Consultative Conferences of Qinghai Province

单位：人、% (person，%)

届 别	Congress	年份 Year	委员总数 Total Number of Deputies	女委员 Female Deputies	少数民族委员 Ethnic Minority Deputies	占委员总数的比重 As Percentage to Total Deputies 女委员 Female Deputies	少数民族委员 Ethnic Minority Deputies
一届	First Congress	1949	77		30		39.0
二届	Second Congress	1954	64		32		50.0
三届	Third Congress	1959	139		70		50.4
四届	Fourth Congress	1979	177				
五届	Fifth Congress	1983	275		134		48.7
六届	Sixth Congress	1988	275	30	138	10.9	50.2
七届	Seventh Congress	1993	289	30	136	10.4	47.1
八届	Eighth Congress	1998	289	39	116	13.5	40.1
九届	Ninth Congress	2003	344	57	139	16.6	40.4
十届	Tenth Congress	2008	390	82	158	21.0	40.5
十一届	Eleventh Congress	2013	399	95	166	23.8	41.6
十二届	Twelfth Congress	2018	396	102	158	25.8	39.9

注：本表数据来源于中国人民政治协商会议青海省委员会。

a)The data in this table are from the Qinghai Provincial Committee of the Chinese people's Political Consultative Conference.

22-4 2013-2018年妇联干部情况

Basic Statistics on Cadres of the Women's Federation(2013-2018)

单位：人 (person)

项　目	Item	2013	2014	2015	2016	2017	2018
干部总数	**Total Number of Cadres**	**700**	**721**	**640**	**648**	**661**	**666**
其中:少数民族干部	Number of Ethnic Minority Cadres	398	279	380	392	397	398
按行政级别分	By Administration Level						
司局级	Department/Bureau Level	6	5	6	7	5	5
县处级	County Level	38	43	33	35	42	37
科以下	Section Level and Below	656	673	601	606	614	624
按干部年龄分	By Age Group						
35岁以下	35 and Below	222	249	279	281	279	281
36－45岁	36-45	272	329	230	424	230	238
46－55岁	46-55	169	118	123	119	143	139
56岁以上	56 and Over	37	25	8	6	9	8
按干部政治面貌分	By Political Status						
共产党员	Chinese Communist Party	525	532	510	529	530	532
共青团员	Communist Youth League	13	44	12	9	19	12
民主党派	Democratic Parties		7	3	3		
群众	Mass	162	138	115	107	112	122
按干部文化程度分	By Education Attainments						
博士生	Doctor Degree					1	
研究生	Master Degree	30	20	55	48	63	65
大学本科	University	350	396	461	485	480	490
大专或同等学历	College or Equal	246	219	50	52	59	55
高中、中专及以下	Senior Middle School and Below	74	86	74	63	58	56
按行政编制分	By Organization Types						
行政编制	Administration	505	457	228	228	231	236
事业编制	Institution	76	132	33	21	27	27
其他	Others	119	132	379	399	403	403
干部参加学历教育情况	**Cadres Attending the Formal Education**						
博士生	Doctor Degree						
研究生	Master Degree	15	15	1		3	1
大学本科	University		51			39	
大专及同等学历	College or Equal	39	21				
干部流动	**Movement of Cadres**						
调入	In	9	34	72	52	38	9
调出	Out	2	28	54	48	21	4

注：本表数据来源于青海省妇女联合会。

a)The data in this table are from the women's federations of Qinghai.

22-5 主要年份各级在职女领导干部情况

Basic Statistics on Women Leaders at All Levels in Main Years

单位：人、%　　　　(person，%)

年份 Year	总数 Total	省级 Provincial Level		厅局级 Department/Bureau Level		县(处)级 County Level		科级 Section Level	
		女干部数 Female Cadres	占同级数的比重 As Percentage to the Same Level Total	女干部数 Female Cadres	占同级数的比重 As Percentage to the Same Level Total	女干部数 Female Cadres	占同级数的比重 As Percentage to the Same Level Total	女干部数 Female Cadres	占同级数的比重 As Percentage to the Same Level Total
1998	4537	3	5.8	48	7.9	540	11.9	3946	21.3
1999	4909	3	7.5	46	9.3	595	16.6	4265	42.8
2000	4927	3	7.1	50	10.0	554	12.5	4320	21.8
2001	5293	3	7.1	63	10.5	611	13.2	4616	22.4
2002	5260	2	5.4	63	9.9	632	13.9	4563	23.6
2003	5415	3	7.3	69	10.4	673	14.1	4670	23.9
2004	5971	4	9.1	67	9.8	730	14.4	5170	24.9
2005	6446	3	6.5	68	9.7	786	14.8	5589	25.5
2006	6908	3	6.5	82	10.7	832	14.9	5991	25.9
2007	7236	3	6.9	78	10.8	898	15.8	6257	26.2
2008	8524	4	8.6	76	10.7	1038	16.4	7406	28.5
2009	9272	3	7.5	75	10.4	1130	17.1	8064	28.0
2010	9254	3	7.5	75	10.4	1112	16.9	8064	28.0
2011	9770	3	8.3	90	11.2	1295	18.4	8382	29.5
2012	10282	3	8.0	95	11.4	1369	18.5	8815	30.0
2013	10539	4	10.8	99	11.7	1413	19.0	9023	30.7
2014	10810	4	9.8	103	12.2	1413	19.1	9290	31.1
2015	10533	4	9.8	104	12.3	1403	19.3	9022	30.9
2016	10334	4	10.0	106	12.3	1404	19.9	8820	31.0
2017	10067	4	10.0	102	13.0	1399	20.4	8562	30.1
2018	10034	4	9.8	95	12.1	1419	21.8	8516	34.4

注：本表数据来源于青海省委组织部。
a)Data source, Qinghai provincial Party Committee Organization department.

22-6 主要年份共青团组织情况

Basic Statistics on the Communist Youth League in Main Years

年 份 Year	共青团基层组织个数(个) Number of Grassroot Organizations (unit)	团员人数(万人) Number of Communist Youth League (10 000 persons)	专 职团干部(人) Full-time Cadres of Communist Youth League (person)
1991	1004	26.9	1266
1992	1020	27.2	1323
1993	1013	25.1	1197
1994	1038	26.0	1109
1995	1118	26.4	1098
1996	1059	27.2	1181
1997	1134	28.3	1231
1998	1016	28.9	1231
1999	816	25.3	596
2000	1010	26.2	540
2001	875	27.0	480
2002	1882	36.7	667
2003	1894	37.1	566
2004	1994	37.6	700
2005	8824	38.2	700
2006	8824	42.8	930
2007	8824	40.9	904
2008	8816	37.1	770
2009	9272	19.0	432
2010	9291	22.8	432
2011	9416	22.0	388
2012	10411	23.2	392
2013	18331	23.9	417
2014	21373	24.7	503
2015	22344	22.8	259
2016	21920	26.9	247
2017	15870	25.1	255
2018	14218	23.5	262

注:本表数据来源于共青团青海省委。

a)The data source of this table is the Qinghai Provincial Committee of the Communist Youth League。

22-7 2017-2018年律师、公证工作基本情况
Basic Statistics on Lawyers and Notarization (2017-2018)

项　目		Item		2017	2018
律师工作		**Lawyers**			
律师事务所	(个)	Number of Law Offices	(unit)	109	116
律师工作者	(人)	Lawyers	(person)	935	1006
专职律师		Full-time Lawyers		743	805
兼职律师		Part-time Lawyers		54	49
公职律师		Public Lawyers		61	61
公司律师		Compang Lawyers		22	29
法律援助律师		Legal Aid Lawyers		55	62
聘请担任常年法律顾问的单位	(处)	Number of Units With Permanent Legal Advisors	(unit)	1324	1550
刑事诉讼辩护及代理	(件)	Agent and Defender of Criminal Cases	(case)	2006	1650
民事案件诉讼代理	(件)	Agent of Civil Cases	(case)	7524	11785
行政案件诉讼代理	(件)	Agent of Administrative Cases	(case)	400	407
非诉讼法律事务	(件)	Agent of Non-Litigious Legal Affairs	(case)	1516	996
代写法律事务文书	(件)	Agent of Legal Documents Written on Behalf of Clients	(case)	27755	15775
公证工作		**Notarization**			
公证处	(个)	Number of Notary Offices	(unit)	37	41
办理涉外的公证处	(个)	Number of Foreign-related Notary Offices	(unit)	2	2
公证人员	(人)	Notarial Personnel	(person)	208	219
公证员	(人)	Notaries	(person)	123	138
办理国内公证	(件)	Domestic Notarization	(case)	48642	37112
办理涉外公证	(件)	Foreign-related Notarization	(case)	2699	2943
办理涉港、澳、台公证	(件)	Hong Kong, Macao, Taiwan-related Notarization	(case)	24	54
接待来访	(人次)	Receipted Visits	(person-time)	37642	31124
处理来信	(件)	Handled Letters	(case)	69	9
外地公证处委托	(件)	Notarization Entrusted Outside	(case)	83	27
公证费收入	(万元)	Notary Fees	(10 000 yuan)	1370.7	1468.6
国内公证收费		Domestic Notarization		1227.0	1434.0
涉外公证收费		Foreign-related Notarization		143.7	34.1

注：本表数据来源于青海省司法厅。
a)Data from Qinghai Provincial Department of Justice.

22-8 收养、低保、服务、老龄基本情况

Basic Statistics on Adoption, Subsistence Allowances, Service and Aging

项　目	Item	2016	2017	2018
城市居民最低生活保障　(人)	Number of Persons Receiving Minimum Living Allowance in Urban Areas (person)	163219	133875	76572
城市居民最低生活保障家庭数　(户)	Number of Households Receiving Minimum Living Allowance in Urban Areas (household)	80959	69294	40894
农村居民最低生活保障　(人)	Number of Persons Receiving Minimum Living Allowance in Rural Areas (person)	515877	426492	308911
农村居民最低生活保障家庭数　(户)	Number of Households Receiving Minimum Living Allowance in Rural Areas (household)	153780	128985	94439
农村五保供养人数　(人)	Number of Persons Receiving the Five Guarantees in Rural Areas (person)	23906	20576	17925
收养孤儿数　(人)	Numbers of Adopted Orphans (person)	15771	13754	6703
医疗救助情况人数　(人次)	Number of Persons Receiving Medical Assistance(person)	889008	767368	297100
抚恤、补助优抚对象总人数　(人)	Total Number of Entitled Groups Receiving Pension and Subsidy (person)	14350	14660	14156
提供住宿养老服务机构和设施数(个)	Numbers of Pension Services Institution Accommodation-provided (unit)	291	281	1156
60岁以上老年人口数　(万人)	Population Aged 60 and Over (10 000 person)	72.50	72.78	72.69

注：本表数据来源于青海省民政厅。
a)The data source of this table is the Civil Affairs Department of Qinghai.

22-9　各级各类档案馆(2018年)

Various Kinds and Types Archives(2018)

项　目	Item	数　量 (个) Institutions (unit)	人　员 (人) Personnels (person)	馆藏档案(卷) Collection Archives (volume)	案卷排架长度(米) Length of Shelfs (meter)	馆　藏 资　料(册) Information Stored (copy)
省级国家综合档案馆	National Comprehensive Archives of Provincial Level	1	20	241749	5303	48003
地级国家综合档案馆	National Comprehensive Archives of Prefectural Level	8	42	607145	16260	50304
县级国家综合档案馆	National Comprehensive Archives of County level	46	176	1511717	40036	242092

注：本表数据来源于青海省档案局。
a)The data in this table are from the Qinghai Provincial Bureau of Archives.

22-10　2017－2018年各类事故

Classification of Accidents(2017－2018)

类　别	Type	2017				2018			
		事故起数(起) Number of Accidents (case)	死亡人数(人) Number of Deaths (person)	受伤人数(人) Number of Injuries (person)	直接经济损失(万元) Direct Economic Losses (10 000 yuan)	事故起数(起) Number of Accidents (case)	死亡人数(人) Number of Deaths (person)	受伤人数(人) Number of Injuries (person)	直接经济损失(万元) Direct Economic Losses (10 000 yuan)
工矿商贸事故工伤事故	Work Accidents of Industry, Mining and Business	57	66	22	5708.0	50	51	21	
农机肇事	Farm Machinery Accidents	3	3		0.4	3	3		
铁路路外事故	Rail-road Outside Accidents	3	1	2	62.9	1	1		
火灾事故	Fire Accidents	1685	2	2	1607.4	1629	6	5	1340.1
交通事故	Traffic Accidents	1129	527	1176	1120.3	1282	504	1306	1167.1

注：1.本表数据分别来源于青海省应急管理厅、青海省公安厅交通警察总队、青海省公安消防总队。
2.工矿商贸事故包括县以下集体企业和私营企业伤亡情况。
3.交通、火灾事故按全口径统计。
a)The data in this table are from the Qinghai Emergency Management Safe production supervision,Qinghai Public Security Traffic Police Corps and Qinghai provincial public security fire brigade.
b) Work Accidents of Industry, Mining and Business include casualties of collective-owned enterprises and private enterprises below county.
c) Traffic and Fire Accidents statistics by the full caliber.

22-11 2018年基本养老保险情况

Statistics on Basic Pension Insurance(2018)

单位：人、万元 (Person,10 000yuan)

指标	Item	参保职工 Insurance Participants of Employees	离休退休退职人员 Retirees	应发养老金 Pension Payable	实发养老金 Mature Pension
参保职工期末人数	Insurance Participants of Employees at Year-end	1003470	447461	2174171	2174171
城镇企业职工参保人数	Insurance Participants of Urban Enterprises Employees	806190	337347	1381686	1381686
企业	Enterprises	538828	251222	1213041	1213041
国有企业	State-owned Enterprises	215721	200680	962940	962940
集体企业	Collective-owned Enterprises	11113	43220	174490	174490
其他企业	Other Enterprises	309998	7322	75611	75611
港、澳、台及外资企业	Enterprises with Funds from Hong Kong, Macao, Taiwan and Foreign Countries	1996			
其他人员	Others personnel	267362	86125	168645	168645
机关事业单位参保人数	Insurance Participants of Organs and Public Institutions	197280	110114	792485	792485
机关	Organs	79606	46693	351427	351427
事业	Public Institutions	116723	62888	437592	437592
其他单位	Other Institutions	951	533	3466	3466

注：本表数据来源于青海省人力资源和社会保障厅，下表同。
a)The data in this table are from the Provincial Department of human resources and social security, The same applies to the tables following.

22-12 2013-2018年失业保险基本情况

Statistics of Unemployment Insurance(2013-2018)

项目	Item	2013	2014	2015	2016	2017	2018
参保人数(万人)	**Contributors (10 000 persons)**	**38.51**	**39.31**	**40.11**	**40.77**	**41.47**	**42.27**
企业	Enterprises	25.73	27.68	27.74	28.83	29.05	30.53
事业	Institutions	11.56	10.5	10.64	10.77	11.05	10.52
其他	Others	1.22	1.13	1.73	1.17	1.37	1.22
在参保人数中：	In Contributors:						
农民合同制工人	Farmers Contract Workers	0.41	0.37	0.33	0 18	0.26	0.26

22-13 2013-2018年参加生育保险人员情况
Number of Contributors of Maternity Insurance (2013-2018)

单位：人、人次 (person)

指　标	Item	2013	2014	2015	2016	2017	2018
参保人员	**Contributors**	**428220**	**458160**	**479675**	**496520**	**500368**	**581434**
女性	Female	179181	182509	196311	209071	207083	239656
本期享受生育保险待遇人次	**Beneficiaries of Maternity Insurance**	**17001**	**34422**	**49759**	**36696**	**38428**	**40061**
按待遇类别分	By Treatment Category						
本期生育人数	Number of Births at Year-end	10541	6879	6479	10705	10633	11915
计划生育手术人次	Number of Family Planning Operations	938	1301	906	956	1603	2008

注：本表数据来源于青海省医疗保障局。
a)data in this table are from Qinghai Municipal Medical Insurance Bureau.

22-14 2013-2018年参加工伤保险人员
Number of Contributors of Work Injury Insurance(2013-2018)

单位：户、人 (household,person)

指　标	Item	2013	2014	2015	2016	2017	2018
参保单位户数	**Contributors of Units**	**9288**	**9949**	**10815**	**12497**	**14309**	**17364**
参保人员	**Contributors of Personnels**	**522630**	**546917**	**580039**	**597527**	**648543**	**692373**
享受工伤保险待遇人数	**Beneficiaries of Injured Insurance**	**5654**	**5993**	**4897**	**4894**	**5101**	**5167**
#享受伤残待遇人数	Beneficiaries of Disability Treatment	3186	3457	2672	2646	2830	3145
因公死亡人数	Deaths for Official Reason	145	151	151	149	175	153
供养亲属人数	Number of Dependent Relatives	2323	2385	2074	2099	2096	1869

注：本表数据来源于青海省人力资源和社会保障厅。
a)The data in this table are from the Provincial Department of human resources and social security.

22-15 2013-2018年城镇职工参加基本医疗保险人员及特殊人员情况
Statistics on Urban Staff and Workers Contributors and Specials of Basic Medical Care Insurance (2013-2018)

单位：人 (person)

项　　目	Item	2013	2014	2015	2016	2017	2018
城镇职工参加医疗保险人数	**Number of Contributors of Urban Staff and Workers**	**897072**	**933030**	**955938**	**978843**	**940262**	**994211**
实施统帐结合	**Implementation of a Combination of Social** Pooling and Individual Accounts	**845137**	**882012**	**905071**	**929296**	**900574**	**953389**
期末职工人数	Number of Staff and Workers Contributors at Year-end	570959	593198	603009	612925	573729	614918
期末退休人员	Number of Retirees at Year-end	274178	288814	302062	316371	326845	338471
单建统筹基金	**Single-built Pool Fund**	**51935**	**51018**	**50867**	**49547**	**39688**	**40822**
期末职工人数	Number of Staff and Workers Contributors at Year-end	49719	48714	48477	47441	38151	37759
期末退休人员	Number of Retirees at Year-end	2216	2304	2390	2106	1537	3063
特殊人员人数	**Number of Specials**	**4926**	**4454**	**4010**	**3809**	**3138**	**2692**
医疗照顾人员	Personnel Enjoying Special Medical Care	43	37	50	279		
离休及老红军	Retirees and Red Army Soldier	4628	4154	3713	3285	2883	2432
1-6级革命伤残军人	1-6 Level Revolution Disabled Soldiers	255	263	247	245	255	260

注：本表数据来源于青海省医疗保障局。
a)data in this table are from Qinghai Municipal Medical Insurance Bureau.

22-16 2013-2018年城市居民最低生活保障情况
Minimum Living Allowance in Urban Areas(2013-2018)

项　　目	Item	2013	2014	2015	2016	2017	2018
保障对象户数　（户）	**Number of Households of Security Object (household)**	**105059**	**96780**	**86576**	**80959**	**68780**	**40897**
年末保障对象人数（人）	**Number of Security Object at Year-end (person)**	**225153**	**203014**	**177427**	**163219**	**133392**	**76577**
在职职工	Staff and Workers	4308	3316	1848	2354	1444	550
学生	Students	45612	39977	33463	10471	6089	686
三无对象	Object of Three Non-target	3159	2980	2891	2498		
其他人员	Others	172074	156741	139225	147896	125859	75341
全年补助资金支出（万元）	**Grant Capital Expenditures throughout the Year(10 000yuan)**	**67350**	**67781**	**62288**	**74060**	**74741**	**58137**
月人均补助水平　（元）	**Amount of Subsidy Every Month One Person (yuan)**	**247**	**263**	**281**	**320**	**361**	**406**
低保标准　（元）	**Minimum Living Allowance Standards (yuan)**	**330**	**350**	**370**	**400**	**450**	**572**

注：本表数据来源于青海省民政厅。
a)The data source of this table is the Civil Affairs Department of Qinghai.

主要统计指标解释

律　　师　指受聘参加法律顾问处工作，担任法律顾问、刑（民）事代理人、刑事辩护人，办理非诉讼事件、解答法律询问，代写法律事务文书等主要从事律师业务的专职法律工作者和兼职律师。

公证人员　指在公证处工作的人员总称，包括公证处主任、副主任、公证员、公证员助理（助理公证员）和其他从事辅助性工作的人员。

城市居民最低生活保障人数　指在报告期末家庭平均收入在当地规定的最低生活保障线以下的城镇居民数。包括“三无”对象，失业人员和在职、下岗、退休人员等。

农村居民最低生活保障人数　指报告期末在建立农村最低生活保障制度的地区，得到当地政府或集体给予最低生活保障的农业人口家庭人数。

农村集中五保供养户数（户）　指无法定抚养义务人，或者虽有法定抚养义务人，但是抚养人无抚养能力的；无劳动能力的；无生活来源的老年人、残疾人和未成年人。

Explanatory Notes on Main Statistical Indicators

Lawyers refers to full - time legal workers and part - time lawyers mainly engaged in lawyer business, who are employed in the legal advisory office, served as legal adviser, punishment (people) agent, defenders in criminal cases, for non - lawsuit cases, answers to legal questions and write legal affairs documents.

Notary Personnel refers to people working for notary offices including: directors, deputy directors, notaries, assistant notaries and other people providing assistance.

Number of Urban Residents Entitled to Minimum Living Allowances refers to the number of those whose average family income is below a minimum local standard by the end of the reporting period, including both the employed and unemployed, laid off and retired, and those jobless people without stable residence or valid IDs.

Number of Rural Residents Entitled to Minimum Living Allowances refers to the number of those receiving the minimum living allowances from the local government or community in the rural areas where this allowances system is in place as of the end of the reporting period.

Households Enjoying Five Guarantees refers to those senior citizens, handicapped or under - aged who, without labour ability, can not make a living by themselves and whose statutory providers are unable to support them or who have no statutory providers at all.

第 23 篇

CHAPTER 23

全国各地区主要经济指标

Main Economy Indices and Order of the Different Parts of the Country

23-1 全国各地区生产总值和增长率及排序(2018年)
Growth Rate of Gross Domestic Product and Its Order by Region of the Whole Country(2018)

单位：亿元、% (100 million yuan, %)

地 区	Region	国内(地区)生产总值 Region Gross Domestic Product				第一产业增加值 Value Added of the Primary Industry			
		数 量 Amount	位 次 Rank	增长率 Growth Rate	位 次 Rank	数 量 Amount	位 次 Rank	增长率 Growth Rate	位 次 Rank
全 国	**National Total**	**900309.5**		**6.6**		**64734.0**		**3.5**	
北 京	Beijing	30320.0	12	6.6	19	118.7	30	-2.3	30
天 津	Tianjin	18809.6	19	3.6	31	172.7	28	0.1	29
河 北	Hebei	36010.3	9	6.6	19	3338.0	7	3.0	22
山 西	Shanxi	16818.1	22	6.7	17	740.6	25	2.1	25
内蒙古	Inner Mongolia	17289.2	21	5.3	28	1753.8	19	3.2	18
辽 宁	Liaoning	25315.4	14	5.7	27	2033.3	15	3.1	21
吉 林	Jilin	15074.6	24	4.5	30	1160.8	22	2.0	26
黑龙江	Heilongjiang	16361.6	23	4.7	29	3001.0	10	3.7	11
上 海	Shanghai	32679.9	11	6.6	19	104.4	31	-6.9	31
江 苏	Jiangsu	92595.4	2	6.7	17	4141.7	4	1.8	28
浙 江	Zhejiang	56197.2	4	7.1	13	1967.0	16	1.9	27
安 徽	Anhui	30006.8	13	8.0	7	2638.0	11	3.2	18
福 建	Fujian	35804.0	10	8.3	5	2379.8	13	3.5	13
江 西	Jiangxi	21984.8	16	8.7	4	1877.3	17	3.4	15
山 东	Shandong	76469.7	3	6.4	22	4950.5	1	2.6	24
河 南	Henan	48055.9	5	7.6	11	4289.4	3	3.3	17
湖 北	Hubei	39366.6	7	7.8	9	3547.5	6	2.9	23
湖 南	Hunan	36425.8	8	7.8	9	3083.6	8	3.5	13
广 东	Guangdong	97277.8	1	6.8	15	3831.4	5	4.2	8
广 西	Guangxi	20352.5	18	6.8	15	3019.4	9	5.6	3
海 南	Hainan	4832.1	28	5.8	26	1000.1	23	3.9	10
重 庆	Chongqing	20363.2	17	6.0	25	1378.3	21	4.4	7
四 川	Sichuan	40678.1	6	8.0	7	4426.7	2	3.6	12
贵 州	Guizhou	14806.5	25	9.1	1	2159.5	14	6.9	1
云 南	Yunnan	17881.1	20	8.9	3	2498.9	12	6.3	2
西 藏	Tibet	1477.6	31	9.1	1	130.3	29	3.4	15
陕 西	Shaanxi	24438.3	15	8.3	5	1830.2	18	3.2	18
甘 肃	Gansu	8246.1	27	6.3	23	921.3	24	5.0	4
青 海	**Qinghai**	**2865.2**	**30**	**7.2**	**12**	**268.1**	**27**	**4.5**	**6**
宁 夏	Ningxia	3705.2	29	7.0	14	279.9	26	4.0	9
新 疆	Xinjiang	12199.1	26	6.1	24	1692.1	20	4.7	5

注：1.地区生产总值、三次产业增加值及人均生产总值绝对数按当年价格计算，增长速度按不变价计算。
2.各地区三次产业增加值增速为2018年快报数。
3.三次产业分类依据国家统计局2012年制定的《三次产业划分规定》。

a) The amount of Region Gross Domestic Product, three industrial added value and Per Capita GDP are calculated at current prices. The growth rate are calculated at constant prices.
b) The growth rate of regional three industrial added value of 2018 are from express report forms.
c)The three industries classification is according to the Three Industries Classification Regulations enacted in 2012 by the NBS.

23-2 全国各地区第二、三产业增加值及排序(2018年)

Value-added of Secondary and Tertiary Industry and Their Orders by Region of the Whole Country (2018)

单位：亿元,% (100 million yuan,%)

地区	Region	第二产业增加值 Value Added of the Secondary Industry				第三产业增加值 Value Added of the Tertiary Industry			
		数量 Amount	位次 Rank	增长率 Growth Rate	位次 Rank	数量 Amount	位次 Rank	增长率 Growth Rate	位次 Rank
全国	**National Total**	**366000.9**		**5.8**		**469574.6**		**7.6**	
北京	Beijing	5647.7	24	4.2	24	24553.6	5	7.3	23
天津	Tianjin	7609.8	18	1.0	31	11027.1	15	5.9	28
河北	Hebei	16040.1	8	4.3	22	16632.2	11	9.8	3
山西	Shanxi	7089.2	19	4.5	21	8988.3	21	8.8	10
内蒙古	Inner Mongolia	6807.3	21	5.1	18	8728.1	22	6.0	27
辽宁	Liaoning	10025.1	14	7.4	10	13257.0	14	4.8	30
吉林	Jilin	6410.9	22	4.0	26	7503.0	24	5.5	29
黑龙江	Heilongjiang	4030.9	26	2.1	29	9329.7	19	6.4	26
上海	Shanghai	9732.5	15	1.8	30	22843.0	6	8.7	13
江苏	Jiangsu	41248.5	1	5.8	17	47205.2	2	7.9	18
浙江	Zhejiang	23505.9	4	6.7	15	30724.3	4	7.8	19
安徽	Anhui	13842.1	11	8.5	5	13526.7	13	8.6	14
福建	Fujian	17232.4	6	8.5	5	16191.9	12	8.8	10
江西	Jiangxi	10250.2	13	8.3	7	9857.2	18	10.3	1
山东	Shandong	33641.7	3	5.1	18	37877.4	3	8.3	16
河南	Henan	22034.8	5	7.2	11	21731.7	7	9.2	7
湖北	Hubei	17089.0	7	6.8	13	18730.1	10	9.9	2
湖南	Hunan	14453.5	10	7.2	11	18888.7	9	9.2	7
广东	Guangdong	40695.2	2	5.9	16	52751.2	1	7.8	19
广西	Guangxi	8072.9	17	4.3	22	9260.2	20	9.4	5
海南	Hainan	1095.8	30	4.8	20	2736.2	28	6.8	25
重庆	Chongqing	8328.8	16	3.0	28	10656.1	16	9.1	9
四川	Sichuan	15322.7	9	7.5	9	20928.7	8	9.4	5
贵州	Guizhou	5755.5	23	9.5	3	6891.4	25	9.5	4
云南	Yunnan	6957.4	20	11.3	2	8424.8	23	7.6	22
西藏	Tibet	628.4	31	17.5	1	719.0	31	4.1	31
陕西	Shaanxi	12157.5	12	8.7	4	10450.7	17	8.8	10
甘肃	Gansu	2794.7	27	3.8	27	4530.1	27	8.4	15
青海	**Qinghai**	**1247.1**	**29**	**7.8**	**8**	**1350.1**	**30**	**6.9**	**24**
宁夏	Ningxia	1650.3	28	6.8	13	1775.1	29	7.7	21
新疆	Xinjiang	4923.0	25	4.2	24	5584.0	26	8.0	17

23-3 全国各地区人均GDP和增长率及排序(2017-2018年)

Per Capita GDP and Their Orders by Region of the Whole Country (2017-2018)

单位：元、% (yuan, %)

地区	Region	2017 数量 Amount	2017 位次 Rank	2017 增长率 Growth Rate	2017 位次 Rank	2018 数量 Amount	2018 位次 Rank	2018 增长率 Growth Rate	2018 位次 Rank
全国	**National Total**	**59660**		**6.3**		**64644**		**6.1**	
北京	Beijing	128994	1	6.7	15	140211	1	7.1	10
天津	Tianjin	118944	3	3.3	30	120711	3	3.7	31
河北	Hebei	45387	19	5.9	26	47772	21	6.0	17
山西	Shanxi	42060	25	6.5	19	45328	25	6.2	16
内蒙古	Inner Mongolia	63764	9	3.6	29	68302	9	5.0	26
辽宁	Liaoning	53527	14	4.3	28	58008	13	5.9	19
吉林	Jilin	54838	13	6.0	24	55611	14	5.0	26
黑龙江	Heilongjiang	41916	26	6.7	15	43274	27	5.0	26
上海	Shanghai	126634	2	6.8	13	134982	2	6.5	13
江苏	Jiangsu	107150	4	6.8	13	115168	4	6.3	14
浙江	Zhejiang	92057	5	6.6	18	98643	5	5.7	23
安徽	Anhui	43401	24	7.5	6	47712	22	6.9	12
福建	Fujian	82677	6	7.1	12	91197	6	7.4	6
江西	Jiangxi	43424	23	8.1	4	47434	24	8.1	3
山东	Shandong	72807	8	6.5	19	76267	8	5.9	19
河南	Henan	46674	18	7.4	8	50152	18	7.2	8
湖北	Hubei	60199	11	7.3	10	66616	10	7.5	4
湖南	Hunan	49558	16	7.4	8	52949	16	7.2	8
广东	Guangdong	80932	7	6.0	24	86412	7	5.1	24
广西	Guangxi	38102	28	6.3	22	41489	28	5.8	21
海南	Hainan	48430	17	6.2	23	51955	17	4.8	29
重庆	Chongqing	63442	10	8.2	3	65933	11	5.1	24
四川	Sichuan	44651	21	7.5	6	48883	20	7.4	6
贵州	Guizhou	37956	29	9.4	1	41244	29	8.4	1
云南	Yunnan	34221	30	8.8	2	37136	30	8.2	2
西藏	Tibet	39267	27	7.9	5	43397	26	7.0	11
陕西	Shaanxi	57266	12	7.3	10	63477	12	7.5	4
甘肃	Gansu	28497	31	3.0	31	31336	31	5.8	21
青海	**Qinghai**	**44047**	**22**	**6.4**	**21**	**47689**	**23**	**6.3**	**14**
宁夏	Ningxia	50765	15	6.7	15	54094	15	6.0	17
新疆	Xinjiang	44941	20	5.7	27	49475	19	4.1	30

23-4 全国各地区常住人口规模(2011-2018年)
Population by Region of the Whole Country (2011-2018)

单位：万人 (10 000 Persons)

地区	Region	2011	2012	2013	2014	2015	2016	2017	2018
全国	**National Total**	**134735**	**135404**	**136072**	**136782**	**137462**	**138271**	**139008**	**139538**
北京	Beijing	2019	2069	2115	2152	2171	2173	2171	2154
天津	Tianjin	1355	1413	1472	1517	1547	1562	1557	1560
河北	Hebei	7241	7288	7333	7384	7425	7470	7520	7556
山西	Shanxi	3593	3611	3630	3648	3664	3682	3702	3718
内蒙古	Inner Mongolia	2482	2490	2498	2505	2511	2520	2529	2534
辽宁	Liaoning	4383	4389	4390	4391	4382	4378	4369	4359
吉林	Jilin	2749	2750	2751	2752	2753	2733	2717	2704
黑龙江	Heilongjiang	3834	3834	3835	3833	3812	3799	3789	3773
上海	Shanghai	2347	2380	2415	2426	2415	2420	2418	2424
江苏	Jiangsu	7899	7920	7939	7960	7976	7999	8029	8051
浙江	Zhejiang	5463	5477	5498	5508	5539	5590	5657	5737
安徽	Anhui	5968	5988	6030	6083	6144	6196	6255	6324
福建	Fujian	3720	3748	3774	3806	3839	3874	3911	3941
江西	Jiangxi	4488	4504	4522	4542	4566	4592	4622	4648
山东	Shandong	9637	9685	9733	9789	9847	9947	10006	10047
河南	Henan	9388	9406	9413	9436	9480	9532	9559	9605
湖北	Hubei	5758	5779	5799	5816	5852	5885	5902	5917
湖南	Hunan	6596	6639	6691	6737	6783	6822	6860	6899
广东	Guangdong	10505	10594	10644	10724	10849	10999	11169	11346
广西	Guangxi	4645	4682	4719	4754	4796	4838	4885	4926
海南	Hainan	877	887	895	903	911	917	926	934
重庆	Chongqing	2919	2945	2970	2991	3017	3048	3075	3102
四川	Sichuan	8050	8076	8107	8140	8204	8262	8302	8341
贵州	Guizhou	3469	3484	3502	3508	3530	3555	3580	3600
云南	Yunnan	4631	4659	4687	4714	4742	4771	4801	4830
西藏	Tibet	303	308	312	318	324	331	337	344
陕西	Shaanxi	3743	3753	3764	3775	3793	3813	3835	3864
甘肃	Gansu	2564	2578	2582	2591	2600	2610	2626	2637
青海	**Qinghai**	**568**	**573**	**578**	**583**	**588**	**593**	**598**	**603**
宁夏	Ningxia	639	647	654	662	668	675	682	688
新疆	Xinjiang	2209	2233	2264	2298	2360	2398	2445	2487

注：全国数据包括中国人民解放军现役军人数，但不包括香港、澳门特别行政区和台湾地区数据；分省数据中未包括中国人解放军现役军人数。

a) National data includes the number of military personnel, but excluding Hong Kong and Macao Special Administrative Regions and Taiwan data Provincial data does not include the number of military personnel.

23-5 全国各地区城镇人口比重(2011-2018年)

Proportion of Urban Population by Region of the Whole Country (2011-2018)

单位：% (%)

地 区	Region	2011	2012	2013	2014	2015	2016	2017	2018
全 国	**National Total**	**51.27**	**52.57**	**53.73**	**54.77**	**56.10**	**57.35**	**58.52**	**59.58**
北 京	Beijing	86.20	86.20	86.30	86.35	86.50	86.50	86.50	86.50
天 津	Tianjin	80.50	81.55	82.01	82.27	82.64	82.93	82.93	83.15
河 北	Hebei	45.60	46.80	48.12	49.33	51.33	53.32	55.01	56.43
山 西	Shanxi	49.68	51.26	52.56	53.79	55.03	56.21	57.34	58.41
内蒙古	Inner Mongolia	56.62	57.74	58.71	59.51	60.30	61.19	62.02	62.71
辽 宁	Liaoning	64.05	65.65	66.45	67.05	67.35	67.37	67.49	68.10
吉 林	Jilin	53.40	53.70	54.20	54.81	55.31	55.97	56.65	57.53
黑龙江	Heilongjiang	56.50	56.90	57.40	58.01	58.80	59.20	59.40	60.10
上 海	Shanghai	89.30	89.30	89.60	89.60	87.60	87.90	87.70	88.10
江 苏	Jiangsu	61.90	63.00	64.11	65.21	66.52	67.72	68.76	69.61
浙 江	Zhejiang	62.30	63.20	64.00	64.87	65.80	67.00	68.00	68.90
安 徽	Anhui	44.80	46.50	47.86	49.15	50.50	51.99	53.49	54.69
福 建	Fujian	58.10	59.60	60.77	61.80	62.60	63.60	64.80	65.82
江 西	Jiangxi	45.70	47.51	48.87	50.22	51.62	53.10	54.60	56.02
山 东	Shandong	50.95	52.43	53.75	55.01	57.01	59.02	60.58	61.18
河 南	Henan	40.57	42.43	43.80	45.20	46.85	48.50	50.16	51.71
湖 北	Hubei	51.83	53.50	54.51	55.67	56.85	58.10	59.30	60.30
湖 南	Hunan	45.10	46.65	47.96	49.28	50.89	52.75	54.62	56.02
广 东	Guangdong	66.50	67.40	67.76	68.00	68.71	69.20	69.85	70.70
广 西	Guangxi	41.80	43.53	44.81	46.01	47.06	48.08	49.21	50.22
海 南	Hainan	50.50	51.60	52.74	53.76	55.12	56.78	58.04	59.06
重 庆	Chongqing	55.02	56.98	58.34	59.60	60.94	62.60	64.08	65.50
四 川	Sichuan	41.83	43.53	44.90	46.30	47.69	49.21	50.79	52.29
贵 州	Guizhou	34.96	36.41	37.83	40.01	42.01	44.15	46.02	47.52
云 南	Yunnan	36.80	39.31	40.48	41.73	43.33	45.03	46.69	47.81
西 藏	Tibet	22.71	22.75	23.71	25.75	27.74	29.56	30.89	31.14
陕 西	Shaanxi	47.30	50.02	51.31	52.57	53.92	55.34	56.79	58.13
甘 肃	Gansu	37.15	38.75	40.13	41.68	43.19	44.69	46.39	47.69
青 海	**Qinghai**	**46.22**	**47.44**	**48.51**	**49.78**	**50.30**	**51.63**	**53.07**	**54.47**
宁 夏	Ningxia	49.82	50.67	52.01	53.61	55.23	56.29	57.98	58.88
新 疆	Xinjiang	43.54	43.98	44.47	46.07	47.23	48.35	49.38	50.91

23-6 全国各地区农业总产值和增长率及排序(2018年)
Gross Agricultural Value and Its Growth Rate and Order by Region of the Whole Country (2018)

单位：亿元、% (100 million yuan、%)

地 区	Region	农林牧渔业总产值 Gross Output Value of Farming,Forestry, Animal Husbandry and Fishery				农业产值 Output Value of Farming		牧业产值 Output Value of Animal Husbandry	
		数 量 Amount	位 次 Rank	增长率 Growth Rate	位 次 Rank	数 量 Amount	位 次 Rank	数 量 Growth Rate	位 次 Rank
全 国	**National Total**	**113579.5**		**3.5**		**61452.6**		**28697.4**	
北 京	Beijing	296.8	29	-6.0	31	114.7	30	72.0	30
天 津	Tianjin	390.5	28	0.9	28	197.2	27	95.8	29
河 北	Hebei	5707.0	7	3.0	19	3085.9	7	1813.8	4
山 西	Shanxi	1460.6	25	2.2	25	894.9	24	361.5	22
内蒙古	Inner Mongolia	2985.3	20	3.0	19	1512.5	20	1294.3	10
辽 宁	Liaoning	4061.9	14	2.6	22	1749.4	16	1346.2	8
吉 林	Jilin	2184.3	21	2.2	25	993.0	23	1001.6	15
黑龙江	Heilongjiang	5624.3	8	3.5	14	3635.0	5	1542.4	5
上 海	Shanghai	289.6	30	-2.3	30	150.1	29	48.3	31
江 苏	Jiangsu	7192.5	4	0.9	28	3735.0	4	1091.3	13
浙 江	Zhejiang	3157.3	18	1.7	27	1518.0	19	331.8	23
安 徽	Anhui	4672.7	11	2.6	22	2253.7	13	1315.8	9
福 建	Fujian	4229.5	12	3.5	14	1653.4	17	718.4	18
江 西	Jiangxi	3148.6	19	3.5	14	1549.2	18	672.2	20
山 东	Shandong	9397.4	1	3.0	19	4678.3	2	2432.7	1
河 南	Henan	7757.9	2	3.9	10	4973.7	1	2067.7	3
湖 北	Hubei	6207.8	6	3.4	17	3033.8	8	1386.5	7
湖 南	Hunan	5361.6	9	3.6	13	2664.3	10	1464.6	6
广 东	Guangdong	6318.1	5	4.2	7	3089.6	6	1184.7	12
广 西	Guangxi	4909.2	10	5.6	3	2717.5	9	1072.3	14
海 南	Hainan	1535.7	24	4.1	8	729.5	25	245.3	25
重 庆	Chongqing	2052.4	22	2.5	24	1292.7	21	520.1	21
四 川	Sichuan	7195.6	3	3.9	10	4153.7	3	2246.1	2
贵 州	Guizhou	3619.5	16	7.0	1	2288.7	12	846.3	16
云 南	Yunnan	4108.9	13	6.3	2	2234.7	15	1237.1	11
西 藏	Tibet	195.5	31	5.5	4	88.1	31	98.4	28
陕 西	Shaanxi	3240.0	17	3.3	18	2245.0	14	682.8	19
甘 肃	Gansu	1659.4	23	3.7	12	1166.1	22	318.9	24
青 海	**Qinghai**	**405.9**	**27**	**4.6**	**6**	**169.2**	**28**	**216.0**	**26**
宁 夏	Ningxia	575.8	26	4.0	9	344.6	26	176.1	27
新 疆	Xinjiang	3637.8	15	5.1	5	2541.2	11	796.4	17

注：本表绝对数按当年价格计算，增长速度按可比价格计算。
a) Level data in this table are calculated at current prices, while growth rate data are calculated at constant prices.

23-7 全国各地区主要农畜产品产量、人均产量及排序(2018年)
Output, Per Capita Output of Main Agricultural Products and Its Order by Region of the Whole Country (2018)

单位：万吨、千克 (10 000 tons、kg)

地 区	Region	粮食 Grain			肉类 Meat			奶类 Milk		
		总产量 Amount	人均产量 Per Capita Output	位次 Rank	总产量 Amount	人均产量 Per Capita Output	位次 Rank	总产量 Amount	人均产量 Per Capita Output	位次 Rank
全 国	**National Total**	**65789.2**	**472.4**		**8624.6**	**61.9**		**3176.8**	**22.8**	
北 京	Beijing	34.1	15.8	31	17.5	8.1	30	31.1	14.4	15
天 津	Tianjin	209.7	134.6	26	33.9	21.7	28	48.0	30.8	9
河 北	Hebei	3700.9	491.0	10	466.7	61.9	18	391.1	51.9	7
山 西	Shanxi	1380.4	372.1	18	93.1	25.1	27	81.7	22.0	12
内蒙古	Inner Mongolia	3553.3	1403.6	2	267.3	105.6	1	571.8	225.9	2
辽 宁	Liaoning	2192.4	502.4	9	377.1	86.4	5	132.6	30.4	10
吉 林	Jilin	3632.7	1340.2	3	253.6	93.6	2	39.0	14.4	15
黑龙江	Heilongjiang	7506.8	1985.5	1	247.5	65.5	16	458.5	121.3	3
上 海	Shanghai	103.7	42.8	30	13.5	5.6	31	33.4	13.8	17
江 苏	Jiangsu	3660.3	455.3	13	328.5	40.9	23	50.0	6.2	20
浙 江	Zhejiang	599.1	105.2	29	104.6	18.4	29	15.8	2.8	23
安 徽	Anhui	4007.3	637.2	5	421.7	67.1	14	30.8	4.9	21
福 建	Fujian	498.6	127.0	27	256.1	65.2	17	14.3	3.6	22
江 西	Jiangxi	2190.7	472.7	12	325.7	70.3	12	9.6	2.1	25
山 东	Shandong	5319.5	530.5	8	854.7	85.2	7	232.5	23.2	11
河 南	Henan	6648.9	693.9	4	669.4	69.9	13	208.9	21.8	13
湖 北	Hubei	2839.5	480.5	11	430.9	72.9	11	12.8	2.2	24
湖 南	Hunan	3022.9	439.4	14	541.7	78.7	10	6.2	0.9	30
广 东	Guangdong	1193.5	106.0	28	449.9	40.0	24	13.9	1.2	29
广 西	Guangxi	1372.8	279.9	23	426.8	87.0	4	8.9	1.8	26
海 南	Hainan	147.1	158.1	25	79.9	85.9	6	0.2	0.2	31
重 庆	Chongqing	1079.3	349.5	19	182.3	59.0	21	4.9	1.6	27
四 川	Sichuan	3493.7	419.8	16	664.7	79.9	9	64.3	7.7	19
贵 州	Guizhou	1059.7	295.2	22	213.7	59.5	20	4.6	1.3	28
云 南	Yunnan	1860.5	386.4	17	427.2	88.7	3	65.7	13.6	18
西 藏	Tibet	104.4	306.7	21	28.4	83.4	8	40.8	119.8	4
陕 西	Shaanxi	1226.0	318.5	20	114.5	29.7	26	159.7	41.5	8
甘 肃	Gansu	1151.4	437.5	15	101.2	38.5	25	41.1	15.6	14
青 海	**Qinghai**	**103.1**	**171.7**	**24**	**36.5**	**60.8**	**19**	**33.5**	**55.8**	**6**
宁 夏	Ningxia	392.6	573.1	7	34.1	49.8	22	169.4	247.2	1
新 疆	Xinjiang	1504.2	610.0	6	162.0	65.7	15	201.7	81.8	5

注：人均产量均按年平均常住人口计算。

a) The Per Capita Output are calculated according annual average population.

23-8 全国各地区规模以上工业企业主要经济指标及排序(2018年)
Main Indicators on Economic Indicators of Industrial Enterprises above Designated Size by Region of the Whole Country (2018)

单位：%，亿元 (%，100 million yuan)

地区	Region	工业增加值 Value-added of Industry 增长率 Growth Rate	位次 Rank	主营业务收入 Prime Operating Revenue 数量 Amount	位次 Rank	利润总额 Total Profits 数量 Amount	位次 Rank
全国	**National Total**	**6.2**		**1022241.1**		**66351.4**	
北京	Beijing	4.6	24	21435.7	16	1530.0	15
天津	Tianjin	2.4	29	17549.7	20	1200.7	20
河北	Hebei	5.2	19	37835.5	11	2211.7	12
山西	Shanxi	4.1	26	19252.1	18	1355.9	18
内蒙古	Inner Mongolia	7.1	15	14023.1	21	1409.4	17
辽宁	Liaoning	9.8	3	26489.9	14	1460.3	16
吉林	Jilin	5.0	22	13637.5	22	817.0	24
黑龙江	Heilongjiang	3.0	28	9078.0	26	487.0	26
上海	Shanghai	2.0	30	38445.7	10	3338.4	6
江苏	Jiangsu	5.1	21	128085.6	2	8491.9	1
浙江	Zhejiang	7.3	13	68653.8	4	4452.1	4
安徽	Anhui	9.3	4	39354.9	9	2448.2	10
福建	Fujian	9.1	6	51298.0	5	3537.1	5
江西	Jiangxi	8.9	8	32077.4	13	2157.8	13
山东	Shandong	5.2	19	92703.6	3	4872.2	3
河南	Henan	7.2	14	46627.6	6	3053.4	7
湖北	Hubei	7.1	15	42358.1	7	2755.4	8
湖南	Hunan	7.4	12	34850.5	12	1726.9	14
广东	Guangdong	6.3	17	135616.1	1	8309.7	2
广西	Guangxi	4.7	23	18707.9	19	1100.1	21
海南	Hainan	6.0	18	2202.3	29	145.3	29
重庆	Chongqing	0.5	31	19674.7	17	1218.7	19
四川	Sichuan	8.3	10	40646.7	8	2717.9	9
贵州	Guizhou	9.0	7	9390.8	25	879.2	23
云南	Yunnan	11.8	2	13227.4	23	925.2	22
西藏	Tibet	12.5	1	257.6	30	17.4	30
陕西	Shaanxi	9.2	5	23060.4	15	2436.3	11
甘肃	Gansu	4.6	24	8888.9	27	270.4	27
青海	**Qinghai**	**8.6**	**9**				
宁夏	Ningxia	8.3	10	4305.6	28	174.2	28
新疆	Xinjiang	4.1	26	10328.2	24	788.8	25

注：1.规模以上工业统计口径为年主营业务收入2000万元及以上工业企业。
2.本表为2018年快报数据。
a) The statistical caliber of industry is industrial enterprises with the annual sales income from main business of 20 million yuan and above.
b)Data in this table in 2018 are from express report forms.

23−9 全国各地区工业企业主要产品产量、人均产量及排序(2018年)
Output, Per Capita Output of Major Industrial Products and Its Order by Region of the Whole Country (2018)

地 区	Region	天然气(亿立方米) Natural gas (100 million cubic metres)			发电量(亿千瓦小时) Electricity (100 million km·h)		
		总产量 Amount	人均产量 Per Capita Output 立方米 Cubic meters	位次 Rank	总产量 Amount	人均产量 Per Capita Output 千瓦时 KWh	位次 Rank
全 国	**National Total**	**1602.7**	**115.1**		**71117.7**	**5106**	
北 京	Beijing	17.3	79.9	9	450.5	2083	29
天 津	Tianjin	33.9	217.8	4	711.5	4566	14
河 北	Hebei	6.2	8.2	18	3133.2	4157	19
山 西	Shanxi	52.4	141.3	6	3180.5	8573	4
内蒙古	Inner Mongolia	16.1	63.5	11	5003.0	19763	2
辽 宁	Liaoning	5.9	13.5	13	1982.7	4543	15
吉 林	Jilin	18.4	68.0	10	838.2	3093	24
黑龙江	Heilongjiang	43.5	115.2	7	1029.2	2722	26
上 海	Shanghai	14.5	60.1	12	839.7	3469	22
江 苏	Jiangsu	10.0	12.4	14	5085.1	6325	7
浙 江	Zhejiang				3438.4	6036	8
安 徽	Anhui	2.3	3.6	21	2734.5	4348	17
福 建	Fujian				2494.2	6353	6
江 西	Jiangxi	0.2	0.4	23	1281.3	2765	25
山 东	Shandong	4.8	4.8	19	5825.6	5810	10
河 南	Henan	2.9	3.0	22	3050.1	3183	23
湖 北	Hubei	5.1	8.7	16	2835.8	4799	13
湖 南	Hunan				1532.7	2228	28
广 东	Guangdong	102.5	91.0	8	4694.8	4170	18
广 西	Guangxi	0.2	0.4	23	1752.0	3572	20
海 南	Hainan	1.1	11.4	15	323.4	3476	21
重 庆	Chongqing	61.2	198.1	5	799.5	2589	27
四 川	Sichuan	369.8	444.4	3	3687.0	4431	16
贵 州	Guizhou	3.0	8.3	17	2016.0	5616	11
云 南	Yunnan				3241.0	6731	5
西 藏	Tibet				66.6	1956	30
陕 西	Shaanxi	444.5	1154.6	2	1855.6	4820	12
甘 肃	Gansu	1.0	3.9	20	1531.4	5819	9
青 海	**Qinghai**						
宁 夏	Ningxia				1610.0	23501	1
新 疆	Xinjiang	321.8	1305.2	1	3283.2	13315	3

23-9 续表 Contined

地 区	Region	钢材(万吨) Rolled Steel (10 000 tons) 总产量 Amount	人均产量 Per Capita Output 千克 Kg	位 次 Rank	农用化肥(万吨) Chemical Fertilizers (10 000 tons) 总产量 Amount	人均产量 Per Capita Output 千克 Kg	位 次 Rank
全 国	**National Total**	**110551.7**	**794**		**5424.4**	**39**	
北 京	Beijing	179.9	83	29			
天 津	Tianjin	4733.8	3038	2	15.0	10	20
河 北	Hebei	26916.9	3571	1	199.7	26	16
山 西	Shanxi	4903.3	1322	5	361.3	97	6
内蒙古	Inner Mongolia	2259.5	893	7	377.5	149	2
辽 宁	Liaoning	6899.1	1581	3	33.1	8	22
吉 林	Jilin	1300.9	480	16	17.4	6	25
黑龙江	Heilongjiang	561.4	148	28	38.3	10	20
上 海	Shanghai	1983.3	819	8	1.0	0.4	29
江 苏	Jiangsu	12146.7	1511	4	168.0	21	17
浙 江	Zhejiang	3048.7	535	14	19.9	4	26
安 徽	Anhui	3195.0	508	15	217.1	35	14
福 建	Fujian	2915.9	743	9	68.2	17	18
江 西	Jiangxi	2571.3	555	12	5.3	1	27
山 东	Shandong	9427.8	940	6	387.1	39	13
河 南	Henan	3661.0	382	21	441.6	46	11
湖 北	Hubei	3649.9	618	10	644.1	109	5
湖 南	Hunan	2374.7	345	24	52.7	8	22
广 东	Guangdong	4337.6	385	19	14.1	1	27
广 西	Guangxi	2890.9	589	11	36.1	7	24
海 南	Hainan				61.5	66	7
重 庆	Chongqing	1187.7	385	19	146.9	48	10
四 川	Sichuan	2896.7	348	23	370.5	45	12
贵 州	Guizhou	554.3	154	27	487.1	136	3
云 南	Yunnan	1940.7	403	17	305.2	63	8
西 藏	Tibet						30
陕 西	Shaanxi	1445.2	375	22	129.4	34	15
甘 肃	Gansu	833.5	317	25	29.5	11	19
青 海	**Qinghai**	**146.6**	**244**	**26**	**476.9**	**794**	**1**
宁 夏	Ningxia	266.8	389	18	39.1	57	9
新 疆	Xinjiang	1322.7	536	13	279.1	113	4

23−10 全国各地区固定资产投资增长率及排序(2018年)
Investment in Fixed Assets Growth Rate and Order by Region of the Whole Country (2018)

单位：亿元、%、万平方米 (100 million yuan，%，10 000 sq.m)

地 区	Region	固定资产投资(不含农户) Investment in Fixed Assets (Excluding Rural Households)		房地产开发投资额 Investment of Real Estate Development		商品房销售面积 Floor Space of Commercial Buildings Sold	
		增长率 Growth Rate	位 次 Rank	数 量 Amount	位 次 Rank	数 量 Amount	位 次 Rank
全 国	**National Total**	**5.9**		**120263.5**		**171654**	
北 京	Beijing	-5.5	26	3873.4	14	696	29
天 津	Tianjin	-5.6	27	2424.5	19	1250	27
河 北	Hebei	6.0	17	4476.4	10	5252	14
山 西	Shanxi	5.7	18	1376.6	23	2361	19
内蒙古	Inner Mongolia	-28.3	31	882.8	28	2008	21
辽 宁	Liaoning	3.7	22	2599.3	18	3935	18
吉 林	Jilin	1.6	23	1175.9	24	2074	20
黑龙江	Heilongjiang	-4.7	25	944.4	27	1913	22
上 海	Shanghai	5.2	20	4033.2	12	1767	23
江 苏	Jiangsu	5.5	19	10982.3	2	13484	3
浙 江	Zhejiang	7.1	15	9944.9	3	9755	7
安 徽	Anhui	11.8	2	5974.1	6	10038	6
福 建	Fujian	11.5	4	4940.3	8	6213	11
江 西	Jiangxi	11.1	5	2174.9	21	6201	13
山 东	Shandong	4.1	21	7553.0	4	13455	4
河 南	Henan	8.1	13	7015.5	5	13990	2
湖 北	Hubei	11.0	6	4693.1	9	8865	9
湖 南	Hunan	10.0	11	3945.9	13	9239	8
广 东	Guangdong	10.7	8	14412.2	[illegible]	14336	1
广 西	Guangxi	10.8	7	3004.1	17	6213	12
海 南	Hainan	-12.5	28	1715.0	22	1432	26
重 庆	Chongqing	7.0	16	4248.8	11	6536	10
四 川	Sichuan	10.2	10	5697.9	7	12211	5
贵 州	Guizhou	15.8	1	2349.2	20	5182	15
云 南	Yunnan	11.6	3	3247.2	16	4532	16
西 藏	Tibet	9.8	12	92.6	31	73	31
陕 西	Shaanxi	10.4	9	3534.7	15	4119	17
甘 肃	Gansu	-3.9	24	1116.4	25	1596	24
青 海	**Qinghai**	**7.3**	**14**	**351.8**	**30**	**447**	**30**
宁 夏	Ningxia	-18.2	29	449.6	29	1026	28
新 疆	Xinjiang	-25.2	30	1033.4	26	1452	25

注：1.固定资产投资(不含农户)统计口径指计划总投资500万元及以上固定资产投资项目投资和所有房地产开发投资。

a) Fixed assets investment (excluding Rural Households) statistical caliber refers to the total investment of 5 million yuan and above, fixed assets investment, project investment and all real estate development investment.

23-11 全国各地区建筑业总产值和施工、竣工面积及排序(2018年)

Output Value, Area of Construction and Completion and Their Orders by Region of the Whole Country (2018)

单位：亿元、万平方米 (100 million yuan，10 000 sq.m)

地 区	Region	建筑业总产值 Gross Output Value		施工面积 Floor Space of Buildings Under Construction		竣工面积 Floor Space of Buildings Completed	
		数 量 Amount	位 次 Rank	数 量 Amount	位 次 Rank	数 量 Amount	位 次 Rank
全 国	**National Total**	**235085.5**		**1408920.4**		**413508.8**	
北 京	Beijing	10939.8	9	71969.3	7	9771.3	13
天 津	Tianjin	3791.1	20	13379.9	22	2119.6	25
河 北	Hebei	5740.3	16	35665.3	13	9054.4	14
山 西	Shanxi	4071.5	19	16651.8	20	3692.6	21
内蒙古	Inner Mongolia	1040.1	27	5369.2	26	1699.8	26
辽 宁	Liaoning	3528.4	21	13659.8	21	4310.0	20
吉 林	Jilin	2183.6	23	8504.3	24	3132.4	22
黑龙江	Heilongjiang	1194.3	26	3765.4	27	1438.5	27
上 海	Shanghai	7072.2	14	47577.4	11	7960.1	16
江 苏	Jiangsu	30846.7	1	249176.8	1	74806.3	1
浙 江	Zhejiang	28756.2	2	214499.4	2	62123.3	2
安 徽	Anhui	7888.5	11	46758.4	12	15894.5	10
福 建	Fujian	11548.8	7	72626.8	6	17294.2	9
江 西	Jiangxi	6993.4	15	33274.7	15	15638.5	11
山 东	Shandong	12898.3	6	81483.6	4	22255.7	4
河 南	Henan	11360.5	8	63789.7	8	20623.9	6
湖 北	Hubei	15133.9	3	88238.1	3	32691.9	3
湖 南	Hunan	9581.4	10	59247.4	9	19929.3	7
广 东	Guangdong	13714.4	4	73731.3	5	18536.5	8
广 西	Guangxi	4671.7	18	26494.8	17	8723.5	15
海 南	Hainan	339.2	30	2202.3	29	594.9	29
重 庆	Chongqing	7819.4	12	35140.0	14	13780.1	12
四 川	Sichuan	12983.8	5	58007.4	10	20876.7	5
贵 州	Guizhou	3330.0	22	16660.9	19	4904.3	19
云 南	Yunnan	5458.5	17	19224.4	18	7514.7	17
西 藏	Tibet	172.8	31	518.5	31	144.5	31
陕 西	Shaanxi	7120.2	13	29645.2	16	7071.9	18
甘 肃	Gansu	1796.4	25	9992.4	23	2648.5	24
青 海	**Qinghai**	**441.3**	**29**	**915.1**	**30**	**373.1**	**30**
宁 夏	Ningxia	565.0	28	2334.5	28	801.5	28
新 疆	Xinjiang	2110.1	24	8341.1	25	3023.9	23

注：建筑业数据统计口径为具有资质等级的施工总承包、专业承包建筑业企业(不含劳务分包建筑业企业)数据。

a)Construction industry data statistics include construction general contracting, professional contracting construction enterprises having qualification grade (exclude labor subcontracting construction enterprise).

23-12 全国各地区社会消费品零售额和货物进出口总额及排序(2018年)

Retail Sales of Consumer Goods, Total Value of Imports and Exports of goods and Their Orders by Region of the Whole Country (2018)

单位：亿元、%　　　　(100 million yuan，%)

地区	Region	社会消费品零售总额 Total Retail Sales of Consumer Goods				货物进出口贸易总额 Total import and export of goods			
		数量 Amount	位次 Rank	增长率 Growth Rate	位次 Rank	数量 Amount	位次 Rank	增长率 Growth Rate	位次 Rank
全国	**National Total**	**380986.9**		**9.0**		**305050.4**		**9.7**	
北京	Beijing	11747.7	14	2.7	30	27180.7	5	23.9	6
天津	Tianjin	5533.0	24	1.7	31	8078.8	8	5.7	20
河北	Hebei	16537.1	8	9.0	12	3551.6	15	5.1	23
山西	Shanxi	7338.5	21	8.2	17	1369.9	22	17.8	9
内蒙古	Inner Mongolia	7311.1	22	6.3	25	1034.4	25	9.9	15
辽宁	Liaoning	14142.8	11	6.7	23	7545.9	9	11.8	12
吉林	Jilin	7520.4	20	4.8	28	1362.8	23	8.6	17
黑龙江	Heilongjiang	9317.4	15	6.3	25	1747.7	21	36.4	1
上海	Shanghai	12668.7	12	7.9	19	34009.4	3	5.5	21
江苏	Jiangsu	33230.4	3	7.9	19	43802.4	2	9.5	16
浙江	Zhejiang	25007.9	4	9.0	12	28519.2	4	11.4	13
安徽	Anhui	12100.1	13	11.6	2	4150.8	13	13.5	11
福建	Fujian	14317.4	10	10.8	7	12354.3	7	6.6	19
江西	Jiangxi	7566.4	19	11.0	5	3164.9	18	5.1	23
山东	Shandong	33605.0	2	8.8	14	19302.5	6	7.7	18
河南	Henan	20594.7	5	10.3	8	5512.7	11	5.3	22
湖北	Hubei	18333.6	6	10.9	6	3487.2	17	11.2	14
湖南	Hunan	15638.3	9	10.0	10	3079.5	19	26.5	4
广东	Guangdong	39501.1	1	8.8	14	71618.3	1	5.1	23
广西	Guangxi	8291.6	17	9.3	11	4106.7	14	5.0	26
海南	Hainan	1717.1	28	6.8	22	849.0	26	20.8	8
重庆	Chongqing	7977.0	18	8.7	16	5222.6	12	15.9	10
四川	Sichuan	18254.5	7	11.1	3	5947.8	10	29.2	2
贵州	Guizhou	3971.2	25	8.2	17	500.8	27	-9.2	29
云南	Yunnan	6826.0	23	11.1	3	1973.0	20	24.7	5
西藏	Tibet	597.6	31	14.2	1	47.5	30	-19.0	30
陕西	Shaanxi	8938.3	16	10.2	9	3513.8	16	29.2	2
甘肃	Gansu	3428.3	26	7.4	21	394.7	28	21.0	7
青海	**Qinghai**	**835.6**	**30**	**6.7**	**23**	**46.0**	**31**	**3.5**	**27**
宁夏	Ningxia	935.8	29	4.8	28	249.2	29	-27.0	31
新疆	Xinjiang	3187.0	27	5.2	27	1326.2	24	-4.8	28

23-13 全国各地区全社会客货运量和周转量及排序(2018年)
Freight and Passenger Traffic and Their Turnovers and Orders by Region of the Whole Country (2018)

地区	Region	货运量(万吨) Total Freight Traffic (10 000 tons)		货物周转量(亿吨公里) Total Freight Ton-kilometers (100 million ton-km)		客运量(万人) Total Passenger Traffic (10 000 persons)		旅客周转量(亿人公里) Total Passenger-Kilometers (10 million passenger-km)	
		数量 Amount	位次 Rank	数量 Amount	位次 Rank	数量 Amount	位次 Rank	数量 Amount	位次 Rank
全国	**National Total**	**5152674**		**204686**		**1793820**		**34218**	
北京	Beijing	20873	29	1034	27	58935	15	254	26
天津	Tianjin	52221	25	2241	22	17450	25	277	25
河北	Hebei	249265	6	13873	3	47346	18	1289	6
山西	Shanxi	211497	11	4489	15	23837	23	394	23
内蒙古	Inner Mongolia	232525	8	5596	12	13268	28	337	24
辽宁	Liaoning	223346	10	10654	6	71343	10	939	11
吉林	Jilin	52156	26	1705	25	31956	21	427	21
黑龙江	Heilongjiang	55190	24	1601	26	31568	22	434	19
上海	Shanghai	106983	20	28300	2	15845	26	219	27
江苏	Jiangsu	233157	7	8969	9	120612	2	1539	3
浙江	Zhejiang	269083	4	11538	5	98380	6	1104	9
安徽	Anhui	406761	2	11804	4	63347	12	1164	8
福建	Fujian	136947	18	7646	10	48105	16	600	17
江西	Jiangxi	174285	15	4529	14	60686	13	994	10
山东	Shandong	354019	3	10052	7	67443	11	1290	5
河南	Henan	259884	5	8982	8	110421	3	1775	2
湖北	Hubei	204307	12	6676	11	98350	7	1259	7
湖南	Hunan	229957	9	4387	16	106680	4	1463	4
广东	Guangdong	416389	1	28338	1	142144	1	2086	1
广西	Guangxi	190652	13	4984	13	47931	17	817	13
海南	Hainan	22040	28	876	28	14383	27	131	29
重庆	Chongqing	128491	19	3598	18	60587	14	493	18
四川	Sichuan	187385	14	2946	19	98569	5	878	12
贵州	Guizhou	102537	21	1798	24	93025	8	799	14
云南	Yunnan	140670	17	1972	23	41484	20	432	20
西藏	Tibet	2433	31	150	31	1399	31	47	31
陕西	Shaanxi	173245	16	4025	17	71583	9	798	15
甘肃	Gansu	70386	23	2610	20	42185	19	635	16
青海	**Qinghai**	**19120**	**30**	**561**	**30**	**6819**	**29**	**192**	**28**
宁夏	Ningxia	38916	27	628	29	6137	30	88	30
新疆	Xinjiang	97498	22	2484	21	21204	24	406	22
不分地区	Not Classified by Region	90672		5651		61174		10712	

注：1.货运不分地区合计中包括管道运输企业、民航运输企业、中国远洋海运集团有限公司下属海外公司完成数。
2.客运不分地区数据为民航完成数。

a)The total number of goods transported across regions includes pipeline transportation enterprises, civil aviation transportation enterprises and Overseas companies affiliated to China ocean shipping group co., LTD

b)The total passenger traffic not classified by region refers to that completed by civil aviation.

23-14 全国各地区各类价格指数(2018年)

Consumer Price Indices and Its order by Region of the Whole Country (2018)

(上年=100) (preceding year=100)

地 区	Resion	居民消费价格指数 Consumer Price Indices	食品烟酒 Food,Tobacco and Liquol	商品零售价格指数 Commodity retail price index	农业生产资料价格指数 Price Index for Means of Agricultural Production	固定资产投资价格指数 Price Index for Investment in Fixed Assets
全 国	**National Average**	**102.1**	**101.9**	**101.9**	**103.1**	**105.4**
北 京	Beijing	102.5	103.1	101.1		103.8
天 津	Tianjin	102.0	103.1	101.6		104.5
河 北	Hebei	102.4	102.0	102.2	103.2	105.0
山 西	Shanxi	101.8	101.7	101.7	102.5	104.5
内蒙古	Inner Mongolia	101.8	102.0	101.6	102.8	103.6
辽 宁	Liaoning	102.5	102.2	101.4	101.8	103.5
吉 林	Jilin	102.1	101.4	102.4	103.7	104.6
黑龙江	Heilongjiang	102.0	100.9	101.1	103.6	103.3
上 海	Shanghai	101.6	102.3	101.6		105.6
江 苏	Jiangsu	102.3	102.3	102.6	103.9	106.0
浙 江	Zhejiang	102.3	102.6	102.1	101.8	105.7
安 徽	Anhui	102.0	102.1	101.9	101.5	105.8
福 建	Fujian	101.5	101.7	101.5	103.1	104.9
江 西	Jiangxi	102.1	101.0	101.0	102.7	106.4
山 东	Shandong	102.5	102.3	102.2	106.9	106.1
河 南	Henan	102.3	101.5	102.9	104.3	105.4
湖 北	Hubei	101.9	101.8	101.2	100.9	106.6
湖 南	Hunan	102.0	100.8	102.3	102.7	104.8
广 东	Guangdong	102.2	102.1	102.1	102.5	106.2
广 西	Guangxi	102.3	101.0	101.6	101.8	104.5
海 南	Hainan	102.5	101.2	102.5	102.2	106.2
重 庆	Chongqing	102.0	101.4	101.2		105.0
四 川	Sichuan	101.7	101.3	101.4	101.8	106.4
贵 州	Guizhou	101.8	100.7	101.8	98.8	105.2
云 南	Yunnan	101.6	100.5	101.5	101.7	104.9
西 藏	Tibet	101.7	102.3	101.5	101.0	
陕 西	Shaanxi	102.1	102.0	102.1	103.8	105.4
甘 肃	Gansu	102.0	100.9	101.7	104.2	104.6
青 海	**Qinghai**	**102.5**	**102.7**	**102.1**	**102.1**	**104.3**
宁 夏	Ningxia	102.3	102.5	102.9	105.6	103.5
新 疆	Xinjiang	102.0	103.1	100.9	104.9	103.7

23-15 各地区全体居民人均收支及排序(2018年)

Per Capita Annual Income and Expenditure of the all Households and Their Orders by Region of the Whole Country (2018)

单位：元、% (yuan，%)

地区	Region	人均可支配收入 Per Capita Annual Disposable Income				人均消费性支出 Per Capita Annual Consumption Expenditure			
		数量 Amount	位次 Rank	增长率 Growth Rate	位次 Rank	数量 Amount	位次 Rank	增长率 Growth Rate	位次 Rank
全国	**National Total**	**28228.0**		**8.7**		**19853.1**		**8.4**	
北京	Beijing	62361.2	2	9.0	13	39842.7	2	6.5	27
天津	Tianjin	39506.1	4	6.7	29	29902.9	3	7.4	23
河北	Hebei	23445.7	17	9.1	11	16722.0	19	8.3	19
山西	Shanxi	21990.1	23	7.7	26	14810.1	27	8.4	18
内蒙古	Inner Mongolia	28375.7	10	8.3	24	19665.2	9	3.8	31
辽宁	Liaoning	29701.4	8	6.7	29	21398.3	8	4.6	30
吉林	Jilin	22798.4	18	6.7	29	17200.4	16	10.0	8
黑龙江	Heilongjiang	22725.8	19	7.2	28	16994.0	18	9.1	12
上海	Shanghai	64182.6	1	8.8	18	43351.3	1	8.9	13
江苏	Jiangsu	38095.8	5	8.8	18	25007.4	6	6.6	26
浙江	Zhejiang	45839.8	3	9.0	13	29470.7	4	8.8	15
安徽	Anhui	23983.6	16	9.7	3	17044.6	17	8.2	20
福建	Fujian	32643.9	7	8.6	21	22996.0	7	8.2	20
江西	Jiangxi	24079.7	15	9.3	5	15792.0	24	9.2	10
山东	Shandong	29204.6	9	8.4	23	18779.8	13	8.7	16
河南	Henan	21963.5	24	8.9	16	15168.5	25	10.5	7
湖北	Hubei	25814.5	12	8.7	20	19537.8	10	15.4	1
湖南	Hunan	25240.7	13	9.3	5	18807.9	12	9.6	9
广东	Guangdong	35809.9	6	8.5	22	26054.0	5	5.0	29
广西	Guangxi	21485.0	26	7.9	25	14934.8	26	11.3	6
海南	Hainan	24579.0	14	9.0	13	17528.4	15	13.8	2
重庆	Chongqing	26385.8	11	9.2	7	19248.5	11	7.5	22
四川	Sichuan	22460.6	21	9.1	11	17663.6	14	9.2	10
贵州	Guizhou	18430.2	29	10.3	2	13798.1	30	6.4	28
云南	Yunnan	20084.2	28	9.5	4	14249.9	29	12.6	3
西藏	Tibet	17286.1	31	11.8	1	11520.2	31	11.6	4
陕西	Shaanxi	22528.3	20	9.2	7	16159.7	23	8.5	17
甘肃	Gansu	17488.4	30	9.2	7	14624.0	28	11.5	5
青海	**Qinghai**	**20757.3**	**27**	**9.2**	**7**	**16557.2**	**21**	**6.8**	**25**
宁夏	Ningxia	22400.4	22	8.9	16	16715.1	20	8.9	13
新疆	Xinjiang	21500.2	25	7.6	27	16189.1	22	7.3	24

23-16 各地区城镇居民人均收支及排序(2018年)

Per Capita Annual Income and Expenditure of Urban Households and Their Orders by Region of the Whole Country (2018)

单位：元、% (yuan，%)

地区	Region	人均可支配收入 Per Capita Annual Disposable Income				人均消费性支出 Per Capita Annual Consumption Expenditure			
		数量 Amount	位次 Rank	增长率 Growth Rate	位次 Rank	数量 Amount	位次 Rank	增长率 Growth Rate	位次 Rank
全国	**National Total**	**39250.8**		**7.8**		**26112.3**		**6.8**	
北京	Beijing	67989.9	2	8.9	2	42925.6	2	6.4	23
天津	Tianjin	42976.3	6	6.7	25	32655.1	4	7.8	16
河北	Hebei	32977.2	21	8.0	16	22127.4	21	7.4	20
山西	Shanxi	31034.8	28	6.5	27	19789.8	31	7.5	18
内蒙古	Inner Mongolia	38304.7	9	7.4	24	24437.1	11	3.4	29
辽宁	Liaoning	37341.9	10	6.7	25	26447.9	8	4.2	27
吉林	Jilin	30171.9	29	6.5	27	22393.7	20	11.7	3
黑龙江	Heilongjiang	29191.3	31	6.4	30	21035.5	26	9.2	7
上海	Shanghai	68033.6	1	8.7	3	46015.2	1	8.8	9
江苏	Jiangsu	47200.0	4	8.2	9	29461.9	6	6.3	24
浙江	Zhejiang	55574.3	3	8.4	6	34597.9	3	8.4	11
安徽	Anhui	34393.1	14	8.7	3	21522.7	25	3.8	28
福建	Fujian	42121.3	7	8.0	16	28145.1	7	8.3	12
江西	Jiangxi	33819.4	15	8.4	6	20760.0	29	7.9	15
山东	Shandong	39549.4	8	7.5	23	24798.4	10	7.5	18
河南	Henan	31874.2	25	7.8	22	20989.2	27	8.1	14
湖北	Hubei	34454.6	13	8.0	16	23995.9	14	12.8	1
湖南	Hunan	36698.3	11	8.1	13	25064.2	9	8.2	13
广东	Guangdong	44341.0	5	8.2	9	30924.3	5	2.4	30
广西	Guangxi	32436.1	23	6.3	31	20159.4	30	9.9	5
海南	Hainan	33348.7	18	8.2	9	22971.2	18	12.8	1
重庆	Chongqing	34889.3	12	8.4	6	24154.2	13	6.1	25
四川	Sichuan	33215.9	20	8.1	13	23483.9	15	6.8	22
贵州	Guizhou	31591.9	26	8.6	5	20787.9	28	2.2	31
云南	Yunnan	33487.9	17	8.0	16	21626.4	24	10.6	4
西藏	Tibet	33797.4	16	10.2	1	23029.4	16	9.2	7
陕西	Shaanxi	33319.3	19	8.1	13	21966.4	23	7.7	17
甘肃	Gansu	29957.0	30	7.9	21	22606.0	19	9.4	6
青海	**Qinghai**	**31514.5**	**27**	**8.0**	**16**	**22997.5**	**17**	**7.1**	**21**
宁夏	Ningxia	31895.2	24	8.2	9	21976.7	22	8.7	10
新疆	Xinjiang	32763.5	22	6.5	27	24191.4	12	6.1	25

23-17 全国各地区农村居民人均收支及排序(2018年)

Per Capita Annual Income and Expenditure of Rural Households and Their Orders by Region of the Whole Country(2018)

单位：元、% (yuan，%)

地区	Region	人均可支配收入 Per Capita Annual Disposable Income				人均消费性支出 Per Capita Annual Consumption Expenditure			
		数量 Amount	位次 Rank	增长率 Growth Rate	位次 Rank	数量 Amount	位次 Rank	增长率 Growth Rate	位次 Rank
全国	**National Total**	**14617.0**		**8.8**		**12124.3**		**10.7**	
北京	Beijing	26490.3	3	9.3	8	20195.3	1	7.4	24
天津	Tianjin	23065.2	4	6.0	31	16863.3	4	2.9	31
河北	Hebei	14030.9	13	8.9	19	11382.8	16	8.0	23
山西	Shanxi	11750.0	24	8.9	19	9172.2	27	8.9	17
内蒙古	Inner Mongolia	13802.6	18	9.7	4	12661.5	12	3.9	30
辽宁	Liaoning	14656.3	10	6.6	29	11455.0	14	6.2	26
吉林	Jilin	13748.2	20	6.2	30	10826.2	20	5.3	28
黑龙江	Heilongjiang	13803.7	17	9.0	14	11416.8	15	8.5	19
上海	Shanghai	30374.7	1	9.2	9	19964.7	2	10.4	12
江苏	Jiangsu	20845.1	5	8.8	22	16567.0	5	6.1	27
浙江	Zhejiang	27302.4	2	9.4	7	19706.8	3	8.9	17
安徽	Anhui	13996.0	14	9.7	4	12748.1	9	14.8	3
福建	Fujian	17821.2	6	9.1	13	14942.8	7	6.7	25
江西	Jiangxi	14459.9	11	9.2	9	10885.2	19	10.3	13
山东	Shandong	16297.0	8	7.8	28	11270.1	17	9.0	16
河南	Henan	13830.7	16	8.7	24	10392.0	23	12.8	7
湖北	Hubei	14977.8	9	8.4	25	13946.3	8	19.9	1
湖南	Hunan	14092.5	12	8.9	19	12720.5	11	10.3	13
广东	Guangdong	17167.7	7	8.8	22	15411.3	6	16.8	2
广西	Guangxi	12434.8	22	9.8	2	10617.0	22	12.5	8
海南	Hainan	13988.9	15	8.4	25	10955.8	18	14.1	4
重庆	Chongqing	13781.2	19	9.0	14	11976.8	13	9.5	15
四川	Sichuan	13331.4	21	9.0	14	12723.2	10	11.6	9
贵州	Guizhou	9716.1	30	9.6	6	9170.2	28	10.5	11
云南	Yunnan	10767.9	28	9.2	9	9122.9	29	13.6	5
西藏	Tibet	11449.8	26	10.8	1	7452.1	31	11.4	10
陕西	Shaanxi	11212.8	27	9.2	9	10070.8	25	8.2	20
甘肃	Gansu	8804.1	31	9.0	14	9064.6	30	12.9	6
青海	**Qinghai**	**10393.3**	**29**	**9.8**	**2**	**10352.4**	**24**	**4.5**	**29**
宁夏	Ningxia	11707.6	25	9.0	14	10789.6	21	8.1	21
新疆	Xinjiang	11974.5	23	8.4	25	9421.3	26	8.1	21

中国统计出版社有限公司最新图书简目

（仅供参考,以实际出版为准）

统计资料

中国统计年鉴	中国统计摘要	中国第三产业统计年鉴
中国第三次全国农业普查综合资料	国际统计年鉴	金砖国家联合统计手册
中国-东盟国家统计手册	中国农村统计年鉴	中国县域统计年鉴
中国农产品价格调查年鉴	中国城市统计年鉴	中国价格统计年鉴
中国贸易外经统计年鉴	中国零售和餐饮连锁企业统计年鉴	中国商品交易市场统计年鉴
大中型批发零售和住宿餐饮企业统计年鉴	中国住户调查年鉴	中国工业统计年鉴
中国环境统计年鉴	中国能源统计年鉴	中国建筑业统计年鉴
中国房地产统计年鉴	中国固定资产投资统计年鉴	中国对外直接投资统计公报
中国人口和就业统计年鉴	中国劳动统计年鉴	中国社会统计年鉴
中国科技统计年鉴	中国高技术产业统计年鉴	全国企业创新调查年鉴
中国文化及相关产业统计年鉴	2018年时间利用调查资料	中国妇女儿童状况统计资料
中国基本单位统计年鉴	中国教育统计年鉴	中国教育经费统计年鉴
中国民族统计年鉴	中国残疾人事业统计年鉴	长江经济带发展统计年鉴

省级综合统计年鉴系列

北京 天津 河北 山西 内蒙古 辽宁 吉林 黑龙江 上海 江苏 浙江 安徽 福建 江西 山东 河南 湖北 湖南 广东 广西 海南 重庆 四川 贵州 云南 西藏 陕西 甘肃 青海 宁夏 新疆 新疆生产建设兵团

市(县)级综合统计年鉴系列

滨海新区 石家庄 唐山 邯郸 保定 沧州 邢台 廊坊 承德 衡水 秦皇岛 张家口 太原 大同 阳泉 长治 晋城 朔州 晋中 运城 忻州 临汾 吕梁 呼和浩特 鄂尔多斯 包头 沈阳 大连 长春 延吉 四平 白山 通化 哈尔滨 齐齐哈尔 黑龙江垦区 上海浦东新区 南京 无锡 徐州 常州 苏州 南通 连云港 淮安 盐城 扬州 镇江 泰州 宿迁 江阴 丹阳 海门 张家港 杭州 宁波 温州 嘉兴 湖州 绍兴 金华 衢州 舟山 台州 丽水 合肥 安庆 福州 厦门 宁德 漳州 龙岩 莆田 泉州 三明 南平 南昌 九江 上饶 新余 抚州 赣州 景德镇 济南 青岛 潍坊 枣庄 潍坊 聊城 郑州 洛阳 平顶山 三门峡 南阳 商丘 信阳 济源 汝州 武汉 十堰 荆州 宜昌 荆门 咸宁 黄冈 长沙 鹰潭 广州 深圳 惠州 东莞 汕尾 湛江 肇庆 南宁 柳州 桂林 贵港 梧州 来宾 河池 防城港 海口 三亚 儋州 成都 内江 贵阳 黔南 毕节 昆明 文山 德宏 西安 延安 安康 铜川 汉中 商洛 银川 兰州 庆阳 乌鲁木齐 昌吉 阿勒泰 兵团一师、二师、三师、四师、六师、七师、八师、十师、十三师、十四师

调查年鉴系列

天津 内蒙古 上海 河南 湖北 湖南 广东 广西 重庆 四川 云南 甘肃 宁夏 南宁 贵港 昆明

统计方法应用/实用手册

Python数据分析基础（第二版） 医用多元统计分析（第三版） 中华生物统计用表

中国国民经济核算体系（2016）基础知识 国民经济核算初级教程 医学统计学手册

全国统计专业技术资格考试系列考试用书：统计业务知识（第四版修订版） 统计业务知识学习指导与习题

全国统计专业技术资格考试系列考试用书：统计相关知识（第四版） 统计相关知识学习指导与习题

统计通俗读物/统计科普图书

领导干部统计知识问答 《防范和惩治统计造假、弄虚作假督察工作规定》辅导读本

统计新媒体运营指南 统计公文知识问答 理解国民账户 中国古代统计史简编

重点图书

新中国70年 第三次全国农业普查农作物面积遥感测量图集 中国第四次经济普查年鉴

新编英汉汉英统计大词典 中国国民经济核算体系2016 国民经济行业分类注释

挑大学选专业2019—考研择校指南 挑大学选专业2019—高考志愿填报指南 中华医学统计百科全书

发行部电话：（010）63376907 63376908 63376909 同椇行书店电话：68783171 68783172

地址：北京市丰台区西三环南路甲6号 邮政编码：100073 网址：http://www.zgtjcbs.com